현대 정신병리학

통합적인 기독교적 평가 원서 2판

Barrett W. McRay · Mark A. Yarhouse · Richard E. Butman 공저

김혜정 · 심은정 · 조인효 · 이수경 공역

MODERN PSYCHOPATHOLOGIES

A Comprehensive Christian Appraisal 2nd ed.

학지사

Modern Psychopathologies:
A Comprehensive Christian Appraisal, 2nd Edition
by Barrett W. McRay, Mark A. Yarhouse, and Richard E. Butman

Originally published by InterVarsity Press as Modern Psychopathologies (2nd Edition)
by Barrett W. McRay, Mark A. Yarhouse, and Richard E. Butman.
Second edition © 2016 by Mark A. Yarhouse, Barrett W. McRay and
Richard E. Butman.

Korean Translation Copyright © 2022 by Hakjisa Publisher, Inc.
Translated and printed by permission of InterVarsity Press, P. O. Box 1400,
Downers Grove, IL 60515, USA. www.ivpress.com.

🗒 역자 서문

    사람들이 겪는 정신병리와 그 치료에 대한 관심이 오늘날만큼 컸던 적이 있었을까 싶을 정도로 많은 사람이 다양한 정신병리를 경험하며 고통을 호소하고, 그들 주변에서는 사랑하는 사람의 고통을 보며 안타까워하고 있다. 이에 발맞추어 상담가들은 정신병리의 최신 이론에 대한 이해와 보다 효과적인 치료기술의 연마를 위해 애쓰고 있다. 하지만 정신병리에 대한 이해는 종종 정확한 진단과 효과성이 검증된 치료기법에 대한 관심에 머물 뿐, 나타나는 증상 뒤에 있는 인간 본성과의 관계에 기초한 넓고 깊은 이해를 위한 배움과 토론의 장은 적다. 특히 많은 기독교인 심리학자와 목회자 및 신앙인은 신앙적인 관점에서 정신병리를 어떻게 해석하고 치료하는 것이 좋을지를 고민한다.

    이 책은 인간의 본성에 대한 매뉴얼이라고 할 수 있는 성서와 교통하면서 현대 정신병리에 대한 이해를 통합하려고 시도한 흔하지 않은 책이다. 저자들은 오랜 기간 학문적·영적 공동체를 이루며 이러한 주제들을 신앙과 학문의 통합적 관점에서 조망하고자 헌신했다. 내담자들과 동일한 연약함을 지닌 자로서 내담자의 고통에 깊이 공감하며, 정형화된 임상적 개입을 넘어 정신병리의 근본 뿌리에 대한 예리한 통찰을 제공한다. 독자들은 이 책을 통해 신체심리사회영적 본성을 지닌 온전한 사람을 이해하게 될 것이다.

    역자들은 이 책이 정신병리에 접근하는 데 있어서, 과학적이고 포괄적인 지식과 기독교적 관점의 통합적 이해를 얻는 데 매우 유용하다고 느꼈다. 이 책은 죄와 정신병리학의 관계를 다루며, 각 정신병리의 현대적 분류, 병인과 지속, 치료를 논할 뿐 아니라 치료 및 예방에서 신앙공동체의 역할, 목회적 돌봄 및 통합의 주제 등을 심도 있게 다룬다. 제1장~제5장은 김혜정 교수, 제6장~제10장의 전반부는 심은정 교수, 제10장의 후반부~제13장은 조인효 교수, 제14장~제17장은 이수경 교수가 번역하였다. 역자들은 번역의 과정에서 하나님의 마음으로 정신병리를 볼 수 있는 관점을 배우며 특별하고 은혜로운 시간을 가진 것에 감사한다. 이 책의 출판을 맡아 주신 학지사 김진환 사장님과 교정 과정에서 함께 힘써 주신 차형근 선생님께도 감사의 말씀을 전한다.

이 책은 정신건강 전문가, 상담가, 목회자, 사역자를 비롯하여 학문과 신앙의 통합에 관심을 가진 모든 사람에게 도움이 될 것이다. 이 책을 통해 과학이 지배하는 심리학의 세계에서 본래 치유의 장이었던 신앙공동체의 역할이 온전히 회복되기를 기도한다.

2022년 7월
역자 일동

저자 서문

소개

이 책은 미국심리학회(APA)에서 『정신질환의 진단 및 통계 편람(Diagnostic and Statistical Manual of Mental Disorders: DSM) 제4판』을 출판한 시기와 비슷한 1990년대 중반부터 준비되었다. 그때 우리 세 사람은 기독교인으로서 정신질환에 대해 어떻게 생각해야 하는가에 대해 처음으로 대화를 나누었는데, 기억에 남는 대화는 위스콘신주의 도어 카운티로 카약 여행을 떠났을 때 이뤄졌다. 당시 지도교수이며 바렛과 마크의 석사과정 멘토 역할을 했던 리치는 (자신의 지도교수이며 멘토였던 뉴턴 말로니가 학생들을 데리고 산악여행을 했던 것처럼) 일상의 방해 요소에서 벗어나 하나님의 창조를 탐험하며 삶과 믿음에 대해 깊은 대화를 나누는 것에 큰 열정을 가졌었다. 우리는 그 여행에서 정신적인 고통을 경험하고 있는 사람들을 돌보는 일에 의문과 희망을 가지고 씨름했었다. 또한 수 세기 동안 믿음의 성도들이 그러해 왔듯이 우리도 인간 고통의 근원과 치료의 희망을 찾는, 여러 세대에 걸친 과정에 참여하게 되었다.

우리는 그 여행에서 나눈 이야기들을 통해 얻은 확신을 정리하고, 신앙의 눈으로 인간 고통(진단과 정신병리학)의 범주에 대해 다양하게 해석하는 기독교인들과 소통하고자 이 책을 저술하였다. 우리는 기존의 정신병리학에 대해 새롭고 혁신적인 접근법을 만들어 낸다기보다는 영적인 목회 돌봄에 이미 있는 자원들을 모으는 데 집중하였다.

그러기 위해 여러 단계를 거쳤는데, 첫째, 교회가 죄와 현대 질병분류학의 범주와 관련되는 심리적·영적 증상들을 어떤 방식으로 다루어 왔는지 파악하는 것이었다. 둘째, 우리가 알고 있는 지금까지의 최선의 정신병리학적 연구 결과를 기초로 정신병리학을 명확하게 설명하는 것이었다. 우리는 기존의 설명 틀(전문가들이 정신질환의 증상을 이해하기 위해 사용하는 방법)을 요약해 보았다. 셋째, 그 설명의 틀을 우리가 하는 현대 정신병리의 분석이 철저히 진실하게 기독교적으로 이루어지게 하자는 의도를 가지고 깊이 살펴보았고, 그렇게 함으로써 앞으로 심리학 분야에서 신앙과 학문을 통합하고자 하는 사람들이 진보하는 데 도움이 되고자 하였다.

이 책은 정신건강 분야(심리학, 상담, 사회복지, 결혼 및 가족 상담 등)에서 공부하는 학생들이나 전문가들뿐만 아니라 목회자들과 목회와 관련된 업무를 수행하는 독자들을 포함하여 넓은 범위의 독자들을 대상으로 저술되었다.

개요

앞서 말했듯이, 우리는 DSM-IV의 출판 시기와 비슷한 시기에 이 책을 저술했다. 2013년에는 APA에서 DSM-5가 출판되었으며 이전 판의 진단 목록에 큰 변화가 있었다. 우리가 이 책을 수정하게 된 이유는 DSM의 변화와 어느 정도 맞춰 가기 위함이자 DSM에 포함된 몇 가지 정신질환의 정의가 우리의 의견과 달랐기 때문이다. 따라서 이 책 첫 판의 모든 장을 어떻게 재정리해야 할지 다시 생각해 보았다.

수정된 책은 총 3개의 부로 나뉘어 있다. 제1부(제1~5장)는 '역사적이고 현대적인 분류'로, DSM에 기록된 주요 정신질환에 관한 내용을 다룬다. 제1장에서는 성경의 저자들과 역사에 기록된 목회자와 신앙인들이 영혼의 상처를 어떻게 이해했는지를 다룬다. 제2장에서는 현대 정신건강 관련 학문이 사람의 고통을 다양하게 분류한 방법을 탐색한다. 제3장과 제4장에서는 다면적인 성격을 가진 정신병리학의 기초들을 생물학적 배경과 사회문화적 현실로 설명한다. 제5장의 제목은 '죄와 정신병리학'으로 기독교적 관점에서 정신병리학을 연구하는 데 죄를 어떻게 적용할지 분석한다.

제2부(제6~16장)는 '정신병리학: 심리적 문제의 분류'로, 현대 정신병리학에서 다루는 주요 정신질환을 하나씩 다룬다(예: 기분의 문제). 장마다 정해진 범주에 속한 정신적 문제들에 대한 간략한 설명과 분류된 정신질환의 개관은 물론이고 그 질병의 원인, 진단과 예방이 포함되어 있다. 그러고 나서 우리는 제1부의 기초적인 장들의 논의와 연결하며, 분류된 정신적 문제들을 목회 돌봄의 주제들이라는 관점과 통합적 주제들이라는 관점에서 평가하였다.

제3부(제17장)는 '현재는 어떠한가'로, 기독교인 정신건강 전문가들과 목회 돌봄 사역자들에게 현재 우리가 가지고 있는 불완전한 정신질환 분류체계에 대한 시야를 열어 주고 싶은 희망을 담는다. 우리는 이 책을 통해 교회에서 얻는 최고의 자원들과 과학 혹은 임상에서 얻는 최선의 이해력을 합할 수 있기를 희망한다.

감사의 글

　이 책을 함께 서술하고 25년이 넘는 긴 세월을 통해 우리의 우정이 더 견고해진 것을 보며 정말 은혜라고 생각한다. 또한 지난 수년간 학생들과 동료들과 함께 대화를 나누며 축복을 받았다. 특히 우리와 함께 휘튼대학교와 리젠트대학교에서 수학한 많은 학생에게 감사의 말을 전하고 싶다. 여러분의 통찰력, 묘사력 그리고 질문들은 우리에게 여러분이 상상할 수 없을 만큼 큰 영향을 미쳤다.

　우리의 책을 읽고 그 안에 있는 주제들을 비평한 많은 사람에게도 감사의 말을 전하고 싶은데, 바렛은 자신의 연구 보조원 루카스 보사드, 앤디 잭 그리고 스펜서 넬레슨에게 감사를 전한다. 또한 바렛은 이 책에 표현된 목회적 돌봄에 대한 그의 기여 부분이 그의 동료와 멘토(John McRay, Mark McMinn, Stan Jones, Jim Cassens, Ken Philips, Fran White, Jerry Root, David Norton, Terri Watson, Stew Morton, Ed Dunkelblau, Peter Bouman)의 지혜와 지도로 그 기초를 성립할 수 있었다며 감사를 전한다. 마크는 자신의 연구팀원(Erica Tan, Lisa Pawlowski, Stephen Russell, Heather Brooke, Lori Burkett, Robin Seymore, Edye Garcia, Lynette Bogey, Adam Hunter, Justin Sides, Emma Bucher, Tranese Morgan, Shane Ferrell)에게 감사의 마음을 전한다. 또한 그는 갈릴리 교회에서 열린 기독교 교육 수업에서 자신이 그리스도 안에서 정서적 온전함의 추구를 가르칠 때 다룬 많은 이슈에 대해 학생들이 깊이 생각해 준 것에 감사를 전한다. 리처드는 자신의 연구 보조원들과 교육 보조원들(David Hoover, Ariel Olearl, Brian McLaughlin, Luke Demater, June Stroner, Amy Prescott, Justin O'Rouke, Alex Johnson, Stacey Gerberich, Sam McEuen, Kyle McCordic)에게 감사를 전한다. 또한 그는 동료(Bob & Terri Watson, Michael Mangis, Derek McNeil, Pamela Trice, Sandy Johnston Kruse, Victor Argo, Georgina Panting, Javier Sierra, Jairo Sarmiento, Guillermo Jimenez, Stanton Jones, Ward Kriegbaum, Dorothy Chappell, Randy Sorenson, Helen De Vries, Mark McMinn, Robert Gregory, Jack and Barb Van Vessem, Chip Edgar, Don Prussler, Tim Brown, Alexandra Tsang)가 남긴 피드백에 감사를 전한다.

　마지막으로, 원고의 색인을 열심히 작업한 셰인 페렐과 매튜 맥레이에게 감사의 마음을 전한다.

저자 일동

📓 차례

제3부

**현재는
어떠한가**

제1부
- - - - - - - -

역사적이고 현대적인 분류

제1장

목회적 돌봄 역사의 분류

왜 현대 정신병리학을 다루는 책이 목회적 돌봄의 역사로 시작할까? 생명을 돌보는 목회적 돌봄과 교회사역이 가치 있는 것은 분명하지만, 그것이 현대 정신병리학과 어떤 관계가 있을까? 사람들이 겪는 불안감, 우울증 그리고 물질남용과 목회적 돌봄은 어떤 연관성이 있을까? 영혼의 '돌봄' 또는 '치유'로 알려진 목회적 돌봄은 "모범적인 기독교인들이 삶의 궁극적인 목적과 걱정으로 힘들어하는 사람들을 치유, 보존, 지도 그리고 회복하도록 돕는 행동"(Clebsch & Jaekle, 1964)을 묘사한다. 교회의 전 역사에 걸쳐 '대표적인 기독교인들'은 자신이 돌보는 성도들의 '어려움'을 이해하려고 노력하였고, 지혜로운 돌봄과 상담으로 반응해 왔다. 이러한 돌봄을 수백 년에 걸쳐서 해 온 사람들은 인간의 고통을 이해하고 그러한 고통에 도움이 되도록 반응하는 방법들을 계발해 왔다. 이러한 범주화와 반응의 과정은 현대 정신병리학이 발달해 온 과정과 다르지 않다. 또한 질병분류학의 개발에 이바지한 그러한 목회적 돌봄들은 그 과제를 통합적으로 생각하면서 더 넓은 문화적 관점에서 수용된 인간의 고통에 대한 현대적인 이해와 가장 자주 상호작용을 하며 발전해 왔다.

역사적으로 중요한 시대마다 목회가 활용되어 목회의 활용을 통해 당시의 심리학과 심리학 분야의 발전이 도움을 받았다. 역사적으로 기독교가 신학적으로나 대중적으로 이해되는 면에서 그것만의 독특한 전통 심리학을 설명한 적은 없었다. 전통적인 목회를 제대로 이해하는 것은 목회자의 사명을 포기하지 않은 채 현재의 심리학적 통찰과 응용을 받아들이고 적용하는 것이다(Clebsch & Jaekle, 1964, pp. 68-69).

우리는 협력을 통해 인간의 고통을 통합적으로 연구하고자 하는 이상에 헌신하고 있다. 이번 장을 통해 탐색하겠지만, 기독교의 역사는 현대 인간의 고통에 대한 이해에 많은 도움을 줄 수 있다. 하지만 그러한 통합과 협력이 더 넓은 문화에 의해 항상 잘 받아들여지는 것은 아니다. 우리 시대도 그런 시대인데, 우리는 이 책이 그것에 변화를 일으킬 수 있기를 희망한다.

이 책은 미국심리학회(APA)에서 "인간의 정신, 기분, 행동에 대한 개인 병리와 관련한 심리학적 탐색의 분야"(APA, 2015)라고 정의한 정신병리에 관한 책이다. 고대 그리스 철학으로부터 현대 심리치료 이론들까지 포함하는 정신건강 분야의 역사는, 사람들이 심리적인 건강에서 경험하는 문제들에 대한 체계적인 이해와 범주화에 초점을 집중해 왔음을 보여 준다(Jones & Butman, 1991 참고). 정신병리학은 전 세계적으로 현대 건강 및 정신건강 분야에서 일하고 있는 사람들이 사용하는 진단적 범주와 용어들의 기초를 제공하고 있다[정신질환 진단 및 통계 편람(DSM)과 국제질병분류(ICD) 체계가 가장 넓게 수용되고 있다]. 이러한 진단 범주들은 여러 번에 걸친 반복과 수정을 거치며 발달해 왔고, 이론들이 변형되고 사회적 가치가 바뀌며 계속되는 연구들이 더 넓은 범위의 이해를 제공함에 따라 그 발달이 지속되었다. 하지만 이런 체계들에서 건강과 고통에 대한 이해를 영적이나 종교적으로 하려 했던 관심은 눈에 띄게 적었다.

'정신병리학'이라는 단어는 헬라어 단어 3개(psyche, pathos, logos)에서 나왔는데, 이 세 단어를 그대로 번역하면 '영혼의 고통에 관한 연구'다. 앞서 APA에서 정의했던 것처럼 현대 정신병리학은 '정신, 감정 그리고 행동'에 집중하는, 좀 더 환원주의적인 초점을 가지고 있다. 정신건강 분야의 기독교인 전문가와 목회자가 할 일은 좀 더 전체적으로 인간의 고통을 생각하고 기독교 문학과 정신병리학적 연구 및 임상을 통합하는 것이다. 우리는 목회적 돌봄의 역사가 현대 심리학과 구체적인 정신병리학적 이론들보다 먼저 인간의 조건에 대한 통찰력을 제공했다고 믿는다. 또한 다양한 기능 장애와 병리학을 포함한 인간의 경험을 연구하고 싶어 하는 기독교인은 이러한 통찰력은 물론이고, 힘든 상황에 부닥친 사람들의 일상적이고 궁극적인 요구에 관심이 있는 교회로부터 정보를 얻어야 한다.

　역사적인 목회적 돌봄과 성찰은 우리가 생각하는 현대 심리학과는 사뭇 다르다. 목회적 돌봄은 주로 성경과 목회 경험에 기초를 두고, 현대 심리학도 성찰과 이론화를 바탕으로 이루어지긴 하지만, 좀 더 귀납적이며 실증적인 성격을 가지고 있는 행동과학적인 연구에 기초를 두고 있다. 달리 말해, 인간의 경험을 이해하기 위한 목회적 언어와 범주들, 방법론은 현대 정신건강 전문가들이 사용하는 것들과는 크게 다르다. 이런 차이점들은 우리가 가진 전근대적인 지식과 그것이 가진 환원주의, 자연주의와 경험주의를 선호하는 경향으로 인해 역사적인 목회적 돌봄을 무시하게 만들었다(Oden, 1980). 비록 행동과학의 발전을 통해 많은 것을 얻었지만, 우리는 기독교인이 기독교인으로서 현대 건강과 영적 건강에 대한 관심사를 생각하고자 했었으나 잃어버린 것들을 다시 연결하고자 한다. 그러기 위해서 우리는 인간의 상태에 대한 역사적인 목회적 돌봄과 목회적 작가들의 통찰을 숙고한다.

　오순절에 교회가 탄생하면서부터 이웃 돌봄, 특히 도움이 필요한 이웃을 돌보는 일의 중요성이 계속 강조되어 왔다는 기록이 있다. 그러한 보살핌은 물론이고 고통받는 사람들을 돌보기 위한 지식과 기술도 중요하게 인식되어 왔다. 예수님과 그의 제자들은 성도들을 돌보는 것을 기초로 삼았고 신자들이 이것을 그리스도의 몸 안에서 가장 중요한 부분으로 삼도록 가르쳤다. 초대 교회의 믿음의 선조들은 영적 상처로 인해 믿음으로 순종하는 일에 방해받거나 신앙공동체의 풍성함을 누리지 못하는 성도들을 돌볼 수 있는 '영혼의 의사들'이 필요하다고 말했다(Clebsch & Jaekle, 1964). 예를 들어, 3세기에 오리건(Origan)은 기독교인이 자신의 죄를 고백하고, "병의 이유를 있는 그대로 드러내며 병자와 함께 있어 줄 수 있는 영혼의 의사"(Kemp, 1947, p. 27)를 신중하게 찾아야만 한다고 했다. 이와 비슷하게, 4세기에 요한네스 크리소스토무스(John Chrysostom)는 "목자는 영혼의 상태를 다각도에서 진찰하기 위해 지혜와 수천 개의 눈이 필요하고, 돌봄이 헛수고가 되지 않도록 신중하게 살펴야 하며 모든 해결책을 적용해야만 한다."(Chrysostom, 1997, chap. 2, sec. 4. p. 58)라고 했다. 이와 같이 교회 역사상 영혼을 돌보는 일은 교회의 생명과 임무의 중심에 있었다.

　우리 시대에 목사, 장로, 사역자와 기독교인 정신건강 전문가는 사람들이 고통을 당하는 이유와 방법을 좀 더 잘 이해하고 도움이 되는 반응을 하기 위하여 정신병리학의 진단 범주를 이해하려고 하였고, 그것들을 기독교 교회의 가르침과 성경의 진리에 비추어 평가해 보고자 하였다. 이 책이 이러한 통합의 노력을 좀 더 잘 이해하고자 하는 사람들에게 하나의 자원이 되어, 인간 고통의 성격을 이해하고 대처하는 지속적인 과업에 함께하고자 하는 사람들에게 안내자가 되어 주길 바란다.

서양 사회에서 사람에 대한 인기 있는 심리학적 이해에 대한 매력이 커지면서 정신병리학과 영혼의 상처에 대한 관심들이 주류에 놓이게 되었다. 감정적인 문제를 경험하는 많은 사람이 정신건강 전문가를 통해 자신의 복잡한 문제를 해결하려고 한다. 정신질환에 대한 대부분의 증상은 예외 없이 현재 상용되고 있는 증상 질병분류표(diagnostic nosology; 예: DSM)에 의해 조직되거나 개념화되고 사례 개념화와 치료계획으로 이어지지만, 역사적인 목회적 돌봄에 대한 문헌에서 발견할 수 있는 것을 포함한 다른 자원들을 너무 빨리 배제하기도 한다. 오덴(Oden)이 관찰한 것처럼, "지금은 성경 말씀과 초기 기독교 작가들의 말을 유심히 들을 때이다. 이제는 전통적인 기독교가 지금처럼 무너지고 혼란스러운 현대적 상황에서 우리에게 어떻게 하나님의 섭리를 가르쳐 줄 수 있는지 질문해야 할 때이다."(Oden, 1991, p. 36)

성경과 앞서 인간의 경험을 이해하는 길을 개척한 기독교인들의 목소리를 '신중하게 듣는' 과정 끝에서 우리는 비로소 기독교 문헌 가운데 나타난 목회적 돌봄과 영적 고통의 역사적 사역을 고려하게 된다. 불행하게도, 인간의 경험에 대한 환원주의적 이해 성향을 지닌 현대 사회의 경향은 인간의 행동에 관한 실증적 연구의 발전과 같은 다양한 다른 힘과 결합하여 정신적이고 정서적인 고통에 대한 심리적 측면과 영적 측면의 돌봄을 분리해 왔다. 다음에서는 영적 돌봄의 성서적 기초와 목회 돌봄의 개요를 간략하게 탐구한 후 이러한 문제를 다룰 것이다.

1. 성경적 기초

성경에서는 당연히 정신병리학 용어가 사용되지 않는다. 또한 성경을 기록한 어느 저자도 정신질환에 대한 체계적인 분류법을 제공하려고 하지 않는다. 그러므로 성경을 통해 정신병리학에 대한 하나님의 관점에 관한 증거를 찾으려고 하지 않도록 주의해야 한다. 성경의 저자들이 성경 말씀을 통해 심리적 기능이 가진 정확한 본질과 넓이를 가르쳐 주려고 의도하지 않는 것은 분명하다. 하지만 성경의 여러 부분에서 하나님과 이웃과의 관계에 대한 인간 상태의 성격에 대해서는 말해 주고 있다. 그러한 진리들은 정신병리와 관련된 주제들에 대한 이해에 많은 내용을 전달해 주며, 인간의 고통과 그러한 경험을 궁극적으로 범주화하기 위한 교회의 이해와 접근의 발전에 토대가 되어 준다.

성경에 나타나는 여러 가지 신학적 진리가 그러한 주제들에 대한 이해를 돕는다. 그 중에는 인간이 하나님의 피조물이며 하나님의 형상을 따라 지어졌다는 것과 거기에 미친 죄의 영향이 포함되어 있다. 또한 이제는 세상의 일부가 된 악의 결과로 생긴 고통에 교회가 어떻게 반응하는가에 대한 가르침도 있다.

1) 인간의 본성

종합적인 신학적 인류학을 제시하는 것은 이 책의 범주를 넘는 것이다. 하지만 호크마(Hoekma)가 주장한 인간은 '창조된 사람들'로서 하나님에 의해 창조된 존재다(1986, p. 6). 그 말은, 인간은 비교적 독립적이고 스스로 결정할 수 있고 다양한 목표를 이루어낼 수 있지만, 동시에 (창조되어) 하나님께 의존하는 존재라는 것이다.

또한 인간이라는 말에는 '하나님의 형상(imago Dei)'으로 창조되었다는 의미가 있다. 수많은 학자는 우리가 하나님의 형상을 닮은 것을 다양하게 제시해 왔지만, 인간의 특징과 존재가 다른 피조물과는 달리 하나님이 누구신가를 반영하고 있음을 충분히 알 수 있다. 인간이 하나님의 형상을 지니고 있다는 것에는 다양한 면이 있을 수 있고, 우리는 하나님께서 자신의 목적을 위해 태초부터 인간을 다른 피조물과 구분하셨음을 확신한다.

창조되고 하나님의 형상을 가진 존재로서 인정하든지 인정하지 않든지 인간은 다양한 방법으로 하나님과 초월적 현실에 연결되어 있다. 이런 이유로 우리는 하나님께서 인간을 어떤 특별한 방법으로 기능하도록 창조하셨고, 그러한 기능들에는 '내적' 생각들, 감정들, 개인의 양심과 '외적' 행동들과 타인과의 관계 맺는 방법들이 포함된다고 추측한다. 이 때문에 우리가 올바로 기능하지 않으면, 우리는 우리 자신을 영적ㆍ감정적ㆍ신체적 건강의 위험에 처하게 할 수 있으며, 이러한 영역들은 서로 분리되어 있지 않고 밀접하게 연결되어 있으며 복잡하다.

2) 죄의 영향

우리는 하나님의 형상을 지닌 자로 창조되었고 그분과 관계를 맺도록 창조되었지만 타락한 상태로 존재한다. 이런 타락한 상태는 로마서에서 바울이 다음과 같이 기록하였다. "그러므로 한 사람으로 말미암아 죄가 세상에 들어오고 죄로 말미암아 사망이 들어왔나니 이처럼 모든 사람이 죄를 지었으므로 사망이 모든 사람에게 이르렀느니라."(로마서 5: 12) "한 사람이 순종하지 아니함으로 많은 사람이 죄인 된 것 같이 한 사람이 순종하심으로 많은 사람이 의인이 되리라."(로마서 5: 19) 죄는 타락한 상태와 구체적인 행동 모두를 말한다. 우리는 "죄를 지었고 하나님의 영광에 이르지 못했고,"(로마서 3: 23; 6: 23) 죄의 결과로 죽음을 직면하고 있다.

구체적인 죄의 행위들은 우리의 타락한 상태를 상기시켜 줄 뿐 아니라 우리가 우리의 삶과 관계에서 하나님의 뜻을 따라 살지 못하고 있다는 구체적인 방법들을 보여 준다. 죄는 의심할 바 없이 인간 경험의 여러 다른 차원과 상호작용하는데, 그러한 주제들에 대해서는 제5장에서 다루겠다.

상태로서의 죄는 모든 영역에 영향을 끼치며, 모든 사람이 경험한다. 하지만 복음은 하나님께서 우리를 이와 같은 절망적인 상태에 내버려 두지 않으셨음을 보여 준다. 그는 우리를 불쌍히 여기셨다(시편 145: 9; 이사야 30: 18; 49: 13; 로마서 5: 8; 로마서 3: 23-24; 6: 23).

> 모든 사람이 죄를 범하였으매 하나님의 영광에 이르지 못하더니. 그리스도 예수 안에 있는 속량으로 말미암아 하나님의 은혜로 값없이 의롭다 하심을 얻은 자 되었느니라 (로마서 3: 23-24).
>
> 죄의 삯은 사망이요 하나님의 은사는 그리스도 예수 우리 주 안에 있는 영생이니라(로마서 6: 23).

성경 말씀은 우리가 죄를 통해 망가지고 소망이 없는(가치가 없다고 할 수 있는) 상태에 처하게 되었음을 말한다. 우리는 우리의 상태를 바꿀 수 없다. 하나님만이 우리를 구속하실 수 있다. 그분만이 우리에게 희망과 치유를 가져다줄 수 있다. 우리의 본래 의도된 특성은 아담과 하와를 통해 변질되었고, 우리는 각자 어느 시점에 자발적으로 죄의 길에 들어선다. 현재 우리의 상태는 창조 시 의도되었던 것과 다르고 하나님은 이에 대해 상반되는 두 방식으로 대응하신다(로마서 1: 18; 고린도후서 1: 4). 우리 안에서 역사하는 악에 대한 진노와 판단으로 우리가 겪는 환난에 위로로 반응하신다(고린도후서 1: 14).

에릭 존슨은 우리의 이 두 가지 타락의 본성(하나님께서 우리에게 책임을 묻는 상태와 묻지 않는 상태)이 기독교인이 정신병리학을 이해하는 데 큰 영향을 준다고 주장하였다 (Johnson, 1987). 그는 성경 말씀이 '죄'와 '연약함'을 구분 짓는다고 했다. '죄(hamartia)'는 우리의 본성에서 우리에게 책임이 있는 변화를 말하는 단어이고, '연약함(astheneia)'은 우리가 책임을 질 수 없는 우리의 본성의 변화이다. 하나님은 우리의 죄를 자비롭게 심판하시고 우리의 연약함은 다정함과 긍휼을 가지고 대하신다(로마서 8: 26; 고린도전서 15: 43; 고린도후서 12: 9-10; 13: 4; 히브리서 4: 15; 11: 34). 존슨은 우리의 연약함과 함께 우리의 죄와 연약함이 겹치는 부분이 현대 병리학의 촛점인 다양한 인간의 깨어짐의 현상과 관련 있을 수 있다고 결론 내린다. 다르게 말해서, 우리는 죄를 짓게 할 위험성이 있는 연약함이 있고 죄로 물든 상태인 세상에 살고 있으며 (일들의 상태로서) 이러한 역동은 다양한 다른 요인과 함께 인간이 정신병리에 취약해지는 원인이 될 것이다.

3) 교회의 반응

예수님께서는 억압당한 사람들을 보며 그들이 경험한 여러 가지 고통과 그들에게 목자가 필요함으로 인해 그들을 불쌍히 여기셨다(마태복음 9: 35; 14: 14; 15: 32; 20: 34). 고통 속에 있는 사람들에 대한 예수님의 이같은 반응이 교회의 모델이다.

> 예수님의 사역 안에는 정보, 영감과 이상적인 것이 있다……. 인간의 역사상 그처럼 인간의 고통을 치유하고, 긍휼히 여기며, 이웃을 이해하고 섬기는 일을 하도록 영감을 준 분이 없다. 사대복음서에 나타난 이야기들과 사건들은 사람의 필요와 문제에 대해 독특한 통찰을 가지고 생명과 인간의 본성에 대한 의미를 더 탁월하게 명확히 이해한 한 사람을 드러내고 있다……. 예수님은 그것을 느끼셨다……. 그의 소명은 인간의 고통을 풀어 주고 그가 할 수 있는 대로 육체적 · 정신적 · 도덕적 · 영적 고통을 덜어 주는 것이었다 (Kemp, 1947, pp. 6-7).

성경은 고통이라는 현실과 돌봄의 필요성을 예상하며 그것이 교회의 소명일 뿐만 아니라 그리스도의 '법'이라고 명확히 하였다. "너희가 짐을 서로 지라. 그리하여 그리스도의 법을 성취하라."(갈라디아서 6: 2) 여러 상황에서 제자들에게 하셨던 예수님의 교훈의 최종 요약은 그가 사랑한 것과 같이 제자들도 서로 사랑하라는 것이었다. 상처받고 약하고 억압받은 자들을 돌보고 위로하는 것에 대해 가장 잘 쓰이는 성경적 비유는 목자와 양의 관계이다. 요한복음 10장에서 예수님은 자신을 '선한 목자'라고 칭하셨고, 베드로는 하나님을 목자와 영혼의 감독자라고 칭하였다(베드로전서 2: 25). 이사야는 하나님에 대해 다음과 같이 기록하였다.

> 그는 목자 같이 양 떼를 먹이시고 어린 양을 그 팔로 모아 품에 안으시며 젖 먹이는 암 컷들을 온순히 인도하시리로다(이사야 40:11).

에스겔은 이스라엘의 지도자들을 책망하며, "인자야, 너는 이스라엘 목자들에게 예언하라. 그들 곧 목자들에게 예언하여 이르기를 주 여호와께서 이같이 말씀하시되 자기만 먹는 이스라엘 목자들은 화 있을진저 목자들이 양 떼를 먹이는 것이 마땅하지 아니하냐? 너희가 살진 양을 잡아 그 기름을 먹으며 그 털을 입되 양 떼는 먹이지 아니하는도다. 너희가 그 연약한 자를 강하게 하지 아니하며 병든 자를 고치지 아니하며 상한 자를 싸매 주지 아니하며 쫓기는 자를 돌아오게 하지 아니하며 잃어버린 자를 찾지 아니하고 다만 포악으로 그것들을 다스렸도다."(에스겔 34: 2-4)라고 전했다. 베드로는 교회 장로들이 "하나님의 양 떼를 치되, 억지로 하지 말고……"(베드로전서 5: 2)라고 말했다.

시편 23편에서 다윗은 약하고 상처 입은 자들에 대한 하나님의 반응으로서 하나님의 사랑을 묘사하면서 그 부드러운 돌봄에 대한 가장 생생한 비유로 필요를 채우는 목자를 보여 주었다. 그래서 그는 "부족함이 없고 푸른 초장에 누우며 두려움 없이 쉴 만한 물가에서 물을 마실 수 있고 그를 올바른 길로 인도하시고, 악을 두려워하지 않게 보호하시고, 그분의 존재만으로 위로가 되시고, 기름 부음으로 치유하고 영혼을 회복하고 선하심과 인자하심이 평생에 있을 것"이라고 했다. 이것이야말로 하나님의 사람들 가운데 있는 '목자들의' 사역의 양식이며 기독교 역사를 통해 내려오는 목회적 사역의 기초이다.

'목사'라는 단어는 영어 성경에서 단 한 번만 언급된다. 바울은 에베소 교회를 위한 편지에 "그가 어떤 사람은 사도로, 어떤 사람은 선지자로, 어떤 사람은 복음 전하는 자로, 어떤 사람은 목사와 교사로 삼으셨으니, 이는 성도를 온전하게 하여 봉사의 일을 하게 하며 그리스도의 몸을 세우려 하심이라. 우리가 다 하나님의 아들을 믿는 것과 아는 일에 하나가 되어 온전한 사람을 이루어 그리스도의 장성한 분량이 충만한 데까지 이르리니"(에베소서 4: 11-13)라고 썼다. 여기에서 목사라고 번역된 단어는 헬라어로 'poimen'이며, 문자 그대로 번역하면 '목자'라는 단어다. 영어 성경 번역자들은 '목사'

(라틴어 Pastor는 영어로 번역하면 목자라는 뜻을 가졌다)를 '목자'라는 단어 대신 사용하기로 했고, 이렇게 정한 이유는 성경 번역자들이 바울이 교회 안에 있는 구체적인 직업, 즉 목회를 인정하고자 의도한다고 믿어서다. 여기에서 주목할 점은 목회자의 역할이 제자와 선지자뿐만 아니라 전도자와 교사의 역할과도 구별된다는 점이다.

기독교인 사이에서 목회자가 될 사람들은 자기 자신을 목자로 봐야만 한다. 목자는 이스라엘의 구약과 신약 문화에서, 짐승들 사이에서 살고 지저분하다는 이유로 사회적 따돌림을 당했다. 그런데도 하나님께서는 목자를 이스라엘의 왕으로 삼으셨고 천사들이 예수님의 탄생을 처음으로 알린 사람들도 목자였다. 겸손한 위치에서 보인 그들의 봉사와 희생의 모범은 사역을 위한 성경의 모델이다. "목자는 자신의 양 떼를 양육하고 안전한 장소로 인도하며, 위험으로부터 보호하는 가운데 개인적 희생이 요구되는 상황에 종종 처하게 된다. 그들은 연민, 용기, 부드러움과 강인함이 섞인 성격을 가지고 있다."(Benner, 1998, p. 25) 우리는 겸손한 목자의 비유를 통해 하나님의 긍휼의 넓이와 우리가 긍휼의 사람이 되도록 부르심을 보며, 이러한 비유는 역사적으로 교회가 고통받는 사람들을 어떻게 대할 것인가에 대한 기초를 제공한다.

우리는 하나님께서 베푸신 위로를 받은 자로서 인내심을 만드는 위로를 가지고 시련과 고난 속에서 보존되도록(고린도후서 1: 3-7) 이웃을 위로해야 한다. 우리는 그리스도가 자기 자신을 희생하며 보여 주신 겸손함으로 남을 섬겨야 한다(빌립보서 2: 5-11). 그리고 '목자'라는 구체적인 직분을 맡은 사람들은 "…… 자신을 삼가고 성령이 감독자로 삼으신 양 떼를 보살펴야 한다."(사도행전 20: 28) 신약의 교회에서, 목양은 신분이나 위치를 나타내는 것이 아니라 오히려 섬김의 실제적인 책임이었다. 여기에서 말하는 섬김은 신뢰의 삶을 보여 주고 예수님과 같은 섬김을 통해 인도하는 것을 포함한다. 그러한 섬김은 신뢰할 만한 삶과 예수 그리스도를 닮은 성품을 보여 주고(디모데전서 3: 1-7; 디도서 1: 6-9; 베드로전서 5: 1-3), 교회 안의 연합을 유지하여 모든 신자의 영적 은사가 한데 모여 공동체의 필요를 채우고 하나님을 영화롭게 한다(고린도전서 12; 에베소서 4: 1-16). 이와 같은 공동체 안에서의 상호돌봄은 목자들의 목사로서 지도력에 의해 촉진되고 감독되며, 교회의 역사 속에서 '영혼 돌봄'이나 '목회적 돌봄'으로 칭하는 사역의 토대를 이루었다.

2. 교회의 문헌

교회 역사상 인간 고통의 본질과 인간 상태에 대한 이해는 다양했으며, 고통받는 사람들에 대한 교회의 반응도 다양하였다. 죄를 '치료'할 필요와 영적 성장을 돕는 필요는 인간의 상태에 대한 교회반응의 중심이 되어 왔다. 그 반응의 정확한 신학적 가치와 실행에는 차이가 있을 수 있지만, 죄의 결과로 고통받는 신자들의 삶을 구속할 필요성에 집중되었다(Benner, 1998; Clebsch & Jaekle, 1964; Kemp, 1947; McNeill, 1951). 이와 같은 목회 사역의 중복된 초점은 우리가 목회적 돌봄의 역사를 탐색하기 시작하면서 깊이 생각해 볼 가치가 있다.

인간의 기능을 개념화하는 보편적인 방법은 이것을 질병에서 건강한 상태로 이어지는 연속선상에서 보는 것이다([그림 1-1] 참조). 이 패러다임 안에서는 정신병리학과 심리치료는 연속선상의 질병 부분에 주로 집중한다. 정신치료에 대한 흔한 관점과 치료의 주된 목표는 증상 감소, 증상을 가진 사람들에게 개입하여 병에서 치료되기까지 도와서 질병의 증상이 더 이상 환자를 불편하게 하지 않는 시점까지 가는 것이다. 이 관점에서, 성숙되어 가는(또는 안녕을 증진하는) 작업은 정신병리학과 정신치료의 범위를 벗어난다.

범위가 단순하게 보일 수는 있지만, 이러한 관점은 현대 정신병리학이나 정신치료의 연구 및 임상과 큰 차이가 없다. 한편, 목회적 돌봄은 역사적으로 질병과 안녕이 서로 연결되어 있으며 분리될 수 없는 것으로 보았다. 목회의 범주는 항상 병적인 것과 병적이지 않은 것을 고려하였고, 회복과 성숙 모두에 집중하였다.

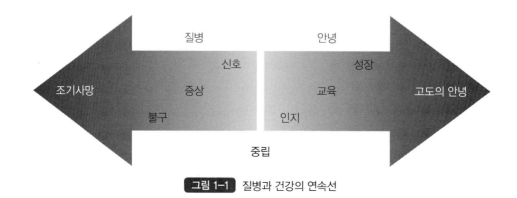

그림 1-1 질병과 건강의 연속선

1) 죄의 영향

초대 교회의 신학자들은 영혼이 죄로 오염되었으며, 그것이 믿는 사람들 안에 인간이 경험할 수 있도록 하나님께서 창조하신 '갈망'과 변질한 갈망 사이에 갈등을 일으킨다고 믿었다. 모든 고통과 장애와 시험은 결국 죄로 이어지며, 이러한 삶의 갈등들을 이해하기 위해서는 인간의 죄 지은 상태를 먼저 인정해야 한다고 하였다. 3세기 초 알렉산드리아의 신학자 오리겐은 하나님이 의도하신 대로 사람들이 살아내지 못하도록 방해하는 인간 성향의 복잡함을 이해하려고 하였다.

나는 영혼이 어떻게 자신을 이해하는지 쉽고 간단하게 설명하는 것은 불가능하다고 본다. 하지만 가능한 영혼에 대한 몇 가지 관점을 설명하고자 한다. 나는 사람의 영혼이 자기에 대해 두 가지 요소, 자신 안에 무엇이 있는지와 그것이 어떻게 작동하는지, 즉 본질적으로 어떠한지와 타고난 기질이 어떠한지를 알아야만 한다. 예를 들어, 타고난 기질이 좋은지 아닌, 영혼의 성격이 선한지 아닌지, 의도가 바른지, 의도가 옳더라도 행동에서처럼 생각에서 덕을 추구하는지, 또는 단지 필요한 것들과 쉬운 것들에 대해서만 같은 열정이 있는지, 더 나아가서 진보하고 있고 사물에 대한 이해를 얻고 덕목에서 자라며 잠잠히 머무르며 자신이 지금까지 성취할 수 있었던 일들에 안식할 수 있는지, 자신의 발전만을 섬기는지, 다른 사람들에게도 유익을 끼칠 수 있는지, 그리고 그들에게 가르치거나 본을 보임으로써 유익을 끼치는지 알아야 한다. 또한 영혼은 자기 자신을 다른 방법으로 알아야 하는데, 즉 선한 행위를 기꺼이 직접적으로 의도하지만, 악한 행위도 의도적으로 하는지, 사도가 이야기했듯이 연약함을 통하여 원하는 것은 하지 아니하고 원하지 않는 것은 하는지 알아야 한다. 악행을 의도적으로 저지르는지 아니면 단순히 좋아한다는 이유로 선택하는지, 제자들이 말한 것과 같이 어떤 약점을 가지고 좋아하지 않은 일을 선택하고 수행하는 것과 이와 반대로 선행을 열정과 확실한 의도를 가지고 수행하는지를 말한다. 예를 들어, 과연 영혼은 특정 인물들 앞에서만 화를 조절하며 신경 쓰지 않을까? 아니면 늘 화를 조절하며 남들 앞에서 절대로 드러내지 않을까? 음흉함도 마찬가지이다. 과연 영혼은 특정 음흉한 행동만 이겨내고 다른 것들은 받아들이는가, 아니면 처음부터 모든 음흉한 것을 인정하지 않는가?(아가 2장, Oden, 1987, 3: 35에서 인용).

오리겐의 업적은 복잡한 인간의 성향뿐만 아니라 사람들이 영혼과 감정의 안녕을 촉진(혹은 촉진하는 것에 실패)하기 위해 자기반성의 필요성도 중요하다고 한 것이다.

죄를 분류하는 일은 초대 교회의 주된 업무였고, "삶의 경험과 영혼의 인도 안에서는 회개가 필요한 다양한 생각과 행동의 범죄에 관심이 집중됐다."(McNeil & Gamer, 1938, p. 18) 이러한 죄의 목록들은 초대 교회 안에서 회자되었고, 죄에 대한 교회의 반응과 목회적 상담을 위한 적절한 안내를 작성하는 데 기초가 되었다. 2세기에 허마(Hermas)는 회개가 필요한 열두 가지 종류의 죄를 정의했다. 불신, 무절제, 불순종, 속임수, 슬픔, 사악함, 무자비함, 분노, 허위, 어리석음, 험담, 증오가 그것이다. 3세기 카르타고의 주교였던 사이프리안(Cyprian)의 죄의 목록에는 여덟 가지 죄가 포함됐다. 탐욕, 욕망, 야망, 분노, 자부심, 술 취함, 시기심, 욕설이 그것이다(McNeil & Gamer, 1938, p. 18).

5세기 초에 북아프리카 히포(Hippo)의 교주였던 어거스틴(Augustine)은 하나님께서 선하다고 평가하신 것들을 흐트러트리는 것이 죄라고 정의했다. 그의 말에 따르면, 영혼의 장애는 하나님께서 제정하신 미덕을 왜곡한 것이다. 구체적으로, 어거스틴은 '흐트러진 사랑'에 대해 다음과 같이 썼다.

> 의롭고 거룩한 삶을 사는 사람은…… 하나님의 사랑을 질서 있게 정리하여, 사랑하는 것이 옳지 않은 것은 사랑하지 않고 사랑해야만 하는 것을 사랑하는 데는 실패하고, 또는 덜 사랑해야 하는 것을 지나치게 사랑하고(또는 더 사랑해야 하는 것들을 덜 사랑하고), 또는 둘 중의 하나가 덜 사랑받거나 더 사랑받아야 하는데 둘 다를 같이 사랑한 것을 하지 않는 것이다. 모든 죄인은 죄인이므로 사랑받아서는 안 된다. 모든 사람은 하나님 때문에 사랑받아야 하고, 하나님도 사랑받으셔야 한다. 만약에 하나님이 사람보다 더 사랑받아야 한다면, 모든 인간은 하나님을 자신보다 더 사랑해야 한다. 마찬가지로 다른 사람은 우리의 몸보다 더 사랑받아야 한다. 왜냐하면 다른 사람은 몸이 즐길 수 없는 방법으로 우리와 함께 하나님을 즐거워할 수 있고 모든 이는 하나님 때문에 사랑을 받아야 하기 때문이다. 모든 사람은 동등하게 사랑받아야만 한다(Augustine, 1997, 1.59-60, p. 21).

잘못된 사랑과 잘못된 갈망에 대한 강조는 신학적 통찰이 목회자들이 "인간의 경험을 이해하고 해석하는 데"(Tidball, 1988, p. 493) 도움을 줌에 따라 역사적인 목회 돌봄의 대부분을 규정짓는다.

존 캐시안(John Cassian)은 5세기에 활동한 수도승으로서 서양 교회에 동양 수도원 생활을 소개했으며, 잘못된 갈망을 여덟 가지 악, 즉 폭식, 음행, 탐욕, 분노, 낙담, 권태, 허풍, 자부심으로 분류하였다. 그는 이러한 죄에 대한 설명과 함께 그것들의 '치료'를 안내하였다(McNeil & Gamer, 1938). 6세기 말에 그레고리(Gregory) 교황은 캐시안의 여덟 가지 죄의 순서와 치료법을 수정하여 교만함(하나님에 대한 영혼의 반역)과 욕망(영혼에 대한 육체의 반역)에 중점을 두었다. 그레고리 교황이 수정한 여덟 가지 죄는 자존심, 허영심, 부러움, 분노, 낙담, 탐욕, 폭식, 정욕의 순서로 정리됐다.

　캐시안과 그레고리 교황이 적은 대죄 또는 악의 목록은 수 세기 동안 교회의 분류체계의 기초를 형성하였다. 이후 대죄의 목록과 상응하는 선행의 목록이 나타나 '악'의 병적 지향에 대응해 '안녕'의 성향을 제시하였다. 대죄는 "다른 죄를 끊임없이 만들어 내는 죄의 원천으로 여겨졌다."(DeYoung, 2009) 모든 대죄의 근본으로 알려진 교만은 일곱 가지 대죄를 일으키며, 결과적으로 이들로 인해 생겨나는 것으로 보이는 다른 악들을 일으킨다. 예를 들어, 정욕은 세상을 사랑하는 악, 마음의 맹목성, 불안정, 자기 사랑, 조급함, 하나님을 싫어함, 사나움, 사려 깊지 못함과 절제 부족과 같은 다른 악으로 이끈다. 그것으로부터 4대 덕목(신중함, 정의, 절제, 용기)과 3대 신학적 미덕(믿음, 소망, 자비)이 자란다. 악과 마찬가지로, 이러한 미덕은 덕스러운 열매를 맺는 것으로 알려졌다. 예를 들어, 희망은 훈육, 기쁨, 인내, 신중함, 회개, 고백과 참회의 고결한 열매로 이

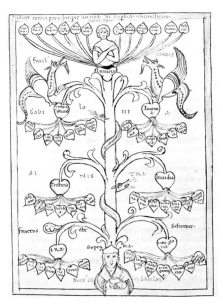

그림 1-2 13세기 초 필사본, 『speculum Virginum』의 악의 나무

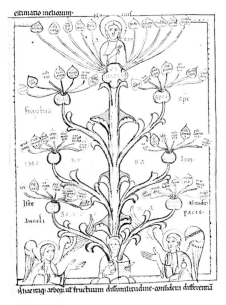

그림 1-3 『speculum Virginum』의 덕의 나무

끈다. 이러한 악과 미덕의 목록은 중세 예술에서 나무로 표현되었다.

악의 나무의 나뭇가지는 땅을 향해 매달려 있지만, 덕의 나무의 나뭇가지는 하늘을 향해 들어 올려져 있다. 미덕과 악은 단순히 잘못된 행동이나 올바른 행동 이상으로 이해됐다. 드영(DeYoung, 2013)의 말에 따르면, 그것들은 타고난 인식, 사고, 느낌과 반응으로 보였으며, 시간이 지나면서 우리의 행동에 적용된 누적된 틀을 나타낸다.

그레고리 교황은 인간의 본질에 대한 분류를 악을 넘어 확장했고, 사람들이 다른 성격적 특징을 가지고 있어서 "하나의 같은 훈계는 모두에게 해당하지 않는다."(Gregory, 1978, p. 89)고 하였다. 이것은 중요한 목회적 통찰이었다. 그레고리 교황은 목회자가 영혼을 돌보기 위해 접근할 때 "개개인의 필요에 적절하게 맞추어야 하지만 일반적인 교화의 기술에서 벗어나면 안 된다."(Gregory, 1978, p. 89)라고 하였다. 그레고리 교황은 이 밖에도 목회자가 상담하거나 책망할 때 고려해야만 할 다양한 성격과 상태의 양극단을 잘 이해하도록 하는 분류 체계를 계속 만들었다. 성과 나이와 사회적 위치에 더하여, 이러한 범주에는 즐겁고 슬프고 현명하고 지루하며 뻔뻔하고 소심하고 무례하고 약한 마음이 포함되어 있다. 또한 참을성이 있고, 친절하고, 부러워하고, 성실하고, 숨을 쉬고, 아프고, 두렵고, 영향을 받지 않음 등도 들어 있다. 더 나아가, 암담하고, 말이 많고, 게으르고, 성급하고, 온유하고, 담즙이 많고, 겸손하고, 거만하고, 고집스럽고, 변덕스럽고, 탐욕스럽고, 금욕적이며 관대하고 도둑질하며 불협화음이 있거나 화해함 등이 포함되어 있다. 이러한 범주는 인간의 영혼이 기질로 불리는 상태뿐만 아니라 죄 된 악 때문에 생기는 영혼의 상태를 입증한다.

6세기 후반까지 아일랜드의 켈트족 작가들은 고행과 관례 지침을 통제할 수 있는 여러 참회서를 출판하였다. 대부분의 책은 캐시안과 그레고리 교황의 추종자들이 작성했고 그들은 중세교회의 목회적 안내의 초점을 만들어 가는 데 큰 영향을 주었다.

중세시대에는 목회적 돌봄의 유일한 발전은 아니지만, 성찬의 중요성을 더욱 강조하였다. 다른 강조된 요소들로는 베르나르드 클레르보(Bernard of Clairvax)와 힐데가르트 폰 빙엔(Hildegard of Bingen)이 연구한 실천적인 영성이 있다. 빈곤층에 관한 관심 면에서도 발전이 있었는데, 가난한 자들에게 다가간 유명한 인물로는 아마 아시스의 프란치스코(Francis of Assisi)를 들 수 있을 것이다.

1600년에 이그나티우스 로욜라(Ignatius Loyola)는 영혼은 황량해지는 본질을 가지고 있다고 묘사했고 오직 위로를 통해서만 회복될 수 있다고 묘사하였다.

나는 창조주이시고 주님이신 분의 사랑으로 인해 영혼이 일어나고 세상에 존재하는 피조물들을 그 자체 때문이 아니라 모든 것의 창조주이신 분으로 말미암아 사랑할 수 있게 되는 것을 위로라고 부른다. …… 나는 믿음, 소망, 자비를 더하며 하늘에 속한 것들을 불러 모으며 한 사람의 영혼을 예수 그리스도의 평화와 고요함으로 감동하며 구원하는 내면의 기쁨을 모두 위로라고 부른다.

나는 모든 세 번째 법칙과 반대되는 것, 즉 믿음, 희망, 사랑의 상실을 초래하며, 영혼의 어둠, 마음의 혼란, 천한 지상의 것에 대해 끌리게 하고, 많은 방해와 유혹에서 비롯되는 불안감을 황량함이라고 부른다. 또한 영혼이 마치 창조주한네서 떨어져 나온 것처럼 완전히 무감각하고 미온적이며 슬픈 것도 황량함이다. 위안이 황량함에 반대되는 것처럼 위안을 통해 떠오르는 생각들과 황량함을 통해 떠오르는 생각들은 서로 반대된다(영성실습들, Oden, 1987, Vol. 4. p. 73에서 인용).

종교 개혁 당시 목회신학의 발전은 마르틴 부처(Martin Bucer), 마르틴 루터(Martin Luther)와 존 칼빈(John Calvin) 등 많은 사람에 의해 이루어졌다. 개신교 목사들은 죄의 본질과 영혼들을 지도하는 데 있어서 목회자의 역할에 대해 교육하기 시작했다. 아마도 목회적 돌봄에 관한 가장 체계적인 글은 청교도들 사이에서 볼 수 있을 것이다. 흥미롭게도, 청교도들의 저술들은 관심이 가는 주제들의 영적인 원인과 자연적 원인의 차이를 구분하고 있음을 입증한다. 예를 들어, 청교도들의 시대에 '우울함'으로 불린 일반적인 우울증은 영적 원인으로 인한 우울증과는 따로 분리되어 해석되었다. 당시 일반적인 우울증은 그저 심리적 원인으로 인해 발생한다고 추정되었으나 확실하지는 않다. 청교도 기자들은 영적 우울함은 성경 읽기, 목회 상담, 협동 예배, 기도와 성령의 인도함 같이 기독교인들에게 가능한 자원들을 통해 가장 잘 치료된다고 보면서 영적 원인과 치유에 집중하였다.

이처럼 피상적으로 교회 문헌들을 간단하게 살펴봐도 우리 영혼의 돌봄은 질병과 안녕이라는 두 관점 모든 면에서 인간의 상태와 영혼의 돌봄에 대한 다양한 전통을 가지고 있음을 드러낸다. 이렇게 발전하는 분류체계를 통해 목회신학자들은 그들의 돌봄이 필요한 사람들에게 목회자들이 반응할 수 있는 적절한 치료와 회복의 전략들을 마련했다.

1) 교회의 반응

신약 시대의 마지막에 교회가 성장하고 세계로 펼쳐 나가면서 심각한 박해를 받게 되었다. 교회의 성장과 감당해야 하는 핍박에 대응하여 교회 내에는 새로운 직분과 늘어 가는 체계가 나타났다. 목회 사역은 종종 엄청난 시련에 직면한 공동체 내의 사람들을 지지하는 데 집중되었다. 그리스도의 임박한 재림에 대한 기대는 공동체에 인내하는 힘과 희망을 주었고, 이러한 기대는 점차 고해성사가 교회 생활의 중심이 되는 데 이바지했다. 2세기까지 개인적인 지도와 공개적 신앙고백을 위한 표준화된 방법들이 교회 내에서 발전했다(Holifield, 1983). 죄의 상태에 대한 교회의 반응과 구제책은 서로에게 고백(야고보서 5: 16; 요한일서 1: 9)하고 회개(누가복음 5: 32; 사도행전 5: 31; 고린도후서 7: 10; 베드로후서 3: 9)하는 것이었으며, 이것들은 현대까지 교회반응의 기초를 형성하였다(Benner, 1998).

고백이 공개적이고 교회의 정기 모임의 핵심 요소였다는 증거가 많이 있다. 신약성경이 끝난 후의 한 세대에 관해 적은 디다케(Didache)는 주일날 성도가 함께 모여서 "죄를 고백하고 악한 양심으로 기도하지 말며, 빵을 나눠 먹고 감사 기도를 드리기 전에 죄를 먼저 고백하여 제물이 정결해지도록 하라."(Richardson, 1970, pp. 173-178에서 인용)라고 했다. 그러나 점차 죄의 고백은 더욱 사적인 일이 되었다. 4세기에 카이사레아(Caesarea)의 바실(Basil) 주교는 죄의 고백이 신체적 질병과 관련된 원칙과 같다고 제안하였다. 사람이 자기 몸의 연약함을 모든 사람에게 드러내지 않고 치료에 능숙한 사람에게만 드러내는 것처럼, 영적인 치료를 줄 수 있는 사람에게만 죄를 고백해야 한다는 것이다. 5세기에 레오(Leo) 교황은 죄의 고백은 사제에게 비밀리에 하는 것으로 충분하다고 선언했다. 그는 공개적 고해성사가 계속되는 것은 위험하며, 공개적인 고해성사가 요구되면 많은 사람이 회개하지 않을 것이라고 생각했다(Kemp, 1947).

이처럼 공적인 죄의 고백이 사적인 죄의 고백으로 변한 것은 자격을 갖춘 돌봄자에게 죄를 고백하는 것의 가치와 함께 개인 차원의 죄의 고백을 원하는 사람들이 늘었다는 것이다. 개인 차원의 틀이 필요했던 사람들의 갈망에 가치가 있다는 초점으로 기독교 신앙이 움직였다는 것을 보여 준다. 아르메니아에서 열린 두 번째 다빈(Davin) 총회는 고해성사 내용을 폭로한 사제는 혐오의 대상이 되어야 한다고 선언함으로써 죄 고백의 비밀을 보장했다. 훗날 이 사건은 '고백의 인장'이라고 알려졌다(Kemp, 1947).

고해성사가 영혼의 돌봄의 주요한 초점이 되면서 회개가 고해성사의 주요한 요소였다. 이러한 강조는 궁극적으로 6세기에 '참회'의 형식으로 성문화되었다. 아마도 그레고리의『목회적 돌봄』(591)이라는 책으로부터 영감을 받아서 사제들이 고해성사를 받는 자의 역할을 하도록 돕는 핸드북이 다수 나온 것 같다. 그레고리의 책은 주로 목회자 지도력의 자질, 다양한 스타일과 기질의 사람들에게 가장 효과적으로 반응하는 방법들에 초점을 두었지만, 이어진 참회는 일반적으로 알려진 죄의 목록들과 서로의 용서를 받는 데 필요한 회개로 이루어진다. 게다가, 그들은 사제들이 회개하는 사람들을 수용하고 다루는 방법의 개요를 보여 주고 있다(McNeil & Gamer, 1938).

참회는 공적 고백에서 사적 고백으로 바뀌는 데 중요한 요인이 되었다. 많은 사람이 그 당시 의학적 모델의 은유, 아이디어 및 언어를 사용했다. 예를 들어, 7세기의『콜룸반의 참회(Penitential of Columban)』에는 다음과 같이 기록되어 있다.

> 몸을 고치는 의사들조차도 다양한 종류의 약을 준비한다. 그들은 상처 치료, 열을 내리는 것, 부기 빼는 것, 타박상 치료, 궤양 치료나 결함이 있는 질병 치료와 골절 치료와 화상 치료도 모두 각각 다른 방법으로 치료한다. 그러므로 영적 치료사도 영혼의 상처, 열기, 범법함, 슬픔, 질병, 연약함을 다양한 치료법으로 치료해야 한다(McNeil & Gamer, 1938, p. 251에서 인용).

비슷하게, 8세기에 신망 있는 베데(Bede) 주교는 '영혼의 의사'는 몸을 치료하는 의사가 병에 따라 다양한 처방을 내리듯이 다양한 영적인 상황의 상태를 허용해야 한다고 제안했다.

참회의 저자들은 때때로 그들의 강의안에서 혹독하긴 했지만 "인간의 본성에 대한 동정적인 지식과 남녀를 그들의 비행으로 인한 정신적 집착과 사회적 부적응으로부터 구해 내려는 열망"(McNeil & Gamer, 1938, pp. 45-56)을 보여 주었다. 그들은 죄인들의 상태와 그러한 상태에 영향을 미칠 수 있는 요인들과 그들에 대한 교회의 반응을 이해하고자 하였다. 8세기의『비고티안의 참회(Bigotian Penitential)』에서는 죄의 고백과 고해의 과정에서 "참회자의 나이와 성별, 훈련, 용기, 죄로 이끈 힘, 공격받은 정열, 죄를 지은 기간과 고통받은 슬픔과 부담"(Kemp, 1947, p. 29) 등을 고려해야 한다고 제안했다.

> 회개는 죄인에게 재활의 수단을 제공했다. 그는 교회, 사회 및 하나님과 조화로운 관계를 회복하는 방법에 대한 지침을 받았다. 사회적 비난에 대해 속죄하는 과정으로부터 자

유로워져서 그는 자신의 범죄로 인해 잃어버린 개인적 가치를 회복한다. 그는 다시 한번 정상적인 사람으로 기능할 수 있게 된다. 신학적 고려를 넘어서, 우리는 상세한 처방에서 내적인 도덕적 변화의 목적, 특별한 개인적 결함의 수정을 포함하고 인격을 재구성하는 과정의 설정이 포함된 성격 재통합의 과정을 본다(McNeil & Gamer, 1938, p. 251).

하나의 집단으로서 참회자들은 '반대의 원칙'이라고 부르는 것으로 영혼을 치유하려고 노력했다. 각 악은 상응하는 미덕으로 대체되어야 한다. 그 배후에 있는 신학은 분명히 율법주의적이며, 형벌은 종종 비인도적일 정도로 심각했다. 그러나 그들의 목표는 죄로 인해 잃어버린 죄인들의 영적 건강을 돌보는 것이었다. 교회 생활에서의 고백과 참회의 장소는 또한 영혼의 의사로서 사제의 역할을 굳건하게 해 주었다.

1215년에 열린 제4차 라테란 공의회(The Fourth Lateran Council)에서 모든 사람은 적어도 매년 한 번씩 지역에 있는 사제에게 자신의 죄를 고백해야 한다고 지시가 내려졌고, 12세기에 이르러 사제 사면은 온전히 성스럽다는 이론이 등장했다. 죄와 고백에 대한 교회의 체계적인 반응은 16세기에 상상할 수 있는 모든 영적 딜레마를 해결하기 위해 착수한 복잡한 사법 체계의 정교함(특정 사례에 대한 일반 원칙의 적용)과 함께 어느 정도 완성된 것처럼 보였다(Holifield, 1983).

종교 개혁과 함께 목사의 역할이 공동체 안에서 '목자'로서 새롭게 강조되었고 상호 책임과 돌봄을 하는, 즉 모든 신자의 사제로서 해야 할 역할에 초점이 맞춰졌다. 개신교의 개혁자들은 바울이 데살로니가 교회에 보낸 첫 번째 편지에서 묘사한 바와 같이 목사의 주요 역할은 양 떼에게 부드러운 보살핌을 제공하는 것이라며 다음과 같이 썼다. "우리가 그리스도의 사도로 능히 존중할 터이나 너희에게든지 다른 이에게든지 사람에게는 영광을 구하지 아니하고 오직 우리가 너희 가운데서 유순한 자 되어 유모가 자기 자녀를 기름과 같이하였으니."(NIV성경, 1984; 데살로니가전서 2: 6-8)

17세기에 리처드 박스터(Richard Baxter)는 다음과 같이 썼다. "우리는 아비가 자녀에게 느끼듯이 우리 사람들에게 느껴야 한다. 그렇다. 어머니의 가장 애틋한 사랑도 우리의 사랑을 뛰어넘어서는 안 된다."(Baxter, 1931, pp. 178-179) 박스터는 목사로서 그가 성공한 원인이 그의 목회적 돌봄 덕분이라고 느꼈다. 그는 가족 방문의 관습이 있었다. 또한 "나는 그들에게 공적 설교를 통해서보다 이런 방문 사역을 통해 더 많은 외적인 성공의 징후를 본다."(Baxter, 1829, p. 80)라고 하였다. 박스터는 가족 방문, 목회 상담 및 설교를 통하여 자신이 돌보는 사람들의 영적 상태에 관해 이야기했다. 청교도들은 신학적 진리에 대한 강조로 알려졌지만, 그들의 진정한 관심은 하나님께서 그의 백성의 마음속에서 일하사 참된 믿음이 "이성뿐만 아니라 애정"(Packer, 1990, p. 132)임을 주장하는 것이었다.

박스터의『기독교 명부(Christian Directory)』(1673)는 아마도 목회적 돌봄에 관한 가장 포괄적이고 광범위한 청교도의 작품일 것인데 더 젊고 경험이 적은 목회자들에게 '실제 삶에서의 경건'에 대하여 쓴 것이다. 청교도들은 사람들을 영적으로 병든 것으로 여겼고, 그들의 치료법은 치유를 가져오는 것이었다.

> 청교도들은 진리에 순종하면 치유될 것이라고 말했다. 우리가 모두 죄로 인해 영적으로 병들었기 때문에 그 말이 맞다. 여기서 죄는 나의 마음을 소진시키고 죽인다. 거듭나지 않은 사람들은 병들어 죽지만 그리스도를 알고 거듭난 사람들도 다시 병이 지속되긴 하지만 삶에서 계속되는 은혜의 역사로 점차 나아지고 있다. 그러나 교회는 그 누구도 완전히 건강하지 않고 누구든 언제든지 다시 병들 수 있는 병원이다(Packer, 1990, p. 65).

목회자들은 영적 질병을 정확하게 진단하고 성경적 치료를 제공할 수 있도록 자기성찰에 중점을 두었다. 성경적 치료법은 성령께서 확증하심으로 양심에 주어지는 성경 해설이다.

토마스 오덴(Thomas Oden)은 4권으로 구성된 그의 문집『고전적인 목회 돌봄(Classical Pastoral Care)』에서 목회 돌봄에 관한 문헌들에 반복적으로 나타나는 다섯 가지 주제가 효과적인 영혼 돌보기의 본질에 대한 교회의 역사적 관점을 설명하고 있다고 하였다. 이러한 주제들은 효과적인 치료적 관계들에 관한 현대 심리학 연구 결과들과 놀라울 정도로 유사하다. 그것들은 "첫째, 정확한 공감적 경청, 둘째, 진정성 있는, 자기 경험 과정에 대한 열린 인식, 자신의 영혼, 가장 깊은 내적 경험에 대한 신뢰와 완전한 자기 공개 능력, 셋째, 조건 없는 수용과 사랑, 넷째, 철저한 자기 탐색, 다섯째, 이야기의 희극적인 통찰력"(Oden, 198s 7, Vol. 3, p. 7)이 포함되었다. 다음의 예들은 목자나 영혼의 주치의와 치료를 받는 사람 사이의 관계가 효과적인 목회적 보살핌의 중심이라는 것을 인식한 목회학 신학자들의 현명한 조언을 강조한다.

가난하고 멍든 사람들을 돌보는 데 평생을 바친 이탈리아 시에나의 신비주의자 캐서린(Catherine)은 목회적 돌봄에서의 공감에 대해 다음과 같이 묘사하였다.

그들은 약한 자들과 함께 약해짐으로써, 그들이 절망에 빠지지 않고 자신의 허약함을 더 드러내도록 용기를 주고 그들의 약함을 지지하기 위해, "나도 너와 함께 약하다!"라고 말하곤 했다. 그들은 눈물을 흘리는 자들과 함께 울었고, 기뻐하는 자들과 함께 기뻐했다. 그러하여 그들은 모든 사람에게 은혜를 베풀고, 선하고, 덕을 베풀기를 좋아하고, 시기심으로 인해 괴로워하지 않고, 이웃과 아랫사람들을 향한 사랑의 넓이가 확장되었다. 그들은 불완전한 사람들을 불완전한 가운데서 끌어냈고, 그들과 함께 불완전하고 약해졌으며, 내가 너희에게 말한 것처럼, 진정으로 거룩한 동정심을 가지고, 그들을 고치며 그들이 지은 죄에 대하여 참회하게 해 주었다. 그들은 사랑을 통하여 함께 고행을 견뎌냈다. 사랑함으로 고통을 준 사람들은 고통을 감당하는 사람들보다 더 많은 고통을 겪었다(*A Treatise of Prayer*, Oden, 1987, Vol. 3, pp. 8–9에서 인용).

4세기 밀라노의 암브로스(Ambrose) 주교는 그의 책 『성직자의 의무』에서 영혼을 돌보는 사람들은 자신을 알 필요가 있다며 다음과 같이 기록했다. "축복된 삶은 분명히 외부인의 평가에 의해 가치 있게 받아들여지는 것이 아니라 그 자체로서 내면에 갖는 느낌에 의한 것이다."(Oden, 1987, Vol. 3, p. 19에서 인용) 사도 베드로는 우리가 서로를 깊이 사랑한다면, 그러한 사랑은 우리가 서로에게 지은 허다한 죄를 덮는다고 하였다(베드로전서 4: 8). 13세기의 토마스 아퀴나스(Thomas Aquinas)도 영혼을 돌보는 사람들에게 비슷한 말을 했다. "사람들은 당신이 거짓 없이 그들을 사랑한다는 것을 알게 될 때, 그들은 당신의 말이 무엇이든지 듣고 무엇이든지 받아들일 것이다. 우리는 우리를 완전히 사랑하는 사람으로부터 오는 모든 것을 잘 받아들일 것이다(*Commentary on Sentences*, Oden, ces, 1987, Vol. 3, pp. 8-9에서 인용)."

11세기 성 티에리의 베네딕토회 수도원장 윌리엄(William)은 마음의 동기와 그에 따른 행동을 알기 위해 자신을 엄격하게 성찰하는 것의 중요성에 관해 썼다.

이곳저곳으로 옮겨 다님으로써 영혼의 병을 피하려는 시도는 마치 자신의 그림자로부터 도망가는 것과 같다. 그들은 파리들처럼 자신을 데리고 다닌다. 그는 자리를 바꾸지만, 영혼은 바꾸지 않는다. 그는 장소와 관계없이 동일하며 마치 병든 사람이 운반되며 흔들려 고통을 겪듯이 자주 옮겨 다니므로 상태를 악화시킨다(*The Golden Epistle*, Oden, 1987, Vol. 3, p. 42에서 인용).

16세기 성공회 목사 조지 허버트(George Herbert)는 다른 사람들의 영혼을 돌보는 사역에는 약간의 유머와 '유쾌한 성향'이 필요하다고 하였다. 그는 "유쾌함으로 맛을 낸 교훈들은 더 빠르고 더 깊게 받아들이도록 해 준다."(The Country parson, Oden, 1987, Vol. 3, p. 47)라고 주장했다.

우리는 이 모든 것을 통하여 사람들의 죄와 고통의 본질에 대한 예리한 인식과 함께 사람들의 특정한 필요를 위한 영혼의 돌봄 의사들이 자비롭게 반응하였음을 본다.

기독교 역사를 통틀어 교회는 영혼을 돌보는 데 헌신해 왔다. 이러한 노력은 죄가 인간의 고통과 기능 장애의 원인이며, 그 해결책은 죄와 고통의 현실에 대한 자비로운 복회적 돌봄의 반응에서만 찾을 수 있다는 기본적인 이해가 뒷받침하고 있다. 그리고 우리가 이미 언급했듯이, 교회 안에서의 목회적 돌봄은 항상 인류와 영혼의 본질(오늘의 '심리 병리학'이라고 할 수 있는 것)과 기존에 존재하는 돌봄 모델의 이해들(오늘의 '심리치료'라고 할 수 있는 것)을 활용하며 유익을 얻었다.

이는 20세기까지 목회 작가들의 문헌에서 분명하게 나타나고 있다. 맥케이(W. M. MacKay)는 그의 저서 『죄의 병과 치료(The Disease and Remedy of Sin)』(1968)에서 영혼의 질병을 세 가지 범주(육체의 질병, 마음의 질병, 영혼의 질병)로 나누었고, 그 은유적 언어로 표현된 치료들은 당시의 의학 및 심리학 개념에서 온 것이다. 서문에서 그는 자신의 목적을 다음과 같이 설명한다.

> 이 책의 목적은 실제 생활과 멀어진 참된 종교를 전하고자 하는 것이다. 참된 종교의 진리는 영적 건강의 법칙들이며, 버리는 사치품이 아니라 우리가 먹는 빵이나 숨 쉬는 공기보다 더 필요하다. 이를 위해 건강과 질병에 대한 영혼의 다양한 경험을 의학적 관점에서 검토해 왔다. 따라서 이 책은 의학적 관점에서 볼 때 죄와 구원의 심리학적 수필로 설명될 수 있다. 모든 곳에서 기독교를 영적 질병의 돌봄과 치료로 간주한다. 일반적인 생각의 범주는 '영적 건강'이고 명령하는 목표는 '영생'이다(MacKay, 1918, p. vii).

그런데도 뚜렷하게 구별되는 인간의 상태에 대한 기독교적 이해와 죄와 고통에 대한 치료책들은 20세기와 21세기에 부상한 현대 정신병리학과 심리치료의 도전을 받아 왔다. 그 결과, 현재 교회 목회 사역의 현황과 그것이 정신건강 분야의 현대적 모델과 가진 관계는 불분명하다.

3. 현대의 목회 돌봄

지난 50년 동안 전통적인 목회적 돌봄에 어떤 이상한 운명이 닥친 것일까? 목회적 돌봄은 일련의 심리치료에 꾸준히 수용되어 왔다. 그 자체의 고전적인 목양적 돌봄에 대해 깊이 잊혀진 상태가 되었고, 위대한 전통의 훌륭한 인물들에 대한 기억이 희미해지며, 좀 더 관대하게 말해 고전적인 목회적 돌봄에 대한 무지가 커지고 있다고 하겠다(Oden, 1984, p. 2).

현대 정신병리학과 심리치료의 출현은 물질주의적인 이념에 기초하였고, 종교적이고 초자연적인 세계관을 부인하며 인간 고통에 대한 이해나 그 치료에 대한 접근을 좀 더 '과학적'으로 제공하였다. 뚜렷한 기독교 목회적 모델들은 교회가 서서히 '새로운' 학문 분야에 매료됨에 따라 뒷배경으로 물러나기 시작하였다. 클렙시(Clebsch)와 재클(Jaekle)은 우리 문화에서 현대 심리학의 존재와 탁월함이 교회를 침묵시켰고 한때 영혼 치료의 중요했던 사역에 근본적인 균열을 일으켰다고 주장했다.

이에 대해 오덴은 다음과 같이 말했다.

1920년 이후에 무슨 일이 일어났는가? 마치 느린 단진자가 점차 방향을 바꾸어 현대의 심리적 적응을 향해 머리를 휘두르기 시작한 것 같다. 목회적 돌봄은 곧 정신분석학, 정신병리학, 임상치료법과 전반적으로 프로이트(Freud)를 따르게 되는 치료법에 관한 관심을 깊게 갖게 되었다. 전통적인 목회적 돌봄의 지혜들은 깊은 잠에 빠졌다(1998, pp. 22-23).

데이비드 베너(David Benner)는 현대 정신병리학과 심리치료의 부상이 인간의 영적인 면과 심리적인 면을 인위적으로 분리해 버렸다고 주장했다. 그처럼 영혼을 심리적인 부분과 영적인 부분으로 나누면서 교회는 "사람의 영적인 부분과만 관련이 있다고 평가되는 결과를 낳았다." 따라서 "교회는 크게 내면적인 삶의 문제들을 전체적으로 넓게 설계하거나 안내해 주는 노력을 포기하게 되었다. 이것이 결국에는 심리치료사가 성직자를 대신하여 영혼을 치료하도록 이끈 것이다."(Benner, 1998, pp. 13-14)

1) 심리적 · 영적 분리

이제 우리는 심리적 영역과 영적 영역을 다른 두 영역으로 나누어 사람의 본질을 이해하는 사회적 관점을 가지게 되었다. 각 영역의 질병과 치료법이 별개의 이데올로기, 별도의 훈련 경로 및 별도의 전문적 정체성을 갖는 거의 완전히 구분된 학문의 영역이 되었다. 사람의 '심리적' 본성에 관한 전문가는 사람의 '영적' 본성과 무관하게 훈련받을 수 있게 되었고, 사람의 '영적' 본성에 대한 전문가는 사람의 '심리적' 본성을 거의 또는 전혀 고려하지 않고 훈련받게 되었다. 우리는 분열된 영혼의 개념을 받아들였기 때문에 인간의 심리적 고통과 갈등(정신병리학)의 본질을 이해할 때 종종 영적 현실이나 기독교 역사적 관점 또는 이러한 관점들을 영적으로 적용하지 않고 이해하게 된다.

영혼의 돌봄이 (특히 개신교 전통에서) 목회자와 사역자들에게 덜 중요한 역할이 되면서, 교회는 힘든 사람들을 돌보는 역사적인 역할을 포기하기 시작했다. 많은(또는 대부분의) 전통에서, 목회는 전도, 교육 및 교회 행정과 연관이 되었고, '목회적 돌봄'과 '영혼의 의사'라는 비유와는 그 관계성을 잃어버렸다. '영적' 보살핌은 신앙공동체의 삶에서 거의 지속해서 없어졌고, 독립적인 영적 지도자와 목회 상담자들에 의해 이루어졌다. 전통적으로 이상적인 영혼의 돌봄에 집중하는 대부분의 교회는 그러한 돌봄을 심리치료모델에 기반한 프로그램에서 훈련받은 평신도 상담사나 교회 소속 심리치료사에게 제한한다. 이 모든 다양한 사역(영적 지도, 목회 상담, 평신도 상담)은 교회와 사회에 엄청난 가치가 있지만, 역사적으로 목회적 돌봄의 중심 되는 임무를 잃어버리고 교회는 정신건강 분야에 대화와 협력을 통해 효과적으로 참여할 수 있는 플랫폼을 제공하지 않았다.

우리는 사람의 죄와 고통을 이해하면서 영적인 것과 심리적인 것을 다시 합하여 우리 생각 속에서 그것들을 나누는 것을 없애야 한다고 강하게 믿는다. 이렇게 함으로써 기독교의 목회적 돌봄의 전통이 교회의 사역 안에 재등장하여 죄와 고통에 효과적으로 대응할 수 있으며, 의도적으로 현대 정신병리학과 심리치료의 발전을 통합하고 연구나 치료에서 정신건강 전문가들과 협력할 수 있다. 토마스 오덴이 말했듯이, "오늘날 기독교 목회적 돌봄의 고전적 모델을 재발견하고 재조명하여, 지난 50년 동안 무시되어 왔던 고전적인 전통의 주요 내용들이 지나간 어느 기독교 역사의 세기에서도 전례가 없었던 깊이를 다시 한번 갖는 노력이 필요하다."(1988, p. 17)

2) 영혼 분리의 폐지

교회의 목회 돌봄 사역은 영혼을 돌보기 위해 역사적으로 영적·심리적 자원을 사용해 왔다. 이러한 것들이 지난 한 세기 동안 나뉘어져서 심리적 자원은 교회 사역에서 분리되었다. 심리적 돌봄은 정신건강 전문가의 영역으로 간주되고, 영적 돌봄은 전문 성직자의 영역으로 간주된다. 전문영역으로 분리하는 것의 지혜로움도 있지만, 우리는 오늘날의 명백한 분리가 성경적이지도 않고 교회 안의 영혼 돌봄의 역사를 등한히 여기는 것으로 믿는다. 심리적 돌봄을 제공하는 기독교인과 영적 돌봄을 제공하는 기독교인은 서로의 노력을 합쳐서 영혼에 대한 전체적인 돌봄에 대해 공동책임(마치 심리·정신의 통합처럼; Benner, 1998 참조)을 인식해야 한다. 물론, 우리가 훌륭한 목회 돌봄을 인지하는 것 자체가 그렇게 할 수 있다는 자격을 인정하는 것은 아니지만 이러한 인지가 통합의 출발점이다.

이와 같은 영혼 돌봄에 대한 통합적인 접근은 영혼의 본질에 대한 성경적 이해에 뿌리를 두고 있다. 베너는 영혼에 대한 관점을 신학, 인류학, 성서 심리학에 기초하여 '우리의 모든 인간성'을 포괄적으로 설득력 있게 주장한다.

> 영혼은 심리적인 것과 영적인 것이 만나는 지점이다. 이것은 현대 치료심리학과 사람을 돌보고 치료하는 역사적인 기독교적 접근법 두 가지의 최선의 통찰로부터 나온 것으로서 영혼의 돌봄이 다시는 인위적인 심리적인 것과 영적인 것으로 구별되는 것을 용납할 수 없다는 것이다. 영혼에 대한 올바른 이해는 심리적인 것과 영적인 것을 재결합하고 다른 사람의 영혼을 돌보는 사람들의 돌봄이 사람들의 가장 깊은 내면을 만질 수 있는 것이 되는 방법으로 나가야 한다는 것이다(1998, p. 62).

일부 사람들은 이러한 분열을 연결하려고 시도했지만, 그러한 노력은 대체로 신앙이나 학문적으로 전문성을 가지고 있는 사람에게 그가 가지고 있지 않은 다른 상대의 전문지식을 알려 주려 하는 시도로만 나타났다. 예를 들어, 존슨과 존슨(Johnson & Johnson, 2000)은 정신장애의 주요 진단 범주와 그것을 위한 가장 일반적인 치료법을 목회자들에게 심리학적 전문지식을 알리는 데 도움이 되는 자료로 출판했다. 로버츠(Roberts, 1993)는 저명한 현대 심리치료모델들이 옹호하는 사람에 대한 견해를 분석하며 그것들이 불충분하다고 결론 내리고 그의 기독교적 정체성—신학적인 전문가로서 심리학 분야의 사람들에게 정보를 주기 위한 시도로 생각을 촉발하는 분석을 제공하였다. 이제는 무엇이 심리적·영적 장애를 일으키는지 영혼을 분리하는 것을 그만하고 영혼을 돌보기 위한 노력을 통합해야 할 때이다.

사람들의 정신적 심리적 상처에 모두 관심을 가지는 영혼의 보살핌은 교회 역사에서 지속되어 온 영혼의 돌봄과 같다. 우리는 행동 과학의 발전을 고려하면서 영혼 돌봄의 핵심으로 되돌아가야 한다. 오늘날 많은 곳에서 목회자는 심리적인 것을 고려하지 않고 영적인 것을 상담하려고 시도하며, 상담가는 영적인 것을 고려하지 않은 채로 심리적인 것을 상담하려 한다. 이러한 상황은 변해야만 한다. 상담가는 신학적으로 좀 더 잘 훈련되고 목회자는 심리학적으로 좀 더 잘 훈련되어야 한다.

우리는 이 책을 통해 기독교의 풍성하고 독특한 이해와 돌봄과 현대 정신병리와 심리치료가 제공해야만 하는 것을 끌어들여 기독교인의 영혼의 돌봄이 무엇인지 다시 개념화하는 노력을 향상하는 데 도움이 되기를 희망한다. 12세기에 리볼 수도원의 앨레드(Aelred)의 영혼 돌봄을 위한 기도는 현재 우리에게 필요한 비전을 잘 설명한다.

주님, 당신의 종인 제게 성령님을 통해서 어떻게 제가 그들에게 헌신하며 살 수 있는지, 어떻게 하면 그들을 위해 살 수 있는지 가르쳐 주세요. 표현할 수 없는 당신의 은총으로 그들의 결점을 참을성 있게 견디고 그들의 슬픔을 사랑의 동정으로 나누고, 그들의 필요에 따라 돕는 힘을 주세요. 성령의 가르침을 통해 슬픔에 잠긴 자를 위로하고, 약한 자들에게 확신을 주고, 넘어진 자를 일으킬 수 있게 하소서. 그들의 연약함에 함께하고, 그들이 죄로 인해 심판받을 때 함께하며, 모든 일에 함께함으로 그들을 얻을 수 있게 하소서. 나에게 진실을 솔직하게 말하는 힘을 주셔서 그들을 믿음과 소망과 사랑, 순결과 겸손, 인내와 순종, 영적 열정과 마음의 복종으로 세울 수 있게 하소서. 또한 저같이 눈먼 자에게 그들을 인도하도록 이끄셨고, 배우지 못한 자를 선생으로, 무지한 자로서 그들을 통치하도록 하셨으니, 주님, 만약 저를 위한 것이 아니라면 그들의 지도자로 세운 자가 누구인지 가르쳐 주시고, 그들의 지도자가 될 자를 통치해 주소서. 선하신 주님, 따라서 어떻게 저의 불안함을 다루고 낙담한 사람들을 위로하며 약한 사람들을 지원할지를 가르쳐 주시옵소서. 시간과 장소에 따라 당신이 저에게 바라는 대로 여러 사람의 본성, 성격, 기질, 이해력 및 부족함을 맞춰 갈 수 있도록, 제가 저를 맞추어 가도록 도와주시옵소서 (*Treatises, The pastoral Prayer*, Oden, 1987, Vol. 3, p. 11에서 인용).

기독교와 심리학이라는 과학을 결합하는 것은 도전적이고 흥미로운 가능성을 준다. 역사적 목회 돌봄과 현대 행동과학의 발달을 기독교적 관점에서 통합한다면 기독교 정신건강 전문가에게 새로운 통찰력을 제공할 수 있을 것이다. 이와 관련한 담론의 많은 영역 중 하나는 비정상적인 행동에 대한 기독교적인 관점이다. 그리고 그것이 이 책의 목적, 즉 믿음의 눈을 통해 정신병리학을 보는 것이 무슨 뜻인지 이해하는 것이다.

제2장
현대 정신건강의 분류

제1장에서 언급했듯이, 이 책은 미국심리학회(APA)에서 "개인의 마음, 정동과 행동의 병리적 성격을 이해하는 것과 관련한 심리적 연구"(APA, 2015)로 정의한 정신병리학에 관한 내용을 다룬다. 현대 정신건강 분야는 인간 기능의 정신질환이 구분될 수 있고 연구가 가능하다는 가정에서 시작되었고, 정신질환을 치료하기 위한 계획은 그러한 질병 분류체계에서 도출되었다. 전 세계에 걸친 정신건강 협회들이 분류체계의 개발 및 활용에 참여하였고, 그중 몇 협회는 그들 자신의 사회적 맥락에 맞게 분류체계를 개발하고 사용했다. 하지만 대부분은 세계보건기구(WHO)에서 만든 글로벌 체계(the International Classification of Diseases: ICD-10)를 채택했다. 미국의 정신건강협회는 이 체계의 채택을 거부하고 미국정신과협회(America Psychiatric Association)에서 제작한 분류체계(DSM-5) 사용을 선호했다.

이러한 분류체계는 정신질환 및 비정상적인 심리적 기능을 분류하고자 한다. 정신장애라는 용어는 보통 이러한 비정상적인 인간 기능을 범주화하는 데에 적용되지만 이런 분류 방법은 실제로 부적절하다고 판단된다. 이러한 분류체계는 정신장애 발달 및 유지에 적용되는 인지적·정서적·영적·행동적·관계적 요인의 복잡성을 제대로 다루고 있지 않다. 미국정신과협회에서는 정신장애를 다음과 같이 정의하고 설명한다.

정신장애는 정신기능 아래 있는 심리적, 생리적, 또는 발달과정에 있는 기능 문제로 인해 드러나는 개인의 인지, 감정 조절이나 행동에 있는 임상적으로 의미 있는 불편함이 있는 증상이다. 정신장애는 일반적으로 사회적, 직업적 또는 기타 중요한 활동에서 심각한 고통이나 장애와 관련이 있다. 사랑하는 사람의 죽음과 같은 일반적인 스트레스 요인이나 상실에 대해 예상되고 문화적으로 적절한 반응을 하는 것은 정신장애가 아니다. 사회적으로 인정되지 않는 행동(정치적·종교적·성적)과 개인과 사회 사이의 갈등은 앞에서 언급한 것처럼, 그러한 일탈이나 갈등이 개인의 기능 문제에서 나오는 것이 아니라면 정신장애라고 정의할 수 없다(APA, 2013, p. 20).

세계보건기구(WHO)는 '정신 및 행동 장애'라는 용어를 선호하지만 ICD-10에 별도의 정의를 제공하지 않는다. WHO 홈페이지에 따르면, 이러한 장애는 "일반적으로 비정상적인 생각, 지각, 감정, 행동 및 타인과의 관계의 조합의 성격을 가지고 있다." (WHO, 2014)

정신병리학이라는 개념이나 용어를 보편적으로 이해할 수 있는 정의는 존재하지 않지만 대부분의 정의는 공통된 강조점을 가지고 있으며, 이것을 '네 가지 D', 즉 위험(danger), 고통(distress), 기능장애(dysfunction) 및 일탈(deviance)이라고 부른다(Comer, 2013). 제1장에서 논의했듯이, 기독교 역사상 목회 돌봄도 인간 고통의 범주를 구분하는 일에 신경을 써 왔다. 성경적 세계관과 타락에 대한 신학적 이해에 뿌리를 둔 교회는 역사적으로 인간(우리 모두)을 무질서한 것으로 여겼다. 우리의 생각, 감정, 행동과 관계는 마땅히 그래야 하는 모습, 즉 창조된 모습과 다르다. 우리는 죄로 인해 변형된 세상에 살고 있으며 서로를 악하게 대한다. 우리는 모두 이처럼 죄에 의해 변형된 현실에서 살아야 하는 도전에 직면하고 있다. 그러나 우리 모두가 이 도전에 맞설 수 있도록 자원을 제공받는 것은 아니다. 우리가 생물학적으로 얻은 내적 자원을 고려하든 우리가 사는 환경의 외적 자원을 고려하든 타락한 세계의 체계에는 평등이란 없다. 어떤 사람들은 자신을 지지하는 관계들에 둘러싸여 고통과 시련에서 벗어난 삶을 사는 것처럼 보이는 반면, 다른 사람들은 억압, 학대 및 박탈을 겪는다.

기독교인들은 현실의 무질서를 인정하고 있으며, 역사적 목회 돌봄 또한 그 무질서로 인한 위험, 고통, 기능장애 및 일탈을 이해하려고 노력했다. 아마도 이와 관련된 가장 큰 갈등은 그 일탈을 이해하는 데 있었을 것이다. 교회는 이같은 일탈을 항상 하나님의 계획으로부터의 일탈로 보았다. 현대 정신건강의 초점은 사회적 규범으로부터의 일탈이다. 대부분의 규범은 주어진 사회 안에서 시간의 흐름에 따라 변했으며, 규범의 변화는 사회마다 다르다. 제2부에서는 정신병리학의 범주와 관련된 이러한 규범들을 다룰 것이다.

　역사를 보면, 비정상적인 인간 기능을 이해하고 분류하려는 시도가 있었다. 일찍이 기원전 2600년에 고대 이집트에서 이상행동을 설명한 것부터 기원전 5세기경에 시작된 그리스 철학자와 의사의 초기 분류체계, 오늘날의 복잡하고 포괄적인 국내 및 국제 분류체계에 이르기까지 우리는 왜 우리가 그러한 행동을 하는지 이해하려고 노력했다. 우리의 이해력은 '장애들'을 적절하게 분류하고 연구하려는 노력에 크게 의존해 왔다.

1. 질병분류학: 분류 과학

　질병분류학은 주위에서 일어나는 현상을 분류하고 구분하는 과학적 작업을 말한다. 모든 사람이 정신건강을 돌보기 위해 질병분류학이 중요하다고 보지는 않는다. 일부 사람들은 학문의 존재 가능성과 과학적 고결성을 유지하는 것이 가장 필요한 요소라고 강조한다. 예를 들어, 애덤스와 캐시디(Adams & Cassidy, 1993)는 "과학이 해당 분야의 정보를 분류할 수 있는 한에서만 발전할 수 있다."라고 주장했고, 그들은 노만 사토리우스(Norman Sartorius)의 말을 빌려 "어떤 다른 지적 행위도 이보다 중요하지 않다." (1993, p. 3)라고 전했다. 다른 사람들은 이 주장에 동의하지 않으며, 개인적인 경험을 미리 결정된 범주에 억지로 넣으려 하는 제한된 편견을 강조한다.

　질병분류학의 두 가지 개념적 접근법이 정신질환을 구분하는 역사적 접근법에 영향을 주었고, 다른 두 접근법도 이 분야에서 부상하고 있다. 첫 번째 방법은 단일 방법이라고 말하는데, 고전적인 분류 모델이나 신 크래펠린 모델(new-Kraepelin model)로 불리며, 정신질환의 범주들은 이미 모든 관찰자에게 눈에 띄게 자연스럽게 형성되는 정신병리를 범주화하는 것이다. 이 모델에 포함된 장애들은 동질적인 것으로서, "질적으로 구별되는 독립체…… 뚜렷하게 구별되고 겹치지 않는 경계의…… 한 범주 안에 있다는 것은 '있다 또는 없다' '전부 또는 전혀'의 기준을 기초로 이루어진다."(Reeb, 2000, pp. 11-12)

　나단과 랑겐부허(Nathan & Langenbucher, 2003)는 이 모델에 의해 만들어진 분류 과정의 가정을 다음과 같이 요약하고 있다.

- 군집원들은 보편적으로 인정되는 기준을 가지고 있다(예: 모든 사각형에는 네 면이 있고, 모든 조현병 환자는 자폐증을 앓고 있다).
- 범주화하는 사람들 사이에 군집원에 대한 높은 동의가 높다(예: 모두가 조현병 환자가 누구인지 동의하는 것처럼, 모두 사각형이 무엇인지 동의한다).
- 같은 분류 안의 군집원들에게 동질성이 있다(예: 모든 사각형은 비슷하게 보이며, 이와 비슷한 논리로 모든 조현병 환자는 같은 방식으로 행동한다).

캔더, 스미스, 프렌치 및 메지코(Cantor, Smith, French, & Mezzick, 1980)는 분류의 두 번째 모델인 원형 분류를 설명하는데('다합성 분류'라고도 함), 그들이 주장하는 것은 정신병리학의 본질 및 정신건강에서 가장 일반적으로 사용되는 증후군의 패턴을 분류하는 과정과 훨씬 더 일치한다. 이 모델에서 장애는 매우 분명한 사례에서 매우 분명하지 않은 사례까지의 연속선상에 있으며, "희미한 경계가 겹치면서…… 이질적으로 변한다."(Reeb, 2000, p. 12) 아주 명확한 사례는 '원형'으로 간주되며, 한 장애 범주에 속한 것은 그 장애와 관련된 특정 목록에서 몇 가지 증상만 필요로 한다. 나단과 랑겐부허는 그들의 의견에는 이 모델의 가정이 정신병리학 분류에 좀 더 적절하다고 묘사한다(2003, pp. 4-5).

- 군집의 기준과 관련되어 있지만 병리학적일 필요는 없음
- 분류하는 사례들이 군집을 이루는 데 가장 서로 유관한 기준이 있을 때만 분류자들이 크게 동의하는 경우
- 기준들이 상관은 있지만 병리학적이지 않기 때문에 이질적인 군집을 이룸

세 번째 방법은 차원적 접근법으로(앞의 접근들처럼) 장애의 존재 여부를 결정하는 것이 아니라, 오히려 성격특성, 인지, 감정, 행동, 기능 수준과 같은 특정한 기능의 특성에 따라 다른 등급을 매기려 하는 시도이다(Reeb, 2000). 차원적 모델들은 정상적인 기능인가 비정상적인 기능인가에 대해 질적 구별을 하는 데 초점을 두지 않고 건강의 연속선상의 '정상적인 특성들의 극단적인 설명'으로 본다(Reeb, 2000, p. 15). 차원적 모델의 지지자들에 따르면, 수많은 진단 범주가 과도하게 많은 증상을 공유하여 해당 범주의 경계를 정의하기 어렵게 만드는 것이 도전이다. 16개의 주요 진단적 군집 중 11개는 공유된 현상학적 특징을 기초로 하고 있다(Clark, Watson, & Reynolds, 1995, p. 3). 예를 들어,

수면 장애는 수면 문제, 우울증, 불안 및 기타 장애 범주의 증상일 수 있다는 말이다.

차원적 모델의 매력은 좀 더 명확한 진단을 말할 가능성이 있다는 것이다. DSM의 다원적 범주 모델은 이보다 더한 명확성을 제공하지는 못할 수 있다. 차원적 모델은 위계에 따라 심각도가 다르고 명확한 정도를 반영한 증상 군집의 차원으로, 개별 장애들의 현상적인 범주를 대체할 것이다. 이러한 증상의 차원들은 진단의 체계가 세워질 수 있는 기초가 되어 줄 것이다. 결과로 이루어진 체계는 "질서 잡힌 증상-군집 차원의 행렬(매트릭스)을 이루어 인간의 정신병리를 아주 다양하게 묘사하는 데 사용될 수 있는 요소들의 진단 테이블을 구성하게 된다."(Wldiger & Clark, 2000, p. 13)

차원의 체계는 단계적인 심각도를 묘사하는 연속선상에서 평가될 수 있는 특정 증상들의 중앙에 놓일 것이다. 그러한 체계의 두 가지 가능한 이점은, 첫째, DSM의 300개 이상의 진단 범주를 더 작은 차원적 증상 군집들로 대체하고, 둘째, 정신장애의 중증도를 더 진지하게 고려하게 된다는 것이다(Clark, Watson, & Reynolds, 1995).

DSM-5는 원형적인 범주 접근에서 좀 더 차원적인 접근 쪽으로 옮겨 간 증거가 있다.

> 구조적인 문제들은 이전의 DSM 분류의 기본적인 설계에 뿌리를 두고, 많은 수의 좁은 분류기준을 만들며 연구와 치료 영역에 나타났다. 왜냐하면 이전 DSM 접근은 각각의 진단이 범주적으로 건강이나 다른 진단들로부터 분리되어 있고 공병률에 대한 연구에서 명확히 드러나듯이 많은 장애 간에 넓게 퍼져 공유되고 있는 증상과 위험 요소를 파악하지 못하고 있다. DSM의 이전 출판은 진단으로부터 나온 잘못된 긍정을 포함하지 않는데 집중하였다. 그래서 한때는 그럴듯했던 치료나 연구를 위해 파악된 동일 집단을 위한 목표들이 임상적인 실체, 병리들 안에 있는 이질적인 증상과 다양한 병리를 파악해 내지 못할 정도로…… 그 범주들이 지나치게 좁다. 또한 정신장애 범주들 안에서 점진적인 하위 유형에 따라 진단적 동질성을 이루려는 역사적인 열망도 이제 더 이상 의미가 없어졌다. 대부분의 일반적인 인간 질병과 마찬가지로 정신질환은 증상의 유전적 위험 요소들로부터 증상에 이르는 다양한 단계에서 그 성격을 달리하고 있다(APA, 2013, p. 12).

한 사람이 분류하는 과제에 활용하기 위해 가지고 오는 추측과 접근은 특정 관찰 가능한 반복되는 현상을 구분하고 차이점을 파악하는 어떤 분류법의 능력과 크게 관련이 있다. 어떤 이들은 정신병리학의 분류가 한 번이라도 '과학적' 분류의 기준에 접근할 수 있을지에 대해 논쟁했다. 예를 들어, 벌리(Birley, 1975)는 정신과적 진단이 과학이라기보다 예술에 가깝다고 믿었다. 그는 진단 과정이 제공할 수 있는 최고의 방법을 예술 작품과 유사한 "자연의 한 조각에 대한 진실을 전달하는 압축된 상징적 표현"(Nathan & Langenbucher, 2003, p. 5)이라고 믿었다.

하지만 일반적인 경향은 진단 과정을 과학적 노력으로 본다. 블래시필드와 드래건스(Blashfield & Draguns, 1976)는 진단 분류의 과학적 목적을 다음과 같이 설명한다(Nathan & Langenbucher, 2003, p. 5의 요약).

- 의사소통, 합의된 언어 없이는 임상가들 사이에 의사소통할 수 없기 때문이다.
- 정보를 구성하고 검색하는 수단, 진단 항목의 이름이 문헌의 핵심이 되고 지식은 유형으로 누적되기 때문이다.
- 개인 간의 유사점과 차이점을 설명하는 틀이다.
- 과정과 결과에 대해 예측할 수 있게 하는 수단이다.
- 이론과 실험에 사용되는 개념의 원천이다.

고려 중인 네 번째 모델인 병인 모델은 질병의 증상이 아니라 장애의 원인을 기반으로 진단한다(Andreasen & Carpenter, 1993 참조). DSM은 모든 논의를 하지만, 대부분의 정신질환의 병인에 대한 논의는 하지 않고 있다. 아마도 병인학적 분류체계를 기초로한 가장 설득력 있는 주장은 신경생리학 연구와 세로토닌 및 도파민과 같은 신경전달물질이 정신병리학적 증상들의 발달과 유지에 미치는 역할에 대한 연구에서 나타났을 것이다.

경험적 기준에 기초한 병인적 모델을 개발하려는 시도에는 좀 더 문제가 있다. 예를들어, 일부는 외상이나 스트레스가 PTSD와 적응장애의 원인이 되는 병인이라고 제안했다(Davidson & Foa, 1991). 그처럼 병인을 기초로 한 체계의 경험적 기준과 관련된 문제는 개인적인 경험이 본질적으로 부정확하고 유사한 경험을 하면서도 정신병리적 증상을 절대로 갖지 않는 사람도 많이 있다는 것이다.

현대의 정신병리 분류체계는 오랫동안 갈등이 많은 역사를 거치며 발전해 왔다. 진단 범주들은 수많은 반복과 수정을 통해 진화했으며, 이론들이 변하고 사회적 가치가변하며 지속적인 연구가 더 넓은 이해를 제공함에 따라 지속적으로 그래 왔다. 이 장에서 우리는 정신병리학 분류의 역사적 발전, 건강관리 및 정신건강관리 제공자와 연구자가 사용하는 현대 분류체계, 이러한 것들과 관련한 몇 가지 주요 문제를 살펴볼 것이다. 우리는 현대 체계가 가지고 있는 도전을 고려하고 이러한 제한된 체계 안에서 일해야만 하는 기독교 심리학자들과 정신건강 돌봄 제공자들의 구체적인 관심의 초점을 고려할 것이다.

2. 정신건강 분류의 역사

앞서 언급했듯이, 비정상적인 인간 기능을 분류하려는 노력은 다양하고 오래된 역사를 가지고 있다. 정신건강 돌봄과 관련된 첫 번째 역사적인 사건은 기원전 3천 년으로 거슬러 올라가 노인성 치매, 우울함 그리고 히스테리를 언급하는 이집트 및 수메르의 문서다. 기원전 후기와 서기 초기의 그리스인과 로마인 사이에 있던 정신병리에 대한 다섯 가지 기준은 흔한 것이었다(Pincus & McQueen, 2002). 이들 중 가장 주목할 만한 인물은 히포크라테스이며, 그는 기원전 5세기에 정신병리학의 다섯 가지 범주를 "광기(열이 있는 극심한 고통), 조증(발열이 없는 급성 장애), 우울(모든 만성 질환), 히스테리(통증 및 경련으로 나타나는 여성 장애), 간질(오늘날까지도 질병의 명칭과 정의가 같은 병리)"(Millon, 1969, p. 11)로 나누었다. 이러한 체계는 거의 수정 없이 5세기에 로마가 몰락할 때까지 인정받고 활용되었다.

로마의 멸망은 질병에 대한 영적 설명을 선호하여 자연주의적인 설명을 거부하는 시기의 시발점이다. 천 년이라는 역사를 가진 중세시대에, 유럽에서 커 가는 종교적 광신주의는 광범위한 기근과 역병을 악마의 세력으로 비난하고자 했다. 정신질환에 대한 사회적 반응은 처음에 갖는 두려움과 그들의 의지와 달리 악의 힘에 붙잡혔다고 생각된 사람들에 대해 긍휼히 여겨야 한다는 것과 악과 협력한다고 의심받는 사람들에 대해 궁극적으로 미워하고 고통을 통한 보복행위를 하는 데 이르기까지 다양하였다. 마녀 사냥, 심문, 고문이나 처형은 굶주림, 질병 그리고 미신에 시달리는 사회의 분노와 괴로움에 자신도 모르게 대상이 된 정신병자들을 위한 특별한 치료법의 성격이 되었다.

16세기가 되어서야 중세시대에 사용한 치료법은 미신에 기초하며 정신질환에 대해 올바르지 않은 영적 이해를 기초로 이루어졌다는 목소리가 나오기 시작했다. 몇몇 사람은 중세 이전의 정신질환에 대한 설명으로 돌아가기 시작했고, 히포크라테스적 정신질환 분류체계는 새로운 추종자를 찾기 시작했다(Nathan & Langenbucher, 2003). 스위스의 파라켈수스(Paracelsus)와 네덜란드의 요한 와이어(Johann Weyer)와 같은 의사들의 연구는 정신병리와 비인도적인 치료에 대한 미신적 설명을 강력하게 반대하며 격렬한 논쟁과 격한 반응들이 일어나는 분위기를 만들었다. 파라켈수스는 계속해서 미신적인 설명을 받아들였지만, 처음으로 정신장애를 화학적 요인이 일으킬 수 있다는 것을 옹호했다. 그는 히포크라테스의 분류체계에 세 가지 범주를 추가했다. 그의 말에 따르면, "베사니아(vesania)는 독으로 인해 시작된 장애이고, 루나시(lunacy)는 달의 위상에 영향을 받는 비주기적 상태며, 광기(insanity)는 유전적인 질병이다."(Millon, 1969, p. 11)

파라켈수스를 뒤따른 스위스 의사 펠릭스 플래터(Felix Plater)는 관찰 가능한 증상에 기초한 정신질환 분류체계를 개발했다. 그는 다음과 같은 정신병리학의 범주를 제안했다. "consternation metis는 의식 장애이고, metis allenato는 폭력, 슬픔, 섬망 또는 혼란의 장애이다. mentis defatigatio는 정신적 탈진이고 imbecillitas mentis는 정신 결핍 및 치매이다."(Millon, 1969, p. 11)

18세기에 이르러 필립 피넬(Philippe Pinel)과 같은 의사들은 몇몇 병원에서 정신질환자 치료를 치료하는 것을 개선하고 정신병리학의 기원에 대한 보다 자연스러운 이해를 위해 다른 사람들을 훈련시키기 시작했다. 피넬의 제자 장 에스퀴롤(Jean Esquirol)은 1838년에 정신병리학에 대한 최초의 현대적인 저서인 『정신병리(Des Maladies Mentales)』를 출판했다. 연구의 확장과 해부학 및 생리학에 대한 지식의 증가는 질병 중심의 분류에 대한 강조의 출현을 강화시켰다. 1845년 독일의 정신과 의사인 빌헬름 그라이징어(Wilhelm Griesinger)는 『정신병리와 치료(Mental Pathology and Therapeutics)』를 출판하여 '정신질환은 뇌 질환'이라는 대담한 주장을 했다.

동시에 이와 다른 자연적인 체계도 나타났는데, 실제적인 틀을 구축한 인물은 독일 정신과 의사였던 칼 루드비히 칼바움(Karl Ludwig Kahlbaum)이다. 그의 체계는 질병에 따라 장애를 분리한 것이 아니라 그 과정과 결과에 따라 장애를 분류하는 것이었다. 이 두 가지 접근법은 상반되는 것으로 남아 있다가 에밀 크레펠린(Emil Kraepelin)이 자신의 증상 양상과 발발 시기, 과정과 결과 모두를 고려하고자 하는 분류체계를 가지고 성공적으로 연결하게 되었다. 크레펠린의 『정신의학 교재(Textbook of Psychiatry)』(제1판, 1883)에 실린 체계는 이 분야의 표준이 되었다. 그는 사망 당시 이 책의 아홉 번째 개정판을 준비하는 중이었다.

크레펠린의 질병 분리학에서 더 나아가 미국에서는 아돌프 메이머(Adolf Meyer)와 스위스에서는 오이겐 블로일러(Eugen Bleuler)가 이를 발전시켰다. 크레펠린의 체계에 대한 이 두 사람의 노력이 현대 분류체계의 기초를 형성했다. 밀롱에 따르면, "이 전통적인 분류체계에서는 "크레펠린의 임상적 범주가 기본적인 틀을 유지하고 메이어와 블로일러의 심리적 개념이 환자의 내면 과정과 사회적 반응을 안내하고 있다."(Millon, 1969, p. 13)

정신건강의 분류에 대한 노력은 모든 질병을 통계적으로 분류하는 것에 대한 국제적 관심에 다소 뒤처져 있다. 1853년 벨기에에서 제1회 국제 통계 회의가 열렸고, 이 회의에서 "모든 국가에 적용 가능한 사망 원인에 대한 학술적 명명법"(영국과 웨일즈의 호적장관, 1856, Israel, 1978, p. 151에서 인용)을 계발하기로 하였다. 이것이 결국 WHO가 발행한 국제질병분류의 기초가 되었다. 1898년 미국공중보건협회가 이 체계를 채택하였고, 미국, 캐나다 및 멕시코에서 그 사용을 지원했으며, 10년마다 수정할 것을 제안했다(Israel, 1978).

1948년 WHO는 국제질병분류의 여섯 번째 버전을 발표했는데, 이는 정신장애에 대한 부분을 포함한 최초의 주요 분류체계였다. 바로 이어서 미국정신과협회(APA)는 1952년에 최초의『정신질환의 진단 및 통계 편람(DSM)』을 발행했다.

시어도어 밀롱(Theodore Millon)은 다음과 같은 방식으로 정신병리학의 다양한 분류 역사를 요약하였다.

이 역사를 통해 어떤 패턴, 경향이나 방향을 얻어 낼 수 있을까? 첫째, 정신질환에 대해 잘 모르는 어느 집단 안에서 정신질환이 발생할 때 나오는 반응은 아마도 실제로 있었던 반응들과 평행 되는 과정을 거치리라 생각된다. 먼저, 그러한 집단은 당혹감과 두려움으로 반응하고 이어서 불편을 주는 행동을 피하거나 없애려고 시도할 것이다. 그들의 무지함 때문에 그들의 어설픈 노력은 실패하고 좌절감과 분노, 징벌적 행동, 적대감으로 이어질 것이다. 당연히 병자가 명백하게 느끼는 무력감과 무고함은 가혹함이나 잔인함에 대한 항의를 불러일으킬 것이다. 새로운 연민과 동정심이 생겨 인도적인 치료방법을 모색할 것이다. 하지만 선의만으로는 질병을 치료할 수 없다. 적절한 치료에는 지식이 필요하며 체계적인 공부와 연구를 통해 지식을 효과적으로 얻을 수 있다. 그러한 발전과정에서 앞서 언급된 잘 몰랐던 사람들은 점차 당혹스러움, 두려움, 잔인함에서 과학적 분석과 인간적인 치료로 점차 발전해 나갈 것이다. 우리의 정신병리학 연구는 오늘날 이러한 시점에 서 있다. 주기적인 퇴행과 유행에도 불구하고 인본주의, 자연주의 및 과학적 경험주의로의 발전은 계속되고 있다(1969, p. 34).

3. 현대적 분류법

비정상적인 심리적 기능을 분류하려는 현대적인 노력은 역사적으로 옳다고 여겨 왔던 것보다 좀 더 일관성과 통일성을 제공하고 있다. 켄들러(Kendler, 1990)는 지난 2세기 동안 정신질환 분류법의 특징이었던 세 가지 보편적 접근법을 알아냈다. 첫째, 훌륭한 교수에 대한 의존, 둘째, 전문가의 동의에 대한 의존, 셋째, 경험적 자료에 대한 의존이 그것이다.

1) 훌륭한 교수에 대한 의존

19세기와 20세기를 지배했던 이 접근법은 정신질환을 구분한 후 자신들의 이론적 접근법과 일치하는 체계로 그것들을 분류한 존경받는 정신병리학자들의 업적에 의존하였다. 앞서 정신질환 분류의 역사에서 논의한 것처럼, 한 중요한 이론가의 업적이 어떤 때는 수십 년에 거쳐 다른 주요 인물이 나타날 때까지 과학 및 정신건강 커뮤니티의 관점을 지배했다. 이와 관련된 예로는 피넬, 그라이징어와 그리고 크레펠린과 같은 이론들이 있다. 특히 정신병에 대한 크레펠린의 이해는 20세기 초에 널리 받아들여졌다(Reeb, 2000).

2) 전문가의 동의에 대한 의존

20세기에는 주요 이론가들의 영향력이 국가적으로나 국제적으로 좀 더 넓은 정신건강 커뮤니티에 의해 수용될 수 있는 분류체계를 발전시키는 것에 관심을 갖는 단체나 조직들에게 자리를 내주게 되었다. 범주의 구분에 대한 동의를 얻으려는 시도가 많이 있었다. 양립할 수 없는 반대 입장들은 과반수 투표에 의해 해결되었지만, 반대 의견 사이간의 갈등의 여지를 많이 남겨 놓았다. 처음에는 ICD와 DSM 체계 둘 다 분류에 대한 합의를 구하고 갈등 주제들에 대해서는 다수결로 하였다.

3) 경험적 자료에 대한 의존

20세기 후반에 이르러 정신병리 분류 및 진단에 대해 누구나 신뢰할 수 있고 유효한 기준을 찾고자 하는 것은 기관들이 진단 범주들을 개발, 평가 및 수정하는 과정에서 중요한 개정들을 하도록 이끌었다. 리브(Reeb, 2000)에 따르면 DSM-III(1980), DSM-III-R(1987) 및 DSM-IV(1994)에서 APA는 다음과 같은 방식으로 정신질환의 분류과정을 혁신시켰다(pp. 7-8).

- 진단 범주를 결정하기 위해 사용 가능한 경험적 자료를 선택하는 것이 탁월했다. DSM-IV는 문헌 검토, 데이터 세트들의 재분석 및 문제 중심 현장 실험을 활용하는 3단계 경험적 과정을 사용했다.
- 정신질환의 유무에 대해 조작적으로 판단하는 데 특정 기준들이 조직적으로 정의되었다.
- 과거에 '위대한 심리학자들'의 분류법을 지배한 여러 경쟁적인 병인 이론에 대한 중립적인 상태를 유지하기 위해 정신질환에 대한 생체심리적 · 사회적 접근법을 선택하였다(이러한 이론적 관점들에 대하여는 이 장 뒷부분에서 좀 더 자세하게 다룰 것이다).
- 정신건강 임상가들이 사람의 다섯 가지 측면에서의 기능을 평가할 수 있도록 다축 진단 체계가 개발되었다.
  - 축 1: 다음을 제외한 모든 장애 및 증후군
  - 축 2: 성격장애 및 지적장애
  - 축 3: 심리적 기능과 관련된 의학적 상태
  - 축 4: 심리적 · 사회적 · 환경적 문제들
  - 축 5: 포괄적인 심리사회적 기능의 평가
- 비정상적 기능과 정상적 기능을 구분하기 위해 정신질환에 대한 명확한 정의가 내려졌다.
- 사람에 대한 진단이 아닌 정신질환에 대한 진단을 반영하는 어휘를 사용하는 것을 강조하였다. 이에 따라 조현병 환자나 알코올 중독자와 같이 꼬리표를 붙이는 용어는 피하게 되었다.
- 장애는 본질적인(요구되는) 특징들, 관련된 특징들(자주 있지만, 필수는 아님), 발병

나이, 경과, 장애, 합병증, 선행요인들, 유병률, 성별 비율, 가족 패턴 및 감별 진단 (하나의 장애와 밀접한 관련이 있는 다른 진단들과 구별되게 하는 내용)에 따라 분류되었다.

• ICD 분류체계와의 일치가 증가하였다.

DSM-5의 발표와 함께 APA는 진단을 위한 다축 체계 사용을 중단하기로 했다. APA에 따르면, 다축 체계는 원래 진단 범주, 즉 불충분한 연구에 의존하는 특정 범주(예: 성격장애)간의 연구의 질의 차이를 해결하기 위해 도입되었고 임상적 관심은 별도의 진단축에 놓아서 증가한 연구의 중심이 되기를 바랐다. DSM의 다섯 번째 수정을 통해 APA는 이와 같은 분리가 더 이상 필요하지 않으며, 다축 체계가 너무 넓고 임상적으로 도움이 되기에는 시간이 너무 많이 소요되는 것으로 간주하였다. 따라서 DSM-5는 단일 축 체계로 바뀌었다.

> DSM-5는 중요한 심리적·사회적 요인(이전 축 4)과 장애(이전 축 5)에 대한 별도의 표기법을 사용하여 진단에 대해 축 없이 기록하는(이전 축 1, 축 2, 축 3) 것으로 바꿨다. 이와 같은 개정은 DSV-IV에서 언급된 "축 1, 축 2, 축 3 장애 간의 다축 구별은 그것들을 개념화하는 것에 근본적인 차이가 있음을 의미하지 않고, 정신장애들이 신체적 생체요소나 과정과 무관함을 의미하지 않으며 일반적인 의료상태가 행동적이나 심리적·사회적 요인이나 과정과 무관하지 않음을 의미하지 않는다."(APA, 2013, p. 16)

정신건강 돌봄 제공자 누구도 하나의 분류체계만을 사용하지는 않는다. 정신건강 분류와 관련된 태도와 관행을 탐구하는 44개국의 4,800명 이상의 정신과 의사를 대상으로 한 2011년 WHO 연구에서 환자를 보고 있는 정신과 의사의 70%는 ICD 체계를 사용하고 23%는 DSM 체계를 사용하고 5%는 상황에 맞는 분류체계를 사용한다고 보고하였다(Reed, Correia, Esparza, Saxena, & Maj, 2011, pp. 118-131). 사회적으로 특정한 분류 시스템의 예로는 중국 정신장애분류(Chinese Classification of Mental Disorders: CCMD 3), 중남미 정신증적진단안내(Latin American Guide for Psychiatric Diagnosis: GLDP), 프랑스 아동·청소년 정신장애분류(French Classification of Child and Adolescent Mental Disorders: CFTMEA), 쿠바 정신의학용어사전(Cuban Glossary of Psychiatry: GC 3) 등이 있다.

보편적인 분류체계를 개발하고 활용하는 과제에 대한 좀 더 도전적인 과제는 "중증 정신질환자를 포함하여 정신장애가 있는 대다수 사람이 1차 진료를 자신들의 의료돌봄 체계의 초석으로 간주"(Sharma & Copeland, 2009, p. 11)한다는 것이다. 종종 세계적으로 1차 진료 의료진과 전반적으로 그에 해당하는 의료진들은 적절한 특별 훈련 없이 정신질환으로 고통받는 사람들을 위한 정신건강 돌봄자의 역할을 한다. 정신장애는 전 세계 질병의 13%를 차지한다. 그러나 대부분의 저소득 및 중간 소득 국가에서 1%로도 안 되는 치료 지원비를 제공하는 것으로 추정된다(Kleinman, 2013). "한 정신과 의사가 평균 20만 명 혹은 그 이상의 사람을 돌보는 나라들에 거의 세계 인구의 절반이 살고 있다. 심리적·사회적 개입을 활용하도록 훈련받은 다른 정신건강 돌봄자들은 그보다도 더 부족하다."(WHO, 2013, p. 8)

일부 정신건강 단체는 이처럼 일차 진료 제공자들이 지고 있는 큰 부담을 인지하고 이들의 필요에 맞는 진단 자료를 제공했다. ICD-10과 DSM-5는 1차 진료 의사(ICD-10 PC 및 DSM-5 PC)를 대상으로 정신건강에 대해 교육하는 것을 촉진하고자 개정되었다. 그러나 1차 진료 의사가 접할 수 있는 모든 신체 및 정신장애와 1차 진료 의사가 직면할 수 있는 정신장애 및 정신질환을 앓고 있는 환자가 의료 서비스를 찾는 이유를 포함하는 ICPC-2(International Classification of Primary Care)와 같은 대체 분류 체계가 복잡한 합의에 대한 치료를 구할 수 있다.

정신병리학을 이해하고 분류하려는 세계적인 노력도 전 세계적으로 서로 전혀 다른 정신건강의 실태에 의해 방해받고 있다. 세계적인 정신건강 돌봄은 불평등에 시달리고 있고 여러 지역에서 부족한 것으로 나타나고 있다(Kleiman, 2013). WHO의 '2013~2020 정신건강 실행계획'에 따르면 다음과 같다.

보건 체계들이 지금까지 정신장애라는 부담에 대해 적절히 대응하지 못해 왔다. 그 결과로, 세계적으로 치료의 필요와 실제적인 치료 사이에 큰 차이가 있다. 저소득 및 중간 소득 국가에서는 중증 정신장애가 있는 사람의 76~85%가 정신과 치료를 못 받고 있다. 고소득 국가에서도 비슷한 결과가 나왔는데, 35~50%로의 정신장애 환자가 치료를 못 받고 있다. 또 다른 문제는 정신장애 환자들이 받는 정신과적 치료의 질이 그다지 좋지 않다는 것이다. WHO가 주최한 정신건강 애틀랜타 2011에서는 국가들 안에 정신건강 필요를 채우기 위해 자원이 부족하다는 것과 그러한 자원들을 불공평하게 나누고 충분히 활용하고 있지 않다는 것이 나타났다(WHO, 2013, p. 8).

정신병리학에 대한 전반적인 이해에 대해 지금보다 더 나은 통일성이 필요하다는 것이 DSM-5의 개발과정에서 언급되었다. APA, WHO, 미국정신건강연구원(NIMH) 및 여러 단체 간의 협력으로 39개국에서 온 참가자들의 열세 번에 걸친 DSM-5 연구계획 학회가 열렸다. 그들의 과제는 "특정 진단영역들에 대한 문헌들을 준비하여 DSM-5 및 ICD-11의 새로운 버전을 준비"(APA, 2013, p. 6)하는 것이었다. 그 결과, 진보는 있었지만 전 세계적으로 받아들여지고 사용될 만한 분류체계를 얻기 위해서는 아직 갈 길이 많이 남았다. APA가 인정했듯이, APA와 WHO의 DSM과 APA 개정판 수정 작업에 참여한 관계자들은 이 두 체계를 통합하려는 동일한 목표를 가지고 있었다. 그 이유는 다음과 같다(APA, 2013, p. 11).

- 두 가지 정신장애 분류체계가 있는 것이 국제 건강 통계를 수집하고 유지하는 것을 방해하며, 새로운 치료계발을 위한 시도들과 국제기관들에 의해 그 결과들을 세계적으로 적용하도록 고려하는 것을 방해한다.
- 더욱 광범위하게 복제해 보는 것을 두 가지 분류체계가 존재하는 것은 과학적 연구 결과를 국제적으로 복잡하게 만든다.
- 비슷한 부류의 환자들을 찾아내고자 할 때조차 DSM-IV와 ICD-10 진단은 언제나 동일하지 않았다.

일관성과 명확성을 위해 이 책에서는 DSM 분류체계를 사용하겠다.

4) 결론적 견해

정신병리학의 DSM 범주는 건강 및 정신건강 서비스 제공자뿐만 아니라 목회자 및 기타 사역 지도자에 의해 점점 더 많이 활용되고 있다. 목회자, 영성 지도자, 목회상담가는 상처 입은 사람들을 돌보는 그들의 사역에서 사람들이 직면한 문제들을 '진단하기를 원한다'. 몇몇 사람은 제1장에서 논의한 인간의 분류대로 목회적 돌봄에 대한 역사적인 기독교적 문헌들을 잘 알고 있다. 다른 사람들은 현대 정신건강 인식 체계에서 지식을 얻는다. 예를 들어, 그들은 존슨과 존슨이 쓴『정신병리와 그 치료에 대한 목회자들의 안내서(The Pastor's to Psychological Disorders and Treatment)』같은 자료에 의존할 것이다.

이 책은 심리적(정신과적) 병리들에 대한 본질적인 관심사에 흥미가 있는 목회자들이 쉽고 빠르게 참고할 때 사용하기 위한 것이다. 이 책은 목회자가 자신의 교회 안에서 어린아이와 성인과 가족을 돕고자 할 때 유익하고 생산적으로 사용되길 소망하며 저술되었다. 사역의 한 부분으로 상담을 하게 되는 사역자들이 이 책이 닳을 정도로 자주 사용하기를 희망한다. 무엇보다 이 책을 통해 목회자가 교인을 돕기 위한 적절한 섬김을 발견하여 하나님의 왕국을 섬기는 안내자가 되기를 바란다(pp. 4-5).

정신병리학에서 현대 질병분류학은 '도움이 필요한 성도들을 그들의 필요에 맞게 섬기고' 싶은 목회자에게 '유용하고 유익하다'라는 가정이 내재되어 있다. 다른 사람들은 목회적 돌봄과 정신건강의 관점에서 최선을 끌어내는 '목회적 진단' 체계가 필요하다고 주장해 왔다(Schlauch, 1993 참조).

현대 사회와 교회가 점차 더 정신병리학의 질병분류법에 내포된 고통에 대한 이해를 계속해서 받아들이면서, 질병분류학의 본질에 대한 명확성과 그 적용성이 본질적인 것이 되었다. 현대 DSM 질병분류학의 본질과 관련된 세 가지 문제를 정신병리학 문헌들에 나타난 한계점을 정리하여 함께 검토할 것인데, 그것들은 정신병리학에 대한 이론적 관점, 병인 문제 및 DSM 분류체계에 내재되어 있는 가치이다.

4. 현대적 분류에 대한 이론적 관점

역사적으로 정신병리학의 분류에 대한 이론적 관점은 그것을 치료하는 관점만큼이나 극적으로 서로 달랐다(Jones & Butman, 1991). 시어도어 밀롱은 그의 대표 저서 『현대 정신병리학』(1969)에서 이러한 관점을 네 가지 주요 범주로 분류하였다.

• 신체적인 과정이 정신병리학의 주요 결정 요인이라 가정하는 생물물리학적 이론
• 개인의 심리적인 요인이 이상심리적인 기능을 일으킨다는 정신 내적 이론
• 각 개인이 가지고 있는 독특한 경험과 관점을 강조하고 어떻게 그 관점이 삶으로 나타나는지를 강조하는 현상학적 이론
• 강화를 통한 학습과정이 개인의 병리를 형성한다고 가정하는 행동 이론

우리는 이러한 이론적 관점이 정신병리를 이해하려는 시도를 따라 근본적인 이론적 틈새에 역사적인 그림을 제공해 줄 것이므로 그것들을 간단하게 살펴보려고 한다.

1) 생물물리학 이론

일반적으로 생물물리학 이론은 비정상적인 심리적 증상이 일종의 생물학적 결함의 존재를 나타낸다고 주장한다. 이러한 이론은 일반적으로 두 가지 관점으로 분류된다. 첫째, 대부분의 정신병리학은 유전적 상태나 개인적인 생물 활동에 자연스럽게 생긴 차이에 초점을 두고 있다. 둘째, 대부분의 정신병리학은 정상적인 건강 기능을 방해하는 외부 침습적 요인(예: 독소, 전염병, 외상, 영양실조, 유전적 결함 등)에서 기인한다. 생물신체적 이론가들은 일반적으로 그들의 연구 관심을 유전성, 체질(인간 생체의 정상적인 변이와 정신병리와의 관계), 신경생리학 또는 앞에서 기술한 것들의 일부 조합과 관련된 질문에 집중시킨다.

2) 정신 내적 이론

일반적으로 정신 내적 이론은 한 사람의 이상심리적 증상이 어린 시절 형성기에 가장 자주 경험하는 어떤 형태의 심리적 외상이나 내적 갈등을 보상, 적응 또는 방어하려는 시도를 반영한다고 주장한다. 첫째, 기본적인 필요와 본능적 추동의 좌절, 둘째, 갈등적 경험들에 노출됨, 셋째, 발달과정이 일어나는 환경의 특성과 주요 양육자들의 태도가 가장 자주 병적 발달의 근원으로 표적이 된다. 정신병리학은 일반적으로 해결되지 않은 갈등이나 억압된 불안을 나타내는 것으로 이해된다.

3) 현상학적 이론

현상학자들은 사람에게 자기실현 능력이 있다고 보며 병리는 자신의 본모습을 보이는 능력의 손상으로 본다. 그들은 한 개인이 자신의 독특한 경험과 인식을 통해서만 세상에 반응한다고 강조한다. 이러한 개인화된 인식과 그것을 충분하고 용기 있게 수용하는 능력은 건강한 기능의 기초이다. 사람이 자신의 내적 잠재력을 완전히 수용할 수 없고 "자기 좌절로 고갈되고 절망으로 깨어질 때"(Millon, 1969, p. 70) 정신병리를 앓게 된다.

4) 행동 이론

행동 이론자들은 정신 내적이며 현상학적인 이론의 주관적인 성찰에 대해 반응하는 것을 거절한다. 또한 진정한 선택과 내면적인 과정이라는 생각을 거부하며 강화된 적응적인 행동들이 건강한 기능의 표시라고 믿는다. 정신병리는 단지 부적응적으로나 사회적으로 수용되지 않는 방향으로 강화된 행동의 표현이다. 밀롱이 말했듯이, "정신병리는 추상적인 자극들과 반응들에 대한 경험의 현실을 줄임으로써 기계적인 반응의 메마른 패턴이 된다."(1969, p. 69)

이 피상적인 개요에서 알 수 있듯이, 정신병리의 본질과 원인을 이해하려고 시도하는 사람들의 이론적 전제와 편견은 그들이 그 과제와 관련 있다고 생각하는 요인과 상당히 관계가 있다. 이론적인 관점에는 임상가와 연구가 정신병리학을 이해하는 다른 타당하고 가치 있는 이해들을 무시할 위험이 있다. 그러나 그것이 없다면 인간의 기능을 이해하고 분류하기 위한 틀은 존재하지 않을 것이다. 켄들러(Kendler)가 지적했듯이, "정신질환의 평가는……. 진공 상태에서 일어날 수 없다."(1990, p. 970) 이 말에 위디거(Widiger)는 다음과 같이 덧붙였다.

> 자료 해석에 종종 필요한 것은 다른 검증자의 타당성을 이해하는 것을 안내하는 이론적 모델이다(More, 1991). 정신질환의 검증은 본질적으로 그 진단을 내린 특정한 이론에 대한 검증이므로 그와 같은 공식화가 없이는 진단이 이루어질 수 없다(Follette & Houts, 1996; Widiger & Trull, 1993). 다른 검증자들에게 다른 강조점을 주는 경쟁적인 진술 중에서의 선택은 그 병리에 대한 경쟁적인 이론적인 진술 중에서의 선택이다(2002, p. 38).

사실 다른 것보다 먼저 앞서는 것은 연구자들 사이에서 논의되는 질문이다. 위디거가 제안한 것처럼 분류체계에 대한 이론적 관점은 분류의 기초인가? 아니면 애덤스 캐시디가 제안한 대로 그 반대인가?

> 인본주의자, 행동주의자, 정신역동 이론가 그리고 생물학적 오리엔테이션을 가진 사람들을 포함한 대부분의 정신건강 전문가는 인간에 관한 연구가 인간의 행동을 관찰하는 것으로 시작한다는 것에 동의할 것이다. 다양한 이론적 오리엔테이션을 구성하는 것

은 그 관찰된 행동에 대한 영향과 설명이다. 이러한 이론들의 발전에 앞서 적절한 분류체계가 반드시 우선되어야 한다. 실제 상황에서 시간적인 순서는 자주 혼동되긴 하지만, 과학의 발전 순서는 분류, 측정, 그다음이 지식을 위한 기본 전제 조건으로서의 이론이다(1993, pp. 8-9).

어떤 이론적 관점이 올바른 관점인지 또는 가장 타당성이 높은지를 확고히 하는 최고의 기준은 없다(Widiger, 2002). 각 관점의 지지자는 다른 관점에 대해, 그리고 정신병리학 분야에서 그 이론적 관점이 역사적으로 역할을 해 온 것에 대해 강한 비판을 하였다. 예를 들어, 정신병리 이론들에 대해 밀롱은 다음과 같이 말한다.

> 대부분의 정신병리 이론의 형식적인 구조는 무모하고 체계적이지 않다. 개념은 종종 모호하고 경험적 결과가 도출될 수 있지만, 절차가 혼란스럽다. 많은 이론은 권고하고 설득하는 방식으로 기술되어 있다. 사실에는 추측이 섞여 있고, 문학적 암시와 다채로운 묘사가 시험 가능한 가설의 대체물을 대체하고 있다. 간단히 말해서, 가설이 명확하게 도출될 수 있는 개념과 과제가 질서 있게 배열되는 대신에, 그 이론들은 되는 대로 진술한 의견과 비유와 추측이 유추 및 추측을 제시하고 있다. 이런 많은 추측이 훌륭할지는 모르지만, 종종 독자들을 명확히 이해시키기보다는 현혹한다(Millon, 1969, p. 69).

이같은 근본적인 의견 불일치와 논쟁의 분위기 속에서, 가장 최근의 DSM 분류체계는 "현재 진행 중인 어떤 검토과정에서든지, 특별히 복잡하며, 다른 관점들이 나타나면 다양한 관점을 고려하고 가능하면 수용하려고 노력하였다."(APA, 2013, p. 11)라고 명시하고 있다. 그 결과는 명확성의 부족과 그 분류체계 안에 내재한 이론적인 관점들에 대한 주인의식의 부족이다. 임상가와 연구자는 그들의 이론적 관점과 그 관점이 자신들의 임상이나 연구에 끼친 영향에 대해 솔직해야만 한다.

정신건강 돌봄과 연구를 하는 기독교인은 우리가 사용하는 진단체계 뒤에 있는 이론적인 편견과 추정을 알고(아마도 가장 중요한 것은) 우리 자신의 이론적인 관점을 자기 일에서 드러내며, 수용한 이론적인 관점이 자신의 믿음과 어떤 관계를 맺고 있는지를 이해할 책임이 있다. 하나님을 믿는 사람들은 성경이 인간에 대해 가지고 있는 차별화된 요소들(인간은 하나님의 형상을 따라 지어졌고 죄를 따라 불순종하며 영생 속에서 그리스도를 닮아 감을 기다린다)을 수용한 사람들이다(Jones & Butman, 1991, pp. 39-62 참조). 이

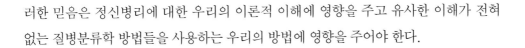

러한 믿음은 정신병리에 대한 우리의 이론적 이해에 영향을 주고 유사한 이해가 전혀 없는 질병분류학 방법들을 사용하는 우리의 방법에 영향을 주어야 한다.

5. 현대적 분류에 나타난 병인

역사적으로 정신병리를 진단하는 과제는 병리학적 탐구는 아니었다(Schaffner, 2002). 정신병리 증상 형성에 작용하는 병인 요인들은 다면적이기 때문에 특정 진단에 대해 식별할 수 있고 차별화되며 구분이 가능한 요인에 대한 규준은 없었다. 이것은 정신병리학 연구에 대한 두 가지 주요 관점 사이의 심각한 긴장을 제공하였다. 코머(Comer, 1996)는 이것들이 신체적 원인(히포크라테스의 업적으로 거슬러 올라가 200~300년의 역사를 가진 관점)에 의해 비정상적인 심리적 기능이 발생한다고 주장하는 신체유전적 관점과 심리적 원인이 정신병리 발달(안톤 메스머, 장 샤르코, 요제프 브로이어, 그리고 궁극적으로 지그문트 프로이트와 그의 제자들의 업적에서 19세기에 시작된 견해)에 책임이 있다고 주장하는 정신 유전적 관점이라고 발견하였다.

일부는 체인성(somatogenic) 관점에 너무 가까운 관점을 가지고서 그 병인학이 신경화학 및 생물학적 메커니즘으로 반박할 수 없을 정도까지 과학적으로 개발할 때 진정한 질병분류학이 발달할 수 있다고 주장한다(Kendell, 1989; Kendler, 1990; Lilienfeld & Marino, 1995 참조). 다른 일부는 병인학이 정신병리의 분류와 진단의 초점이 되어서는 안 되며 정신병리는 신체 질환의 분류와 진단과는 구별되어야 한다고 주장한다. 예를 들어, 굿윈과 거즈(Goodwin & Guze, 1974/1996)의『정신과적 진단(Psychiatric Diagnosis)』에서는 다음과 같은 거부권을 제시한다.

> 이 책에는 설명이 거의 없다. 이는 정신질환 대부분에는 설명이 없기 때문이다. '알려지지 않은 병인학'은 골칫거리일 뿐만 아니라 정신의학의 특징이다. 역사적으로 보면 병인이 발견되는 순간, 그 질병은 더 이상 정신병으로 분류되지 않는다(Schaffner, 2002, p. 271에서 인용).

파라켈수스 시대 전에, 진단은 병리학의 원인에 대한 가정에 뿌리를 두고 있었다. 예를 들어, 히포크라테스는 그가 진단한 질병의 병인은 신체의 다양한 유동체의 불균형에 있다고 믿었다. 파라켈수스는 그 초점을 병인학에서 패턴으로 나타나고 병리로 특징 지어지는 조짐들과 증상들의 집단으로 바꾸었다. 원인보다는 증상의 패턴에 대한 묘사의 강조는 DSM-5에 명시된 바와 같이 현대적 체계에서 계속되고 있다.

> 특정 장애 또는 장애 스펙트럼을 완전히 검증하기 위해 논쟁의 여지가 없는 병인 또는 병리 생리학적 메커니즘이 확인될 때까지, DSM-5 장애 기준의 가장 중요한 표준이 주어진 진단기준 세트로 군집화된 개인들의 임상 과정의 평가와 치료반응을 위한 임상적인 사용이 될 것이다(APA, 2013, p. 20).

나단과 랑겐부허의 말에 따르면, "현대적 접근을 향한 각 후속 단계에서 뿐만 아니라 파라켈수스의 체계에서도…… 질병의 병인은 알려지지 않은 것으로 추정되고 따라서 진단 작업에 불필요하다."(2003, p. 5)

제1장에서 언급했듯이, 원인에 대한 생각은 교회가 인간의 망가진 상태에 대해 이해하는 질병분류학의 중심이다. 상태로서의 죄와 선택으로서의 죄 된 행동은 인간의 기능을 이해하는 역사적인 기독교적 접근방법의 기초이다. 정신병리학의 현대적 질병분류는 병인론에서의 일관성 있는 기초가 없고 어떤 이들은 그 필요를 보지 못한다. 이것은 우리의 현대 분류체계의 중요한 측면이며, 임상가와 연구원, 기독교인과 비기독교인 모두 신중하게 고려해야만 함을 보여 준다.

6. 현대적 분류에서 DSM의 가치

> DSM의 가치는 진단 매뉴얼의 가장 근본적인 '해야만 하는' 질문에 대한 답변이다. 질문은 다음과 같다. 진단 매뉴얼을 가지고 있어야 하는가? 그것은 무엇을 포함해야 하는가? 어떻게 정리해야 하는가? 그런 매뉴얼을 만드는 데 누구를 포함해야 하는가? 이 매뉴얼은 누구를 대상으로 하는가? 어떤 방법과 과학적 자료가 가치가 있고 어떤 것이 가치가 없는지를 어떻게 결정해야 하는가?(Sadler, 2002, pp. 7-8)

정신건강의 현대적 분류는 가치와 무관하거나 비정치적인 과정이 아니다(Widiger, 2002). 정신질환이라는 개념 자체가 '정상적인' '건강한' 심리적 기능이라는 생각에서 사회적으로 공유된 가치를 추정하고 있다. 게다가, 토마스 위디거가 지적했듯이, 정상적인 기능과 비정상적인 기능 사이의 정확한 '분계점'에 대해서는 논쟁의 여지가 있으며 개인적이고 사회적인 가치에 종속된다(Clar, Watson, & Reynolds, 1995 참조). 한 걸음 더 나아가, 그는 "정신적 · 육체적 장애 또는 정신적 · 관계적 장애 사이에 명확하거나 질적인 경계가 없다. 사람들은 경계점을 어디에 둘지에 대해 의견이 다르다. 경계가 기능의 연속선과 함께 존재한다면, 불확실성, 모호성 및 불일치가 어느 정도 예상되며 용납되어야 한다."(Widiger, 2002, p. 28)라고 덧붙여 주장하고 있다.

DSM-5 분류체계는 증거 기반을 기초로 하여 분류하는 것을 추구한다. 켄들러(1990)는 이 접근법에 대한 몇 가지 문제점을 발견했다. 증거 기반 체계는 질병 검증 체계 안에서 각각의 가설을 타당화하기 위해서는 구체적인 실험적 검증이 필요하다. 그래서 역사적인 전통들이나 임상적 진단이나 상식적인 것을 거의 신뢰하지 않는다. 특정 질병의 구성에 대한 공통의견에 다다르기는 매우 어려울 것이다(예: 우울증은 기분장애나 인지장애로 이해될 수 있다). 장애의 구성 외에도 임상가는 우울함에 끼치는 다양한 요인의 중요성, 예를 들어 가족 역사나 임상과정에 대해 동의하지 않으며 과학적 검증을 어렵게 만들 것이다(Sadler, 2002 참조). DSM-5는 실제 임상 현장에서 진단 업무가 복잡함을 인정한다. "언제 취약 요인, 촉발요인, 보호 요인들의 조합이 신체적인 징후와 증상들을 정상 수준을 넘는 정신병리적 상태로 이끌어 가는지 인식하기 위해서는 임상적 훈련이 필요하다."(APA, 2013, p. 19) 진단에서 임상적 직관과 타당하고 신뢰 가는 보편적이며 상황적인 구체적인 진단의 근거 기반 기준 사이의 균형은 정신병리 작업을 복잡하게 만든다.

DSM의 개발자들은 과학적인 분류체계를 만들려고 노력해 왔지만, 그 과정에서 엄청난 사회적 영향을 끼치는 문서를 작성하고 있는 과정에 있다(Widiger & Trull, 1993). 진단 범주들은 우리 사회 내의 특정 집단과 개인에게 상당한 긍정적이거나 부정적인 영향을 미칠 수 있다(Frances et al., 1990). DSM이 이러한 집단을 위한 공공 정책 개발에 미칠 수 있는 잠재적인 영향은 연구자에게 특정 결과를 만들어 내라는 압력을 가하여 분류 과정의 과학적 무결성에 어려움을 가져올 수 있다는 것이다.

1960년대와 1970년대 과학혁명은 실험주의 구조와 합리주의와 논리적 긍정주의에 도전하였고 모든 과학은 과학자의 가치로 차 있음을 설득력 있게 보여 주고 있다고 하였는데, 그 결과로서 DSM-II가 수정되었다. 로버트 스피처(Robert Spitzer) 개정위원장은 동성애가 건전한 과학보다는 가치판단을 기초로 하여 장애로 구분되었다고 주장하면서 동성애를 병이 아닌 것으로 하기 위한 개인적인 계획을 세웠음을 인정했다 (Spitzer, 1981). 새들러(Sadler)에 의하면, "이 변화를 둘러싼 전체적인 큰 논란이 정신병리학은 가치판단과 관련이 있다는 대중의 인식을 불러왔다."(2002, p. 4)

어떤 사람들은 진단기준을 세울 때 정치적 압력을 사용하거나 안건으로 삼는 것을 부끄러운 줄 모르고 옹호해 왔다. 예를 들어, 워커(Walker)는 "폭력피해 성 운동에 대한 정치적 옹호는 페미니스트 정신건강 네트워크와 함께 정신과 의사들에게 새로 제안된 몇 가지 진단을 부록에 넣도록 압력을 주었다."(1989, p. 699)라고 말한다. 그처럼 사회적·정치적으로 동기가 주어진 연구 계획들의 위험에 대한 반응으로, 일부는 APA가 DSM을 "경제적 부, 사회적 영향력 및 정치적 힘"(Widiger, 2002, pp. 23-33; 또한 Caplan, 1995; Follette & Houts, 1996; Kirk & Kutchins, 1992; Rogler, 1997; Schacht, 1985; Zimmerman, 1988 참조)을 얻기 위한 도구로 사용했다고 비난했다.

조직뿐만 아니라 개인의 정치적 영향은 분류과정의 과학적 온전함에 중요한 어려움이 된다. 연구 편향과 정치적 이데올로기 형태로 나타나는 가치는 과학적 과정에서 피할 수 없는 현실이지만, 과학적 온전성은 연구자, 과학자나 임상가는 진단 범주 및 기준의 공식화에서 자신의 역할을 최소화하기 위해 노력할 것을 요구한다. 프란시스(Frances), 위디거 그리고 핀커스(Pincus)가 말했듯이, "이상적인 것은 고정된 선입견이 없는 사람(합의적 학자)이 특정 연구 프로그램이나 이론적 지향에 갇히지 않고 전체 연구 문헌에 대한 포괄적인 개관을 통해 결론에 도달하는 것이다."(Widiger, 2002, p. 35에서 인용)

어떤 이들은 진단과 치료 과정에서 문제가 될 만한 가치 개입을 해결하는 것은 진단자가 기꺼이 자신의 가치를 과감하게 수용하고 공개하고자 할 때 이루어질 수 있다고 제안했다(Kirmayer, 1994; Kleinman, 1988; Simola, 1992). 시몰라(Simola)는 "중립성은 신화이자 오류이다."라고 말한다. 그는 가치 중립이나 가치 없음의 시도에 빠지는 것보다 공개적으로 편향을 알리는 것이 낫다고 주장한다(Simola, 1992, p. 399). 다른 사람들은 "문제가 되는 문화적 편향을 해결하는 최적의 방법은 비판적인 과학적 관점을 지속해서 적용"(Widiger, 2002, p. 30)하는 것이라고 하면서 이러한 생각에 도전한다.

최종 결정이 의사 결정권에 가장 가까운 사람들의 이미 가지고 있는 관점을 단순히 반영하는 한, 그 과정은 과학적이라기보다 좀 더 정치적으로 될 수 있다(또는 적어도 그렇게 되어 가는 것처럼 보인다). 결정은 과학 문헌에 기초하기보다는 한 사람이 소유한 통제, 권력 또는 영향력의 정도에 기초하게 된다. 개별 연구원이 DSM에 미치는 영향력은 연구의 질에 있기보다 그가 영향을 끼치는 위치와 어느 정도 가까운가에 있다(Widiger, 2002, p. 2002, p. 35).

새들러(2002)에 의해 가치에 대한 다른 관점이 주어졌는데, 그는 가치와 평가가 정신병리학의 다른 절반을 차지하는 것처럼 보여야 하며 실제로 그러하다고 주장했다. 그는 가치를 뺀다면 정신병리의 역할은 서술적이고 사실적인 요소일 뿐이며 정신건강 분야는 '질 낮은 분야'가 될 것이라고 주장했다.

> 가치는 무엇이 임상적으로 관련 있는지를 (임상가가 보거나 보지 않는 것) 결정한다. 어떤 임상증상이 확실한지, 유용한지, 아니면 중요한지, 병리의 기준, 진단 과정의 신뢰성, 분류 설계의 우선순위까지도 결정한다. 모든 망상에는 상호보완적인 시기, 두려움, 또는 가족 구성원의 눈물이 있다. 모든 중독에는 비극이 있다. 모든 우울증에는 최소한 한 번의 애도가 있다(Sadler, 2002, pp. 5-6).

문화 간의 차이는 어떤 일반적인 심리적 기능이나 주어진 행동을 병리적이라고 생각할 수 있는지에 영향을 줄 수 있다. 건강하고 적응적인 기능과 행동은 주어진 사회 내에서 어느 정도 결정되며, 이러한 가치들은 다른 문화에 의해 공유될 수도 있고 공유되지 않을 수도 있다(Kirmayer, 1994; Kleinman, 1996; Rogler, 1996). 이러한 차이는 진단과정을 복잡하게 만들고 어디에서나 받아들여지는 분류체계를 개발하려고 시도하게 할 수 있다(Mezzich et al., 1996). DSM-5에는 한심할 정도로 적절하지 않은 '고통의 문화적 개념들 용어 사진'이 포함되어 있다. ICD-10에는 '문화 특유의 괴로움'이라는 좀 더 잘 검토된 부록이 있다. 문화적으로 독특한 괴로움에 대한 포괄적인 이해를 얻기 위해서는 더 많은 작업이 필요하다.

7. 현대적 분류체계의 한계

분명히, 모든 사람이 분류체계의 가치와 유용성에 대해 동의하는 것은 아니다. 분류체계의 사용에 이의를 제기하는 사람 중 일부는 분류하여 얻는 이점보다 한계가 크다고 한다. 제안된 한계 중 일부는 다음과 같다(APA, 2013, p. xli).

- DSM 범주는 설명적이기보다는 묘사적이다. 범주는 원인적인 고려보다는 가시적인 증상 패턴의 군집에 기초한다.
- DSM 범주는 개별 병리학에 초점을 맞춘다. 가족의 역기능, 사회적 불공정, 장애 또는 기타 체계적인 문제들을 고려하는 분류체계 안에 있지 않다. 따라서 병리학은 (의도를 하든지 안 하든지) 개인의 삶에 그 원인을 돌리며, 이는 사회적 부당함을 지속시킬 위험이 있다.
- DSM 범주는 개인의 삶에 파괴를 줄 수 있는 진단 꼬리표를 퍼트릴 수 있다.
- DSM 범주는 심리학적 치료접근에서 회복을 위한 사회적이거나 심리학적 시도를 제한하고 의학적 모델을 활성화한다.
- DSM 범주는 비이론적이기 위해 노력한다.
- DSM 범주는 위원회의 산물로 개발되었고, 여러 기능을 수행하기 위해 고안되었다. DSM-5에 따르면, 그 목적은 다음과 같다.
  - 상담 및 심리치료 시 먼저 유용한 가이드가 된다.
  - 임상가와 연구자가 정신장애의 본질적인 특성에 관해 대화하기 위한 공통 언어 역할을 한다.
  - 정신장애에 대한 지역사회 역학연구뿐만 아니라 다양한 임상 현장에서 증상표현을 객관적으로 평가하는 목적을 촉진한다.
  - 정신장애 사망률과 치사율에 대한 정확한 공중 보건 통계를 모으고 전달하는 도구가 된다.
  - 학생들과 능숙한 전문가들의 교과서로 사용된다.

또한 제삼자의 배상 결정의 기준이 된다. 새들러에 따르면, "DSM에 대한 많은 비판은 DSM이 모든 사람의 필요에 정확하게 맞추려고 하는 것"(Sadler, 2002, p. 315)에 있다.

정신병리학의 분류와 진단이 가진 중요한 도전은 많은 신체적인 병을 확증해 주는 것과 같은 관련 실험실에서 발견한 정확하고 문서화 된 병인론적 방법이 없다는 것이다. "그것이 최고의 비교 목적이고 많은 DSM의 타당도를 세워 주는 것이다. 그 메커니즘의 부재로 인해 많은 DSM 진단의 타당성을 확립하는 것이 훨씬 더 어려워졌다."(Faraone & Tsuang, 1994, Nathan & Langenbucher, 2003, p. 9에서 인용) 증상의 지속성, 가족 연구, 질병의 과정, 유전학 및 최근에는 신경생리학을 포함한 다양한 타당도의 기준이 지난 수십 년 동안 고려되었다(Andreasen, 1995).

8. 추가적인 고려 사항

DSM의 분류 과정은 다차원적인 과정이며, 때로는 비생산적인 충성도를 가지고 있다. 새들러는 이에 따른 세 가지 과정을 발견하였다. 첫째, 과학적인 과정, 둘째, 전문적인 관심 또는 협회 내 과정, 셋째, 조직적-실제적인 과정이다(2002, p. 301)." 새들러는 DSM 분류과정을 이끄는 사람들은 실험적으로 정신병리에서 타당하고 신뢰할 만한 연구를 하는 것과 상담에서 실제적으로 타당한 체계를 만드는 것의 필요 사이에 균형을 맞추는 어려움에 직면해 있다. 새들러에 따르면, 분류 작업은 반드시 고통받는 개인과 가족을 돕는다는 중심윤리에 고정되어 있어야 한다.

> 과학적 지식이 관점적이고 불완전하며 가치와 이익에 감염된다는 생각은 우리 모두에게 당연한 불안을 일으킨다. 왜냐하면 우리가 만약 과학적 지식에 우리 자신을 고정할 수 없다면, 우리가 직면하고 있는 중요한 문제에 대해 어떤 근거로 합리적으로 행동할 수 있을까? 과학자, 비전문가, 환자나 임상가인 우리는 그 질문에 직면해야 한다. 우리처럼 과학자들도 "연구를 위해서 어떤 질문들이 중요한가?" 어떤 "연구 방법들이 가장 신뢰할 만한 연구 결과를 주는가?" 어떤 "기준에서 우리는 갈등이 생기는 이론과 데이터 사이에서 결정해야 하는가?"라는 질문을 해야만 한다. 이러한 질문에 대한 특정한 답 속에서 과학의 정치가 등장하고 DSM 과학도 예외는 아니다. 과학자들도 우리가 선택하듯이 다음에 대한 답을 선택해야만 한다. "연구에 중요한 질문은 무엇인가?" "어떤 방법이 우리에게 가장 신뢰할 수 있는 결과를 줄 것인가?" "상충되는 이론과 자료 사이에서 어떤 기준을 정할 것인가?" "누구를 동료로서 인정해야 하고, 그들의 자격은 무엇이어야 하는가?" 과학의 정치가 등장하는 것은 이러한 질문에 대한 특별한 대답이며, DSM의 과학도 예외는 아니다(Sadler, 2002, p. 306).

인정하건대, 정신병리학은 정확한 과학이 아니다. 앞에서 언급했듯이, DSM-5는 진단 범주에 대해 '불가역적인 병인 또는 병리생리학적 메커니즘'이 확인되지 않았음을 인정한다. 이러한 범주들은 주어진 시점에 특정 집단의 연구원들이 문맥적으로 구체적인 합의를 한 것을 나타낸다. 그로브(Grob)가 말했듯이, "분류체계는 본질적으로 자명하거나 주어진 것이 아니다. 오히려 이것은 치유가 가능한 인간의 경험에서 나오며 변

화하고 변형하는 것이지 불변하는 것이 아니다."(1991, p. 421)

　기독교인에게는 이런 토론이 더욱더 확장되어야 한다. 우리가 만약에 과학에서 나온 지식 기반이 불완전하고 분류체계가 가변적이라는 앞선 사상가들의 의견에 동의한다면, 기독교인은 기존의 분류체계를 끊임없이 비판하며 더 넓은 현대적 논의의 일부가 아니라 뚜렷하게 기독교적인 분류의 이해가 있는지 고려해야 한다.

　기독교 세계관은 정신병리학에 대해 구별되는 의견이 있어야 한다. 여기서 의미하는 '구별'은 사회적 규범과 관련해서뿐만 아니라 인간 기능을 위한 하나님의 설계의 공통된 신학적 이해와 관련하여 고려된다. 분명한 도전은 다양한 기독교 전통 간에 때로는 다양하고 종종 상반되는 여러 이론적인 이해가 있다는 현실이다. 이러한 다양한 관점은 '죄 된' 또는 '병리적인' 것에 대한 다른 관점을 필연적으로 개발하는 다양한 기독교 '문화'를 이끌어 왔다. 우리의 희망은 물론 심리학과 목회적 돌봄 분야에서 일하는 기독교인들이 함께 협력하는 일이 늘어나고 공통된 지식을 찾아가며 정신병리학의 연구와 분류에서 기독교인의 신앙을 가지고 살아내는 유용한 방법과 신앙이 고통받는 사람들을 돌보는 데 이바지하는 것을 밝히고 명확히 하기를 희망한다.

제**3**장

정신질환의 생물학적 기초

이상심리 모델에는 생물학적 모델, 심리사회적 모델, 사회문화적 모델, 영적 모델 등의 네 가지가 있는데, 아마도 가장 잘 알려진 것은 심리사회적 모델과 영적 모델일 것이다. 특별히, 기독교계에서 정신질환은 종종 개인의 인지 해석의 틀이나 기만이나 악(제5장의 죄와 정신병리에 대한 논의 참조.)이라 할지라도 개인이 선택한 직접적인 선택의 표현으로 보인다. 이번 장과 다음 장의 초점은 지식이 풍부한 기독교인에 의해서조차도 덜 인정받고 있는 두 가지 모델인 생물학적 및 사회문화적 전통이다. 우리는 생리심리사회적이고 통합적 사고방식을 받아들인 "책임 있는 절충주의"(Jones & Butman, 2011, pp. 434-458)에 대한 긍정적인 의견을 내고자 한다. 이용 가능한 증거를 주의 깊게 읽어 보면 정상적이지 않은 모든 측면을 적절하게 설명하는 단일 모델 사고방식을 받아들인다는 것이 불가능하다는 생각이 든다. 따라서 우리는 심리적 또는 영적 환원주의의 극단을 피하며 보다 총체적인 접근법을 촉진할 작정인데, 우리는 그것을 '〜주의일 뿐인 것'의 실수라고 부를 것이다.

생물학적ㆍ심리사회적ㆍ사회문화적ㆍ영적 요인이 거의 예상치 못한 조합을 반영하고 있지 않은 정신질환의 경우를 보는 것은 극히 드문 일이다. 우리가 인과관계에 대해 가지고 있는 명시적 또는 암묵적 개념은 대개 인간의 고통과 그것에 대한 섬세하고 미묘한 이해를 반영하지 못하고 있다. 이것은 피상적이고 잠재적으로 해로울 뿐만 아니라 일상생활에서 혐오스러운 것의 존재를 부정하려는 강한 욕망을 암시할 수도 있다 (McLemore, 1978).

1. 다시 보는 심리사회적 모델

대부분의 임상가는 심리사회적 모델을 가장 선호한다. 이 모델은 우리가 정신질환을 설명하거나 해석하는 데 도움이 되는 매우 광범위한 패러다임이며, 가정들과 개념들의 집합이다. 이 전통 안에는 정신역학, 행동학, 인지학, 인본주의, 실존적 강조가 종종 유사한 주제들에 대한 다양한 변형으로 나타나 있다. 이것과 관련된 InterVarist Press 의 『현대 정신병리: 통합적인 기독교적 평가(Modern Psychotherapies: A Comprehensive Christian Appraisal)』(2011)에서는 성격, 정신병리, 심리치료에 대한 개념을 기독교적 관점에서 비교하고 대조하기 위하여 노력하였다.

심리사회적 모델은 종종 결정론적이고 환원론적이며, 정신질환이 근본적으로 깔려 있는 성격 역동의 표현, 환경 요인들, 내부 사고과정이나 자기결정의 학습된 양식(습관)의 표현이라고 해석한다. 이러한 개념들은 이전에는 이해하지 못했던 병리에 대한 이해를 돕는다. 한 세기가 넘는 이러한 주의 깊은 연구는 우리에게 교회나 사회와 잠재적으로 관련성이 많아 보이는 연구를 탐구할 풍부한 이론과 연구를 제공해 왔다. 이 책의 제2부에서는 임상적 장애의 주요 군집을 탐색해 나가면서 이에 관한 내용을 다룰 것이다. 아마 다른 어떤 모델은 그처럼 치료와 예방을 적용하는 데에 도움이 되는 많은 예리한 통찰력을 제공하지는 않았을 것이다. 21세기의 주요 과제는 다양한 관점을 창의적으로 통합하고 특정 문제와 인구집단에 적절한 요인을 구체화하는 방법을 찾는 것이다(Comer, 2014). 아마도 20세기 동안 심각한 정신질환 치료에서 가장 중요한 돌파는 약리학적(생물학적 모델)·심리치료적(심리사회적 모델) 개입이 실제적인 상담에서 결합되었다는 것이다(Barlow, 1993 참조). 이제는 치료 계획에서 훨씬 더 명료한 방향과 구체성을 제공하는 것이 가능하다(Jongsma, Peterson, & Bruce, 2014). 정신건강 서비스는 더는 임상가의 이론적 가정이나 편견에 의해 타격을 받거나 놓치거나 제한받을 필요가 없다.

학자이면서 심리치료도 하고 있는 임상가로서, 필자들은 한 개인의 '원래적 자원'이 그의 정신건강과 복지에 어떤 영향을 미칠 수 있는지 더 명확하게 볼 수 있도록 도와준 심리사회적 전통에 감사한다. 성경(특별한 계시)과 이성/과학(일반적 계시)을 모두 진지하게 받아들이는 사람들에게는 신앙을 고려하여 심리적 건강을 어떻게 정의하는지가 매우 중요하다(Mclemore, 1978). 버트만(Butman, 2001)이 지적했듯이, 종교는 일상생활의 요구에 대처하기 위한 중요한 자원이 될 가능성이 있다. 그러나 한 사람이 그리스도를 통해 하나님을 믿는 믿음 없이도 "전통적으로 정의된 전형적인 정신건강을 가지고 살아가는 것이 가능하다."(McLemore, 1978, p. 182) 또는 믿음의 관점에서 '거룩'하면서도 대인관계의 관점에서 '불량'한 삶을 살 수도 있다(McLemore, 2003). 심리사회적 모델이 우리로 하여금 인상관리에 민감하게 반응하여 타인과 우리 자신과 창조주 하나님과 관계 맺는 방식에서 기만하는 능력을 주었다고도 말할 수 있다.

우리는 누군가의 삶에 심리적 문제가 있다는 것이 어떤 방법으로든지 그들이 가진 믿음의 헌신을 타당화하지 않거나 의심조차 하지 않도록 설득당했다. 심리사회적 모델을 통해 우리는 우리 자신과 내담자가 변해 가는 존재 또는 금이 간 토기라고 본다(Manning, 1988; Nouwen, 1992). 우리는 모두 타락한 사람이고, 깊은 결함이 있는 세상에 살고 있다. 이러한 모델은 우리가 그렇지 않다고 부인하는 것이 얼마나 무익하고 우리 자신을 제외한 다른 사람의 성격이나 신념을 판단할 때 얼마나 신중해야 하는지 보여 준다(Malony, 1995).

2. 영적 모델에 대한 한마디

영적 모델은 죄와 정신병리에 대한 강조 이상의 것이다(Plantinga, 1995). 여기에는 정체성에 대한 우리의 개념(Cooper, 2003), 자부심과 자기 수용을 다루는 방법(Myers, 2000), 일상생활의 요구에 대처하는 방법(Parament, 1997) 등이 포함된다. 더 나아가, 그것은 우리가 어떻게 교회와 공동체(Bilezikian, 1997), 종교단체의 사회심리(Kauffmann, 2000)를 구성하며, 궁극적으로 무엇이 우리에게 희망과 의미와 목적을 주는가 등과 관련이 있다(Smedes, 1998). 아마도 우리의 세계관과 생활방식에 대한 우리의 결정이 우리가 삶에서 발생하는 상황이나 발달적 위기를 어떻게 처리하는가를 직접적으로 말해 줄 것이다(Sittser, 1996).

팔로우치안(Paloutzian)이 관찰하였듯이, "종교를 가진 사람들은 성격이나 심리적인 적절성 면에서 다른 사람들보다 더 잘 살지도, 더 못 살지도 않는 것처럼 보인다. 그들은 단지 다를 뿐이다. 즉, 각자만의 방식으로 약간 더 좋거나 더 나쁘다."(Paloutzian, 1996, p. 260) 흥미롭게도, 정신병리의 비율(DSM-5에 정의된 대로)은 교회 다니는 사람들과 다니지 않는 사람들(Hood et al., 1996; Pargament, 2013)을 비교해 봤을 때 큰 차이가 없었고, 제2부에서 논의할 예정인 약간의 예외만 있었다. 당연한 말이지만, '율법을 지킨다'는 것이 반드시 신체적 · 정서적 · 재정적 안정을 보장해 주지는 않는다. 우리는 어떻게 이런 정보를 가진 성서적인 현실주의자들이 '번영 복음'을 믿을 수 있는지 이해하기 어렵다. 단순하게, 최선을 다해 삶을 살아가는 사람들(가족 또는 친구)임에도 불구하고, 정신적 · 정서적 고통의 극심한 증상으로 인해 황폐해진 사람이 너무 많다.

　다시 말하지만, 이 사실은 그다지 놀랍지 않다. 성경은 기독교인이 어떻게든 정신질환으로부터 면역이 된다고 가르치지 않고 있다. 물론 정신장애 표현들의 일부는 무엇을 하지 않은 죄이거나 한 죄이거나 구조적이거나 체계적인 기만과 악으로 인한 직접적인 죄의 결과물이다(Bixier, 1999). 필립 얀시(Philip Yancey)가 관찰하였듯이, "예수는 고통을 설명해 주거나 없애 주기 위해 세상에 온 것이 아니라, 그분의 때에 그의 현존으로 세상을 가득 채우기 위해 온 것이다."(1984) 싯처(Sittser, 1996)가 언급했듯이, 고통은 우리의 영적 성장을 가지고 올 잠재력이 있지만, 그것을 확실하게 보장하는 것은 아니다.

　그렇다면, 이 모델의 전통 안에서 무엇이 우리 삶에 의미와 목적을 주는지, 가족과 친구로부터 자원(사회적 지원)을 끌어내는지, 그리고 우리가 하는 일이 실제로 어떤 특정한 상황에 변화를 줄 수 있다고 믿는지(효능감과 희망의 감각)를 결정하는 것이 더 중요하다. 우리에게 주어진 자료는 특별한 신조나 신념의 집합 자체가 우리로 하여금 고통을 더 잘 견뎌 내도록 도와주지는 않는다(Pargament, 1997, 2013). 우리가 이러한 태도와 믿음을 명확하고 구체적으로 어떻게 적용하는가에 대해서는 좀 더 이야기해야 할 것이며 이 책의 제2부에서 그 주제를 다시 다룰 것이다.

3. 생물학적 기준

　생물학적 기준은 정신건강계의 심리사회 기준의 주요 대안이다. 종종 '의료적 관점'이라고도 불리는 이 핵심 기준은 정신장애가 보통 뇌나 신경계를 중심으로 사람의 신체 내의 오작동을 반영한다는 것이다. 흥미롭게도, 이 전통은 교회의 역할과 영향력에 직접적으로 반대하여 발전했다. 특히 귀신 들린 것이 정신질환의 주요 패러다임이었던 중세시대에는 더욱 그러했다(Comer, 2003). 제1장에서 언급했듯이, 수 세기 동안 교회와 의료 전문가 사이에는 협력과 경쟁의 기간이 있었다(Clebsch & Jaekle, 1975; Tidball, 1986). 지난 20년 동안 정신건강 연구에서 생물학적인 것을 지향하는 연구가 거의 폭발하듯이 발전했다. 가장 심각한 정신질환의 표현(예: 조현병, 조울증, 우울증)을 위한 향정신성 약물 개발에 있어서의 인상적인 발전은 상담과 돌봄에서 거의 혁명을 일으켰다. 밀러와 잭슨(Miller & Jackson, 1995)은 그처럼 더욱 많아진 치료 선택의 가용성을 '신의 선물'이라고 불렀다. 약물 치료는 의사와 환자 모두에게 부작용과 생물학적 환원주의에 빠지도록 하는 성향의 위험이 없지는 않다. 의심할 바 없이, 현대 '의료 관리'의 환경은 사람을 전체적이고 통합된 방식으로 보지 않는 경향에 기여한다.

그러한 전통에서 연구의 주요 초점은 뇌 해부학과 기능이었다. 제2부에서 계속 살펴보겠지만, 거의 모든 주요 장애는 신경해부학, 뇌화학 또는 유전학의 결함이나 취약성 또는 바이러스 감염과 관련이 있다. 이처럼 생물학적 모델은 현장에서 상당한 존경을 받았으며, 새롭고 자주 효과적인 치료 전략을 만드는 데 매우 유익했다. 그런데 아직도 이 모델은 그 지지자들이 우리로 믿게 할 만큼 완벽하거나 결정적이지 않다. 그리고 많은 기독교인은 향정신성 약물의 광범위한 가용성에 대해 양면성을 가지고 있으며, 약물의 사용이 인격 발달을 방해할 것인지 아니면 사랑하는 사람을 잃은 고통을 회피하는 데 이바지할 것인지 궁금해하고 있다(Stapert, 1994).

학자, 임상가와 연구자는 정신장애 발달(병인론)을 스트레스 취약성 이해라는 점에서 이야기하는 경향이 있다. 구체적으로, '생활상의 문제'는 이미 얻고 물려받은 약점이나 취약점(취약성)이 내부적 요인이나 외부적 요인(스트레스) 또는 둘 다의 요인에 의해 압박을 느낄 때 발생하는 경향이 있다고 주장한다. 시간이 지나면서 충분한 스트레스를 받으면, 우리 중 많은 사람은 정신장애(폭력적인 전쟁이나 학대에 노출된 결과로 얻는 PTSD 등)를 갖게 될 수 있다. 우리가 직면한 도전은 그러한 취약성이 무엇이며 개인의 해석적 틀을 통해 스트레스가 어떻게 경험되는지를 발견해 내는 것이다. 이것이 우리가 인과관계나 책임을 일반화하는 것에 신중을 기하도록 만들어 주어야만 한다. 이 분야에서 더 많은 시간을 보낼수록 우리는 더 기꺼이 정신장애의 주요인들을 완전히 이해할 수 없음을 인정하게 된다. 우리는 겸손한 자세와 고통에 대한 깊은 배려를 익힐 필요가 있다. 일반적인 가정과 광범위한 일반화는 정신장애를 깊이 있게 이해하는 데 거의 이바지하지 않는다. 종종 교회나 지역사회에서 정신장애에 대해 쉽게 답변하는 것을 보면 민망해지곤 한다. 물론 상황이 어려워지거나 혼란스러워지지 않도록 관리하기를 원하는 것은 자연스러운 일이지만 즉시 개입하거나 해결책을 제시하려는 충동은 어렵고 고통스러운 상황에서는 압도적일 수 있다(Nouwen, 1997).

일상에서 일어나는 사건들이 신경해부학과 신경화학에 직접적인 영향을 끼칠 수 있다는 확신이 커지고 있다. 우리는 정신과 육체의 본질적인 통합을 강조하는 '전체적 이원론'을 주장할 것이다. 이에 따른 증거는 중대한 위기, 손실 또는 외상이 정신적 · 정서적 · 신체적 행복과 영적 건강에 돌이킬 수 없을 정도의 큰 영향을 미칠 수 있다는 것을 강하게 설득한다. 반복되는 연구(검토를 위해 Comer, 2014 참조)는 우리가 고통을 느낄 뿐만 아니라 그 고통이 우리의 중요한 부분이 되어 생각하고 생동하는 방식에 영향을 미칠 수 있다는 것을 지속적으로 보여 주었다. 아마도 이것은 우리의 '생활방식의 선택(식사, 운동, 휴식)'이 정신건강뿐만 아니라 신체적 건강에 영향을 미치는 방법에서 가장 명백하게 드러날 것이다.

삶의 사건들을 좀 더 전체적이고 통합적인 관점에서 이해하려는 정교함이 증가하는 경향과 달리, 생물학적 모델은 일반인과 전문가 모두를 양극화하는 경향이 있는 유형적인 치료전략들을 제공한다.

이제는 적어도 삼세대의 항불안제, 항우울제, 항정신병 약물이 있다(약물 개발과 개선 작업이 1950년대 이후로 계속 진행되어 왔다). 이용 가능한 증거들은 이러한 약물들이 여러 가지 심각한 불안과 기분장애들과 정신증으로 고생하는 사람들을 안정화하는 데 유용한 부가적인 치료 방법임을 제시한다(Dailey et al., 2014; Nathan & Gorman, 1998). 여기에서 발생할 수 있는 문제는 그것들이 정신질환에 대한 '치료'로 보여서 신중한 진단 없이 부적절하게 처방되거나 궁극적으로 덜 효과가 나타나는 치료법으로 제시될 때 나타난다. 수십 년 동안 아무 부작용이 없고 자기관리의 책임을 지게 할 '완벽한 약'에 대한 주장이 제기되어 왔다. 이러한 소망은 현재 정신약리학의 연구 상황이라기보다는 인간의 상태를 말해 주는 것이다.

예를 들어, 비아그라처럼 대중에게 널리 알려지고 유효성이 높은 발기부전 치료제를 생각해 보자. 우리 중 누구도 이 약을 부부의 성관계를 개선하는 방법으로 적당하게 사용하는 것을 헐뜯지는 않을 것이다. 하지만 이 약물은 종종 부부의 의사소통을 개선하는 것에 대한 어떤 대화도 없이 처방된다('책임져야 할 영역'과 '남성의 감정을 드러내지 않음'의 일탈에 대한 논의는 Balswick, 1992; Van Leeuwen, 2002 참조).

　　항정신성 약물이 무엇을 할 수 있고 할 수 없는가에 대한 기대는 상담가와 내담자 모두에게 큰 것이다(Comer, 2014). 그러나 우리는 거의 모든 정신적 · 정서적 이상에 대해 항정신성 약물을 사용하고 정신약리학에 대해 그것만 의지하여 축소된 책임감을 느끼는 것에 대해 크게 우려하고 있다(Meyer & Deitsch, 1996). 약물은 그 자체로서 완전한 치료는 아니며 치료에 대한 원조 또는 부속물로 사용되어야 한다. 우리는 내담자의 사회경제적 등급 자체가 그가 받는 돌봄의 증거가 무엇을 제안하는가보다 더 중요한 결정 요인이 된다는 사실을 알게 되어 정말 마음이 아프다(Antony & Barlow, 2002).

　　정신질환에 대한 생물학적 이해가 인간의 고통과 고통의 복잡성에 대한 우리의 인식을 제한할 필요는 없다. 사실 우리는 책임감 있는 절충주의가 대부분의 정신병리학적 증상의 생물학적 기초를 심각하게 받아들여야 한다고 생각한다. 즉, 생물학이 주된 원인(노인 치매)이든, 촉발요인(조울증)이든, 아니면 기여 원인(PTSD)이든 상관없이 진실한 것이다. 브랜드와 얀시(1980, 1984)가 조심스럽게 우리가 "경이롭고 멋지게 창조되었다."라고 하였듯이, 우리의 신경해부학과 신경화학은 우리의 창조된 모습의 일부분이기 때문에 뇌와 신경계의 손상이나 바이러스 감염은 우리가 가진 일상생활의 과제를 다루는 능력을 앗아갈 수 있다. 물론 우리의 생활방식은 뇌 활동의 '하드웨어'나 '소프트웨어'에 영향을 미칠 수 있지만, 이 모든 일이 오직 우리 자신의 선택에서 비롯된 기능이라고만 가정하는 것은 너무 순진하여 해로울 가능성이 있고, 특히 다른 인간의 고통과 고통에 대한 우리의 이해에 대해서 그러하다.

　　폭탄 테러의 희생자들에게 보여 주는 것과 치매나 우울증에 시달리는 사람들에게 보여 주는 우리의 동정과 이해 사이의 불일치는 놀라울 정도로 크며, 종종 우리가 가진 '적당한 고통'과 현실적이고 성경적인 희망에 대한 깊은 추측을 나타낸다(Corey-Seibolt, 1984). 친구가 암에 걸리면 우리는 자신 있게 도움의 손길을 뻗는다. 이와 반대로 만약 친구가 임상적으로 불안하거나 우울해지면, 친구의 문제가 너무 혼란스러워서 관계를 줄일 가능성이 크다. 그 친구는 아마도 죄책감, 수치심, 조롱에 대해 두려워할 것이고, 그에 대해 종종 피하거나 부인하는 것이 좀 더 쉬운 반응일 것이다. 부러진 팔을 어떻게 치료할지 아는 것이 더 쉽다. 선택과 책임에 대한 내면의 도덕적 논쟁을 생각하는 대신에 우리는 119에 전화한다. 그러나 자살을 시도하려는 친구가 있다고 해도 그 사실을 부인하거나 그 친구가 스스로 '기운을 차릴 수 있다.'고 상상한다.

　　우리는 어떤 특정한 고통에도 항상 생물학적 이유가 있다고 가정하는 것이 도움이 됨을 알게 되었다. 정신적 · 정서적 고통은 생물학적 영역을 포함하여 인간성의 여러 차원에서 경험된다. 식욕, 활동, 회복 기능에도 불편한 일이 있을 수 있다. 더 미묘하고 어쩌면 더 해로운 것은 신경전달물질의 변화, 뇌와 신경계에 대한 부상, 세균이나 바이러스 감염이다. 생물학적 모델은 우리가 이러한 차원을 찾아보고 진지하게 받아들이도록 가르친다.

우리는 신앙에 기초한 문헌들에서 건강과 안녕을 증진하는 것에 관한 문헌이 늘어나는 것에 의해 크게 고무되고 있다(예: Walters & Byl, 2008). 우리의 몸을 수용하고 돌보는 더 효과적인 방법들을 발견하고 식이요법, 운동, 휴식에 대한 우리의 선택을 향상하는 데 도움을 주려는 매우 실용적인 전략들이 주어지고 있다. 이러한 운동은 우리의 마음과 육체(그리고 어쩌면 우리의 영혼까지도)에 대한 청지기 정신과 관련하여 우리의 행동을 이해하는 데 도움을 줄 가능성이 있다. 우리의 동료 윌리엄 스트러서스(William Struthers)가 종종 말했듯이, "쓸데없는 것이 들어가면 쓸데없는 것이 나온다."(Struthers, 2010) 앞에서 언급한 스트레스 취약성 관점에서 볼 때, 우리는 내적 · 외적 스트레스 요인이 우리의 선천적 · 후천적으로 얻은 취약성과 결합하거나 유전이나 사회화를 통해 끼치는 영향을 줄일 가능성이 있다. 즉, 우리가 자기 자신을 무력한 희생자로 볼 것인지 아니면 우리의 마음, 몸, 영혼의 청지기 직분의 적극적인 대리인으로 볼 것인지에 대해 하늘과 땅의 차이를 만들 수 있다. 건강과 안녕에 관한 문헌에서 꾸준히 지적되어 왔듯이, 우리는 "유전이 운명이 아니다."(예: Walters & Byl, 2008)라는 것을 충분히 이해할 필요가 있다. 생물학적 요인만으로는 심각한 정신질환을 설명할 수 없다. 취약성과 촉발성, 지속성의 요인들은 일반적으로 병인 및 유지 관리에서 훨씬 더 중요한 역할을 하기 때문에 우리가 무엇을 선택하는지가 정말 중요하다(Comer, 2014). 이것은 확실히 정신병리학에서 성장하고 증가해 가는 마음챙김의 영향력(긍정심리학)에 대한 문헌에서 나타나는 핵심 주장 중 하나이다(Jones & Butnam, 2011).

DSM-5에 도입된 주요한 변화와 관련하여, 기본적으로 그 원인과 표현이 생물학적인 것으로 간주되는 것은 별도로 분류하였다. 신경 발달 및 신경 인지장애의 광범위한 범주에는 이제 지적장애, 의사소통 및 언어 장애, 학습장애, 자폐스펙트럼장애, 주의력결핍/과잉행동장애, 운동장애 및 섬망/치매가 포함된다. 여기에서 공유된 가정은 이같이 상당히 다양한 장애의 집단은 우선적으로 뇌 행동 관계에 문제가 있는 것으로 보아야 한다는 것이다(Comer, 2014). 마찬가지로 DSM-IV(DSM-IV-TR) 본문 개정에서 신체형장애라고 불렸던 장애 집단은 현재 DSM-5의 '신체화 증상과 관련 장애'라는 별도의 장에 속해 있다. 여기에는 전환 장애, 신체화 증상 장애, 질병 불안장애, 꾀병, 다른 의료적 상황에 영향을 끼치는 심리적인 요인들이 있다. 그러나 이러한 결정들에 대해 논쟁이 없는 것이 아니며, 종종 정신질환의 생물학적 기반에 대한 인식과 이해의 증가를 반영하는 것이 보인다(Dailey et al., 2014). 여기에서 말한 '논의'는 이러한 정신질환을 가장 획기적으로 치료하는 방법, 그리고 누가 이런 의료 서비스의 주요 제공자가 되어야 하는지와 더 관련이 있는 것 같다. 어느 정신질환의 표현에서와 마찬가지로, 분명히 어떤 유형의 사람이 그 질병을 앓고 있는가는 어떤 유형의 질병을 그 사람이 가졌는가보다 종종 더 중요하게 여겨진다. 생물학적 요소가 강하게 들어 있는 수많은 장애는 좀 더 다 학제적인 대화가 필요하며 잘 훈련된 의사 및 의료 제공자와 우수한 협력 관계를 확립할 필요가 있다는 것은 좋은 주장이다(Reichenberg, 2014).

이 책(2005)의 초판이 나온 이후 정신질환의 생물학적 초점에 관한 문헌을 검토하면서, 우리는 정신질환의 병인과 유지에 있어서 생활방식의 선택들(예: 식이요법, 운동, 휴식 또는 놀이)에 대한 강조가 늘어나고 있는 것에 깊은 인상을 받았다. 이것들은 확실히 정신적·감정적·신체적 안녕에 영향을 미칠 수 있다. 우리가 일상생활의 도전에 대처하는 방식은 확실히 대처 기술의 목록의 기능이며, 이 목록은 우리가 마음과 몸을 어떻게 관리하느냐에 따라 강화되거나 약화될 수 있다(Struthers, 2010). 이것들이 정신질환의 주요 원인이 아닐 수는 있지만, 개인의 '삶의 문제'를 촉발하거나 취약하게 만들 수 있다. 더 나아가, 우리가 내린 결정은 박테리아나 바이러스, 전염병들에 어떻게 반응하는가 하는 우리의 최초의 결정기관인 몸의 면역체계에 직간접적으로 영향을 미칠 수 있다. 실제로 이것은 지난 20년 동안 폭발적으로 발전한 행동 건강과 의학에 관한 문헌의 주요 초점이다(Comer, 2014). 신앙에 기반을 둔 문헌에 반복하여 언급되었듯이, 우리는 "마음이 없는 몸이나 육체가 없는 마음"(Jones & Butman, 2011)이 아니다. 한 개인이 '과각성'을 다루는 데 더 효과적인 대처 전략을 찾도록 돕는 것은 항상 상담과 심리치료의 중심이었다. 이것은 우리가 세상을 파악하는 방법(예: 우리의 인지-지각 양식)을 확실히 반영하지만 더 중요한 것은 개인적으로나 공동체적으로 잠재적인 문제들과 기회들에 어떻게 좀 더 통합적이고 전체적인 방법으로 건강하고 적응적인 방식을 따라 반응하는지를 보여 준다(Dailey et al., 2014).

제**4**장

정신질환의 사회문화적 기초

제3장에서 논의했듯이, 정신병리학 분야에는 이상심리에 대해 생물학적 모델, 심리사회적 모델, 사회문화적 모델, 영적 모델 등 네 가지가 존재한다. 생물학적 모델에 대한 논의를 소개하며 심리사회적 모델과 영적 모델을 간단하게 소개했음에도 불구하고, 우리는 독자가 심리사회적 및 영적 모델에 익숙하다고 가정한다. 비정상에 대한 사회문화적 모델은 무엇보다 개인, 가족, 지역사회, 심지어 국가 전체에 영향을 미치는 사회적·문화적 힘에 초점을 맞추고 있다. 인구 통계학적 변수들(예: 나이, 성별, 인종/민족 및 사회경제적 계층)이 정신질환에 대한 우리의 이해에 필수적인 것으로 간주될 뿐만 아니라, 사적 또는 공적 상황에서 선택된 사회적 규범(가치)과 역할도 마찬가지다(Van Leeuwen, 2002). 이 전통은 다른 어떤 비정상에 대한 모델보다 우리를 좀 더 넓은 맥락에서 정신병리학이 표현되거나 관찰하는 것에 민감해지게 만들었다(Dailey et al., 2014).

따라서 많은 학자와 임상가, 연구자가 지역사회나 체계적인 사고방식을 받아들이고 있는 것은 우리가 생각하고 느끼고 행동하는 방식에 외부 세력이 어떻게 영향을 미칠 수 있는지 이해하기 위해 놀라운 일이 아니다(예: Flanagan & Hall, 2014). 우리가 그 속에서 움직이는 '세계'는 우리의 불편함, 고통, 기능 장애가 표현되는 방식들과 우리가 그 증상들의 의미를 어떻게 이해하느냐에 깊은 영향을 미친다. 그러한 맥락적·발달적·상황적 현실을 충분히 이해하고 존중하는 우리의 능력은 아마도 동정심, 지혜, 이해를 가지고 앞서 말한 증상들에 효과적으로 반응하는 능력의 가장 중요한 요소일 것이다. 솔직히 말해서, '그리스도를 위해 문화교차를 하는' 우리의 능력은 국제 시민과 세계적인 기독교인이 된다는 의미를 말한다(Dueck, 2006 참조). 지나치게 개인주의적이고 물질주의적인 정신병리학 모델은 극단적인 자기 함몰과 자기애로 이어질 위험이 있다(이는 단순히 '나'가 아니라 '우리'를 생각하는 것을 배워야 하는 도전이다).

　　역사적으로 이 모델은 정신질환의 주요 결정 요인으로서 열악한 사회 조건에 초점을 맞추었다. 예를 들어, 빈곤은 수십 년 동안 연구되었으며, 특히 스트레스와 적응장애, 심신 문제, 정신질환(정신증, 조울증, 인격장애, 물질 관련 장애)의 가장 심각한 증상에 연루되어 있다. 정신질환의 발생률은 사회경제적 하위 계층에서 항상 높았다. (이 인구통계학은 정신질환의 병인과 유지를 이해함에 있어서 매우 크다.) 코머(Comer, 2014)가 말했듯이, 이들은 "두 배로 불리하다." 이들은 정신질환의 위험이 클 뿐만 아니라 적절하거나 효과적인 정신건강 치료를 받을 가능성이 적다. 아마도 보고되었던 학대나 가정폭력의 가장 강력한 예측 변수 중 하나는 경제의 하향 추세일 것이다. 실업률은 특히 남성들 사이에서 '도발적 행동'의 큰 위험을 일으키는 요소이다.

1. 이론적 강조점

　　사회문화적 모델 내에는 두 가지 광범위한 강조점이 있다. 가족 사회 이론가들은 사회적 꼬리표와 역할뿐만 아니라, 어떻게 사회적 연결과 지원이 정신병리 발전에 영향을 미치는지에 초점을 맞춘다. 특별한 관심 분야는 가족 구조와 의사소통의 패턴을 연구하는 것이다(Comer, 2014; Flanagan & Hall, 2014). 예를 들어, 융합되었거나 혼란스럽거나 분리된 상호작용 방식은 발육 정지나 불안, 기분장애나 행동 문제와 같은 더 심각한 정신병리로 이어질 수 있다. 간단히 말해서, 이러한 제정신이 아닌 환경은 '상호작용 장애'를 일으킬 수 있다. 이와 같은 '상호작용 장애'를 이해하려고 노력하면서 더 넓은 맥락적, 발달적 또는 상황적 맥락에서 표현된 증상을 보는 것이 이치에 맞다. (겉으로 드러나고 표현된 증상의 더 깊은 의미나 중요성은 무엇일까?)

　　또 다른 이론적 강조점은 다문화 이론가들이 말하는 폭넓은 강조점이다. 그들은 정신질환의 증상이 문화, 인종, 민족 또는 성별이 생각, 감정 및 행동에 영향을 미치는 표현방식들이라고 보는 경향이 있다. 그들은 또한 더 깊은 수준에서 가치, 태도, 신념, 역사 및 행동이 집단에 의해 공유되고 세대에 걸쳐 의사소통되는 방법을 이해하려고 한다. 보다 광범위한 문화적 문제에 대한 더 큰 민감성은 특별히 서구 산업화 사회의 몇 가지 '질병'에 좀 더 민감하고 중요하게 반응하게 한다(예: 신체 이미지 문제, 섭식장애 및 스트레스 관련 장애의 만성 과민성).

2. 예방과 치료에 관한 견해

　사회문화 모델도 정신질환의 예방 가능성에 엄청난 관심을 불러일으켰다. 분명한 것은 아무도 정신병리와 관련된 모든 위험 요소로부터 면역되어 있지 않다는 것이다. 우리 중 대부분은 불안, 우울증 또는 약물남용으로 어려움을 겪는 가족이나 친구를 한 사람 이상은 알고 있다. 미국에서는 매년 수십억 달러가 정신건강 돌봄을 위해 지출되며 생산성 상실로 인해 수십억 달러가 사라진다(Kass, Oldham, & Pardes, 1992; Pargament, 2013). 특히 정신건강에 대한 우려를 가지고 조기에 도움을 구하는 것이 문화적 가치 중 일부가 아니다. 어느 인턴이나 일반 의사가 말하듯이, 많은 사람이 통증이나 심각한 건강 위기가 찾아와야지만 도움을 청한다. 정신질환과 관련된 수치심과 죄책감 또는 당혹감 때문에 회피하는 것이 종종 규칙처럼 보인다(Clinebell, 1972). 수십 년 동안 지역사회 교육과 의식이 높아졌음에도 불구하고 고정관념이 많고 끊임없는 거짓이 있다. 그 함정은 종종 "침묵과 피상성의 음모"(McLemore, 2003)로 결론이 난다. 이런 결과로 정신질환은 만성적으로 지속되며 개인과 가족 및 친구들에게 큰 피해를 준다. 우리의 대중요법 사고방식("망가질 때까지 고치지 말라.")은 우리의 다소 제한된 복지에 대한 개념을 반응하며, 인적 차원의 형편없는 관리, 진실성과 청렴성보다는 인상관리 성향을 반영한다.

　버몬트 대학교의 오랜 심리학 교수인 조지 앨비(George Albee)는 예방 심리학의 아버지로 널리 알려져 있다. 그는 한때 "이 나라에서 아직 미사용한 가장 큰 정신건강의 자원은 일주일에 6일 반씩 비어 있는 교회와 회당"(Kauffmann, 2000에서 인용)이라고 말한 적이 있다. 확실히 많은 종교단체가 지역사회와 회중의 상처 입은 사람들에게 다가갈 수 있는 더 효과적인 방법을 발견하려고 한다(Benner & Hill, 1999; 예방 및 지역사회 정신건강에 관한 기사 참조). 그렇게 하는 것이 교회의 사명과 임무에 어느 정도 중요한 것이 되어야 함에 대한 논의가 있다(Crabb, 1999). 그러나 언젠가 미국 시민의 3분의 1이 심각한 정신적 문제를 겪게 된다면 헌신적인 기독교인들이 예배, 봉사 및 교제의 영향을 고려하는 것이 현명할 것이다(Greene-McCreight, 2006; Kauffmann, 2000). 이것은 지역 교회에서 전도, 제자 훈련 및 훈련의 중요성을 결코 감소시키려는 것이 아니라 교인들의 상당 부분이 고통받고 있다는 현실을 무시하면 이미 의기소침해 있는 사람들을 더 고립시키거나 소외시킬 위험이 있다는 것이다(Clinebell, 1972; Flanagan & Hall, 2014).

1차 예방은 조기 발견 및 선별, 의미 있는 고용, 적절한 주거 및 강력한 사회 지원 체계를 포함하여 모든 사람의 정신건강을 개선할 수 있는 모든 것을 포함한다. 2차 예방에는 고위험 집단을 식별하고 가능한 한 빨리 치료를 시작하려는 노력이 포함된다(예: 폭력 및 학대의 피해자, 치명적인 손실을 경험 한 사람, 심하게 아픈 부모 또는 자녀에게 필요한 치료를 제공하기 위해 고군분투하는 가족 포함). 3차 예방은 좋은 치료 환경에서 유능한 간병인을 고용하는 것과 더 나은 건강과 온전함을 회복하려는 시도이다.

최근 수십 년 동안 수많은 프로그램이 계발되어 시행되었고, 그중에 많은 프로그램은 정신건강에 큰 도움이 되었다. 불행하게도, 그러한 일을 지지하거나 그 비전을 유지하는 것이 종종 어려웠고 만성적인 정신건강의 형태일 때 더 그러했다. 수백 년의 시간과 여러 문화를 걸쳐 조사된 정신질환이 있는 사람들 치료에 관한 연구들은 이러한 노력이 크게 있었지만 유지하기가 매우 어려웠다는 것을 보여 준다(Comer, 2014; Pargament, 2013). 아마도 우리의 문제를 개선하고자 하는 사고방식(인간의 많은 고통과 그 고통을 피하는 것)은 모든 사람이 가지고 있는 고유한 존엄성과 가치에 대한 우리의 공언한 믿음이 거짓임을 보여 주거나(Nouwen, 1992), 삶을 우리의 인격 발달을 위한 학교로 보는 능력이 없고 단지 개인의 성취로 보기 때문일 것이다(Packer, 1990).

미국에서 정신건강 치료에 사용되는 수십억 달러 중 2% 미만이 예방 노력이나 연구에 사용된다. 즉, 98%는 정신질환이 악화된 이후에 치료를 위해 지출되고 있다(Broderick & Blewitt, 2010; Kass, Oldham & Pardes, 1992). 헌신적인 기독교인이자 정신질환자를 위해 오랫동안 지역사회 공동체에서 일했던 로샐린 카터(Rosalynn Carter)는 그녀의 저서『정신적 질환이 있는 사람을 돕기(Helping Someone with Mental Illness)』(1998)에서 훌륭한 서비스를 제공했다. 이전 영부인은 정신질환에 대한 신화나 고정관념을 없애고 일반인 관점에서 치료 방법을 논의하며 예방 및 더 많은 지역사회 기반 서비스에 대한 비전을 제공하는 놀라운 일을 했다. 물론 가족과 친구들 사이에서 정신질환으로 고통받는 사람들로부터 깊은 영향을 받은 그녀는 지금 이 역사 속에서 교회와 문화에서 절실히 필요한 사제적이고 예언자적인 증인의 모범이다(Wolterstorff, 1980).

　필자 세 사람 모두 정신건강 서비스에서 형편이 어려운 사람들과 일해 본 경험이 있다. 그들은 일상생활의 과제들을 헤쳐 나가는 데 압도적인 스트레스를 겪고 있는 사람들이었다. 우리는 그들의 옹호자가 되는 것의 중요성, 항상 수용적이거나 개방적이지 않은 구조와 체계를 다루는 고통스러운 현실, 그리고 변화를 위해 그들이 나아가도록 동력을 주는 지속적인 도전에 대해 많은 것을 배웠다(Nouwen, 1997). 또한 유능한 건강 돌봄 제공자를 찾아가는 것, 저렴한 주택을 찾는 것, 의미 있는 고용을 얻는 것과 같은 일상의 스트레스 요인이 어떻게 개인과 가족을 한계점(스트레스–취약성 관점)에 이르게 압박할 수 있는지 알게 되었다. 아마도 풍부한 땅에 살며 자원이 풍부한 사람들로서 우리 자신을 확장하는 것이 가장 필요한 곳은 우리 가운데 고통받는 사람들에게 우리의 마음과 손을 열어 주는 것일 것이다. 그들의 요구에 대응하는 것은 우리 자신의 영적 굶주림이나 가난에 대한 가장 중요한 해독제 중 하나일 수 있다(Myers, 2000). 계속적으로 이타적인 서비스에 몰두하는 것이 우리의 공유된 인간성과 깨짐에 대해 많은 것을 가르쳐 줄 것이다(Manning, 1988).

　또한 사회문화적 모델은 건강한 의사소통과 갈등관리의 중요성을 우리에게 가르쳐준다. 이것들이 영적·정서적 건강을 위한 기초적인 역량이다(McLemore, 2003). 사람들을 아프게 하는 것은 사람들이고, 아픈 사람을 치료하기 위해서도 사람들이 필요하다. 좋은 대인관계와 강한 사회적 지지 체계가 아마도 정신건강의 기초일 것이다. APA 심리치료분과에서 나온 보고서는 변화의 40%가 치료 밖에서 발생하는 변화로 인해 일어난다고 말했다. 전문적인 관계 밖에서 일어나는 변화는 가족 관계, 친구 관계, 사역자들의 지원과 외부 사회자원과 같은 데서 오는 영향이다(Lamber & Barley, 2002; McMinn & Campbell, 2007). 어쨌든 사회문화적 전통은 가족 구조와 체계에 대한 우리의 이해를 증대시켰고 어떻게 사회 조직(일이나 교회 환경 등)도 건강한(또는 건강에 좋지 않은) 가족의 역학과 평행할 수 있는지에 대한 이해도 많이 증가시켰다(Smedes, 1989).

　이 전통에서 특히 귀한 작업은 사회적 역할과 기대에 적용되었다. 예를 들어, 진단명이 자기 예언이 될 수 있다(Comer, 2014). 가족들과 사회관계망의 사람들뿐만 아니라 환자와 치료들도 환자에게 적용된 진단 결과를 쉽게 혼동하고 그에 따라 치료를 진행할 수 있다. 환자 스스로는 자신의 체면을 유지하기 위해 또는 실제 얻을 수 있는 이득이나 상상된 이득을 위해 '병인 역할'을 연기하는 법을 배울 수 있다. 전문가의 도움을 구하는 사람들은 그들이 가진 증상의 합 이상이다. 그들은 진단명 이상이며 진단명으로 지칭되어서는 안 된다. '어제 치료한 경계선 인격장애 환자'와 '경계선 인격장애 증상으로 고통을 받는 사람' 중 전자는 환자 안에 있는 하나님의 이미지를 깎아내리고 있고, 후자는 우리가 무슨 정보를 나누고 있는지를 알려 주고 있다.

우리 문화에서는 다른 사람들, 특히 부적응적 · 비정상적인 방식으로 행동하거나 사회적 기대에 부합하지 않는 사람들을 가혹하게 판단하는 경향이 있다. 우리는 근본적인 귀인 오류에 취약하여, 내부 또는 외부 스트레스 요인의 영향을 최소화하고 개인이 자유 의지를 행사할 수 있는 정도를 과장할 수 있다. 그러나 우리가 고통스러워하거나 심각한 고통을 겪고 있을 때, 우리는 통제할 수 없는 것처럼 보이는 요소들을 예리하게 의식한다(Plantinga, 1995). 이러한 역동은 많은 기독교인이 원하는 것보다 더 복잡하지만, 이것을 이해하는 것은 죄와 정신병리 사이의 복잡한 관계에 대한 우리의 인식을 깊어지게 만들 수 있다.

사회문화적 모델에 기초한 치료는 특정한 심리치료적 개입보다 태도나 사고방식과 더 관련이 있다. 체계적이거나 공동체적인 접근은 다른 무엇보다도 문화적 차이를 인정하고 존중하는 접근법이다. 정신질환의 고전적인 증상들은 특정한 상황에서는 빗나간 것일 수도 있다. 나이, 문화 또는 성별에 민감하지 않은 상담 개입은 환자에게 도움이 되지 않을 수 있으며, 만약 그것들이 민족 중심의 편견이나 고정관념을 반영하는 것이라면 해롭거나 억압적이다(Fenton, 1973). 기독교 정신건강 전문가들은 우리가 세상에서 어떻게 살아가는가를 이해하는 데에 더 넓은 사회적 관계(부부, 가족, 집단)가 미치는 영향에 관해 더 잘 알고 있어야만 한다.

주요한 관계에 있는 사람들을 포함하는 치료가 더 효과적이고 좀 더 많은 환경에서 오래 지속되는 변화를 촉진한다는 증거가 늘고 있다(Jones & Butman, 2011).

3. 우리가 (다시) 배워야 할 필요가 있는 몇 가지 교훈

지난 20년 동안 우리는 해외뿐만 아니라 북미 전역을 여행할 기회를 얻었다. 우리가 가진 가장 도전적인 대화 중 일부는 '치료 자원이 적은' 지역(특히 전 세계 남동부 국가들)에 있는 의료돌봄 제공자나 사회봉사자와 나눈 이야기였다. 이들은 사람의 가치관이 병리적인 욕구의 팽배함과 무관한 것이 아니라고 끊임없이 지적했다. 세계관과 생활 습관의 선택은 사람들이 일상생활의 요구를 겪으며 갈등하는 것에 깊은 영향을 미친다. 즉, 문화와 공동체는 우리가 정신병리의 병인과 유지를 이해하는 데 아주 중요한 역할을 한다. 그리고 우리의 상담적 개입과 예방 전략은 이러한 중요한 변수들의 영향을 반영할 필요가 있다.

대부분의 세상에서 '토착적인' 공동체 기반의 개입이 확실히 전통적인 서양 방식의 정신건강이나 건강 돌봄 서비스에 접근하기 어려운 힘든 사람들과 함께 창의적이고 용기 있는 노력에서 나오는 치료의 힘을 보여 준다. 우리는 말할 수 없는 고난과 고통 속에서 희망과 충실의 중요성, 관계의 우선성, 그리고 많은 개인과 지역사회의 믿을 수 없는 회복력을 반복적으로 상기해 왔다. 그리고 이런 경험을 통해 우리는 감사해하는 학생이자 참가–관찰자였다.

지난 10년 동안 우리는 이러한 맥락적 · 발달적 · 상황적 변수가 우리가 가지고 있는 건강, 행복, 거룩함에 대한 개념에 어떻게 영향을 미치는지 더 깊이 인식하게 되었다.

우리의 해석의 틀 안에서 문화와 가치가 가지는 역할은 매우 중요하다(Jones & Butman, 2011). 정신질환의 증상들은 고립된 상황에 존재하는 개별적 요소로 간주되지 않아야 한다. 그 증상이 가진 요소들의 완전한 의미와 중요성은 이들이 궁극적으로 자신을 표현하는 구조와 체계 안에서만 충분하게 이해될 수 있다(예: "모든 사실은 느껴진 사실이고 모든 사실은 해석된 사실이다"). 그렇다고 해서 이것이 단지 정신적 · 정서적 안녕에 대한 상대적인 가정들로 이어지는 것은 아니다. 그러나 고통, 기능 장애, 일탈 및 위험(분류 및 진단의 4D)은 개별적인 개인에 대한 관점을 넘어서서 보여야 한다는 것을 제안한다. 좀 더 넓은 관점에서 보면, 가장 도움이 필요한 관계는 결혼 및 가족 불화에 관한 것이며, 그다음은 충격적인 삶의 사건에서 회복하려는 열망이다(제10장 참조). 삶의 문제는 거의 항상 사람과의 관계 안에서 전개된다(예: "사람을 아프게 하는 것은 사람이고, 사람을 치료할 때도 사람이 필요하다.").

사회문화적 모델은 우리가 문화 안팎에서 정신병리를 이해하는 데 도움은 되지만, 아마도 특정 개인의 정신병리를 예측하는 데는 도움이 별로 되지 않을 수도 있다. 그런데도 사회문화적 모델은 사회 연결망과 함께 나이, 성별, 인종/민족성, 사회경제적 지위와 같은 인구통계학적 변수의 중요성에 대해 우리로 하여금 크게 민감하도록 만들었다. 마지막으로, 사회문화적 모델은 다양한 교회와 준교회 기관을 포함한 공동체의 중요성에 대한 인식을 높여 주었다. 한 동료가 과장되게 "교회가 진정으로 교회였다면, 누가 상담이 필요할까요?"(Warren, 1972)라고 물었다.

4. 결론

몇 가지 특정 주제는 이 책 첫 번째 부분의 중심이 되었으며, 그것들은 이후에 기록
한 다양한 임상 증후군에 대한 소개의 기초가 될 것이다. 우리는 생물학적·심리사회
적·문화적·영적인 정신병리학적 모델을 강조하기로 선택했다. 각 모델은 인과관계
에 대한 하나의 관점으로 가장 잘 보일 것이다. 심리사회적·영적 모델은 수십 년, 어
쩌면 수 세기 동안 기독교 내에서 격렬한 논쟁을 불러일으켜 왔다. 좀 더 세속적인 환
경에서의 논쟁은 생물학적·심리사회적 관점에 대해 '둘 다'라기보다는 '둘 중 하나'가
되는 경향이 있다. '영성'의 중요성은 학문적이거나 전문적인 환경에서 주요한 관계 변
인으로 논의되지만, 조직, 집단예배, 예배와 교제라는 측면보다 개인적이고 주관적인
경험(Pargament, 2013), 섬김과 교제(Kauffman, 2000) 면에서 더 활발하게 논의되었다.

우리는 지금 있는 증거들이 정신건강에 대한 전체적이고 통합적인 이해, 즉 "책임 있
는 절충주의"(Jones & Butman, 2011)라고 불리는 인식론적 겸손을 지지한다고 강력하게
확신한다. 우리는 이 책의 나머지 부분에서 정신병리학의 상호작용적 이해를 이야기하
기 위해 '생체심리사회적 모델'을 사용할 것이다. 삶의 문제는 다양한 이유로 생기는 것
으로 보아야 한다. 이러한 사고방식은 순진한 현실주의 또는 불필요한 감소 주의의 위
험을 줄인다(예: "우울증은 신경화학적 이상일 뿐이다."). 또한 우리는 정신질환이 계속 늘
어나고 있다고 보는 것이 맞다고 생각한다. 무엇이 개인의 고통과 고통의 악순환에 빠
지도록 만드는 것일까? 의심할 바 없이 개인의 선택은 정신질환의 특정 증상을 일으키
는 데 중요한 역할을 한다. 하지만 이보다 더 흔한 것은 역할과 사회적 기대, 분리와 도
피, 상호 철회 또는 도움이 되지 않는 강화, 더 이상의 고통과 아픔을 피하려는 강렬한
욕구 등이다. 파가먼트(Pargament, 2013)가 지적했듯이, 심각한 위기, 상실 또는 트라우
마 전후에 경험하는 사회적 지원의 성격은 아마도 회복과 궁극적인 치유의 가장 강력
한 예측요인일 것이다(Worden, 2008 참조). 고통과 고통에 대한 우리의 개인적·집단적
반응은 정신병리의 원인과 유지에 상당한 영향을 미친다.

우리는 수 세기 동안 이어진 목회적 돌봄의 역사에서 배울 것이 많다. 교회를 기반으
로 한 예배는 한때는 축복이었으며 다른 한때는 부담이었다. 악과 악마의 실존에 대한
논쟁은 주관적인 경험에 국한된 일화로 설명되기보다는 이성, 성경 및 전통에 의해 설
명되어야 한다. 죄와 악의 힘을 인정하면서도 인간의 자유와 선택 의지를 존중하는 균

형 잡힌 견해는 쉽게 달성되지 않는다. 이러한 접근법은 모든 사람이 가진 존재의 가치와 존엄성을 강조할 뿐만 아니라 일상생활에 영향을 미치는 영적 세계를 더 깊이 이해할 수 있도록 설명해 줄 것이다. 교회가 제공할 수 있는 최선의 선택은 강력한 사회적 지지 연결망(공동체)을 제공하고 고통에 의미를 부여하는 삶의 비전을 제공하고(Sittser, 2000) 일상생활의 어려움에 대처하고 적응하는 데 도움이 되는 필수 생활 기술을 가르칠 수 있다(Pargament, 2013).

정신건강 문제를 분류하려는 시도도 오랜 역사를 가지고 있다. 최근까지도 이 분야는 병인과 유지(생체심리사회적 모델)에 대해 총체적이고 통합적으로 이해하는 쪽으로 움직여 나가지 않았고, 다른 모델의 지지자들은 항상 서로의 관점에 대해 '정중한 예의'를 보여 주지 않았다(Mouw, 1992). 최근의 생물학적 혁명과 사회문화적 요인에 대한 존중의 증가는 학자, 임상가 및 연구자에게 불균등한 영향을 미쳤다.

분명히, 이러한 문제에 대한 문화와 교회의 관계가 항상 협력적이거나 도움이 되는 것은 아니었다. 교회는 정신병리로 고통받는 사람들을 자주 악마라고 지목하고 공동체에서 소외시켰다. 우리의 생각은 생각, 느낌, 행동 등에 대한 강조를 반영하거나 사람의 행동에 영향을 주는 것에 더 큰 강조를 둔다. "책임 있는 행동을 위한 교육"(Wolterstorff, 1983)은 우리가 우리의 삶과 지역사회에 대한 성경의 주장뿐만 아니라 이성(과학)의 발견을 진지하게 받아들일 것을 요구한다. 망가지고 상처 입은 사람들을 위한 동정심은 성경적 의무이며 우리 영혼 깊은 곳에 진정으로 무엇이 놓여 있는지에 대한 명확한 표현이다(Crabb, 1999).

마지막으로, 우리는 병인(원인), 치료 및 예방 문제에 대해 성경과 이성(과학)이 명확히 말하는 방식을 직접적으로 이야기하려고 노력한다. 우리는 우리가 믿는 것이 시대에 걸쳐 온 교회의 사제적 예언적 증거였다고 신중하게 받아들일 것이다. 그리고 우리는 종종 '절망적이고 혼자 설 수 없고 무력함'을 느끼고 능숙한 목자 없이 고군분투하는 사람들의 고통스럽고 도전적인 현실을 매일 처리해야 하는 임상가들의 누적된 경험을 존중할 것이다(Haas, 1966). 이 정보가 평신도와 전문가 모두가 정신질환자 치료에 더 유능하고 자비롭고 헌신적으로 행동하는 데 도움이 되기를 희망하며 기도한다.

제**5**장
죄와 정신병리학

심리학과 상담은 종교와 영성의 장점을 점차 인정하게 되었다. 미국심리학회, 미국 상담협회와 기타 출판사에서 종교, 심리치료, 종교와 의미들에 대한 다양한 자료가 출판되었다(예: Aten, O'Grady, & Worthington, 2012; Aten, McMinn, & Worthington, 2011; Cashwell & Young, 2011). 그러한 문들이 열린 것은 부분적으로 종교적 소속감과 활동이 신체적 건강과 심리적 건강을 증진하는 방법이 된다는 것이 건강 심리 문헌들에서 높이 인식된 덕분이다. 예를 들어, 종교적 소속감은 이전의 연구에서 혈압 저하(Levin & Vanderpool, 1989), 심혈관 질환의 위험 감소(Blumenthal et al., 2007; Hummer et al., 1999) 및 암 극복(Yanez et al., 2009)과 관련이 있다고 알려졌다. 이런 상관관계 중 일부는 종교적인 소속감이 메타 분석(Chida, Steptoe, & Powell, 2009; Smith, McCullough, & Poll, 2003)에서 나타난 것처럼 더 장수하게 만듦을 시사하는 반면, 또 다른 일부는 이 연구와 관련된 복잡성에 대해 언급하고 있다(Masters & Hooker, 2012).

레빈(Levin, 2010)은 이와 같은 연구를 간략하게 설명했다.

종교적 신념체계에 대한 헌신은 건강을 증진하는 행동(예: 담배, 알코올, 마약, 반사회적 행동의 회피)을 촉진함으로써 정신건강에 도움이 될 수 있다. 같은 마음을 가진 회중

들 간의 교제는 한 사람이 정서적 지원을 쉽게 받을 수 있는 공식적 · 비공식적 사회관계
망에 실제로 들어가게 한다. 개인 또는 집단 기도나 예배는 감사, 겸손, 은총, 용서, 사랑
과 같은 유익한 감정을 예방 또는 치료 효과와 함께 만들어 낼 수 있다. 종교적 신념(하나
님, 인간 존재, 삶의 목적, 사후의 삶, 자유 의지, 악의 본질, 인간의 의무)은 예방적인 건강
돌봄 행동을 촉진하는 신념과 일치할 수 있다. 신앙 또는 종교적 확신은 고통을 예방하
거나 개선할 수 있는 희망과 낙관주의를 심어 주는 긍정적인 기대를 불러일으킬 수 있다
('행동 설명' 절, para. 2).

기독교인은 심리학 분야가 항상 종교에 많은 관심을 보이는 것은 아니라는 것을 잘
알고 있다. 그리고 심리학 안에서 정신병리학에 대한 과학적 연구는 종교가 건강을 촉
진하는 주요 변수임을 느리게 알아차려 준 연구 분야 중 하나였다. 종교는 종종 우리
가 이해하는 정신질환이라는 현상을 부정적인 방식으로 묘사하였다. 이는 주된 정신병
리학 교과서에 종교에 대한 언급이 어떻게 다양한 문화의 정상과 비정상 행동에 대한
견해를 종종 '제한적' 또는 '판단적'인 방식으로 형성하였는지 역사적인 각주로 묘사하
고 있는가 하는 것이 그 증거이다. 예를 들어, 일부 이상심리학 교과서에서 종교는 '초
자연적 전통' 아래 비정상적인 행동에 대한 역사적 각주로 포함될 것이다(예: Barlow &
Durand, 2014). 그렇다면 기독교는 악마와 영혼과 동일시되는데 그것 자체가 문제가 되
지는 않는다. 그러나 이것은 독자들에게 비정상적인 행동에 대한 통찰을 얻기 위해 달
과 별들을 의지하는 전통과 함께 기독교에 대해 몹시 불완전한 견해를 갖게 한다.

특별히, 바로우와 듀랜드(Barlow & Durand, 2014)는 초자연적인 전통에 대한 그들의
토론에서, 독특한 행동이 '선과 악의 싸움'을 반영한다고 언급하면서, "현재의 강한 한
가지 의견의 흐름은 그 원인과 치료를 초자연적인 영역에 두는 것이다. 14세기 사사분
기에 종교와 평신도 권위자들은 이러한 미신을 부추겼고, 사회 전체가 악마와 마녀의
실제와 힘을 믿기 시작했다."(p. 7) 두 사람은 이런 전통이 "격하시켰지만…… 이 나
라의 작은 종교적 종파와 어딘가 비기술적인 문화에서"(p. 10) 건재한다고 기록했다.

그리고 이러한 전통의 증거를 목회적 돌봄에서 볼 수 있다. 일부 목회자 작가들은 오
늘날 우리가 정신건강 문제로 인식하는 병인론에서 영적 · 악마적 힘을 믿었다. 예를
들어, 오리겐(Origen)은 '정신병'으로 고통받는 사람들을 치료하는 사람들이 직면하는
도전에 대해 다음과 같이 말한다.

먼저, 불결하고 귀먹고 멍청한 영에 억눌려 어둠 속에 던져진 사람을 어떻게 '광인'이라고 말하는지 알아보고, 어떤 이유로 '광인'이라는 표현이 태양 옆에 있고 하나님이 '밤을 지배하라'고 명령한 위대한 빛에서 유래됐는지 알아보자. 이와 관련된 신체적인 일은 의사들이 진단하도록 맡기고, 그 사례에 불순한 영이 아니라 신체장애라고 생각하는 만큼 사물의 본질을 탐구하는 일에 대해서, 머리에 있는 광기는 수분이 있는 달의 빛에 의해 사람들이 가지고 있는 어떤 동정심에 의해 움직인다는 것이다. ……이런 장애는 치료하기가 매우 어렵기 때문에 악의 영향을 치료할 수 있는 힘을 가진 사람들도 때로 그것을 실패하고, 때로 금식과 간구 및 더 많은 수고를 통해 성공한다(마태복음의 해설, Oden, 1987, p. 263에서 인용).

그러나 기독교인들이 우리가 알고 있는 죄와 정신질환을 교회가 두 갈래로 나누는데 이바지했다는 것을 인정해야 하는 만큼, 정신병리 연구에서 완전히 신앙적으로 개입하지 않으면 이러한 문제들을 어떻게 생각해야 할지 알기 어려울 것이다. 그리고 아마도 그들은 종교적인 관점이 이상 행동에 관한 연구에서 아무 자리도 차지할 수 없다고 결론지을 수도 있다. 물론 이러한 역사적 분석에는 진리의 알맹이가 있다. 한때 정신병리학은 교회에 의해 악마의 일로 여겨지고, 무시되고, 사회에서 숨겨지고, 수치스럽게 여겨지던 때가 있었다. 그러나 몇 가지 경우에서만 종교가 논의되고, 대부분이 경멸될 때, 정신병리학의 과학적 연구에서 종교에 대한 암묵적 편견을 가질 위험이 있다(APA, 2007).

종교가 정신병리학적 논의에 들어온 가장 눈에 띄는 방법 중 하나는 알코올과 다른 물질사용장애에 있다. 교과서는 다수의 알코올 중독 모델을 언급하며 도덕적 연약함이 알코올 오용으로 이어진다는 도덕적 모델을 논의한다. 알코올은 유혹을 나타낼 수 있지만, 알코올에 굴복하는 사람들은 그 유혹을 이겨낼 다른 성격이 없다. 도덕적 모델을 찬성하는 지지자들이 있고 일부 지지자는 그것이 알코올 중독 증상이 심하지 않은 사람들에게 도움이 될 수 있다고(Babor, 1994 참조). 하지만 이것은 종교에 대한 하나의 좁은 접근에 불과하며, 종교를 주요 변수로서 종교에 완전히 동정적으로 참여하는 경우는 거의 없다. 하지만 도덕적 모델에 대한 언급은 죄와 정신병리학 사이의 적절한 관계에 대한 의문을 제기한다. 알코올 중독 및 기타 약물 사용장애의 경우, 기독교인은 이 문제를 도덕적 용어에 집어넣어 하나님을 공경하려는 시도로 알코올 섭취에 대한 단순 모델로 돌아가려는 유혹을 받을 수 있다. 그러나 단순한 개념화를 함으로써 우리는 경험의 실제와 그 현실 속의 하나님에게 피해를 준다.

우리는 종교와 영성이 정신병리학의 증상과 싸우며 정신건강 서비스를 찾아가는 개인들의 의미 형성 구조와 행동에 주요한 변인들로서 존중하고 동정하는 관계가 증가하는 것을 보기 시작했다(예: Slattery & Park, 2011). 정신병리학 연구에서 기독교의 좀 더 완전하고 솔직한 참여는 죄와 정신병리의 관계에 대한 논의를 수반할 것이다. 이제 우리는 다음 주제로 관심을 돌리고자 한다.

1. 죄, 병, 범죄

칼 메닝거(Karl Menninger)는 그의 책『죄에 무슨 일이 일어났는가(Whatever Happened to sin?)』(1973)에서 죄의 언어가 범죄나 질병의 언어로 대체되었다는 것을 관찰한다. 우리는 하나의 조건이나 상태로서 범죄행위나 정신질환을 죄 된 행위보다 훨씬 더 많이 이야기한다. 메닝거는 교회와 가정에서 정부로 '권위가 이전'이 되어 행동 규칙의 입법을 초래한 상황을 관찰하게 된다(p. 25). 좋지 못한 결과는 단순한 법을 어김 그 이상이다. 그것은(범죄행위나 정신병리)와 같은 새로운 설명의 틀을 만들었고, "실제적인 관점에서 죄라는 명칭은 별 의미가 없어졌다."(p. 25)

이러한 변화가 일어나면서 '정신건강'이라는 새로운 분야가 특정 행동을 이해하기 위한 대체적인 설명의 틀을 제공했다. 메닝거(1973)가 말했듯이, 죄의 구성은 곧 "새로운 사회철학과 새로운 도덕규범"(p. 38)에 의해 대체되었다. 이러한 새로운 사회철학은 최면, 정신분석, 행동주의, 정신약리학 및 과학적 방법론에 반영되었다. 여기에서 처음으로 하나의 특정 행동이 "죄인지 증상인지"(p. 47)라는 질문이 제기되었다. 이 질문에 내포된 것은 고백, 회개, 용서로부터 멀어져서 '개선된 기능'과 '적응적인 행동' 또는 '개인적인 건강'을 가져오기 위해 고안된 상담 개입으로 움직이는 것이다.

'범죄'와 '병'이 '죄'를 대체하였지만, 메닝거(1973)는 범죄조차 질병으로 간주되는 변화를 관찰하며 다음과 같이 말한다. "여기 '죄들' 중 일부는 점점 더 죄가 아니게 되고 부도덕하지도 않게 되며 잘못된 것으로도 여겨지지 않는다. 일반적인 결론은 행동이 정말로 잘못되면, 그것이 범죄로 여겨지지만 질병으로 판단된다면 범죄로 판단되지 않는다.(p. 45)" 사실 정신질환의 언어와 설명적 틀은 죄의 언어와 범죄의 언어로 대체되었다. 우리에게 정신병리는 흔한 문화가 되었다. 그리고 여기저기서 정신건강 문제에 대한 우려를 본다.

　이러한 변화에 대한 책임은 누구에게도 없다. 그러나 호바트 모러(O.Hobart Mowrer, 1960)는 지그문트 프로이트가 '죄'를 '병'이라는 언어로 전환한 핵심 인물이라고 확인했다. 프로이트의 말에 따르면, 정신질환의 신경증적 증상은 과도하게 자극된 초자아에서 시작됐다고 볼 수 있는데, 이는 "가혹하고 사랑이 없는 부모와 편협한 사회의 두 손 안에 있는 개인의 격렬한 사회화의 산물이다."(p. 301) 이런 설명적 틀에서는 '죄'보다 '억제'가 '신경증적' 행동의 핵심에 놓여 있다. 불행하게도, 모러의 죄와 병에 대한 분석이 자극적인 만큼이나, 모러는 죄를 정신질환으로 이끄는 행동으로 설명하기 때문에 기독교적 비판에는 한참 미치지 못한다. 모러에게 죄는 타락한 인간성의 증상이 아니다. 그것은 도덕법에 대한 위반과는 아무런 관련이 없으며, 어떤 식으로든 초월적인 현실에 관련 있는 죄도 아니다. "지옥은 우리가 신경증과 정신병이라고 부르는 정신과 몸의 상태에서 여전히 우리와 함께하고 있다. 그리고 나는 적어도 내 마음속에서 우리를 죄로 이와 같은 지옥의 형태로 데리고 가는 어떠한 것을 더욱더 발견하게 된다(p. 301)."라고 말한 것처럼, 모러가 원하는 것은 죄에 대한 개념이나 정의를 근본적으로 바꾸어야 할지라도 도덕적 책임을 허용하는 죄에 대한 논의를 원한다.

　기독교 심리학자인 마크 맥민(Mark McMinn)은 그의 저서 『왜 죄가 문제인가: 우리의 죄와 하나님의 은혜 사이의 놀라운 관계(Why Sin Matters: The Surprising Relationship between Our Sin and God's Grace)』(2004)에서 몇 가지 중요한 생각을 표현한다. 우리가 믿기에, 그는 메닝거에 동의하며(그보다 적지만 모러와도 어느 정도 동의하여) 우리 사회에서 죄의 실체와 그 실체를 전달하는 언어를 전면적으로 부정하는 것을 한탄한다고 믿는다. 그는 우리가 죄의 언어에 더 많은 주의를 기울이기를 원할 것이다. 그가 관찰하듯이, "어떤 사람은 아프고 어떤 사람은 범죄자이지만 우리는 모두 죄인이다."(p. 90) 좀 더 솔직한 기독교적 관점은 정신건강 문제를 '공통분모' 또는 언어와 의사소통을 위한 공통 구조로 보는 대신에 우리의 타락한 상태와 그로 인한 행동의 결과에 대한 공유된 이해로 받아들이려 노력할 것이다(Coe & Hall, 2010 참조). 다시 말해서, '한계 없는 사랑'이나 '책임 없는 지지' 등에서 보이는 '허용적인' 또는 '폭넓은 수용'의 은혜와 수용의 개념을 사용하는 것에 대한 대가를 치를 수도 있다.

　메닝거, 모러, 맥민과는 다른 접근법을 취하면서 뒤크(Dueck, 2002)는 죄와 정신병리의 언어적 차이를 현대 사회에서 포스트 현대 사회로의 전환과 관련이 있는 것으로 개념화하는 것을 선호한다. 그는 죄의 언어와 정신병리학의 언어가 시간이 지남에 따라 점점 더 제약을 받아서 두 언어가 서로 의미 있는 방식으로 말하지 않는다고 설명한다. 뒤크에 따르면, 문제는 우리가 언어를 본질적으로 참조하고 가정한다는 것이다.

> 문제가 신체적인 것으로 인식되면, 당연히 의학적 문제라고 생각하는 사람들이 있다. 감정적이라면 심리적 문제가 되거나 영적이라면 종교적인 문제이다. 또는 의식적인 문제이면 종교와 관련되어 있다고 본다. 각 언어는 서로 다른 객관적 현실을 설명하고 각 영역은 그것을 설명하는 언어에 능한 전문가가 필요하다고 가정된다. …… 우리가 물려받은 서양 언어의 구문은 우리가 애초에 사람을 그런 방식으로 나누도록 해 준다는 것이다. …… 종교의 언어는 사적으로 남아 있으며, 의학과 심리학의 언어는 질병에 대한 보편적인 정의를 결정한다(p. 22).

뒤크가 인간의 경험과 정신건강과 병리를 구성하는 데 언어의 역할을 고려한 유일한 현대 기독교학자는 아니다. 예를 들어, 로버츠(Roberts, 1993)는 인간은 언어를 배우기 좋아한다고 한다. 그는 우리가 단어를 먹고 소화하는 '언어를 먹는 자'라고 믿으며 그러한 단어들이 시간이 지남에 따라 우리에게 사람으로서의 특징을 부여한다고 믿는다. 로버츠는 현대 심리치료가 본질적으로 사람들에게 삶을 살아가며 사용할 단어들을 제공한다고 보고, 이러한 단어들은 각 특정 심리치료 학교에 포함된 건강 및 이상 이론에서 찾을 수 있다고 보았다. 그 단어들은 이론마다 다르지만, 공통적으로 우리 자신과 우리 자신에 대한 경험과 성격적으로 어떠한 사람이 되어 가는가를 형성하는 능력을 가지고 있다. 로버츠는 각각의 다양한 현대 심리치료가 건강한 삶과 거기에 도달하는 방법을 묘사하고 있어서 정신질환에 대해서도 설명할 것이 있다고 본다. 우리가 목표하는 삶에 도달하지 못할 때, 우리는 왜 우리가 기본 토대를 벗어났으며 어떻게 원래 자리로 돌아갈 수 있는지 정보를 얻기 위해 특정한 현대 정신치료를 기대해 볼 수 있다.

권위의 전이가 언어와 입법에 따른 것이든, 현대에서 포스트 현대로의 전환에 의한 것이든, 우리의 성격 형성에 끼치는 단어의 역할이든, 아니면 이 전부이든, 정신건강 분야의 기독교인들이 죄의 언어와 설명적 틀을 사용하지 못하게 막는 것은 무엇인가? 아마도 기독교인이 죄에 대해 토론하는 것을 꺼리는 한 가지 이유는, 메닝거(1973)가 말했듯이, 우리가 죄보다는 '법과 복수'에 더 관심이 있는 "도덕적인 불량배들"(p. 47)이 되는 것으로부터 거리를 두고 싶어 하기 때문이다. 기독교인은 죄를 언급하면 본질적으로 다른 사람들을 괴롭히는 설명의 틀을 사용하는 사람들과 관련된다는 두려움이 있는 것 같다. 그들은 전문적인 서비스를 찾는 사람들의 정신건강과 복지를 중대시키는 자원이 되는 것보다 도덕성에 신경을 더 쓰는 모습을 보이고 싶지 않을 것이다. 물론 우리는 이 가정 뒤에 있는 추론을 고려해야만 한다. 왜냐하면 죄에 대한 정확한 이해와 노력이 죄의 실재를 부인하는 것보다 장기적으로 더 큰 행복을 촉진할 수 있기 때문이다.

또 다른 우려는 기독교인이 세속의 동료들에게 비과학적으로 보이기를 원하지 않는다는 것이다. 그들은 아마 그들의 설명의 틀 안에서 죄를 언급하면 그들이 소속하여 영향을 끼칠 수 있기를 희망하는 더 넓은 과학 공동체로부터 떠나야 한다고 느낄 수 있다. 모러(1960)가 관찰했듯이, 죄의 개념은 과학과 신학 양쪽 모두에서 선호되시 않았다. 신학에서 죄의 언어를 피한다면 심리학 분야에서는 얼마나 더 그러할까? 어쨌든, 죄의 개념이 더 이상 필요 없다면, 그것을 언급하는 사람은 정신건강 분야에 영향력을 끼치는 결정을 내리는 자리에 가는 전문가가 되지는 못할 것이다.

여기에서 양날의 칼은 심리 분야의 전문가로서 과학적 담론의 자리에 갈 만큼 충분히 존중받아야 한다는 압력을 느낄 수 있다는 것이다. 그리고 담론의 자리에 있는 위치에 있는 사람들만 심리학에 큰 영향을 줄 수 있다. 따라서 좋은 의도로 현장에 영향을 미치기 위해 죄에 대한 논의를 생략할 수 있다. 누군가는 죄와 같은 기독교적 설명의 필수요소를 포기한다면 무엇을 담론할 것인가를 문의할 것이다.

그 칼의 다른 한 면은 죄와 기독교적 설명의 다른 측면에 대한 깊은 토론에 참여하는 사람들이 그 전문 분야에서 더 폭넓은 담론을 할 자리에서 벗어나 결과적으로 더 광범위한 문화를 변화시킬 희망을 버릴 위험이 있다는 것이다. 우리가 결국 복음주의적인 영역에 사는 기독교인에게만 접근한다면 전문적인 영향력을 잃을 수 있다. 우리는 다른 신자들을 매우 유익하게 할 수는 있지만, 정신건강 지배층에서 발견되는 사회 구조를 변화시키지는 않을 것이다.

죄와 정신병리학의 개념을 의미 있는 관계로 만드는 노력을 논의하기 전에 '설명의 틀'의 의미와 그 틀이 병리학에서 증상 군집을 이해하는 데 어떻게 도움이 되는지 알아보겠다.

2. 설명의 틀

설명모델이나 설명의 틀이라는 생각은 새로운 것이 아니다. 그러나 우리가 그 개념을 반추하고 정신병리학이라고 부르는 연구에는 다양한 경쟁적이고 잠재적으로 상호보완적인 설명모델이 있음을 이해하는 것이 중요하다. 앞에서 프로이트가 '신경증적' 행동을 설명하는 체계를 제공하였다고 언급했다. 그러한 행동은 지나치게 활동적인 초자아의 결과로서 사람이 행동하기를 원하는 충동을 억압한다.

프로이트의 이론은 더 광범위하고 포괄적인 설명의 틀의 예이다. 그러나 좀 더 자세한 설명모델들도 있다. 예를 들어, DSM-5에는 이전 매뉴얼에서 성정체성 장애로 진단되었던 성별 불쾌감이라는 진단이 존재한다. 이 진단은 자신이 잘못된 몸(자신의 성별이 아닌 몸)에서 태어난 경험을 가진 사람들에 대한 것이다. 그 해당 현상이 정체성 장애로는 개념화가 제대로 이루어지지 않았다는 결정이 내려지고, 오히려 성별 불일치와 관련하여 보고된 불쾌감 자체에 초점이 맞추어졌다(확장된 견해는 Yarhouse, 2015 참조; 이 책의 제12장에서 더 언급할 것이다). 이것은 어떤 현상을 개념화하기 위한 상세한 설명의 틀의 한 예이며, 21세기 서구 사회에서 진단 매뉴얼이 출판된 문화적 맥락에서 분명하게 드러난다. 이 진단은 불쾌감이 성전환 후 약화되거나 호르몬 치료 및 성전환 수술을 통해 다른 성적 정체감이 촉진되더라도 시술에 대한 의료 혜택을 받을 수 있는 방식으로 언어화되었다.

다른 예를 살펴보겠다. 설명적 모델에 대한 논의에서 바라쉬(Barash, 2003)는 아스퍼거 증후군의 예를 사용하여 어떻게 다양한 설명의 체계의 틀이 생겨나는지 우리의 이해를 돕는다. 바라쉬의 말에 따르면, 아스퍼거 증후군은 "1994년까지 정신건강 전문가가 사용할 수 없었으며 1990년대 이후에 널리 알려지게 되었다."(p. B11) 이 진단은 DSM-5에 포함되지 않았다. 그러나 수년 동안 많은 전문가가 아스퍼거를 진단했으며, 내담자와 그 가족들을 위해 많은 서비스가 개발되었다. 아스퍼거는 실제로 있는 증후군이지만, 바라쉬에 말에 따르면, 이것을 "볼 수 있는" 이유는 "설명적 틀에 의해 그 존재가 촉진된다고 '본다.'"(p. B11)라는 일종의 설명모델이 있기 때문이다. 그는 질병, 정상 및 비정상 사이의 관계에 관해 설명한다. "한 질병의 증후군은 당연히 비정상적(정상이 기본 조건일 때)이다. 그리고 비정상적인 것들이 큰 해석의 틀 안에서 다시 인식될 수 있을 때까지 그것들은 무시되는 경향이 있다."(p. B11)

바라쉬가 관찰한 바와 같이, 정신병리 진단은 팔이나 다리가 부러진 진단보다 주관적이며 "확인하기가 매우 어렵다."(p. B11) 이것은 "실제로 존재하는 것을 알아차리는 것이지만 이전에는 인정되지 않았던 일"(p. B11)로 여겨진다. 앞에서 언급했듯이, 그 주관성을 유지하며 아스퍼거는 DSM-5에 포함되지 않았다. 그 결정을 지지하는 사람들은 아스퍼거가 극심한 자폐증과 충분히 다른 것으로 구별되는 연구가 부족하다는 이유를 들었다.

우리가 성별 불쾌감이나 아스퍼거를 둘러싼 발달에 대해 어떻게 생각하든지, 죄와 정신병리에 대한 의미 있는 논의의 영향을 고려할 때, 우리는 정신질환이 그처럼 분류되기 전에 사람들이 이것을 경험했고 (여러 상황에서) 유사한 증상들의 군집으로 인해 고통받았으며, 그러한 증상들의 군집을 설명하기 위해 다른 귀인들을 만들었다. 여기서 질문은 "우리가 어떻게 증후군의 증상들을 이해해야 그 증상들이 무엇인지 알아차릴 수 있을까?" 이다. 죄를 설명하는 기독교 심리학과 정신병리학이 저항받는 이유는 그것이 '새롭고' 대안적이고 포괄적인 설명모델일 필요가 있기 때문이다. 이 기준에 못 미치는 것들은 단순히 비정상을 설명하는 것처럼 보이고 더 넓은 정신건강 커뮤니티에서 무시될 것이다.

기독교인들은 기독교적 관점이 보다 정확한 설명의 틀을 제공할 가능성을 주기 때문에 이 비판에 공감할 것이다. 그러나 우리가 '정신적인 질병'이라고 부르는 것 자체가 존재하긴 하는지, 아니면 단순히 사회적으로 구성된 것이 아닌지 의문도 든다(바라쉬, 2003). 기독교인이 가지고 있지 않은 것은 적절한 대안적 설명의 틀이다. 우리는 우리가 받은 훈련을 통해 정신질환을 볼 것이다. 우리는 증상들을 병리의 지표로 '보는' 방식에 동화되었고, 많은 기독교 정신건강 전문가는 일반적으로 필요한 훈련을 받지 못했기 때문에 죄 또는 다른 기독교적 설명의 차원을 볼 준비가 되어 있지 않을 수 있다.

따라서 정신병리학 연구에 기독교적 관점을 가져오는 것은 어려운 일이다. 이제 우리는 죄와 정신병리의 개념을 의미 있는 관계로 끌어들이는 것이 무엇을 의미하는지를 논의해 보겠다. 우리는 죄를 포함한 설명적 틀을 심리학에 끌어들이는 것이 무엇인지에 대해 논의해 보겠다. 다르게 말하면, 이것이 기독교적 설명의 틀이다. 그런 다음 죄의 언어를 정신병리학 연구에 통합하는 방법들에 우리의 주의를 돌릴 것이다.

3. 기독교적 설명의 틀이 심리학에 가져다주는 것

우리가 죄에 대한 이해를 포함하여 한 사람이 기독교적 설명의 틀을 진지하게 받아들일 때 소개되는 구체적인 차원들을 살피고자 할 때, 어떻게 기독교인이 죄를 종종 창조, 타락, 구속, 영광이라는 네 가지 성서적 주제와 관련하여 이해하는지에 대한 논의를 포함하길 원한다.

기독교적 관점은 하나님이 이 세상을 창조하셨고 그가 창조하신 모든 것을 "좋다"고 말씀하셨다는 것이다. 이와 같은 창조의 위대함을 말하는 일반적인 주제는 구약에 나타나며, 신약에도 이에 상응하는 창조에 대한 동의가 있다.

또한 기독교인은 우리가 모두 타락한 피조물임을 이해한다. 비록 우리가 하나님의 형상을 소유하고 있지만 우리는 타락하여 오염되었고, 우리가 누구이고, 세상은 무엇인지에 대한 모든 면이 그 타락한 상태를 반영한다. 따라서 인간의 다양한 행동적·감정적·인지적인 면들이 어느 정도 타락의 영향을 받았다는 것은 그다지 놀라운 일이 아니다. 이러한 인간 경험의 다양한 행동적·정서적·인지적 차원들은 원래 의도한 대로 기능하지 못하며, 그것은 우리의 타락한 상태와 그 타락한 상태가 우리가 만든 결정들이 불완전하고 타락한 것으로 나타남을 통해 드러난다.

달리 말해서, 우리 각자는 자신의 독특한 타락의 표현에 대해 갈등하고, 인간의 정신건강이라는 것이 대체로 많은 사람이 자신의 타락한 본성을 표현하는 무대라는 것이 놀랍지 않다. 그렇다면 가장 좋은 질문은 "죄가 정신건강과 정신병리에 영향을 미치는가?"가 아니라 "죄는 어떤 면에서 정신건강과 안녕에 영향을 미치는가?"다. 만약 우리의 정신건강이 타락하고 불완전한 환경(우리 자신의 타락한 상태와 이에 상응하는 행동, 정서, 인지 능력을 포함함)에서 하는 우리의 경험의 지표라면 우리는 타락으로 인해 우리의 정신건강과 복지가 어떤 방식으로 영향을 받는지 확인할 수 있다. 우리는 모두 부모-자녀 관계와 무질서한 가정생활에서 어려움을 겪으며, 어떤 어려움은 별거 및 이혼, 죽음과 애도, 사람들이 자주 이동하는 임시적인 사회, 사회경제적 지위 및 관련된 경제적 압력과 그 밖의 주요 스트레스는 경험들로 인해 악화된다. 또한 타락 이전에는 없었던 우리의 정신건강을 약화하는 방식의 사고들이 있다. 우리는 단기간의 만족감을 추구하고 주위 사람들을 우리의 이익을 위한 도구로 관계를 맺음으로써 다른 사람들을 해체시킨다. 이것은 음란물과 성매매에서 더욱 확실하게 확인할 수 있다. 사람들을 존중받고 가치 있는 하나님 형상의 피조물로 보기보다 우리 자신의 이익을 위해 이용할 대상으로 관계를 맺는다.

하지만 하나님은 인류를 타락한 상태로 두지 않으신다. 구속과 영광에 대한 적절한 이해는 죄와 정신병리에 대한 기독교적 접근에 있어서 필수요소이다. 성경은 하나님께서 우리를 타락한 상태로 내버려 두지 않으심을 기억하게 한다. 오히려 그는 예수님의 성육신을 통해 우리의 타락한 세상에 발을 들이셔서 신자들을 구속하고, 성화시키고 거룩하게 하며, 그의 목적을 위해 구별하신다.

따라서 우리는 인간의 정신건강과 안녕을 하나님의 구속 계획이라는 맥락에서 이해하기 원한다. 어떤 사람이 현대의 정신질환 명명법에서 드러난 어떤 특정 증상의 군집과 싸우고 있거나 말거나 많은 사람은 그들의 정신건강과 안녕을 헤치는 문제들과 싸우고 있다. 어떤 사람들은 분노에 시달린다. 다른 사람들은 성적 중독의 형태를 띤 정욕에 시달린다. 다른 사람들도 배우자, 자녀 또는 이웃이나 동료와의 관계 속에서 기뻐하려고 애를 쓴다. 이 모든 것은 어떻게 우리의 정신건강이나 안녕이 하나님께서 우리를 위해 의도하신 것과 다른가를 드러낸다. 그것들은 우리의 타락의 표현이다. 그러나 기독교인은 하나님이 이러한 경험을 회복해 가시는 것에 대한 희망을 품고 정신건강이나 안녕에서 원하는 변화가 있을 때 그와 함께 누릴 미래의 영광을 살짝 엿볼 수 있게 된다.

이같은 성서적 드라마의 기독교인적인 이해의 간단한 개요에서 우리는 죄에 대한 이해가 창조로부터 주어진 선함을 상응하여 확인시켜 줌을 본다. 또한 기독교적 관점은 창조로부터 주어진 선함이 어느 정도 오염되고 불완전해졌다는 것을 보여 준다. 따라서 사람에 대한 핵심 교리의 균형을 맞출 필요가 있다[창조, 타락, 구속과 영(부활)]. 다시 말하지만, 우리 각자는 하나님을 닮아 하나님의 형상으로 창조되었으므로 무한한 가치가 있다. 그러나 우리는 타락으로 인해 손상되어, 부서지고 불완전하며 기만적인 사람들이 되었다. 그러나 구원의 현실과 부활의 희망은 우리에게 절대 포기하지 말라고 말해 주고, 우리가 그와 올바른 관계를 맺고 있기만 한다면 하나님의 은총은 우리의 모든 잘못을 덮을 만하다는 것을 말해 준다.

또한 죄와 정신병리학에 대한 기독교적 이해는 한 사람이 그가 자신, 타인, 하나님과 자신의 물리적 환경과의 관계 속에서 온전하게 보는 시야를 반영할 수 있다. 히브리어로 그것을 '샬롬'이라고 하는데, 그 단어는 한 사람이 그러한 관계 속에서 기뻐하는 가운데 정의와 평화를 경험하는 것을 의미한다(Wolterstorff, 1983).

죄에 대한 논의를 포함하는 설명적 틀은 개인의 책임에 대한 인식을 또한 증가시킨다. 우리가 살펴본 바와 같이 죄에 대한 기독교인의 이해는 한 개인의 책임을 인식하는 것 이상의 것이지만 확실히 그 인식보다 낮은 것은 아니다. 사실 "도덕적으로 괴롭히는 사람"으로 인식되는 것을 피하고 싶어 했던 메닝거(1973)는 "'죄'라는 단어의 사용을 되살리는 유익을 구했고, 그것은 그 말 자체보다는 죄와 도덕적 책임의 개념을 다시 소개하기 위한 것이었다."(p. 48) 메닝거은 이후에 다음과 같은 의견을 이야기했다.

> 우리는 매독이나 '조현병'을 앓고 있는 사람을 상담하기 위해 목회적 조언만 제공하는 것에 대해 성직자들을 비난할 것이다. 과연 우리는 비열하고 사악한 행동을 하는 남자에게 불면증이나 성적 억제의 '신경증적' 증상에 대한 진단만 내리는 정신과 의사를 비난하지 않을 수 있을 것인가?(p. 49)

우리는 성경과 기독교 신학을 통해 각자는 자신에게 주어진 것에 대한 책임을 져야함을 알고 있다. 이런 개념들은 개인의 책임을 우선적인 상담 개입으로 하기보다 증상 감소를 우선시하는 현대 정신병리학의 논의에서 대부분 배제된 개념들이다.

개인의 책임에 대한 인식이 높아지는 것에 더하여, 죄를 심각하게 받아들이는 설명적 틀은 공동적인 책임에 대한 우리의 인식을 증가시킬 것이다. 죄는 개인의 선택, 타락한 상태와 죄 된 행위의 결과적 측면(McMinn, 2004)에서 개인에게 영향을 미칠 뿐만 아니라 사회 구조 자체에도 스며든다(Wolterstorff, 1983).

4. 기독교적 설명의 틀을 포함하는 방법

정신병리학 분야는 더 넓은 기독교적 관점 안에 죄를 포함하는 것으로부터 유익을 얻을 수 있는 것 같다. 잠재적인 유익들이 독자에게 다소 친숙할 수 있다. 그러나 정신병리학 분야에서 그러한 관점을 어떻게 통합하느냐 하는 것은 또 다른 문제이다. 모러(1960)의 분석에서 그는 신경증에 시달리는 사람이 초자아의 통제에서 벗어나도록 하는 것이 가장 큰 도움이 된다고 말한 프로이트의 개념을 거부한다. 대신, 모러는 건강하게 사는 방법은 자신의 죄를 인정하는 것이라고 주장한다(모러는 죄를 정신질환에 더 가깝게 이끄는 행위로 정의함을 기억하라). 그는 한 사람의 죄를 표현하는 것을 옹호한다.

그러나 그가 ('도움'이 있든 없든) 그의 죄책감과 죄악을 받아들이기 시작하면 급진적
인 개혁의 가능성이 열린다. 고통과 노력 없이 되는 것은 아니지만 만연한 자기 거부와
자기 고문에서 새로운 자유, 자존심 및 평화로 전환할 수 있다(p. 304).

이러한 강력한 주장조차도 죄와 정신병리에 대한 기독교적 관점을 전체적으로 설명
하지는 못한다. 모러는 죄를 타락한 상태와 이에 따른 결과적인 행동과 그 상태의 표현
으로 인식할 수 없다고 정의 내린다. 더 나아가, 모러에게 있어 죄는 살아계시고 초월
적이신 하나님과 아무런 관련이 없다는 것이다.

우리는 이제 인간의 불완전성을 설명하는 체계, 타인의 죄가 한 사람에게 미치는 영
향, 자신의 죄가 정신병리로 인한 고통에 미치는 영향, 죄가 사회의 구조에 미치는 영
향, 은총의 역할을 포함하여 정신병리 분야에 기독교적 설명체계를 통합하는 것이 어
떤 의미가 있는지에 관한 몇 가지 생각들에 우리의 관심을 돌리고자 한다. 죄에 대한
논의를 통해 우리는 해당 주제와 다른 것을 보는 것이 아니라 믿음의 눈을 통해 그것을
다른 방법으로 이해하려는 것이다.

1) 인간성

기독교적 설명의 틀은 인간 본성에 대한 이해를 소개한다. 로버츠(1997, p. 76)에 따
르면, 인간의 본성에 대한 이해는 "우리가 무엇을 위해 만들어졌는가? 그리고 충만한
인간의 본성에 의해 우리가 매우 지혜롭고 자의식이 있다면 우리의 최고의 본질적인
갈망과 흥미는 무엇인가?"라는 질문에 대한 답과 관련이 있다. 우리가 논의하였듯이,
인간은 하나님, 자신, 동료 및 신체적인 주변 환경과 기쁨의 관계를 맺도록 만들어졌다
(Wolterstorff, 1983). 즉, 한 사람이 번영하기 위해서는 가장 근본적인 갈망을 드러내고
그러한 연관들은 단순히 관계들만이 아니라 인간으로서 제대로 기능하는 것이 무슨 의
미인가 하는 면들과 관련이 있다.

우리는 또한 기질을 포함하여 우리가 가진 인간 본성으로 인해 특별한 도전들에 직
면하고 있다. 맹거스(2008)는 우리의 기질이 우리 각자가 자신의 '주요 죄'로 인해 어떻
게 독특한 고통에 들어가게 되는지를 제시해 줄 수 있다고 본다. 직관과 지각보다 "구
체적인 감각을 신뢰"(p. 81)하는 것에 더 끌리는 좀 더 실제적이고 질서 잡힌 기질들은
경직되는 문제가 있고 하나님의 선하심에 의문을 제기할 수 있다. 더 낙관적인 사람들

은 경험과 감정에 의해 좀 더 쉽게 영향을 받을 수 있다(여기에서 죄의 근원은 '하나님이 멀리 계신 것처럼 보이면 선할 수 없다는 의심의 뿌리'이다)(p. 84). 느끼는 것보다 생각하는 것을 선호하거나 그 반대인 사람들도 그들 자신의 독특한 죄의 성향에 직면할 것이다. 그렇다면, 우리는 자신이 독특한 죄들에 끌리는 구별되는 방식들(중요한 방식들)을 되돌아볼 필요가 있다.

또한 사람들이 자신의 잠재력을 최대한 발휘하기 위해 그 안에서 움직이는 방법들을 정확하게 확인해야만 한다. 로버츠(1997)는 사람들이 자기 잠재력을 실현하기 위해 구조화시킨 관련 방법들이 다양하게 있다고 제안했는데, 우리는 죄에 대한 기독교적인 이해와 가장 깊게 연관 있는 기본적인 구조들(인간의 선택과 내적 세계)을 강조한다. 인간의 선택에 대하여, 로버츠는 우리가 일종의 제한된 자유를 가지고 있고 그 자유는 시간이 지남에 따라 우리의 성격을 표현하고 형성할 수 있게 해 준다고 한다. 하나님은 우리가 더 큰 자유조차 선택할 수 있는 가능성에 더욱더 접근할 수 있도록 도와주신다.

> 하나님의 말씀은 자유를 위해 필요한 진정한 선택들이 없다는 것을 보지 않고도 가능성을 볼 수 있게 해 주신다. 우리는 그리스도 안에서 의로워졌다고 선포하신 은혜의 말씀으로 인해 죄의 속박에서 해방되었다. 그리하여 순전한 잠재력으로 어두움에 머물 수밖에 없는 행동들이 우리에게 열리게 되었다(p. 82).

로버츠가 관찰한 것처럼, 우리는 우리 행동들의 합보다 크다. 우리는 또한, 인간이 된다는 의미의 내적 측면, 우리가 관심을 둠으로써 우리의 마음과 생각이 형성되어 가는 방식들에 의해 형성된다.

> 그 결과, 기독교의 미덕 안에서 실현된 적절한 인간성은 단순히 제대로 행동하려는 일련의 성향이 아니라 무엇보다도 정당하게 자격을 갖춘 내면적 요인(기독교적 이야기와 그 이야기에서 나오는 하나님, 우리 자신, 그리고 세상에 대한 진실에 의해 빚어진 생각, 소망, 관심, 감정, 의도의 패턴)이다(1997, p. 84).

인간은 소원, 갈망과 열망을 가지고 있으며, 기독교적 이해는 이러한 것들을 전면으로 끌어낼 뿐만 아니라 어떻게 우리의 생각과 동기가 실제로 우리가 누구이며 무엇을 중요하게 여기는지를 드러내는가에 주의한다.

2) 인간의 불완전함

죄는 특정 행위나 상태 또는 조건으로 생각될 수 있다. 우리가 죄를 행위로 언급할 때는 생각이나 행동(또는 부족한 행동)이 하나님의 도덕적 기준의 '과녁을 벗어났다'고 말하고 있는 것이다. 우리가 과녁을 벗어나는 데는 각자의 독특한 군집의 방식들이 있을 것이다(Mangis, 2008). 또한 우리는 죄를 상태 또는 조건이라고 말할 수 있는데, 이처럼 죄는 타락 때문에 영향을 받고 죄에 의해 더럽혀진 인간의 상태로서 도처에 있게 되었다. 맥민의 백색 소음의 이미지는 우리가 매일 함께 살아가는 죄가 배경이 된 경험의 예이다. 우리는 죄가 전등 스위치와 같다고 가정한다. 즉, 켜져 있거나 꺼져 있다. 우리는 죄를 짓거나 죄를 짓지 않는다. 그러나 현실에서는 "백색 소음이 항상 켜져 있다."(p. 29)

DSM은 죄의 목록이 아니라 죄의 상태와 결과를 설명하는 일종의 목록이다. 특정 행위도 고려해 볼 만하다. 맥민(2004)은 그것을 죄의 상태나 결과에 대한 "일일 피해 보고"(p. 47)로 설명한다. 그는 우리가 인간 타락에 관한 내용을 심리학 입문 교재(정신병리에 관한 교과서를 내버려 두고)를 대충 읽으면서 발견하게 된다고 했다. "당신은 세로토닌 결핍이 임상적 우울증에 어떻게 기여하는지와 도파민 과잉이 조현병과 무슨 연관이 있는지에 대한 설명을 접하게 될 것이다."(p. 13) 실제로, 타락한 상태에서 이러한 신경전달물질은 인체의 다른 구조 및 기능과 마찬가지로 적절하게 균형을 이루고 있다. "그러나 타락한 세상에서 우리는 불완전한 신체를 가지고 살고, 우리는 그 몸을 불완전하게 관리하고 결과적으로 온갖 종류의 질병과 병리를 앓게 된다."(p. 13)

켄니는 유망한 대학 운동선수였다. 그러나 그는 3학년 때 이상 행동을 보이기 시작했고 편집증이 커졌다. 그는 결국 편집증적 조현병을 앓고 있다고 진단받았다. 그는 때때로 다양한 약물들에 잘 반응했지만, 대부분의 경우처럼, 조현병에 대한 그의 경험은 만성적인 경과를 보였고 그는 이 정신질환에서 완전히 회복되지 못했다.

이러한 결핍이 단지 세로토닌 수치의 감소 이상이라고 보는 것이 정신병리학에서 의미가 있을까? 우리는 의미가 있다고 생각한다. 감소한 세로토닌이 우리의 타락 상태를 반영하고 있다고 보는 것은 그 결핍을 어느 정도 정상적으로 보게 한다. 우리는 타락한 현실에 대한 인식의 증가를 이야기하고 있다. 타락한 현실에 대한 인식의 증가(현실 실험)는 현재 우리가 삶에서 직면하는 도전과 제한을 볼 수 있도록 도와준다. 이것은 인본주의적 관점에서 우리의 잠재력을 실현하는 것이 인간 존재의 정점이며, 자아 실현은 우리가 이루어야 하며 노력해야만 한다는 개념을 반박하는 데 도움이 된다.

3) 다른 사람들의 죄의 영향

다른 사람의 죄가 우리 내담자들에게 미치는 영향을 알아차리는 것은 좀 더 쉬울 것이다. 대부분의 심리치료는 개인적인 경향이 강하고, 우리는 내담자가 다른 사람들에의해 받은 피해를 듣는 특권을 갖는다. 우리가 실제로 내담자들에게 일어난 죄를 죄로인식한다는 의미는 아니지만, 이들을 연결하는 것이 가능해 보인다.

재니스는 대학 상담 센터에 울면서 들어왔다. 근무 중인 상담사를 만난 재니스는 지난주에 누군가를 만나 데이트를 시작했고 어젯밤 그녀와 그 남자친구는 그녀가 원하는것보다 더 접촉하게 되었다고 했다. 지나친 신체접촉을 거절했지만 그녀는 결국 강간을 당했고, 그 이후로 그녀는 잠을 설치고 학업에 집중할 수 없게 되었다. 우리는 PTSD증상을 보이는 데이트 강간 피해자를 떠올릴 수 있다. 분명히 그녀가 경험한 트라우마는 성폭력이라는 형태로 그에게 행하여진 죄의 직접적인 결과이다.

내담자들에게 미치는 미묘한 죄의 영향에는 언어로 학대하는 부모를 둔 성인 자녀가이후에 자녀를 양육하는 데 겪는 어려움 등을 포함할 수 있다. 페이는 육아 기술을 배우기 위해서 왔다. 그녀는 10살 난 딸에게 적당한 제한을 두는 것이 어려웠는데, 이는부분적으로 그녀가 어린 시절에 언어 학대 피해자였기 때문이며, 적당한 제한을 둘 때마다 그녀의 귀가 아버지의 극단적이고 악랄한 말을 듣게 되기 때문이다. 결과적으로페이는 딸이 모든 결정을 협상하고 가정 안에서 중요한 규칙과 기대를 정하도록 허용했다. 언어 학대 경험은 페이에게 파괴적인 영향을 미쳤을 뿐만 아니라 다음 세대로 넘어가 경계와 제한을 두는 것으로부터 큰 이득을 얻었을 그녀의 딸에게도 피해를 주었다.

4) 내담자 자신의 죄의 영향

앞의 내용보다 더 어려울 수 있는 것은 내담자 자신의 죄가 그들의 어려움에 미치는영향을 발견하는 것이다. 기독교인 대부분이 '정신건강 및 병리학'의 설명의 틀의 일부로 죄를 논하거나 개념화하도록 교육받지 않은 것처럼 기독교 정신건강 전문가들은 그것들을 죄와 연결하도록 정신건강 교육을 받은 것이 아니라는 것이다. 비판적인 사람으로 오해받기를 두려워하기 때문에 소수의 기독교인만 죄를 논하는 개념적 설명을 사용하기를 원한다.

이 시점에서 심각한 죄의 표현에 관한 사례를 제시하는 것이 좋을 것 같다. 반사회적

인격장애 진단을 받고 때로는 생명을 앗아 가고 가족을 파괴하는 심각한 범죄를 저지
른 수많은 남성을 알고 있다. 그러나 우리가 강조하고 싶은 것은 정신건강 문제에 대한
많은 호소가 그 자신의 죄로 인해 어느 정도 영향받았음을 인정하는 것에 대해 고려해
야 한다는 것이다. 이것은 정말 미묘하다. 스캇 펙(Scott Peck)은 악의 실체에 대해 『거
짓의 사람들(People of the Lie)』(1998)이라는 책을 썼다. 이 책은 죄와 인간의 악을 주제
로 한 몇 권 안 되는 책들 중의 하나이며 읽을 가치가 있다. 개인 안에 있는 악을 알아보
는 것이 어려운 이유 중 하나는 한 사람 내면의 악을 식별함으로써 죄의 실체를 우리 주
위 가까이에 두는 위험이 있다는 것이다. "죄는 어떤 특정한 방식으로 행동하는 다른
사람 안에 존재한다."라고 우리 자신에게 말할 수 있으며, 따라서 우리 자신의 삶 안에
있는 죄의 고통스러운 실제로부터 우리 자신을 보호할 수 있다.

맥민(2004)은 죄의 지식적인 영향, 즉, "죄는 우리의 지성과 심지어 죄를 분별하는 능
력조차 둔화시켜서"(p. 14) "죄를 그처럼 드물게 분별하는 것 자체가 죄의 증상이다."
(p. 14; 죄에 대한 지식적인 영향이 자기 인식을 훨씬 넘어 "심리학이나 영혼 돌봄과 같은 전문
적 관행이나 학문 분야"로 확장되는 것에 대한 논의는 Johnson, 2007 참조; p. 285 참조; 또한
Coe & Hall, 2010 참조)." 우리는 독자들이 죄를 단지 적은 퍼센트의 사람들이 지은 특별
하게 악한 행동이라고 구분하려는 자연스러운 경향을 넘어서기를 격려한다.

어린 시절 언어 폭행을 받은 피해자이고 성인이 되어 자기 자녀에게 적당한 한계를
두는 것을 어렵게 느끼는 페이에게로 돌아가자. 죄의 행위를 지적하는 것을 크게 걱정
하는 것은 아니지만 자신이 적당한 한계를 정하는 것이 왜 어려운지 이해하고 아버지
를 용서하며 자신의 과거와 타협하여 적당한 한계를 두는 것이 필요한 딸을 제대로 양
육할 것인지에 관한 결정에 직면해야 한다.

메닝거는 죄, 범죄 및 질병을 구별하는 한 가지 요인은 문제 행동과 관련하여 어느
정도 자발적이었는가 하는 것이라고 믿었다. 그가 말했듯이, "죄와 마찬가지로 범죄는
특정 증상과 같은 역동적인 심리적 기능을 가질 때조차도, 대부분 자발적인 행위로 간
주한다. 다른 한편으로, 질병의 증상은 대체로 '비자발적'이어야 한다."(p. 75) 불행하게
도, 자발성 정도는 정확하게 결정하기가 매우 어렵고 여러 요인에 의해 영향을 받을 수
있는 행동이 아니라 이분법적 범주라고 여전히 가정한다.

존슨(Johnson, 1987)은 죄가 "하나님에 의해 창조된 것이 아니라 죄인에 의해 창조된
힘으로 간주"하고 그래서 "죄는 죄인이 책임지는 것"(p. 218)이라고 지적하면서 성서에
따른 죄와 연약함을 구분하였다. 이와 반대로, 약점은 "정상적이거나 타고난 인간의 능

력이나 상황에 의해 주어진 한계인 것이다."(p. 218) 도덕적 결함에 대한 기독교적 이해
는 죄와 약점의 이해를 끌어낸 것이고 어떻게 그것들이 개인에게 독특하며 구체적인
방법으로 결합하는지에 기반한다. 이런 이해를 현대 정신병리학에 적용하면서 존슨은
알코올 의존을 포함하여 몇 가지 예를 제공한다. 일부 사람들은 알코올 의존(약점)에
대한 유전적 소인이 있지만 지나친 알코올 남용이 하나님의 뜻을 이루지 못하는 것(죄)
으로 분명히 이해한다(고린도전서 6: 10).

정신병리학에 대한 기독교적 관점과 세속적 사회적 관점 사이에는 갈등이 생기는 부
분들이 있다. "개인의 불편함과 사회적 규범이 모두 정상적인 것을 고려하는 데 이바지
함을 인식하는 반면, 기독교인은 이 두 가지 차원이 인간 의식(때때로 죄로 인해 결함이
있는 계시)에 나타난 것처럼 이 또한 하나님의 율법에서 흘러나오는 것으로 볼 것이다."
(Johnson, 1987, pp. 223-224) 동시에 기독교인은 우리 사회가 희생하는 삶처럼 영적 통
찰과 성숙을 반영하는 행동들을 병리화하는 것처럼, 죄와 사회가 정상이라고 정하는 것
사이에 이견(존슨의 예는 교만과 물질주의이다)이 있다는 것을 예상해야만 한다.

이것은 상담자가 하나님께서 내담자의 문제가 하나님을 더 의지하도록 이끄시는데
그 사람이 기능을 더 잘하도록 하는 것에 대해 우려하는 기독교인에게 답할 때 도움되
는 차이이다.

5) 죄가 사회 구조에 미치는 영향

물론 죄는 감정적 또는 심리적 장애 지향에만 나타나지는 않는다. 사회 구조를 변화
시키려는 기독교적 관점에는 방식 지향의 차원이 있다. "개인과 마찬가지로 문화 안에
도 심각한 죄가 존재한다."는 것에는 개인주의 문화에 사는 사람들의 자기중심성과 여
러 집단주의적 문화에 있는 사람들의 책임을 미루려는 시도가 포함된다(Mangis, 2008,
p. 103). 특정 문화에 거주하는 사람들은 해당 문화의 문화적 맥락과 관련된 죄에 대한
경향을 최소화할 수 있다. 미국은 사회적으로 좀 더 개인주의적이다. 우리 자신이 가지
고 있는 개인적인 자기 성취, 물질주의와 자부심을 소중히 여기는 경향은 그 문화에 빠
진 사람들이 간과하거나 최소화하는 방식으로 나타날 것이다.

다시 말하면, 정신병리학과 그 분류는 사회 구조와 관련이 있을 수 있다. 기독교가
가지고 있는 사회적 비전은 우리가 특정 병리학을 '식별'할 수 있을지뿐만 아니라 다양
한 병리학을 어떻게 보는지에 적용하는 것이다. 기독교 관점의 설명체계는 사회의 현

재 상황을 반영하고 도구가 되고자 한다. 이것을 현대 정신병리학에 적용하면서 기독교인은 일반적으로 사회나 특별히 정신건강 커뮤니티가 이러한 정신병들을 개념화하고 필요한 사람들에게 돌봄을 제공하는 방법들뿐 아니라 정신병리의 증상으로 고통받는 사람들에게 제공되는 돌봄을 돌아보게 될 것이다. 예를 들면, 기관 내 성차별이 우울증의 특정 표현과 어떤 중요한 방식으로 관련될 수 있을까? 우리 사회에서 여성이 남성보다 두 배나 많은 우울증의 일부 증상들은 사회적으로 형성된 것이 아닐까? 권력과 우울증 사이에 관계가 있을까?

비슷하게, 신경성 식욕 부진과 신경성 과식증은 최근 사회문화적으로 '가중된' 정신병리학의 두 가지 병리로 간주된다. 즉, 이것들은 부분적으로 건강한 것을 희생시켜 아름다운 것에 대한 특정, 왜곡된 견해를 가치 있게 여기는 미국(서구) 사회 현실에 의해 생긴 것처럼 보인다. 우울증과 섭식 장애, 그리고 어느 정도 모든 현대의 정신병리학에서, 기독교인은 기독교의 사회적 현실이 어떤 모습으로 나타날지 생각하고 그 현실의 왜곡이 현대 사회에서 정의한 정신질환을 어떻게 구성하기 시작하는지를 심각하게 받아들이면서 실천적 통합을 고려해 볼 것이다.

이런 비판은 특정 증상 군집 이상으로 확대될 수 있다. 우리는 믿는 사람들이 월터스토프(Wolterstorff, 1983)를 따라 우리에게 주어진 체계가 제대로 작동하는지 질문하기를 권장한다. 정신건강 관리체계를 예로 들어 보겠다. 월터스토프가 말했듯이, "우리는 하나님과 인류를 생각하며 우리 사회의 다양한 기관에 포함된 여러 사람을 정중히 섬길 수 있도록 열심히 일해야 한다. 그래서 그들이 정의와 샬롬의 봉사자가 되도록 돌봐야 한다."(p. 62)

정신건강 관리체계가 잘 작동하고 있는가? 정신건강 관리체계에 할당된 기능이 다른 체계에 의해 더 잘 알려지고 있는가? 정신병리로 고통을 겪는 사람들에게 교회는 어떻게 반응해야 하는가? 정신병리를 막을 수 있는 방법이 있는가? 지금 정신건강 기관에서는 사람들을 보살피는 대신 얼마만큼의 경제적 이익을 내고 있는가? 50분이라는 우리의 익숙한 치료과정을 반추해 볼 가치가 있는가? 정신질환 예방을 위한 노력을 포함하여 대안적 접근법에 대해 창의적으로 생각한다는 것은 무엇을 의미하는가?

6) 악의 영향

죄에 대한 논의에서 하나 더 고려해 볼 만한 사항은 악의 영향이다. 이 주제는 심리학에 대한 기독교적 토론에서조차도 제거되어 문헌에 이바지한 예도 적다. 코우와 홀 (Coe & Hall, 2010)이 했던 논의와 그들이 "지상에서 악행을 하고 인간의 문화가 하나님의 영광과 사랑으로부터 왜곡되게 하려는 악한 영이 있다고 인지한 것"(p. 304)을 고맙게 생각한다. 그리고 이러한 왜곡이 언젠가 좀 더 충분히 알려져서, 하나님은 악마들이 인간 문화 뒤에 있는 영향력으로서 자신들을 드러내고 그것을 황폐하게 하고 파괴하며 인간과 문화에 대해 가지고 있는 철저한 경멸과 증오감을 드러내도록 허락하실 것이다 (요한계시록 17: 1-6; 17-18; 18: 1-24)."(p. 304)

코우와 홀(2010)은 사탄과 악마의 세력이 비기독교인을 복음의 빛에서 눈을 멀게 하고 그들을 "불순종의 영적 노예"(p. 304)로 머물게 하는 것을 포함하여 현대 문화에서 역사하는 여러 가지 방법들을 지적했다. 정신병리학 논의에서의 문제는, 이러한 영향이 개인의 경험과 좀 더 넓게 우리의 정신건강 및 안녕에 대한 이해를 형성하는 더 넓은 사회 문화적 생각들과 어떻게 관련되는가에 관한 질문들을 다루는 것이다. 달리 말하면, 죄에 대한 올바른 이해에는 악마의 영향이 포함된다. 이것은 종종 간과되지만, 신앙과 정신병리학의 과학적 연구의 통합에 관심이 있는 기독교인들에게 적용되는 주요한 연구영역이다. 그러나 기독교적 통합은 죄를 넘어서 은혜에 대한 이해를 포함한다.

7) 은혜에 대한 감사

우리가 죄와 정신병리를 올바르게 이해하고자 한다면, 은혜와 구속을 포함하는 치유의 새로운 접근방식을 살펴봐야 한다. 맥민(2004)이 말했듯이, "좋은 치료는 은혜를 모방하는 곳이기 때문에 효과가 있다."(p. 37) 이 말이 사실이라면 정신건강과 관련 분야의 기독교인은 은혜의 의미와 적용법을 알아가는 방법을 찾아야만 한다. 모러(1960)는 죄에 대한 그의 마지막 생각에서 도덕적 책임에 대한 논의를 견디기 위해 "새로운 힘의 원천"(p. 304)을 추구하지만, 그 힘의 원천에 대한 언어를 가지고 있지는 않다. 기독교 공동체는 모러가 말한 그 자원을 표현하기 위해 은혜라는 언어를 가지고 있다.

현재로서는 개발되지 않았지만, 은혜에 대한 기독교적 이해와 이 분야에서의 은혜를 의미 있게 적용하는 것은 광범위한 함의를 가지고 병리에만 초점을 맞추지 않고 강점과 회복력을 강조하는 긍정심리학을 인도하는 데 도움이 된다. 건강심리학 및 신경심리학 분야에서도 전문가들은 수년간 뇌의 기능적 호소성 메커니즘(개인의 건강을 향상하며 자극의 해석을 포함하여 뇌 기능 및 신경 경로와 관련된 건강에 대한 기능적 기여)에 대해 논의해 왔다(Smith, 2002). 신경심리학 차원에서, 우리는 우리의 몸이 더 큰 회복력과 안녕을 반영하는 기능을 촉진하는 건강 증진 기능에 이바지하는 방식들에 대해 좀 더 감사하는 마음으로 지켜보고 있다.

이 내용을 이해하기 위해서는 로버츠(1997)가 말한 인간이란 무엇인가에 대한 논의[인간은 말을 먹는 존재(로버츠는 'verbivores'로 표현함)]로 돌아가야 한다. 우리는 단어들을 먹고 소화하며, '자아의 구성'으로 동화시킨다.

> 인간은 단어를 소모하는 성향을 가지고 있어서 여러 생명체들 중에서 특별함을 나타낸다. 우리는 일반적으로 비언어적인 동물과는 다른 종류의 삶, 즉 '영적'인 삶을 살아간다. 우리는 이야기, 범주, 은유, 설명이 우리 자신을 구성해 간다는 면에서 마르크스적 용어로 생각하면 마르크스인이 될 수 있고, 융적 용어로 해석하면 융적인 사람이 될 수 있으며, 다른 용어도 이와 마찬가지로 적용될 수 있다. 심리학이 우리를 '교화'하는 효과를 주는 것은 우리가 말로 형성된 사람이기 때문이다. 심리학은 우리의 성격이 한 종류의 성숙이나 다른 종류의 성숙으로 만들어져 가는 면에 진단 도식, 은유들, 우리가 마음속에 새길 생각들을 제공한다(p. 81).

5. 결론

끝으로, 우리가 심리학에서 죄라는 단어를 사용함에 따른 대가 지불을 할 것은 없는지 생각해 봐야 한다. 그 결과가 사소한 것일 수도 있고 잠재적으로 큰 것일 수도 있을 것으로 보인다. 예를 들어, 심리학자들이 사례 개념화 및 치료 계획에 죄에 대한 이해를 넣은 것이 비과학적인 것으로 간주되어 과학적인 토대를 기초로 하여 치료를 제공해야 하는 계약한 정신건강 전문가로서 비과학적이고 부적절한 대응을 했다고 여겨져서 돈을 받지 못할 것이다. 기독교인은 이 문제를 풀어야 하며, 죄의 구성과 죄의 다양한 측면에 관해 연구를 해야만 한다. 그들은 죄라는 용어와 구성을 활용하여 사례를 만들어야만 한다. 만약 이렇게 하면 기독교인이 경험주의를 의지하게 만드는 것인가? 그건 아니고 행동 과학의 언어를 인식하며, 만약에 기독교인이 이 분야를 변화시키고 싶다면, 오늘날 사용되는 기본적인 언어에 능통해야 한다.

심리학을 개선하기 위해서는 큰 노력이 필요할 것이다. 다양한 정신병리학을 보는

우리의 시각에 영향을 미치는 기독교적 사회관이 이 분야에 속한 기독교인들 하여금
자신들만의 정신질환 분류법을 설계하도록 이끌면 어떨까? 시간이 지나 점점 더 많은
기독교인이 발전하고 있는 미국 사회의 현실(즉, 정신병리의 증상을 형성하고 정신병리를
구성하는 것에 대한 우리의 이해를 제한하는 현실)이 병리학이 무엇인지 정한 그 구조 자체
가 부적절하다는 것을 발견하면 어떨까? 기독교인이 기독교 사회의 현실이 어떻게 보
일지(그리고 정신병리로 여겨지는 것이 무엇인지) 받아들이기 위해서는 그들이 더 종교적
으로 일치하고 보완적인 질병 분류학을 제공해야만 하며, 죄에 대한 기독교적 이해를
그것의 다양한 의미들 속에서 진지하게 받아들여야 하는 때가 있을 것이다.

제2부

정신병리학: 심리적 문제의 분류

제**6**장

문제 소개

인생은 어렵다.

이것은 위대한 진리이며, 가장 위대한 진리에 속한다. 우리가 이 진리를 제대로 마주하면 인생을 초월할 수 있기에 이것은 위대한 진리다. 인생이 어렵다는 것을 진정으로 알면, 즉 진심으로 이해하고 수용하면 인생은 더 이상 어렵지 않다. 일단 인생이 어렵다는 사실을 받아들이면, 그것은 더 이상 문제가 되지 않기 때문이다.

인생은 문제의 연속이다······.

인생이 어려운 것은 문제를 마주하고 해결하는 과정이 고통스럽기 때문이다. 문제는 그 성격에 따라 차이는 있겠지만, 우리 안에 좌절감, 비탄, 슬픔, 외로움, 죄책감, 후회, 분노, 공포, 불안, 괴로움 또는 절망을 불러일으킨다. 이러한 감정들은 종종 우리를 매우 불편하게 하며, 일종의 신체적 고통만큼 아프게 느껴질 수 있다. 사실 우리가 그것을 문제라고 부르는 이유는 사건이나 갈등이 우리에게 초래하는 그 고통 때문이다. 인생은 끝없는 문제를 일으키기 때문에 인생은 항상 어렵고, 기쁨만이 아니라 고통도 가득하다 (Peck, 1978, p. 16).

임상 진료 초기 몇 년 동안 첫 회기에서 늘 해 오던 방식으로, 많은 생활 문제에 시달리고 있는 여성에게 다음과 같이 질문했다. "함께 상담하는 게 편안할지, 저와 당신이 잘 맞을지, 저를 신뢰할 수 있을지 결정하시는 데 도움이 될 만한 저에 대한 질문이 있으실까요?" 그녀는 잠시 멈추고 생각에 잠겼다. 한편으로는 숙고할 문제였기 때문이고, 다른 한편으로는 그것이 예상하지 못했던 요청이었기 때문이다. 준비가 되었을 때 그녀는 천천히 말했다. "한 가지 질문이 있는 것 같아요. 인생에서 어떤 고통을 겪어 보셨습니까?"

연약함과 고통 속에서 큰 용기를 내어 던진 이 간단한 질문은 스캇 펙(Scott Peck)이 언급한 '위대한 진리'에 대한 것이었다. 인생은 우리 모두에게 고통을 주는 문제들로 가득 차 있다. 모든 인간은 투쟁하는 것이, 불편함에 직면하는 것이, 고통스러운 감정을 경험하는 것이, 그리고 안도를 갈망하는 것이 무엇을 의미하는지 알고 있다. 그러나 우리 모두가 같은 문제를 경험하지도 않고, 같은 강도와 지속 기간을 경험하지도 않고, 문제에 직면했을 때 같은 정도로 낙심하지도 않는다. 이 여성은 자신이 문제를 마주할 수 있도록 돕겠다고 제안하는 사람이 '고통의 길'에 대해 개인적으로 알고 있는지 궁금했던 것이다. 상담자는 지적 교육뿐만 아니라 체험까지 갖춘 동료 여행자가 되어 줄 수 있을 것인가? 인류 공통의 인간성을 위해 투쟁의 시간을 견디어 보았는가? 고통을 체험적인 방식으로 알고 있을 것인가?

인생의 문제는 소수에게만 국한된 어려움이 아니다. 그것은 모두의 경험이다. 인간은 모두 고통을 받는다. 따라서 이 책은 '그' 사람들이 가지고 있는 문제에 관한 것이 아니다. 이것은 삶의 특정 시점에서 각자의 경험일 수도 있는 일반적인 인간 투쟁에 대한 논의다. 제2장에서 필자들은 분류의 범주체계가 정신병리학적 문제의 현실을 잘못 표현하는 경향이 있음을 언급하면서 DSM 분류체계의 한계를 다루었다. 범주체계는 현상을 완전히 존재하거나 전혀 없는 것으로 가정한다. 정신병리로 분류된 대부분의 문제를 이해하는 데 있어서 차원 모델이 더 적절하고 유용하다고 제안했다. 차원 모델은 문제의 심각성이 연속선상에서 존재한다는 것을 인정한다. 연속선의 경도 차원에서 모두가 투쟁하는데, 슬프게도 일부 사람들의 문제는 대처능력과 가용가능한 자원을 넘어서는 수준에 도달하여 정신건강 분야의 치료적 개입이 필요한 수준에 이른다. 예를 들어, 외상성 사건에 노출되면 누구나 불안과 공포를 경험한다. 하지만 그중 몇몇은 공황발작이나 외상후 증상과 같이 보다 심각한 증상을 경험하게 된다.

성경의 저자들은 삶이 어려운 것이고 누구나 고통스러운 문제에 직면하게 된다는 사실을 인정한다. 솔로몬 왕은 억압받는 사람들의 고통을 한탄했다.

보라 학대 받는 자들의 눈물이로다–
그들에게 위로자가 없도다.

그들을 학대하는 자들의 손에는 권세가 있으나
그들에게는 위로가 없도다.

그리므로 나는 아직 살아 있는 산 자들보다
죽은 지 오랜 죽은 자들을 더 복되다 하였으며,

이 둘보다도
아직 출생하지 아니하여

해 아래에서 행하는 악한 일을 보지 못한 자가
더 복되다 하였노라.(전도서 4:1-3)

그리고 솔로몬 왕은 하나님께서 인류가 힘든 고통에 직면하고 있다는 것을 알고 계시며 이에 대해 일하고 계시다고 하였다.

형통한 날에는 기뻐하고,
곤고한 날에는 되돌아 보아라.

이 두 가지를 하나님이
병행하게 하사…….(전도서 7: 14)

선지자 이사야도 비슷하게 다음과 같이 썼다.

나는 빛도 짓고 어둠도 창조하며,
나는 평안도 짓고 환난도 창조하나니,
나는 여호와라. 이 모든 일을 행하는 자니라.(이사야 45: 7)

다윗 왕은 아직 어린 목자였을 때 삶의 가장 깊은 어둠 속에서 하나님의 임재를 노래
했다.

> 내가 사망의 음침한
> 골짜기로 다닐지라도
>
> 해를 두려워하지 않을 것은
> 주께서 나와 함께하심이라
>
> 주의 지팡이와 막대기가
> 나를 안위하시나이다.(시편 23: 4)

다윗은 하나님께서 우리를 그 골짜기에서 보호해 주실 것이라고 한 것이 아니라, 그
골짜기에서 하나님께서 우리를 만나 주시며 그분의 임재를 통한 위안을 주실 것이라고
했다. 바울은 로마에 있는 교회에게 자신의 고통과 그들의 고통에 대한 편지를 썼고,
삶이 어렵고 문제로 가득 차 있다는 것을 현실로 받아들이면서도 진리의 관점에서 희
망을 제시했다. "생각하건대 현재의 고난은 장차 우리에게 나타날 영광과 비교할 수 없
도다."(로마서 8: 18) 그리고 사도 요한은 예수님께서 친히 다음과 같이 말씀하셨다고 적
었다. "이것을 너희에게 이르는 것은 너희로 내 안에서 평안을 누리게 하려 함이라. 세
상에서는 너희가 환난을 당하나 담대하라. 내가 세상을 이기었노라."(요한복음 16: 33)

삶은 어렵고 문제로 가득 차 있다. 문제 중 많은 부분이 후속 문제를 일으키고 고통
의 파문이 우리 삶에 파도처럼 퍼진다. 어떤 문제는 외부의 힘으로 인해 발생하고, 또
어떤 문제는 내부에서 발생한다. 명확하게 식별 가능한 원인이 있는 경우도 있지만, 원
인이 명확하지 않은 경우도 있다. 필자는 정신병리학의 진단에 대한 논의를 위해 '문제'
라는 언어를 선택했다. 왜냐하면 그것이 인간의 고통의 편재성을 보여 주며, 모두가 이
책에 설명된 모든 상태를 경험하지는 않더라도 그런 상태와 관련될 수 있다는 현실을
반영하기 때문이다. 걱정, 슬픔, 혼란, 충동, 부주의, 공포, 스트레스, 슬픔, 자기 의심,
분노, 유혹, 후회, 외로움 등에 대해 정도는 다를 수 있지만, 한때 경험했거나 언젠가 경
험하게 될 수 있다.

이 책에서 논의하는 문제들은 심각해지면 삶에 역기능이나 위험을 초래할 정도가 된

다. 정신장애의 차원적 본질에 대한 우리의 견해를 반영하고 목회적 돌봄에 대한 통합적 의견을 구축하는 데 도움이 되도록 DSM-5의 진단 범주를 문제 군집으로 묶었다. DSM-5에 수록된 모든 장애를 다루지는 않는다. 따라서 이 책이 모든 정신병리학에 대한 철저한 분석을 담고 있지는 않다. 그러나 정신병리에 대한 통합적 사고를 소개하고 "기독교 신앙이 정신병리와 인간의 고통에 대한 이해를 풍부하게 하는 데 어떻게 기여하는가?"라는 질문에 참여할 사람들을 위한 논의의 시작점을 제공하고자 한다.

　앞으로 다룰 문제 군집의 개요를 제공하기 전에, 이 책에서 다룰 모든 문제의 핵심으로 여겨지는 구체적인 고통의 경험, 즉 상실의 경험에 대해 논하고자 한다.

1. 상실, 모든 문제의 핵심

사람은 누구나 상실을 경험한다. 살아 있다는 것은 상실을 경험한다는 것을 의미한다.

> 때때로 상실은 자연스럽고 예측 가능하며 심지어 되돌릴 수도 있다. 그것은 계절과 같이 일정한 간격을 두고 발생한다. 우리는 상실을 경험하지만, 며칠 또는 몇 달 동안 불편감을 겪은 후에는 평소처럼 회복하고 우리가 원하고 기대하던 삶을 다시 살아간다. 겨울의 상실은 봄의 회복으로 이어진다. 상실은 정상적인 인간으로 사는 것을 의미하기도 한다. 살아간다는 것은 변화한다는 것이며, 변화는 우리가 한 가지를 얻기 전에 다른 한 가지를 잃는다는 것을 의미한다(Sittser, 1996, p. 23).

　상실은 변화의 필연적인 측면이고, 변화는 삶의 필연적인 측면이다. 성장하는 것은 변화하는 것이다. 앞으로 나아가는 것은 뒤에 있는 것을 떠나는 것이다. 따라서 싯처(Sittser)가 말했듯이, 우리는 "무언가를 얻으려면 무언가를 잃어야 한다". 상실은 오늘 새벽에 어제를 잃어버리는 것처럼 그리 특별하지 않게 느껴질 수 있다. 걷는 법을 배우는 아이처럼 새로운 획득에 대한 기쁨 때문에 상실이 상실로 느껴지지 않을 수도 있다. 그러나 같은 순간에도 어떤 사람들은 상실감을 느낀다. 부모는 자녀가 자신의 세계를 탐험할 수 있게 되었기 때문에 이제는 자녀가 품에 안기는 횟수가 적어질 것이라는 사실을 깨닫는다. 삶의 매 순간은 이전 것에 대한 상실을 통해 새로운 경험을 가져온다. 이것이 인생의 본질이다. 그래서 인생은 좋은 것이다.

그러나 모든 상실이 같은 것은 아니며, 그들이 우리 인생에 미치는 영향도 동일하지 않다. 일부 상실은 더 힘들게 느껴지고 적응하는 데 시간이 필요하다. 상실로 인한 변화에 적응하는 데 심각한 고통이 야기되거나 기능에 문제가 생기면 DSM-5에서 기술하는 정신병리에 해당한다. 때때로 상실의 무게가 너무 무거워서 그에 상응하는 이득을 찾기가 어려울 수 있으며, 결국 이득을 전혀 발견하지 못하기도 한다.

상실은 인간의 삶에서 필요하고 정상적인 부분이지만, 일부 상실은 우리의 대처능력을 넘어서는 것 같다. 그 경험은 우리가 가진 자원을 압도하고, 사람들은 그 여파에 휘말려서 앞으로 나아가지 못하고 일상생활의 당면 과제를 다루는 데 혼란을 경험하게 된다. 제리 싯처(Jerry Sittser)는 치명적인 개인적 상실을 겪은 후에 다음과 같이 용감한 글을 썼는데, 이 글은 우리가 직면해야 하는 일부 상실의 끔찍한 특성을 보여 준다.

> 삶에서 필연적으로 발생하는 상실에는 여러 종류가 있다. 어떤 상실은 더 치명적인 결과를 가져오며 되돌릴 수 없다. 불치병, 장애, 이혼, 강간, 정서적 학대, 신체적 학대 및 성적 학대, 만성 실업, 커다란 실망, 정신질환, 그리고 궁극적으로는 죽음이 여기에 해당한다. 정상적이고 자연스럽고 가역적인 상실이 팔다리가 부러진 것과 같다면 치명적인 상실은 절단과 같다. 그것은 영구적인 변화를 초래하며, 그로 인한 영향은 계산이 불가하며, 결과는 누적된다. 매일 새롭고 파괴적인 상실이 우리 앞에 찾아온다. 그로 인해 개인은 삶의 완전히 새로운 맥락에 놓이게 된다(1996, pp. 23-24).

모든 고통과 마찬가지로 상실은 그 특성, 영향을 받는 기간, 대처 및 조절에 도움이 되는 자원, 고통을 견딜 수 있는 고유한 능력(일부 다른 사람들보다 고통에 대한 더 큰 내성을 가지고 있다)에 따라 다르게 경험된다. 이 책에서 다루는 문제들은 모두 상실의 경험을 동반한다.

- 불안한 사람은 안전을 상실한 것이다.
- 우울한 사람은 기쁨을 상실한 것이다.
- 양극성의 극단을 오가는 사람은 안정감을 상실한 것이다.
- 망상이나 환각에 시달리는 사람은 마음의 명료성을 상실한 것이다.
- 분노를 통제하기 위해 고군분투하는 사람은 평화와 만족을 상실한 것이다.
- 외상을 경험한 사람은 다른 사람을 신뢰하는 능력을 상실할 수 있다.

정신병리학 분야에 종사하는 사람들이 주목하는 삶의 문제를 이해하기 위해서는 먼저 모든 인간에게 삶이 어렵다는 사실, 즉 우리 모두가 문제를 경험하며 상실이 이 모든 문제의 핵심이라는 사실을 받아들여야 한다. "사람들은 갑자기 또는 서서히 사적인 영역이나 공적인 영역에서 상실을 경험한다. 우리가 이 세상에 태어난 것처럼 세상을 떠나는 날까지 상실을 겪는 게 당연하다는 점에서, 상실은 출생만큼이나 정상적인 삶의 일부다."(Sittser, 1996, p. 9)

2. DSM-5 분류와 '문제'

이 책을 어떻게 구성할까 고민하면서, 필자들은 기독교 전통에서 목회적 돌봄의 역사적 문헌뿐만 아니라 건강 및 정신건강 분야에서 전 세계적으로 채택된 진단체계의 강점을 활용하기로 했다. 앞서 언급했듯이 필자들은 정신병리학의 차원적 관점을 보다 적절하게 반영하기 위해 '문제'라는 용어를 선택했다. 그리고 이 책에서 다루는 DSM-5의 진단 범주를 10개의 문제 군집으로 묶었다. 그리고 다소 임의적인 순서로 보일 수 있지만, 나름대로 유기적인 순서대로 배열하였다. 이러한 배열이 독자에게도 도움이 되기를 바란다.

10개의 군집은 발달 단계와 관련된 문제 순서로 배열되었다. 초기 생애 단계 문제를 다룬 후에 치료 환경에서 가장 흔하게 호소하는 문제인 불안과 기분의 문제를 다룬다. 다음으로, 자신 및 타인과의 관계에서 평화를 느끼기 위한 투쟁이라는 주제와 관련된 문제로 발전한다. 그리고 생각과 행동을 통제하는 능력을 압도하는 문제가 뒤따른다. 마지막으로, 사회적 병리학과 더불어 체계의 역기능(systemic dysfuction)과 특히 연관성이 있어 보이는 문제의 예를 논하고, 정신병리에 대한 DSM-5의 개인주의적 접근의 한계를 언급한다. 물론 군집들 간에, 각 장들 사이에 이러한 주제가 상당히 겹치는 부분도 있다. 그럼에도 불구하고 앞으로 나올 장들의 구성 방식에 대한 이해를 돕고자 하였다.

첫 번째 군집인 아동기 및 청소년기의 문제에서는 DSM-5에 '신경발달장애'라고 표기된 장애를 다룬다. 역사적으로 정신건강 분야와 교회 모두가 아동의 경험을 소홀히 해 왔던 것을 인정하면서, 동시에 여전히 해야 할 일이 많겠지만 아동기와 청소년기 문제 관련 비교적 최근 연구와 치료에서 진일보한 부분을 소개한다. 제7장에서 언급하겠지만, 아동기 장애를 다룰 때는 아동 및 청소년에게 중요한 모든 장애를 포함하는 것이 이상적일 것이다. 하지만 이를 달성하려면 전체 책 또는 여러 권의 책이 필요하다는 것을 충분히 예상할 수 있을 것이다. 따라서 우리는 아동과 청소년 사이에 유병률이 상대적으로 높은 장애들을 선별하여 논의한다. 여기에는 '지적장애 및 학습장애' '자폐스펙트럼장애' '주의력결핍 과잉행동장애' '파괴적 충동조절 및 품행장애' '운동장애' 그리고 '배설장애'가 포함된다.

제8장과 제9장에서는 매우 유병률이 높은 불안과 기분의 문제를 살펴본다. 여기서 다루는 불안 문제의 군집에는 범불안장애, 공포증, 공황장애 및 강박장애가 포함된다. 제9장에서는 우울장애와 양극성장애를 논한다. DSM-5는 불안장애 분류에서 외상이나 스트레스로 인한 장애를 제외시켰다. 그러한 지침에 따라 제10장에서 외상 및 스트레스 관련 장애를 따로 다루었다.

제11장은 '성격' 병리에 관한 것이다. 이 분야의 연구는 중요한 전환기를 지나고 있다. 자기(self)의 발달에 대해 생각하는 새로운 사고방식, 사람들이 자기 경험 및 자기와 타인의 관계 경험에서 마주하는 문제들에 대한 새로운 사고방식은 범주적 분류보다는 차원적인 접근방식으로 확실히 이동하고 있다. DSM-5는 아직 성격 문제 진단에 대한 이러한 새로운 접근방식을 충분히 수용할 준비가 덜 되어서 DSM-IV 범주를 유지했다. 제11장에서는 현재의 DSM 분류체계와 일관성을 유지하기 위해 DSM-5에서 현재 소개하고 있는 성격장애를 다룰 것이다. 하지만 동시에 이 체계의 한계를 논하고 DSM-5 부록에 소개된 차원적 접근을 향한 움직임도 소개할 것이다.

성(sexuality)과 성별(gender) 문제는 이 개정판을 작성하는 현시점에 기독교인들 사이에서, 그리고 더 넓은 문화 속에서 가장 많이 논의되고 있는 주제에 속한다. 성, 성별, 결혼 및 가족이 형성되는 방식에서 세계적 변화가 나타나고 있는데, 이러한 변화 속에 '문화 전쟁'이 등장하고 이 문제를 효과적으로 연구하고 치료하려는 기독교인과 비기독교인 사이에서는 의사소통과 협력이 복잡해지고 있다. 이 장에서 우리는 문제의 군집과 그 치료에 대해 밝혀진 것과 밝혀지지 않은 것을 설명하는 것을 통해 유익한 평가의 틀을 제공하고자 한다.

제13장에서는 조현병 스펙트럼 장애에서 나타나는 정신병의 본질을 알아본다. 정신병은 다른 장애(예: 물질사용장애, 정신병적 양상을 동반한 기분장애 등)의 증상으로도 나타날 수 있는데, 이 책의 논의는 조현병 스펙트럼 장애에 포함되는 문제로 국한한다. 제14장에서도 비슷한 방식으로 접근한다. 사실 DSM 진단체계 안에 있는 어떤 장애에도 중독적 행위(예: 섭식장애)가 증상 범위에 포함될 수 있다. 하지만 제14장에서는 중

독 자체가 진단과 치료의 집중적인 초점이 되는 장애(즉, 물질사용 및 물질 유도성 장애)로 그 범위를 제한하고자 한다.

제15장에서는 노년기에 고유하게 나타나는 장애(DSM-5에서 '신경인지장애'로 분류)를 살펴본다. 더불어 다른 군집 장애에 속하지만 노인의 경험으로 볼 수 있는 몇몇 증상도 살펴본다.

필자들은 관점에 변화를 주면서 10개의 문제 군집에 대한 장을 마치고자 한다. DSM 분류체계는 가족 역기능, 사회적 불평등 및 장애, 또는 기타 체계의 문제를 고려하지 않는다. 따라서 DSM-5 및 이전 버전에 제시된 정신병리는 (의도 여부에 관계없이) 사회적 불평등을 당할 위험에 처한 개인의 삶에서 그 원인을 찾는다. 제16장에서는 DSM 체계의 이러한 한계를 살펴보고, 개인의 병리뿐만 아니라 사회의 병리에 대한 관점에서 문제의 한 범주인 섭식장애를 어떻게 접근할 수 있을지를 알아본다.

이 책은 인간의 고통을 보다 명확하고 정확하게 이해하면서 고통의 완화를 위한 예방 및 치료 노력을 추구하는 정신건강 분야의 사람들(기독교인과 비기독교인 모두)과의 협력 및 통합을 소개하고자 한다. 사도 바울은 다음과 같이 말했다. "우리가 지금은 거울로 보는 것 같이 희미하나"(고린도전서 13: 12). 우리의 지식은 제한적이며 비전은 완벽하지 않다. 모든 훌륭한 연구자가 편견으로 인해 관찰한 것에 대한 해석이 왜곡된다는 것을 인지하고 있다. 제17장에서는 불완전한 체계에서 책임감 있는 돌봄이 어떤 것인지에 대해 성찰하면서 이 현실에 대해 몇 가지 통찰을 제공한다.

이 책을 통해 정신병리 분야 및 정신건강과 목회적 돌봄의 사역을 만들어 가는 것에 대해 학생 및 동료들과 지속적으로 대화하고 이 분야의 발전을 함께 도모하게 되기를 바란다.

인생은 일련의 문제를 수반한다. 이런 책을 읽다 보면 문제에 너무 집중하게 되어 우리를 지탱해 주는 삶의 기쁨과 희망을 보지 못할 위험이 있다. 이 책을 통해 삶의 고통, 슬픔, 공포 및 혼란을 가져오는 수많은 문제를 탐구하게 되겠지만, 동시에 바울이 고린도 교회에 보낸 두 번째 편지에 기록한 말을 기억할 필요가 있다.

> 찬송하리로다. 그는 우리 주 예수 그리스도의 하나님이시오. 자비의 아버지시오. 모든 위로의 하나님이시며, 우리의 모든 환난 중에서 우리를 위로하사 우리로 하여금 하나님께 받는 위로로써 모든 환난 중에 있는 자들을 능히 위로하게 하시는 이시로다. 그리스도의 고난이 우리에게 넘친 것 같이 우리가 받는 위로도 그리스도로 말미암아 넘치는도다.

우리가 환난당하는 것도 너희가 위로와 구원을 받게 하려는 것이요. 우리가 위로를 받는 것도 너희가 위로를 받게 하려는 것이니 이 위로가 너희 속에 역사하여 우리가 받는 것 같은 고난을 너희도 견디게 하느니라. 너희를 위한 우리의 소망이 견고함은 너희가 고난에 참여하는 자가 된 것 같이 위로에도 그러할 줄을 앎이라.(고린도후서 1:3-7)

"자비의 아버지시오, 모든 위로의 하나님"은 문제에 처한 우리와 함께하신다. 그는 문제로부터 우리를 지키거나 문제에서 우리를 구해 주겠다고 약속하지는 않지만, 바울이 말했듯이, "고난을 견디게 하는" 인내를 주겠다고 약속했다. 문제 가운데 소망은 하나님은 우리와 함께 하시며 "우리를 결코 버리지 않으시고" 언젠가는 "(우리) 모든 눈물을 그 눈에서 닦아 주시니, 다시는 사망이 없고 애통하는 것이나 곡하는 것이나 아픈 것도 다시 있지 아니하리니 처음 것들이 다 지나가게"(요한계시록 21: 4) 하실 것이기 때문이다.

제7장
아동기와 청소년기의 문제

> 사람들이 예수께서 만져 주심을 바라고 어린아이들을 데리고 오매 제자들이 꾸짖거늘, 예수께서 보시고 노하시어 이르시되 "아이들이 내게 오는 것을 용납하고 금하지 말라. 하나님의 나라가 이런 자의 것이니라. 내가 진실로 너희에게 이르노니 누구든지 하나님의 나라를 어린아이와 같이 받들지 않는 자는 결단코 그곳에 들어가지 못하리라" 하시고 그 어린아이들을 안고 그들 위에 안수하시고 축복하시니라.(마가복음 10: 13-16)

아동기와 청소년기의 문제는 이 책에서 소개하는 장애들 중 가장 가슴 아픈 느낌을 주는 장애에 속한다. 왜냐하면 아동과 청소년은 종종 자신에게 일어나는 일을 이해하지 못하며, 사회 속에서 자신을 옹호하기 위한 목소리를 내지 못하기 때문이다. 도움을 요청하는 그들의 외침은 그들이 필요로 하는 도움을 제공할 수 있는 사람들에게 오해를 사기도 한다. 역사적으로 교회나 더 큰 사회는 아동의 경험과 욕구에 매우 적은 관심을 기울여 왔다.

너무나 자주 사람들은 예수님의 방식이 아니라 제자들의 방식으로 아동을 이해하고 대한다. "아이들은 자리에 있어도 되지만 조용히 해야 한다."라는 옛 격언은 많은 사람의 생각을 대변하며, 많은 문화권에서 아동을 역사적으로 어떻게 처우했는지를 반영한다. 현대에 와서야 아동의 보호 및 표준적 교육과 보살핌을 제공하기 위한 사회적 기준과 법률이 등장했다.

이전에는 성경이나 기독교 교회 문헌의 저자들이 아동기와 청소년기 문제에 관심을 두지 않았다. 역사적으로 아동을 언급할 때는 그들의 영원한 상태(원죄와 세례에 대한 논의) 또는 영적 형성(교리 교육)이 주요 주제가 되었다. 그들의 기능 발휘를 방해하는 발달과정이나 요인에 대한 것은 거의 다루지 않았다. 이것은 어떻게 보면 교회의 신학적 고찰에서 아동의 삶이 전반적으로 고려되지 않았기 때문에 나타난 현상일 수도 있다. 베커(Becker, 1979)는 어떻게 살고 어떻게 믿을지에 대한 교회의 가르침이 성인의 이해와 경험을 기반으로 한다고 설명한다.

> 어떤 형태이든 기독교 전통의 배경을 가진 성인은 교회에 속하는 것이 어떤 것을 믿고 어떤 행위를 하는 것인지에 대해 생각을 한다. 하지만 믿어야 할 것은 대부분 성인만이 이해할 수 있는 것이며, 해야 할 일은 대부분 성인만이 할 수 있는 것이다. 따라서 이러한 성인 범주의 신앙과 행위는 교회에서 아동의 위치를 해석하는 데 적합한 신학적 틀을 제공하지 않는다. 아동기에 맞는 자체 신학이 필요하다(영국교회연합, Becker, 1979, p. 237에서 인용; 또한 Bunge, 2001 참조).

대부분의 기독교 역사에서 신앙 공동체는 성인의 존재 방식을 제시하는 데 집중해 왔다. 거의 모든 현대 신학은 인간이 성인의 특성을 가진 것으로 개념화하며, 이 가정은 교회 생활에서 아동의 경험을 무시하는 결과를 낳았다(Becker, 1979). 아동의 신앙은 성인의 신앙과 달리 중요하지 않은 것으로 여겨졌으며, 예배는 일반적으로 이러한 태도를 바탕으로 이루어진다. 베커에 따르면, 교회 생활은 성인 위주의 방식으로 진행되며, 그 속에서 아동은 자신의 근원적인 경험과 관심은 물론 그들만의 생활 방식과 신앙 방식이 무시되는 불이익을 감수해 왔다.

퍼킨(Perkin)에 따르면, 성서적 세계에서 "아이들은 사랑받는 편이지만, 그런 아동기는 짧게 지나가고 집이나 논밭의 일꾼처럼 대우받는 경우가 많았다."(1988, p. 771) 성경은 아동의 삶과 문제를 직접적으로 언급하지는 않지만, 하나님의 계획과 그의 왕국에서 그들의 위치를 설명해 준다. 그라시(Grassi)는 "구약에서 아동은 하나님의 선물이며, 하나님의 활동의 도구이자, 하나님과 이스라엘 백성 사이의 언약을 상징한다. 신약에서 아동은 주로 신앙인이 모방할 수 있는 표본 또는 형상으로 기술된다."(1992, p. 904)

는 점을 지적한다.

　　종종 하나님은 아동을 당신의 목적을 이루는 통로로 선택하셨다. 아브라함과의 언약 (하나님이 성육신을 통해 구원을 주실 민족의 선택과 설립)은 그의 자녀를 통해 이루어졌다 (창세기 12; 17). 이 언약은 자녀의 탄생과 경험(할례)을 통해 대대로 승계되었다(창세기 17: 6-7, 10). 또한 하나님은 그의 목적을 달성하는 데 중요한 역사적 사건을 일으키기 위해 젊은이(예: 요셉, 사무엘, 다윗)를 선택하셨다. 마지막으로, 구약의 예언적 메시아에 대한 기대의 중심에는 아이의 오심이 있었다. "그러므로 주님께 친히 징조를 너희에게 주실 것이라. 보라, 처녀가 잉태하여 아들을 낳을 것이요. 그의 이름을 임마누엘(하나님 이 우리와 함께하신다)이라 하리라."(이사야 7: 14)

　　이러한 구약 성서의 내용은 아동이 하나님의 목적을 이루는 데 중요한 역할을 수행할 것을 계시한다. 하나님은 당신의 섭리를 이루시는 데 아동을 사용하실 뿐만 아니라 그의 백성이 구원의 은혜가 될 아동의 탄생에 소망을 두도록 하셨다. 신약 성경은 아동의 믿음을 하나님을 향한 믿음의 본보기로 꼽는다. "예수께서 한 어린아이를 불러 그들 가운데 세우시고 이르시되, '진실로 너희에게 이르노니 너희가 돌이켜 어린아이들과 같이 되지 아니하면 결단코 천국에 들어가지 못하리라. 그러므로 누구든지 이 어린아이와 같이 자기를 낮추는 사람이 천국에서 큰 자니라.'"(마태복음 18: 2-4)

　　말씀에서 주님은 아동에게 천국 영예의 자리를 주는 것이 합당하다고 하셨다. 교회 내에서 이런 부분이 잘 지켜지지 않고 있는 것은 아쉬운 일이다. 교회 내에는 아동 교육(예: 루터와 칼빈의 교리 문답)과 아동을 주님의 말씀으로 양육하는 부모의 도덕적 책임에 관한 많은 문헌이 존재하지만(Bunge, 2001), 발달 과정에서 발생하는 어려움과 학대, 방임, 빈곤 및 억압의 경험으로 인해 아동이 겪을 수 있는 문제를 다루며 설명하는 문헌은 별로 없다.

1. 현대적 분류

　　아동은 건강 및 정신건강 분야에서 역사적으로 거의 관심을 받지 못했다. 이렇게 아동을 방치한 것은 부분적으로는 아동에 대한 정신건강 분야의 편견적 태도와 아동기 문제가 일시적이거나 심지어 '정상'이라는 신념 때문이다. 궁극적으로는 아동과 청소년이 사회에서 자신의 필요를 위해 관심을 끌 정도로 목소리를 낼 만한 영향력이 없다는 현실을 반영한다(Mash & Barkley, 1996). 아동과 청소년의 정서적 · 행동적 · 학습적 어려움에 특별한 관심을 갖기 시작한 지 불과 몇 십 년밖에 되지 않았다.

지난 수십 년 동안 아동 정신병리학에 대한 관심이 이 분야의 주류가 될 정도로 급증 하였고, 연구자들은 그것이 얼마나 복잡한 현상인지 깨닫게 되었다. 아동과 청소년의 생활 환경은 끊임없이 변하는 특성이 있기 때문에, 정상과 비정상 발달 과정의 분류, 기능과 역기능 체계 구별, 공통된 증상, 장애의 동반이환, 상황의 영향 등을 이해하는 것이 매우 어려운 작업이 된다. 따라서 아동 및 청소년의 정신병리의 본질에 대해 현재 는 다음과 같이 개념화하고 있다.

> 시간에 따른 유전적 · 신경적 · 행동적 · 환경적 영향 간의 다방향적 · 호혜적 · 역동 적 상호작용을 이해해야 한다. ……요약하면, 현재의 접근은 아동의 발달 및 정신적 어려 움의 뿌리를 발달 과정에서 나타나는 두뇌 성숙의 생물학과 다차원적 경험 사이의 복잡 한 상호작용으로 이해하고자 한다(Mash & Dozois, 1996, p. 5).

DSM-5는 신경발달 문제처럼 "초년에 확연히 보이는 발달상의 과정을 반영하는 것 으로 보이는(APA, 2013, p. 13)" 진단으로 시작하면서 발달적 고려 사항에 기반하여 자 료를 조직하고자 하였다. 이 장을 시작하면서 필자들은 일반적으로 아동기과 청소년 기에 주로 처음 등장하는 문제들을 논하겠지만, 그것들이 아동이나 청소년이 마주하는 유일한 장애는 아니라는 점을 언급해 둔다.

일반적으로 아동기 및 청소년기에 처음 확인되고 진단되는 대표적인 장애는 다음과 같다.

- 지적장애: 경도, 중등도, 고도, 최고도, 전반적 발달지연
- 특정학습장애: 읽기 손상, 쓰기 손상, 수학 손상
- 자폐스펙트럼장애
- 주의력결핍 과잉행동장애: 복합형, 주의력결핍 우세형, 과잉행동/충동 우세형
- 파괴적, 충동조절 및 품행 장애: 적대적 반항장애, 품행장애
- 운동장애: 발달적 협응장애, 상동증적 운동장애, 틱장애
- 배설장애: 유뇨증, 유분증, 달리 명시된 배설장애, 명시되지 않는 배설장애

DSM-5의 다른 부분에서 다루는 많은 다른 장애도 아동기 및 청소년기에 나타날 수 있으며, 아동과 청소년의 발달적 요구와 능력을 고려하면서 다룰 필요가 있다. 예를 들어, 우울증이 있는 아동은 동일한 진단을 받은 성인이 보일 것으로 예상되는 증상 군집과 다른 증상을 보일 수 있다.

아동기 및 청소년기의 장애에 대한 논의에 아동 및 청소년과 관련이 있는 모든 장애를 포함할 수 있다면 이상적일 것이다. 그러나 현실적으로 DSM-5에 수록된 모든 장애를 아동 및 청소년에게 적용되는 부분 및 그들의 치료에 미치는 영향과 관련하여 재고하는 것은 이 장의 범위를 벗어난다. 그렇다고 해서 필자들이 아동과 청소년의 요구를 등한시했던 역사에 동참하려 한다고 오해하지는 않았으면 한다. 정신병리학의 범주가 너무나 광범위하기 때문에 어느 정도 적당한 한계를 설정하려다 보니, 앞에 나열한 장애들에 제한하여 논의를 선별적으로 진행하고자 한다.

이 책의 다른 장에서 다루는 장애가 아동이나 청소년에게 미치는 영향에 대해서는 논하지 못할 것이다. DSM 분류체계는 아동기 및 청소년기의 정신병리를 판단할 때 아동 또는 청소년이 가정이나 학교에서 일상 활동을 수행할 능력이 현저하게 손상되었는지를 기준으로 정상 기능인지 아닌지를 구별한다. 따라서 정확한 진단은 임상가가 어떻게 기능의 손상을 파악하고 그것이 다른 형태의 손상이나 '정상적' 아동 또는 청소년의 행동 및 경험과 구별되는지를 판단하느냐에 달려 있다.

1) 지적장애 및 학습장애

지적장애는, 첫째, 일반적인 정신 능력(예: 언어이해, 지각추론, 작업기억 등)의 결함, 둘째, 일상 활동(예: 의사소통) 수행 능력의 결함, 셋째, 발달 시기 동안 발병(APA, 2013)이라는 세 가지 특징이 있다. 정신지체의 분류는 증상의 심각도(지적 결함 정도), 병인(예: 염색체 이상) 또는 증상군의 양상이라는 세 가지 공통된 기준을 바탕으로 개념화된다. 그러나 가장 일반적인 분류 접근은 미국심리학회와 미국정신지체협회(American Association of Mental Deficiency)가 채택한 지적손상의 심각도를 기준으로 한다(Grossman, 1973 참조).

지적장애의 분류는 일반적으로 지능검사 등을 통해 도출된 IQ(지능 지수) 점수를 기준으로 한다. 가장 일반적인 IQ 점수체계는 평균을 100(오십 번째 백분위 점수)으로, 표준편차를 15로 한다. 점수가 평균에서 2 표준편차 미만(또는 70점 미만)인 아동 및 청소년은 지적장애 범위에 해당하는 것으로 본다. DSM-5 진단기준은 지적장애의 심각도를 경도, 중등도, 고도 및 최고도로 구분한다.

대부분의 연구자와 임상가는 학습장애의 기본 정의에 동의한다. 프리크와 실버손(Frick & Silverthorn)은 학습장애에 대해 다음과 같이 요약한다. "학습장애는 언어이해나 언어사용(말하기 또는 쓰기)과 관련된 기본 심리 과정 중 하나에 이상이 있는 장애로, 듣기, 말하기, 읽기, 쓰기, 철자 또는 수학적 계산 능력의 손상 형태로 나타날 수 있다." (2001, p. 903) DSM-5는 이를 다음과 같이 설명한다. 특정학습장애는 단어 읽기의 유창성, 독해력, 철자 및 수학적 계산과 같은 "핵심적 학업 기술을 학습하는 데 있어서 지속적인 어려움"(APA, 2013, p. 68)을 주된 특징으로 한다.

세 가지 학문적 결함이 학습장애를 식별하는 데 사용되는데, 읽기 손상, 쓰기 손상, 수학 손상이라는 명시자로 표시된다. 유병률 연구에 따르면, 아동의 5~15%가 학습장애로 어려움을 겪고 있으며(APA, 2013; Gaddes & Edgell, 1993), 성인에 대한 추정치는 4%에 근접한다. 이렇게 유병률이 달라지는 것은 아동의 학습장애를 분류하는 접근방식의 차이 때문일 수 있다. 학습장애는 아동의 지적능력(지능검사로 평가)과 학업적 성취(성취검사로 평가) 사이의 불일치를 기준으로 학교 장면에서 진단되는 편이다. 이러한 방식은 문제가 될 수 있는데, 학습장애와 관련된 심리적 과정이 두 가지 검사 모두에 부정적 영향을 미쳐 그 점수들 간의 변산을 바탕으로 도출한 결론은 타당성이 감소할 수 있기 때문이다(Culbertson, 1998; Frick & Silverthorn, 2001).

흥미롭게도, 낮은 지능의 문제[지적장애와 정신박약(mental deficiency) 포함]는 전체 DSM에서 설명되는 가장 일반적인 문제 중 하나다. 종합하면, 성인 5명 중 1명 정도는 기본적이고도 필수적인 생활 기술에서 문제를 보인다. 말로니와 워드(Maloney & Ward, 1976)는 이러한 사람들이 자주 착취, 강요 및 조작의 피해자가 된다고 주장한다(예: 경제적으로 어려운 시기에 '마지막으로 고용되고 가장 먼저 해고됨'). 이러한 어려움이 일상의 과제를 처리하는 그들의 능력을 저하시킬 것은 너무나 명백하다.

2) 자폐스펙트럼장애

자폐스펙트럼장애는 "상호 간의 사회적 의사소통과 사회적 상호작용의 지속적인 손상"뿐만 아니라 "제한적이고 반복적인 양식의 행동, 관심 분야 또는 활동"(APA, 2013, p. 53)을 특징으로 한다. DSM-5는 이 스펙트럼에 이전에 "조기 유아 자폐증, 아동기 자폐, 카너 자폐(Kanner's autism), 고기능 자폐, 비전형적 자폐, 달리 분류되지 않는 전반적 발달장애, 아동기 붕괴성장애 및 아스퍼거장애"(p. 53)와 같은 범주로 구별했던 것을 통합하여 제시한다. 거의 1%의 아동과 성인이 자폐스펙트럼장애 기준을 충족하는 것으로 추정되는데(APA, 2013), 이 수치는 지난 10년간 증가한 수치다. 수치가 증가한 이유는 '불분명'하지만, 이전에는 진단기준을 충족하지 않을 수 있었던 사례가 스펙트럼에 포함되었을 가능성을 고려할 수 있다(p. 55).

3) 주의력결핍 과잉행동장애

주의력결핍 과잉행동장애(ADHD)는 "기능 또는 발달을 저해하는 지속적인 부주의 및 과잉행동·충동성"(APA, 2013, p. 61)을 특징으로 한다. 약 5%의 아동과 2.5%의 성인이 ADHD 기준을 충족하는 것으로 추정된다. 다른 연구에서는 아동(예: Anderson et al., 1987; Cohen et al., 1993; Costello et al., 1996; Offord, Boyle, & Racine, 1989; Verhulst et al., 1997) 및 청소년(예: Kashani et al., 1987; Lewinsohn et al., 1993; McGee et al., 1990)의 경우 이보다 높게 나타나기도 한다. ADHD는 아동과 청소년 사이에 가장 흔한 장애 중 하나일 뿐만 아니라 가장 논란이 많이 되는 장애이기도 하다.

ADHD는 일반적으로 평생 지속되는 장애로 본다. ADHD 진단을 받은 아동의 약 70%는 성인이 되어서도 그 증상으로 인해 어려움을 겪는다(Resnick, 1998). 여아보다 남아에게서 훨씬 더 자주 진단되며(비율은 약 2 대 1인데, 일부 연구에서는 남아 비율이 이보다 더 높게 나타나기도 함), 남아와 여아는 일반적인 증상과 행동 양상에서 차이를 보이는 것 같다. 남아는 외현화 행동 및 증상을 보이는 경향이 있고, 여아는 내재화 행동 및 증상을 상대적으로 많이 보이는 경향이 있다(APA, 2013; Resnick, 1998).

부주의와 과잉행동/충동이라는 두 가지 필수 증상군이 ADHD 진단에 기초가 된다. DSM-5 진단기준에 따르면, 증상은 12세 이전부터 분명히 존재해야 하며, 최소 6개월 이상 지속되고, 적어도 두 가지 장면(예: 가정, 학교, 교회)에서 관찰 가능해야 하며, 발달상 부적절한 행동으로 인해 유의미한 기능적 손상을 초래해야 한다.

4) 파괴적, 충동조절 및 품행장애

아동과 청소년의 공격적이고 반사회적인 행동은 심리치료의 관심과 초점이 되는 또 다른 분야다. 이러한 문제는 초기 아동기부터 나타날 수 있으며, 청소년기에 심각도와 유병률이 증가하는 것으로 보고된다(Cohen et al., 1993). DSM-5는 몇 가지 파괴적 행동장애를 나열한다. 여기서는 아동기나 청소년기에 진단받을 가능성이 높은 것으로 알려진 적대적 반항장애와 품행장애에 대해 논의하고자 한다.

적대적 반항장애는 "분노/과민한 기분, 논쟁적/반항적 행동 또는 보복적 특성이 빈번하고 지속적인 것"(APA, 2013, p. 463)을 특징으로 한다. 이 장애는 종종 품행장애 전에 진단되며(특히 청소년기보다는 아동기의 기준을 충족하는 사람들 사이에서), 덜 심각한 파괴적 행동을 나타낸다(APA, 2013). 일반적으로 적대적 반항장애는 아동이나 청소년이 상당히 적대적이거나 도전적이거나 부정적인 행동 양상을 보일 때 진단된다. 품행장애로 진단받은 대부분의 아동은 이전에 적대적 반항장애로 진단받은 적이 있으며, 적대적 반항장애로 진단받은 아동의 절반가량이 품행장애로 진행된다(Lahey et al., 1995). DSM-5는 품행장애가 취학 전 연령에서 진단 가능할 수는 있지만, 일반적으로 학령기 아동기와 청소년기에 진단된다고 설명한다(Frick & Silverthorn, 2001 참조). 품행장애는 다음 네 가지 중 한 가지 방식으로 아동 또는 청소년이 타인의 기본 권리를 침해하거나 규칙 또는 규범을 무시할 때 진단된다. 첫째, 사람 또는 동물에 대한 공격적인 행동, 둘째, 재산 파괴, 셋째, 사기 또는 절도, 넷째, 기존의 기준 또는 규칙의 심각한 위반이다. DSM-5는 발병 연령을 기준으로 아동기 발병형(10세 이전에 적어도 한 가지 증상을 보임), 청소년기 발병형(10세 이전에 증상 없음), 또는 명시되지 않는 발병이라는 세 가지 명시자를 제시한다.

이 두 가지 장애는 여아보다 남아에게서 훨씬 더 많이 진단된다. 적대적 반항장애에 대한 DSM-5 추정치는 1~11%까지 분포하며, 평균은 약 3~4%다. 품행장애에 대한 추정치는 2~10%이며, 중앙값은 약 4%다(APA, 2013). 코헨(Cohen)과 그의 동료들은 남아의 유병률이 초등학교 때는 여아보다 4 대 1로 많지만, 청소년기에는 2 대 1에 가깝다고 본다(Cohen et al., 1993). 이렇게 남아와 여아의 유병률에서 차이가 나타나는 이유는 남아가 공격적이고 폭력적인 행동을 더 많이 보이기 때문인 것 같다(McGee et al., 1992). 반면, 여아는 사회 집단에서 다른 아동들을 배제하거나 그들에 대해 좋지 않은 소문을 퍼뜨리는 것과 같은 관계적 공격 행동을 더 많이 보인다(Crick & Grotpeter, 1995; Frick & Silverthorn, 2001). 반 라우벤(Van Leeuwen, 2002)이 주장한 바와 같이, 남성은 공격성 또는 '행동화'의 병리를 보이는 경향이 있는 반면, 여성은 불안 및 우울 장애와 같은 내재화의 병리로 고통스러워할 가능성이 더 높다.

5) 운동장애

운동장애에는 발달적 협응장애, 상동증적 운동장애, 틱장애가 포함된다. 발달적 협응장애는 아동의 생활연령과 사용의 기회를 고려할 때 "운동 협응에 요구되는 기술의 결함"(APA, 2013, p. 74)을 특징으로 한다. 여기서 어려움은 본질적으로 일상생활과 학업을 유의미하게 지속적으로 방해하는 서투른 행동으로 나타난다. 예를 들어, 물건 떨어뜨리기, 물건에 부딪히기, 운동 능력(예: 손글씨, 물건 잡기, 가위 사용 등) 수행의 어려움 등을 보인다. 5~11세 아동의 약 5~6%가 진단기준을 충족하며, 남아가 여아보다 이 문제로 어려움을 겪을 가능성이 높다.

상동증적 운동장애는 '반복적이고, 억제할 수 없는 것처럼 보이고, 목적이 없는 것 같은 운동 행동'으로 종종 '머리, 손 또는 몸의' 율동적 운동으로 나타난다(APA, 2013, p. 78). 이러한 움직임은 실제로 아동들이 흔히 보이지만 아동의 주의가 분산되거나 사람들이 반복적 행동에 주목하면 그 행동이 중단되는 편이다. 신경발달장애가 있는 아동의 경우 이러한 노력이 효과가 없는 경우가 많다(APA, 2013). 아동의 약 3~4%가 복합적인 상동증적 운동을 보이며, 그 추정치는 지적장애가 있는 아동들 사이에서 증가한다(4~16%)(APA, 2013).

틱은 "불수의적이며, 갑작스럽고, 빠르며, 반복적이고, 비율동적이며, 예상치 못한, 목적 없는 동작 또는 음성"(Frick & Silverthorn, 2001, p. 907)으로 정의된다. 틱장애에는 투렛장애, 지속성 운동 또는 음성 틱장애, 잠정적 틱장애, 달리 명시된 틱장애 및 명시되지 않는 틱장애라는 네 가지 진단 범주가 있다. 이들은 심각도가 가장 낮은 잠정적 틱장애에서 가장 심각한 투렛장애에 이르기까지 심각도의 연속성을 기준으로 분류된다. 투렛장애는 여러 가지 운동성 틱과 최소 한 가지 이상의 음성 틱이 1년 이상 지속되게 나타난 경우에만 진단된다. 학령기 아동 1,000명당 약 3~8명이 투렛장애 기준을 충족하는 것으로 추정되며, 남아가 여아보다 진단기준을 충족할 가능성이 더 높다.

지속성(만성) 운동 또는 음성 틱장애는 1년 이상의 기간 동안 하나 이상의 운동 또는 음성 틱(둘 다는 아님)을 갖는 것을 의미한다(APA, 2013). 잠정적 틱장애는 틱이 1년 미만 동안 존재했다는 점에서 덜 심각한 것으로 간주된다.

6) 배설장애

DSM-5는 유뇨증과 유분증이라는 두 가지 배설장애를 제시한다. 유뇨증은 "낮 또는 밤에 침구나 옷에 반복적으로 소변을 보는 것"(APA, 2013, p. 355)을 의미한다. 이것은 일반적으로 불수의적이며 반복적으로 나타난다(연속된 3개월 동안 주 2회 이상). 신체적 병리가 없는 상태에서 아동이 5세 이상(발달지연이 있는 아동의 경우에는 정신연령을 기준으로)일 때 진단된다. 유뇨증은 두 가지 유형으로 구별된다. 1차성 유뇨증은 아동이 방광을 조절해 본 적이 없는 상태로 5세가 되면 진단한다. 2차성 유뇨증은 아동이 소변을 가린 기간 후에 방광 조절 능력을 상실한 경우에 진단된다. 유뇨증의 증상은 밤에 가장 흔하게 나타난다. 연구에 따르면, 5세 아동의 5~10%가 유뇨증을 경험한다. 예상할 수 있듯이 유병률은 나이가 들면서 감소한다. 10세 아동의 약 3~5%만이 진단기준을 충족하고, 15세 이상의 집단에서 진단기준을 충족하는 경우는 약 1%에 불과하다(APA, 2013).

유분증은 "부적절한 장소(예: 옷 또는 복도)에 반복적인 대변을 보는 것"(APA, 2013, p. 358)이다. 4세 이상의 아동이 증상을 설명할 수 있는 신체적 병리가 없는 상태에서 3개월 동안 한 달에 한 번 이상 부적절한 장소에서 배변을 볼 때 진단된다. 유뇨증과 마찬가지로 유분증은 1차성과 2차성으로 구분할 수 있다. 명시자는 유분증이 변비와 변실금을 포함하는지 여부를 표시한다. 5세 아동의 약 1%가 유분증을 가지고 있다. 여아보다는 남아에게서 더 흔하다.

앞서 제시한 목록은 아동과 청소년이 겪는 장애 중 일부분만을 보여 준다는 것을 재차 강조한다. 아동과 청소년의 삶에서 나타나는 정신병리의 본질을 제대로 이해하려면 다른 많은 장애를 함께 살펴보는 게 필요할 수 있다(아마도 그렇게 해야 할 것이다). 아동 및 청소년의 정신병리와 관련된 고유한 발달문제를 이해하고 그들의 경험과 관련된 통합적 주제를 탐구하려면 별도의 책이 필요할 것이다.

2. 병인 및 지속의 주제

1) 지적장애 및 학습장애

지적장애의 원인을 일반적으로 유전적 요인, 신체적 요인, 심리사회적 요인이라는 세 가지 주요 범주로 나누어 생각할 수 있다. 염색체 이상이 있으면 보통 지적장애에서 나타나는 다양한 증상군을 보일 수 있다. 다운증후군이 그러한 증상군 중 가장 흔한 유형이다. 다운증후군은 23개의 쌍으로 나타나는 정상염색체 중 스물한 번째 염색체가 여분의 염색체를 1개 더 가지게 되어 발생하며, 중등도에서 고도에 이르는 지적장애를 포함하여 수많은 증상을 동반한다. 정상 발달 과정과 관련된 신체적 문제도 지적장애를 초래할 수 있다. 이는 출생 전, 출생 중, 출생 후에 발생할 수 있다. 여기에는 산전 감염 및 외상(예: 산모의 약물남용), 조산, 출산 중 산소 부족 또는 두부 손상, 또는 아동 발달 중 나타나는 다양한 외상(예: 감염, 영양실조, 독극물, 산소 부족, 두부 손상)이 포함될 수 있다. 심리사회적 요인에는 정서적 문제와 함께 보살핌·영양·지적 자극의 결핍 및 일상생활 기술 교육의 부족과 같은 심리사회적 환경이 포함된다(Ferguson, 1999).

학습장애의 원인에 관한 이론은 다양한데, 그것은 일정 부분 이를 이해하고 분류하는 접근방식이 다양하기 때문이기도 하다. 프리크와 실버손(2001)은 학습장애의 원인에 관한 논문들을 검토하면서 다음 네 가지의 강조점을 확인하였다.

- 가족 요인
- 유전성(Pennington & Smith, 1988)
- 신경해부학: 인지처리에 문제를 일으키는 생리학적 비정상성(Hynd & Willis, 1988; Beitchman & Young, 1997)
- 심리언어적 기능: 소리를 처리하거나 생성하는 것의 어려움(Torgesen, 1986)

프리크와 실버손에 따르면, "학습장애에 대한 이해는 이러한 장애를 가진 아동을 분류하는 데 있어서 합의점의 부족으로 인해 더 발전하기에는 한계가 있었다."(2001, p. 904)

2) 자폐스펙트럼장애

현재 자폐스펙트럼장애에 대한 이해는 신경생물학적 입장의 설명을 선호하는 것 같다. 신경화학적 비정상성(일부 연구에서는 노르아드레날린, 도파민 및 아편 체계의 이상을 확인하기도 했지만, 주로 세로토닌 수치의 상승을 의미함)(McBride et al., 1998; Smalley, Levitt & Bauman, 1998) 및 신경해부학적 이상(소뇌, 변연계, 대뇌 피질 및 전체적인 뇌 크기)(Mesibov, Adams, & Klinger, 1997)에 연구들은 공통적으로 초점을 두고 있다. 쌍생아 일치율 연구에서는 유전성이 자폐스펙트럼장애의 발달에 중요한 역할을 한다고 본다(Klinger & Dawson, 1996; Mesibov, Adams, & Klinger, 1997). 일부 연구에 따르면, 자폐아 형제자매 중 25%가 어떤 형태로든 인지 발달 지연으로 인한 어려움을 겪는 것으로 나타났다. 이는 "자폐증이 다른 인지장애와 연속선상에 있을 수 있다."(Frick & Silverthorn, 2001, p. 900; 또한 Klinger & Dawson, 1996; Schreibman & Charlop-Christy, 1998 참조)는 것을 시사한다.

일부 연구에서는 임신 중 모의 건강과 자폐증 사이의 연관성을 제안했다(Mesibov, Adams & Klinger, 1997; Smalley, Levitt & Bauman, 1998).

3) 주의력결핍 과잉행동장애

ADHD의 '원인'에 대해서는 여러 가지 신화적 이해가 존재한다. 일부는 식사법(특히 과도한 설탕 또는 카페인), 부적절한 학교 환경 및 부적절한 자녀양육을 지적한다. 이들 중 어느 것도 ADHD에 대한 직접적인 인과관계를 설명하는 요인으로 확인되지는 않았다. 그러나 각각은 증상 및 행동을 심화 또는 악화시키는 역할을 할 수 있다(Resnick, 1998). ADHD를 발생시키는 요인으로 보편적으로 수용될 만한 것은 아직 확인되지 않았다. 이론들은 신경생물학적 기제(예: 비정상적인 뇌기능), 신경화학적 비정규성, 환경 독성 물질(예: 납), 식습관 및 가족 요인 등을 다루어 왔다(Barkley, 1998; Zametkin & Liotta, 1998). 신경학적 손상이 ADHD 아동의 증상 양상의 일부라는 것이 분명하다(Frick & Silverthorn, 2001). 분명하지 않은 것은 무엇이 이러한 신경학적 손상을 일으키느냐는 것이다. 프리크와 실버손에 따르면, "동일한 신경학적 손상도 여러 인과 경로를 통해 발생할 수 있다. 그런데 신경학적 기능 장애로 인해 발생하고 있는 ADHD와 관련된 행동증상의 기초가 되는 핵심 손상이 무엇인지는 아직 명확하지 않다."(2001, p. 884)

주목할 만한 이론 중 하나가 바클리(Barkley, 1997)의 이론인데, 그는 행동억제가 ADHD와 관련된 결핍 및 기능문제의 핵심이라고 제안한다. 그의 이론에 따르면, "지연 반응의 손상은 자기조절의 어려움을 낳고, 이는 과잉행동, 충동성, 산만함, 부주의 및 실행기능 문제라는 2차 증상을 낳는다."(Frick & Silverthorn, 2001, p. 884)

4) 파괴적, 충동조절 및 품행장애

아동 및 청소년에게 발견되는 적대적 반항장애와 품행장애의 발달에 기여하는 것으로 보이는 많은 요인이 확인되었다. 이들을 아동 또는 청소년의 내적 요인과 심리사회적 환경 요인으로 나눌 수 있다(Frick & Silverthorn, 2001). 개별 아동 또는 청소년의 내적 요인에는 신경화학적 불규칙성(예: 낮은 수준의 세로토닌 또는 에피네프린 및 높은 수준의 테스토스테론; Kreusi et al., 1990; Magnusson, 1988; Olweus et al., 1988; Scerbo & Kolko, 1994 참조) 및 중추신경계의 이상(Lahey, McBurnett, Loeber, & Hart, 1995)이 포함된다. 아동의 맥락적 요인으로는 가족역동(예: 부모의 정신병리, 부모의 갈등 및 이혼, 아동의 삶에 대한 부모의 최소한의 참여 및 감독, 비일관적이거나 과비난적인 훈육), 또래로부터 격리 및 거부, 행동문제가 있는 다른 아동과 어울림, 사회교육적 성장 기회가 제한된 낮은 사회경제적 지위(Coie, Dodge, & Kupersmidt, 1990; Wilson, 1987) 등이 있다.

적대적 반항장애 또는 품행장애와 관련된 다른 요인으로는 충동조절 반응억제 문제, 처벌보다는 보상에 행동적으로 더 자주 반응하는 경향성, 특정 인지적 결손(언어 능력, 실행 기능, 전반적 지능), 그리고 공격적 대인관계 행동을 낳는 사회정보 처리의 결핍이 있다(Frick & Silverthorn, 2001).

이러한 요인들이 적대적 반항장애 및 품행장애의 증상 행동과 직접적인 인과관계가 있는지는 명확하지 않다. 증상이 있을 때 함께 나타나는 것일 수도 있고, 증상으로 인한 결과일 수도 있다. 이 요인들과 적대적 반항장애 및 품행장애의 발병과의 관계에 대해 가장 널리 받아들여지는 관점은 이 요인들이 다양하게 누적될수록 이러한 장애가 발병할 위험성이 증가한다는 것이다. 진일보한 최근 연구들은 아동기 발병과 청소년 발병에 서로 다른 인과 경로가 존재할 수 있음을 보여 주고 있다. 실제로 아동기에 증상을 보이는 사람들은 인지적·신경심리적 결손을 더 많이 보이고, 가족 역기능이 더 심한 편이다. 모핏(Moffitt, 1993)은 아동기 발병 증상은 청소년기 발병 증상보다 더 심한 형태의 정신병리(아마도 성격적 문제)라고 제안한다. 따라서 모핏은 청소년기 발병 품행장애를 "청소년기를 특징 짓는 분리 및 개별화의 규범적 발달 과정을 과장한 것"
(Frick & Silverthorn, 2001, p. 889)이라고 설명한다.

5) 운동장애

운동장애의 정확한 원인은 아직 알려지지 않았다. 현대에는 운동장애, 특히 틱장
애, 그중에서도 투렛장애을 이해하는 데 있어서, 상호활성 모델(interactive model)에 기
반한 네 가지 요인에 초점을 맞추어 병인을 개념화하고 있다. 이 모델에 따르면, 장애
의 발병에 유전적 소인이 영향을 미친다. 이 유전자들은 중추신경계의 발달에 영향을
미쳐서 독특한 신경생물학적 기저를 만들어 낸다. 그 기저는 신체의 운동 기능을 계
획하고 모니터링하는 것과 관련된 정보를 방출하는 데 영향을 미친다. 또한 인지적·
정서적 정보를 처리하고 스트레스를 조절하는 중추신경계의 회로에도 영향을 미칠
수 있다. 아동의 발달 과정에서 생겨나는 임상적 표현형은 환경적 요인에 의해 영향
을 받으면서 궁극적으로 운동장애의 특징적인 증상 양상으로 발현된다(Evans, King, &
Leckman, 1996).

투렛장애와 관련된 유전적 소인은 강박장애도 공유하는 것일 수 있다는 증거가
있으며, 투렛장애 아동에게서 신경화학적 이상이 발견된다는 증거도 있다(Frick &
Silverthorn, 2001).

6) 배설장애

다양한 생물학적 요인으로 인해 방광 및 장 조절에 어려움이 발생할 수 있다(예: 감
염, 당뇨병, 신경학적 문제). 그러나 정의상 유뇨증과 유분증은 그러한 병리가 있어야만
진단되는 것은 아니다. 다양한 요인이 이 장애의 발달에 잠재적으로 기여하는 것으로
여겨져 왔으며, 이들은 일반적으로 여섯 가지 이론적 범주 중 하나로 분류된다. 이러
한 이론적 범주는 생물학적 범주, 발달적 범주, 정신병리적 범주, 정신역동적 범주, 행
동적 범주 및 가족체계 범주로 나누어진다(Carr, 1999). 통제 연구를 통해 심리적 문제
와 유뇨증 또는 유분증 사이의 인과관계를 밝혀내지 못했다는 점은 눈여겨볼 대목이
다(Frick & Silverthorn, 2001; Ondersma & Walker, 1998; Walker, Milling, & Bonner, 1988;
Werry, 1986 참조).

3. 치료의 주제

일반적으로 연구 결과들은 아동과 청소년 대상의 정신병리 치료가 상당히 긍정적인 효과를 가져온다고 보고한다(Carr, 1999; Creswell, Waite & Cooper, 2014). 이제까지의 메타 분석에 따르면, 직접적인 치료 개입을 받은 아동은 치료를 받지 않은 대조군 아동의 75%보다 증상의 측정치가 더 많이 감소하는 것으로 나타났다(Weisz & Weiss, 1993). 또한 치료 후 발생한 효과도 후속 연구의 측정에서 분명하게 나타났다. 아동을 포함한 가족 치료에 대한 메타 분석과 내러티브 연구도 치료가 유사한 긍정적 효과를 갖는 것을 보여 주었다(Shadish et al., 1993; Lebow & Gurman, 1995).

문헌은 아동과 청소년을 위한 효과적인 서비스를 위해 여러 요인이 필요하다고 제안한다. 여기에는 생물학적 요인(증상 감소를 위한 약물), 발달적 요인(안심시키기, 행동 훈련), 심리적 요인(대인 간 갈등 및 개인 내 갈등을 해결하기 위한 치료 개입) 및 가족체계 요인(관계 양상을 다루기)이 포함된다(Carr, 1999). 여기서는 특정 장애와 관련된 일련의 치료 방안에 대해 논하고자 한다.

1) 지적장애 및 학습장애

학교 체계를 중심으로 한 교육 서비스는 지적장애 아동이 이용할 수 있는 가장 일반적인 치료적 개입 방안이다. 치료는 장애 정도에 비추어 현실적인 목표를 선별하고 개인적으로 부족한 기술에 대해 훈련을 제공하는 것을 목표로 한다.

주안점이 되는 영역 중 하나는 '주류화(mainstreaming)' 또는 '정상화(normalization)'다. 이 전략은 지적장애 아동과 청소년이 '정상' 아동과 함께 주류 교육체계에 입문하여 자신의 능력치 내에서 '정상' 아동 및 청소년의 교육과 사회생활의 모든 측면에 참여할 수 있도록 한다. 이 개념은 지적장애 아동이 비장애 아동과 동일한 권리를 가지며 주류 사회에서 제공하는 기회의 혜택을 받을 수 있어야 한다는 사고에 기반한다.

종종 지적장애가 있는 아동과 청소년을 치료하는 데 행동수정이 활용되기도 한다. 행동수정은 주로 기본 행동과 성격 문제에 초점을 맞춘다. 이것은 개인 및 가족 치료, 특수교육 프로그램 또는 극단적인 경우 입원을 통해서도 실시될 수 있다. 아동의 부모를 대상으로 한 교육 및 훈련은 매우 중요하며, 많은 경우 치료 및 지지집단이 도움이 된다. 자녀의 한계를 수용하고 자녀를 보육하는 데 필요한 기술을 습득하면서 가정에서도 치료 목표의 도달에 도움이 되는 연계 훈련을 제공하는 것이 중요하다. 모든 전략의 핵심은 '자립과 자기존중'을 촉진하는 치료 환경의 조성이다(Ferguson, 1999).

학습장애를 치료적으로 접근하는 방법은 개념화 및 분류에 따라 다양하다(Ingersol & Goldstein, 1993). 치료 전략에는 정보처리의 어려움을 다루기 위한 신경심리학적 평가 및 초점화된 교육, 읽기 손상을 다루기 위한 언어 기술 훈련, 자가 모니터링 및 문제해결 기술과 같은 특정 문제를 대상으로 하는 인지 개입이 포함된다(Frick & Silverthorn, 2001; ADHD와의 높은 공병률 및 치료적 함의에 대한 논의는 DuPaul, Gormley, & Laracy, 2013 참조).

2) 자폐스펙트럼장애

자폐스펙트럼장애에는 치료적 개입이 특히 어려울 수 있다. 예를 들어, 웨리(Werry, 1986)는 자폐증 진단을 받은 아동의 90% 이상이 남은 생애 동안 지적 기능과 사회적 관계에서 어려움을 겪을 것이며, 10% 이하만이 증상에서 벗어날 수 있을 것이라고 지적한다. 이러한 장애의 병인에 대한 신경생물학적 설명을 고려할 때 약물치료가 효과적일 것으로 기대했지만, 실제로 약물은 기대했던 것보다 덜 효과적인 것으로 나타났다(Smalley, Levitt, & Bauman, 1998). 가장 일반적인 치료 접근법은 행동적 초점을 가지고 증상을 포괄적으로 다루는 접근으로, 증상의 감소와 함께 사회적 기술과 지적 기술의 발달을 강조한다(Rogers, 1998).

아마도 로바스(Lovaas, 1987)의 접근이 이러한 포괄적인 행동 프로그램 중에서 가장 잘 알려진 프로그램일 것이다. 이 프로그램은 집중적인 조작적 강화 모델을 토대로 숙련된 치료자가 주 40시간까지 일대일로 직접 슈퍼비전을 하면서 사회적 기술, 일상생활 기술 및 인지 기술을 학습시킨다. 이 프로그램을 실행한 결과, 앞서 언급한 영역들에서 상당한 진전이 나타났다(Rogers, 1998). 이 작업을 수행한 사람들은 자신이 이제껏 해 본 일 중 손꼽히는 가장 어렵고 힘든 작업이었다고 보고하곤 한다. 힘들고 지친 부모나 양육자가 대학교 심리학과에 도움을 요청하는 경우도 드물지 않다.

3) 주의력결핍 과잉행동장애

아동기의 ADHD 치료는 평생 영향을 미친다. 연구에 따르면, 아동기에 ADHD 진단을 받은 아동의 30~50%는 성인이 될 때까지 증상을 보이며, 50~80%는 청소년기에도 증상을 보인다(Barkley, 1998; Biederman, 1998).

ADHD가 있는 아동과 청소년을 위한 치료 전략으로 일반적으로 부모와 교사를 위한 약물 및 행동 관리 훈련이 꼽힌다. 가장 널리 사용되는 약물은 중추신경계를 자극하는 약물로, 메틸페니데이트(리탈린, Ritalin), 덱스트로암페타민(덱세드린, Dexedrin), 페몰린(사일러트, Cylert), 메스암페타민(데옥신, Desoxyn), 암페타민염(애더럴, Adderall) 등이 있다(Pelham, 1987; Sallee & Gill, 1998 참조). 가만히 있는 것을 힘들어하는 아동에게 자극제를 사용하는 것은 직관에 반하는 것 같다. 그러나 자극제는 집중력을 유지하는 능력을 향상시키고, 학교에서 학업적 과제와 같은 특정 목표를 달성하는 데 에너지를 유도하도록 도움을 준다(Pelham et al., 1985). 최대 70%의 아동이 각성제 사용을 통해 즉각적인 개선을 보였다(Frick & Silverthorn, 2001). 하지만 약물만으로 장애의 장기 경과 및 예후를 변화시키기는 어렵다(Findling & Dogin, 1998).

훈련 프로그램은 부모와 교사에게 "첫째, 아동을 위한 명확한 행동 목표를 설정하고, 둘째, 명확한 모니터링 체계를 가지고 이러한 목표에 대한 진행 상황을 평가하며, 셋째, 구조화된 보상체계를 설정하여 목표 행동을 격려하되 부정적인 행동은 억제하도록"(Frick & Silverthorn, 2001, p. 885; 또한 Barkley, 1997 참조; Pfiffner & O'Leary, 1993) 교육하는 것을 목표로 한다. 아동을 대상으로 한 심리치료적 개입에 대한 통제 연구에 따르면, 주의력과 충동성에 대한 실험실 측정치는 약간 개선되었지만 가정과 학교의 행동에서 의미있는 변화는 나타나지 않았다(Abikoff, 1985; Frick & Silverthorn, 2001; Richters et al., 1995).

가장 효과적인 치료 방법은 약물치료와 행동 개입을 통합하는 중다양식의 전략인 것 같다. 일부 연구에서는 ADHD로 진단받은 아동이 이러한 방식의 치료를 받은 후 ADHD가 없는 아동과 구별되지 않는 것으로 보고되었다(예: GittelmanKlein et al., 1980).

4) 파괴적, 충동조절 및 품행장애

적대적 반항장애 및 품행장애에 대한 치료는 그 문제를 가지고 있는 아동과 청소년뿐만 아니라 사회에도 시사하는 바가 크다. 적대적 반항장애, 불안 및 우울 간의 관계도 개입 전략의 개선을 위해 연구되어 왔다(예: Lavigne et al., 2014). 그러나 품행장애의 증상은 시간이 지나도 매우 안정적으로 나타나는 편이며, 아동기나 청소년기에 품행장애로 진단받은 사람들 중 상당 비율이 성인이 되어서도 정신병리 및 파괴적 행동 문제를 보이는 것으로 나타났다. "품행장애 아동을 성인이 되기까지 추적한 종단 연구에 따르면, 품행장애를 가진 남아 43~60%와 여아 약 17%가 성인이 되었을 때 범죄 행위를 저질러 수감되었으며, 남아 약 31%와 여아 17%가 성인이 되었을 때 반사회적 성격장애 진단을 받았다."(Frick & Silverthorn, 2001, p. 890; Krazter & Hodgins, 1997 참조)

프리크와 실버손(2001)은 통제 연구를 통해 적대적 반항장애 및 품행장애가 있는 아동을 치료하는 데 효과적인 것으로 나타난 치료적 개입을 네 가지 범주로 분류하여 설명하였다(p. 890).

- 구조화된 행동 수반성 관리 프로그램을 개발하는 데 활용하는 기본적인 조작적 조건화를 사용하는 행동 전략
- 가정 기반 구조화된 행동 수반성 관리 및 보다 효과적인 감독과 훈육을 가르치는 데 중점을 둔 학부모 관리 교육(Parent Management Training: PMT)
- 아동이 사회인지 및 사회적 문제해결에서 보이는 결함을 잘 다루도록 역량을 강화하는 데 초점을 맞춘 인지 행동 전략
- 자극제를 활용한 약물치료: ADHD와의 높은 동반이환 비율 고려

더 유망한 새로운 접근방식들 중에는 아동의 여러 처리 과정에 초점을 맞춘 여러 상황에 대한 동시적 개입도 있다(예: 가족와 학교 간 협력 프로그램). 개별 아동의 특정 요구에 유연하게 반응할 수 있도록 설계된 치료가 상당한 성과가 있는 것으로 보고되고 있다(예: 다중체계 치료; Frick & Silver thorn, 2001; Conduct Problems Prevention Research Group, 1992; Henggeler & Borduin, 1990; Borduin et al., 1995; Henggeler, Melton & Smith, 1992; Henggeler, Schoenwald, & Pickrel, 1995 참조).

5) 운동장애

장애의 증상이 심각할수록 정신약물학적 치료가 가장 일반적이고 효과적인 중재가 된다. 예를 들어, 틱장애 중에서 투렛장애는 신체신경화학의 도파민 경로와 관련이 있으며, 이러한 신경화학물질에 개입하는 약물 연구에 따르면, 투렛장애 아동의 70~80%

에서 증상이 감소하는 것으로 나타났다(Shapiro et al., 1988; Towbin & Cohen, 1996). 그러나 이러한 약물은 유쾌하지 않은 부작용을 동반하며, 경우에 따라서 부작용이 영구적일 수 있다. 심리치료에는 자가 모니터링, 행동 수반성 관리, 일부러 증상 반복하기(massed negative practice), 이완훈련 및 습관 반전 등이 있다(Schroder & Gordon, 1991).

6) 배설장애

비록 유뇨증 아동 중 소수는 별 개입 없이 방광 조절 능력을 획득하게 되지만, 대부분은 유뇨증이 장기화되지 않도록 하려면 어느 정도의 치료를 필요로 한다. 정신약물학적 치료는 효과적인 편이며, 삼환계 항우울제(이미프라민, imipramine)를 가장 일반적으로 사용한다. 프리크와 실버손(2001)은 통제 연구에서 아동의 85%가 2주 이내에 개선을 보이지만 약물 중단 시에는 상당한 부작용과 높은 재발률을 보여, 이러한 개입이 이상적이지 못하다고 보고했다. 그런 점에서 행동치료가 선호되기도 한다. 가장 일반적인 접근방식은 모러와 모러(Mowrer & Mowrer, 1938)가 1930년대에 처음 개발한 기술로, 아동의 잠옷이나 침대 시트가 젖으면 경보가 울리는 패드를 사용하는 것이다. 약 60~90%의 아동이 2단계로 설계된 이 기술의 사용으로 성공적인 증상의 완화를 보였다(Ondersma & Walker, 1998).

유뇨증의 치료에 관한 문헌은 유분증에 대한 것보다 훨씬 더 광범위하다. 이는 유분증이 아동에게 더 큰 스트레스와 수치심을 유발한다는 사실을 감안할 때 아쉬운 부분이다(Frick & Silverthorn, 2001). 유분증에 대한 치료는 주로 아동이 어려움을 겪는 유형이 어떤 특정 유형에 해당하는지에 따라 달라진다. 치료 전략에 대한 보다 포괄적인 논의는 워커, 밀링 및 보너(Walker, Milling, & Bonner, 1988)의 연구를 참조하기 바란다.

4. 기독교적 평가

아동기와 청소년기 정신병리의 이론, 연구 및 치료는 비교적 최근에 와서야 주목을 받고 있다. 과학적 연구의 짧은 역사로 인해 많은 신화와 잘못된 정보가 회자되어 왔다. 예를 들어, 19세기 중반에 많은 사람은 아동의 '광기'가 학교에서의 과도한 자극으로 인해 발생한다고 믿었고, 20세기 중반에는 부적절한 양육 관행으로 인해 자폐증이 발생한다고 믿었다(Mash & Barkley, 1996). 아동 및 청소년 정신병리는 여전히 신생 학문이다. 그러나 "아동기 정신병리는 빈번하게 발생하고 있으며 중요한 사회적 관심사가 되었다."(Mash & Barkley, 1996, p. 9)는 사실은 분명하며, 우리 모두가 관심을 기울여야 하는 분야임에 틀림없다. 매시와 바클리(Mash & Barkley)는 사회가 아동 및 청소년의 문제에 특별히 주의를 기울여야 하는 몇 가지 이유를 제시한다. 이는 아동 및 청소년의 문제에 대한 몇 가지 통합적 주제를 고찰하는 데 유익한 틀이 된다.

1) 많은 아동이 정신병리로 인해 고통받는다

전문가들은 아동의 14~22%가 아동기에 진단 가능한 장애를 경험하는 것으로 추정한다(Brandenburg, Friedman, & Silver, 1990). 진단과 치료를 받기에 자원이나 돌봄이 부족한 환경에서 자라는 아동의 숫자를 고려할 때, 실제 유병률은 더 높을 것이다. 언뜻 보기에 '장애가 있는' 아동의 유병률은 충격적이고 비극적으로 보인다. 그러나 기독교인에게 이것은 놀랄 일이 아닐 수 있다. 모든 정신병리의 핵심에는 죄가 있다. 죄를 사탄의 역사과 아담과 하와의 불순종으로 말미암은 세상의 상태로 이해하든, 악을 저지르려고 하는 인간의 고의적 선택으로 이해하든, 우리 모두는 병리적 상태에 있다. 어떤 사람은 다른 사람보다 죄의 영향을 더 파괴적으로 받는다. 그런데 아동이 경험하는 고통은 자신이 고의적으로 선택한 죄의 결과인 경우가 드물다. 오히려 아동의 고통은 거의 항상 다른 사람의 고의적 선택으로 인한 죄의 결과인 경우가 대부분이다.

진단 가능한 정신병리로 고통받는 아동이 자신의 고통에 책임이 있는 것은 아니다. 자라면서 자신의 행동에 대한 책임을 지게 될 때, 그들이 건강하고 도덕적인 선택을 할 수 있을 정도로 좋은 경험을 해 왔는지 여부를 살펴볼 필요가 있다. 사실 아동에 대한 평가와 치료는 주로 가족, 즉 자녀가 태어난 체계에 초점을 두어야 한다. 가장 근본적인 수준에서 아동에 대한 치료는 가족치료이며, 세대 간 전수되는 병리와 죄의 양상이 아동의 정신병리의 근원이 된다.

또한 교회가 아동의 발달 과정을 이해하고 그것이 아동의 행동, 사고, 정서에 미치는 영향을 살피는 데 보다 적극적인 역할을 할 필요가 있다. 이것이 사역 훈련과 부모 교육의 초점이 되어야 한다. 아동의 교육 및 영적 형성에 관여하는 사람들은 아동에게 기대되는 것이 성인에게 기대되는 것과 다르다는 것을 인식하고 아동에게 적절한 행동이 무엇인가를 기준으로 발달적 문제를 이해하는 것이 가장 중요하다. 예를 들어, 자기

중심성과 이기심에는 중요한 차이가 있다. 동시에 아동의 정신건강을 다루는 사람들은 아동의 발달상 갈등으로 인해 함께 나타날 수 있는 영적 문제를 인식해야 한다. 기독교 정신건강 전문가는 이러한 통합적 주제를 다룰 수 있는 고유한 자격을 가지고 있다(또는 그래야 한다).

2) 아동의 증상은 '자라면서 자연스럽게 낫는 것'이 아니다

아동과 청소년이 경험하는 문제는 현실이며, 증상은 성인기까지 비극적인 영향을 미칠 수 있다. 아동과 청소년의 정신병리를 적절히 진단하고자 하면 많은 도전거리를 만나게 된다. 아동이 경험하는 다양한 문제를 개념화하고 대응하는 최선의 방법에 대해서 이 분야의 전문가들 사이에서도 의견이 분분하다. 이러한 문제에 대한 과다진단이나 과소진단은 아동과 그 가족의 삶에 치명적인 부정적 영향을 미칠 수 있다. 안타깝게도 아동의 정신병리에 대한 대중적 의견과 반응은 종종 과소진단(문제가 존재한다는 사실을 부인함)과 과다진단('정상적' 아동기 경험 및 행동을 병리로 봄)이라는 양극단을 오간다. 드와이트 칼슨(Dwight Carlson)은 『기독교인은 왜 부상자에게 총을 겨누는가?(Why Do Christians Shoot Their Wounded?)』(1994)라는 도발적인 제목의 책에서 첫 번째 문제, 즉 기독교 하위문화의 많은 집단에서 정신병리의 실제를 인정하는 것을 꺼린다는 사실을 다룬다. 과다진단도 똑같이 파괴적인 결과를 가져온다.

이와 관련된 예를 최근 몇 년간 ADHD에 대한 사회적 관심이 급격히 증가한 데에서 찾아볼 수 있다. ADHD의 병리는 매우 실제적이며, 그 증상은 극단적인 경우 심각한 문제가 될 수 있다. 그러나 일부 아동은 부적절하게 ADHD 진단을 받는다. 가족에 대해 체계적으로 개입하면서 아동에게 도움을 주어 아동이 낙인을 덜 받게 하는 방법도 있다. 평가를 신중하게 하는 것은 매우 중요하며, 평가 과정은 아동이나 청소년의 자신감과 자존심을 향상시키는 방식으로 진행되어야 한다.

교회 내에서 특별한 필요나 정신병리 문제가 확인된 아동에 대해 반응할 때는 최대한 통합적으로 잘 반응하도록 노력해야 한다. 아동의 영적 형성에 관여하는 것은 엄중한 책임감을 요구하며, 이 사역을 수행하는 사람들은 고통받는 아동을 돌보는 데 활용할 수 있는 최상의 정보에 주의를 기울여야 한다. 가능하면 기독교 사역자들은 정신건강 분야의 기독교인들과 협력하면서 하나님과 아동의 관계를 증진하고 믿음의 공동체 내에서 그들의 위치를 견고하게 해 주는 방식으로 아동을 대할 수 있어야 한다.

아동 사역에 대한 혁신적인 접근방식 덕분에 우리는 신앙 공동체 내에서 아동의 기능에 대해 많은 것을 깨닫게 되었다. 예를 들어, 스코티 메이(Scottie May)는 '속도, 공감, 음량이 아동의 태도와 행동에 미치는 영향에 대한 연구'라는 제목의 연구 프로젝트를 통해 교회 내 아동의 학습 환경과 의도적으로 조성된 다세대·다연령 학습 환경이 아동의 영적 형성에 미치는 영향을 고찰하였다. 기독교 심리학자들은 그러한 연구에 대해 인지하고, 그것이 '행동 문제'가 있는 것으로 분류된 아동을 이해하는 데 어떻게 도움이 되는지 알아야 할 것이다.

아동의 문제는 현실이다. 의도적 치료 없이 증상은 자연스럽게 사라지지 않으며, 그들을 우선적으로 치료하는 것은 신앙 공동체의 공동 책임이다. 예수께서 친히 말씀하셨다. "또 누구든지 내 이름으로 이런 어린아이 하나를 영접하면 곧 나를 영접함이니, 누구든지 나를 믿는 이 작은 자 중 하나를 실족하게 하면 차라리 연자 맷돌이 그 목에 달려서 깊은 바다에 빠뜨려지는 것이 나으니라."(마태복음 18: 5-6)

3) 사회적 변화로 인해 아동의 정신병리 위험이 증가할 수 있다

매시와 도조이스(Mash & Dozois)는 국가아동위원회(National commission on Children, 1991)를 인용하면서 아동이 경험하는 사회적 스트레스를 다음과 같이 나열한다.

도심의 다세대 생활로 인한 어려움, 여성과 아동의 만성적 빈곤, 가족 해체의 압력, 편부모 양육, 노숙자 문제, 농촌 빈곤층 문제, 북미 원주민 아동의 역경, 이민 가정 아동의 적응 문제, 그 밖에 아동의 성장과 발달에 영향을 미치는 조산, HIV, 코카인, 알코올과 관련된 상황들(1996, p. 9)

성경은 이러한 상황들에 대한 하나님의 반응이 다음과 같다고 한다.

여호와는 압제를 당하는 자의 요새이시오,
환난 때의 요새이시로다.(시편 9: 9)

여호와여, 주는 겸손한 자의 소원을 들으셨사오니
그들의 마음을 준비하시며 귀를 기울여 들으시고

> 고아와 압제당하는 자를 위하여 심판하사
>
> 세상에 속한 자가
>
> 다시는 위협하지 못하게 하시리이다.(시편 10: 17-18)

하나님께서 불의에 대해 공의로 응답하시는 것처럼 교회도 세상에 대해 이러한 사명을 감당해야 한다. 바울은 "우리가 그리스도를 대신하여 사신이 되어 하나님이 우리를 통하여 너희를 권면하시는 것 같이"(고린도후서 5: 20)라고 말한다. 교회가 아니라면 누가 이 아동을 옹호할 것인가?

사회의 여건이 악화되고 있는 현 상황에서 회개를 촉구하는 교회의 목소리가 최전방까지 울려 퍼져야 할 것이다. 기독교인은 고통받는 사람들의 영혼을 돌보는 사역을 맡고 있기에, 그들의 목소리가 기독교 공동체뿐만 아니라 사회 전체에 울리도록 도와야 한다. 아동과 청소년은 스스로를 옹호할 수 있는 능력이 부족하기 때문에, 이들의 고통에 대해 특히 기독교인들이 사역을 감당할 필요가 있다.

사회의 변화는 앞에서 언급한, 세속적 연구에서 강조한 파괴적인 여건들에 국한되지 않는다.[1] 그들 중 다수는 옳음과 그름, 진실과 거짓, 희망과 부인에 대한 근본적인 가정과 상관없이 우리 사회 구조 내 더 깊은 데서 발생하는 가치의 변화로 인해 나타난 증상일 수 있다. 집단적 도덕 의식이 침식되고 있는 만큼, 개인적 책임의 한계, 적절한 행동 및 일반적인 정신건강의 개념을 결정하는 데 있어서 다양한 해석에 열려 있는 상대주의적 이상이 기준이 되고 있다. 이러한 변화로 인해 사회적인 행동 표준을 확립하는 것이 점점 더 어려워지고, 도덕적 · 사회적으로 수용 가능한 아동과 청소년의 행동 발달에 대한 명확한 지표를 설정하는 것도 어려워진다.

청소년기 자체를 정의하기가 점점 더 어려워지고 있다. 전근대 문화에서는 청소년이라는 개념이 없었다. 청소년기의 시작과 끝을 설명하는 결정적인 생물학적 또는 심리사회적 지표가 없었으며, 성인으로 이행하는 시기에 기대되는 책임에 대한 명확한 사회적 기준도 없었다. 오늘날 이 모호한 발달 기간이 불가피하게 연장되는 것을 목격하고 있다. 점점 더 많은 '성인'이 '청소년기'라는 평온한 시기를 포기하지 않으려 한다.

---

1 '세속적'이라는 용어를 사용하는 데 있어서 비하의 의미는 없다. 단순히 신앙에 기반한 가정이나 의제가 아닌 연구를 지칭하기 위해 이 용어를 사용한다.

우리 사회는 청소년기의 의미에 대해 다소 혼란스러워하고 있다. 법정에서 아동에게 '성인'의 기준으로 유죄 판결을 내리는데, 많은 30대 성인이 집에서 부모와 함께 살고 있다.

청소년기는 성경에 나오는 개념이 아니며, 성서적 세계에 출현하는 개념도 아니다. 모세의 법은 사춘기 무렵에 아동기에서 성인으로 이행하는 통과 의례가 행해진다고 설명한다. 바울은 어린아이같은 생각과 어른스러운 생각 사이에 차이가 있다고 인정한다. 성경에서 성인의 신앙과 생활을 언급하는 곳마다 성숙과 책임감에 대한 사고가 내재되어 있다. 이러한 자질은 현대 청소년기의 개념에는 점점 사라지고 있는 것 같다. 올바른 행동, 도덕적 책임 및 개인적 성숙을 요구하는 인간관에 바탕을 둔 이성의 소리에 귀 기울일 필요가 있다.

4) 학대로 고통받는 아동의 수는 어마어마하다

학대는 아동과 청소년의 정신병리의 발달에 기여하는 요인 중 하나로, 이 세상의 악에 뿌리를 두고 있는 게 분명하다. 이 장과 관련된 연구들에서 인용한 책들은 세상이 여러 면에서 아동과 청소년이 건강한 방식으로 발달하는 능력과 적응하고 만족스러운 삶을 살 수 있는 능력을 축소시킨다는 것을 논한다. 그러나 죄와 악의 현실을 고려하는 경우는 거의 없다. 대다수의 임상심리학자, 정신과 의사 또는 정신건강 전문가는 자신의 전문 영역에서 일할 때 죄와 악이 아동의 정신병리 발현에 미치는 영향을 고려하지 않는다. 그러나 신자로서 우리는 이것이 문제의 근원임을 알고 있다.

아동은 악이 존재하는 세상에 살 뿐만 아니라 학대, 폭력, 극심한 빈곤과 같은 끔찍한 경험의 희생자다. 악과 죄의 현실을 인정하면서 이것이 아동기 및 청소년기의 발달 과정에 미치는 영향을 고려하는 이론의 정립, 관련 연구 및 치료 계획이 절실히 필요하다. 정신건강 분야에 종사하는 기독교인들이 앞장서지 않는다면, 그 일은 이루어지지 않을 것이다.

5) 아동기 정신병리는 아동, 가족 및 지역사회에 치명적이고 지속적인 영향을 미친다

아동기와 청소년기의 문제를 논의할 때 청지기 직분을 고려하는 것이 매우 중요하다. 우리가 아동과 청소년의 어려움을 등한시한다고 해서 그 문제를 피할 수 있는 것이 아니며, 언젠가는 반드시 마주해야 하는 문제와의 만남을 연기하는 것일 뿐이다. 아동기와 청소년기의 문제는 성인기의 문제가 되며, 발달 과정의 여러 수준에서 더 많은 비용을 지불하게 할 때가 많다. 병리는 개인의 발달 과정에 뿌리를 두고 있으며 평생 지속되는 행동 및 관계 양상이 되기 때문에 치료가 더욱 어려워진다. 아동기의 파괴적인 행동은 성인기의 범죄 행위로 발전할 수 있다. 장애가 있는 아동이 장애가 있는 성인이 되면서, 가족 구성원들과 후세대 및 사회에도 영향을 미쳐 그 고통이 더욱 증가하게 될 가능성이 높다. 사회가 치러야 하는 재정적 비용은 치료, 기능 장애, 실업, 소송 등에서도 증가한다.

청지기 직분을 고려하는 것이 중요하긴 하지만, 사회가 아동기와 청소년기의 병리에 주의를 기울여야 하는 주된 이유는 그것이 아니다. 그것은 우리가 아동의 경험을 소중히 여겨야 하고, 사회는 그들의 취약성과 고통에 보이는 관심과 선의에 대한 그들의 의존을 인식해야 하며, 고통받고, 억압받고, 스스로를 돌볼 수 없는 사람들을 돌보라는 하나님의 부르심에 응답해야 하기 때문이다.

아동은 소외된 집단이다. 이미 언급한 많은 이유로 인해 사회의 한 구성원인 아동이 그들에게 필요한 돌봄을 받지 못한다. 또한 장애를 가진 많은 아동과 청소년이 경험적으로 검증된 예방 및 치료 프로그램들을 여전히 사용하지 못하고 있다(Mash & Barkley, 1996). 사회는 어떤 수준에서는 청소년기의 경험에 지대한 관심을 갖는다. 라디오나 TV를 틀어 시청하거나 영화 리뷰만 대충 훑어보아도 사회가 청소년 시청자들에게 얼마나 관심을 가지고 있는지 알 수 있다. 그런데 사회적 관심이 그들의 고통에 맞춰져 있지는 않다. 이것은 우리 사회의 가치를 보여 주는 심오한 진술로서, 기독교인으로서 우리는 이에 대해 수치심까지는 아니더라도 불편함을 느껴야 할 것이다.

아동 및 청소년과 일하는 사람들은 다소 어려운 도전에 직면한다. 우리가 그들의 삶(또는 우리 자신의 삶)의 모든 우발적인 상황을 통제할 수 없다는 것이 고통스러운 현실이다. 일관되고, 확고하며, 지지적인 치료자가 되려면 일반적인 수준 이상의 지혜, 분별력, 연민을 가져야 하며, 이를 위해서는 예배와 교제의 신앙 공동체가 필요하다. 우리 중 누구도 우리에게 효능감, 의미, 목적에 대한 감각을 제공하는 지지 체계를 떠나서는 장기적으로 그러한 돌봄을 효과적으로 제공할 수 없다.

교회 전체적으로도 그렇고, 특히 정신건강 분야에 있는 기독교인들은 정신병리로 어려움을 겪는 아동과 청소년이 직면한 문제에 의도적으로 주의를 기울이면서 현실의 조류에 맞설 수 있을 것이다. 그 가운데 예수님의 은혜로운 부르심이 어떤 것인지를 우리 모습 안에서 비추게 될 것이다.

> 어린아이들이 내게 오는 것을 용납하고 금하지 말라. 하나님의 나라가 이런 자의 것이니라.(마가복음 10:14; 누가복음 18:16; 마가복음 19:14과 비교)

제**8**장

불안의 문제

모든 불안은 인간 존재의 구성 요소라는 존재론적 의미를 가진다. 살아 있다는 것은 불안하다는 것이다. 신경증은 불안에 대한 우리의 반응이다. 사람들은 거짓된 삶의 철학에 매달리면서 불안을 잠재우려고 한다. 불안 앞에서 온갖 종류의 회피적인 행동과 전략을 통해 그 거슬리는 느낌을 잠재우고 거짓된 삶을 포기하지 않으려 한다. 그들은 자신에 대한 자기보호적인 관점을 포기하지 않으려 한다. 불안감은 지속되고, 그것은 삶에 대한 보다 의미 있는 방향을 찾도록 촉구하며 마음의 깊숙한 곳을 뒤져 보라는 영혼의 재촉이 된다. 불안은 우리에게 무언가 내적으로 잘못되었다는 사실을 강하게 비추어 준다. 거짓된 전략에 맞서는 느리고 고통스러운 과정에 착수하여 자신과 타인 및 하나님과 관계를 맺는 방식을 바꾸다 보면, 방향 전환 과정이 일어나고 불안은 줄어든다(Weyerhauser, 1980, pp. 9-10).

인생은 어렵다. 인생은 문제의 연속이다. 그 문제에 대해 불평하고 싶은가, 아니면 해결하고 싶은가? 아이들에게 문제를 해결하도록 가르치고 싶은가? …… 문제와 그 안에 내재된 정서적 고통을 피하는 경향이 모든 인간의 정신질환의 기초가 된다. 우리 대부분은 크든 작든 이러한 성향을 가지고 있기 때문에, 개인마다 정도의 차이는 있지만 어느 정도 정신적으로 아픔을 느끼며 온전한 정신건강에 도달하지 못하는 상태에 놓인다. 몇몇은 자신의 문제와 문제로 인한 고통을 피하려다가 아주 멀리까지 가기도 한다. 쉬운 길을 찾으려다 보니 분명히 좋고 합리적인 길이 있음에도 거기서 멀리 벗어나게 되고, 자신이 할 수 있는 한 가장 정교한 환상을 만들고, 때로는 현실에서 완전히 차단된 삶을 살게 된다(Peck, 1978, pp. 15-17).

이 글들이 쉽게 읽히지는 않을 것이다. 둘 다 기독교인 정신건강 전문가들이 작성한 글이다. 한 사람은 심리학자이고, 다른 한 사람은 정신과 의사였다. 기만한 독자는 앞의 글에서 기술한 것이 단순히 고통받는 개인이 보이는 고통과 내면의 혼란이 아니라, 보다 광범위한 맥락의 실존적이며 심리역동적인 관점에서 증상의 의미를 강조한 것이라는 것을 금방 이해할 수 있을 것이다. 신앙의 관점에서 스트레스와 불안장애를 이해하려다 보면, 우리는 다음과 같은 질문 속에서 긴장감을 경험하게 된다. 즉, 우리가 주목하는 것은 '뿌리'인가, 아니면 '싹'인가? 좀 더 정확하게 표현하자면, 이렇게 고통스러운 장애를 치료하거나 예방하고자 할 때 그것에 영향을 주는 병인과 지속 요인을 우리는 어떻게 이해하고 있는가?

DSM-5는 불안을 설명할 때 주로 염려, 근심, 걱정 또는 무서움과 같은 내면의 감정을 강조한다. 보다 전인적 의미에서 볼 때, 불안은 우리의 마음과 신체 모두에 깊이 영향을 미친다(예: '투쟁 또는 도피' 반응). 성경에서 현실적인 불안은 확실히 비난을 받지 않지만, 불필요한 부담과 책임을 떠맡는 경향을 의미하거나 고통 속에서 하나님의 임재에 대한 확신의 결여와 관련이 있을 때 그 불안은 목회적 돌봄이나 전문적 개입이 필요한 상태로 인식된다(Collins, 2007).

우리 대부분은 비행에 대해 극심한 공포를 경험하는 사람을 적어도 한 사람은 알고 있다. 가족일 수도 있고, 친구일 수도 있고, 어쩌면 우리 자신일 수도 있다. 비행에 대한 공포가 특히 2001년 9.11사건 이후로 생긴 사람도 있다. '논리'나 선의의 조언은 이러한 공포에 별로 효과가 없다. DSM-5 분류체계는 이를 '특정공포증-상황형'이라고 부른다. 아마도 좀 덜 빈번한 형태로는 폭력적인 전투나 가정 폭력에 반복적으로 노출되어 온 사람의 경우를 고려할 수 있는데, 그들이 경험한 외상은 세상 속에서 생활양식을 조직화하는 그들의 방식을 지배하게 된다(van der Kolk, 2002). DSM 분류체계는 이것을 '급성' 혹은 '외상후' 스트레스장애로 기술하는데, 이는 빈번한 테러 공격, 자연재해, 끔찍한 성적 착취 같이 요즘 언론에서 종종 자세하게 소개하는 사건들로 인해 나타나는 현상이다. 이 장애들은 DSM-5 분류체계의 변화와 일관되게 별도의 장에서 논의할 것이다.

스트레스와 불안장애는 인간의 고통을 복잡하고 다면적인 방식으로 표현한다. 이 문제를 생물심리사회적 관점에서 조망하는 것이 특히 중요하다. 생활 속에서 어떤 문제를 경험하든, 우리는 고통받는 사람의 자기주관적인 보고와 그 사람의 힘겨워하는 모습에 대한 행동관찰만을 가지고 있기 때문에 그 경험에 대한 이해가 다소 제한적일 수밖에 없다. 다시 한번 말하지만, 우리는 판단하는 것에 대해 항상 겸손하고 우리가 공유하는 인간성을 깊이 존중할 필요가 있다. 사람은 누구나 스트레스 상황 때문에 불안하고 취약하다고 느끼거나 그로 인해 압도된다고 느낄 때가 있다. 정상성과 비정상성 사이에는 경계가 얇아 이런 장애 군집이 침투할 수 있을 정도다(거기서도 주님의 은혜로 살아가리……). 맥락적·발달적·상황적 변수를 고려하면서 우리의 통제 신념과 세계관이 우리의 해석적 틀에 어떻게 영향을 미치는지를 인식해야 할 것이다(예: 과흥분 증상이 개인에게, 그리고 가족과 친구와의 사회적 관계 속에서 어떤 의미를 갖는가?).

1. 현대적 분류

DSM-5에는 불안, 강박, 스트레스의 문제와 관련하여 몇 가지 주요한 변화가 있었다. 외상후 스트레스장애(PTSD)와 급성 스트레스장애는 이제 외상 및 스트레스 관련 장애로 함께 분류된다. 강박 및 관련 장애는 발모광(털뽑기장애)와 신체이형장애(신체적 외모에 대한 강한 염려)를 포함하여 새롭게 개편된 범주다. 기존에 불안장애로 분류되었던 강박 및 관련 장애에 피부뜯기장애와 수집광(소지품을 보관해야만 하는 지속적 필요, 소지품을 버리는 데 따르는 고통)도 추가되었다. 이 장에서는 여전히 전문가들에게 많은 관심을 받는 불안장애의 주요 범주들(강박장애, 범불안장애, 공포증, 공황장애)을 주로 다룰 것이다. 외상후 스트레스장애와 급성 스트레스장애는 제10장에서 더 심도 있게 논의할 것이다. 병인 및 지속 요인, 치료 전략 측면에서 볼 때, DSM-IV는 스트레스 및 불안장애 범주를 광범위한 문제들의 다소 큰 집합으로 묶었다. 따라서 이렇게 쪼개어 분류하는 것이 이치에 맞을 것 같다. 새로 추가된 장애는 현재 다룰 수 있는 범위를 벗어난다. 관련 정보는 DSM-5 또는 새로 출시된 DSM-5 학습 참고서 등에서 확인할 수 있을 것이다(예: Dailey et al., 2014 참조).

2. 병인 및 지속의 주제

전문적인 관점에서의 불안에 대한 이해를 대중적인 불안 개념과 구별하는 것은 쉽지 않을 수 있다. 정신건강 전문가들은 불안을 보통 막연한 위협이나 위험에 대한 대응으로 경각심을 느끼는 상태라고 설명한다. 공포는 심각한 위협에 대한 즉각적인 경고 반응으로 간주된다(Comer, 2014). 생리적으로 이 두 상태는 구별되지 않는다(호흡, 근육 긴장, 땀의 변화—전통적인 투쟁–도피 반응).

일반적으로 불안한 상태에 있다고 하면, 그것은 어떤 새로운 기회나 도전을 맞이하는 것을 기대하거나 그런 기회나 도전으로 인해 흥분해 있다는 것을 의미할 수 있고, 고뇌와 같은 매우 불쾌한 내적 감정을 경험하고 있다는 것을 의미할 수도 있다(Miller & Jackson, 1995). 우리 모두는 불안하거나, 두렵거나, 취약하다는 것이 어떤 느낌인지 안다. 하지만 우리는 그 감각의 강도, 빈도 및 지속시간을 매우 다양한 수준에서 경험한다. 그 감정으로 인해 일상생활의 요구에 대한 개인의 대처능력이 크게 손상되었거나 상당한 고통을 경험하게 될 때, 그 증상은 임상적인 수준에 도달한 것으로 볼 수 있으며 잠재적으로 목회적 돌봄이나 전문적 개입을 필요로 하는 정도라고 할 수 있다(Dailey et al., 2014).

불안은 사실적 근거나 논리적 근거 없이 상당한 기간 동안 지속되는 생활 상황에 대한 지나친 걱정으로 이해하는 것이 가장 적절할 것이다(Jongsma, Peterson, & Bruce, 2014 참조). 증상에는 운동성 긴장(안절부절못함, 피곤, 손발 떨림), 과경계(항상 초조함, 수면 또는 집중력 교란) 또는 자율신경계 과각성(심장 두근거림, 호흡곤란, 메스꺼움) 등이 있다. 이러한 증상들 중 상당 부분은 '신체적'으로 경험되기 때문에 적어도 초기에는 목회자나 정신건강 전문가보다 의사를 찾는 경우가 많다는 것은 놀랄 일이 아니다. 우리는 증상들이 '모두 머릿속에 있다'거나 단지 '몸이 말하는 것'이라고 보는 잠재적으로 환원론적인 가정을 하지 않도록 주의해야 한다(Paris, 2013).

이러한 증상을 견딜 수 있는 능력은 문화에 따라 또는 개인마다 매우 다르다. 현장에서는 이러한 반응이 적응적인지, 어느 정도 유용한지, 너무 심각하거나 너무 오래 지속되어 개인의 기능을 저해하거나 부적절하게 심해 보이는 (외상후 스트레스 장애의 경우처럼) 시점이 언제인지에 대해서 활발한 논의가 이루어지고 있다.

누군가가 불안한 기분이라고 말할 때, 기독교인 정신건강 전문가는 그 사람이 무슨 뜻으로 하는 말인지 안다고 단순하게 가정해서는 안 된다. 지나치게 빠른 가정은 단순한 '해결책'으로 이어지는 경우가 많다. 불안의 문제를 효과적으로 다루려면 정확하게 무엇이 문제인지, 무엇이 그 원인이 되는지, 그리고 어떤 조치가 필요한지를 명확하게 결정해야 한다(Jongsma, Peterson, & Bruce, 2014; Miller & Jackson, 1995, p. 251).

증상 해석에 차이는 있지만, 연구자들은 스트레스장애와 불안장애가 서구 산업화 사회에서 가장 흔한 정신장애라는 데 동의한다. 일반 의료 외래 환자의 10~15%와 입원 환자의 동일한 수치의 사람들이 상당한 불안감을 경험한다. 건강한 집단이라도 전체 인구의 25%는 일생에 적어도 한 번은 (DSM-5 진단기준에 의해) '불안장애 같다'는 경험을 보고한다(Comer, 2014; Sulley et al., 1990). 대다수는 같은 기간 동안 두 가지 이상의 주요 스트레스 및 불안장애를 경험한다. 즉, 관련 장애들은 군집으로 나타나는 경향이 있다. 분명히 수백만 명이 불안 문제로 고통받고 있으며, 그들의 가족과 친구들을 비롯한 수많은 주변 사람이 그 영향을 받는다. 실제로 전체 지역사회, 심지어 모든 국가(예: 분쟁 상황 시)가 이러한 상태에 '해당한다'고 보는 것이 정확할 것이다.

스트레스장애와 불안장애가 대내외 스트레스 요인에 대한 자연스러운 반응을 넘어서는 것이라는 인식이 확산되고 있다. 이 장애들은 생물학적 요인(즉, 획득된 또는 선천적 취약성)의 영향도 받는 것으로 보인다. DSM-5 분류체계는 범불안장애(GAD), 공포증, 공황장애, 강박증(OCD)이라는 네 가지를 주요 범주로 본다. 어떤 장애로 분류되든 치료의 장기적 목표에는 불안 관련 증상의 강도, 지속시간 또는 빈도의 감소, 일상생활의 과제 처리 역량의 증가, 불안의 근원적 핵심 갈등의 해결이 포함된다(Jongsma, Peterson & Bruce, 2014). 지난 10년 동안 스트레스와 외상(특히 공격성, 학대 및 폭력에 대한 노출의 측면에서) 관련 연구가 사실상 폭발적으로 증가했다. 노련한 임상가들이 지적한 바와 같이, 스트레스와 외상의 문제는 이 분야에서 최근에 가장 중요하게 다루는 문제에 속한다(Frances, 2013; Reichenberg, 2014).

1) 범불안장애

범불안장애(GAD)는 만성적인 자율신경계 과각성이 문제가 되는 장애다. 자율신경계는 기쁨과 분노, 공포와 슬픔의 경험들과 가장 직접적인 관련성을 갖는 우리의 신체적 자기(physical self)를 구성하는 한 부분이다(Daily et al., 2014; Miller & Jackson, 1995). 자율신경계가 지속적으로 긴장과 스트레스를 경험하면, 면역체계가 심각하게 손상될 수 있고, 수많은 심각한 질병을 포함하여 생명을 위협하는 질병까지도 생길 수 있다. GAD로 고통받는 것은 규칙적으로 아드레날린을 투여받아 얼굴에 홍조를 띠고 있는 상태로 사는 것과 같다. 조만간 그 사람은 지쳐 쓰러지고 말 것이다. 즉, 사용 가능한 모든 자원이 소모된 상태에 이르는 것이다. 의사들(그리고 할머니들)은 수십 년 동안 우리에게 "쉬어라. 안 그러면 병 난다."라고 현명한 조언을 해 주었다. GAD를 가진 사람들은 안식년을 보내거나 안식일을 온전히 누린다는 것이 무엇을 의미하는지 전혀 알지 못한다.

　　GAD로 고통받는 사람들은 걱정을 반추하며, 만성적인 근육 긴장에 시달리는 경향이 있다. 그들은 항상 자신의 환경에서 극복할 수 없는 위협으로 인식되는 것에 대해 걱정한다. 미국 성인 인구의 약 4% 정도가 정기적으로 이 장애를 경험한다(Comer, 2014). 여성은 남성보다 이 장애로 진단받을 가능성이 두 배 더 높은데, 이러한 성차는 아마도 사회문화적 요소가 반영되었기 때문인 것 같다. 증상은 주로 아동기와 청소년기에 처음 나타나는데, 이것은 이 장애가 발달적 양상을 갖는다는 것을 시사한다.

2) 공포증

　　공포증(phobia)은 특정 대상, 활동 또는 상황에 대한 지속적이고 불합리한 공포로 정의된다. 공포증 환자는 두려워하는 자극에 노출되었을 때 교감신경계의 흥분으로 인한 신체적 증상(호흡 곤란, 발한, 심장 박동의 증가)뿐만 아니라 강렬한 두려움과 공포심을 경험하게 된다. 공포증이라는 단어는 공포를 뜻하는 그리스어에서 유래되었으며, 거미, 비행, 발표, 고공, 데이트와 친밀한 관계 등에 대한 공포를 포함하여 수많은 공포증이 수백 년간 확인되었다. 공포증에 시달리는 사람은 불편감을 유발하는 대상, 활동, 상황을 피하려고 최선을 다한다. 공포증은 임상적 또는 목회적 돌봄의 문제가 된다. 공포증이 특히 심한 경우에는 공포스러운 대상이나 상황을 피하고 싶은 욕구를 거의 거부할 수 없는 상태로 경험하거나, 일상적 기능에 상당한 저해를 초래할 정도가 된다.

　　이제까지의 자료에 따르면 공포증은 눈에 띄게 흔한 편이다. 성인의 약 10%는 매년 적어도 한 번은 공포증을 경험하며, 14%는 일생 중 어떤 시점에 공포증을 경험한다(Comer, 2014). GAD와 마찬가지로, 여성이 남성보다 진단받을 가능성이 두 배 더 높다. 이러한 성차가 스트레스 요인의 차이, 취약성의 차이, 혹은 성별에 따른 치료를 받으려는 의지의 차이 때문인지는 명확하지 않다. 증상은 보통 아동기에 처음 나타나며 평생 지속되는 경향이 있다. 이러한 증상에 시달리는 대다수의 사람(90% 이상)은 도움을 받으려 하지 않는다. 특정 대상이나 상황(예: 동물, 곤충, 고공, 밀폐된 장소 또는 뇌우)에 대한 공포 외에, '사회공포증(social phobia)'은 당혹감이 발생할 수 있는 사회적 상황 또는 수행 상황에 대한 심각하거나 지속적이거나 불합리한 공포로 정의된다(Paris, 2014). 기독교인 동료들과 논의하면서 이러한 것들이 성과 기반 정체성을 장려하는 경쟁 환경에서 특히 흔하다는 생각을 하게 되었다(Smedes, 1993). 공포증은 대상이나 상황에 비해 공포의 정도가 지나치고, 고통스러우며, 기능을 저해한다고 요약할 수 있다(Meyer & Deitsch, 1996, p. 109).

3) 공황장애

이 장애는 (보통 경고 없이) 자율신경계의 과다분비를 경험하는 사람에게서 나타난다. '공황발작'은 짧은 시간 동안 현저하게 나타나는 주기적인 정동적·신체적 에너지의 과다 배출이다. 공황발작을 경험하는 사람들은 극단적인 고통을 경험한다("죽거나, 미쳐 버리거나, 통제력을 잃을 것이라고 생각했다."). 어렵고 스트레스가 많은 시기에 누구나 극심한 불안감을 경험할 수는 있지만, 공황발작은 뚜렷한 이유 없이, 반복적이고 갑작스럽게 발생하는 경향이 있다. 이러한 상황을 경험한 사람들은 이후 증상이 재발할까 봐, 그리고 집 밖에 나가서 도움을 받을 수 없는 상황에서 발작을 경험하게 될까 봐 끊임없이 걱정한다(Frances, 2013). 어떤 사람들은 이러한 공포가 너무 심해서 도움을 주는 친구나 철저한 행동 계획 없이는 집을 나서지 않으려 한다. DSM-5 진단기준에 따르면, 이러한 증상은 광장공포증으로 진단된다. 공황장애는 주로 광장공포증을 동반한다.

공황발작은 보통 청소년기 후기나 성인기 초기에 발생한다(Balswick, King, & Reimer, 2005). 해마다 성인 인구의 약 2%가 공황장애를 겪고 있다. 성차가 (또 한 번) 뚜렷한데, 여성이 남성보다 진단받을 가능성이 두 배 더 있다. 공황장애를 과호흡 증후군과 혼동해서는 안 된다. 후자는 중요한 대회나 수행에 앞서 나타나는 경우가 꽤 흔하다. 공황발작은 강렬하지만 지속시간이 짧은데, 고통받는 사람이 항상 그것이 짧다는 것을 인식하는(믿는) 것은 아니다. 따라서 그 사람은 점점 자신의 활동을 제한할 가능성이 높다. 그러나 신속하고 적절한 치료를 받으면 이 문제를 극복할 수 있는 가능성이 매우 높다(Flanagan & Hall, 2014).

4) 강박장애

우리 문화권의 사람들은 이 장애에 대해 많이 인식하고 있다. 우디 앨런의 고전 영화나 〈명탐정 몽크〉 같은 작품에서 볼 수 있듯이, 언론에서 이 장애를 덜 자비로운 방식으로 소개하기도 한다. 적어도 우리 사회에서는 다소 엄격하거나 경직되어 보이는 사람들을 강박증 증상의 경멸적인 용어를 사용하여 '항문적(anal)'이라고 묘사하는 것을 꽤 자주 듣게 된다.

실제 강박장애(OCD)는 강박사고(obsessions)와 강박행동(complusions)이라는 두 가지 중요한 요소로 구성된다. 강박사고는 거의 지속적으로 그 사람의 의식을 침범하는 것 같은 집요한 생각, 발상 또는 충동이다. 강박행동은 개인이 불안을 예방하거나 감소시키기 위해 할 수밖에 없다고 느끼는 행동이다. 대부분의 스트레스장애나 불안장애와 마찬가지로 증상이 과도하거나 불합리하게 느껴지거나, 엄청난 시간을 소비하거나, 상당한 괴로움을 유발하거나, 일상생활의 과제를 방해하지 않는 한 강박장애로 진단할 수는 없다(Paris, 2014). 강박사고나 강박행동을 회피하거나 개인에게 벅차게 느껴지는 충동에 따른 행동을 못하게 하면 불안이 발생한다.

성인 인구의 약 2%가 매해 강박장애와 씨름하고 있다. 흥미롭게도 대부분의 다른 불안장애 및 기분장애와는 달리, OCD의 발생에는 성차가 없다. 엄밀히 말하면 강박사고와 강박행동 중 한 가지만 보이는 OCD도 가능한데, 물론 그런 경우는 드물다. 강박행동은 강박사고를 조절하기 위한 시도인 경우가 대부분이며, 강박사고는 매우 골치 아프거나 혼란스럽거나 두려움을 주는 경향이 있다(Jongsma, Peterson, & Bruce, 2014).

OCD의 증상은 아동기나 청소년기에 처음 나타나는 편이며, 보통 성인기 초기에 완연하게 나타난다(Balswick, King, & Reimer, 2005). 이 장애는 중산층과 상류층에서 발병할 가능성이 매우 높은데, 특히 지적이면서 성취와 효율성을 중요시하는 사람들 사이에서 발생할 수 있다(Meyer & Deitsch, 1996). 그것이 종교적인 세계관과 생활방식이 어떻게 관련될 수 있는가는 수십 년 동안 뜨겁게 논의되어 왔다(Malony, 1995). 기독교 임상가가 분노나 성에 대한 강렬한 감정을 경험하면서 용서받을 수 없는 죄를 저질렀다고 굳게 확신하는 OCD 내담자를 만나게 되는 것은 그리 드문 일이 아니다(Yancey, 1997).

5) 스트레스 및 적응장애(외상)

DSM-5에 나타난 변경 사항과 일관되게, 필자들은 이 중요한 주제에 대해 제10장 전체를 할애할 것이다. 외상을 보다 '전통적인' 불안장애와는 완전히 다른 독립적 범주로 보는 것은 매우 합리적인 처사다. 또한 외상에서 '회복'하려는 열망이 오늘날 세계에서 전문적 도움을 찾는 세 번째로 흔한 이유라는 사실에 비추어 볼 때도 이는 매우 시의적절하다고 볼 수 있다(Paragment, 2013).

모든 스트레스장애와 불안장애를 이해하는 데 있어, 주관적인 고통에 기여하는 상황적 요인, 인지적 틀, 신체적 요인, 대처 전략 및 사회적 관계를 면밀히 살펴보는 것이 반드시 필요하다. 프랜시스와 퍼스트(Frances & First)는 다음과 같이 말한다.

> 자연 선택은 공포를 경험할 수 있는 능력을 가진 축복받은 생명체들을 선호해 왔다. 위험에 잘 대처하는 것이 아마도 모든 생존 기술 중 가장 기본일 것이다. 우리 인간은 상당히 무서운 종으로 진화해 왔는데, 이는 단순히 이러한 진화가 우리를 꽤 위험한 세상에서 생존할 수 있게 해 주었기 때문이다. 정말 겁이 없는 사람은 그것이 밀림이든 회사 이사회실이든 간에 우리 종족이 협상해야 하는 위험한 환경에서 오래 버티지 못한다. 불안장애는 우리가 공포라는 선물에 지불하는 대가를 나타낸다. 불안장애를 가진 사람들은 공포기제가 제대로 조율되지 않았거나 너무 빨리 방아쇠가 당겨진 당긴 것처럼 아무런 이유 없이 공포를 경험하거나 현실적 위험에 비해 더 큰 공포를 경험한다(1998, p. 79).

정신과의사이자 DSM-IV-TR 분류체계 개발의 핵심 주체인 필자들은 중요한 점을 지적한다. 4대 불안장애의 병인과 지속에 영향을 미치는 것으로 보이는 요인들을 고려하면서, 그 장애들을 '공포라는 선물에 우리가 지불하는 대가'로 보는 것도 도움이 될 수 있다. 가장 큰 수수께끼는, 왜 '너무 빠른 방아쇠'로 인해 '공포기제가 제대로 조율되지 않는가'다. 카터와 골란트(Carter & Golant)가 『정신장애가 있는 사람을 돕기(Helping Someone With Mental Illness』(1998)에서 언급했듯이, 스트레스장애 및 불안장애와 함께, 우리 몸의 정상적이고 자연적인 보호반응인 투쟁 또는 도피 반응이 사람을 극도로 취약하게 만드는 심리적 또는 환경적 요인에 의해 유발된다는 부분은 논쟁의 여지가 거의 없다. 훨씬 이해하기 어려운 것은 왜 많은 다른 요소가 관여하는 것처럼 보이는지, 그 요소들이 어떻게 상호작용하는지, 그리고 왜 같은 진단을 받은 개인들 사이에 큰 차이가 있는지에 대한 것이다. 생물학적 · 심리사회적 · 사회문화적 요인들이 매우 유사하게 조합된 경우에도 반드시 동일한 유형의 장애가 발현되는 것은 아니다. 믿음직한 정신건강 전문가라면 누구든 PTSD나 GAD를 마치 단일 현상인 것처럼 말하지 않을 것이다. 의사들이 흔히 말하듯이, 어떤 유형의 사람이 그 병에 걸렸는지 아는 것이 그 사람이 어떤 병에 걸렸는지 아는 것만큼 중요할 수 있다(Comer, 2014). 거기에 필자들은 그 사람의 사회문화적, 대인관계적 맥락을 아는 것도 중요하다는 점을 추가한다(Balswick, King, & Reimer, 2005)

6) 범불안장애

범불안장애(GAD)에 생물학적 요인이 관여하는 증거가 시사되지만 그것이 확정적인 것은 아니다. GAD와 관련한 최근 연구는 주로 가족 혈통 연구(유전자 연구), 정상 공포 반응을 조절하는 특정 신경전달물질의 역할[감마-아미노부티르산(gamma-aminobutyric acid 또는 GABA)], 뇌와 신경계의 피드백 체계에서 발생할 수 있는 문제에 주목하고 있다. 혈족 중에 GAD가 있는 경우 GAD의 위험성은 커진다. 벤조디아제핀 약물(예: 발륨, 자낙스)은 GABA를 방출시켜 뉴런 발사를 억제하기 때문에 불안감을 줄이는 데 효과가 있는 것 같다. 뇌나 신경계에 충격과 상해가 있으면 안전 및 안정감에 위협으로 인식되면서 각성과 반응에 상당한 영향을 미칠 수 있으며, 이로 인해 '잘못된 조율이나 너무 빠른 방아쇠 당기기'가 발생할 수 있다. 생물학적 관점에서 GAD로 진단받는 개인은 하나 이상의 후천적 또는 선천적 취약성(스트레스-취약성 가설)을 가지고 있다고 가정해도 무방할 것이다(Jongsma, Peterson, & Bruce, 2014).

심리사회적 모델에 기반한 GAD에 대한 이론은 넘쳐난다. 아마도 가장 오래된 이론인 심리역동적 이론은 GAD를 방어기제가 붕괴된 것으로 보는데, 그중에서도 특히 억압이 심각하게 붕괴된 것으로 본다. 보다 최근에 등장한 인간중심 사상가들은 GAD의 증상이 인격 형성기에 가혹한 자아 기준이나 '무조건적 긍정적인 존중'의 부족을 반영한다고 주장했다. 그러나 연구결과들은 부적응적이거나 역기능적인 사고가 GAD의 주요 원인까지는 아니더라도 적어도 촉발 요인라는 것을 강력히 시사한다. 구체적으로, GAD를 가진 사람들은 그들이 위협적이라고 인식하는 사회적 또는 상황적 단서에 비정상적으로 세심한 주의를 기울이는 경향이 있다고 한다. 게다가 이런 사람들은 세상에 대해 많은 비현실적인(비합리적인) 신념을 가지고 있고 위험에 대한 과장된 기대를 가지고 있다. 자기지시(self-instruction) 또는 자기말(self-talk)을 개선하여 이러한 부적 응적인 가정을 바꾸는 것이 GAD의 문제가 되는 증상에 대처하는 데 필수적이라고 가정한다(Comer, 2014). 우리는 인지적 관점이 설득력이 있다고 본다. 또한 생물학적 취약성에 문제가 있는 인지와 결합될 때 상승적 상호작용 효과가 있다는 증거도 쌓이고 있다(Meyer & Deitsch, 1996). 다시 말해, 우리의 인지적 틀은 신체 기능에 상당한 영향을 미칠 수 있고, 마찬가지로 우리의 신체 기능은 인지적 틀에 상당한 영향을 미칠 수 있는 것이다(Reichenberg, 2014).

사회문화적 모델에서 볼 때, GAD는 불리한 삶의 환경에 대한 노출의 직접적인 결과로 발전한 것이라고 볼 수 있다. 외상성 사건에 대한 반복적 노출은 적어도 GAD의 촉발 요인이 된다는 것이 입증되었다. GAD의 위험요인 중 가장 강력한 증거가 있는 것은 빈곤이라는 커다란 사회적 스트레스일 것이다. 실제로 GAD의 비율은 낮은 사회경제적 지위를 가진 사람들 집단에서 더 높다. 빈곤이 만성적 실업이나 빈곤한 교육 자원과 결합될 때 그 부담감은 압도적일 수 있다(Kozol, 1995). 왜 '자원이 적은' 더 많은 개인들이 위협적인 자극에 대한 과장된 투쟁 또는 도피 반응을 하지 않는가에 대한 설명은 그리 명확하지 않다.

7) 공포증

공포증은 수십 년 동안 집중적으로 연구되어 왔다. 그 결과 공포증이 생물학적·행동주의적 관점에서 가장 잘 이해될 수 있다는 것을 강력히 시사하는 증거들이 축적되어 왔다(Meyer & Deitsch, 1996). 특정한 공포를 발전시키는 특정한 생물학적 경향성이 있는 것으로 보인다. 특히 특정 대상이나 상황(예: 뱀, 고공)은 잠재적으로 다른 대상이나 상황보다 더 위험하다. 수 세기 동안 쌓인 인간의 의식에는 흔적이 남아 있다. 즉, 우리는 특정 대상이나 상황을 두려워하는 생물학적 경향성이 있다. 다양한 공포증이 불균일한 발병률을 보인다는 것이 그 증거가 된다. 두려운 것이 있을 때는 피하는 것이 직면하는 것보다 훨씬 쉽다. 따라서 공포증은 빗나간 투쟁 대 도피 반응의 잔재다(Frances, 2013).

더 설득력 있는 것은 행동주의적 설명(심리사회적 모델)이며, 이는 견실한 연구에 의해 뒷받침된다(Comer, 2014). 행동주의자들은 공포증이 회피 조건화를 통해 발생한다고 가정한다. 공포는 다른 사람에 의해 모델링되고, 관찰되고, 모방되며, 공포 대상

이나 상황을 회피함으로써 더욱 강화된다. 잘 관찰하면 누구든 알 수 있겠지만, 공포
는 다른 대상이나 상황에도 일반화되는 경향이 있다(Miller & Jackson, 1995). 공포증
은 회피 조건화를 통해 고통스러운 것을 의식 밖으로 밀어내고 강화를 받기 때문에(또
는 선의를 가진 가족이나 친구의 '지지' 때문에) '효과가 있다'. 다른 유형의 스트레스장애
및 불안장애보다 공포증에 대한 치료 요강은 광범위하게 사용될 수 있으며(Jongsma,
Peterson, & Bruce, 2014), 일반적으로 매우 효과적이다. 이러한 사실은 장애에 대한 생
물행동학적 기제를 더욱 뒷받침한다.

8) 공황장애

공황장애의 병인과 지속은 생물학적 요인과 인지적 요인의 조합으로 이해될 수 있다
(Comer, 2014; Frances & First, 1998). 생물학적 모델에서 공황장애를 일으키는 범인은 노
르에피네프린이라는 신경전달물질로 보이는데, 이것은 공황발작을 자주 경험하는 사
람에게서 불규칙한 양상으로 나타내는 특징이 있다. 특정 항우울제는 정기적으로 공황
발작을 일으키는 사람 대부분에게 효과가 있다. 그들 중 40~60%는 현저하게 또는 완
전히 회복된다. 이러한 약물들은 뇌에서 특정한 위치, 즉 소뇌 중심부에 작용하는 것으
로 보이는데, 그 부분이 노르에피네프린이 특히 활성화되는 곳이다. 신경전달물질이
'하드웨어(신경구조)' 또는 '소프트웨어(신경화학)'에 미치는 영향은 정확히 파악되지 않
았다(Frances, 2013). 가족 혈통 연구는 공황장애를 일으키는 데 유전적 소인도 어느 정
도 작용한다는 것을 암시하는 증거를 제시한다(Comer, 2014).

GAD의 경우와 마찬가지로, 심리사회적 모델이 효과적일 수 있다는 것을 보여 주는
자료가 있다. 인지이론가들은 공황발작을 일으키기 쉬운 사람들이 신체적인 사건이나
상황적 단서를 잘못 해석하는 경향을 가지고 있다고 주장한다(Miller & Jackson, 1995).
다시 말해, 광장공포증이나 공황발작에 시달리는 사람들은 특정한 신체 감각(예: 자율
신경계 각성의 증상)에 지나치게 민감하게 반응하여 임박한 의학적 재앙의 징후로 잘못
해석하는 경향이 있다. 카터와 골란트가 잘 설명하였듯이, "그것은 감각 과부하와 거의
비슷하다. ……당신은 삶에서 한 번의 공황발작을 경험하게 되면 당신의 남은 인생은
그 경험에 사로잡힐 것이다."(1998, p. 161) 통계적으로 볼 때, 공황발작은 상당한 변화,
상실 또는 변환(전환)의 시기에 발생할 가능성이 훨씬 더 높으며, 이는 고양된 지각과
의식의 상태와 관련될 수 있다.

아마도 이 지점에서 사회문화적 모델이 도움이 될 수 있을 것이다. 사회적 지지의 부재, 대처능력의 부족, 예측할 수 없었던 아동기 경험과 과보호적인 부모, 이 모든 요인은 광장공포증이나 공황발작의 위험성 증가와 관련이 있다. 일반적으로 안전하지 않거나, 예측 불가하거나, 지지적이지 않은 환경은 유독할 수 있다(McLemore, 2003).

9) 강박장애

강박장애(OCD)는 최근 수십 년 동안 많은 연구에서 다루어져 왔다(Comer, 2014). 한때는 주로 정신분석학적 관점에서 OCD를 조망하였지만(원초아의 충동에 대한 두려움), 오늘날에는 생물학적·인지적·행동적 요인들의 상승적 결합으로 본다(Miller & Jackson, 1995). 아마도 이 현상을 이해하는 데 도움이 되었던 가장 흥미로운 발견은 생물학적 영역의 발견일 것이다(Paris, 2014).

두 가지 주요한 생물학적 이론이 있다. 하나는 신경전달물질 세로토닌의 역할을 강조한다. GAD 및 공황장애와 마찬가지로, 특정 항우울제는 많은 강박장애 환자의 증상을 완화시키는 효과가 있어서 어떤 인과관계가 있을 것 같다. 다른 이론은 뇌의 두 가지 중요한 영역인 전두엽 피질의 안와부와 미상핵에 주목한다. 다소 과잉 단순화해서 말하면, 뇌와 신경계의 부위들은 우리로 하여금 생각하고 행동하게 하는 감각 정보를 전달하는 데 직접적으로 관여한다. 이러한 후천적 혹은 선천적 취약성이 스트레스 요인과 결합하면 OCD 증상이 나타날 가능성이 커진다. 최근의 연구에 따르면, 세로토닌은 안와부와 미상핵의 작동을 활성화하는 데 매우 적극적인 역할을 하며, 낮은 세로토닌 활동은 고통스러운 강박사고나 문제가 되는 강박행동을 촉발할 수 있다(Comer, 2014; Dailey et al., 2014). 그러나 생물학만으로는 목회자나 임상가가 특정 내용(강박사고)과 행동(강박행동)에서 보게 되는 현저한 다양성을 설명할 수 없다.

인지적 관점 및 행동적 관점(심리사회적 모델)은 OCD의 병인과 지속에 대한 예리한 통찰을 제공한다. 시행착오 속에서 특정 행동들은 공포와 불안의 일시적인 감소와 연결된다. 회피 조건화를 통해 이러한 연관성은 강해지고, 설득력을 얻으며, 강화를 받게 된다. OCD의 강박행동은 처음에는 무작위로(우연적으로) 발생하며, 반복과 강화를 통해 시간이 지남에 따라 뿌리를 내리게 된다.

인지적 관점이 OCD 증상의 가능한 촉발 요인을 식별하는 데 훨씬 더 유용한 면이 있다(Sulley et al., 1990). 간단히 말해서, OCD를 가진 사람들은 정상적인 (반복적이고 거슬리기는 하지만) 생각에 대해 스스로를 탓하고 끔찍한 결과가 불가피하다고 가정하는 다소 예측가능한 경향을 가지고 있다고 볼 수 있다. 흥미롭게도 이 주제는 죄의식과 수치심의 강렬한 감정과의 연관성 속에서 기독교 심리학자들이 수십 년 전에 제기했던 것이다(예: Grounds, 1976; Haas, 1966). 그 감정들은 극도로 불편하기 때문에(자아이질적), 특정한 생각이나 행동을 통해 그것을 무력화시키려고 모든 노력을 기울이게 된다. 만약 특별한 강박사고나 강박행동이 최소한 일시적으로라도 효과를 보인다면, 그것은 쉽게 대처 레퍼토리에 통합된다. 우리는 이 설명이 매우 설득력 있다고 생각한다.

왜 특정한 사람만이 강박장애의 증상을 보이는지에 대한 설명은 덜 분명하다. 분명히 우리 모두는 특별히 불편하게 느끼는 특정한 생각을 가지고 있다. 만약 당신이 가까운 가족이나 친구에게 물어보면, 그들은 당신이 어느 정도 예측할 수 있는 특정 의식(rituals)을 가지고 있다고 말해 줄 것이다. 이와 대조적으로, 강박장애를 겪고 있는 사람은 훨씬 더 우울할 가능성이 있다. 제2장에서 언급했던 연구는 기분장애와 불안장애의 생물학적 기제가 놀라울 정도로 유사할 수 있다는 것을 보여 준다. 사실 생물학적 기제가 취약성을 만드는 것인지 아니면 강박장애를 촉발하는 것인지 또는 그 상태를 지속시키고 강화하는 것인지를 정확히 판단하기는 어려울 수 있다(제2장의 촉발 요인에 대한 논의 참조). 하스(Haas, 1966)와 그라운즈(Grounds, 1976)가 지적했듯이, 강박장애를 경험하는 개인들은 도덕성과 행동에 있어서 매우 높은 기준을 가지는 경향이 있다. 그들은 항상 모든 생각과 행동을 완벽하게 통제해야 한다고 확신하기 때문에 종종 '통제광'이라는 말로 비하되어 불리기도 한다. 나아가 그들은 자신이 가지고 있는 모든 문제 있는 생각과 자신이 선택한 의식(rituals) 사이에 직접적인 연관성이 있다고 믿으며, 그들이 '해야 할 일'을 하지 못하면 그들이(혹은 다른 사람들이) 실제로 해를 당할 것이라고 굳게 확신한다. 이대로 살아야 하는 사람에게 이것은 정말 악순환적이고 자기파괴적인 대본이다.

외상 및 스트레스 장애에 대한 후속 장에서, 어떻게 병인과 지속에 대한 이론이 보다 전통적인(지금은 분리된) 불안장애와 명확히 중복되는지에 주목하기 바란다. 생물학적·심리사회적·사회문화적·영적 요인은 서로 상호작용하면서 모든 사람이 '심히 기묘하게 지어졌다'는 것을 보여 준다.

3. 치료의 주제

　필자들은 학자와 임상가로서 스트레스장애와 불안장애에 대한 증거기반 치료 전략이 개발되는 것에 크게 고무되었다(Jongsma, Peterson, & Bruce, 2014). 비록 이 분야가 여전히 성과연구보다는 이론에 의해 움직이는 경향이 있지만(Nathan & Gorman, 1998 참조), 상황은 변화하고 있으며 필자들은 더 나은 방향으로 변화하고 있다고 생각한다. 물론 문제를 신중하게 정의하고, 문제의 원인이 무엇인지를 밝히며, 문제에 대해 필요한 조치가 무엇인지를 결정하는 데는 충분히 많은 시간이 소요될 것으로 본다(Miller & Jackson, 1995, p. 251).

　특정한 장애를 다루기 전에, 우리는 많은 절차적 유의사항을 다루고자 한다. 첫째, 목회자나 비의료인인 상담사가 의사와 돈독한 협력적 관계를 갖는 것이 필수라고 생각한다. 공포증의 경우를 제외하고, 극심한 불안을 겪고 있는 사람은 누구나 약물치료를 위해 의사에게 의뢰될 필요가 있다. 이것은 모든 불안의 문제가 생물학적으로 이해된다는 환원적 가정 때문이 아니다. 오히려 그것은 '심히 기묘하게 지어진' 존재에 대한 존중을 표현한다. 올바른 약이 올바른 용량으로 사용되면 신의 선물이 될 수 있다(Carter & Golant, 1998; Jones & Butman, 2011).

　제대로 살펴보면, 약물치료는 치료의 부가적 요소 또는 보조적 요소로 볼 수 있으며, 그 자체로 완전한 처치가 되는 경우는 드물다(우리 문화에서 남성의 친밀감의 문제에 대한 해결책으로서 비아그라를 논한 제4장을 상기해 보라). 책임감 있는 의사, 목회자, 정신건강 전문가는 특히 스트레스장애와 불안장애와 관련될 때, 생활상의 문제에 대한 즉효약은 거의 없다는 것을 알고 있다. 곧 알게 되겠지만, 최선의 치료 지침은 거의 항상 약물치료와 심리치료적 개입을 병행하는 것이다. 효과적인 치료 전략에 대해 밝혀진 지식에 비추어 볼 때, 극단적인 '천성(약물)' 또는 '양육(치료)' 입장을 엄격하게 고집하는 것은 순진한 태도이며, 심지어 생명에 위협이 될 수도 있다.

　마찬가지로 최신 연구결과를 잘 파악하는 것이 필수다. 이 분야는 빠르게 변하고 있다(Dailey et al., 2014). 정신건강 문제의 치료를 위한 약물은 정말 빠르게 확산되고 있다. 정기적인 자문과 지속적인 교육이 없으면 많은 피해를 양산할 가능성이 있다(Frances, 2013). 부작용에 대한 모니터링과 의료 서비스 제공자와의 명확한 의사소통이 반드시 필요하다. 심리치료 문헌을 참조할 때도 이렇게 하는 것이 중요하다. 치료에 관한 한 '모두에게 맞는 프리 사이즈'의 사고방식은 무책임할 뿐이다. 교회 사역자나 상담사에게 적절한 입장은 책임있는 절충주의, 즉 기독교 세계관에 사려 깊게 비추어 보면서 이용가능한 모든 증거를 신중하게 기꺼이 검토하려는 태도라고 믿는다(Johns & Butman, 2011).

마지막으로, 평생에 걸쳐 개인적·직업적 성장을 추구하려는 의지가 있어야 한다. 변화의 주체는 유능하고 마음이 따뜻한 사람들뿐만 아니라 재력과 인격을 갖춘 사람들이기도 하다. 이들은 치료적 관계를 형성할 수 있고, 희망감을 심어 줄 수 있으며, 치료 기법에 대한 지식을 적절히 갖추고 있으며, 맥락과 상황 변수를 유심히 고려한다(Jones & Butman, 2011, pp. 434-458 참조). 인간은 한없이 복잡하기 때문에, 치료에 대해 일률적으로 접근하는 것은 잔인하고 이상한 벌이 될 수 있다. 거기까지는 아니더라도 지나치게 순진하게 접근하면 적어도 내담자를 오도하게 될 수 있다.

1) 범불안장애

GAD의 치료를 위해서는 인지행동 치료와 약물치료 및 이완훈련을 결합하는 것이 최상의 전략이라는 합의가 이루어지고 있다(Jongsma, Peterson, & Bruce, 2014; Nathan & Gorman, 1998). 벤조디아제핀(바륨, 자낙스) 또는 신경안정제(부스파)는 GABA와 다른 주요 신경전달물질의 활동을 증가시켜 공포 반응을 중재하는 것으로 보이기 때문에 권장하는 편이다(병인에 대한 이전 글 참조). 바르비탈염제제(수면진정 약물)는 1950년대 이전에 널리 사용되었지만, 이제는 일반적으로 권장하지 않는다.

GAD의 증상은 극도로 불편하기 때문에, 고통받는 사람이 물질 관련 장애를 갖게 되거나 특정 자가치료나 다른 중독적인 행동을 보일 가능성이 꽤 있다.

만약 GAD 환자들 사이에 중독 가능성이 높다면, 중독을 예방하기 위해 어떤 치료를 권장할까? 인지행동 전략의 영역에서는 불안이나 스트레스를 유발하는 사건이나 상황을 해석하는 데 기초가 되는 가정과 신념을 탐색하고, 이를 현실에 기반한 건강한 내용으로 바꾸어 주는 노력을 통해 자신감과 효능감을 쌓도록 촉진한다(Jongsma, Peterson, & Bruce, 2014). 또한 이완기술(예: 심상기술, 바이오피드백 및 점진적 근육이완), 건강한 자기말 및 효과적인 의사소통 기술을 가르치는 데 상당한 노력을 기울인다. 안토니와 바로우(Antony & Barlow, 2002), 바로우(1993), 메이어와 다이치(Meyer & Deitsch, 1996) 그리고 데일리 등(Dailey et al., 2014)은 전문가들을 대상으로 이러한 기법들을 설명하였다. 그리고 코머(Comer, 2014), 밀러와 잭슨(Miller & Jackson, 1995)은 보다 일반인에게 맞추어 이 기법들을 소개하였다. 이러한 전략 중 일부는 전문적인 지도가 필요하지 않고, 평신도나 목회자의 상담 환경에 쉽게 적용할 수 있으며, 심지어 자가치료 전략으로도 활용할 수 있다(Miller & Jackson, 1995 참조). 일부 다른 불안 문제의 치료보다 GAD에 대한 치료가 더 복잡한 것은 가상적으로 또는 상상력을 통해 다룰 만한 구체적 공포의 대상이 없다는 것이다. 부동불안(free-floating anxiety)은 단순히 인간의 상태를 반영하는 것일 수 있으며, 치료를 통해 다루어 갈 수 있다.

가능하면 GAD를 앓고 있는 사람들은 의사와 정신건강 전문가에게 세심한 평가를 받을 필요가 있다. 의사의 평가를 통해 약물치료의 필요성을 타진할 수 있으며, 인지행동 전략에 대한 식견을 갖춘 유능한 정신건강 전문가를 통해 인지행동적 치료 전략을 구상할 수 있다. GAD를 치료하지 않고 방치하면 증상이 심화되어 일상생활에 어려움을 초래할 수 있으며, 만성적인 자율신경계 과각성의 영향으로 인한 다른 심각한 정신건강 문제 또는 의학적 문제가 생길 수도 있다(Comer 2014; Frances, 2013; Paris, 2014; Reichenberg, 2014). 따라서 조기 발견과 신속한 치료가 절대적으로 필요하다.

2) 공포증

공포증을 효과적으로 치료하기 위해 무엇을 해야 하는지에 대해서는 논란의 여지가 거의 없다. 노출기반 절차가 효과적인 치료적 선택이 된다는 증거가 그야말로 압도적이다(Jongsma, Peterson, & Bruce, 2014; Nathan & Gorman, 1998). 이것은 체계적인 둔감화, 홍수기법 및 모델링과 같은 행동적 기법으로, 사람이 두려워하는 대상이나 상황에 결국에는 직면하도록 가르친다. 이완훈련은 안전하고 지지적인 환경에서 하나 이상의 심상기법과 접목하여 사용되며, 그다음에 공포증을 유발하는 실제(가상) 상황이나 대상에 노출되게 한다(Corey & Corey, 2002 참조). 대학생들은 심리학개론 수업에서 그러한 절차를 배우기도 한다. 많은 사람이 문제가 되는 습관이나 회피 행동 양상을 자가치료하기 위해 그러한 기법을 비공식적으로 사용한다.

공포증을 치료하는 데는 약물치료를 추천하지 않는 편이다. 앞서 언급했듯이, 공포증으로 힘들어하는 사람들은 전문가의 도움을 찾지 않는다. 노출기반 기술은 적절하게 구현하면 거의 항상 효과적이기 때문에 이 사실은 비극적이라 할 수 있다. 다른 생활 기술처럼 노출기반 기술을 효과적으로 사용하려면 많은 연습이 필요하고 변화에 대한 강한 의지가 있어야 한다. 회피 조건화 양상은 너무 강력해서 공포증을 앓는 사람들은 변화가 불가능하다고 생각하기 때문에, 그들은 침묵 속에서 고통받거나 친구나 믿는 사람들에게 자신의 공포증 이야기를 하며 웃어넘기려 한다. 이는 회피 양상을 더욱 강화시키는 효과만 낸다(임상가는 이를 '2차 이득'이라고 부른다).

사회공포증은 경쟁적이고 빠르게 변화하는 우리 문화 속에서 증가하고 있는 현상이나, 그 치료에 대해서는 상대적으로 덜 알려져 있다. 앞에서 설명한 노출기반 치료 전략을 사용하는 것 외에도 중요한 사회적 기술과 소통의 기술을 가르치는 것이 필수적이다(Antony & Barlow, 2002). 사회공포가 압도적이라는 것은 사회적 기술이 상당히 부족하다는 사실을 보여 주는 것일 수 있다. 학생들과 가까이 일하는 대학 교수들은 이 현상에 대해 잘 알고 있다. 그들은 대개 지속적인 변화를 위해서는 지도와 많은 모델링 및 강화가 필요하다는 것을 알게 된다(Balswick, King, & Reimer, 2005; Corey & Corey, 2002). 증상이 더 심각하다면, 공포 내성의 한계점을 높이기 위해 항불안제의 사용이 필요할 수 있다(Carter & Golant, 1998; Paris, 2014). 정체성이나 친밀감 문제로 고민하는 사람들에게 심리치료는 충분히 강한 자기감의 형성이 도움이 될 수 있다(Flanagan & Hall, 2014; Miller & Jackson, 1995).

3) 공황장애

공황장애(광장공포증을 동반한 경우 또는 동반하지 않은 경우)에 대해 이루어진 연구들은 지속적인 변화를 위해 약물치료와 심리치료적 개입이 모두 필요하다는 것을 강력히 시사한다(Nathan & Gorman, 1998). 약물치료에는 주로 항우울제 약물(특히 선택적 세로토닌 재흡수 억제제) 또는 벤조디아제핀(자낙스)이 권장된다(Meyer & Deitsch, 1996). 약물은 발작, 예기불안, 공포의 주기를 깨는 데 도움을 줄 수 있다고 본다. 약물은 뇌의 청반 영역에 있는 노르에피네프린 수용체에 작용할 가능성이 크다. 코머(2014)는 이러한 약물이 연구 대상 내담자의 최대 80%에게 즉각적인 완화 효과를 가져왔으며, 대상자의 40~60%는 현저하게 또는 완전히 회복된 것으로 보고했다. 이는 매우 정말 인상적인 결과라고 할 수 있다.

불행히도, 대부분의 사람은 약물치료를 중단하면 증상이 재발하는 경험을 한다. 결과적으로, 공황장애를 가진 사람들에게 인지행동적 기술을 가르치기 위해 많은 치료적 작업을 하게 된다. 내부 및 외부 스트레스 요인에 대한 개인의 반응성을 줄이기 위한 노력이 필요하다(스트레스-취약성 관점). 내담자는 신체감각에 지나치게 민감한 경향이 있는데, 신체감각을 보다 정확하게 해석하도록 교육받는다. '불안 민감성'은 제한된 대처기술 레퍼토리, 사회적 지지의 부족 또는 해로운 관계를 반영할 수 있다(McLemore, 2003). 공황장애를 앓고 있는 사람들이 양질의 정신건강 서비스와 적절한 약물치료에 접근할 수 있다면, 증상이 상당히 개선될 가능성이 크다. 여기에는 인지, 정서 또는 행동 전략을 포함하여 자기 평정을 위한 더 효과적인 방법을 찾는 것이 포함될 것이다. 보다 포괄적이고 전체적인 접근법이 없다면 증상 완화가 나타날 가능성은 매우 낮다(Barlow, 1993). 대처와 적응의 예측 변수, 즉 사회적 지지, 효능감, 삶의 의미와 목적의식에 대한 파가먼트(Pargament, 2013)의 연구는 특히 이러한 부분을 잘 다루어 주는 것으로 보인다.

이제까지의 연구는 인지행동치료가 적어도 항우울제나 항불안제만큼 효과적이라는 것을 시사한다(Antony & Barlow, 2002; 불안장애에 대한 논문들 참조). 약물과 인지행동치료의 조합은 사람에 따라서 시너지 효과를 낼 수도 있다(Frances, 2013; Meyer & Deitsch, 1996). 어떤 전략을 선택하든(만약 한다면), 진정한 도전은 '너무 빨리 방아쇠를 당긴 것같이 조율되지 않은 공포 기제'를 다루는 방법을 찾는 것이다(France & First, 1998, p. 79).

4) 강박장애

강박장애(OCD) 증상에 대한 효과적인 치료는 항우울제 약물, 특히 선택적 세로토닌 재흡수 억제제와 함께 노출 및 의식 방지 방법을 포함하는 인지행동 치료를 시행하는 것이다(Jongsma, Peterson, & Bruce, 2014; Nathan & Gorman 1998). 적어도 직관적인 수준에서 이것은 상당히 일리가 있다. 어떤 지속적인 변화가 일어나려면 생각(강박사고)과 행위(강박행동) 사이의 연결고리가 끊어져야 한다.

OCD의 생물학적인 측면에서, 안와부와 미상핵에서 활동하는 세로토닌이 집중적인 연구의 대상이다. 아나프라닐, 프로작, 루복스와 같은 세로토닌 기반 항우울제는 OCD 증상으로 어려움을 겪는 사람들의 50~80%에게 효과가 있는 것으로 보인다. 이러한 약을 고통을 완화하는 데 이용할 수 있다는 것은 반가운 일이다(Paris, 2014; Stapert, 1994). 동료 연구자인 마이클 보이빈(Michael Boivin, 2003)과 함께, 필자들은 현대 정신건강 영역의 생물심리사회적 혁명 속에서 사람에 대한 기독교적 시각을 지켜 가는 것이 충분히 가능하다고 믿는다.

심리치료적 개입의 관점에서 효과적인 치료에는 여러 구성 요소가 관여하는 듯하다 (Frances, 2013; Miller & Jackson, 1995). 내담자가 불안을 유발하는 자극에 반복적으로 노출되도록 하면서 강박행동으로 반응하지 않도록 방지해야 한다. 그들에게는 대안적 대처 전략을 가르칠 수 있는 신뢰할 만한 역할 모델을 관찰할 기회가 필요하다. 마지막으로, 그들은 건강한 자기말, 이완기술 또는 보상이 되는 대안적 행동을 통해 고통스러운 생각과 행위를 상쇄하는 효과적인 방법을 찾아야 한다(Antony & Barlow, 2002, 다양한 불안장애 관련 장들 참조). 이러한 전략을 잘 활용하려면 일반적으로 광범위한 훈련과 적절한 지도감독이 필요하다. 스스로(자조) 또는 비공식적 환경(예: 평신도 상담)에서 강박증상을 완화하려는 시도는 거의 효과가 없다(Meyer & Deitsch, 1996). 증거기반의 연구결과에 따르면, 효과적인 치료의 첫 번째 단계는 유능한 의사에게 약물치료 자문을 받는 것이다. 그 다음은 효과적인 정신건강 치료 방안을 모색하는 것이다.

4. 예방의 과제

불안장애에 대한 자료는 압도적으로 많다. GAD와 OCD는 깊이 뿌리 박힌 대처 양식으로 이해될 수 있다. 공포증과 공황장애는 우리에게 너무 친숙하며, 일상생활의 과업을 처리하는 것에 대한 우리의 공포와 근심에 대한 과장된 표현이라고도 이해할 수 있다. 우리는 스스로에게 다음과 같은 질문을 하게 된다. 지역사회가 필요로 하는 도움을 더 많이 제공할 수 있으려면 무엇을 해야 할까? 어떻게 하면 필수적인 생활 기술을 더 잘 가르칠 수 있을까? 어떻게 하면 믿고 맡길 만한 유능하고 따뜻한 치료자를 찾을 수 있을까?

정신건강 전문가들은 점점 더 그들이 하고 있는 역할의 대부분이 교정적인 일, 즉 사후의 문제에 대한 치료라고 보고 있다. 제4장에서 지적한 바와 같이, 미국의 정신건강 관리에 지출된 비용의 상당 부분(98%)은 이러한 치료적 노력에 투입되며, 2%만이 책임 있는 행동을 위한 예방 및 교육에 지출된다(Kruse & Canning, 2002). 예를 들어, 사람들이 불안, 공포 또는 과도한 스트레스 때문에 능력을 발휘하지 못하면, 그것은 맡은 일에 충성하지 않는 것이자 인간의 잠재력을 낭비하는 것이다. 무엇이 실제로 스트레스와 불안장애의 발생과 심각도를 감소시킬 데 도움이 될까?

1) 1차 예방

1차 예방은 신체적 또는 정서적 안녕감을 증진하기 위해 무언가를 하는 것을 의미한다(Comer, 2014). 적절한 거주지 공급, 의미 있고 유익한 고용, 유능한 의료 및 인적 서비스 제공자에 대한 접근성, 적절한 영양 공급, 여가 및 관계망 증진을 위한 충분한 기회를 제공하는 것이 더 나은 지역사회를 만들어 가는 데 출발점이 될 것이다(Kruse & Canning, 2002). 서구 사회의 몇몇 분야는 명백한 불평등을 줄이기 위해 훨씬 더 많은 것을 할 수 있다(Wolterstorff, 1983 참조). 억압적인 생활 환경, 특히 빈곤은 많은 스트레스 장애와 적응장애를 일으키는 주요 요인이다.

1차 예방은 보다 효과적인 교육 프로그램을 통해서도 이루어질 수 있다. 불안장애에 대한 신화와 고정관념은 종교 및 세속 공동체에 만연해 있다. 이러한 신화와 고정관념은 불필요한 수치심, 죄책감, 당혹감을 불러일으키면서 고통받는 사람들을 더욱 소외시키고 고립시킨다. 한 연구자는 그 결과를 "침묵과 피상성의 공모"(McLemore, 1984)라고 불렀다. 그 결과는 쌍방적 소외다. 카터와 골란트(1998)와 프랜시스와 퍼스트(1998)가 정신질환의 현실에 대해 정확하고 유용한 정보를 널리 배포하려고 보인 노력에 박수를 보낸다. 필자들은 각자 다양한 기회를 통해 지난 수년간 교회와 지역사회에 그런 유용한 정보를 보급해 왔다. 그때마다 거의 언제나 사람들은 "전혀 몰랐던 사실이네요."라는 반응을 보였다.

1차 예방을 위해 우리의 사회적 지지 체계(Crabb, 1999 참조)와 지역 교회의 자원(Mouw, 2002)을 강화하는 것도 필요하다. 파가먼트(2013)가 분명히 보여 주었듯이, 사회적 지지는 아마도 대처와 적응에 있어서 가장 중요한 단일 예측 변수일 것이다. 우리는 모두 자신이 혼자가 아니라는 것을 확실히 할 필요가 있다(Miller & Jackson, 1995). 카우프만(Kauffmann, 2000)은 더 건강한 지역사회가 되기 위해 이것이 어떤 의미를 갖는지, 그리고 우리가 도움을 찾고 받는 일에 더 적극적인(예방적인) 인식을 갖는 데 어떤 효과를 갖는지에 대해 놀라울 정도로 잘 설명하였다. 맥레모어(McLemore)의 저서 『유해한 관계, 어떻게 바꿀 것인가(Toxic Relationships and How to Change Them)』(2003)는 1차 예방을 위한 마음가짐을 정비하는 데 도움이 되며, 널리 알려질 만한 가치가 있다.

특정 스트레스 관리 기술을 배우는 것은 누구에게나 유익할 것이다. 특히 개인 적응을 다루는 책에 상세히 설명된 인지행동적 기술이 도움이 될 것이다(예: Corey & Corey, 2002). 우리 모두는 압도적 자극을 비활성화하고 고통스러운 생각과 감정을 상쇄하는 데 보다 건강하고 효과적인 방법을 찾아야 한다. 우리가 스스로를 희망 없고 무력하다고 볼 것인지, 아니면 창의적이고 대담하고 자신감 있고 유능하게 행동할 수 있다고 보는지는 정말 큰 차이를 만든다.

마지막으로, 증상의 의미와 역할을 성찰하는 것이 도움이 될 수 있다. 우리가 그것들을 어떻게 해석하고 이해하느냐는 매우 중요하다. 드러난 증상들(싹)에 너무 집중하다 보면 그것을 만들어 내는 생물학적·심리학적·사회문화적 요소(뿌리)에 충분히 주의를 기울이지 못할 위험이 있다. 비록 필자들은 이 문제에 대해 펙(Peck, 1978)이나 웨이어하우저(Weyerhauser, 1980)만큼 자세히 다루지는 못하지만, 우리에게 많은 고통을 야기하는 것의 의미를 성찰하는 데 시간을 가질 필요가 있다는 의견에 동의한다. 이는 대처와 적응, 삶의 의미와 목적에 영향을 미칠 수 있는 또 다른 주요 예측 요인일 수 있다는 측면에서도 타당하다. 필자들은 정교한 기독교적 세계관과 그에 상응하는 신뢰로운 기독교적 생활방식이 일종의 1차 예방으로 작용한다고 믿는다. 삶의 고됨에 대한 성찰을 통해 우리는 하나님의 나라의 관점에서 무엇이 진정으로 중요한지를 깨달을 수 있다.

2) 2차 예방

2차 예방은 일반적으로 생활상의 문제가 발생할 위험이 있는 개인이나 집단을 찾아내는 것으로 이해된다(Kruse & Canning, 2002). 예를 들어, 가난한 사람, 어린 아동 또는 노인, 사회적 불평등의 희생자 또는 만성적인 건강 문제를 가진 사람처럼 생활 환경이나 대처기술 목록에 있어서 '자원이 부족한' 개인이나 집단이라면 누구든 분명히 잠재적인 후보자가 될 수 있을 것이다. 삶의 주요한 변화, 상실 또는 전환을 경험하는 사람의 경우는 다소 불분명하다(Worden, 1996, 2008). 이러한 사람 중 다수는 개방적이고 수용적인 공동체뿐만 아니라 필수적인 대처기술과 전략 등의 구체적이고 특수한 도움을 받을 수도 있다.

우리는 매우 다양한 지역사회와 교회 환경에서 만나는 특정 문제나 관심사를 다루는 꽤 괜찮은 프로그램들을 보아 왔다. 예를 들어, 다음과 같은 경우다.

- 상처입은 사람들과 세심한 지도로 잘 훈련된 동년배를 짝지어 주는 교회 기반 프로그램인 스데반 사역(Stephen Ministries; stephenministries.org)은 특히 인상적이었다.
- 미국 전역에서 서비스를 잘 받지 못하는 사람들에게 치료를 제공하는 지역사회 센

터들은 예방과 치료에 특히 힘써 왔다. 예를 들어, 일리노이주 캐롤 스트림에 있는 아웃리치 부서는 백만 명 이상의 시카고랜드 사람이 거주하는 듀페이지 카운티에서 가장 큰 사립 인적 서비스 제공 기관이 되었다. 이 지역사회 기반 기관은 조기 발견과 개입을 전문적으로 다루며 교회와 기업 협력단의 후원을 받는다. 해당 기관은 의도적으로 카운티에서 가장 빈곤하고 인종적 다양성을 가진 지역 중심부에 위치하게 되었다.

- 학교 기관은 학생들에게 돌봄을 제공할 뿐만 아니라 정신건강 관련 서비스 제공자, 목회적 봉사자 및 훈련 중인 실습생 간에 협력할 수 있는 기회를 제공한다. 예를 들어, 일리노이주 휘튼 대학의 인도적 재난 협회(Humanitarian Disaster Institute)는 전세계 구호 및 개발 조직에서 일하는 정신건강 전문가와 협력 파트너가 되었다(wheaton.edu 링크 참조).

마지막으로, 필자들은 미국 전역과 해외에서 점점 더 많은 자조 집단과 지원단체들을 보게 되어 매우 기쁘다(Carter & Golant, 1998; Comer, 2014; Frances, 2013; Frances & First, 1998 참조). 그들 대부분은 대중의 인식을 높이고 도움을 찾는 사람들을 위한 지원망을 제공하는 데 중요한 역할을 담당해 왔다. 또한 간단한 온라인 서핑(예: mentalhealth.com 참조)만 해도 대중의 인식이 높아지고 자원에 대한 접근성이 용이해질 수 있게 하면서 인터넷의 잠재력을 보여 주었다. 그러나 인터넷은 오보의 원천이기도 하기때문에 잘 분별할 필요가 있다. 내담자들과 교인들은 유해한 콘텐츠와 유익한 콘텐츠를 분류하는 데 도움이 필요할 수도 있다.

3) 3차 예방

3차 예방은 개인이 적절한 치료를 가능한 한 빨리 받을 수 있도록 돕거나 이미 치료를 받으려고 했던 사람들의 재발이나 재범을 줄이기 위한 노력으로 이해된다(Comer, 2014). 여기에는 두 가지 중요한 문제가 있다. 첫째, 우리는 치료적 선택지에 대한 교육을 받아서 무엇을 추천할 수 있고 누구에게 의뢰할지에 대한 정보를 가지고 있어야 한다(Meyer & Deitsch, 1996 참조). 이 책이 3차 예방에 작게나마 도움이 되기를 바라고 기도한다. 둘째, 공식적 · 비공식적 맥락에서 누군가가 더 이상 치료를 받지 않을 때 사후관리(추수회기)를 제공하는 것이 필수다. 미국국립정신질환자연맹(National Alliance for the Mentally Ill)은 이 일을 유난히 잘 수행하고 있다. 치료 후의 환경에서 바람직한 변화가 지속적으로 유지되도록 하는 방법들에 대해 충분한 주의를 기울이지 않는 한 건강과 온전함은 여전히 달성하기 어려운 목표가 될 수 있다.

우리 사회는 전과자들과 중독에 빠졌던 사람들에 대한 적절한 후속 조치를 제공하는 데 상당한 관심을 기울이고 있다. 그런데 불안장애로 힘들어했던 사람들에 대해서는 잠재적인 사회적 결과가 그렇게 명백하지 않기 때문인지 별로 관심을 기울이지 못하고 있다. 우리 문화의 속전속결식 사고방식은 사회적 · 금전적 · 도덕적으로 상당한 비용을 치루게 한다. 우리는 '회피 조건화'라는 집단적 양식을 가지고 있으며, 더 지속적인 변화를 가져오는 데 필요한 구조, 지원, 감독을 제공하려는 의지가 부족하다.

불안 증상에 시달리는 사람들은 신뢰할 수 있는 서비스 제공자에게 정기적으로 검진(정기 신체 검사, 또는 성직자 또는 목회자와의 정기적 만남)을 받는 것이 도움이 되는데, 특히 제공자가 명시된 목표를 향한 변화를 평가하는 기술이 있다면 특히 유익하다. 강력한 지지체계와 관계를 유지하게 하고, 고통 속에서 더 큰 의미와 목적을 찾도록 돕고, 효능감이 향상되도록 돕는 것이 중요하다(Flanagan & Hall, 2014).

마지막으로, 신자로서 우리는 "교회가 교회다워지게 한다."(Malony, 1995)는 지속적인 도전을 수용해야 한다. 지역사회와 교회에서 말과 행동으로 진리를 실천하는 "성육신의 도전"(Kauffmann, 2000)에 응하는 것은 분명히 성경적 의무다. 우리가 일과 관계에서 그리스도를 닮아 가고자 할 때, 우리는 항상 타인에게서 선한 면을 보고자 노력하고, 그들이 경험하는 고통스럽고 힘든 현실을 인식하고, 그들이 삶의 모든 것이 무너지는 것처럼 느낄 때라도 현실적이고 성경적인 희망을 제공하고자 노력해야 할 것이다(Smedes, 1998).

5. 목회적 돌봄의 주제

타락 이후 아담과 하와는 그들의 벌거벗은 상태에 대해 인식하고 즉각적으로 하나님으로부터 숨으면서 불안을 겪었다. 사실 그들은 하나님과의 다음 조우를 기다리면서 긴장했을 것이다. "인류 역사상 처음으로 취약하다는 느낌과 나쁜 일이 곧 일어날 것이라는 걱정이 등장했던 것이다."(Rainwater, 1999, p. 88) 이 단어들은 하나님께서 우리에게 의도하지 않으셨던 정서적 상태로서의 불안을 묘사한다.

예수님은 우리를 부르시면서 염려하지 말고 하나님의 주권에 믿음을 두라고 하신다(마태복음 6: 25-32). 레인워터(Rainwater, 1999)가 말했듯이, 예수님은 물질적인 문제와 영적인 문제를 비교하시면서 물질에 지나치게 집중하면 걱정과 염려가 생기고, 영적인 것과 하나님께 집중하면 평화가 생긴다고 가르치신다. 이것이 바로 "기독교적 신앙은 자신의 관점에 따라 완전히 달라진다."(ChaveJones, 1995, p. 164)는 견해, 즉 오늘날 우리가 있는 곳과 천국 사이에 존재하는 영원한 운명과 하나님의 예비하심에 바탕을 둔 관점이다(고린도후서 4: 18).

'염려하는 사람 달래기(Consoling an Anxious Man)'에서 마틴 루터는 다음과 같은 좋은 접근법을 소개한다.

> 기독교인들은…… 미래에 확실히 가장 큰 축복을 받을 것이다. 그러나 그 축복은 오직 죽음과 고통을 통해 받게 된다. 비록 그들은 언젠가 현재의 악이 종말을 고하고, 그 반대인 축복이 늘어날 것이라는 불확실한 소망 가운데 기뻐하지만, 그것은 그들의 주된 관심사가 아니다. 오히려 그들은 자신의 특별한 축복, 즉 그리스도 안에서의 진리로 매일매일 성장하기를 소망하며 살아간다. 그러나 이 밖에도, 앞서 말했듯이, 그들은 죽음을 통해 두 가지 가장 큰 미래의 축복을 받게 된다. 첫째는 죽음을 통해 이 세상 모든 병폐의 비극이 막을 내리게 되는 것이다. 성경에는 "그의 경건한 자들의 죽음은 주께서 보시기에 귀중한 것이로다."라고 하였으며, 또한 "내가 평안히 눕고 자기도 하리라."라고 하였다……
>
> 죽음의 또 다른 축복은 바로 이 삶의 고통과 악을 끝낼 뿐만 아니라 (더 멋지게도) 죄와 악덕을 청산하게 되는 것이다(Clebsch & Jackle, 1964, pp. 221-222에서 인용).

불행하게도, 불안의 문제는 상당히 복잡해질 수 있고, 이 영역과 관련된 고통 대부분은 성경에 대한 묵상으로 해결되지 않는다. 물론 성경을 묵상하는 것 자체는 중요하다. 필자들이 목회자나 기독교인 사역자와 교류해 보면, 그들은 보통 불안의 문제에 기본적으로 관심이 있다. 그들은 불안, 공포, 스트레스에 압도되는 경험을 하는 사람들과 정기적으로 교류하는 편이다. 그들이 섬기는 교회나 단체가 잘 기능하고 있을 때, 그들은 예배, 교제, 봉사의 치유 능력을 자주 목격하게 된다(Kauffmann, 2000). 권면하거나 설교하는 사람들은 마태복음 6장이나 빌립보서 4장처럼 불안, 공포, 걱정을 다루는 성경 구절을 묵상한다.

이런 감정은 쉽게 무언가를 염려하거나 취약하다고 느끼는 사람에게 수치심이나 죄책감으로 다가올 수 있다. 걱정하는 것 자체는 죄가 아니다. 그것은 인간 상태의 일부다. 우리가 어떻게 생활사건에 반응하는가는 세계관 및 생활방식과 밀접한 관련이 있으며, 신앙 및 핵심 신념과는 별로 관련이 없는 편이다. 많은 기독교인은 이 주제에 관한 주요 성경 구절 목록을 개인적으로 읽는 성경책에 보관하고 있다. 하지만 핵심 성경 구절들을 묵상한다고 해서 심각한 불안으로 마음 고생하는 것이 별로 '해결되지' 않는다는 것을 대부분의 목회자나 교계 사역자는 잘 알고 있다. 성경 구절은 〈어메이징 그레이스(Amazing Grace)〉라는 찬양을 통해 고통받는 사람이 하나님의 은총을 받고 있는 사람이라고 느끼게 되는 정도의 효과만 있을 뿐이다(Maning, 1994). 하나님의 은혜와 성경의 진리는 일상생활 속에서 구현되어야 한다.

목회자와 교계 사역자는 위기와 생활사건의 대응에 있어서 사람들 사이에 개인차가 두드러진다고 말하곤 한다. 이 말은 삶의 요구를 효과적으로 다루는 데 꼭 필요한 특정한 삶의 기술이나 대처 전략이 있다는 것을 암시한다. 어떤 사람은 이런 기술들을 잘 갖추고 있는 것 같고, 다른 사람은 취약해 보일 수 있는 사회적 환경에 있다는 생각만으로도 힘들어한다. 어떤 사람은 회복탄력성을 가지고 있지만, 다른 사람은 가장 기본적인 생활 과업도 거의 감당하지 못한다. 성장 과정에서 좋은 지지, 적절한 지도 및 적절한 구조를 제공받은 사람들은 단순히 생존하는 것을 넘어서서 잠재력을 발휘하며 성장할 가능성이 크다(Flanagan & Hall, 2014). 결정적 시기에 적절한 '발판'이 제공되지 않는다면, 특히 사회적 지지가 계속 부족할 경우에는 결국 붕괴할 가능성이 훨씬 높아진다(Malony, 1995).

오늘날 기독교 고등교육에서 가장 많이 논의되고 있는 책들 중 하나는 스티븐 가버(Steven Garber)의 『신실함이라는 옷감: 대학 시절에 신앙과 행동 함께 엮어 가기(The Fabric of Faithfulness: Weaving Together Beliefs and Behariors During the University Wears)』(1996)이다. 가버는 장기간 헌신하는 사람들은 청소년 후기와 성인기 초기라는 결정적인 시기에 몇 가지 중요한 선택을 한다고 확신한다. 첫째, 그들은 건강한 역할 모델 및 모범적 신앙인(멘토)과 정기적으로 교류하였다. 둘째, 그들은 책임감과 칭찬을 효과적으로 엮어 내는 사람들의 집단(공동체)에 헌신했다. 셋째, 그들은 다원주의의 도전을 견뎌 낼 수 있을 만큼 정교한 기독교적 세계관(확신)을 잘 발달시키기 위해 충분한 노력을 기울였다. 가버는 원래 장기적 신실함에 대한 예측 변인에 초점을 맞추었는데, 그 변인들은 일반적으로 대처와 적응에 기여하는 것으로 알려진 변인들과 놀라울 만큼 유사하다(Pargament, 1997, 2013). 이러한 부분이 목회적 돌봄에 주는 시사점은 당연히 크다.

사회적 지지는 절대적으로 중요하다. 목회자나 교계 사역자는 다른 사람과 관계를 잘 맺지 못하는 사람들이 대처도 잘하지 못한다고 말하곤 한다(Bilezikian, 1997). 특정한 일을 잘 해낼 수 있다는 신념(효능감)과 함께 인생의 의미와 목적을 찾는 것도 매우 중요하다. 장벽 또는 장애물은 다른 사람과 어떻게 관계하고 어떻게 관계하기를 원하는지에 대한 것으로 '유해한' 또는 자기패배적인 상호작용 방식이다. 맥레모어(2003)가 관찰한 바와 같이, 건강하지 못한 대인관계는 잠재적으로 거의 모든 유형의 정서적 고통과 아픔을 심화하고 확대할 가능성이 있다.

대처와 적응에 영향을 미치는 또 다른 요소는 교만이 아닌가 싶다. 교만이 성경에 나타난 가장 중요한 주제들 중 하나라는 것은 확실하다. 수 세기 동안 존 카시안(John Cassian)과 그레고리(Gregory) 대왕이 성문화한 주요 죄목과 같은 기독교적 죄의 분류를 살펴보면, 교만을 모든 죄의 근원으로 본다. 맥레모어는 다음과 같이 지적한다.

우리 인간은 교만한 창조물로, 우리가 좋아하지 않거나 존중하지 않는 어떤 것을 인정하거나 다른 사람들이 폄하할 것 같은 어떤 것을 인정하는 것이 어렵다. 적어도 그 순간에는 혐오스러운 무언가의 존재를 부정하는 것이 훨씬 더 쉽고, 훨씬 더 편리하다. 그러나 하나님은 진실하시며, 우리를 진실함으로 부르신다. 그분은 우리가 우리 자신을 알기를 원하시며, 그 과정에서 그분이 우리를 얼마나 사랑하는지 알기를 원하신다. 우리 안에 무엇이 있든지 간에, 그것이 아무리 악랄하고, 아무리 추악하고, 아무리 비열해도, 두려워할 필요가 없다. 하나님은 이미 그 모든 것을 알고 계시고, 그럼에도 불구하고 우리를 사랑하신다. 사실 그것이 바로 예수 그리스도의 복음이다. ……하나님과 함께하는 삶은 하나님에 대해, 다른 사람들에 대해, 우리 자신에 대해 끊임없이 진심으로 진실을 마주하려고 하는 만큼 번창할 것이다(1984, p. 12).

우리가 스트레스와 불안장애의 증상을 어떻게 보느냐 하는 것은 진리를 전하고 탐구하는 자가 되어야 한다는 성경적 의무와 관련될 수 있다. 자신의 투쟁에 솔직하고 일치성을 가질 수 있는 능력과 타인의 고통에 진심으로 경청하려는 의지가 증상의 해석에 직접적인 영향을 미칠 수도 있다.

오늘날 '보통 사람들'을 위한 영적 훈련이 새롭게 강조되고 있다(Ortberg, 1997). 우리를 불안하고, 취약하고, 두렵게 하는 것을 이해하고 보다 효과적인 대처 방법을 찾는 것은 정신과 육체에 대한 선한 청지기의 모습이다(Kauffmann, 2000; Pargent, 2013). 기독교 사역을 전담하는 사람이라면 누구나 이러한 관점에 공감할 것이다.

불안의 문제에 대한 효과적인 목회적 돌봄은 좋은 예배와 교제, 봉사와 같은 기능을 한다. 제대로 된 기독교 세계관을 발전시키려면 깊은 헌신과 함께 말과 행위의 진정성이 필요하다. 마지막으로, 필수적인 삶의 기술을 개발하는 데 필요한 건강하고 거룩한 생활양식을 모델링하고, 격려하고, 만들어 가며, 강화하는 것이 필요하다. 우리는 '원재료'(생물심리사회적 모델)라는 측면에서 서로 매우 다르고, 다른 사람들이 가진 후천적 혹은 선천적 취약성(스트레스–취약성 관점)에 대해 거의 알지 못하기 때문에, 우리는 인격, 선택, 책임에 대한 도덕적 판단을 극도로 신중하게 해야 한다(다시 말하지만, 그곳에 있는 것은 오직 하나님의 은혜이다). 요컨대, 어떤 사람은 일상의 어려움 때문에 자주 힘들고, 다른 사람은 상대적으로 삶의 폭풍에 영향을 받지 않는 것 같은데, 왜 그런 차이가 있는지는 명확하지 않을 때가 많다.

6. 통합의 주제

불안의 문제에 대한 필자들의 논의에는 정신질환의 분류 문제, 무질서한 욕망의 문제, 그리고 불안의 문제와 죄 및 타락한 인간 상태와의 관계와 같은 많은 통합의 주제가 포함된다.

1) 분류의 문제

불안 문제의 증상은 징후와 상징으로 기능할 수 있다. 사람들은 판단하고 개입하는 데 너무 성급하다. 신중하게 평가하려면 엇나간 공포의 표현이 믿을 수 없을 정도로 복잡할 수 있다는 것을 깊이 인식해야 한다. 문화와 맥락에 따라 해당 장애가 매우 다르게 표현될 수 있다는 사실과 함께 해당 장애가 놀라울 정도로 다양한 증상을 갖는다는 점(스트레스–취약성 관점)에 비추어 볼 때, 우리는 누구도 진단 범주에 깔끔하게 맞추려고 해서는 안 된다는 것을 상기해야 한다. 목회와 임상 장면에서 계속 도전받는 것 중 하나는 우리가 만나는 모든 사람, 특히 압도적인 공포와 고통 때문에 심각하게 잠재력을 발휘하지 못하고 있는 사람의 존엄성과 가치를 지키는 것이다. 사람의 본질을 진단명과 혼동할 때 도움이 필요한 사람에게 엄청난 위해를 가하게 된다. 사람을 물건으로 대하거나 마치 더 우월한 지위에서 돌봐준다는 듯이 대하면, "무위주의(nothing-but-ism)"(Malony, 1995)의 죄를 피하는 것이 정말 어려울 것이다.

필자들은 펙(1978)과 웨이어하우저(1980)가 DSM-5 진단기준을 넘어 개인의 증상이 처음으로 발현되는 발달적 · 사회적 · 상황적 맥락을 볼 수 있도록 애써 준 것에 감사한다. 거룩하고 온전하고자 애쓸 때, 특정 증상이 우리에게 또는 우리를 위해 무엇을 하고 있는지를 반드시 고려해 볼 필요가 있다(McLemore, 2003). 만약 우리가 자신에게 정직하다면, 일상생활에서 만나는 작은 공포와 불안, 그 이상을 견딜 수 있는 사람은 거의 없을 것이다. 우리가 스트레스와 고통에 어떻게 반응하는가를 보면 우리의 인격과 믿음 그리고 우리가 속한 공동체의 성격을 어느 정도 알 수 있다(Garber, 1996).

하지만 이런 식의 생각이 지나친 경우가 있다. 투쟁 또는 도피 반응이 제대로 작동하지 않게 된 사람들과 수년간 함께 일한 후, 필자들은 그들의 투쟁에 지나치에 많은 의미를 부여하는 것이 너무 순진한 생각이고 잠재적으로 해로울 수 있음을 알게 되었다(Stapert, 1994). 창조주 하나님은 우리가 필요 이상으로 고통받기를 바라지 않는다고 생각한다. 물론 성경은 현생에서 고통에 대한 안도를 약속하거나 그것을 설명해 주지는 않지만, 적어도 고통받는 사람이 '고통에 대한 거룩한 무관심'이라는 더 훌륭한 척도를 개발할 때까지는 효과성이 입증된 돌봄을 보류하는 것은 매우 부당하다고 생각한다. 스트레스장애와 불안장애의 증상을 단순히 성품이나 믿음을 훈련시키는 '선물'로 봐서는 안 될 것이다.

2) 죄와 정신병리

정신병리에 대한 우리의 생물학적 취약성은 우리 인간의 타락한 상태를 반영한다. 그래서 기독교인들은 뇌와 신경계를 진지하게 고려할 필요가 있다. 공포증은 예외일 수도 있지만, 그 밖의 모든 불안장애는 생물학적 취약성과 관련이 있는 것으로 나타났다. 이러한 취약성이 불안장애를 일으키는 직접적인 원인인 경우는 드물지만 커다란 위험 요인이 될 수 있다. 최근 수십 년간 신경전달물질과 뇌 행동 관계에 대해 열심히 연구한 결과, 정신건강 관리에 있어 생물학적인 혁명이 일어날 수 있는 합리적인 근거가 시사되었다. 필자들은 많은 후천적 또는 선천적 요인의 증거가 강력하고 설득력 있다는 것을 발견하였다.

불행히도 기독교인 사이에서 사람됨의 비물질적 차원(예: 영혼, 자기)은 많은 관심을 받은 것에 비해 신경구조와 신경화학은 거의 등한시되거나 무시되어 왔다. 존스와 버트만(Jones & Butman, 2011)은 돕는 자들이 육신을 떠나 고통받는 사람들을 이해하는 것(즉, 육체가 없는 마음)이 위험할 수 있다고 설명한다. 탈육체화된 견해는 불안장애로 힘들어하는 사람을 이해하고자 할 때 특히 도움이 되지 않는다. 개인이 어떻게 '느끼는 지'를 이해하는 것보다는 왜 공포의 반응이 실제 위협보다 과장되게 나타나는지 그 이유를 이해하는 것이 훨씬 중요하다. 책임감 있는 절충주의 관점을 취할 때, 우리는 왜 공포 기제가 잘 조율되지 않았는지, 왜 방아쇠가 너무 빨리 당겨졌는지를 우선적으로 이해하고자 노력하게 된다(Frances & First, 1998, p. 79). 불안의 문제는 의심할 여지 없이 생물심리사회적 현상이다.

필자들은 항정신성 약물을 적절하게 투여하고 그것을 잘 모니터링할 때 얼마나 치료적 효과가 클 수 있는지에 깊은 감명을 받았다. 세심한 평가가 이루어지지 않으면 부적절한 투약이나 시기상조의 개입의 위험이 분명히 있다. 잠재적인 부작용과 의학적 합병증의 문제가 생길 수도 있다. 모든 사람과 모든 필요에 맞는 '만병통치약'은 없다. 그러나 환자와 의사 사이에, 그리고 의사와 정신건강 서비스 종사자 사이에 좋은 협력이 있을 때 그 위험성은 줄어든다. 보이빈(2003)이 말한 것처럼, 필자들은 프로작에 하나님이 계신다거나, 하나님 안에 프로작이 있다고 생각하지 않는다. 하지만 분별력을 가지고 책임감 있게 약물을 사용할 때, 그것은 쓸데없이 고통받는 사람들과 그들을 도우려고 노력하는 사람들을 위해 의미 있는 변화를 만들어 낼 수 있다. 약물치료는 자주 불안 문제의 치유와 변화를 위한 필요조건(항상 충분조건은 아니지만)이 된다.

약물치료 외에도 건강한 관계가 필수적이라는 사실이 점점 더 확실해지고 있다. 임상가는 자주 "사람을 아프게 하는 것도 사람이고, 사람을 낫게 하는 것도 사람이다."라고 말한다. 건강한 관계는 정신건강과 영적 안녕을 위한 기초가 된다(Bilezikian, 1997). 필자들과 함께 일하는 사람들이 자신의 교회 및 공동체와 진정한 연결감을 느낀다고 말하는 경우가 매우 드물다는 사실은 슬픈 일이다. 이상적으로는 크랩(Crabb, 1999)이 지적한 것처럼, 교회가 지구상에서 가장 안전한 곳이어야 한다. 그러나 공동체 구성과 유지에 깊이 애쓰고 있는 사람이라면 누구나 쉽게 알 수 있듯이, 갈등과 긴장이 불가피하다(Kauffmann, 2000). 그 고통스러운 현실에 사람들은 도피와 해체의 방식으로 반응하는 경우가 많은데, 이것이 시사하는 바는 크다. 언약이 주기적으로 깨졌을 때, 즉 자신이 했던 약속을 지키는 사람이 거의 없을 때 너무 많은 사람이 틈새로 빠져나간다. 하지만 기독교인에게는 공동체에 속하는 것에 대한 선택의 여지가 없다(Malony, 1995).

성경은 형제자매를 사랑하라고, 원수까지도 사랑하라고 부르신다.

불안장애에 관한 문헌 전반에서 사회 관계망을 다룬다. 사회적 지지가 없으면 인간은 잘 대처하지 못한다. 사회적 지지가 있으면 회복탄력성이 높아진다. 유해한 관계(잠재적으로 해가 되는 관계)에 대응하는 방법을 배우는 것이 가장 기본적이고 필수적인 삶의 기술이다(McLemore, 2003). 공포와 불안을 혼자가 아니라 함께 마주하는 법을 배우는 것을 통해 우리는 세상을 변화시킬 수 있다.

사회문화적 모델은 이 가장 중요한 주제에 대한 사고를 더욱 촉진해 준다. 사회문화적 모델의 전통 속에서 우리는 자신의 역할, 의사소통 방식 및 핵심 가치를 면밀히 검토하도록 격려받는다(Van Leeuwen, 2002). 우리의 역할은 우리를 정의하고 우리의 세계관과 생활방식을 만들어 간다. 이것은 분명히 문헌에서 대처와 적응에 대한 가장 강력한 세 가지 예언자 중 하나라고 보는 삶의 의미와 목적을 찾는 방법에 영향을 미친다(Paragment, 1997).

사람들은 선호하는 이론과 개인적인 가정을 따라 불안장애의 치료 방법을 정하는 경향이 있다. 제4장에서 언급했듯이, 실제 치료를 하는 임상가는 정신병리에 대한 생물학적 설명이나 심리학적 설명으로 편향되는 경향이 있다. 그들(또는 우리)이 사회문화적 요인이나 영적 요인에 충분히 주목하는 경우는 드물다.

불안장애의 치료에 있어서 환원주의적 사고방식(무위주의의 죄)은 변명의 여지 없이 문제가 된다. 효과가 있는 치료는 행동의 생물학적·사회문화적 기반뿐만 아니라 인지, 정동 및 행동의 접점을 깊이 고려한다.

신경구조와 신경화학(뇌와 행동의 관계)에 대해 최근에 나오고 있는 문헌을 대충만 읽어도 사람의 천성에 대한 새로운 이해를 얻을 수 있다. GABA, 노르에피네프린, 세로토닌과 같은 신경전달물질은 대단히 흥미로운 물질이며, 사람들이 한때 훨씬 더 혼란스러워하고 이해하기 어려워했던 특정 행동의 생물학적 기초에 대한 깊은 이해를 제공한다. 게다가 극도의 빈곤이 대처에 미치는 영향에 대해 알게 되면서, 사람들은 국내외의 자원이 부족한 공동체에 가서 봉사할 마음을 가지고 그들에게 손발을 내밀게 되었다.

필자들은 보다 효과적인 사회적 지지 체계를 개발하고, 유용한 대처기술의 레퍼토리를 확장하고 정교화하며, 일상적인 일과 관계에서 새로운 의미와 목적의식을 찾고자 하는 강한 열망을 가지고 성경과 과학을 배우고 있다. 기독교인 학자, 임상가, 연구자가 다양한 문헌을 읽고 해석하며, 또 문헌에 기여하는 데 더욱 더 참여할 수 있기를 바라고 기도한다.

샬롬에 대한 필자들의 비전이 불안장애에 대한 연구로 확장되었다("정의과 평화가 함께 할 때까지"). 확실히 필자들은 성별(Van Leeuwen, 2002)과 인종적 화해(Wolterstorff, 1983) 같은 주제를 직면하는 것에 대해 무척 우려하고 있다. 공동체 기반 개입은 시간, 에너지 및 자원을 가장 가치 있게 투자하는 것이 될 수 있다. 예방을 위한 노력도 선한 청지기 사역이다. 불안장애는 비용이 많이 지불되기 때문에(그리고 너무 흔하기 때문에) 협력하여 능동적으로 대처하는 것이 이치에 맞다.

교회에 대한 필자들의 비전에는 필수적인 삶의 기술을 가르치는 것이 들어간다. 필자들은 교회가 치유와 성장을 위해 사용될 수 있는 자원임에도 불구하고 제대로 활용되지 못하고 있다고 보는 카우프만(2000)의 의견에 동의한다. 이용가능한 자료들에 따르면, 기독교인들은 일상의 요구를 더 잘 대처하지는 못한다(혹은 덜 효과적이다)(Grounds, 1976). 신앙이 녹아 있는 의미와 목적의식(Garber, 1996)에 대해, 그리고 공동체가 얼마나 강한 치유 능력이 있는지(Beilezikian, 1997)에 대해 소개하는 글이 많이 있다. 하지만 기존의 사회적 지지 체계를 강화하고자 헌신하는 분별력있고 사려 깊은 기독교인들에 대해서 쓴 글은 거의 없다. 믿음이 행함으로 이어지지 않는다면, 바람직한 변화의 영향은 매우 제한적일 것이다(Miller & Jackson, 1995).

선한 교회와 공동체의 맥락에서, 기독교인으로서 우리는 더 나은 식생활과 운동, 휴식을 통해 더 절실하고 진지한 태도로 일상생활의 스트레스 요인을 관리할 필요가 있다. 인생을 100미터 달리기의 연속이 아닌 마라톤으로 보고 그에 따라 스스로를 단련하며 속도를 조절해야 한다. 일상생활의 도전거리를 헤쳐 가려면 기독교 세계관만 발전시킬 것이 아니라 생활방식도 잘 선택해야 한다.

3) 추가적 고려사항

불안의 문제와 씨름하는 내담자와 작업하는 기독교인 정신건강 전문가에게는 실질적인 성경적 희망이 매우 중요하다. 이 책의 필자들이 교수로 일하면서 수행하는 가장 중요한 역할 중 하나가 사람들이 유능하고 마음이 따뜻한 치료자를 만나도록 돕는 것이다. 진정한 의미에서 기독교인 정신건강 전문가는 자주 혼란스러울 수 있는 시대에 정신건강 치료의 세계로 들어가는 길목에 서 있는 문지기이다. 유능감이란 사람들이 언제 전문적인 도움을 필요로 하는지 아는 것을 의미하며, 실제로 이용할 수 있는 자원과 치료적 선택지를 알고 있는 것을 의미한다.

치료의 효과성에 대한 자료를 검토할 때, 개선 및 완치를 보고한 비율을 보고 필자들은 크게 고무되었다. 호소문제가 OCD든 GAD든 희망적이다. 물론 치유와 변화가 보장된 것은 아니며, 대인관계 및 상황적 변인에 따라 영향을 많이 받는다.

　그러나 많은 헌신적인 기독교인은 상담과 심리치료에 대해 호의적이지 않다. 그들이 우려하는 것 중에는 이해할 만한 것도 있지만, 비현실적인 공포를 반영하는 것도 있다. 하지만 점점 더 많은 임상가가 연구 기반의 전략을 배우며, 실제 치료에 그 전략을 적용하기 위한 효과적인 방법을 찾고 있다는 것은 고무적인 일이다. 사람들이 그런 임상가를 찾을 수 있도록 돕는다면, 그것은 정말 좋은 선물이 될 것이다.

　하나님의 선한 창조물은 왜곡되고 타락하여 더 이상 알아보기 힘들 지경이 되었다. 그러나 믿음의 중심에는 상황이 항상 있는 그대로 있지 않는다는 신념이 있다. 기독교인으로서 우리는 스메데스(Smedes)가 말한 '세계적 재건(global remolding)'에 대한 희망을 품고 있다.

> 이것이 이 세상을 사랑하고, 죄와 슬픔에 아파하며, 하나님이 고칠 수 있다는 굳건한 믿음을 가진 우리 모두의 희망이다. 재건하라. 전부 다 새롭게 만들라. 특히 인간과 관련된 부분인 우리의 삶, 그분과 함께 하는 삶을 새롭게 하라. 우리는 세상이 끝나는 것을 원하지 않고, 성경이 샬롬이라고 부르는 것을 바란다. 샬롬은 인간의 마음이 원하거나 필요로 할 수 있는 모든 좋은 것, 즉 평안, 번영, 사랑, 그리고 기쁨, 엄청난 기쁨, 그런 것으로 가득 찬 웅장한 단어다. 이 모든 것을 골고루 나누어 갖고, 세계는 재건되어…… 하나님과 그의 자녀들이 다시 행복해지는, 새롭지만 이미 하나님이 창조하셨던 바로 그 세계가 된다. ……내가 바라는 것은 하나님이 지으신 정말 사랑스러운 세계를 재현하는 것이다. 그리고 이 소망 속에서 나 역시 '큰 평안과 큰 기쁨'을 느낀다(1998, pp. 166-167).

　예수의 부활은 언젠가 잘못되고 악한 것에 대해 옳은 것이 승리할 것이며, 공포의 반응이 잘못되면서 나타난 고통스러운 결과에도 승리할 것이라는 보증이 된다.

7. 결론

기독교인 심리학자이자 오랜 기간 신학교 총장으로 재직한 버넌 그라운즈(Vernon

Grounds)는 다음과 같이 말했다. "사람들은 문제를 가지고 있다. 진부한 말이지만, 그보다 더 비극적으로 진실된 말은 없다."(1976, p. 17) 불안장애는 특히 사람들이 가진 문제를 상기시킨다. 불안은 생존을 위해 필수불가결하지만, 파괴적으로 오용될 수도 있다. 달란트 비유(특히 마태복음 25:24-25)를 생각해 보자. 예수님은 불안과 공포가 책임과 선택을 짓눌러 유용한 활동을 크게 억압할 수 있다고 분명히 말씀하신다. 인간은 불안하고 취약하다고 느낄 때, 하나님이나 다른 사람을 믿는 것 또는 현상을 전체적으로 보는 시야를 유지하는 것은 특히 어렵고 힘들게 느껴진다(Collins, 2007). 우리 모두는 피할 수 없는 인생의 폭풍을 만나기 전에 대처기술 목록을 늘리는 것이 현명하다는 것을 알고 있을 것이다.

아마도 파괴적인 불안에 의한 가장 큰 비극은(적어도 믿음의 관점에서) 주도성과 위험 감수를 크게 줄이고 정말 필요한 용기를 고갈시키는 것이다. 그라운즈가 지적하는 바와 같이, 그러한 사람은 "안전하게 행동하다가 (그의) 기회를 박탈당하고 (그의) 잠재력을 개발하지 못한다."(p. 22) 필자들의 생각에 그러한 사람은 하나님이 창조하신 세계를 누리기도 어렵고, 그 안에서 사는 그가 간절히 필요로 하는 은혜까지도 누리기가 어려울 것이다.

제**9**장

기분의 문제

극심한 우울증에 시달리던 대학생은 그 경험을 다음과 같이 기술했다.

우울증을 설명하는 것은 어렵다. 아마도 자신을 배의 선장으로 상상하는 것이 가장 좋을 것 같다. 왜냐하면 나에게 그 경험은 그렇게 느껴졌으니까…… 마치 내가 가라앉고, 가라앉고, 또 가라앉는 것 같은데, 배에 구멍이 있는 것은 아니었다. 주위를 둘러보고 선체를 조사하면서, '음, 배가 괜찮아 보이다니 무척 흥미롭군. 배를 청소하고 광택도 내면서 잘 관리해 왔고, 지금까지는 순항하고 있는 것 같군. 그렇다면 빙산이나 뭔가에 부딪힌 게 틀림없어.'라고 생각한다.

하지만 빙산도 없고 선체에 구멍이 있는 것도 아니다. 이번에는 물이 옆에서 들어오는지, 혹시 눈치채지 못한 뭔가가 있는지를 확인한다. 아직은 아주 천천히 가라앉고 있을 뿐이라서 지나치게 걱정하지는 않는다. 침몰이 너무 느려서 거의 감지할 수 없을 정도다. 배의 모든 것은 늘 제대로 작동했었기 때문에 지금 상태가 조금은 불편하다. 모든 것이 순조롭고, 배의 겉모습도 멋지다. 사람들은 당신이 선장으로서 배를 얼마나 잘 관리하는지에 항상 감명받는다. "언제 시간을 내서 이렇게 관리를 하나요?" 그들이 묻는다. 하지만 문제가 있다. 머지않아 배는 타이타닉호처럼 될 것이다. 끔찍하게도 정말 빠르게 가라앉고 있다.

그 이유가 설명이 안 돼서 더욱 무섭다. 최선을 다해 물을 배 가장자리 밖으로 퍼내고 있지만 배가 가라앉는 것을 막기에는 역부족이다. 당신은 여자들과 아이들을 구명보트로 보낸다. 가장 숙련된 선원들이 도우려 하지만, 실제로 그들이 할 수 있는 일은 많지 않다. 불안과 스트레스가 어마어마하다. 당신은 혼란스러워서 그들에게 무슨 역할을 맡겨야 할지 결정할 수가 없다. 마침 그들이 당신에게 다음과 같이 말한다. "이리 와서 구멍을 막아봅시다. 그러면 다 괜찮을 거예요. 마음만 먹으면 됩니다." 그 말에 당신은 다음과 같이 외친다. "배가 침몰하는 이유를 모르겠어요. 이유를 알았다면 뭔가를 했겠죠. 왜 이런 일이 일어나는지 알 수가 없어요."

마지막으로 당신은 그들에게 말한다. "자기 자신을 안전하게 지키세요. 저는 그냥 내버려 두세요. 제 배고 여러분이 도울 수 있는 것은 아무것도 없으니, 구명보트를 타고 노를 저어서 멀리 가세요." 그들은 당황하면서 마지막 구명보트를 파도가 부서지는 바다에 내리고 노를 저었다. 그들이 떠나가자 그들과 함께 갔으면 좋았겠다는 생각이 들었지만, 이미 너무 늦었다. 당신은 홀로 남았고, 배는 침몰하고 있다. 뱃머리 위로 부서지는 파도 소리만 들린다.

1년이 지난 후 이 학생은 다음과 같이 썼다.

나에게 졸로프트(Zoloft)는 배에 있는 보이지 않는 구멍을 때우는 역할을 했다. 마치 내가 알고 싶어 하는 것보다 더 많은 것을 알고 있는 어떤 훌륭한 배 전문가가 작은 해안 경비대 보트를 타고 와서 내 배를 가라앉게 만드는 무언가를 해결해 주는 것 같았다. 나는 아직도 무엇 때문에 내 배가 가라앉았는지 모르지만, 문제가 해결되었다. 아니, 사실 내 배가 예전하고 완전히 똑같지는 않을 거다. 하지만 그래도 같은 배다. 예전만큼 예쁘지 않고 예전처럼 위험한 여행도 하지 않지만, 지금 배는 훨씬 튼튼하다. 해안 경비대의 도움으로 나와 내 배는 이제 물위에 떠 있다. 그 사람이 윙윙거리면서 무엇을 하는지 전혀 모르겠다. 하지만 그가 중요한 뭔가를 해서 내가 물 위에 떠 있게 되었다는 것은 안다.

나는 심리치료 없이 항우울제(졸로프트)를 복용하는 것이 정비 없이 배의 구멍을 메꾸는 것과 같다고 생각한 적이 있었다. 가라앉지 않을 수는 있지만 별로 활용 가치가 없을 것이라고 생각했다. 일상생활에서 기능할 역량이 없는데 우울하지 않은 게 무슨 소용이 있는가? 하지만 지금 나는 꽤 잘 지내고 있다. 익명의 선원의 도움으로 괜찮게 지내고 있다.

우울증은 적어도 2,000년 이상 많은 관심을 받아 왔다(Collins, 1980). 그것은 '정신병리학의 감기'라고 불리기도 하는데, 아마도 우울증이 너무 만연하고 모든 사람이 그것에 취약하기 때문일 것이다. 그리스와 로마 시대부터 멜랑콜리(melancholia)라고 불렸던 이 증상은 기분장애의 두 가지 두드러진 증상 중 하나다. 기분장애의 또 다른 증상은 조증, 즉 들뜬 행복감 및 광적인 에너지 상태다. 이러한 증상들은 파괴적일 수 있고 심신을 쇠약하게 만들 수 있다. 밀러와 잭슨(Miller & Jackson, 1995)이 지적하듯이, 사람은 누구나 고통스러운 슬픔, 비탄 또는 변덕스러운 기분과 같은 고통스러운 감정을 경험하지만, 기분장애(증상의 강도, 기간 또는 빈도에 비추어 진단)가 있는 사람은 실제로 기능이 손상되거나 완전히 불구상태가 될 수 있다. 다른 장애 집단보다 자살 위험성이 크게 증가하여 생명을 위협하는 상태에 놓일 수 있기 때문에 즉각적이고 집중적인 전문 치료가 필요하다.

미국에서는 현재 수백만 명의 사람이 심각한 기분장애로 고통받고 있다. 개인과 가족이 겪는 아픔과 고통도 크지만, 국가 경제에 미치는 비용도 500억 달러를 초과할 정도로 엄청나다(Comer, 2014). 이 장에서 살펴보겠지만, 기분장애는 유병률이 높을 뿐만 아니라 복합적인 양상을 띠기 때문에 평가와 치료가 어려운 경우가 많다. 이제까지의 이론과 연구에 비추어 볼 때, 생물심리사회적 관점이나 취약성-스트레스 관점이 기분장애를 잘 설명해 주는 것으로 사료된다.

1. 현대적 분류

기분장애는 비정상적인 우울증 또는 행복감(조증)을 특징으로 하며, 관련 증상들은 신체적·정신적·정서적·영적 안녕감에 상당한 영향을 미칠 수 있다. 최근 연구에 따르면, 미국 인구의 5~10%가 매해 심각한 우울증을 경험하는 것으로 추정된다(Comer, 2014). 심각한 조증이 부재한 경우, 임상적 수준의 우울증은 단극성(우울증 단독)으로 간주된다. 행복감이 주기적으로 함께 나타날 때, 그 상태를 일반적으로 순환성 또는 양극성장애로 본다. 개인은 우울증이라는 저점과 조증이라는 고점을 경험하면서 고통스러워한다. DSM 최신 개정판은 우울장애와 양극성장애를 명확하게 구분하여 기분장애의 각 군집을 별도의 장에서 다룬다. 병인 및 경과의 측면에서 각 장애를 별도로 다루기로 한 결정은 적절하다고 볼 수 있다. DSM-5의 분류체계에는 2개의 새로운 범주가 추가되었다. 하나는 월경 시작 1주 전에 반복된 우울 기분 및 관련 증상을 보이는 월경 전불쾌감장애다. 다른 하나는 분노발작, 우울 기분 및 분노의 지속적인 양상을 특징으로 하는 파괴적 기분조절부전장애다. 미래에는 자살행동장애(반복적 자살 시도) 및 비자살적 자해(자상 또는 화상을 통해 신체적 손상을 유발하려는 반복적인 시도)가 포함될 가능성이 있다. DSM-5에 대한 최근 학습 부록(예: Dailey et al., 2014)에서 네 가지 범주에 대한 자세한 설명을 확인할 수 있다. 여기서는 네 가지 주요 기분장애를 주로 다룰 것이다.

전 세계 성인의 약 1.5%는 일생의 어떤 시점에 양극성 상태를 경험하는 것으로 보인다. 경미한 형태의 우울증(기분저하증)도 꽤 흔하게 경험하며(3~5%), 세계 인구의 약 18%가 생애 한번은 단극성 우울증을 경험하는 것으로 추정된다. 그렇게 볼 때 기독교인 가족 및 친척 중에서 적어도 한 사람은 정기적으로 정동(기분)장애 증상으로 고통받고 있다고 볼 수 있다. 아동과 청소년의 발병률은 다소 불분명하다(Flanagan & Hall, 2014).

1) 단극성 우울증

이제까지의 연구에 따르면, 거의 모든 문화권에서 단극성 우울증은 여성과 남성의 비율이 2:1로 나타난다. 이 현저한 차이에 대해 생물학적 취약성(천성)에서 사회화 및 스트레스(양육)에 이르기까지 다양한 설명이 시도되었다. 반 리우웬(Van Leeuwen, 2002)은 우리의 관계성의 문제나 초기 양육의 문제와 관련이 있다고 주장한다. 기독교적 관점에서 볼 때, 성경에 나타난 거룩한 통치에 대한 명령은 타락의 직간접적인 영향으로 인해 부패하거나 왜곡될 수 있다. 우울증과 달리 양극성 상태는 남성과 여성에게 똑같은 비율로 나타난다(Frances, 2013).

우울증은 일시적인 경향이 있다(우울을 경험한 사람들의 50%는 치료 없이도 6주 이내에 회복되는 것 같다). 단극성 우울증은 단일 삽화로 끝날 수도 있지만 재발할 가능성이 훨씬 더 높다(Paris, 2014). 우울증의 주요 진단기준을 기억하기 위한 간단한 연상 기억 장치로 M SIG E CAPS를 활용할 수 있다. DSM-5에 따르면, 주요우울장애의 주요 증상은 우울 기분이나 흥미의 상실이다. 그리고 일부 다른 증상도 어느 정도 지속적으로 함께 나타나야 한다.

- M: Mood depressed(우울 기분)
- S: Sleep disturbance(수면 문제: 불면 또는 과다수면)
- I: Interest loss(흥미 상실: 거의 모든 일상 활동에 즐거움을 느끼지 못함)
- G: Guilt(죄책감: 무가치감)
- E: Energy depleted(활력 상실: 피로)
- C: Concentration problems(집중력 감소: 우유부단함)
- A: Appetite disturbance(식욕 문제: 체중의 증가 또는 감소)
- P: Psychomotor change(정신운동의 변화: 지연 또는 초조)
- S: Suicide preoccupation(자살에 대한 몰두: 죽음에 대한 생각)

우울증은 정서적·동기적·행동적·인지적·신체적 증상을 동반한 전인적인 현상이다. 증상은 사람마다 상당히 다를 수 있다. 대부분의 장애와 마찬가지로 증상은 개인마다 더 많거나 더 적을 수 있으며, 지각된 스트레스나 상황적 스트레스 수준에 영향을 받는 편이다. 주요우울장애(MDD)와 달리 기분저하증은 경미하지만 만성적인 상태다. 즉, 증상이 더 오래 지속되지만 그로 인한 기능적 저하는 덜하다는 특징이 있다. 기분저하증은 MDD로 발전할 수 있을 뿐만 아니라 이중우울증이라고 불리는 그리 드물지 않은 현상으로도 발전할 수 있다. 이중우울증은 MDD와 기분저하증을 함께 경험하는 경우다. 무엇보다도 심각한 우울증이 있는 사람의 6~15%가 자살 위험을 보인다는 점에 주목할 필요가 있다(Comer, 2014).

우울증은 삶의 효율성과 즐거움을 앗아 간다. 증상들(M SIG E CAPS)은 상호 연관성을 가지며 더욱 악화되는 경향이 있다. 정서적 증상(매우 슬프고 낙심한 기분)은 동기적 증상(추동 및 주도성 부족)으로 이어질 수 있다. 행동적 증상(정신운동 둔화 및 활력 부족)은 인지적 증상(자기에 대한 부정적 관점) 또는 신체적 증상(신체적 질병)과 상호작용할 수 있다. 이러한 상호작용은 악순환되어 극도로 자기패배적인 대처 양식으로 발달할 수 있다. 가족 구성원들이 금세 낙심하고 좌절하게 되는 것도 그리 놀랄 일이 아니다.

2) 양극성장애

양극성 상태는 단극성 우울증보다 더 만성적이며 서서히 발달하는 편이며, 그 증상은 개인적·상황적 스트레스 수준에 따라 증감한다. 조증의 주요 징후로는 질주하는 듯한 혼란스러운 생각, 과대한 자존감, 수면에 대해 욕구 감소, 주의산만 및 판단력 저하가 있다. 이에 대해서는 DSM-5에 자세히 설명되어 있다. 양극성 상태의 경미한 형태를 순환성장애(Cyclothymia)라고 하며, 문제를 덜 일으키는 우울증과 경조증의 여러 삽화를 특징으로 한다. 순환성장애는 대인관계의 어려움뿐만 아니라 사회적 또는 직업적 기능에서도 고통을 유발한다(McLemore, 2003).

양극성 상태에서 여성은 조증보다는 우울증을 더 뚜렷하게 경험하는 경향이 있다. 발병 연령은 15~44세로 다양하며, 외상이나 고통스러운 생활사건(취약성-스트레스)에 의해 유발되는 편이다. 기분저하증이 완전한 단극성 우울증으로 발전할 수 있는 것처럼, 순환성장애는 더 심각하고 잠재적으로 생명에 위협이 되는 양극성장애로 발전할 수 있다(Dailey et al., 2014).

양극성장애에서 우울증 증상과 조증 증상은 뚜렷한 대조를 보이며, 두 상태 사이의 변화는 종종 비교적 짧은 기간 내에 일어나는 편이며 심지어 몇 시간 내에도 나타날 수 있다. 일반인은 조증의 증상을 명확하게 이해하지 못할 수 있는데, 이는 증상이 발전하는 단계에서는 '적응적' 이점이 있어 보이기 때문이다(예: 기말고사 기간에 학생이 폭발적인 생산성을 보이는 경우). 그러나 이 상태에 있는 사람은 다른 사람을 조정하거나 착취하는 모습을 보이는 등 상황을 통제하려 하고, 그 행동은 분명히 파괴적이고 자기패배적인 형태를 나타낸다. 정상적인 상황에서 '열정적이고 강렬하다' 또는 '상당히 재밌다'라고 인식되는 사람의 경우, 해당 행동이 사회적으로 승인되거나 강화될 수 있다. 그러나 진정한 조증 증상은 적응적이거나 효과적인 대처가 되지 못하며, 증상을 경험하는 사람과 그 가족 및 친구에게 고통만 줄 뿐이다(Frances, 2013).

임상적인 조증 상태에 있는 사람은 행복감, 열정, 과활동, 낙관주의 및 활력이 극적이고 부적절하고 불균형하게 상승한다. 이 상태를 오래 견뎌 낼 수 있는 사람은 거의 없으며, 많은 사람이 붕괴와 소진을 경험한다. 조증을 앓고 있는 사람이 어떻게 그 상태를 오랜 시간 유지할 수 있는지는 조증을 경험해 보지 못했거나 조증에 대해 잘 모르는 가족 구성원과 친구들에게 수수께끼 같이 느껴진다.

DSM-5는 불쾌한 기분 문제의 빈도, 강도 및 지속 기간을 통해 진단에 대한 명확한 기준을 제시한다. 모든 정신장애와 마찬가지로 정신건강 전문가와 목회자는 양극성장애에 대해 세심한 주의를 기울여 포괄적이고 전인적으로 평가해야 하며, 이때 더 큰 사회와 조직 환경에 대해서도 함께 분석해야 할 것이다.

2. 병인 및 지속의 주제

주요 증상이 우울 증상만으로 나타날 때, 이것을 단극성 장애라고 부른다.

1) 단극성 우울증

우울증은 단일 현상이 아님을 우선적으로 알아야 한다. 단극성 우울증의 증상은 사람마다 매우 다르게 나타날 수 있으며, 개인은 인생의 시기에 따라 우울증을 다른 형태로 경험할 수 있다. 우울증 증상은 일시적으로 나타나기도 하며, 썰물처럼 갑자기 쑥줄어들기도 하고, 몇 주 또는 몇 달 이내에 증상이 없어질 수도 있다. 시점에 따라 어떤때는 정서적 증상이나 동기적 증상이 두드러지고, 다른 때는 행동적 · 인지적 · 신체적증상이 더 뚜렷하게 나타날 수도 있다. 계속해서 교과서적인 설명에 깔끔하게 맞는 상태를 유지하는 사람은 거의 없다. 변형과 변화가 나타나는 것이 표준적이라고 이해할필요가 있다.

불안장애와 마찬가지로, 기분 문제의 병인 및 지속을 설명하는 데에도 생물심리사회적 모델이 가장 적합하다. 스트레스는 우울을 촉발하는 중요한 요인이 된다(Hart, 1978). 역사적으로 임상가들은 반응성 우울증(상황적 요인으로 인한)과 내인성 우울증(내부 요인으로 인한)을 구분했다. 오늘날 여러 증거가 마음과 몸에 대한 보다 전인적인이해를 지지하기 때문에 이러한 구분은 이원론적이거나 환원론적이라는 비판을 받을가능성이 있다.

단극성 우울증의 경우 후천적 또는 선천적 취약성에 대한 증거가 압도적으로 많은편이다(Comer, 2014; McGrath, 1998). 특히 예술적 기질을 가진 사람이 취약한 것으로 나타났다(Jamison, 1993). 가족력, 쌍둥이 및 입양 연구는 확실히 이러한 설명을 지지한다(Antony & Barlow, 2002; 기분장애에 대한 논문 참조). 일란성 쌍둥이의 단극성 우울증의 일치율은 46%(이란성 쌍둥이의 경우 20%)다. 신경전달물질과 호르몬, 특히 시냅스 부위의 세로토닌과 노르에피네프린 수치 및 내분비계의 비정상적인 코티솔 수치에 대한연구를 더 주목해서 살펴볼 필요가 있다(Comer, 2014). 선택적 세로토닌 재흡수 억제제(SSRI)와 같은 항정신성 약물에 대해 거의 30년 동안 연구가 축적되었으며, 이를 통해 단극성 우울증의 생물학적 기반에 대한 이해가 발전하였다(Meyer & Deitsch, 1996;

Reichenberg, 2014). 오늘날 전문성을 갖춘 임상가 중에 기분 문제에 일반적으로 생물학적 근거가 있음을 부인하는 사람은 거의 없을 것이다(Jongsma, Peterson, & Bruce, 2014). 이러한 취약성이 자기파괴적인 생활양식과 결합하면 자주 우울증이 나타난다. 그렇게 볼 때, 서구의 산업화된 사회에서 우울증이 유행하는 것은 놀랄 일이 아니다(Peck, 1978).

기타 신체적 요인에는 처방약, 일반 의약품, 불법 약물의 남용 등이 있는데, 사람들은 이에 대해 가볍게 여기는 편이다. 심각한 우울증 증상은 기분을 화학적으로 조절하려고 잘못된 약물을 선택하여 사용한 것에 직접적으로 영향을 받아 나타나는 경우가 있다. 불법 약물 또는 비처방약의 사용 또는 처방약의 남용은 개인의 기분 상태에 가장 확실한 영향을 미친다. 사람들은 의료계 종사자의 엄격한 감독하에서 약물을 사용하기보다는 '자가 치료'를 하는 경우가 많다. 너무나 자주 '완벽한 약'(위험이 없고 이점이 많음)을 찾으려는 약 복용 문화가 만연하다. 물질 남용과 함께 건강하지 않은 식단이나 불규칙한 식습관도 기분 상태에 크게 영향을 미친다. 불규칙적 운동 또는 운동의 부재, 수면 리듬 문제, 동절기 햇빛 노출의 감소, 물리적 자원의 고갈 등은 모두 기분 문제의 위험을 증가시키는 요인이 된다.

단극성 우울증의 병인과 지속을 설명하는 심리학 이론이 많이 있다. 커다란 변화, 상실, 삶의 전환 사건 등이 영향을 미치는 요인일 수 있다. 예를 들어, 애도는 단극성 우울증과 함께 나타나는 경우가 많다(Sittser, 1996). 의미 있는 의식(rituals), 지지적인 가족 구성원 또는 친구, 삶의 의미와 목적의식이 부재한 상태에서 매우 커다란 상실을 경험하게 되면 개인은 기능을 잘 발휘하지 못할 수 있다(Worden, 2008). 혼란스러운 일들과 삶의 전환 사건을 겪고 있는 사람은 기분장애에 취약하다. 예를 들어, 대학생은 항상 호의적이지만은 않은 환경 속에서 많은 결정을 내려야 한다. 중년은 제한된 시간과 자원, 대처기술의 부족 속에서도 삶의 많은 요구를 균형 있게 소화하려고 애써야 한다. 성인의 책임을 온전히 떠안고 인생의 주요 상실과 전환에 효과적으로 대처하는 것은 우리 모두에게 지속적인 도전이 되며, 특히 자원이 부족한 사람에게는 힘겨운 경험일 수 있다.

학계는 인지적 요인에도 많은 관심을 기울여 왔다(Grayson & Meilman, 1992). 부정적인 자기말은 비합리적인 태도 및 신념과 마찬가지로 단극성 우울증을 가진 사람에게 거의 항상 나타난다(Antony & Barlow, 1993; 기분장애에 대한 논문 참조). 우울한 사람은 특히 논리적 오류나 자동적 사고에 취약하며, 이로 인해 일상생활의 요구에 잘 대처하지 못하는 것일 수 있다. 우울할 때 사람은 선택적인 주의력과 기억력을 보이며, 주로 비관적 사고방식을 사용하여 특정 생활사건을 부정적으로 해석하는 경향이 있다(Miller & Jackson, 1995; Paris, 2014). 예상할 수 있듯이, 그로 인해 자기 자신, 세상 그리고 미래를 가장 불리한 관점에서 보는 귀인 오류를 보이게 된다(McGrath, 1998).

임상적으로 우울한 사람과 '논쟁'을 시도해 본 사람이라면 누구나 알겠지만, 그들의 인지 양상은 점점 더 경직되어 가고 논리적이지 못하다. 그래서 일반인과 전문가 모두 이구동성으로 우울증은 사고방식과 자기주장의 오류라고 쉽게 결론을 내린다. 현장에서는 이것이 단극성 우울증의 주요 원인인지 아니면 스트레스 요인과 취약성의 상호 작용으로 인한 결과인지에 대해 뜨거운 논쟁이 벌어지고 있다(Frances, 2013; Nathan & Gorman, 1998).

행동주의 이론가들은 우울한 사람이 일상생활에서 더 적은 보상을 경험하는 편이라고 덧붙여 설명한다. 그들은 '빈약한 강화 일정(thin reinforcement schedule)'에 따라 살아간다. 우울한 사람은 더 이상 삶의 강화 요인을 통제할 수 없다고 느끼지만 동시에 무력감에 대해서는 책임져야 한다고 생각하는데, 이로 인해 학습된 무력감이 생겨난다. 결국 그들은 그냥 포기해 버린다. 우울한 사람은 무력감을 경험할 때 사건에 대해 잘못된 귀인을 할 가능성이 높다(항상 자신의 잘못으로 돌린다). 종교적인 언어를 사용하자면, 그들은 종말론을 경험한다. 즉, 자신을 주장하거나 표현하려는 모든 시도가 끝이 없는 파국적인 실패로 귀결된다고 느낀다(Smedes, 1993). 사회적 지지가 부재한 경우가 많은데, 고립과 위축은 힘든 기분을 악화시킬 뿐이다. 우울한 사람, 특히 친밀감과 갈등을 두려워하는 사람에게 상호 만족스러운 대인관계는 현실이 아닌 꿈이다(McLemore, 2003).

사회문화적 요인도 우울증과 관련이 있다. 기분장애는 보편적인 현상이지만 그 표현은 문화에 따라 다를 수 있다. 예를 들어, 온두라스라는 남미의 나라에서 우울증은 심리적 상태가 아니라 신체적 상태로 이해될 가능성이 높다. 문화적으로 부가 쌓이고 서구화되면서 그 양상은 역전되는 경향이 있다. 현대 사회에서 여성의 역할이 복잡해진 것이 우울증 발병률의 현저한 성별 차이를 설명하는 데 기여한다고 보는 글이 많다(Van Leeuwen, 2002). 연령차별주의, 인종차별주의, 성차별주의, 사회경제적 불평등도 상호 악순환 속에서 심각한 우울증을 촉발하거나 지속시키는 요인으로 작용할 수 있다.

요컨대, 단극성 우울증은 많은 요인이 서로 얽혀 하나로 표현된 것과 같다. 생물학적 요인이 가장 심각한 형태의 우울증에 중요한 역할을 한다는 것을 의심하는 임상가나 연구자는 거의 없다. 후천적 또는 유전적 취약성이 발병에 주요한 역할을 하는 것으로 보인다. 그렇지만 여전히 "생물학이 운명은 아니다!"(Boivin, 2003) 개인적·상황적 스트레스 요인을 효과적으로 관리하지 않으면, 우울증이 나타날 위험성이 훨씬 더 증가한다. 취약성을 가진 것으로 추정되는 개인의 경우 생활사건을 건강하게 관리하는 것이 더욱 중요해진다. 자가치료건 전문적 치료건 간에 효과적인 치료는 전인적이고 통합적인 형태로, 또한 개인이 경험하는 우울증에 맞춤형으로 이루어져야 할 것이다 (Jongsma, Peterson, & Bruce, 2014).

많은 인과적 요인 간의 구체적 관계가 항상 명확한 것은 아니므로 단일 인과적 귀인은 위험하고 현명하지 않다. 그러나 특정 위험 요소들이 우울증을 선행하고 예측하는 것으로 보이는데, 여기에는 부정적인 인지, 생활 스트레스, 자기 불만족 등이 포함된다. 우울증의 영향을 받아 나타난 결과에는 대인관계의 위축, 강화 사건의 빈도 감소 등이 있다. 신경전달물질의 수준에 따라 인지적·행동적·정서적 양상이 변하기도 하고, 인지적·행동적·정서적 양상에 따라 신경전달물질 수준이 달라지기도 한다. 의미 있는 신앙심의 결여 및 지지적이고 도전적인 공동체의 부재도 위험 요소로 작용한다는 것은 의심할 여지가 없다.

2) 양극성장애

단극성 우울증을 유발하는 많은 요인은 양극성장애와도 관련이 있다. 최근 수십 년 동안 심리사회적·사회문화적인 부분보다는 주로 생물학적인 부분에서 약진이 있었다(Dailey et al., 2014; Jamison, 1993; Paris, 2014). 시냅스 부위에서 나타나는 상당히 높은 수준의 노르에피네프린이 조증과 관련이 있는 것으로 추정된다. 실제로 이러한 수치를 낮추는 약물(예: 레세르핀 또는 탄산리튬)은 조증 증상을 낮추는 데 효과가 있어 보인다. 또한 높은 수준의 세로토닌이 조증에 기여하는 것으로 예측되었다. 최근 연구 (Comer, 2014)에 따르면, 낮은 수준의 세로토닌과 낮은 수준의 노르에피네프린은 우울 증상을 유발하며, 낮은 수준의 세로토닌과 높은 수준의 노르에피네프린이 조증 증상을 유발한다. 시냅스가 너무 쉽게 흥분하면 조증이 발생할 수 있다. 그것이 흥분에 저항하면 우울증이 발생할 수 있다. 두 경우 모두 시냅스 사이에서 메시지를 전달하는 이온 형태의 신경전달물질에 이상이 생긴 것이다. 탄산리튬(광물염)이 일부 증상을 치료하는 데 매우 효과적이라는 사실은 아마도 뇌와 행동의 연계에서 일종의 '하드웨어' 또는

'소프트웨어'에 문제가 있다는 것일 수 있는데, 그 문제의 정확한 본질은 여전히 대부분 수수께끼로 남아 있다.

신경전달물질과 이온에 관한 발견 외에도 몇 가지 의미 있는 유전 연구 자료가 있다. 이란성 쌍둥이는 양극성장애를 공유할 가능성이 5~10%인 것에 비해, 일란성 쌍둥이가 공유할 가능성은 40%다. 이것이 신경구조(하드웨어) 또는 신경화학(소프트웨어)을 얼마나 구체적으로 반영하는지는 여전히 치열한 토론과 연구의 주제가 된다(Dailey et al., 2014).

생물학적 취약성이 큰 역할을 하지만, 그 외에 인지적·정서적·행동적 요인도 관여한다는 것에는 의심할 여지가 없다. 조증 상태에서는 사고 반응이 종종 극적으로 왜곡된다. 조증 상태에 있는 사람은 현저한 특권의식, 과대성 및 자기감의 팽창을 보일 수 있다. 정동은 강렬하고 과장되며 자주 부적절하고 불안정하다. 행동적·상황적 단서를 오해석하거나 무시하는데, 이로 인해 숙고를 통한 현명한 선택을 하는 것이 불가능하지는 않더라도 극도로 어려워진다. 가족과 친구들은 어떻게 반응하거나 대응해야 할지 몰라서 자주 혼란을 느끼고 무서워하며 좌절한다. 개인의 신념과 행동이 전반적으로 비일관적으로 보이기 때문에 자주 혼돈이 발생한다. 망상, 즉 논리에 영향을 받지 않는 잘못된 신념이 지속적으로 두드러지게 나타나서, 정신병적 상태(개인은 현실과의 모든 접촉을 잃는 것으로 보임)에 이를 수 있다.

이 모든 현상에도 불구하고 개인의 존엄성과 가치는 여전하다. 존스 홉킨스 의과대학 정신의학과 교수인 케이 레드필드 제이미슨(Kay Redfield Jamison)은 『요동치는 마음(An Unquiet Mind)』(1995)이라는 제목으로 매우 훌륭한 회고록을 썼다. 이 책에서 그녀는 조울증에서 자신이 어떻게 회복하였는지 그 과정을 기술하였다. 수십 년 동안 회자된 바와 같이, 많은 예술가는 심각한 기분장애와 씨름한다. 선천적으로 타고난 혹은 후천적으로 획득한 생물학적 취약성을 넘어서 그들은 자신이 선택한 것을 추구하는 과정에서 특정 스트레스 요인 때문에 고뇌한다. 소위 예술적 기질은 널리 알려져 있지 않거나, 높이 평가되지 않거나, 존경받지 못하는 인지적 지각 양식 및 표현 양식을 추구하는데, 이에 대한 연구는 현재까지 그리 진척되지 않았다(Yarhouse & Turcic, 2003 참조). 이것은 예언자적(비순응적인) 비전을 가지고 목소리를 낼 수 있는 사람들을 더욱 취약하게 만들고 그들에게 추가적인 부담을 지운다. 순응을 강조하는 세계에서 위험을 감수하고 비판적 통찰력을 보여 준 존 칼빈과 마틴 루터와 같은 종교 지도자를 생각해 보라. 그린 맥크레이트(Greene McCreight)의 유명한 회고록, 『어두움은 나의 유일한 친구

(Darkness Is My Only Companion)』(2006)에서 이 관점에 대한 현대적인 논의를 확인할 수 있다. 아마도 조증이나 우울증의 극단에 있는 사람들은 실제로 범상치 않은 인식력과 분별력을 발휘하는 것 같다. 그들의 통찰력은 영성에 깊이를 더하고 격렬한 고통에 대해 특별한 통찰을 제공하는 등 그 상태를 상쇄할 정도의 가치를 지닐 수 있다.

3. 치료의 주제

심각한 우울증이나 조증을 경험하고 있는 사람과 교류할 때 그들의 기분이 정상으로 돌아올 것이라고 기대하기가 어려울 수 있다. 그러나 이들 중 60% 이상이 다양한 평신도 사역 및 전문적 전략을 통해 치료적 효과를 볼 수 있다(Jongsma, 2005; Jongsma, Peterson & Bruce, 2014). 자연적으로 회복하든 계획된 치료를 통해 회복하든, 회복이 가능하기 때문에 희망을 가지고 격려해야 한다. 단극성 우울증에 대해 다양한 심리사회적 개입과 생물학적 개입이 가능하다(Antony & Barlow, 2002; 기분장애에 대한 논문 참조). 그러나 양극성장애의 경우는 약물치료(예: 탄산리튬)를 제외하면 소수의 치료법만이 사용된다(Frances, 2013; Paris, 2014).

1) 단극성 우울증

서구 문화와 미국 교회는 우울증에 대해 전문적 도움을 구하는 것에 점점 더 수용적인 입장을 취하고 있다. 의료 및 복지 전문가들은 이러한 '정상화(normalizing)' 추세를 잘 인지하고 있으며, 심각한 기분장애의 생물심리사회적 기제에 대해 10년 전보다 훨씬 더 많은 지식을 갖추고 있다. 우울증을 다학제간 접근을 통해 전인적으로 치료하는 것에 동의하는 목소리가 커지고 있다. 풍부한 자원을 가진 개인(좋은 보험 정책을 가진 사람)이라면 일반적으로 철저한 의학적 평가와 향정신성 약물의 병행도 고려한다. 이 나라의 의료 및 정신건강 서비스의 최근 변화가 기분장애의 비율에 유의미한 영향을 미칠 것인지의 여부는 시간이 지나야 알 수 있을 것이다(Dailey et al., 2014).

오늘날 사용되는 많은 항우울제는 단극성 우울증으로 고생하는 수많은 사람에게 상당한 안도감을 선사했다. 초기 항우울제는 모노아민 산화효소 억제제와 삼환계 항우울제다. 1980년대부터 의사들은 2세대 항우울제(삼환계 약물 이후)라고도 하는 선택적 세로토닌 재흡수 억제제(SSRI)를 선호하고 있다. 프로작 및 졸로프트는 잘 알려진 SSRI 약물에 속한다. 그 약물들은 신경전달물질 세로토닌에 작용한다. 최신 약물은 노르에피네프린만 표적으로 삼기도 하고, 세로토닌과 노르에피네프린을 동시에 표적으로 삼기도 한다. 단극성 우울증은 두 신경전달물질 모두와 관련이 있는 것 같다. 지난 30년 동안 불쾌한 기분 증상을 완화하기 위한 보조제로 수많은 약물이 시도되었다(새로운 약물들에 대해서는 Jongsma, Peterson, & Bruce, 2014 참조).

전기충격요법(ECT)은 가장 심각한 형태의 임상적 우울증, 특히 향정신성 약물에 반응하지 않는 우울증에 사용되었다. 이 방식은 여전히 논란의 여지가 있지만, 그것이 필요해 보이는 환자들 대다수에게는 효과적인 것으로 보인다. 일반적으로 병원 환경에서 6~12회기 동안 진행되며, 그 과정에서 안전과 효과성을 최대화하기 위해 세심한 모니터링이 수반되어야 한다. ECT는 위험이 없는 것은 아니지만 덜침습적인 절차에 반응하지 않는 사람들의 삶을 유의미하게 개선하는 데 기여했다.

정신역동적 치료, 인지행동적 치료, 인본주의 및 실존적 치료를 포함한 거의 모든 유형의 언어적 심리치료가 단극성 우울증에 대한 치료 전략을 제시하였다(Jones & Butman, 2011). 이제까지의 연구들(Carter & Golant, 1998; Jongsma, Peterson, & Bruce, 2014)은 행동 전략은 경도에서 중등도 수준의 우울증에 도움이 되며, 인지적 접근 및 대인관계 접근이 우울증 증상을 가진 전 범위의 사람들에게 도움이 된다는 것을 강력하게 시사한다(Antony & Barlow, 2002; 기분장애에 관한 논문 참조). 보다 '역동적' 접근 방식은 상대적으로 효과가 덜해 보인다. 아마도 우울증에 걸린 내담자는 상담 관계에 충분히 참여하기에는 너무 수동적이거나 피곤하기 때문인 것 같다(Dailey et al., 2014; Frances, 2013; Paris, 2014; Reichenberg, 2014).

부정적인 자기말, 비합리적인 태도와 신념, 선택적 주의와 기억, 비관적 마음가짐, 실제 또는 상상의 잘못에 대한 죄책감, 부족한 성과에 대한 수치심을 직접적인 개입의 초점으로 삼는 인지적 접근은 약물치료 단독으로 볼 수 있는 개선 속도 정도의 효과를 보였다(50~60%). 의사소통 기술과 갈등 관리의 부족에 초점을 둔 대인관계 접근방식은 삶의 변화와 상실에 직면한 사람들에게 특히 효과적인 것으로 나타났다(McLemore, 2003). 두 경우 모두 필요한 삶의 기술이나 문제해결 전략을 가르치는 데 방점을 둔다(Frances & First, 1998). 아마도 대처기술의 확장된 레퍼토리는 우울한 개인에게 새로운 효능감과 희망, 자신이 하는 행동을 통해 자신의 삶을 변화시킬 수 있다는 믿음을 주는 것 같다(Corey & Corey, 2002).

행동 전략은 우울한 사람들이 건강하고 적응적인 (위험을 감수하는) 행동을 하도록 지원하는 것을 강조한다. 무엇을 잘못했는지에 집중하는 것보다 잘한 일을 포착하는 것이 더 가치가 있다고 가정한다. 현명하고 따뜻한 관찰자가 알고 있듯이 우울한 행동만 배타적으로 지지하는 일이 없도록 하는 것이 중요한데, 그 부분이 어렵고 도전이 된다(Jongsma, Peterson, & Bruce, 2014; Nathan & Gorman, 1998). 자기패배적 사고방식이나 문제 상황에 대한 회피 행동을 우발적으로 강화하지 않는 것이 중요하다. 행동 전략은 고통받는 사람에게 필수적인 사회적 기술의 개발과 지지 체계의 강화를 촉진하는 역할을 한다. 이것은 관계에서 회피와 철수의 유지보다는 타인과의 관계 형성 및 활동 참여를 강화할 것이다. 제대로 상황을 다루는 것(적절한 자기주장 및 자기돌봄)을 강화하는 효과적인 방법을 모델링하는 것을 통해 고통받던 사람이 우울 증상의 악순환에서 벗어날 수 있게 된다(Comer, 2014; Miller & Jackson, 1995).

효과적인 스트레스 관리 또는 스트레스 대처기술을 배우는 것도 중요할 수 있다. 좋은 심리교육은 '정신병리의 감기'에 대한 일종의 스트레스 예방 접종으로 볼 수 있다.

성과기반 치료(어떤 유형의 치료가 어떤 유형의 사람에게 효과가 있는지를 살펴봄)에 대한 최근 연구는 다중 전략이 단극성 우울증으로 힘들어하는 사람에게 효과적임을 시사한다. 이것은 고무적인 결과이지만, 우울증이라는 경험의 복잡성을 고려할 때 놀랄 일은 아니다. 인지적 치료, 대인관계 치료, 생물학적 치료는 모두 효과적인 치료 접근방식이며, 여러 전략을 잘 조합할 때 전 범위의 우울증 증상을 효과적으로 다룰 수 있다(Dailey et al., 2014; Scully, 1990).

우울 증상은 그것을 겪는 사람의 가장 중요한 대인관계에 크게 영향을 미칠 수 있기 때문에 가족 및 친구에 대한 지지적 개입도 효과가 있을 수 있다. 우울한 사람에게 반응하고 대응하는 최선의 방법을 교육하는 것은 우울증을 겪는 사람뿐만 아니라 그를 아끼는 사람에게도 유용하다(Lazarus & Lazarus, 1997). 감수성이 있는 가족과 친구가 지식을 잘 갖추면 고통받는 사람의 존엄성과 가치를 보존하는 데 큰 도움을 줄 수 있다(Schwartzberg, 2000).

2) 양극성장애

양극성장애를 앓고 있는 사람들이 경험하는 감정의 롤러코스터는 곁에서 봐도 힘들어 보이고 실제로도 견딜 수 없을 정도로 고통스러울 수 있다. 그 악몽 같은 경험에서 회복된 한 동료가 자신의 경험에 대해 다음과 같이 보고했다.

의사들은 항상 나에 대해 이야기했지만, 나에게 이야기하지는 않았다. 그들은 내가 실존 인물이라는 것을 잊고 약물 부작용에 대한 내 불평을 자주 무시했다. 나는 소라진(Thorazine)을 복용하는 동안 경미한 지발성 안면근육장애(tardive dyskinesia)를 경험했다. 조증과 우울증을 치료하느라 너무 강한 약물을 많이 복용하다 보니 내가 걸어다니는 좀비처럼 느껴졌다. 사람들은 나를 진지하게 대하지 않았고, 끊임없이 내 상태가 정말 심각하다고 느끼게 했다. 가족과 친구들은 나를 포기했고, 나도 스스로를 포기했다. 나는 다른 사람의 몸 안에 갇혀 있는 것 같았고, 누군가는 도움을 요청하는 내 외침을 들어줄 수 있을 것이라는 희망을 상실했다.

아홉 번째 입원 후 주치의는 기분장애 치료를 전문으로 하는 병원에 나를 보냈다. 병원에서는 정서적 변이성의 촉발요인과 증상에 대한 이해를 높이기 위해 나에게 매일 기분 도표를 작성하도록 했다. 그 과정에서 약물 복용량이 많이 줄었고, 리튬과 테그레톨을 통해 안정을 찾았다. 직원들은 나를 중요하고 가치 있는 인간으로 대하기 시작했다. 결국 나는 병원에서 퇴원할 수 있었고, 지금까지 심각한 재발 없이 살고 있다.

하지만 자존감을 회복하는 데는 몇 년이 걸렸다. 이 부분은 내가 여전히 매일 노력해야 하는 중요한 과제다. 여전히 내 인생의 중요한 몇 년을 잃어버린 것 같은 느낌이 드는데, 아마도 그때 정말 필요했던 것은 약을 바꾸는 것과 인간적인 대우를 받는 것뿐이었을 것이다.

당신에게 부탁하고자 하는 것은 힘들어하는 사람을 멋지고 깔끔한 작은 상자에 넣어두지 말라는 것이다. 그런 상자에 넣으면 당신은 그 안에 누가 있는지를 잊어버릴 것이다. 언제나 그 사람의 가치와 존엄성을 존중하려고 노력하고, DSM 같은 일련의 진단기준에 맞추어 상자에 넣어 버리는 일은 하지 말아야 할 것이다. 무엇보다도 조증 삽화나 우울증 삽화가 있으면, 생각보다 그에 대해 스스로가 훨씬 더 잘 인지하고 있을 수 있다는 점을 기억하기를 바란다. 사실 거의 모든 세부 사항을 기억하는 사람들도 있으며, 자신이 경험하는 모든 죄책감과 수치심을 극복하는 과제를 수행하고 있는 사람도 있을지 모른다.

역사적으로 양극성장애를 앓는 사람들을 돕기 위해 할 수 있는 일은 거의 없다고 여겨져 왔다. 자원이 있다면 장기 입원이 권장되는 경우가 많다. 장기 입원은 개인을 안정

시키고 자살을 포함한 추가 상해나 부상으로부터 그 사람을 보호하는 목적으로 이루어
진다. 전기충격요법은 일반적으로 효과가 없었고, 항우울제는 추가적 조증 삽화의 위험
을 증가시키는 경우가 많았다(Jongsma, Peterson, & Bruce, 2014; Maxmen & Ward, 1995).

양극성장애 치료의 '황금 표준'인 리튬 요법은 거의 반세기 동안 대부분의 사례에서
그 효과성이 입증되었다(Carson, Butcher, & Mineka, 2002). 탄산리튬을 사용할 때 쉽지
않은 부분은 개인에게 적합한 복용량을 찾는 것이다. 복용량이 너무 낮으면 효과가 없
다. 너무 높으면 유해할 수 있다(Jamison, 1995). 조울 증상이 있는 사람이 약물을 적절
하게 복용하면 환자의 최소 60%가 눈에 띄게 호전된다. 이 약물은 조증 증상에 대해 가
장 극적인 효과를 보이기는 하지만, 많은 우울 증상에도 효과가 있는 것 같다. 리튬은
시냅스 활동에 영향을 미치는 것 같은데(SSRI와 다르지 않음), 정확한 기제는 여전히 수
수께끼로 남아 있다(Frances, 2013; Jamison, 2001). 리튬으로 효과를 보지 못하면 다른
선택지를 고려해 볼 수 있다. 하지만 일반적으로는 이 놀라운 미네랄 소금만큼 효과적
인 치료제는 없다(Sutker & Adams, 1993; 기분장애에 대한 논문 참조).

하지만 일단 증상이 안정되면서 '봉우리와 골짜기'가 낮아지려면 훨씬 더 많은 작업
이 필요하다. 약물치료에 계속 순응하는 것이 어려울 수 있다. 고통받는 사람의 대부분
은 기분 상태에 따라 자가치료를 실시하는 경향이 있다. 심리치료를 통해 내담자가 자
신의 최고점과 최저점을 모니터링하고 촉발요인과 증상을 파악하는 법을 습득하도록
도울 수 있다. 보다 효과적인 대처 전략을 모델링하고, 촉진하고, 강화하기 위해, 일반
적으로 보다 인지행동 전략 및 대인관계 전략을 접목해 사용한다(Jongsma, Peterson, &
Bruce, 2014). 내적 또는 상황적 스트레스 요인에 쉽게 압도되는 사람은 효능감(자기가
무엇을 해야 하는지 알고 있음)을 발달시키는 것이 필수적이다(Pargament, 1997, 2013). 이
러한 기술은 사회적 지지 체계를 강화하는 데 도움이 될 수 있으므로 추가 입원의 위험
성을 줄여 준다. 그리고 단극성 우울증과 마찬가지로 관련 가족 구성원과 친구를 교육
하는 보조 서비스는 기분 변화를 정상화하고 추가 상실 가능성을 줄이는 데 매우 효과
적일 수 있다(Greene-McCreight, 2005; Hood et al., 1996).

4. 자살 및 자살 예방

자살 행동은 수 세기 동안 우리 문화와 전 세계의 문제로 자리 잡고 있다. 미국에서

는 매년 최소 3만 명이 스스로 목숨을 끊는다. 무수히 더 많은 시도가 있으며, 다행히 성공하지 못하는 경우도 많이 있다(이를 일반적으로 '유사자살'이라고 함). 코머(Comer, 2014)는 1건의 자살로 인한 사망 대비 약 20건의 유사자살 사건이 있는 것으로 추정한다. 분명히 자살은 의료상 위기에 해당한다.

자살 행동은 수십 년 동안 관심을 받으며 연구되고 있다(Frederick, 1983; Shea, 2011). 문헌을 보면, "(공백을 채우는) 사람들만이 자살한다."는 식의 자살에 대한 많은 신화와 고정관념이 소개되어 있다. 밀러와 잭슨(Miller & Jackson)은 다음과 같이 언급한다.

> 일반적으로 자살 위험은 어려운 상황, 특히 탈출구가 없는 것처럼 느껴지는 상황(만성 질환, 재정 파탄 또는 이혼)에 놓인 사람, 판단력을 저해하는 문제(알코올 중독 또는 망상)를 가진 사람, 그리고 우울 기분 속에서 심하게 자기비난을 하는 사람의 경우 높아진다. 30세 미만인 사람의 자살률이 증가하고 있지만, 노인의 자살률이 가장 높은 것으로 보고되고 있다. 가장 중요한 자살 위험 지표 중 하나는 이전의 자살 시도 경험이며, 특히 그 시도가 치명적인 방법이었을 때 위험하다고 본다(1995, p. 237).

시어(Shea, 2011), 메이어와 다이치(Meyer & Deitsch, 1996) 및 프레더릭(Frederick, 1983)은 자살을 유발할 수 있는 많은 위험 요인에 대한 이론과 연구를 매우 유용하고 상세한 방식으로 요약하여 설명하였다. 그러나 여전히 무엇 때문에 개인의 자살 생각이 실제 시도로 옮겨 가는지 제대로 파악되지 않았으며, 누가 '정말 그렇게 할 것인가'를 확실히 판단할 수 있는 기준도 부재한 상태다. 따라서 우리는 생명을 위협하는 신념이나 행동 관련 모든 단서를 매우 진지하게 받아들여야 한다.

많은 사람이 누군가에게 자살하고 싶은지를 직접 물어보면 그 사람의 자살 시도 가능성이 높아질까 봐 두려워한다. 사실 자살을 고려하는 사람의 대부분은 그러한 질문을 받고 안도하는 것 같다. 그들은 일반적으로 양가감정을 보이며 그들이 시도하고자 하는 것에 대해 강한 생각과 감정을 경험하는 편이다(Faiver, Eisengart, & Colona, 2003). 그들의 반응을 살펴보면서, 구체적인 계획이나 실행 수단이 있는지 질문하는 것이 중요할 수 있다. 그 후에 즉각적인 전문적 개입(자살 예방 센터 또는 지역 병원 응급실)을 취하는 것이 필요할 수 있다.

필자들은 모든 신자에게 자살 시도를 예방하기 위한 비상 계획을 세우라고 권한다. 그것은 적어도 올바른 유형의 도움을 찾을 때까지 그 사람을 혼자 두지 않는 것을 의미할 수도 있다. 미안한 것보다 안전한 것이 중요하다.

프레더릭(1983, pp. 167-168)은 자살 위기에 처한 사람을 대하는 데 놀랍도록 유용한 지침을 제시하였다. 이것은 기본적이고 필수적인 조치이자 잠재적으로 생명을 구할 수 있는 조치이다.

- 경청하라.
- 생각과 감정 중 상대적으로 더 진지하게 들리는 것에 민감하게 반응하라.
- 정서적 고통의 강도와 심각성을 판단하라.
- 자살에 대한 이야기를 진지하게 받아들이라.
- 자살 생각에 대해 직접적으로 질문하라.
- 정서적 위기가 지나갔다는 말에 현혹되지 말라.
- 공감적이고 지지적인 태도로 대하라.
- 이용가능한 자원을 평가하라.
- 단호하게 행동하라.
- 필요하면 도움과 자문을 요청하라.
- 자살 충동에 대한 표현에 대해 절대 비하하거나 경멸하듯 반응하지 말라.
- 적당할 때 자살 방지 계약을 체결하라.

보다 구체적인 지침을 제공하는 것은 이 책의 범위를 벗어나지만, '심리적 응급 처치'를 숙지하는 것은 분명히 필요하다. 우리는 공감적인 경청을 하고, 위험 요인에 대해 잘 알아보고, 누군가가 자살을 고려하고 있음을 감지하면 관련 정보를 수집하고, 비상 사태에 대응하기 위한 비상 계획을 개발하는 등 더 많은 부분에서 노력할 수 있다. 우리는 지역사회, 특히 지역 교회에서 이용할 수 있는 자원들을 파악하고 있어야 한다.

우리 중 많은 사람이 이미 자살로 인해 슬픔을 겪었고, 평생에 걸쳐 수많은 사람이 그 영향을 받고 있다. 한 유가족은 다음과 같이 말했다.

많은 사람이 가족이나 친구를 잃은 슬픔을 겪었다. 나는 이런 독특한 죽음과 상실을 이해하지 못하는 사람을 '민간인'이라고 부르고, 그런 비극적인 상실을 겪은 사람을 '군인'이라고 부른다. 군인은 그 경험을 결코 '끝나지 않은' 전쟁처럼 느낀다. 그래서 우리는 충실하고 충성스러운 형제자매처럼 계속 살아가는 수밖에 없다.

생존한 가족과 친구에게도 도움이 필요하다는 인식이 커지고 있다(Worden, 2008). 비극적인 상실을 극복할 수 있도록 개입하려면 특별한 기술과 감수성이 요구되며 (Sittser, 1996), 은혜, 긍휼, 소망과 같은 비범한 노력이 필요하다(Smedes, 1998). 이처럼 고통스럽고 힘든 시기에 사회적 지지 및 삶의 의미와 목적의 가치를 과소평가해서는 안 될 것이다(Hood et al., 1996; Pargament, 2013).

5. 예방의 과제

문화 전반과 특히 교회에서 정동적 증상의 강도, 지속 기간 및 빈도를 줄이기 위해 무엇을 할 수 있을까? 기분의 문제는 후천적 혹은 선천적 취약성을 반영하며, 개인적 스트레스 요인과 상황적 스트레스 요인이 결합하면서 발생한다. 이러한 요인 중 일부는 통제할 수 있지만, 다른 일부는 통제할 수 없다. 우리 모두가 동일한 자원을 가지고 있지 않으며, 많은 사람은 사회적 불공정과 불평등이라는 제약 속에 살아간다 (Wolterstorff, 1983). 기분장애는 우리 인간이 '에덴 이후'의 세계에 살고 있으며 현생이 원래 의도된 인생이 아니라는 것을 다시 한번 고통스럽게 상기시켜 주는 역할을 한다 (Grounds, 1976).

하지만 많은 것을 해 볼 수 있다. 기분장애의 양상은 수십 년에 걸쳐 잘 설명되었다. 불행히도 의학적 사고방식("고장 날 때까지 고치지 말라.")은 여전히 유효하다. 기분장애를 치료할 수는 있지만, '싹(증상)'뿐만 아니라 더 깊은 '뿌리'를 보는 시각이 필요하다. 자신의 정신건강을 개선하기 위해 뭔가 해 보는 경우는 많지만, 그 밖에 그 문제에 기여할 수 있는 구조와 체계를 기꺼이 살펴보려고 하는가를 물을 필요가 있다. 다른 말로 하면, 기독교인으로서 우리는 "정의와 평화가 완전히 양립할 수 있게 하는"(Kruse & Canning, 2002; Wolterstorff, 1983) 샬롬을 촉구하는 비전을 갖고자 한다. 보다 자원이 풍부한 공동체를 구축하고, 유능하고 따뜻한 정신건강 서비스 제공자에 대한 접근성을 향상시키고, 생활에 필수적인 기술을 보다 효과적으로 가르칠 수 있는 방안을 모색하고자 한다(Corey & Corey, 2002).

1) 1차 예방

1차 예방에는 사람의 신체적 · 정서적 안녕을 향상시키기 위한 모든 노력이 포함된다. 적절한 거주지를 제공하고, 의미 있고 유익한 고용을 제공하며, 건강한 영양을 공급하고, 많은 교육 기회를 지원하고, 일생에 걸쳐 여가와 친교를 위한 기회를 제공하는 공동체를 구축하는 것이 시작점이 될 수 있다. 타락의 영향으로 훼손된 세상 속에 완전한 사회는 존재하지 않지만, 우리는 여전히 "앞으로 만들어질 수 있는 세상"(Smedes, 1998)에 대해 꿈꾸게 된다. 그러한 맥락에서 건전한 상호작용을 위한 기회는 비용 면에서 절약적이면서도 효과적인 대처에 기여하는 바가 크다(Manning, 1994; McLemore, 1984). 반면, 억압적인 생활 환경은 후천적 또는 선천적 취약성 때문에 이미 취약한 사람들에게 커다란 위험 요소(스트레스 요인)가 되는 것은 의심할 여지가 없다.

그러나 우리가 연약하며 인간일 뿐이라는 사실에 대한 고통스러운 깨달음을 더욱 수용하는 공동체를 세워 가야 한다. 벤 패터슨(Ben Patterson)은 우울증에서 회복되는 과정에서 이러한 공동체의 역할을 다음과 같이 설명한다.

> 우울증과 싸우고 회복하기 시작하면서 내 마음에 두 가지가 떠올랐다. 두 가지 모두 내가 충격적인 시간에서 회복하는 데 중요한 역할을 했다. 당시 내 상담자는 매우 지지적이고 따뜻한 사람이었다. 그가 무엇을 하고 있는지 파악할 수 있을 정도로 충분한 상담 수업을 들었지만, 나는 그저 상담에 나 자신을 맡겨 보았다. 무엇보다도 그는 내가 강하지 않아도 된다고 허락해 주었다. 그는 하던 일을 그만둬도 괜찮다, 실패해도 괜찮다, 넘어져도 괜찮다고 계속 말해 주었다. 나는 운동선수, 지도자, 영적인 사람이 될 필요가 없었다. 약해도 괜찮았다.
>
> 내 기억에 두 번째로 중요했던 것은 친구의 수용이었다. 물론 친구들 전부가 나를 수용한 것은 아니었다. 어떤 사람에게는 우정의 전제가 그리스도인 생활의 온전함이었다. 그것이 약해지자 우정도 쇠퇴했다. 몇몇 친구의 신학은 매우 진보적이었고, 그들은 내가 무엇을 하든 문제로 삼지 않았다. 그들과 함께하는 것이 정말 좋았다. 그런데 내가 여러 가지 면에서 예전의 나로 돌아가자 이 친구들도 떨어져 나갔다.
>
> 이 어려운 시기에 한 친구가 내 옆을 지켜 주었다. 그는 내가 하는 일을 싫어했지만, 나를 사랑하고 내 친구라는 사실에 의심의 여지가 없었⋯⋯. 그의 지지와 우정이 내가 우울증에서 회복하는 데 가장 도움이 되었던 것 같다(Hart, 1978, pp. 161-162).

단극성 우울증의 경우 이러한 대인관계 경험이 치유와 회복에 매우 중요한 역할을 한다. 빠르게 변화하고 점점 더 자기중심적이 되어 가는 사회에서 그러한 연결이 예외가 아니라 표준이라면 어떤 일이 일어날지 상상해 보게 된다(Manning, 1994). 사회적 연결망을 강화하기 위해 가능한 한 모든 것을 하는 것은 확실히 현명한 투자가 된다(Daily et al., 2014; Jongsma, 2004).

효과적인 스트레스 관리 방법을 배우고 실제로 그 방법을 정기적으로 실천하는 것도 좋은 투자가 된다. 우울증에 선행하고 우울증을 예측하는 인지 양식과 우울증 때문에 생길 수 있는 인지 양식을 인식하는 것도 효과적인 전략에 속한다(Corey & Corey, 2002). 많은 사람이 자기파괴적인 태도와 신념을 가지고 있다. 믿음의 관점에서 은혜에 대해 더 배우고 하나님으로부터, 또한 우리가 손해를 끼친 사람들로부터 용서받는 경험이 필요하다(Smedes, 1993; Yancey, 1997). 믿음에 따라 행동하고 보다 일관된(현실적인) 세계관을 가져야 할 것이다(Garber, 1996). 삶이 상실과 변화로 가득 차 있다는 것을 충분히 깨닫고 그로 인해 생길 수 있는 두려움을 헤쳐 나가는 데 도움이 되는 건강하고 효과적인 방법을 찾는 것(Sittser, 1996; Worden, 2008)이 변화의 기본 토대가 될 것이다.

마지막으로, 자신의 생활양식을 자세히 살펴보고 필요한 변화를 만들어 가는 것은 또 다른 형태의 1차 예방이다. 기분장애는 교회와 사회 모두에서 증가하는 추세이며, 의심할 여지 없이 우리가 청지기 직분을 잘 감당하지 못한 것도 그러한 추세를 만드는 데 한몫하였다(Corey & Corey, 2002). 우리는 과각성 신호를 인식하고 흥분 반응(adrenaline rush)에 대한 의존을 비활성화하고 예방하는 건강한 전략을 선택할 수 있어야 한다. 기분의 문제와 관련된 취약성을 물려받았거나 획득한 경우, 자가치료(예: 텔레비전 중독, 과도한 음식 섭취) 또는 기타 건강에 해로운 형태의 도피(예: 약물남용)에 대한 의존을 줄이는 방법을 학습해야 할 것이다.

2) 2차 예방

2차 예방은 기분장애를 일으킬 위험이 있는 개인이나 집단을 파악하고 가능한 한 빠른 개입을 시도하는 것으로 정의된다(Kruse & Canning, 2002). '자원이 부족한' 사람들, 특히 가난하거나 친구가 없거나 소외감을 느끼는 사람들의 경우, 기분 증상이 어려운 삶의 상황이나 고통스러운 상황적 · 발달적 위기로 인해 나타나는 자연스러운 반응이라는 것을 이해할 필요가 있다(Worden, 2008). 실제로 반응성 또는 외인성 우울증에 대해 이제까지 이루어진 설명은 이러한 사실을 반영한다. 새로운 역할과 새로운 기대치를 습득해야 하는 초기 이민자가 느낄 부담감을 상상해 보라. 현실적인 목표를 설정하거나 현명하게 시간을 사용하는 방법을 배운 적이 없는 대학생을 상상해 보라. 연로한 부모를 보살피는 것과 자녀를 충분히 잘 돌보는 것 사이에서 발을 동동 구르는 성인을 상상해 보라.

임상 현장에서 감사하게도 필자들은 기분의 문제로 씨름하면서도 자주 소외되거나 잘 눈에 띄지 않는 사람들을 대상으로 하는 창의적인 봉사 프로그램에 참여할 수 있는 특권을 누렸다. 이 프로그램은 대화 치료에 국한하지 않고 의료, 법률, 교육, 사회, 치료 등 다양한 서비스를 제공하는 사람들과 대상자들 간의 협력을 강조한다. 이러한 다양한 서비스는 시너지 효과를 낼 수 있으며 더 큰 효능감, 목적의식 및 사회적 연결성에 기여할 수 있다. 이 모두는 효과적인 대처 및 적응의 예측 변인으로 알려져 있다(Pargament, 1997, 2013).

3) 3차 예방

3차 예방은 개인이 적절한 치료를 최대한 빨리 받을 수 있도록 지원하려는 시도 또는 이미 치료를 받은 사람들의 재발을 줄이기 위한 모든 노력으로 이해된다(Comer, 2014). 이것은 지역사회에서 문지기 역할을 하는 사람들(목사, 교사, 멘토)을 교육하여 그들이 필요가 있는 사람들을 특정 프로그램 및 서비스 제공자와 연결하도록 격려하는 것을 의미하기도 한다. 임상가들은 옹호(advocacy)가 얼마나 중요한지 알고 있다. 무기력하고 절망적이며 힘이 없다고 느끼는 사람에게는 "나는 당신의 잠재력을 믿으며, 체계가 제대로 작동하도록 도울 것입니다."라는 말이 필요하다. 3차 예방에는 문지기 역할을 하는 사람들을 대상으로 치료 효과에 대한 최신 연구 결과를 교육하는 것도 포함될 수 있다. 여기에 처방된 약에 대한 순응도를 개선하고 부작용을 보고하는 방법에 대해 교육하는 것도 포함시켜 의료 제공자와 내담자 사이에 필요한 정보의 통로가 될 수 있도록 도울 수 있다(Dailey et al., 2014).

기분장애는 장기간 지속되는 경향이 있으므로 신뢰할 수 있는 사람과 정기적인 검진을 갖는 것이 예방적 차원에서 필요할 수 있다. 이는 명시된 목표를 향한 진행 상황을 평가하게 해 주고, 나아가 재발가능성이 있어 보이는 경우(예: 자살 사고, 대인관계 갈등, 금단이나 사회적 고립 양상이 있는 경우)에 대해 즉각적인 개입을 실행하게 해 준다. 후속 조치를 잘 설계하는 것이 전과자나 중독 문제로 치료받은 사람에게 분명히 필요한데, 기분장애를 겪는 사람도 그들 못지않게 후속 조치가 필요하다. 교회 맥락에서 '부유한 삶'을 위한 공식을 찾으려는 것은 즉효약을 찾는 세속 문화를 흡수한 사고방식으로, 상처받고 마음이 상한 사람의 진짜 필요를 정당하게 충족시켜 주는 방법이라기보다는 현시대의 피상성을 대변하는 것으로 볼 수 있다.

예방을 위한 노력은 실생활에서 진리를 구현하는 것의 표현이 된다. 카우프만(Kauffmann, 2000)과 말로니(Malony, 1995)가 언급한 바와 같이, 교회는 더욱 효과적인 (치료적인) 공동체를 건설하는 데 사용될 수 있는 자원으로 아직까지는 매우 과소활용된 상태다. 존스와 버트남(Jones & Butman, 2011)이 상기시켜 주듯이, 우리는 일과 관계에서 그리스도의 관심을 구현해야 한다. 우울증과 조증이 항상 다루기 편한 것은 아니지만 싫은 일을 직시하는 것은 절대적인 성경적 명령(Wolterstorff, 1983)이자 옳은 일이다.

6. 목회적 돌봄의 주제

슬픔, 상실, 고통은 성경에 자주 등장하는 주제다. 시편 69, 88, 102장과 같이 성경은 절망의 만연한 특성을 생생하게 표현한다. 현실적이고 성경적인 소망은 처참하게 버려진 느낌 및 극심한 고난과 대조된다. 욥, 모세, 요나, 베드로, 예레미야, 엘리야와 같은 성경의 위대한 인물들은 내면의 고뇌와 투쟁을 솔직하고 통렬하게 표현했다. 광야에서 방황하거나 장기간 포로 생활을 하는 동안 이스라엘 민족 전체가 우울증을 경험하게 되었다고도 할 수 있다. 얀시(Yancey, 1988)가 지적하듯이, 우울증은 '하나님이 불공평하신가?' '하나님이 침묵하시는가?' '하나님이 숨으셨는가?'와 같은 어려운 질문을 던진다.

여러 세기에 걸쳐 기민한 관찰자들은 놀라운 사실주의가 성경의 특징이라는 것을 알아차렸다. 겟세마네에서 예수님께서 "내 마음이 매우 고민하여 죽게 되었으니"(마태복음 26: 38)라고 하신 말씀 또는 선지자 예레미야의 애가를 생각해 보라. 하나님에 대한 믿음은 항상 고통을 덜어 주는 것(또는 설명)이 아니라 이 시간에 그의 임재에 대한 약속만을 허락한다(Yancey, 1988). 그사이에 우리 기독교인은 계속해서 예배하고, 교제하고, 섬기기 위해 애써야 한다(Grounds, 1976).

중세 시대에는 우울증을 죄로 여겼다. 다른 맥락에서 목회적 돌봄을 맡은 사람에게 우울증과 고립 행동은 고통받는 사람을 찾아 나서게 되는 이유가 되었다.

잃어버린 것을 찾으라. 죄악이 크다는 이유로 구원에 낙심한 사람을 완전히 멸망하도록 두지 말라. 졸고 있고, 나른하고, 게으른 사람, 삶의 가치에 대한 감각을 잃은 사람을 찾으라. 무리 중에서 다른 사람들과 가장 멀리 떨어져 있는 혼미한 자를 찾으라. 그들은 늑대 사이에서 잡아먹힐 위험이 가장 크다. 훈계로 이 영혼들을 다시 데려오라. 그들에게 깨어 있으라고 권고하라. 소망을 심어 주어라(성사도헌장, Oden, 1987, p. 264에서 인용).

우울증으로 고통받는 사람은 '하나님이 자신을 잊으셨거나 버리셨다'고 느끼는 '일반화된 고립감'을 경험하기도 한다. 사실 "고통받는 사람의 믿음이 떨어진 것은 아닌가 의심받기도 한다."(Chave-Jones, 1995, p. 300) 악순환이 생겨난다. "죄책감이 불행을 가중시킨다. 병의 성격상 기도하기가 힘들고 성경 읽기가 무의미하게 느껴지는데, 그것이 영적 실패 때문이 아니라는 것을 알아야 한다."(Chave-Jones, 1995, p. 300)

파가먼트(1997, 2013)는 사회적 지지의 필요성에 주의를 기울이고 괴로움과 고통 속에서 삶의 의미와 목적의식을 찾는 것이 중요하다는 것을 분명히 했다. 불행히도, 심각한 기분장애로 씨름하는 사람은 대인관계를 주도적으로 시작하거나 세계관을 일관성 있게 정립하려고 시도하지 않을 것이다. 고통받는 사람은 일상의 과제에서 철수하고 이탈하는 경향이 있다. 또한 그들은 효능감이나 통제감보다는 무력감과 절망감에 압도당하는 느낌을 자주 받는다. 맥레모어(2003)가 지적했듯이, 그들은 사람을 향하기보다는 사람에게서 멀어지려 한다. 그리고 자신의 증상이 주변 사람을 불편해하는 것 같으면 관계에서 이탈할 위험성이 매우 높다(Bilezikian, 1997).

심각한 기분장애를 앓고 있는 사람이 평신도에게든 전문가에게든 적절히 치료받을 수 있는 맥락을 찾아 가능한 한 빨리 필요한 만큼 치료를 받도록 하는 것이 쉽지는 않지만 중요하다는 인식이 목회적 돌봄을 맡은 사람들 사이에서 점점 커지고 있다(Jones & Butman, 2011). 이들은 선의로 건넨 조언이나 격려에 별로 반응하지 않는다. 명백한 고통과 고난을 제외하고 아마도 가장 큰 비극은 기분장애 증상으로 인해 신앙 공동체의 지체가 은사 개발을 소홀히 하여 교회 사명을 감당하지 않게 되는 것이다(Kauffmann, 2000). 교회 공동체 내의 우울증과 조증의 비율은 일반 인구와 비교할 때 적지 않다(Malony, 1995; Pargament, 2013). 선한 청지기 직분에 대한 성경적 가르침은 불쾌한 일의 존재를 부인하는 것은 커다란 손해지만, 적극적이고 예방적인 대응은 좋은 투자라고 가르쳐 준다(Crabb, 1999; Jones & Butman, 2011).

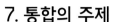

7. 통합의 주제

이 책의 제1부 주제와 기분의 문제를 연결하여 논의하려면, 그것이 정신질환으로 분류된다는 것, 욕구장애일 수 있다는 것을 고려하면서 기분의 문제가 죄 및 인간의 타락한 상태와 어떤 관련성이 있는지 살펴볼 필요가 있다.

1) 분류의 문제

우울증은 단일 현상이 아니다. 외상성 척수 손상에서 회복한 매우 감동적인 이야기를 들려준 조니 에릭슨 타다(Joni Eareckson Tada)는 다음과 같이 썼다.

> 이 글을 읽으시는 분들 중에 우울한 사람도 있을 것 같습니다. 우울증에는 여러 유형이 있으며, 사람들이 우울증에 걸리는 이유도 다양합니다. 일부는 죄 때문이고, 다른 일부는 죄와 관련이 없습니다. 또 다른 일부는 신체의 화학적 작용 때문이며, 단순한 월요일 아침 우울감 때문일 수도 있습니다. 우울증 전체를 다 잘 아는 것은 아니지만, 부상이나 질병 또는 상황적 결과로 생기는 우울증에 대해서는 제가 말씀드릴 수 있습니다. 우는 자들과 함께 울라고 한 바울의 권면을 따르시기를 바랍니다. 당신은 슬퍼해야 하고, 울어야 하며, 어쩌면 하나님께 분노를 표현해야 할 수도 있습니다. 그분께 화를 내는 것이 그분에게서 멀어지는 것보다 낫습니다. 스스로 감정을 정리하고 처리할 시간을 가지면서, 미칠 것 같은 고통을 견뎌 내고 자신의 길을 찾아가게 되기를 바랍니다. 그런 다음 소규모의 친한 친구들과 마음을 나누십시오. 실질적이고 구체적인 방법으로 그들이 당신을 도울 수 있도록 하십시오. 그런 다음 친구들과 함께 말씀을 바탕으로 당신의 신앙을 재정립하시기 바랍니다. 말씀이 당신의 빛이 되고, 특히 소망과 위로가 되는 경험을 하시기 바랍니다.
>
> 또한 고난의 경험이 그리스도인의 삶을 살아가기 때문에 생겨난 것이 아니라는 것을 이해해야 합니다……. 신약의 저자들은 주님의 은혜와 지식 안에서 자라 가는 과정에서 시련과 환란도 역할이 있다는 것을 매우 분명하게 설명하고 있습니다. 우리가 그리스도께 나아갈 때 그분이 모든 고통과 문제를 없애 주실 것이라고 보장하지 않습니다. 그분은 고통과 문제 그리고 그로 인해 자연스럽게 파생하는 우울증을 겪고 있는 우리를 끝까지 지

켜보신다고 약속하십니다……. 제자도의 댓가가 고난 속에서 친밀한 교제를 갖는 것을
의미할 수 있다는 것을 이해할 필요가 있습니다(Hart, 1978, pp. 144-145에서 인용).

타다는 무의미한 고난으로 보이는 것 속에서 의미를 찾으려 했던 사람의 본보기다.
그녀의 솔직함은 신선하고, 통찰은 뛰어나다.

특히 문제가 되는 것은 개인의 제한된 삶의 경험과 가족과 친구의 극심한 고통을 통
해 이해한 우울의 경험을 쉽게 일반화하려고 하는 것이다. DSM 진단을 공식처럼 사용
하면서 고통받는 사람을 깔끔하고 단정한 진단기준에 맞추고 싶은 유혹을 받을 수 있
다. 그러나 일반 감기와 마찬가지로 수많은 '박테리아'와 '바이러스'가 기분장애를 일으
킬 수 있다. 증상은 시간마다 심해졌다가 약해질 수 있으며, 특히 '독감 계절'에 재발은
매우 흔하게 일어난다. 우울증은 단순한 사건이 아니라 생물심리사회적 과정이라는 것
을 기억해야 한다. 그 양상은 몇 년, 심지어 수십 년 동안 지속될 수 있다. 우울증 양상
은 그리 단순하지 않다. 우울증은 복잡한 현상이기 때문에, 우울증의 독특함과 복잡성
을 존중하면서 최선의 대응 방법을 찾아야 한다.

환원주의적 경향은 특히 우울증에는 도움이 되지 않는다. 순진하고 단순한 공식은
조니 에릭슨 타다가 그녀의 감동적인 내러티브에서 묘사한 강렬한 고통을 정당화하지
못한다. 우울증은 단지 죄나 신경전달물질이나 스트레스나 부정적인 자기말이나 선택
때문이 아니다. 그것들 전부 또는 그 이상일 수 있다.

2) 목회적 돌봄과 욕구장애

기독교인 정신건강 전문가들이 직면한 통합의 도전 중 하나는 고통, 불의, 악에 맞서
야 할 필요성과 고통에 의미가 있을 수 있다는 인식 사이에 균형을 찾는 것이다.
벤 패터슨(Ben Patterson)은 다음과 같이 말한다.

우울증에 대한 내 경험을 돌이켜 보니, 우울증이 다시 찾아왔을 때 더 효과적으로 대처
하는 데 도움이 되는 몇 가지 교훈을 얻었던 것 같다. 나는 우울증이 오고 가도록 기꺼이
내버려 둘 것이다. 그것에 맞서 싸우거나 무시하거나 도망치려고 하지 않을 것이다. 우울
증을 떨쳐 내려고 할 때면 우울증이 더 심해졌던 것 같다. 인생에서 겪었던 많은 정서적
문제를 잘 살펴보니, 그것이 나에게 가까이 다가오게 하면 나를 집어삼킬까 봐 두려웠다.

그 두려움 때문에 오히려 문제가 심해졌던 것 같다. 마침내 우울증을 삶의 일부로 수용할 수 있게 되었을 때, 오히려 그런 태도가 우울증 극복에 크게 도움이 되었다.

이제 우울증이 느껴질 때 '이제 오나 보다, 그것은 삶의 일부이니 그냥 오게 두자.' 하는 마음가짐을 갖게 되었다. 도움을 더 빨리 요청하고, 하나님께 매달리면서 하나님과 계속 소통하려 할 것이다. 교회와 친구에게 집 청소, 아기 돌보기, 식사와 같은 매우 실용적인 일에 대해 도움을 요청할 것이다. 교만의 구렁텅이에 빠지지 않으려고 조심할 것이다. 요컨대, 외부에 참조할 만한 기준을 갖고자 애쓸 것이다. 사람들은 개인의 삶을 밖으로 분열시키는 원심성 경향에 대해 이야기하는데, 그 반대, 즉 모든 것을 안쪽으로 모이게 하는 경향성도 마찬가지로 해롭다고 생각한다. 그것이 대문자 'D'로 시작하는 우울증(Depression)이다. 기도의 힘이든, 친구의 친절한 행동이든, 베토벤 교향곡이든, 이러한 외부 기준점은 내 우울증의 원심성 경향을 수정하는 데 중요한 역할을 했다. 미래에 우울증을 또 만나게 되면 외부 기준점을 개발하고 유지하기 위해 애쓸 것이다.

우울증은 정의상 성장에서 멀어지는 움직임이다. 많은 사람에게 그것은 삶을 불확실하고 두렵게 만드는 파괴적인 경험일 수 있다. 우울증을 사용하여 궁극적으로 성장의 방향으로 나를 이끌어 주신 하나님께 감사드린다(Hart, 1978, p. 167에서 인용).

하나님께서는 우울증을 완화시키는 것을 넘어서 우울증을 통해 궁극적으로 우리에게 무엇을 가르쳐 주실 수 있는지에 더 관심을 가지고 계신 것 같다. 사람들은 영적 우울증으로 씨름하면서 삶에서 하나님의 임재를 의심할 때가 있다. '영혼의 어두운 밤'에 사람들은 하나님의 선하심과 인자하심을 의심하면서 매우 괴로워할 수 있다.

우울증이나 조증을 보이는 사람이 믿음이 부족해서 그런 것이라고 판단하고 싶을 수 있다. 그러나 우울증이 있다고 그 사람의 믿음을 의심해서는 안 된다. 개인이 정말 무엇 때문에 기분의 문제를 겪게 되었는지 확실히 알 수는 없다. 우울증이 단순히 고의적인 불순종 행위에 기인한 것인 경우는 거의 없다. 기분장애는 궁극적으로 죄로 인해 창조주와 피조물 사이에 생겨난 균열에서 비롯되지만(Grounds, 1976), 일반적으로 생물학적 요인 및 사회문화적 요인이 더 근접한 원인이 된다. 영적 세계가 인간의 일상적인 기능에 막대한 영향을 미치기는 하지만, 개인의 신체적·사회적 측면도 기능에 중요한 영향을 미친다(Jones & Butman, 2011; Pargament, 2013). 인간은 비물리적 세계에 존재하는 육체가 없는 영이 아니다. 우리는 성경적 사실주의자가 되어 사물을 있는 그대로 보도록 부름을 받았다. 스메데스는 다음과 같이 말한다.

기독교인의 궁극적인 소망은 저주받은 세상에서 도망치는 것이 아니라 하나님의 뜻이 그분의 구속된 세상에서 이루어지게 하는 데 있다. 우리가 간절히 바랄 때 세상이 새롭게 되는 것을 소망할 수 있다. 우리가 상상할 수 있을 때 우리에게는 소망이 있다. 그리고 하나님께서 하실 수 있고 그렇게 하실 것이라고 믿을 만한 이유가 있을 때, 이 세상이 새롭게 되는 소망을 품게 될 것이다. 나의 소망의 이유는 '만물을 새롭게 하시는' 하나님에게 있다. 신자는 낙관론자가 아니라 소망의 사람이다. 성도들이 이 큰 소망을 품을 수 있는 유일한 이유는 세상의 창조주가 그분의 세상에 오셨다가, 죽으시고, 다시 살아나셨으며, 또 다시 오셔서 그분의 세상을 영원히 고쳐 주실 것이기 때문이다(1998, p. 180).

그때까지 기분의 문제는 인간이 무너지고 타락하고 죄 많은 세상에 살고 있음을 다시 한번 고통스럽게 상기시켜 준다. 불쾌한 기분은 인간이 현세적 존재로서 경험할 수 있는 것을 넘어서는 무언가에 대한 깊은 갈망을 일깨운다(Ortberg, 1997). 한편, 사람은 모두 불완전하며 매우 다양한 취약성과 스트레스 요인을 경험하기 때문에 '이야기의 뒷이야기'를 잘 알지 못한다는 사실을 충분히 인정하고 인격에 대해 판단할 때는 매우 신중해야 할 것이다(Bilezikian, 1997). 정신적·정서적·신체적 안녕을 누리는 '자원이 풍부한' 축복받은 사람은 특별한 책임감을 가지고 현상을 명확하게 보고 긍휼과 이해로 반응하도록 힘써야 할 것이다(Crabb, 1999).

보통 하나님은 우울증의 경험을 통해 배울 수 있는 것에 비해 증상 감소에는 관심이 덜하신 것 같지만, 인간이 타락과 한계 속에서 고군분투하는 것을 통해 항상 위대한 영적 교훈을 배울 수 있다는 생각을 강요하고 싶지는 않다. 하지만 '더 슬프지만 더 현명해지는' 것은 가치 있는 일일 수 있다. 자신이 삶의 주인이라고 믿는 그 교만이 진짜 심각한 문제다(Kauffmann, 2000). 아마도 우울증은 우리가 행위의 인간이 아니라 존재의 인간이라는 것을 가르치는 듯하다. 상향 이동에 대한 제한을 경험하면서 힘의 궁극적인 원천이신 하나님에 대한 우리의 의존 상태를 깨달으면 일상의 고단함 속에서 신앙 공동체가 얼마나 필요한지를 알게 된다(Hood et al., 1996; Pargament, 2013). 아마도 우리는 고통스러운 한계를 경험했을 때만 다른 사람을 돌보고 우리가 돌봄을 받는다는 것이 무엇을 의미하는지 이해하게 되는 것 같다. 임상가인 필자들은 우울한 사람과 함께 일하면서 하나님의 변함없는 사랑과 신실하심을 더욱 깨닫고 깊이 감사하게 되었다.

우울증이 주는 한 가지 교훈은 생명이 소중하다는 것이다. 매일 스스로 목숨을 끊는 사람이 있다. 그중 많은 사람이 기분장애로 힘들어한다. 너무 많은 사람이 살아남은 가족이자 친구로서 '민간인'이 아닌 '군인'처럼 살고 있다. 자살은 국가적 비극이자 인간 재능의 엄청난 낭비다. 모두 위험 요인에 대해 철저히 숙지하고, 심각하게 고통받는 사람을 만날 경우에 대비하여 비상 계획을 마련하는 것이 현명할 것이다.

상실은 인생에서 피할 수 없는 경험으로 우리 모두는 "좋은 애도 작업"(Worden, 2008)이 어떤 것인지 잘 배워야 한다. 자신의 안전과 안위에 대한 환상은 우리가 알고 아끼는 누군가가 스스로 목숨을 끊을 때 그야말로 모든 것이 산산이 부서지는 것 같이 느껴질 수 있다. 자살 위기에 보다 효과적으로 대처하는 방법을 배우는 것은 예수 그리스도를 주로 고백하고 의를 추구하며 형제자매를 사랑하는 것을 부분적으로 실천하는 것일 수 있다(Kauffmann, 2000). 기독교 공동체에서 문지기 역할을 하는 사람들에게 '심리적 응급 처치' 관련 중요한 정보를 제공하는 것은 가장 가치 있는 투자다. 그것은 삶과 죽음을 바꾸어 놓을 수 있다.

당연히 스스로 목숨을 끊을 생각을 하는 사람은 적절한 대처 자원이 부족한 경우가 많다. 그들은 연결감이 없으며 효율성이나 유능감을 경험하지 못한다. 개인적 또는 상황적 스트레스 요인에 압도되면 극도로 취약하다고 느끼게 된다. 그들이 의미와 목적을 찾고 삶을 긍정하는 선택을 하도록 돕기 위해서는 시의적절한 순간에 재치 및 감수성을 발휘할 필요가 있다(Haas, 1966).

기분의 문제를 다루면서 때때로 배우는 또 다른 교훈은 세계관과 생활방식의 선택이 정말 중요하다는 점이다. 기분장애에 가장 효과적인 것으로 입증된 비약물학적 개입이 인지행동 및 대인관계적 접근이라는 사실은 매우 흥미롭다. 이러한 개입은 전인적이고 통합적인 돌봄 속에서 이루어져야 한다. 이러한 맥락에서 생각, 감정, 행동(인지행동)을 균형 있게 강조하고, 가정과 지역사회에서 건강한 관계의 중요성을 인식해야 할 것이다(McLemore, 2003).

개인의 인지 및 행동 양상은 종종 그 사람의 핵심 가치, 즉 아침에 일어나고 하루를 살아가게 하는 원동력이 무엇인지를 보여 준다(Garber, 1996). 그것은 우리에게 내가 진정으로 사랑하는 것이 무엇인지 스스로에게 묻도록 요구한다. 그것은 돈, 성관계, 권력 이상의 무언가일 것이다. 기분장애가 있는 사람을 정기적으로 만나는 임상가는 환상이 깨지기 전까지 사람이 의미와 목적에 얼마나 무관심한지 잘 알고 있다.

삶에서 선택을 신중하고 의도적으로 해야 하듯이, 진정으로 원하는 삶의 방식에 대한 결정도 그러해야 한다(Corey & Corey, 2002). 생각하고 느끼고 행동하는 우리의 방식의 장단기 결과에 대해 검토할 필요가 있다. 시간을 내서 필수적인 생활기술을 배우고 일상생활에서 그것을 실천하는 것은 충성됨의 표현이다(Smedes, 1998). 몸과 마음과 정신의 측면에서 자신을 잘 돌보는 데 도움이 되는 더 좋은 방법을 배워야 한다(Kauffmann, 2000). 영원의 관점에서 볼 때 별로 중요하지 않은 일 때문에 주의가 산만해지면, 우리에게 맡겨진 은사와 재능을 교회의 사명과 임무를 수행하는 데 사용할 수 없게 된다. 이를 해결하려면 훈련과 집중이 필요하다(Peck, 1978).

8. 죄와 정신병리

이 책의 제1부에서 정신병리와의 관계 속에서 죄를 이해할 수 있는 여러 방법을 논의했다. 죄는 타락한 세상에서 끊임없는 배경 소음을 일으키며 사회 구조의 일부가 된다. 그러나 우리는 도움 없이 방치된 상태에 놓인 것이 아니다. 타락의 한 형태로 기분장애로 고통받는 사람들이 있다 하더라도, 향정신성 약물은 신경전달물질이 균형을 맞추도록 작용하여 그들에게 도움이 될 수 있다.

이제까지의 연구 결과들을 주의 깊게 살펴보면(예: Antony & Barlow, 2002; Jongsma, Peterson & Bruce, 2014) 향정신성 약물이 잠재적으로 생명을 구할 수도 있는 변화의 강력한 촉매제임을 알 수 있다(이 장을 시작하는 이야기에서 졸로프트가 그랬듯이). 단극성 우울증과 양극성장애는 모두 화학적 도움이 없다면 치료가 불가능하지는 않더라도 치료가 어려워진다. 향정신성 약물의 효과에 대한 정확한 기제가 항상 명확한 것은 아니지만, 가장 심각한 형태의 기분장애에도 효과를 보일 때가 많다.

물론 약물은 오용되거나 남용될 수 있다. 약물이 반드시 필요한 상담이나 심리치료의 고된 작업에 대한 대체제로 취급될 수도 있다(Weyerhauser, 1980). 신중하고 책임감 있게 약물을 처방해야 하며, 학제 간 협력을 통해 철저히 평가가 이루어진 후에 약물이 처방된다면 이상적일 것이다(Boivin, 2003).

한편, 약물치료에 대해 지나치게 기대하는 것, 특히 성격이 바뀌기를 기대하는 것은 위험하다. 반면에, 공포, 무지, 수치심 때문에 약물을 기피하거나 고려조차 하지 않는 것은 훨씬 더 심각한 문제다. 기분장애는 올바른 유형의 약물과 최적의 복용량에 잘 반응한다. 정신건강 분야의 종사자가 깨끗한 양심을 가지고 이렇게 효과적인 자원을 고려하지 않고 치료를 진행하기는 어려울 것이다. 과학적 연구 자료도 신빙성이 있지만, 약물치료로 큰 도움을 받은 환자들이 전하는 누적된 이야기는 약물치료의 효과성을 잘 보여 준다. 양극성장애에 처방되는 탄산리튬이든 단극성 우울증에 처방되는 SSRI든, 필자들은 이것이 창조주께서 주신 좋은 선물이라고 믿는다. 적절한 사용은 행동의 생물학적 기반에 대한 처치가 되며, 보다 전통적인 형태의 언어치료에 대한 보조치료가 된다. 그것은 고통의 근원에 대한 대화의 물꼬를 트게 하는 역할을 하기도 한다.

기독교인 정신건강 전문가들은 사회구조의 죄를 심각하게 바라보아야 한다. 기분의 문제는 가난하고 힘없는 사람들에게 훨씬 더 만연하다. 우리 문화에서 가장 흔하게 보이는 오류는 인간 행동을 외부 요인에 귀인하기다는 개인 내부에 귀인하는 것이다(Jones & Butman, 2011). 이 근본적인 귀인 오류는 불필요한 혼란과 좌절을 야기한다. 우울증이나 조증을 이해하려는 시도에서 사람들은 연령차별, 인종차별 또는 성별차별과 같은 요소를 거의 고려하지 않는다. 라이벤루프트(Leibenluft, 2001)는 이것이 얼마나 순진한 처사이며 도움이 되지 않는지를 경고한다. 예를 들어, 여성이 남성보다 임상적으로 우울증에 걸릴 확률이 두 배 높다는 것을 기억하라. 성 역할과 기대에 대한 사회화의 미묘하고 만연한 영향은 치료와 예방에 심오한 영향을 끼칠 수 있다(Van Leeuwen, 2002). 또 다른 예로, 대부분의 개발도상국을 포함하여 가장 부유한 사회에도 경제적으로 착취를 당하는 농업자 및 비자발적 실업자 또는 미취업 상태인 사람이 많이 있다(마태복음 26: 38 참조). 스트레스-취약성 모델을 통해 병인과 지속을 진지하게 고찰한다면, 이러한 불평등을 고려해야 할 것이다(예: Kozol, 1995).

몇몇 연구자(Garber, 1996; Kauffmann, 2000; Paloutzian, 1996)는 우리에게 친숙한 환경과 매우 다른 환경에 '동화되는 경험'을 할 필요가 있다고 설득력 있게 주장한다. 불협화음이나 불균형을 정기적으로 경험하지 않으면, 우리는 현상 유지에 너무 익숙해지며 이타적인 활동에 참여하지 않으려 한다. 심각한 기분장애를 효과적으로 처리하려면 친숙함이 주는 안전과 안정을 기꺼이 뛰어넘어 보는 자세가 필요하다. 편안함을 넘어서는 도전이 '좋아서(good for use)' 하는 것이 아니라, 문화적 이해를 확장해 보려는 노력을 통해 편견과 고정관념의 한계를 극복할 수 있기 때문에 시도하는 것이다. 이러한 정기적인 노출 없이는 다원주의의 도전을 견딜 만큼 충분히 정교한 기독교 세계관을 정립할 수 없을 것이다(Garber, 1996; Mouw, 2002). 필자들은 적어도 작업 중 일부를 혜택을 덜 받고 있는 사람들을 대상으로 수행하였으며, 이를 통해 필자들의 지식이 얼마나 근시안적이고 제한적인지를 인식하게 되었다(Kruse & Canning, 2002).

9. 결론

성공회의 기도서(Book of Common Prayer)에 나오는 다음의 기도는 기분의 문제를 대하는 필자들의 마음을 잘 표현하고 있다.

> 사람의 자녀들을 고의로 괴롭히거나 슬프게 하지 말라고 거룩한 말씀으로 우리에게 가르치신 긍휼이 많으신 아버지여, 우리가 당신의 종을 위해 기도하오니 그 사람의 슬픔을 불쌍히 여기소서. 여호와여 자비로 그를 기억하시고, 인내로 그 영혼을 양육하시고, 주의 선하심으로 위로하시고, 주의 얼굴을 드사 평강을 주시옵소서. 우리 주 예수 그리스도의 이름으로 기도합니다, 아멘(1979, p. 831).

실제로 불쾌한 기분은 거의 보편적이며 인생의 폭풍우 속에서 피할 수 없을 것이다. 그러나 여전히 고통받는 사람마다 그 경험은 독특하게 나타난다. 가라앉고, 슬프고, 낙망하거나 낙담하는 것이 어떤 기분인지 구체적으로 잘 이해하려면 시편을 읽으면 된다(Collins, 2007). 그러나 기분의 문제에 대한 연구는 현대 북미 문화(많은 교회 포함)에 만연한 것 같은 오만한 낙관주의가 아니라 현실적이고 성경적인 희망의 의미에 대해 많은 것을 가르쳐 주었다. 필자들은 사람들을 '고치는 기술'보다는 건강하고 치유적인 관계의 형성, 특히 상처입은 사람들은 실제로 일하고 사랑하고 놀 수 있는 세상을 만들어 가는 역량을 강조하고 싶다. 고통받는 사람의 맥락, 발달, 상황에 대한 인식과 이해가 없다면, 그들이 현재 순간을 더 충만하게 살려고 할 때 만나게 되는 도전과 기회 앞에서 말과 행동으로 협력하기보다는 상담자의 편견과 가치관을 강요할 위험이 있다. 마음을 다해 말과 행동으로 협력한다면 각 사람은 창조주 하나님의 형상을 닮은 자의 삶을 더 잘 감당하게 될 것이다(Jones & Butman, 2011).

제**10**장

외상의 문제

1975년 겨울, 춥고 흐린 어느 날, 열두 살의 나이로 나는 오늘의 내가 되었다. 무너져 가는 진흙 벽 뒤에 웅크리고 앉아서 얼어붙은 개울 근처 골목을 쳐다보던 그 순간을 기억한다. 오래전 일이지만 사람들이 과거에 대해 하는 말, 즉 과거를 묻어 둔다는 말이 잘못된 것이라는 것을 알게 되었다. 과거는 그 발톱을 보이기 마련이다. 지금 돌이켜보면 지난 26년 동안 나는 그 황량한 골목을 계속 쳐다보고 있었다(Hosseini, 2003, p. 1).

너무나 많은 사람이 외상이 삶에 미치는 영향에 대한 이런 설명에 공감한다. 그것은 특정한 순간 또는 일련의 순간에 삶을 압도하고 그 이후의 삶을 결정하는 힘이 있다. 매우 힘든 외상을 겪었던 사람은 그 외상과 함께 주변의 모든 것에 바라보고, 외상의 렌즈를 통해 과거를 재해석하고, 새로운 현재 경험도 계속해서 다르게 해석할 수 있다. 외상을 입은 사람은 외상의 희생자로서 외상 및 자신에게 의미를 부여한 것에서 이후의 삶을 분리하는 것을 어렵다고 느낀다(van der Kolk, 2014). 레빈(Levine, 1997)은 "이것은 외상을 입은 사람이 경험하는 주제다. 그들은 외상 경험으로 인한 불안을 극복할 수 없다. 사건에 압도되고 패배하여 겁에 질린 것 같이 보인다. 공포에 사로잡혀 삶을 재개할 수 없는 상태가 된다."(p. 28)라고 설명한다.

1980년에 사회적 요인을 더 많이 고려하게 되면서 DSM-III는 DSM 범주체계에 새로운 진단명인 외상후 스트레스장애(PTSD)를 추가하여 전쟁 및 특별히 비극적 사건의 공포를 경험한 사람을 괴롭히는 특징적인 증상군을 설명하고자 하였다. 초기에는 PTSD의 외상을 "일반적인 인간 경험의 범위를 벗어나는"(APA, 1980, p. 236) 흔하지 않은 사건으로 개념화하였다. 그 이후 많은 종류의 외상성 사건이 실제로 매우 흔하게 발생한다는 것을 알게 되었다(van der Kolk, McFarlane & Weisaeth, 2006). 주디스 허먼(Judith Herman)의 고전 『외상과 회복(Trauma and Recovery)』에서 그녀는 "외상성 사건이 특별한 것은 그것이 드물게 발생하기 때문이 아니라, 그것이 일상적인 인간 삶의 적응을 압도하기 때문"(1997, p. 33)이라고 하였다.

간단히 정의하면, 외상은 "사람들의 대처 기제를 압도하는 불가피한 스트레스 사건"(van der Kolk, McFarlane, & Weisaeth, 2006, p. 279)을 의미한다. 스트레스 사건은 우리 모두의 삶의 일부다. 외상성 사건은 일상생활의 평범한 스트레스를 포함한 스트레스 경험의 연속선의 한쪽 극단에 있다. 이 연속선의 특정 지점(각 개인과 대처를 위한 자원에 고유함)에서 스트레스는 우리의 기능에 영향을 미치기 시작한다. DSM 진단체계는 초기부터 DSM-III에서 '적응장애'로 개명된 '일시적 상황적 어려움'의 군집을 소개하며 스트레스가 연속선상에서 경험된다는 것을 인정했다. 이들은 DSM-5가 출판될 때까지 별도의 진단 범주로 분류되었다(Casey, 2014).

지난 20년 동안 외상 및 스트레스에 대한 연구를 통해 DSM 개발자들은 이렇게 연속선상에 있는 삶의 경험에서 비롯된 장애들을 하나로 묶게 되었다. 허먼(1997)은 "끔찍한 사건을 경험한 사람은 당연히 심리적 손상을 경험한다."(p. 3)라고 하였는데, 마찬가지로 일시적으로 자신의 적응 능력을 압도하는 스트레스 사건을 많이 경험한 사람은 심리적 고통을 겪는다. 이 장에서 필자들은 새로운 군집으로 묶인 외상 및 스트레스 관련 장애를 다루고자 한다.

외상 및 스트레스가 사람들에게 미치는 영향에 대한 이해는 비교적 새로운 세 가지 과학 분야의 출현에도 영향을 받으면서 크게 향상되었다(van der Kolk, 2014, p. 2).

- 신경과학: 뇌가 정신과정을 지원하는 방법에 대한 연구
- 발달 정신병리학: 부정적인 경험이 마음과 뇌의 발달에 미치는 영향에 대한 연구
- 대인관계 신경생물학: 행동이 주변 사람들의 감정, 생물학적 반응 및 사고방식에 미치는 영향에 대한 연구

이러한 새로운 연구 분야를 통해 외상성 스트레스가 실제로 우리 몸을 변화시킨다는 것을 알게 되었다. 변화에는 뇌의 기본 경보 체계의 변화, 신체의 스트레스 호르몬 분비 증가, 중요하지 않은 정보와 중요한 정보를 구별하는 뇌의 능력의 변화가 포함된다. 가장 기본적인 '살아 있다는 체화된 느낌'은 뇌의 한 영역에서 보내는 메시지인데, 이 부분이 외상을 경험하면 손상된다. 결과적으로 외상을 입은 사람은 끊임없이 생사(生死)의 상황에 처해 있다고 느낄 수 있으며, 외상과 정상적인 일상생활 스트레스를 구별할 수 없게 된다. 이러한 사람은 반복적 대처 반응에 빠지곤 하는데, 이것이 도움이 되기보다는 해가 되는 편이다. 그리고 반 데어 콜크(van der Kolk, 2014)는 "우리는 이제 그들의 행동이 도덕적 실패나 의지 부족이나 나쁜 성격의 결과가 아니라 뇌의 실제 변화로 인해 발생한다는 것을 알게 되었다."(p. 2)라고 설명하였다.

외상 반응에 갇힌 사람은 외상을 극복하고 싶어 한다. 그러나 하나님께서 위기의 시기에 보호하기 위해 설계한 뇌의 원시적인 부분, 즉 가장 기본적인 생존 본능과 관련된 뇌의 영역은 충격적인 경험을 잊거나 위험의 징후를 무시하도록 허용하지 않는다. 일단 외상에 의해 활성화된 뇌의 부분은 위험을 암시하는 순간에 다시 활성화된다. 내부 자원이 동원되어 스트레스 반응 체계가 활성화되며, 스트레스 호르몬이 과도하게 분비된다. 뇌가 이런 식으로 활성화되면 개인은 외상 경험과 관련된 정서 및 생리적 감각에 압도되고, 위험한 순간에 흔히 볼 수 있는 충동적이고 공격적인 행동을 할 태세를 갖춘다(van der Kolk, 2014). 주디스 허먼(1997)은 외상 증상을 과각성, 침습 그리고 정지로 요약한다. "과각성은 위험에 대한 지속적인 기대를 반영하며, 침습은 충격적인 순간이 지워지지 않게 각인된 것을 말한다. 정지는 항복하는 마비 반응을 의미한다."(p. 35)

외상을 입은 당사자나 그의 주변 사람들은 외상 및 스트레스로 인한 강렬한 반응을 잘 이해하지 못한다. 강렬한 정서와 충동적인 반응의 순환에 갇힌 외상의 생존자는 "통제 불능의 감정을 느끼고, 가장 중요한 무언가가 손상되어 회복할 수 없을 것 같아 두려워한다."(van der Kolk, 2014, p. 2) 설상가상으로 개인이 느끼는 외상의 정도는 사건 자체가 아니라 개인의 대처능력에 의해 결정된다. 같은 사건을 두 사람이 겪는다고 할 때, 한 사람은 그것을 외상으로 경험하고 다른 한 사람은 스트레스는 받아도 외상까지는 아닌 것으로 경험할 수 있다. 인간은 각자의 삶의 경험과 고유한 능력을 가지고 삶의 사건을 경험하며 스트레스 및 외상에 대처하고 적응해 간다. 따라서 캐롤린 요더(Carolyn Yoder, 2005)가 경고했듯이, "유발 사건에 대해 타인이 어떤 다른 반응을 보이든 상관없이 개인이 보이는 외상 반응은 그 자체로 유효한 것으로 다루어야 한다."(p. 10)

외상과 그것이 개인과 공동체의 삶에 미치는 파괴적인 영향에 대한 연구는 현대 정신건강 분야에서 비교적 최근에 두각을 보이고 있지만, 외상적 상실이라는 주제는 수세기, 심지어 수천 년 동안 목회학과 목회적 돌봄의 화두로 자리하고 있다. 왜냐하면 그것은 모든 인간의 고통과 그 고통에 참여하기로 선택하신 긍휼하신 하나님의 응답과 관련되기 때문이다. "자신을 그리스도인이라고 부르는 사람의 영혼에는 이 사람 예수의 견디기 힘든 슬픔의 흔적이 새겨져 있다……. 외상에서 생존한 신자는 치유하는 복음의 능력에 자신의 생명을 건다."(Hunsinger, 2011, pp. 89) 프린스턴 신학교의 목회 신학 교수인 드보라 반 듀센 헌싱거(Deborah van Deusen Hunsinger)는 샬럿 뉴컴 교수로 취임하는 자리에서 다음과 같이 강연했다.

> 신학을 전공하는 사람들은 성경의 "끔찍한 사건이 나오는 본문"(Trible, 1984)을 포함하여 혹독한 역사나 신학이 소개되는 책자 및 공포 사건이 나오는 저녁 뉴스에 이르기까지 여러 창구를 통해 온갖 종류의 학살에 대해 묵상해 보도록 부름받았다. 이런 세상에서 어떻게 자기 자신, 학생들 또는 자녀들을 지켜 낼 수 있을까? 국가적 또는 국제적 무대든, 한 가족이나 공동체든, 외상적 상실은 어디에나 나타난다. 사고, 심각한 폭행이나 비극적인 죽음의 충격을 통해, 또는 이민, 전쟁, 수감, 고문, 가정폭력 및 성적 학대 등을 통해 개인의 삶에 들이닥치는 다양하고 복합적인 형태의 외상은 우리의 삶을 돌이킬 수 없게 변화시킨다. 인정하지 않고 치유받지 않은 외상은 종종 자신이나 타인에 대한 추가적 폭력의 형태로 나타나 더 많은 외상을 재생산한다. 그러나 제대로 치료를 받고 현명하게 지지해 주는 사람들이 곁에 있을 때 외상은 치유될 수 있다. 나아가 "성장과 변화의 촉매자, 인생의 전환점, 하나님의 선하심과 돌보심의 표시이자 상징이 될 수 있다"(Cane, 2000, p. 9).[1]

---

1 충격적인 상실을 변화시키는 복음의 힘에 대한 감동적인 설명은 제리 싯처(Jerry Sittser)의 책 『가면을 쓴 은혜: 상실을 통해 영혼이 성장하는 법(A Grace Disguised: How the Soul Grows Through Loss)』(1996)을 참조하라.

1. 현대적 분류

이전에 언급했듯이, DSM-5는 DSM-IV에 소개된 다양한 장애 중에서 스트레스나 외상이 증상의 발달에서 중요한 역할을 하는 경우를 묶어서 새로운 범주에 넣었다. 이 장애들은 발달 문제, 불안 및 적응과 관련된 이전 군집에서 추출되었다. 새로운 범주인 외상 및 스트레스 관련 장애는 공유하는 병인을 기반으로 구축된 최초이자 유일한 DSM 범주다. DSM 체계의 많은 상애는 장애의 원인과 관계 없이 묶인다. 외상 및 스트레스 관련 장애는 "병리학적 발달 과정의 심리학에 뿌리를 둔"(Morrison, 2014, p. 218) 유일한 범주라 할 수 있다.

외상 및 스트레스 관련 장애 범주에는 아동기의 외상 및 스트레스 반응과 관련된 세 가지 장애, 즉 반응성 애착장애(RAD), 탈억제성 사회적 유대감 장애(DSED), 미취학 아동의 외상후 스트레스장애와 함께 아동기에 국한되지 않는 세 가지 장애, 즉 적응장애(AD), 급성 스트레스장애(ASD), 외상후 스트레스장애(PTSD)가 포함된다. 이 장에서는 아동기에 국한되지 않는 장애를 주로 다룰 것이다.[2]

1) 급성 스트레스장애

주요 사건이나 힘든 상황에 대응하는 방법은 개인마다 매우 다를 수 있다. 우연히 발생한 사고, 자연재해, 가정폭력 또는 성폭력, 극심한 육체적 고통, 폭력적인 전투에 대한 노출처럼 거의 모든 사람이 커다란 스트레스로 경험하는 사건이 있다. 비극적인 상실은 확실히 인생의 중추적인 경험에 해당한다(Sittser, 1996). 다른 힘든 상황도 많은 사람에게 불편을 끼치지만, 그 정도는 개인마다 매우 다르며 영향을 미치는 방식(인지적, 정서적, 행동적 또는 신체적)도 다양할 수 있다. "사람이 괴로워하고, 두려워하고, 화내고, 걱정하는 것은 상당 부분 상황에 대한 개인의 해석 때문이다."(Miller & Jackson, 1995, p. 251) 실제로 스트레스와 불안은 누가 경험하는지에 따라 달라진다. 즉, 개인의

---

2 책 전체를 아동기 정신병리에 대한 기독교적 평가에 할애할 수 있다(아마도 필요할 것이다). 그러나 그것은 이 책의 범위를 벗어난다. 제7장을 아동의 정신병리에 대한 고찰에 할애하였으므로 유감스럽지만 아동기 외상 장애는 짧게 논의할 것이다.

해석적 기준 또는 개념적 틀에 영향을 받는다. 따라서 스트레스는 심리적 장애와 신체적 장애 모두에서 중요한 역할을 한다. 자신이 불안하거나 고통스러운 사건에 어떻게 대처하고 대응하는지, 다른 사람은 어떻게 반응하는지가 차이를 만들어 낸다.

> 상실의 경험은 각각 매우 독특할 수 있지만(모든 상실이 그렇듯이) 그것은 보편적인 경험의 발현이다. 더 빠를 수도 있고 더 늦을 수도 있지만, 모든 사람은 상실을 경험한다. 그 양은 적을 수도 있고 많을 수도 있으며, 갑자기 나타날 수도 있고 시간이 지나면서 천천히 나타날 수도 있다. 또 개인적인 공간에서 나타나는 상실일 수도 있고, 공공장소에서 경험하는 상실일 수도 있다. 상실은 출생 못지않게 정상적인 삶의 일부다. 왜냐하면 이 세상에 태어나는 것만큼이나 확실히 인간은 이 세상을 떠나기 전에 상실을 경험하게 되기 때문이다.
>
> 그러므로 삶을 결정하는 것은 상실의 경험이 아니다. 왜냐하면 그것은 모두를 기다리고 있는 마지막 상실인 죽음처럼 필연적이기 때문이다. 중요한 것은 상실에 어떻게 대처하느냐 하는 것이다. 그 대처 방식이 삶의 질, 방향 그리고 그 이후의 삶 대부분을 결정한다(Sittser, 1996, p. 9).

DSM-5에서는 급성 스트레스장애와 외상후 스트레스장애를 구분한다. 두 경우 모두 외상성 사건(또는 사건)에 노출된 후 그에 대한 반응이 강렬하게 나타나는 것을 특징으로 한다. 각성과 공포의 강렬한 경험은 자율신경계와 내분비계를 모두 활성화시키는 시상하부에 의해 시작된다는 것을 기억할 필요가 있다. 스트레스는 '머릿속에' 있는 것이 아니다. 우리의 '하드웨어'와 '소프트웨어'는 모두 투쟁-도피 반응을 위해 설계되어 있다. 일반적인 불안 수준(특성 불안)과 지각된 위협 감각(상태 불안) 사이에는 차이가 있다. 어렵거나 고통스러운 상황에 직면할 때 우리의 반응은 잠재적으로 적응적인 반응에서부터 자기파괴적인 반응에 이르기까지 매우 다양하게 나타날 수 있다. 스트레스를 마음, 몸, 영 등 인격의 모든 측면에 영향을 미치는 과정으로 보는 것이 가장 적절할 것이다.

급성 스트레스장애의 경우 증상이 사건 발생 후 4주 이내에 시작되며 지속 기간은 1개월 이하가 된다. 증상은 일시적이다. PTSD의 경우 증상은 사건 이후 언제든지 시작될 수 있으며, 지속 기간은 한 달 이상이다. 미국의 9·11사건 이후 분명히 목격했듯이, PTSD는 급성 스트레스장애에서 발전할 수 있으며 많은 의학적·심리적 합병증을 유발할 수 있다.

　급성 스트레스장애와 외상후 스트레스장애 모두에서 유발 사건은 대부분 자신이나 타인에게 일어난 실제적이거나 위협적인 심각한 상해를 수반한다. 외상 중에 그리고 외상 직후에 많은 사람은 극도의 불안과 우울을 경험한다(Worden, 2008). 전형적인 증상으로는 플래시백과 악몽을 통한 외상성 사건의 재경험, 생리적 각성의 증가, 외부 신호에 대한 반응의 둔화, 부정적 기분 및 회피 증상 등이 있다.

　외상 후에 나타나는 생리학적 각성 반응은 위험을 경험하는 순간(현실이든 상상이든) 활성화되는 신체의 경보 체계에 기인한다. 자율신경계가 작동하고 호르몬이 분비되면서 예상되는 위험에 대응하도록 준비를 한다. 심장 박동이 빨라지고, 호흡이 짧아지고 빨라지며, 혈압이 상승하고, 소화계가 작동을 멈추면서, 생각은 위험을 파악하기 위해 바쁘게 움직이고, 혈액이 중요한 기관으로 빠져나가면서 피부가 차가워진다. 몸은 고도의 경계 상태, 즉 투쟁이나 도피의 준비를 한다. 둘 다 가능하지 않으면 신체는 일반적으로 얼어붙는 방식으로 반응한다. 신체의 이 놀라운 준비 반응 체계는 실제 생명을 위협하는 상황에서 인간의 생존을 돕는 필수적인 부분이다. 그러나 위험이 지나가고 나서도 이 체계가 계속 활성화되면 몸은 심각하게 쇠약해진다.

2) 외상후 스트레스장애

　외상후 스트레스장애(PTSD)는 비정형적이고 심각한 외상성 사건에 대한 지연된 고통 반응이며, 이때 외상성 사건은 그것에 노출된 사람 대부분에게 압도적으로 경험될 만큼 부정적이고 불쾌한 사건이다(Meyer & Deitsch, 1996, p. 1117). 초기 외상후 스트레스장애에 대한 지식 대부분은 폭력적인 전투 또는 전쟁에 노출된 군인이나 재향 군인과의 작업에서 나왔다. 실제로 외상후 스트레스장애 진단은 베트남 참전용사 집단이 로비를 하면서 노력해 온 결실로 1980년 DSM 범주 체계에 처음 추가되었다(van der Kolk, 2014). 외상의 잔상은 각인되어 개인이 세상을 살아 나가는 방식을 지배하게 된다(van der Kolk, 2002). 치유를 위해서 개인은 외상이 감각적으로 상기되는 것을 견딜 수 있어야 할 뿐만 아니라, "한때 무력감과 의존성을 촉발한 자극에 대해 신체적 효능감을 경험하고 의미를 찾을 수 있어야 한다."(van der Kolk, 2002, p. 381)

　외상에 노출된 사람 모두가 외상후 스트레스장애를 겪는 것은 아니지만, 외상의 영향은 파괴적인 편이며, 외상을 경험한 사람들의 약 10~20%가 기능을 손상시키는 수준의 증상을 지속적으로 보이는 것으로 추정된다(Norris & Sloane, 2007). 메이어와 다이치(Meyer & Deitsch, 1996)가 보고한 자료에 따르면, 외상후 스트레스장애의 발병률은 강간 피해자의 경우 34~78%, 폭행 피해자의 경우 3~37%, 참전용사의 경우 15~31%로 나타난다. 외상에 대한 지속적인 노출이 일상의 현실인 전쟁으로 고통받는 지역에서 외상후 스트레스장애의 유행은 비극적일 정도로 평범할 수 있다. 예를 들어, 중동에서 일하는 아동과 청소년을 대상으로 한 연구에 따르면, 외상후 스트레스장애 증상의 유병률이 상당히 높은 것으로 보고되었다. 가자(Gaza) 지역에서 무작위로 선택된 350명 이상의 청소년을 대상으로 2009년 수행된 연구에 따르면, 복합 외상성 사건에 집단적으로 노출된 청소년의 92%가 외상후 스트레스장애 증상 중 최소 한 가지를 경험했으며, 30%는 외상후 스트레스장애 진단기준을 완전히 충족하는 것으로 나타났다(평균은 13.3%)(Thabet, El-Buhaisi, & Vostanis, 2014). 전반적으로 심각한 외상에 직접 노출된 후 여성의 20%, 남성의 8%가 PTSD를 경험하는 것으로 추정된다. 정신질환에 대한 스트레스-취약성 모델은 이러한 형태의 고통과 아픔을 이해하는 데 특히 유효하다.[3] 스트레스-취약성 모델은 [그림 10-1]에 제시되었다.

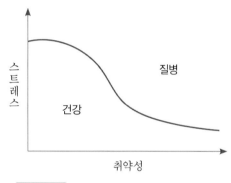

그림 10-1 Zubin과 Spring(1977)의 기본 모델

〈표 10-1〉은 DSM-5의 새로운 진단기준에 따른 외상후 스트레스장애, 급성 스트레스장애 그리고 미취학 아동의 외상후 스트레스장애의 특징을 비교한 것이다. 이 새로운 진단의 포함으로 외상성 생활 사건을 경험하는 사람이 성인만이 아니라는 것과, 아동이 경험하는 외상후 스트레스장애 증상의 임상적 의미를 이해하는 데 특별한 주의가 필요하다는 것을 알 수 있다. 통계에 따르면, 참전 군인의 약 1/4이 외상후 스트레스장애 증상을 겪는 것으로 추정된다. 그러나 대부분의 사람은 일생 동안 특정 형태의 폭력 범죄를 경험하며, 아동도 그런 경험에 많이 노출되어 있다. 반 데어 콜크가 말했듯이, "많은 사람은 전쟁을 집에서 겪는다."(van der Kolk, 2014, p. 20)

---

3 스트레스 개념과 취약성 개념을 통합하는 가장 초기 모델은 블로일러와 로젠탈이 소개했다(Bleuler, 1963; Rosenthal, 1963).

표 10-1 외상 장애 증상 비교

급성 스트레스 장애	외상후 스트레스장애	미취학 아동의 외상후 스트레스장애
1. 실제적이거나 위협적인 죽음, 심각한 부상, 또는 성폭력에의 노출이 다음과 같은 방식 가운데 한 가지(또는 그 이상) 나타남		
• 외상성 사건에 대한 직접적인 경험 • 외상성 사건의 목격 • 외상성 사건이 가족이나 친한 친구에게 일어난 것을 알게 됨 • 외상성 사건의 세부 사항에 대한 반복적이거나 지나친 노출(TV에서 아님)	• 외상성 사건에 대한 직접적인 경험 • 외상성 사건의 목격 • 외상성 사건이 가족이나 친한 친구에게 일어난 것을 알게 됨 • 외상성 사건의 세부 사항에 대한 반복적이거나 지나친 노출(TV에서 아님)	• 외상성 사건에 대한 직접적인 경험 • 외상성 사건의 목격(TV에서 아님) • 외상성 사건이 부모나 돌보는 사람에게 일어난 것을 알게 됨
2. 침습적, 회피적, 부정적인 사고나 기분, 각성의 증상들이 나타남		
• 모든 증상(15개 중 9개) 　-기억 　-꿈 　-플래시백 　-심리적 고통 　-생리적 반응 　-기억의 회피 　-외부적 암시의 회피 　-현실에 대한 변화된 감각 　-기억 상실 　-긍정적 감정의 부재 　-짜증과 분노폭발 　-과각성 　-과장된 놀람 반응 　-집중력의 문제 　-수면 교란	• 침습(5개 중 1개) 　-기억 　-꿈 　-플래시백 　-심리적 고통 　-생리적 반응 • 회피(2개 중 1개) 　-기억의 회피 　-외부적 암시의 회피 • 부정적 감정이나 인지(7개 중 2개) 　-기억상실 　-부정적인 믿음 　-왜곡된 인지로 비난함 　-부정적인 감정 　-저하된 흥미 　-타인에게 무관심 　-무감정 • 각성과 반응성(6개 중 2개) 　-짜증과 분노폭발 　-무모하거나 자기파괴적 행동 　-과각성 　-과장된 놀람 반응 　-집중력의 문제 　-수면 교란	• 침습(5개 중 1개) 　-기억 　-꿈 　-플래시백 　-심리적 고통 　-생리적 반응 • 회피, 부정적 인지, 부정적 감정(6개 중 1개) 　-기억의 회피 　-외부적 암시의 회피 　-부정적인 감정 상태 　-저하된 흥미 　-사회적 위축 　-긍정적 정서의 저하 • 각성과 반응성(5개 중 2개) 　-짜증과 분노폭발 　-과각성 　-과장된 놀람 반응 　-집중력의 문제 　-수면 교란

3. 기간		
3일~1개월	1개월 이상	1개월 이상

출처: Morrison(2014), p. 225, DSM-5의 직접적 증상 진단기준에서 발췌함

3) 아동기 외상 및 스트레스장애

2003년에만 아동보호국(Child Protective Services)에 의해 아동학대 및 방치에 대한 300만 건 이상의 신고가 접수되었으며, 그것은 550만 명 이상의 아동의 삶에 영향을 미쳤다(Hornor, 2008). 해마다 법체계가 개입할 만한 그런 종류의 신고가 100만 건이 넘게 보고되고 있다. 결국 "해외의 전쟁 지역에서 복무하는 군인 1명당, 본국의 자신의 집에서 위험에 처할 아동이 10명 정도 되는 것이다. 두려움과 고통의 제공자가 적군이 아닌 보호자인 경우 자라나는 아이들은 회복하기 정말 힘들어한다는 점을 고려할 때, 이것은 정말 비극이라 할 수 있다."(van der Kolk, 2014, p. 21)

제4판에서 제5판으로 바뀌면서 DSM 범주 체계에 중요한 변화가 있었는데, 그중 하나가 '일반적으로 유아기, 아동기 또는 청소년기에 처음으로 진단되는 장애'가 '신경발달장애'로 이름이 바뀐 것이다. 이전에는 생애 단계에 따라 분류되었던 많은 장애가 유사한 증상 양상이나 인과적 경로를 중심으로 재분류되고 재배치되었다. 그중 하나가 새로운 외상 및 스트레스 관련 장애 범주이며, 반응성 애착장애(Reactive Attachment Disorder: RAD)가 여기에 포함되어 재배치되었다. 또한 이전에는 반응성 애착을 억제형 및 비억제형라는 두 가지 하위 유형으로 분류하였다. DSM-5는 이것을 "동일한 병인과 사회적 방임의 전제 조건을 공유하는 두 가지 별개의 장애(예: 적절한 보살핌의 부재)"(Seligman & Reichenberg, 2014, p. 475)로 재개념화했다. 따라서 DSM-5는 현재 탈억제성 사회적 유대감 장애(Disinhibited Social Engagement Disorder: DSED)가 분리되어 포함되었다.

반응성 애착장애 및 탈억제성 사회적 유대감 장애의 경우, 보호자에 의한 학대(학대 또는 방치)는 5세 이전에 발생해야 하며, 적절한 애착을 형성하는 아동의 능력에 손상을 초래해야 한다. 진단을 내리기 위해서는 아동이 최소 생후 9개월 이상이어야 한다. 장애는 아동에게 장기적인 영향을 미치는 외현화 행동 대 내재화 행동에 따라 구분된다(Seligman & Reichenberg, 2014).

표 10-2 아동의 외상 장애 증상

미취학 아동의 외상후 스트레스장애	반응성 애착장애	탈억제성 사회적 유대감 장애
1. 실제적이거나 위협적인 죽음, 심각한 부상, 또는 성폭력에의 노출이 다음과 같은 방식 가운데 한 가지(또는 그 이상) 나타남	1. 불충분한 양육의 극단적인 양식의 경험이 다음 중 한 가지(또는 그 이상) 나타남	
• 외상성 사건에 대한 직접적인 경험 경험 • 외상성 사건의 목격 • 외상성 사건이 가족이나 돌보는 사람에게 일어난 것을 알게 됨	• 사회적 방임 또는 박탈 • 주 보호자의 반복된 교체 • 독특한 구조의 양육	• 사회적 방임 또는 박탈 • 주 보호자의 반복된 교체 • 독특한 구조의 양육
2. 침습적, 회피적, 부정적인 사고나 기분, 각성의 증상들이 나타남	2. 장애 행동 양식	

• 침습(5개 중 1개)
  −기억
  −꿈
  −플래시백
  −심리적 고통
  −생리적 반응
• 회피, 부정적 인지, 부정적 감정(6개 중 1개)
  −기억의 회피
  −외부적 암시의 회피
  −부정적인 감정 상태
  −저하된 흥미
  −사회적 위축
  −긍정적 정서의 저하
• 각성과 반응성(5개 중 2개)
  −짜증과 분노폭발
  −과각성
  −과장된 놀람 반응
  −집중력의 문제
  −수면 교란
	• 억제되고 감정적 위축
	  −정신적 고통을 받을 때 거의 안락을 찾지 않거나 최소한의 정도로만 안락을 찾음
	  −정신적 고통을 받을 때 거의 안락에 대한 반응이 없거나 최소한의 정도로만 안락에 대해 반응함
	• 지속적인 사회적, 감정적 장애(3개 중 2개)
	  −최소한의 사회적, 감정적 반응성
	  −제한된 긍정적 정동
	  −설명되지 않는 과민성, 슬픔 또는 무서움의 삽화
		• 낯선 성인에게 활발하게 접근하고 소통(4개 중 2개)
		  −주의가 약하거나 없음
		  −과도하게 친숙한 언어적 또는 신체적 해동
		  −경계하는 정도가 떨어지거나 부재함
		  −낯선 성인을 따라가는 데 있어 주저함이 적거나 없음

3. 기간		
1개월 이상	12개월 이상 '지속'	12개월 이상 '지속'

따라서 외상 및 스트레스와 관련된 아동기 장애에는 미취학 아동의 반응성 애착장애, 탈억제성 사회적 유대감 장애 및 외상후 스트레스장애가 포함된다. 이미 언급했듯이, 편의를 위해 우리는 아동기의 외상 장애에 대한 논의의 초점을 이 세 장애 사이에서 공유되는 공통 주제로 제한하려고 한다. 〈표 10-2〉는 이 세 가지 아동기 외상 장애를 비교한 것이다.

4) 적응장애

지금까지 이 장에서 논의한 장애들은 장애가 나타날 때 증상을 촉발하는 심각한 스트레스 요인이나 외상의 경험을 포함하고 있다. 그러나 외상으로 간주될 만큼 압도적이지 않은 일상생활의 사건도 일시적으로 잘 대처하고 기능하는 능력을 압도할 수 있다. 거의 모든 사람이 어려운 삶의 사건이나 삶의 전환 사건을 경험하며 이로 인해 적응적인 대처에 어려움을 겪기도 한다. 그러한 스트레스 상황에서 적응하는 과정은 정신건강, 심리적 세련성, 지능 및 개인적 자원(사회경제적, 심리사회적, 영적)의 모든 수준에서 발생한다(Seligman Reichenberg, 2014). 적응장애(AD)의 진단은 스트레스 요인에 대한 반응이 그 심각성을 고려할 때 일반적으로 예상되는 것보다 크고 개인이 사회적, 직업적 또는 기타 중요한 영역에서 기능하는 능력에 상당한 손상을 경험할 때 주어진다(APA, 2013). 적응장애는 기분, 불안 및 행동 증상에 따라 세분화된다. DSM-5는 적응장애를, 첫째, 우울 기분을 동반한 적응장애, 둘째, 불안을 동반한 적응장애, 셋째, 불안 및 우울한 기분을 동반한 적응장애, 넷째, 품행 장애를 동반한 적응장애, 다섯째, 정서 및 품행장애를 동반한 적응장애, 여섯째, 명시되지 않은 적응장애의 여섯 가지로 분류한다.

상대적으로 적응장애에 초점을 맞춘 연구는 아주 적다. 이는 부분적으로 진단의 역사적 발전에서 기인한다. 적응장애 진단이 등장하기 전에 DSM 초판(1952)에서는 유아기, 아동기, 청소년기 및 이후의 적응 반응, 성인의 상황적 반응, 전반적 스트레스 반응을 포함하는 장애군을 제시하였다. 1968년 DSM-II가 출판되면서, 일시적인 상황적 장애의 진단이 이러한 적응적 반응군을 설명하는 데 사용되었다. 이러한 장애에 대한 기본적인 견해는 환경적 스트레스 요인에 대한 반응으로 나타나며 스트레스 요인이 제거되면 증상이 완화된다는 것이었다. 스트레스 요인이 중단된 후에도 증상이 해결되지 않으면 다른 진단이 사용되었다. 현재 우리가 이해하고 있는 적응장애는 1980년(DSM-III)

이 되어서야 뚜렷한 진단명을 가지고 구체화되었고, 진단기준은 그 이후로 비교적 안정적으로 유지되어 왔다(Casey, 2014).

외상 및 스트레스 관련 장애에 포함되기 전에 적응장애는 축 I 장애와 V 코드(식별할 수 있는 문제에 대한 진단 코드의 기준을 충족하지 않는 진단 코드) 사이 어딘가에서 모호한 상태로 별도의 범주로 존재했다. 외상 범주로 이동하면서 적응장애 연구에 대한 관심이 높아질 것으로 기대한다.

DSM-5는 또한 진단기준을 충족하지 않는 상태의 범주를 '장애'로 포함한다. 이는 DSM-5의 끝부분에 "임상적 주의의 초점이 될 수 있는 기타의 상태"(APA, 2013, p. 715)라는 제목의 장에 나열되어 있다. 이러한 상태는 정신장애로 간주되지 않지만 다음 목록에서 알 수 있듯이, 스트레스의 원인과 이를 경험하는 사람의 잠재적인 외상을 나타낸다. 해당 상태는 다음과 같다.

① 가족 양육과 관련된 문제
- 부모-아동 관계 문제
- 형제자매 관계 문제
- 부모와 떨어진 양육
- 부모의 관계 고충에 의해 영향받는 아동

② 1차 지지 집단과 관련된 기타 문제
- 배우자나 친밀 동반자와의 관계 고충
- 별거나 이혼에 의한 가족 붕괴
- 가족 내 고도의 표출 정서
- 단순 사별

③ 아동 학대와 방임 문제
- 아동 신체적 학대
- 아동 성적 학대
- 아동 방임
- 아동 심리적 학대

④ 성인 학대와 방임 문제

• 배우자나 동반자 신체적 폭력

• 배우자나 동반자 방임

• 배우자나 동반자 심리적 학대

• 배우자나 동반자가 아닌 사람에 의한 성인 학대

⑤ 교육과 직업 문제

• 학업이나 교육 문제

• 현재의 군대 배치 상태와 관련된 문제

• 고용과 관련된 기타의 문제

⑥ 주거 문제

• 노숙

• 부적절한 주거

• 이웃, 세입자 및 임대주 등과의 불화

• 기숙시설에서의 생활과 관련된 문제

⑦ 경제 문제

• 적절한 음식이나 안전한 식수 부족

• 극도의 가난

• 적은 수입

• 불충분한 사회보험이나 복지 지원

• 사회환경과 관련된 기타 문제

• 생의 단계 문제

• 혼자 살기와 관련된 문제

• 문화 적응의 어려움

• 사회적 배척이나 거부

• (지각된) 부정적 차별이나 박해의 표적

⑧ 범죄 또는 법체계와의 상호작용과 관련된 문제
- 범죄의 피해자
- 불구속 상태의 민사 또는 형사 소송에서의 유죄 판결
- 구속 또는 기타의 구금
- 출감과 관련된 문제
- 기타 법적 상황과 관련된 문제

⑨ 상담과 의학적 조언을 위한 기타 건강 서비스 대면
- 성상담
- 기타 상담 또는 자문

⑩ 기타 정신사회적, 개인적 및 환경적 상황과 관련된 문제
- 종교적 또는 영적 문제
- 원하지 않는 임신과 관련된 문제
- 임신 반복과 관련된 문제
- 보호관찰관, 사례관리자 및 사회복지사 등과 같은 사회복지 제공자와의 불화
- 테러나 고문의 피해자
- 재앙, 전쟁 및 기타 적대 행위에 노출
- 정신사회적 상황과 관련된 기타 문제
- 명시되지 않는 정신사회적 상황과 관련된 명시되지 않는 문제

⑪ 개인력의 기타 상황
- 심리적 외상의 기타 개인력
- 자해의 개인력
- 군대 배치의 개인력
- 기타 개인적 위험 요인
- 생활방식과 관련된 문제
- 성인 반사회적 행동
- 아동 또는 청소년 반사회적 행동

⑫ 의학적 치료 및 기타 건강관리에 대한 접근과 관련된 문제
- 건강관리 기관이 없거나 가기 어려움
- 기타 도움을 주는 기관이 없거나 가기 어려움

⑬ 의학적 치료를 멀리함
- 과체중 또는 비만
- 꾀병
- 정신질환과 연관된 배회
- 경계선 지적 기능

이 책에서 이것들을 다루지는 않겠지만, 이러한 문제들을 경험하는 사람을 돌보는 사람들은 이 목록을 활용하여 이 문제들에 주의를 기울이고 이것이 개인의 고통, 위험, 기능장애 또는 일탈에 미치는 영향을 신중하게 분별할 수 있게 될 것이 분명하다. 스트레인, 클립스타인 및 뉴콘(Strain, Klipstein, & Newcorn, 2011)은 심각도 수준에 따라 정상 상태, 기타 상태 및 장애로 구별하는 데 유용한 분류체계를 제공한다. 다음 목록에서 심각도는 아래로 갈수록 감소한다.

- 주요 장애
- 경미한 장애 및 '달리 명시된' 또는 '명시되지 않은' 주요 장애 유형
- 적응장애
- 임상적 주의의 초점이 될 수 있는 기타의 상태
- 정상 상태

적응장애는 일반적으로 스트레스 요인의 발생과 관련하여 기간이 짧다. DSM-5 기준은 증상이 스트레스 요인이 발생한 지 3개월 이내에 시작해야 하고 스트레스 요인 또는 그 결과가 종료된 후 6개월 이상 지속되지 않아야 한다고 명시하고 있다. 적응장애는 매우 흔하며 모든 문화와 연령대에 존재한다(Morrison, 2014). DSM-5에 따르면, "외래 정신건강 치료에서 적응장애를 주 진단으로 받은 사람은 대략 5~20%에 이른다. 병원 정신과 자문 환경에서는 종종 가장 흔한 진단으로 약 50%에 이른다"(APA, 2013, p. 287) 적응장애로 진단하는 것을 꺼리는 사람들도 있다. 이 책이 출간될 당시에는 일부 보험

사들은 적응장애에 대한 치료비 지급을 거부하기 시작했다. 모리슨(Morrison, 2014)은 이 진단에 대한 주의사항으로 한 가지 관점을 제공한다.

> 수십 년간 임상적으로 사용해 온 적응장애의 효용성을 뒷받침하는 자료도 있지만, 진단은 '거의 최후의 수단'으로 유보할 것을 권한다. 이 경고에는 몇 가지 이유가 있다.
> 한 가지 예로, 우리는 무슨 일이 일어나고 있는지에 대해 더 나은 아이디어가 없을 때 그것을 너무 자주 사용한다. 또 다른 예로, DSM-5 기준은 우울증, 불안 또는 이상 행동을 유발할 만큼 충분히 스트레스가 많은 사건과 일반적인 사건을 구별하는 방법을 알려 주지 않는다. 나는 단지 그것이 정서적 또는 행동적 문제를 일으킨다는 사실만을 근거로 채택된다고 생각한다. 그것은 약간 순환적으로 보인다(p. 231).

이에 대해 더 많은 연구가 필요하다는 것은 분명해 보인다. 많은 사람이 삶의 스트레스 요인에 대처하고 적응하기 위해 고군분투하느라 그들의 사회적, 직업적 기능에 이상을 경험하지만 급성 스트레스장애 또는 외상후 스트레스장애의 기준에는 부합하지 않는다. 적응장애의 범주가 필요하다는 믿음은 변함이 없지만, 임상적 유용성을 위해서는 명확성이 더 필요하다는 데 동의한다.

2. 병인 및 지속의 주제

1990~1992년 미국의 전국 동반이환 조사(National Comorbidity Survey)에 따르면, 여성의 51%와 남성의 60%가 적어도 한 번은 삶에서 외상적 경험을 해 본 것으로 나타났다(Kessler et al., 1995). 그중 50% 이상은 가족 내에서 방치, 유기, 학대를 당했거나 폭력을 목격하여 정신과 치료를 받았다(van der Kolk, 2014). 질병 통제 예방 센터(Center for Disease Control and Prevention)에 따르면, 미국인의 13%가 어머니가 신체적 학대를 당하는 것을 목격했고, 20%는 어린 시절에 성추행을 당한 경험이 있으며, 25%는 부모로부터 상해가 생길 정도로 신체적 학대를 받았다. 또한 25%는 알코올 중독자와 함께 자랐고 부부의 33%는 어떤 형태로든 가정폭력에 가담하였다(van der Kolk, 2014).

이들은 수많은 형태의 외상과 스트레스의 작은 표본일 뿐이며, 외상과 스트레스는 매일 사람들의 삶에 피해를 주고 대처능력을 행사하지 못하도록 영향을 미친다. 이 장의 시작 부분에서 언급했듯이, 이 장애군은 DSM 체계에서 각 장애(외상과 스트레스)의 발달에 기여하는 공통 병인이 있다는 점에서 고유하다. 따라서 우리는 이번 논의에서는 이러한 장애가 공유하는 공통 주제에 초점을 두고자 한다.

심각한 외상은 스트레스 장애를 일으킬 수 있다. 하지만 사건 자체만으로 왜 어떤 사람들은 외상이나 스트레스 장애를 발달시키는지, 다른 사람들은 왜 그렇지 않은지를 설명할 수 없다. 전통적인 이론들에 근거해서 생각해 보면, 장애의 발병은 스트레스 반응이 병적으로 되기 위해 필요한 '임계치'를 형성하는 생물학적·심리사회적·문화적 요인의 시너지 효과의 조합 때문이라고 볼 수 있다(Worden, 1996, 2008).

분명히 외상은 뇌와 신경계에 심각한 해와 상처를 입힐 수 있다. 우리는 삶의 사건들이 직접적으로 뇌-행동 관계에 영향을 미칠 수 있다는 것을 안다. 특히 노르에피네프린(신경전달물질)과 코티솔(호르몬)의 수치는 한 사람의 자아에 심각한 모욕과 상처가 있을 때 극적으로 변할 수 있다. 외상이나 스트레스의 경험을 하는 즉시 다음과 같은 일이 벌어진다.

> 코르티솔(스트레스 호르몬)은 안전 신호를 보냄으로써 스트레스 반응을 종식시킨다. …… 외상후 스트레스장애에서는 신체의 스트레스 호르몬이 사실상 위협이 지나간 후에도 기준선까지 돌아오지 않는다. …… 이상적으로 우리의 스트레스 호르몬 체계는 스트레스에 번개처럼 빠른 반응을 해 주고, 그후에는 빠르게 균형을 이루게 해 주려고 한다. 하지만 외상후 스트레스장애 상황에서는…… 스트레스 호르몬 체계는 균형을 이루는 행동에 실패한다. 싸울 것인지, 도망갈 것인지, 멈출 것인지 신호는 위험이 끝난 후에도 계속되고…… 정상으로 돌아오지 않는다. 대신에, 지속적인 스트레스 호르몬 분비로 동요와 공포가 표현되고, 장기적으로는 건강에 해를 끼치게 된다(van der Kolk, 2014, p. 30).

기존의 생물학적 또는 유전적 소인이 있는 경우(획득된 또는 유전된), 외상성 사건에 노출되면 저항의 한계가 낮아지고 급성 스트레스장애 또는 외상후 스트레스장애가 발현된다(Van Leeuwen, 2002 참조). 심각한 변화, 손실 그리고 전환이 올 때 끝까지 탄력성을 발휘할 수 있는 사람은 없다(McLemore, 1984).

심리사회적으로 병전(외상에 노출되기 전의 모습) 이력이 특히 중요해 보인다. 인간은 대처기술에 대한 좋은 레퍼토리, 강력한 지원체계 그리고 삶에 대한 의미나 목적 의식 없이는 삶의 문제를 일으킬 위험이 훨씬 더 크다(Pargament, 1997). 만약 초기 발달 형성기에 자아에 상당한 손상이 있었다면(가정 학대나 폭력, 만성 정신질환 또는 지속적인 부부 불화 또는 가족 불화), 일상적으로나 외상성 사건에 노출된 이후에나 잘 대처하지 못한다.

일반적으로, 우리 자신 혹은 사랑하는 사람들에게 끔찍한 사건이 발생했을 때 우리의 세계관과 생활방식이 실제로 일상생활에서 어떻게 구체화되었는가는 우리의 강인함과 회복탄력성을 보여 주는 강력한 예측 변수가 될 것이다(Malony, 1995).

아동의 반응성 애착장애 또는 탈억제성 사회적 유대감 장애는 적절한 애착의 발달이 실패하는 것에서 비롯된다. 따라서 애착이론에 대한 기본적인 이해는 그 원인을 탐색하는 데 도움이 된다. 존 볼비(John Bowlby)는 애착이론을 다음과 같이 설명하였다.

> 애착장애는 특정 타인에게 강한 유대관계를 형성하는 인간의 성향을 개념화하고 원치 않는 분리와 상실을 초래하는 불안, 분노, 우울증, 정서적 분리를 포함하는 다양한 형태의 정서적 고통과 성격장애를 설명하는 방법을 제공한다. 많은 형태의 심리장애는 애착 행동 발달에서 벗어나거나, 드물게는 그러한 발달이 실패하여 비롯된 것일 수 있다(1977, pp. 201-202).

아동의 건강한 정신 및 정서 발달에 있어 중요한 것은 주양육자와의 적절한 애착의 형성이다. "감정적인 흥분을 조절하고 자기진정능력을 발달시키는 것은 주 양육자와 '안정 기반' 혹은 안정된 애착을 형성하는가에 달려 있다."(Seligman & Rechenberg, 2014, p. 103)

메리 에인스워스(Mary Ainsworth, 1978)와 메리 메인(Mary Main, 1979)은 세 가지 '유형'의 애착 개념, 즉 안정, 불안정(양가 또는 회피) 그리고 혼란애착을 만든 주요 공헌자들이다. 이는 반응성 애착장애와 탈억제성 사회적 유대감 장애를 뒷받침하는 개념의 기초를 형성한다. 아동의 기본적인 정서적·심리적 필요를 일관되게 무시하는 부적절한 양육은 드물지만 매우 심각한 증상을 보이는 병리적 애착의 원인으로 간주된다. 반응성 애착장애 진단을 받은 아동은 부적절한 양육에 반응하여 현저히 위축된다. 탈억제성 사회적 유대감 장애를 진단받은 경우는 반대의 극단으로 나타난다. 즉, 낯선 사람에게 접근하고 소통하는 데 정상적 수준의 경계를 보이지 않거나, 낯선 환경에서 성인 보호자가 떠나도 모험을 감행하고 별로 신경을 쓰지 않는 모습을 보인다.

반응성 애착장애 또는 탈억제성 사회적 유대감 장애의 잠재적인 발달에 대한 위험 요소는 다음을 포함하지만 이에 국한되지는 않는다.

- (신체적, 정서적 또는 성적) 학대
- 극도의 가난
- 이혼, 가정불화 또는 가족의 사망으로 인한 생활
- 반복적이고 수많은 주 양육자의 교체
- 아동 초기의 위탁 보육(예: 고아원)
- 장기 입원

이러한 상황에 처해 있다고 해서 대다수의 아이에게 반응성 애착장애 또는 탈억제성 사회적 유대감 장애가 생기는 것이 아니기 때문에 이러한 위험요인들이 장애의 즉각적인 예측 변수가 아님을 반복하여 강조하는 것이 중요하다. 이러한 장애에 대한 유병률은 알려져 있지 않지만 매우 드문 것으로 간주된다.

적응장애 진단을 받은 사람은 단일 사건 요인 또는 다양한 스트레스 요인에 대처하고 있을 것이다. 스트레스 요인은 한 번 또는 반복적으로 발생한다. 반복되는 스트레스 요인으로 인해 사람들은 지속성 적응장애(예: 끊임없는 불화가 있는 가정에 사는 아동)가 될 수도 있다. 적응장애는 과거에 스트레스가 많은 삶의 사건에 효과적으로 대처하지 못하거나, 동시에 여러 가지 스트레스 요인에 직면하거나, 큰 병을 앓고 있는 사람들에게 자주 발생한다. 셀리그먼과 라이센버그(Seligman & Reichenberg, 2014)에 따르면, "적응장애가 근본적으로 유기적 또는 생물학적 요인 때문이라고 볼 만한 증거는 없다."(p. 131) 주요 원인은 대처 자원을 압도하는 스트레스 요인의 존재다(Casey, 2009). 특정 유형의 적응장애의 발달은 삶의 단계와 어느 정도 관련이 있는 것으로 보인다. 벤튼과 린치(Benton & Lynch, 2006)에 따르면, 우울과 불안을 동반한 적응장애는 성인들 사이에서 더 흔한 반면, 청소년들은 품행장애를 동반할 가능성이 더 많다.

결론적으로, 외상과 스트레스가 정신병리의 발달에 직접적인 원인이 된다는 것이다. 외상 및 스트레스 관련 장애의 유병률과 심각성을 조사하고 특수 취약 집단을 식별하는 역학 연구를 통해 많은 아동과 청소년이 발달 기간 동안에 하나 이상의 외상 사건에 노출된다는 것을 알게 되었다(Fairbank, 2008). 우리는 또한 아동이 외상(특히 다중 외상)을 경험할 때 정서적·심리적·행동적·사회적 문제를 일으킬 가능성이 더 높다는 것을 알게 되었다(Delaney-Black et al., 2002; Fairbank, 2008; Paolucci, Genuis & Violato, 2001; Schwartz & Proctor, 2000). "누적된 역학적 증거에 따르면, 유아기부터 청소년기까지 경험한 외상적 스트레스의 부작용이 성인기까지 확장되어 우울증, 외상후 스트레스

장애, 약물남용, 낮은 직업 성취도 및 건강 악화와 같은 평생 문제의 위험을 증가시킬 수 있다."(Fairbank, 2008, p. 1)

3. 치료의 주제

최근 몇 년 동안 외상과 회복에 관한 이론 기반의 문헌이 폭발적으로 증가했다. 가정 폭력, 성착취, 자연재해, 끝없는 전쟁 및 예측할 수 없는 테러의 위협이라는 현실은 전 세계와 국가 뉴스의 헤드라인을 가득 메우고 있고, 많은 이의 마음은 자신의 안전과 미래에 대한 불안과 불확실성으로 가득 차 있다. 그러한 비극적이고 고통스러운 상실, 어려운 삶의 전환 및 예기치 않은 변화에 대한 인식은 우리가 알고 사랑하는 사람들에게 영향을 미칠 때 고조된다. 효과적인 치료는 확실히 외상의 성격과 그 영향을 받는 개인이 이용할 수 있는 자원에 달려 있다.

외상에 대응하여 뇌와 신경계, 면역계는 만성적인 각성에 의해 압도될 수 있다(van der Kolk, 2002). 심각한 외상은 피질하에 자국을 남긴다(Worden, 2008). 치료를 위해서 개인은 외상에 대해 말하는 것이 필수적일 뿐만 아니라 실질적으로 효능감, 의미 및 목적감, 사회적 지원을 경험할 필요가 있다. 경험적 학습은 치료 과정에 필수적이다. "모든 본능적인 차원에서 자신의 신체의 현실을 인식할 수 있을 때 비로소 자신의 삶을 완전히 책임질 수 있다."(van der Kolk, 2014, p. 27) 약물치료는 심리치료의 경험적인 측면을 견디는 데 도움이 될 수 있으므로 치료의 중요한 요소가 될 수 있다.

외상 및 스트레스 관련 장애는 공통된 원인을 가지며 많은 기본적인 특징을 공유하기 때문에 회복 과정에도 공통 경로를 포함한다. 허먼(1997)에 따르면, "회복의 기본 단계는 안전 확립, 외상 사례 재구성, 생존자와 공동체 사이의 연결 회복이다."(p. 3) 리, 자할릭 및 에어즈(Lee, Zaharlick, & Ayers, 2009)는 외상에 대한 효과적인 치료는 다음 목표에 초점을 맞출 필요가 있다고 제안한다.

- 외상적 경험을 처리하고 통합하는 치료적 개입에 참여하는 동안 신체적으로 침착할 수 있도록 돕는 것
- 현재의 삶의 경험에 머무는 능력을 높이고 과거의 외상 경험과 구별하며, 외상에 기반하여 유발되는 감정 및 행동 증상을 일상생활의 신체적 감각과 분리할 수 있

는 능력을 증가시키는 것
- 개인의 현재 감정과 행동을 관리하고 점점 더 조절할 수 있도록 능력을 강화시키
  는 것

외상 치료를 시작하기 전에, 이 두 출처에서 강조했듯이, 외상이 어떤 위험을 초래했
든 그 사람의 현재 상황을 평가하여 현재 위험에서 벗어나 안전한 환경에서 살고 있는
지와 생존에 필요한 사용 가능한 자원을 가지고 있는지 확인하는 것이 중요하다. 평가
와 치료의 초기 단계는 특히 심각한 외상을 경험한 사람들에게 어려울 수 있다. 그들의
불안감을 줄이기 위해 주의를 기울여야 하며, 외상에 대해 이야기하는 것에 반응해 나
타나는 생리적 증상의 잠재적 발생에 세심한 주의를 기울여야 한다. 치료자는 그들의
안전감을 관찰하면서 "외상의 최근 상태, 외상에 대한 행동과 반응, 외상이 제기하는
위협 수준, 행동이 증가할 때의 상태에 대해 조심스럽게 질문해야 한다……. 평가의 목
표는…… 내담자의 현재 기능 수준을 측정하고 지원, 대처능력, 인지의 방식, 내담자의
강점과 회복탄력성을 평가하는 것이다."(Seligman & Reichenberg, 2014, pp. 224-225)

외상과 그 후유증이 불러일으키는 위험에 대한 두려움 때문에, 개인이 이러한 두
려움에 대해 이야기하고 그것을 극복할 수 있을 만큼 충분히 안전하다고 느끼는 치료
관계를 구축하는 것이 가장 중요하다. 특히 외상이 오래 전에 발생하고 외상 후 증상
이 하나의 양상으로 지속되어 왔다면 이 과정은 느린 과정일 수 있다. 지지적인 치료
관계는 개인의 삶과 외상의 반응에 대한 권한과 통제를 회복하는 데 도움이 될 것이다
(Rubin, 2009).

일반적으로 외상 관련 장애의 치료는 다음에 초점을 맞춘다(Seligman & Reichenberg,
2014).

- 외상에 접근하고 다루기
- 외상과 관련된 감정을 표현하고 그 강도를 감소시키기
- 외상성 기억에 대한 대처 및 통제력 향상시키기(플래시백)
- 자책감이나 인지적 왜곡 감소시키기
- 외상 전 기능을 회복하고 자기효능감과 자존감을 증가시키기

가장 일반적이고 경험적으로 뒷받침되는 치료는 불안관리 훈련, 인지재구성 및 대처

기술훈련과 같은 인지행동전략과 결합된 외상 자극에 일정 수준의 노출을 통합하는 노출기반치료이다(Seligman & Reichenberg, 2014). 노출 전략은 외상이 심각한 개인을 압도하고 다시 외상을 입힐 수 있으므로 주의를 기울여야 한다. 몇 가지 예시적인 접근방식은 다음과 같다.[4]

1) 장기노출치료

홍수요법 또는 장기노출은 불안이 줄어들 때까지 공포 자극이나 외상적 기억에 대해 둔감화되게 하는 것이다. 공포의 위계가 형성되고 내담자와 치료자는 두려움이 사라질 때까지 공포의 위계를 통해 체계적으로 일한다. 셀리그먼과 라이센버그에 따르면, "노출치료의 목적은 두려움의 기억을 활성화하고 두려움과 양립할 수 없는 새로운 정보를 제공하여 새로운 학습이 이루어질 수 있도록 하는 것이다."(Seligman & Reichenberg, 2014, p. 227)

2) 불안관리 훈련

불안관리 훈련(Anxiety Management Training: AMT)은 이완기술, 인지 재구성 및 바이오피드백과 같은 불안완화 전략을 외상 기억의 활성화와 연결한다.

3) 스트레스 접종 훈련

스트레스 접종 훈련(Stress Inoculation Training: SIT)은 사고 중지, 점진적 근육 이완, 호흡 조절, 자기대화, 역할극 및 내현적 모델링(즉, 치료 성공 상상하기)을 포함한 대처기술 개발에 중점을 둔 교육 모델이다.

---

4 필자들은 외상 관련 장애의 일반적인 치료에 대한 논의에 대해 셀리그먼과 라이센버그에게 감사한다
(Seligman & Reichenberg, 2014).

4) 인지처리요법

인지처리요법(Cognitive Processing Therapy: CPT)은 기억과 촉발 요인에 의해 생기는 외상 반응을 교란시키기 위해 노출, 인지 재구성과 불안관리훈련을 결합한 구조화된 단기 치료모델이다.

5) 안구운동 둔감화 및 재처리

안구운동 둔감화 및 재처리(Eye Movement Desensitization and Reprocessing: EMDR)는 비교적 새로운 치료모델로 인기를 끌고 있는데, 그 이유는 이전에 활성화가 높았던 자극에 대한 일부 사람들의 외상 후 반응이 현저히 감소했기 때문이다. 이러한 결과를 확인하기 위해서는 더 많은 경험적 연구가 필요하다. EMDR은 활성화 자극을 둔감하게 만들기 위해서 외상성 기억의 회상과 세 가지 전략 중 하나(시각 자극 또는 안구운동, 청각 자극 및 운동 자극)를 결합한다.

외상에 영향을 받는 개인의 일상생활 체계 안에서 지원을 늘리는 데 초점을 맞춘 집단 및 가족치료의 개입으로 인한 일부 성공 사례가 보고되고 있다. 치료의 다른 효과적인 요소들은 외상 및 스트레스에 대한 심리교육, 분노관리, 자기주장훈련 및 표현치료(예: 미술 치료, 음악 치료 또는 동작/춤 치료) 등이 있다.

6) 약물

약물 사용은 외상장애의 치료에 있어 일반적인 부속물이 되었다. 파록세틴과 세르트랄린같은 SSRI(선택적 세로토닌 재흡수 억제제)는 정신과 의사나 일반의에 의해 만성적인 불안 증상을 돕기 위해 자주 처방되며, 벤조디아제핀은 급성불안이나 공황증상의 상태가 상승할 때 흔히 사용된다. 또한 일부 항정신성 약물과 베타 차단제가 외상 증상 치료에 도움이 되는 것으로 밝혀졌지만, 현재로서는 어떤 약도 종합적인 외상장애 치료제로 부상된 것은 없다.

7) 위기상황 스트레스 해소

이 접근법(Comer, 2003)은 생존자의 신체적 · 정서적 요구를 최대한 빨리 충족하려는 공동체 기반의 개입이다. 이러한 형태의 위기개입은 종종 스트레스가 많은 삶의 사건이나 위기와 관련된 고통스러운 생각, 감정, 행동을 정상화하는 데 필수적인 것으로 간주된다. 뉴욕 시의 경찰과 소방서의 많은 구성원은 그러한 개입에 대해 훈련을 받았으며, 9 · 11 테러의 직접적인 영향을 받은 사람들에게 말과 행동으로 나타나는 것이 무엇을 의미하는지 잘 알고 있었다. 워든(Worden, 2008)이 지적한 바와 같이, 심각한 비극에 개입하는 구조대원들은 상처받은 사람들과의 작업으로 인해 깊은 영향을 받으며, 그들 스스로도 지원적 치료가 필요할 수 있다.

급성 스트레스장애는 이용 가능한 공동체의 깊이와 질을 시험한다(Bilezikian, 1997). 우리 모두는 자신의 고통을 공개하거나 비공개로 유지하려는 정도가 다르지만, 관점의 확대에 도움이 되는 중요한 인간관계가 필요하다는 것에는 거의 논쟁의 여지가 없다. 상실은 인생의 중추적인 경험 중 하나다(Worden, 2008). 따라서 우리 모두는 슬픔에 효과적으로 대처하는 것이 무엇을 의미하는지 더 많이 배울 필요가 있다(Sitser, 1996).

의심의 여지없이, 지지적이고 이해해 주는 사람들 앞에서 외상의 사건을 얘기하는 것은 도움이 되는 것 같다. 특히 그들이 비슷한 경험을 겪었다면 더욱 그렇다. 또한 고통받는 사람들은 사건에 대한 감각적 상기를 용인하고 효능감, 의미 및 사회적 지원을 신체적으로 경험할 수 있는 방법을 찾을 수 있도록 둔감화 및 긴장완화전략이 필요하다(van der Kolk, 2002). 하지만 아마도 가장 중요한 것은 진지하게 그들의 말을 경청하고 수용과 이해를 제공할 누군가와 함께할 필요가 있다는 것이다(McLemore, 1984). 불행히도 그런 사람들은 찾기 힘들다. 따라서 외상후 스트레스장애로 인해 어려움을 겪고 있는 사람들은 진실을 말하는 것이 가장하는 것보다 더 많은 대가를 치르게 된다고 확신하는 것은 놀라운 일이 아니다. 그런데 이렇게 냉담한 태도는 외상후 스트레스장애의 증상이 유지되게 하는 중요한 위험 요소다. 게다가 외상의 특징상 피해자는 자신에게 일어난 일을 명확하게 설명할 수 없는 경우가 많다.

반 데어 콜크(van der Kolk, 2014)가 말했듯이, "모든 외상은 전언어적이다."(p. 43) 외상은 외상에 대한 정신적 · 정서적 경험을 명확하게 정리하고 표현하는 능력을 방해하는 방식으로 우리의 뇌에 영향을 미친다. 특히 브로카 영역(뇌의 언어 중심)은 뇌졸중에서 경험하는 뇌병변과 매우 유사한 방식으로 외상에 대한 반응으로 폐쇄된다. 우리 뇌의 이 부분이 충분히 기능하지 않으면, 감정과 생각을 효과적으로 말로 표현하는 것이 사실상 불가능하다. 주목할 만한 것은, 초기 외상 후 몇 년 동안 뇌 스캔을 실시해 보니 외상의 플래시백이 개인을 영구적으로 재외상화하여 그들에게 무슨 일이 일어났는지 설명하는 것을 극도로 어렵게 만드는 방식으로 뇌에 영향을 미치기 때문에 뇌 기능의 이 기본 영역이 계속해서 붕괴되는 것으로 나타났다. 이것으로 부족하다는 듯이 브로카 영역이 닫히면서 또 다른 영역(브로드만 영역 19)이 활성화된다. 뇌의 이 부분은 시각피질에 있으며 처음 경험했을 때 선명한 시각적 이미지를 생성하고 저장하는 역할을 한다. 뇌 스캔 결과, 외상이 우뇌의 기능을 증가시키고 좌뇌의 기능을 감소시키는 것으로 나타났다. 브로카 영역은 뇌의 왼쪽 반구에 있으며 플래시백 중에 닫힌다. 브로드만 영역은 우반구에 있으며 외상성 관련된 기억을 하는 동안 활성화된다.

> 외상은 본질적으로 우리를 이해의 가장자리로 몰고 가서, 공통의 경험이나 상상 가능한 과거에 기초한 언어로부터 우리를 단절시킨다. 좌뇌의 비활성화는 경험을 논리적 순서로 조직화하고 우리의 변화하는 느낌과 인식을 단어로 변환하는 능력에 직접적인 영향을 미친다……. 자신의 외상적 경험을 일관성 있는 설명, 즉 시작, 중간, 끝이 있는 서술적 경험으로 정리하는 것은 엄청나게 어렵다……. 우리는 원인과 결과를 파악할 수 없고, 우리 행동의 장기적인 결과를 파악할 수 없으며, 미래에 대한 일관성 있는 계획을 세울 수 없다……. 언어가 실패하면, 잊히지 않는 이미지가 경험을 포착하고 악몽과 회상으로 돌아온다……. 과거의 외상이 떠오를 때, 그들의 우뇌는 마치 그 충격적인 사건이 현재에 일어난 것처럼 반응한다. 하지만 좌뇌가 잘 작동하지 않기 때문에, 그들은 자신들이 과거를 다시 경험하고 재연하고 있다는 것을 인식하지 못할 수 있다. 그들은 격노하고, 겁에 질리고, 격분하고, 부끄러워하고, 얼어붙는다(van der Kolk, 2014, pp. 43-45).

외상이 아동에게 영향을 미칠 때, 아동과 보호자를 돕기 위하여 세 가지 기본적인 심리치료 접근법이 사용된다. 그 세 가지는, 첫째, 아동의 주요 보호자를 향한 개입, 둘째, 보호자와 아동에 초점을 맞춘 개입, 셋째, 외상 아동만을 대상으로 하는 개입이다. 일반적으로, 외상을 입은 아동의 치료는 아동의 안전과 즉각적인 맥락에서의 안정성, 치료 환경의 안정성과 지지하는 보호자의 자질(예: 민감성, 인내성, 양육, 정서적 안정) 그리고 아동의 정서적 안정과 대처자원을 강화하기 위한 치료관계의 점진적 심화를 포함하는 애착이론의 기본 원칙들을 다룬다(Hornor, 2008).

불행히도, 적응장애는 임상연구의 주요 관심사가 아니다. 경험적으로 검증 가능한 치료 접근법에 대한 연구가 거의 없으며, 국립정신건강연구소(National Institute of Mental Health)의 주요 연구에도 포함되지 않았다(Casey, 2009). 적응장애의 대부분의 증상은 스트레스 요인이 제거되면 결국 완화된다. 그러나 치료는 회복을 빠르게 하고 이후의 적응 문제를 줄이기 위한 대처기술의 개발이 필요하다는 관점에서 도움이 될 수 있다. 셀리그먼과 라이센버그는 효과적인 치료를 위해, 첫째, 스트레스 요인을 줄이거나 제거하기 위한 문제해결의 기술 개발, 둘째, 스트레스 요인을 제거할 수 없을 때 인지적으로 재구성하는 데 도움이 되는 심리교육, 셋째, 이완 및 마음챙김 기반의 사용을 통해 스트레스 요인에 대한 반응을 변화시키기와 같은 목표를 제안한다(Seligman & Reichenberg, 2014). 그들은 부처, 미네카 및 훌리(Butcher, Mineka, & Hooley, 2006)의 5단계 모델과 같은 유연한 위기개입 접근법이 효과적인 치료에 대한 일반적인 접근방식이라고 제시한다(Seligman & Reichenberg, 2014, p. 133).

- 문제의 명확화 및 이해 촉진
- 필요시 내담자의 강점과 대처능력의 파악 및 강화
- 내담자와 협업하여 내담자를 참여시키고 힘을 실어 줄 행동계획의 개발
- 내담자의 정서, 인지, 행동 개선을 촉진하기 위한 정보 및 지원의 제공
- 치료 종료, 적절한 의뢰 및 후속 조치

적응장애에 대한 다른 일반적인 치료 접근법은 심리치료에 대한 이론적 접근법 전반에 걸쳐 있다. 몇 가지 예로는 품행장애가 있는 적응장애에 대한 변증법적 행동치료, 불안 및 우울증을 동반한 적응장애에 대한 인지행동치료, 위기해결과 통찰력을 촉진하기 위한 간단한 정신역동치료, 문제해결과 대처능력을 높이기 위한 해결중심치료, 적응장애를 겪고 있는 아동 및 청소년의 문제행동을 줄이기 위한 부모관리교육, 이해도를 높이기 위한 독서치료, 자존감을 높이고 사회적 지원을 제공하고 대처능력을 강화하기 위한 집단치료 등이 있다(Seligman & Reichenberg, 2014). 이 중에서 어떤 접근방식이 최선인지에 대한 합의는 없다(Casey, 2014).

일반적으로 외상 및 스트레스 관련 장애는 우리 삶의 사건에 공통적인 기원이 있으며, 그것은 뇌의 기능에 영향을 미쳐서 우리의 대처능력을 압도한다. 뇌의 신경가소성 연구가 진일보하면서 우리는 외상 및 스트레스 장애의 일부 증상을 더 완전하게 이해

하는 방법을 알게 되었다. 또한 이제 외상을 겪은 생존자들이 재외상화의 주기에서 벗어나도록 돕기 위해 뇌의 적응 능력을 활용하는 치료법을 개발할 수 있게 되었다. 반데어 콜크는 다음의 세 가지 근본적인 치료 방법을 강조한다(van der Kolk, 2014, p. 3).

- 하향식: 외상의 기억을 처리하는 동안 이야기하고, 다른 사람들과 (재)연결하고, 스스로에게 무슨 일이 일어나고 있는지 알고 이해하기
- 부적절한 경보 반응을 차단하는 약을 복용하거나 뇌가 정보를 구성하는 방식을 변경하는 다른 기술을 활용하기
- 상향식: 외상으로부터 오는 무력감, 분노 또는 붕괴를 신체가 깊이 그리고 본능적으로 모순되는 경험을 하도록 허용하기

반 데어 콜크에 따르면, 외상을 겪은 대부분의 사람은 이러한 접근법의 조합으로 가장 큰 이익을 얻을 수 있다.

4. 예방의 과제

외상 및 스트레스 장애를 위한 예방은 일반적으로 외상 후 반응을 감소시키기 위해 외상 또는 스트레스 경험의 후유증에 효과가 있는 전략에 중점을 둔다. 물론 이상적으로는 외상 자체가 발생하지 않도록 예방하는 것이 가장 좋을 것이다. 사회적인 차원의 교육, 비상 상황 대비의 증가, 범죄와 학대로부터 시민 개개인을 보호하는 사회적 노력은 결정적으로 외상의 발생을 줄이기 위한 중요한 단계다. 스트레스 환경 및 생활 패턴을 줄이기 위한 제도적·가족적·개인적 노력도 스트레스 장애의 유병률을 줄이는 데 중요하다. 하지만 현실은 우리 모두 스트레스를 겪고 있고 많은 사람이 삶에서 심각한 외상을 경험한다는 것이다.

외상을 경험한 후유증으로 대부분의 사람은 외상에 대한 지속적인 생각과 재발에 대한 두려움, 무력감, 절망, 분노, 죄책감 및 수면 문제를 포함하여 외상후 스트레스장애와 같은 반응을 경험한다. 하지만 외상을 겪은 대부분의 사람이 외상장애가 생기는 것은 아니다. 만약 우리가 외상 장애가 발병되는 사람과 그렇지 않은 사람을 구별할 수 있는 요인을 파악할 수 있다면 급성 스트레스장애나 외상후 스트레스장애를 예방하고

개입할 수 있는 능력이 극적으로 증가할 것이다. 그러나 우리는 아직 그 지식을 가지고 있지 않다.

2013년에 보건의료 연구 및 품질 관리원(Agency for Healthcare Research and Quality)은 외상후 스트레스장애 예방에 관한 연구들을 비교 검토하였다. 연구에서 나타난 대표적인 예방 전략에는 위기정리(debriefing)[5], 인지행동치료(CBT), 최면과 결합된 인지행동치료, 인지치료, 장기노출치료, 심리교육, 자기계발 자료 및 지지상담이 포함되었다(Gartlehner et al., 2013, p. 5). 이 검토에서 가장 두드러진 발견은 외상후 스트레스장애 예방에 대한 양질의 연구가 드물며 명확한 예방 기준과 목표를 파악하기 위해서는 훨씬 더 많은 연구가 필요하다는 것이다. 연구자들은 외상에 대한 즉각적인 후유증에 흔히 행해지는 '심리적 응급처치' 개입에 대한 철저한 연구를 실시할 것을 권고한다. 또한 그들은 "외상후 스트레스장애가 발생할지 안 할지 구별할 수 있는 강력한 능력으로, 쉽고 빠르게 측정할 수 있는 비교적 적은 수의 변수로 구성되며, 외상에 노출된 직후 생존자들과 상호작용하는 통합의료 종사자가 쉽게 해석할 수 있는 결과를 산출할 수 있는 임상적 예측 규칙"(p. 13)의 개발을 권고했다.

이 검토에서는 연구자들이 자신 있게 주장하는 다음의 몇 가지 결과만을 확인하였다.

- 돌봄관리, 정신약리학, 인지행동치료를 조합한 협업 치료는 특정 집단에서 12개월의 추적 관찰까지 외상후 스트레스장애 증상의 심각성을 줄이는 데 효과적이었다.
- 위기정리(디브리핑)는 6개월의 추적 관찰 시 특정 집단에서 외상후 스트레스장애 증상의 발병률이나 중증도를 줄이는 데 효과적이지 않았다.
- 외상후 스트레스장애 예방적 개입의 효과는 여성과 남성 사이에 차이가 없다.

일반적으로 건강 및 정신건강 제공자는 외상 후 위기정리에 초점을 맞춘 조기 개입이 심리적 응급 처치의 중요한 측면이라고 가정해 왔다. 이 검토의 결과에 따르면 그렇지 않다고 제안한다. 위기정리는 사실 개인에게 더 큰 충격을 줄 수 있다. 효과적인 전략과 비효과적인 전략을 명확하게 구별하고 다른 변수(외상의 유형, 인구 통계 등)가 효능에 어떤 관련이 있는지 확인하기 위해 더 많은 연구가 필요하다.

---

5. 기독교적 평가[6]

심리적 외상에 대한 연구는 마치 기억상실증 삽화 같은 흥미로운 역사를 가지고 있다. 적극적인 탐색의 기간과 망각의 기간이 번갈아 나타난다. 지난 세기 동안 이와 유사한 연구들이 반복적으로 제기되었다가 갑자기 중단되었다가 또 한참이 지난 후에 다시 재발견되었다. 50~100년 전의 고전 문서는 때때로 현대의 문서처럼 읽힌다. 이 분야는 실제로 풍성하고 풍부한 전통을 가지고 있지만, 주기적으로 잊히기 때문에 주기적으로 제기되어야 한다.

이 간헐적 기억상실증은 지적 추구에 영향을 미치는 일반적인 변화의 결과로 생긴 것이 아니다. 심리적 외상에 대한 연구는 관심의 부족으로 시들해지지 않는다. 오히려 그 주제는 주기적으로 파문을 일으킬 정도로 격렬한 논쟁을 불러일으킨다. 심리적 외상에 대한 연구는 반복적으로 생각할 수 없었던 영역까지 확장되어 왔고 믿음의 근본적인 질문에 의해 좌초되었다.

심리적인 외상을 연구하는 것은 자연 세계에서 인간의 연약함과 인간 본성의 악함의 능력 모두를 마주하는 것이다. 심리적 외상을 연구한다는 것은 끔찍한 사건의 진실을 증명하는 것을 의미한다. 그 사건들이 자연재해나 '하나님의 행하심'일 때 목격자들은 피해자에게 쉽게 동정을 나타낸다. 그러나 외상적 사건이 인간의 의도일 때 목격자는 희생자와 가해자 사이의 갈등에 갇히게 된다(Herman, 2015, pp. 7-8).

외상을 연구하는 것은 인류의 고통이라는 비극 및 인류가 서로에게 고통을 가할 수 있는 능력이 있다는 비극과 마주하는 것이다. 이 비극에 대한 응답으로 성육신 하나님은 우리와 함께 할 거처를 마련하시고(요한복음 14: 23), "하나님이 우리를 통하여 너희를 권면하시는 것 같이"(고린도후서 5: 20) 우리가 그리스도의 대사로서 서로 섬기도록 부르러 이 땅에 오셨다. 성경 전체에 걸쳐 "약한 자를 강하게 하거나 병든 자를 낫게 하거나 부상당한 자를 싸매어 주지 아니한…… (혹은) 길 잃은 사람을 다시 데려오거나 잃

---

6 필자들은 이 부분에서 헌싱거의 『참을 수 없는 중에 참는 것: 외상, 복음 그리고 목회적 돌봄(Bearing the unbearable: Trauma, Gospel and Pastoral Care)』(2011)의 큰 도움을 받았다.

어버린 자를 찾지 않은"(에스겔 34: 4) 이스라엘 목자들에게 에스겔이 준 강한 징벌에서 부터, 예수 그리스도를 따르는 사람들은 "서로의 짐을 지라······ 이로서 그리스도의 율법이 완성되느니라."(갈라디아서 6: 2)라는 바울의 간청에 이르기까지 인류의 상처에 대한 하나님의 깊고 변함없는 돌보심과 하나님의 백성에게 그분을 대신하여 응답하도록 주시는 사역이 분명히 나타나 있다. 시편 기자는 다음과 같이 적고 있다.

> 주께서는 보셨나이다. 주는 재앙과 원한을 감찰하시고
> 주의 손으로 갚으려 하시오니······
> 주는 겸손한 자의 소원을 들으셨사오니
> 그들의 마음을 준비하시며 귀를 기울여 들으시고(시편 10: 14, 17)

　모든 사람의 고통은 하나님의 마음을 무겁게 짓누르고 있으며, 예수 그리스도께서는 모든 사람에게 우리 영혼의 안식을 위해 그에게 오라고 손짓하신다(마태복음 11: 28-30). 그분은 자신의 고난과 죽음과 부활을 통해 우리의 어둠과 고통을 짊어지시고 우리 삶의 비극을 안고 영원히 그분께 나오도록 초대하신다.

　따라서 "외상적 상실은 기독교적 상상력의 핵심이다. 스스로 기독교인이라고 하는 사람들의 영혼에는 이 예수의 참을 수 없는 슬픔이 지울 수 없이 찍혀 있다······. 외상으로부터 살아남은 신자들은 치유를 위한 복음의 힘에 자신의 생명을 걸고 있다." (Hunsinger, 2011, pp. 8-9) 비록 사회에서는 동료 인간의 외상에 대한 관심이 쇠퇴할 수 있지만, 과감히 예수님의 길을 따르려는 우리는 "가장 작은 자"(마태복음 25: 40) 중에 함께하시는 하나님의 지속적인 임재를 경험하며, 항상 고난에 주의를 기울이고, 항상 관심을 가지고, 항상 소망으로 권면하는 대리인이 되라는 신성한 소명을 받았다.

> 목회신학은······ 예수 그리스도 안에서 우리가 참여하도록 초대된 세상을 돌보시는 가장 중요한 하나님의 신학이다. 이것은 모든 목회적 돌봄이 기도에 의존하고 예배로 인도하며 하나님의 약속을 신뢰한다는 것을 의미한다. 그러한 지향은 비록 우리 자신이, 사랑에 대한 지속적인 실패와 함께, 우리는 비록 외상적 손실을 진정으로 회복할 수는 없지만, 하실 수 있는 그분에게 희망을 걸고 있음을 고백하도록 이끈다. 그분은 쓴 잔을 마시고 고난의 죽음을 맞으셨으며, 우리를 압도할 것 같은 모든 어둠 속으로 내려오신다. (Hunsinger, 2011, p. 9)

압도적인 고통에 대한 인간의 자연스러운 반응은 의식에서 그것을 차단하는 것이다. 앞에서 허먼이 말했듯이, 우리는 '생각할 수 없는 영역'을 너무 오래 용인할 수 없다. 우리의 상상은 물밀듯이 밀려들고 합당한 끝은 절망뿐인 듯하다. 복음이 우리를 초대하는 것은 바로 상상의 힘이다. "상상은 우리에게 새로운 가능성을 상상하는 기회를 준다… 사람들이 강박적이고 끊임없이 과거로 끌려갈 때, 강렬한 몰입과 깊은 감정을 마지막으로 느낄 때, 그들은 상상력의 실패로 고통받는다. ……상상력 없이는 희망도 없고, 더 나은 미래를 상상할 기회도 없고, 더 이상 갈 곳도, 도달할 목표도 없다."(van der Kolk, 2014, p. 17)

기독교 신앙의 웅장한 서사를 담은 복음서의 힘은 상상력을 일깨우고 절망하는 영혼에게 희망을 주는 것이다. 우리는 예수 그리스도의 십자가의 발치에서 멀리서 돌보실 뿐만 아니라 우리와 함께 '고통'을 겪으시며 긍휼히 여기시는 하나님에게서 희망을 발견한다(Nouwen, McNeill, & Morrison, 2006). 성경의 여러 페이지를 통해 하나님은 백성들에게 그들의 고난을 기억할 뿐만 아니라 고난 중에도 영원히 그들과 함께 있겠다고 한 약속을 기억하라고 간청하신다.

주디스 허먼은 그녀의 고전적 저서『트라우마(Trauma & Recovery)』에서 '끔찍한 사건에 대한 진실을 기억하고 말하는 것'이 개인과 사회 모두의 치유에 필수적이라고 말한다. 그녀는 다음과 같이 말했다.

> 끔찍한 사건을 부정하려는 의지와 그것을 소리 내어 선언하려는 의지 사이의 갈등은 심리적 외상의 중심에 있는 변증법이다. 잔학한 행위로부터 살아남은 사람들은 종종 그들의 신뢰성을 떨어뜨리는 매우 감정적이고 모순적이며 파편화된 방식으로 자신의 이야기를 하여, 진실을 밝히고 비밀을 유지해야 하는 두 가지 임무를 해낸다. 마침내 진실이 밝혀지면 생존자들은 회복을 시작할 수 있다. 그러나 너무 자주 비밀유지가 우세하게 되면 외상적 사건에 대한 이야기는 언어적 서술이 아니라 증상으로 표면화된다(1997, p. 1).

외상을 겪는 사랑하는 이들을 돌보기 위해 애쓰는 사람들은 너무 자주 자신의 불편함과 그들의 고통과 아픔에서 주의를 분산시키는 것이 도움이 된다는 잘못된 믿음에 의해 시달린다. 더욱 안 좋은 것은, 때때로 그들이 '고통을 뒤로 해야' 할 필요가 있다고 추론하거나 직접적으로 제안하는 것이다. 헌싱거(Hunsinger, 2011)는 "친구나 돌봄을 제공하는 사람들의 그러한 방어기제(부인 및 최소화)는 사랑하는 사람의 고통에 대한 인간적인 반응으로 이해할 수 있지만, 그들은 더 큰 외상을 입힐 뿐이며, 아마도 사랑하는 이를 침묵하게 하고 정말로 견딜 수 없는 고립 속으로 몰아넣게 될 것이다."(2011, p. 12)라고 경고한다. 외상은 끔찍한 두려움을 동반한다. 이 두려움은 외상을 받은 사람들을 기만하여 두려움으로부터 안전하다는 희망을 주는 고립된 피난처로 후퇴하도록 간청한다. 하지만 희망에 찬 고독의 안식처가 영원한 두려움의 감옥이 되는 경우가 너무 많다. 아동 판타지 소설『마법의 숲(The Dark Hills Divide)』(Carman, 2005)에서 워볼드라는 캐릭터는 "나는 위험한 것들을 멀리하기 위해 이 벽을 쌓는 데 청춘을 보냈다. 가끔 나는 내가 그들을 안에 가둬 두었는지 궁금할 때가 있다."(p. 4)라고 말했다. 외상의 공포는 두려움으로부터 안전한 장소가 존재한다고 믿게 하고 그러한 도피를 추구하도록 유인한다.

> 우리는 더 안전하게 느끼고, 고통을 피하고, 견딜 수 없을 것 같은 타격에서 살아남기 위해, 구속과 생존을 교환한다. 우리는 내면이 공허한 것을 두려워하여 그것을 조작된 통제나 꾸며 낸 흥분 또는 자기 홍보로 덮는다. 우리가 경험하기를 거부한다면, 그리고 다른 사람과 함께하는 것을 거부한다면 공허함은 결코 바뀔 수 없다. 우리는 죽음을 마주할 때 의지할 다른 하나가 필요하다. 우리가 무엇을 두려워하든, 그것은 우리의 주의를 필요로 한다. 우리는 우리가 어떻게 나올지 모르는 상태로 그 안으로 내려가서, 주위를 둘러봐야 한다(Ulanov, 2007, p. 38; Hunsinger, 2011, p. 16에서 인용).

역설적인 진실은 우리의 두려움으로부터의 자유는 두려움과 직면해야만 온다는 것이다. 그들이 존재하지 않는 피난처에는 피난처가 없다. 그러나 하나님의 약속은 '하나님과 우리와 함께'하시는 예수 그리스도의 사랑과 긍휼로 말미암은 용기와 힘을 가지고 감당할 수 있다는 것이다. 고린도후서에서는 바울이 하나님을 "긍휼의 아버지시오, 모든 위로의 하나님이시라. 우리의 모든 환난 중에서 우리를 위로하사 우리로 하여금 하나님께 받는 위로로 모든 환난 중에 있는 자들을 능히 위로하게 하시는 이시라."(고린도후서 1:3-4)라고 묘사하고 있다. 그리고 바울은 하나님의 위로가 동료 그리스도인들의 사랑을 통해 중재되어 우리가 견뎌야 할 '인내심'을 줄 것이라고 확신하였다(고린도후서 1:6).

인간의 외상의 고뇌는 서로를 위한 관계적 안식처를 제공함으로써 하나님의 사랑을 중재할 때 견딜 수 있다. 그곳은 하나님의 긍휼이 증언되는 곳이고, 탄식의 기도가 있는 곳 그리고 하나님의 사람들이 드리는 예배로 우리를 희망을 가지고 지탱하게 해 주는 곳 이다(Hunsinger, 2011, p. 8).

헨리 나우웬(Henri Nouwen, 1979)은 "고통의 나눔이 일어나는 곳에서 공동체가 발생 한다."(p. 94)라고 하였다. 예수 그리스도 안에 있는 하나님께서 우리와 함께 고난을 선 택하셨고 인류의 모든 역사를 위해 계속 그렇게 하셨듯이 서로 긍휼히 여겨야 (고통을 함께해야) 한다. 우리는 우리를 보고 우시며(누가복음 19: 41) 고난을 함께 견디시는 하나 님을 경배한다.

> 본질적으로 십자가는 타락한 인간이 견딜 수 없는 것을 기꺼이 짊어지려는 신성한 사 랑을 볼 수 있을 때만 외상을 입은 이들에게 복음이 된다. 하나님은 우리를 위해 죄와 사 망의 모든 무게를 견디신다. 만약 예수 그리스도의 하나님이 우리가 서로에게 가하는 지 옥에서 우리를 구하기 위해 상상할 수 있는 최악의 지옥으로 내려온다면, 그런 하나님은 우리가 신뢰할 만한 분이시다(Hunsinger, 2011, p. 19).

그리고 그를 통해 우리는 희망을 가진다.

> 그리스도를 통해 우리는 우리가 갈망하는 모든 것에 다가갈 수 있다. 그것은 우리를 사 랑하시는 분의 사랑스러운 시선, 기적적으로 쏟아지는 은혜, 환난 중에도 흔들리지 않는 닻, 우리의 연약함에 대한 자비, 죄의 용서 그리고 무엇보다도 가장 기본적인 신뢰의 생명 줄이다(Hunsinger, 2011, p. 19).

기독교 공동체는 그리스도를 대신하여 "(우리) 애도의 자리 옆에 앉아"(Wolterstorff, 1996, p. 34) 우리와 함께 외상 속으로 들어가 그들이 받은 위로로 우리를 위로해 주며, 우리가 인내하고 두려움에 맞서는 데 필요한 용기를 줄 사람들에 대한 약속을 제시한 다. 기독교 공동체는 외상 한가운데서 치유할 수 있는 '영적 틀'을 제공한다. 이는 피해 자와 피해를 입었던 사람 모두에게 주어지는 치유다(Hunsinger, 2011).

예수 그리스도의 십자가는 인간이 겪는 외상의 두려움에 대해서뿐 아니라 인간의 죄의 고뇌에 대해서, 즉 한 사람에게는 구원과 치유를 가져다주고, 다른 사람에게는 심판, 용서 그리고 "하나님의 뜻대로 된 슬픔"의 회개를 가져다주는 하나님의 응답이다……. 이것은 정신과 의사나 심리치료사 누구도 제공하지 못하고, 어떤 12단계 프로그램이나 자조 집단도 주장할 수 없는 일반적인 목회 돌봄의 맥락에서 매주 설교하고 가르칠 수 있는 해석적 틀이다. 예수 그리스도는 세상을 이기시고 인간의 죄의 죄책감과 고뇌, 고통과 죽음의 공포와 외상에서 우리를 구원하신다(Hunsinger, 2011, p. 20).

예수 그리스도의 성육신에서 우리는 긍휼이 진정으로 의미하는 바가 무엇인지 깨닫고 고통받는 사람들 가운데서 예수님처럼 살라는 부름을 받는다. 외상적 고통에 대한 그리스도인의 반응은 예수 그리스도의 대사로서 그의 사랑을 나타내어 고통받는 자의 슬픔, 두려움, 무력함, 절망 속으로 들어가 긍휼의 삶을 사는 것이다. 그들은 가장 어두운 곳에서도 희망을 잃지 않고 "(우리가) 사망의 음침한 골짜기를 다닐지라도 하나님이 우리와 함께하시느니라"(시편 23편)고 확신하는 자들이다.

긍휼은…… 특권층에서 소외된 사람에게로 향하는 것이 아니다……. 긍휼은 우리에게 아픈 곳으로 가서 고통스러운 곳으로 들어가고, 상처와 두려움, 혼란과 고뇌를 함께 나누라고 요구한다. 긍휼은 우리가 비참한 자들과 함께 부르짖고, 외로운 자들과 함께 슬퍼하고, 눈물을 흘리는 자들과 함께 울도록 도전한다. 긍휼은 우리가 약한 자에게 약해지고, 연약한 자에게 연약해지고, 힘없는 자에게 힘없이 되는 것을 필요로 한다……. 긍휼은 고통이 가장 심한 사람들 그리고 그 장소에 직접 가서 그곳에 집을 짓는 것을 의미한다(Nouwen, McNeill, & Morrison, 2006, pp. 4, 27).

예수 그리스도를 따르는 공동체의 일상생활은 삶에서 생긴 외상에 가장 크게 반응한다(또는 그래야만 한다). 그 길을 따르는 자들로서, "긍휼한 목격, 공동체적 애도 그리고 공동체 예배"를 수행할 때, 우리는 나란히 애도하며, 소망하며, "고통 중에 기다리며 … 이로써 우리는 영광 중에 하나님 우편에 앉아 계시는 바로 그분, 즉 우리가 (인내하고) 창조한, 본의 아니게 혹은 악의적으로 영속화된 모든 인간의 지옥 가운데 내려오신 그분"을 상기하게 된다(Hunsinger, 2011, pp. 24-25). 여기서 제공되는 희망은 외상 이전의 삶을 회복하는 것일 뿐만 아니라, 역사적 목회적 돌봄의 핵심이 되어온 희망, 즉 외상적 고통 속에서도 희망과 기쁨이 존재할 수 있게 하는 지속적인 신성한 회복인 구속의 소망이다(Clebsch & Jaekle, 1964).

하나님이 감당할 수 없는 것을 짊어지시고 우리의 애통을 갈망으로, 우리의 갈망을 애도로, 우리의 탄식을 소망으로, 그리고 사랑하는 이 세상의 구속을 통해 우리의 소망을 기쁨으로 변화시켜 우리의 구원을 이루시기를 기도한다(Hunsinger, 2011, p. 25).

제**11**장

자기발달의 문제

> 나는 어떻게 영혼이 자기 스스로를 알 수 있는지를 쉽게 혹은 간단히 설명하는 것은 불
> 가능하다고 생각한다. 하지만…… 내가 보기에…… 영혼은 두 가지 종류의 자기인식이
> 있어야 한다. 자신이 누구인지, 어떻게 드러나는지를 모두 알아야 한다. 즉, 영혼은 본질
> 적으로 자신이 어떤 사람인지, 성향에 따라 자신이 어떤 사람인지 알아야 한다(Origen,
> 1957, p. 130).

건강한 인간 기능의 핵심은 건강한 '자기(self)'의 발달이다. 목회의 전통에서 초기 신
학자들(오리겐과 같은)은 인간으로서 성숙하는 데에는 정확한 자기 이해가 수반된다는
것을 이해했다. 하지만 '자기의 발달'이란 무엇을 의미하는가? 정확히 '자기'란 무엇인
가? '자기심리학'의 창시자인 하인즈 코헛(Heinz Kohut)은 자기개념에 대해 광범위하게
저술했지만 스스로도 인정했듯이 자기를 정의한 적은 없다.

> 수백 페이지에 걸쳐 자기에 대한 심리학을 다루는 조사에서 나는 자기라는 용어에 융
> 통성 없는 의미를 부여하지는 않는다. 하지만 나는 후회나 수치심 없이 이 사실을 인정
> 한다. 자기는 다른 현실과 마찬가지로 본질적으로는 알 수 없다. 우리는 자기가 나타나는

다양한 응집 형태를 묘사할 수 있고, 자기를 구성하는 여러 구성 요소를 설명할 수 있으며, 그들의 기원과 기능을 설명할 수 있다. 우리는 그 모든 것을 할 수 있지만, 우리는 여전히 그 현상과 구별되는 자기의 본질을 알지 못할 것이다(1977, p. 310).

비록 자기를 정의하는 것은 어려운 일이지만 심리학의 거의 모든 이론적인 전통은 자기인식, 책임감, 타고난 충동에 대한 자기조절 능력 그리고 행동에 대한 의미와 가치의 귀인으로 보이는 자기개념을 가지고 있다(Evans, 1999). 우리가 세상에서 잘 기능할 수 있는 능력은 주로 자신이 타인과 관계를 맺는 능력에 달려 있다. 이 장에서 다룰 심리적인 문제의 핵심은 바로 그것을 할 수 있는 인간의 능력에 대한 장애다. 우리 모두는 이해하기 어렵고 사랑하기 어려운 사람들을 알고 있다. 때때로 이것은 세계관과 생활방식의 차이와 관련이 있다. 다른 경우에 그것은 성격이나 상호작용 방식과 더 관련이 있다. 우리 모두는 우리가 성격이라고 생각하는 것을 구성하는 특징들이 있다. 이들은 일반적으로 "특정 상황에서 특정 방식으로 반응하는 경향을 반영하는 비교적 지속적인 생각, 감정 및 행동양상"(Roberts, 2009, p. 140; Cervone & Pervin, 2009, p. 8)으로 이해된다. 이와 같이 성격적 특성은 인간관계의 질, 자기효능감 및 안녕감의 경험 등과 엄청난 관련이 있다. 이 영역에서 나타나는 심각한 고통과 기능장애는 임상적 문제의 초점이 될 수 있다. DSM-5에 따르면, "자기와 대인관계 기능에서의 장애는 성격정신병리의 핵심을 구성한다."(APA, 2013, p. 762) 이러한 관점에서 건강한 자기기능은 안정된 정

표 11-1 성격 기능의 요소

자기
• 정체성(identity): 자신과 다른 사람과의 명확한 경계를 유지하면서 고유한 존재로 자신을 경험하는 것, 자존감의 안정성과 자기평가의 정확성, 다양한 정서적 경험을 조절하고, 수용할 수 있는 능력
• 자기주도성(self-direction): 일관적이고 의미 있는 단기적 그리고 장기적 목표에 대한 추구, 행동에 있어 건설적이고 친사회적인 내적 기준의 활용, 생산적인 자기 성찰능력

대인관계
• 공감(empathy): 다른 사람의 경험과 동기에 대한 이해와 인식, 관점이 다른 것에 대한 포용력, 자신의 행동이 다른 사람에게 미치는 영향에 대한 이해
• 친밀감(intimacy): 다른 사람과 관계의 깊이와 지속기간, 친밀한 관계에 대한 욕구와 능력, 대인관계 행동에 반영되는 상호성

출처: APA (2013), p. 762.

체성과 자기주도성을 포함한다. 건강한 대인관계 기능은 인간관계에서 공감을 경험할 수 있는 능력과 타인과 정서적 친밀감을 맺는 능력을 포함한다(〈표 11-1〉 참조).

DSM은 성격정신병리에 관련된 장애군을 제시하고 있다. 그것은 개인이 자신과 다른 사람과의 관계에서 부적응 행동의 지속적인 패턴을 나타내는 장애이다. 그들의 증상은 불안이나 기분의 문제를 다루는 다른 주요 정신장애의 증상처럼 증가하거나 감소하지 않는다(제8~9장 참조). 외상후 스트레스장애처럼 과도한 스트레스 요인이나 외상적 삶의 사건에 직접적으로 노출되는 것도 아니다. 오히려 대인관계에 집중하는 청소년기부터 또는 젊은 성인기부터 나타나는 지속적인 양상이다. 이를 총칭하여 성격장애라고 한다. 성격장애는 그런 사람들의 인격 형성기 이후부터 관찰되어 오래 지속되는 성격특질로 가장 잘 이해된다.

성격장애는 수십 년 동안 정신건강 분야에서 논의되어 왔다. 일부에서는 성격병리의 구성이 문화적으로 편향되고 성격 기능에 대한 견해가 서유럽 및 북미의 관점을 반영한다고 제안했다(McGilloway et al., 2010). 이것이 사실이든 아니든, 인종, 민족, 문화의 역할이 성격병리의 병인 및 치료 연구에서 과소평가되어 왔음이 분명하다(Tseng, 2001). DSM의 개정되면서 유형론이 변화해 왔으며, 이러한 사회적 상호작용의 지속적인 패턴에 대한 임상적·이론적 이해의 변화가 많이 반영되었다. 성격장애는 치료가 어렵다고 가정되어 왔다. 최근까지 병인, 지속, 치료 전략의 효과에 대한 세심한 연구가 다소 부족했다. 그러나 이는 변화하고 있다(Widiger, 2012). 사실 성격정신병리의 범주화에는 미래에 상당한 변화가 있을지도 모른다.

1. 현대적 분류

DSM-5의 개발에서 성격장애를 이해하고 분류하는 방식에 상당한 변화가 고려되었다. 이전 체계는 성격장애를 두 번째 '축'으로 분리하여 개념화가 축 I의 진단보다 덜 철저한 연구를 기반으로 한다는 것을 인정했다. 그러나 진단에 대한 범주적 접근은 축 I과 축 II 모두에 적용되었다. 그 범주적 접근법은 장애의 진단이 예 또는 아니요 명제(장애를 가지고 있거나 가지고 있지 않다.)라고 가정했다. DSM-5의 경우, 성격장애 진단에 대한 차원적 접근방식이 고려되었는데, 이 방식은 병리적 성격 특성이 모든 사람에게 비병리학적인 수준으로 존재하며, 장애가 진단되는 사람에게만 악화된다는 사실을 인정하는 기능적으로 연속적인 특성을 측정하는 것이다. 결국 DSM-5의 개발자는 범주형 체계를 유지하기로 결정하였다. 그러나 DSM-5의 III('새로 평가된 평가치와 모델')에 차원적인 체계가 포함되었는데, 이것은 추가적인 연구가 이루어질 것과 이 접근방식이 DSM의 향후 개정의 목표가 될 것이라는 제안을 보여 준다.[1]

일반적으로 성격장애는 사회적으로 용인되는 규범에서 벗어나 수년간 대부분의 관계에서 명백하게 보이는 내적 경험과 외적인 행동의 지속적이고 경직된 유형이다. 이러한 장애의 시작은 청소년기 또는 초기 성인기로 거슬러 올라갈 수 있다. 일반적으로 영향을 받는 사람은 자신의 대인관계의 상호작용 방식이 문제라고 생각하지 않는다. 그 사람의 삶에서 다른 사람에게 상당한 고통을 주는 증상은 그 사람의 삶에 아무런 고통도 주지 않을 수 있다(자아동조성).[2] 일반적으로 가족과 친구는 대인관계의 의사소통의 경직성과 완고함을 보고 그들이 어떻게 사회적, 직업적 기능에 심각한 손상을 주는지 고통스럽게 인식한다. 내적인 경험과 행동의 역기능적인 양식은 다음 영역 중 적어도 두 가지 영역에서 나타난다(APA, 2013, p. 646).

- 인지(자신과 다른 사람 및 사건을 지각하고 해석하는 방법)
- 정동(감정 반응의 범위, 강도, 불안정성 및 적절성)
- 대인관계 기능
- 충동 조절

---

1 이 모델에서 성격장애에 대한 기준을 충족하려면 자신과 대인관계에 대한 기능에서의 장애의 증거가 있어야 한다. 또한 시간과 다양한 상황에서의 장애 및 성격 특성이 지속적으로 측정되는 불가변성이 분명해야 한다. 이 모델에서는 성격의 두 가지 차원이 고려된다. 첫째, 진단기준 A는 성격 기능의 수준이다. 기능의 네 가지 측면은 각각 0(손상의 거의 없거나 전혀 없음)에서 4(극도의 손상)까지의 5점 연속체를 따라 측정된다. 성격 기능의 이러한 측면은 정체성, 자기주도성, 공감 및 친밀감이다. 둘째, 진단기준 B는 병리적 성격특질이다. 성격특질은 건강/적응에서 건강하지 못한/부적응에 이르기까지 연속적으로 측정된다. 병리적 특질의 목록은 이 모델이 갖고 있는 각각의 여섯 가지 성격장애에 고유하지만, 부정적 정서성, 애착상실, 적대성, 탈억제, 정신병적 성향 등을 포함하는 다섯 가지 광범위한 성격 영역(때로는 '빅 5'라고도 한다)에서 도출된다(이 새로운 모델에 대한 도움이 되는 논의는 Hoermann, Zupanick, & Dombeck, 2015 참조). DSM-5의 권장 사항은 임상가가 임상적 공식화에서 차원적 접근방식의 관점에서 생각하기 시작하고 현재의 범주형 체계가 여전히 사용되는 동안 차원적 체계의 궁극적인 채택을 향한 연구가 계속된다는 것이다. 이것은 현대적 성격병리와 진단의 다소 모호한 상태를 보여 주는 추가적인 증거이다.

2 개인 자신에게 고통을 주지 않는 증상을 자아동조성(egosyntonic)이라고 한다. 불편한 것으로 경험되는 증상은 자아긴장성(egodystonic)으로 분류된다.

미국 성인 인구의 약 15%가 성격장애의 DSM-5 기준에 부합하는 것으로 추정된다 (National Institute of Health, 2006). 수많은 사람이 이러한 고질적인 유형에 의해 간접적 또는 직접적으로 영향을 받는다.

DSM-5에서는 이전 판과 일치하게 열 가지 성격장애가 있다. 이것은 크게 세 가지 유형으로 혹은 세 가지 군으로 분류된다. 그 세 가지 군은 '이상하거나 괴상한' 장애, '극적이고 감정적이고 또는 변덕스러운' 장애 그리고 '불안하거나 두려운' 장애로 개념화된다. 이러한 그룹의 분류는 과학적 타당성이 부족하다는 인식으로 인해 상당한 비판의 대상이 되었지만, 성격정신병리라는 광범위한 주제를 개념화하는 데 다소 도움이 되는 방법을 제공한다.

'이상하거나 괴상한' 군에는 편집성, 분열성 및 분열형 성격장애(A군)가 포함된다. '극적이고 감정적이고 또는 변덕스러운' 군에는 반사회성, 경계선, 자기애성 및 연극성 성격장애(B군)가 포함된다. '불안하거나 두려운' 군에는 회피성, 의존성 및 강박성 성격장애(C군)가 포함된다.

이러한 장애는 진단하기 어렵고 오진되기 쉽다(Comer, 2004). 외적 행동은 직접 관찰하는 경우가 많지만 내적 경험은 유추할 수밖에 없으므로 임상적 판단이 필요하다. '정상적인' 성격유형이 병적이거나 전문적인 관심을 받을 만한 시기가 되는 때를 결정하기 어려운 경우가 많다. 대부분의 성격장애는 적응적 대처전략이 과장된 표현으로 심각하게 잘못된 것으로 이해될 수 있다(McLemore, 2003).

성격장애를 진단하는 데 도움이 되는 네 가지 주요 질문은 다음과 같다(Morrison, 2014).

- 증상의 지속되는 시간은 얼마인가? 성격장애는 청소년기 또는 초기 성인기로 거슬러 올라가는 뿌리가 있는 평생의 질환이다.
- 증상이 광범위하게 나타나는가? 성격장애는 광범위한 사회적, 개인적 상황에서 장애를 일으킨다.
- 증상은 어떤 고통과 장애를 야기하는가? 성격장애는 임상적으로 유의미한 직업이나 교육, 대인관계 및 기타 중요한 기능 영역에서 임상적으로 심각한 고통이나 손상을 초래한다.
- 어떤 감별 진단이 일부 증상을 설명할 수 있는가? 성격장애는 다른 장애와 함께 가장 흔히 나타난다.

성격장애를 가진 사람들은 종종 적어도 하나의 다른 장애(예: 불안 또는 기분 장애)로 고통받는다. 불행히도, 진단 가능한 성격장애를 가진 많은 사람은 또 다른 성격장애의 증상도 함께 보인다. DSM-5에 따르면, "서로 다른 집단의 성격장애 동반에 대한 유병률 추정을 살펴보면, A군의 성격장애에서는 다른 집단의 성격장애를 동반하는 경우가 5.7%, B군에서는 1.5%, C군에서는 6.0%이며 각 성격장애에서는 다른 성격장애를 동반하는 경우가 9.1%다."(APA, 2013, p. 646) 동반이환(Benjamin, 2003)이라고 하는 이러한 상태의 동시성은 당연히 평가와 치료의 과정을 복잡하게 만든다.

1) A군 성격장애

이 장애는 고통받는 사람을 사회적으로 분리시키고 고립시키는 경향이 있다. 그들은 여러 가지 현저한 면에서 조현병을 앓고 있는 사람들과 다르지 않다. 그들은 의심이 많고, 사회적으로 고립되고, 사고방식이 특이하다. 그러나 그들에게는 정신병에서 보는 것과 같은 정도의 현실과의 단절(증상의 강도, 기간 및 빈도)은 없다. 이들은 증상이 일반적으로 문제가 되지 않기 때문에 도움을 요청하는 경우가 드물다. 벤자민(Benjamin, 2003)과 맥레모어(McLemore, 2003)의 유용한 유형론에 따르면, 그들은 거의 사람들에게 접근하지 않으며 사회적 상황에서 거의 자신을 주장하지 않는다. 그들은 다른 사람들과의 적극적인 교류를 원하기보다 도피와 환상의 세계를 훨씬 더 선호한다. A군 성격장애에는 편집성 성격장애, 조현성 성격장애, 조현형 성격장애가 있다.

(1) 편집성 성격장애

편집성 성격장애의 핵심은 다른 사람에 대한 깊은 의심이나 불신이다. 사회적인 신호를 읽을 때 이들은 과민하고 경계하며 조심하는 경향이 있다. 그들은 망상적이기보다는 거의 모든 사람과 모든 것을 불신하는 경향이 더 많다. 결과적으로 사람들과의 관계는 귀찮기 때문에 가능한 한 피하는 경향이 있다.

(2) 조현성 성격장애

조현성 성격장애를 가진 사람들은 극도로 제한된 감정표현에 추가적인 부담이 있다. 그들은 매우 제한된 방식으로 보고 행동하는 경향이 있다. 편집성 성격장애의 핵심문제가 신뢰라면, 조현성 성격장애의 핵심문제는 누구와도 관계를 맺으려는 욕구가 없다는 것이다.

(3) 조현형 성격장애

조현형 성격이 있는 사람들은 앞과 같은 문제를 많이 가지고 있지만 그 외에도 다른 사람들에게 세상을 생각하고 인식하는 방식이 기이하다고 여겨지는 것 때문에 불편해한다. 일반적으로 이 장애는 이 군집의 세 가지 장애 중 가장 심각한 장애로 생각된다. 조현형 사람들은 집중을 유지하고 작업에 집중하는 데 어려움을 겪기 때문에 그들과 상호작용을 시도하는 것은 매우 어려울 수 있다. 그들이 드물게 입을 열 때도 그들의 말은 모호하고 다른 사람들에게 혼란을 주는 경향이 있다.

다시 말해, 이 장애들은 사고, 언어, 행동에서 사람들과 멀어지는 조현병의 병전(형성) 단계와 매우 흡사하다. 정신건강 전문가들은 대인관계에서 '따뜻한 단호함'이 건강하다고 가정한다(McLemore, 2003). 정의상 A군 성격장애를 가진 사람들은 따뜻하지도 않고 단호하지도 않다. 거기에 문제가 있다.

2) B군 성격장애

성격장애에 관한 모든 책에서 이 장애의 집단은 많은 관심을 받는데, 아마도 그것은 일반인과 전문가 모두에게 많은 고통을 야기하기 때문일 것이다. 반사회성, 경계성, 연극성 또는 자기애성 성격장애가 있는 사람의 경우, 상호적으로 만족스럽고 진정으로 호혜적인 관계를 발전시키는 것이 거의 불가능하다.

(1) 반사회성 성격장애

반사회성 성격장애에 대한 DSM-5 기준은 '사이코패스' 또는 '소시오패스'에 대한 일반적 이해를 시사한다. 이들은 타인의 권리를 지속적으로 무시하고 침해한다(Comer, 2004). 그들의 잘못된 행동패턴(예: 거짓말, 도둑질, 충동성)을 감안할 때, 일반적으로 법과 관련된 문제가 생기는 것은 시간문제일 뿐이다(DSM 기준을 충족하려면 18세 이상). 반사회성 성격장애는 피해자들에게 엄청난 고통을 주고 수십억의 법 집행과 교정을 초래한다, 그러한 사람을 만났을 때 놀라운 점은 공감의 부족과 도덕적 양심의 '공백'이 뚜렷하다는 점이다(Adams & Sutker, 2001).

(2) 경계성 성격장애

경계성 성격장애는 다른 종류의 고통과 기능장애로 이어진다. 이들은 자기표현에서 극적일 뿐만 아니라 불안정하고 충동적이며 예측할 수 없는 것으로 악명 높은 경향이 있다(Benjamin, 2003). 특히 다른 사람을 향한 분노, 공격적 분출, 또는 자기 내면을 향한 자기파괴적인 행동인 '칼로 긋기'나 자살 제스처 등의 정서적 불안정성이 다른 사람들을 불안하게 한다. 응급실의 많은 직원들이 위기에 처한 경계성의 사람을 상대하는 고통스러운 경험을 한 적이 있을 것이다. 정상적인 발달은 정지되는 경향이 있다. 감정은 조절하기 어렵고, 충동적인 행동은 매우 흔하며 종종 생명을 위협한다. 이러한 사람들을 보살피려는 시도는 의도가 아무리 좋더라도 비현실적인 기대를 불러일으키는 경향이 있다. 그들이 실망하게 될 때 언어적으로나 신체적으로 강하게 대응하는 경향이 있어 가족과 친구들에게 두려움과 혼란을 불러일으킨다.

(3) 연극성 및 자기애성 성격장애

연극성 및 자기애성 성격장애는 동일하게 극적인 특징을 많이 가지고 있다. 이러한 문제로 어려움을 겪는 사람들은 사회적 관계에서 관심의 중심이 되고 싶어 하는 경향이 있다. 연극성 성격의 사람들은 일반적으로 허영심 많고 자기중심적이며 계속적으로 요구를 하는 사람으로 묘사된다. 그들은 "사회적 마약 중독자들"(McLemore, 2003)이며 끊임없이 다른 사람들의 인정을 받으려 한다. 자기애성인 사람들도 거만하고 관심을 요구하는 경향이 있다. 그들은 매우 조종적이며 남을 착취한다. 그들은 자신의 성취에 초점을 맞추고 성취와 재능을 과장하는 경향이 있다(Comer, 2004). 그들은 종종 거만하고 자기도취적인 사람으로 보인다. 두 장애 모두 극적인 경향은 정상적인 성인보다 훨씬 더 크다.

3) C군 성격장애

불안한 성격장애 집단은 무엇보다도 압도적인 두려움이 특징이다. 여러 면에서 불안장애나 기분장애와 비슷하다. 그러나 그들은 모든 성격장애에 공통적인 관계 양식과 압도적인 내적 경험에 의해 이들과 구별된다.

(1) 회피성 성격장애

회피성 성격장애는 사회적 상황에서 매우 불편하고 자제하는 경향이 있는 사람들이 겪는 고통이다. 이것은 수줍음을 훨씬 뛰어넘는다. 그들의 두려움은 너무 강해서 아무도 자신을 적절하거나 매력적으로 여기지 않을 것이라고 생각하므로 좀처럼 약해 보이는 위험을 겪으려 하지 않는다. 시간이 지나면서 그들은 사회적으로 철수하는 양식을 발전시킨다. 그들은 사회적 상황을 두려워하기보다는 (사회공포증에서와 같이) 사회적 관계를 더 두려워한다. 임상적으로 불안한 사람들과 마찬가지로 그들은 수치를 두려워하며, 이것은 사회적 상황에서 그들을 무력화시키는 경향이 있다.

(2) 의존성 성격장애

의존성 성격장애가 있는 사람은 다른 종류의 두려움의 양상에 사로잡혀 있다. 그들은 다른 사람들이 생각하고 느끼고 행동하는 방법을 그들에게 알려 주기를 바란다. 좀 더 깊은 수준에서 그들은 자신을 돌보기 위해 다른 사람들에게 너무 많이 의존하며 가장 기본적인 결정조차 스스로 내릴 수 없거나 꺼려 한다. 성인으로서 완전히 책임을 떠맡아야 한다는 생각은 그들에게 단순히 압도적이다. 좀 더 깊은 차원에서 볼 때, 그들은 자신을 돌보기 위해 다른 사람들에게 너무 많이 의존하고 심지어 가장 기본적인 결정조차 스스로 내릴 능력이 없거나 또는 그러려고 하지 않는다. 성인으로서 책임을 다해야 한다는 생각이 그들에게는 너무 벅차다.

(3) 강박성 성격장애

강박성 성격장애의 경우 통제, 질서 또는 완벽함을 유지하는 데 과도한 주의가 집중된다. 이들은 삶에서 자발성, 개방성 및 단순한 즐거움을 모두 잃을 수 있다. 결과적으로, 그들은 시간과 에너지 소모가 필요한 당면한 과제 이상을 보지 못하며, 형식적이고, 경직되고 완고한 경향이 있다. 같은 이름의 불안장애(강박장애, OCD)와 달리, 이들은 증상을 자기동조성(egosyntonic)으로 경험한다. 슬프게도, 그들은 다른 사람들에게도 똑같이 높은 기대치를 설정하고 그것을 쉽게 놓지 못하는 경향이 있기 때문에 관계에서 엄청난 고통을 겪고 있다. 적지 않은 기독교 임상가들은 C군 장애가 심하게 잘못된 율법주의나 도덕주의(일종의 죄의 관리, 즉 우리가 인간성과 상처를 어떻게든 부정할 수 있는 척 가장하는 것)를 반영할 수 있다고 지적하였다(Jones & Butman, 1991).

이전에 분리된 축의 성격장애 체계(DSM-III) 개발에 관여한 태스크 포스의 일원인 시어도어 밀롱(Theodore Millon, 1996)은 DSM의 열 가지 성격장애 각각의 개성을 어느 정도씩 나타내는 성격유형의 이름을 붙였다.

DSM 성격장애	밀롱 성격유형
편집성	'의심하는'
조현성	'비사회적인'
조현형	'기이한'
반사회성	'과장하는'
경계성	'불안정한'
연극성	'사교적인'
자기애성	'이기적인'
회피성	'내향적인'
의존성	'복종하는'
강박성	'규칙에 따르는'

2. 병인 및 지속의 주제

역사적으로 성격장애의 세 가지 군은 모두 생물학이나 문화보다는 환경 및 상황적 요인을 더 잘 반영하는, 천성보다는 양육에 문제가 있는 것으로 추정되었다. 이러한 한쪽에 치우친 관점이 사실적인 그림이 아니라는 것은 이제 명백하다. 성격장애의 발달과 지속에는 여러 요인이 중요한 역할을 한다.

매그나비타(Magnavita, 2004)는 성격병리의 발달과 지속에 대해 설명하기 위해 네 가지 모델을 주장하였다. 그는 "이 이론들이 함께 사용되면, 복잡한 성격장애의 현황을 이해하려고 할 때 놀라운 이론적 일관성과 설명적 가치를 갖는다."(p. 13)라고 말한다.

1) 생물심리사회적 모델

이 모델은 분자에서 생태계에 이르기까지 모든 잠재적인 병리적 요인을 고려하여 전체적인 인간의 이해에 접근한다. 신경생리학 및 유전학의 연구는 성격병리의 이해에 유망한 기여를 한다. 예를 들어, 성격기질과 특질, 성격장애의 발달에 대한 연구는 "특질 및 장애의 변동에서 거의 절반은 유전적"(Paris, 2012, p. 401; Kendler et al., 2008)이라고 밝힌다. 또한 연구에 따르면, 많은 환경적 영향이 증상의 발달과 지속에 기여한다. 여기에는 원가족에서의 부모-자녀 관계(예: 모의 언어적 폭력은 세 가지 군 모두에서 성격장애의 발달에 심각한 위험 요소로 확인됨; Johnson et al., 2001), 아동기 외상 및 방치(Battle et al., 2004), 아동기의 부정적인 심리사회적 경험(Skodol et al., 2005)과 같은 요소가 포함된다.

2) 스트레스-취약성 모델

이 모델에 따르면, 각 사람은 유전적으로 소인이 있는 취약성(생물학적 및 심리적 기능의 임계값)을 갖고 있으며 이 취약성이 압도될 때는 병리적인 결과를 초래한다(Magnavita, 2004; Monroe & Simons, 1991). 패리스(Paris, 2012)는 이 모델을 성격병리에 적용하여서 기질적 소인이 외상 및 기타 환경적 스트레스 요인에 의해 악화되어 성격장애의 발달 및 지속을 초래한다는 것을 시사하였다.

3) 일반체계이론

가족치료의 이론적 모델에서 가장 분명한 이 모델은 병리가 주로 개인 자신 안에 위치하는 것이 아니라 개인의 삶의 다양한 체계(예: 가족, 사회, 문화 등)를 통해 침투한다고 제시한다. 매그나비타에 따르면, 체계이론의 개념을 생물심리사회적 모델의 요소에 적용할 때 성격병리에 대한 보다 총체적이고 유익한 관점이 제공된다(Magnavita, 2004).

4) 혼돈과 복잡성 이론

혼돈이론에 따르면, 실제로 체계 내의 작은 혼란이 전체 체계를 극적으로 바꿀 수 있는 양상으로 실제로 조직되어 명백한 혼돈을 생성한다. 윈터와 바렌바움(Winter & Barenbaum, 1999)은 이러한 개념을 성격정신병리의 분야에 적용하였다.

다른 과학 분야에서는, 복잡성에 대한 증가된 인식으로 심리학자들에 의해 현재 받아들여지고 있는 '혼돈이론' 또는 '복잡성이론'의 발전이 이루어졌다……. 왜냐하면 성격심리학의 두 가지 기본 가정이, 첫째, 요소들 간의 상호작용의 복잡성, 둘째, 이전의 경험이 이후의 행동에 영향을 미치기 때문이다. 적어도 어느 정도 되돌릴 수 없는 (또는 획득보다 더 큰 어려움으로 되돌릴 수 있는) 방식으로 이후의 행동에 영향을 미친다는 것이기 때문에 이 분야는 이러한 새로운 이론과 방법론적 도구를 활용하여 이상적으로 자리 잡은 것처럼 보인다(Magnavita, 2004, p. 15).

(1) 유전적 성향

앞에서 언급했듯이, 패리스(Paris, 2012)는 성격특질의 거의 50%가 유전된다고 보고하였다. 성격장애로 진단된 사람들의 가족에 대한 연구와 쌍둥이 연구가 이를 시사한다(South et al., 2012; White et al., 2003). 그러나 이것이 성격장애를 '유발'하는 특정 유전자가 있거나 장애가 직접적으로 유전된다는 것을 의미하지는 않는다. 이것이 시사하는 것은 성격장애의 '유전자가 특질에 대한 민감성을 부여한다'는 생각이다(De Fruyt & De Clercq, 2012, p. 416). 뇌 과학의 발달로 신경전달물질이 성격장애의 발달에 영향을 준다는 것을 알게 되었고, 신경영상기법을 통해 특정 성격장애를 가진 사람들의 뇌에서 일부 이상 징후를 확인하였다.

(2) 애착경험

성격발달에서 애착의 중요한 역할에 대해 많은 글이 쓰였다(Allen, 2007; Bartholomew, Kwong & Hart, 2001; Pliszka, 2003; Rosenstein & Horowitz, 1996). 레비 등(Levy et al., 2015)에 따르면(2015), 볼비와 에인스워스의 애착이론은 "성격장애의 중심이 되는 많은 정신 내적 측면과 대인관계 측면의 이해를 위한 설득력 있고, 경험적으로 기반하고, 임상적으로 유용하며, 이론적으로 일관된 모델"(p. 197)을 제공한다. 이 이론의 기본적인 견해는 불안정한 애착이 성격병리의 발달에 중심 요인이라는 것이다.

(3) 외상적 사건들

예상했던 대로, 연구에 따르면 외상 경험의 심각성(발병 연령, 경험의 다양성, 외상의 개인적 성격 및 폭력 수준에 따라 결정되는)과 성격장애 증상의 심각성(Skodol et al., 2005) 사이에 연관성이 있는 것으로 나타났다. 그러나 심한 외상을 경험한 모든 사람이 다 성격장애를 갖게 되는 것은 아니다. 개인의 회복탄력성이 어떤 사람들에게는 핵심적인 역할을 하는 반면에, 또 다른 사람들은 초기 외상의 결과를 견디기에 취약하다. 이러한 외상은 신경생물학적 체계를 압도하고 성격병리의 발달을 가능하게 하는 것으로 보인다.

(4) 가족구도와 역기능

2004년, 배틀 외(Battle et al., 2014)는 아동기 학대 경험이 성격장애 진단을 받은 사람에게서 높게 나타났다고 보고하였다. 73%는 어떤 형태의 학대를 받았으며, 82%는 방치를 경험했다고 답하였다. 알코올 및 관련 상태에 대한 전국 역학 조사에는 학대(정서적, 신체적, 성적), 정서적 방임, 부모 및 가정의 역기능에 대한 평가가 포함되었다. 이 자료를 통해, 아피피 외(Afifi et al., 2011)는 아동 방치 및 학대가 A군과 B군 성격장애 사이에 강한 관계가 있고, 정서적 방임과 C군 장애 사이에 약한 관계가 있다고 보고하였다.

(5) 사회문화적 및 정치적 힘

일부 사람들은 미국의 사회적 여건, 즉 점점 더 많은 가족을 빈곤과 경제적 억압으로 몰아넣는 상황에서 성격장애가 유행병처럼 일어날 수 있다고 경고했다(Magnavita, 2004).

> 삶의 의미의 붕괴(희망의 소멸, 자신과 다른 사람에 대한 사랑의 부재, 가족 및 이웃과의 유대의 실패)는 도시 거주자, 특히 아동의 사회적 타락과 문화적 쇠퇴로 이어진다. 우리는 삶의 목적의식을 유지하게 해 주는 가족, 친구, 학교와 같은 지원망에 거의 연결되지 못하고 뿌리 없이 흔들리는 사람들을 만들었다. 미국인들이 과거에 절망, 질병, 죽음에 직면하도록 도왔던, 그리고 존엄과 품위, 탁월함과 우아함을 세대를 통해 전수했던 영적공동체의 붕괴를 우리는 목격했다(Magnavita, 2004, p. 11; West, 2001).

성격장애의 원인과 기원을 이해하려면 출생(또는 유아기)부터 평생에 걸친 종단적인 연구가 필요하다.[3] 그러한 연구는 누구나 상상하듯이 어렵고 드물다. 그러한 연구가 몇 가지 존재하며(예: 1977년에 시작된 지역사회의 아동 연구; Cohen et al., 2005), 발달적 성격장애의 연구 분야가 성장하고 있다. 이 연구에 대한 고찰에서는 다음과 같이 제시한다.

---

3 DSM의 이전 편들은 청소년기 이전에는 성격특질이 아동의 성격병리에 대한 진지한 고려를 보장할 만큼 안정적이지 않다고 가정했다. DSM-5는 기준 D를 인정하면서 일반적인 추세를 유지한다. "유형은 안정적이고 오랜 기간 동안 있어 왔으며 최소한 청년기 혹은 초기 성인기부터 시작된다."(APA, 2013, p. 647) 그러나 DSM-5 부록에서 권장하는 성격병리의 보다 차원적인 모델을 향한 움직임은 이러한 관점을 진지하게 재고할 수 있는 문을 열어 준다.

각 성인 성격장애의 약력의 경우, 첫째, 축 I 장애와 관련된 증상(예: 불안, 기분, 파괴적 및 행동장애 증상, 또는 주의력결핍 과잉행동장애, 아스퍼거 증후군, 언어장애 또는 조현병에서 나타나는 보다 신경 발달 지향적인 증상), 둘째, 자기애적, 냉담한 무감정, 충동성과 같은 아동기 특성, 또는 셋째, 자해와 자살을 포함한 역기능의 좀 더 행동지향적인 측면 등에서 유의미한 '초기 징후'가 나타난다(De Fruyt & De Clerq, 2012, pp. 169-170).

간단히 말해, 성격병리가 아동기에 존재한다는 증거가 늘어나고 있으며, 향후 DSM 범주화의 개정에서 이를 반영해야 할 필요가 있다.

3. 치료의 주제

이 혼란스러운 장애의 범주를 설명하기 위해 상황적 요인 단독으로나 또는 생물학적 변수와 결합된 그러한 요인으로는 충분하지 않다. 분명한 것은 경직된 성격의 특질이 가족, 공동체 및 교회 내의 대인관계에 엄청난 혼란을 줄 수 있다는 것이다. 미국의 성인 10명 중 1명 이상이 이 장애를 겪는다는 사실을 고려할 때, 수많은 가족과 친구도 고통받고 있음을 알 수 있다.

우리가 상호작용하는 모든 도전적이거나 어려운 사람 모두가 성격장애가 있는 것은 아니다. 그리고 그들이 그렇든 그렇지 않든, 특별히 타인의 친절이나 이해나 은혜를 누릴 수 있는 선택에 취약하고 제한적일 수 있는 사람들의 비극적인 선택에서 우리는 자신의 분노, 의존성, 두려움 또는 친밀함의 충동을 잘 인지하는 것이 좋다(Yancey, 1997). 우리는 정서적 고통을 겪고 있는 인간의 얼굴을 결코 잊어서는 안 된다. 성격의 문제에서 이 말은 특별히 중요한 임상적인 격언이다(Schwartzberg, 2000).

각 성격장애를 치료하기 전에 몇 가지 기본적인 치료의 원칙을 강조하는 것이 도움이 될 수 있다. 분명히 신중한 평가가 필수적이다. 성격장애의 행동적인 징후는 명백하지만, 고통을 겪는 사람들의 내적 경험은 훨씬 더 감춰져 있으며 대개는 추론되어야 한다. 이것은 우리로 하여금 신중하고 조심스럽게 그리고 적절한 겸손과 존경심을 가지고 치료의 진행을 하도록 한다. 그들 중에 어떤 사람들은 매우 어렵고 불쾌하거나 교묘할 수 있음을 인식하는 것 또한 중요하다(Miller & Jackson, 1995). 우리가 이 사실을 더 많이 알수록 더 적절하고 현실적인 기대치를 설정할 수 있다. 또한 성격장애는 정의상 오랜 기간 동안 지속된다는 점을 기억해야 한다. 몇 년, 심지어 수십 년에 걸친 상호작용 및 대처양식은 단기간에 바뀌지 않을 것이며, 우리의 충실함과 희망, 꾸준함을 필요로 할 것이다. 클라우드와 타운센드(Cloud & Townsend, 2002)가 2002년에 그들이 한 중요한 작업에서 언급했듯이, 개인적이고 전문적인 경계를 설정하는 것이 매우 중요하다. 지나치게 사회적이거나 과도한 책임감을 갖는 것은 도움을 주는 사람이나 받는 사람 모두에게 장기적으로 별로 도움이 되지 않으며 심지어 더 나은 건강을 향한 성장을 방해할 수도 있다(McLemore, 2003).

아들이나 딸에게 권위를 세우려는 엄격하면서도 공정한 부모와 달리, 성격장애가 있는 사람을 돕고자 하는 사람은 자신이 무엇을 하고, 하지 않을 것인지에 대한 명확한 지침을 설정해야 한다. 특히 B군 장애를 앓고 있는 사람에게 적절하지 않은 개방이나 또는 할 수 있는 것보다 더 많은 것을 제공하는 것은 재앙이 될 수 있다. 모든 도전적인 장애와 마찬가지로, 우리가 시야를 잃기 시작할 때 도움을 주기 위해서, 동료 전문가로부터 지원을 요청하는 것은 중요하다. 몇몇 상처 입은 사람은 돌봄을 제공하는 우리를 상당히 지치게 할 수 있는데, 특히 우리가 구원자 성향이 강하고, 다른 사람을 위해 비타협적인 문제를 해결하거나 해결해야 하는 욕구를 가지고 있는 경우에 그렇다. 진행은 더디고 고통스러워서, 충실하고 희망적이며 확고한 상태를 유지하기 어렵게 만든다(Smedes, 1998). 성격장애가 있는 사람들을 다룰 때, 우리는 내담자와 우리 자신의 실수로부터 많은 것을 배울 필요가 있을 것이다(Casement, 2002).

1) A군 장애

A군 장애가 있는 사람의 치료 효과에 대한 연구는 많이 이루어지지 않았다(Seligman & Reichenberg, 2014). 그러나 일부 일반적인 주제는 전통적인 치료의 기준에서 권장되고 있다.

(1) 편집성 성격장애
편집성 성격장애를 가진 사람들과 협력하기 위한 장기적인 목표에는 의심과 불신의 감소, 보다 현실에 기반한 믿음의 개발, 필수적인 대인관계 기술의 발달, 사고와 문제 해결의 유연성의 향상이 포함된다(Bockian & Jongsma, 2001). 상담을 받는다 하더라도 느리게 진행되는 경향이 있다. 종종 도움과 치유 과정의 핵심에는 건강하고 건설적인 방식으로 분노를 표현하는 법을 배우는 것(따뜻한 주장)이 있다. 신뢰 수준이 높아질수록 친밀감은 높아지고 거부감과 취약성은 줄어들 가능성이 크다(Meyer, 2004). 이 장애의 치료에 대해 입증된 약물은 없지만(Comer, 2004), 어떤 사람은 항불안제와 항정신증제의 혜택으로 이러한 증상이 완화되는 경험을 한다(Seligman & Reichenberg, 2014).

(2) 조현성 성격장애

조현성 성격장애를 가진 사람들과의 작업 목표는 사회적 상호작용의 증가, 정서적 민감성과 반응성의 향상, 인지 및 해석 과정의 강화, 전반적인 열정과 에너지 수준을 높이는 것이다(Bockian & Jongsma, 2001). 다시 말해서, 정신약리학은 장애 그 자체의 핵심 증상에 효과가 있는 것으로 증명되지 않았지만, 심각한 불안이나 우울증을 위한 약물은 때때로 보조 치료제로 도움이 될 수 있다(Seligman & Reichenberg, 2014). 인지행동 및 대인관계의 개입은 모델링, 촉진, 행동 조성, 강화를 통하여 사회성과 상호작용에 매우 필요한 기술을 목표로 할 수 있다. 슬프게도, 이 장애로 고통받는 사람들은 치료를 거의 찾지 않는다. 그들에게 증상은 대개 자아동조적(egosyntonic)이다. 만약 그들이 작업이 안전하고 지지적이며 위협적이지 않다고 느낀다면, 집단치료가 도움이 될 수 있다. 그들이 다른 사람들로부터 멀어지고자 하는 욕구는 압도적일 수 있다는 것을 기억하라(McLemore, 2003).

(3) 조현형 성격장애

조현형 성격장애를 가진 사람들과의 작업 목표에는 모호한 인지의 명확성을 확보하고, 이상하고 독특한 사고를 감소시키고, 사회활동과 관계의 즐거움을 높이고, 대인관계 기술을 향상시키는 것을 포함한다(Bockian & Jongsma, 2001). 약물치료, 특히 특정 인지이상과 왜곡을 줄이는 데 비전형 항정신성 약물의 사용이 이들에 대한 치료와 결합할 때 도움이 되는 것으로 입증되었다(Meyer, 2004; Sperry, 2003).

상담을 하게 될 경우, 치료의 초점은 거의 필수적인 의사소통과 상호작용의 기술을 가르치기 위한 안전하고 지지적인 환경을 전적으로 제공하는 데 있으며, 이러한 작업은 필요를 느끼지 못할 때 쉽게 달성될 수 없다(Benjamin, 2003). A군 장애와 마찬가지로, 고통받는 사람들이 그들의 관계가 만족스럽고 안전할 수 있다는 것을 스스로 배우도록 돕는 것이 효과적인 치료의 핵심이다(McLemore, 2003).

2) B군 장애

A군과 대조적으로, B군 장애에 관련해서는 치료, 특히 경계성 및 반사회적 상태에 대한 치료에 대해 훨씬 더 많은 글이 있다.

(1) 반사회적 성격장애

반사회적 성격장애의 치료의 효과에 대한 연구는 많지만, 만족스럽지 않다. 이는 이 장애의 치료에 대한 예후가 좋지 않기 때문일 가능성이 크다. 반사회적인 사람들은 개인적인 거부, 권위에 대한 문제 그리고 종종 만성적인 성취 부족으로 인해 치료에 저항한다(Duggan, 2009). 반사회성 사람들과 협력하기 위한 목표에는 다른 사람의 요구에 대한 민감성 증가, 유해하고 충동적인 행동감소, 효과적인 분노조절전략의 교육, 대인관계에 대한 인식과 책임감 배우기, 우리 사회의 모든 구성원에게 적용되는 법과 행동규칙의 수용 등이 포함된다(Bockian & Jongsma, 2001). 진단을 받은 사람들 중에 일부(25%)만이 문제가 가장 많은 증상에 대해 전문적인 치료를 받고 있으며, 이는 대개 가장 혁신적이고 자원이 많은 교정시설 내에서 이루어진다(Comer, 2004). 교도소 개혁에 대한 요구는 교회와 사회에서 점점 더 증가하고 있지만(Smarto, 1993; Van Ness, 1986), 그에 대한 자금의 지원은 일관성이 없거나 존재하지 않았다. 다행히도, 교도소에 기반을 둔 사역의 수가 최근 수십 년 동안 크게 확장되었다. 안타깝게도, 집중적 치료 프로그램들조차 제한된 성공을 거두었을 뿐이며, 예방이 훨씬 더 의미가 있다. 개인적 환경의 우발성을 통제하고 건강한 행동을 모델링하고 강화할 수 있는 환경에서의 치료는 기존의 외래 환자를 위한 치료보다 더 성공적이다. 더 큰 공감과 도덕적 감수성을 개발하기 위한 인지행동 및 대인관계 전략이 기초로 간주된다. 그 이상으로 반사회적 행동의 선행사건과 결과를 다루는 것이 필수적이며, 그를 통해 대처와 대인관계의 악의적이고 자기파괴적인 양상을 다루게 된다(Meyer, 2004). 일부의 제한적인 성공을 거둔 신앙기반 접근방식은 대처와 적응에 대한 공통적인 예측 변수인 멘토링, 동료적인 책임, 직업훈련 및 가치를 강조하는 경향이 있다(Pargament, 1997).

(2) 경계성 성격장애

경계성 성격장애를 가진 사람들도 똑같이 다루기가 어려울 것이다. 치료의 목표에는 일반적으로 자살 또는 자기파괴적 행동의 감소, 대인관계의 안정화, 정서적 반응성 및 불안정성의 감소, 강한 자아의식의 발달, 문제해결 및 의사소통 기술의 향상이 포함된다(Bockian & Jongsma, 2001). 변증법적 행동치료, 정신화-기반 치료, 전이, 집중치료, 심리도식 인지행동치료, 정서적 예측 및 문제해결을 위한 시스템 교육(Systems Training for Emotional Predictability and Problem Solving: STEPPS) 집단치료를 포함한 여러 치료적 접근법이 임상연구에서 효과를 입증하였다(Seligman & Reichenberg, 2014). 치료에는 가장 골치 아픈 인지적·정서적 증상 중 일부를 겨냥하여 약물치료가 포함될 수 있다 (Adams & Sutker, 2001; Schwartzberg, 2000). 치료에 대한 어떤 접근방식에서도 치료자-내담자 관계에 충분히 주의를 기울여야 한다. 이는 치료자와 내담자의 관계가 더 효과적인 대처방법을 배우기 위해 반드시 거쳐야 하는 모든 고통스러운 생각과 감정의 축소판이 되기 때문이다. 자살사고와 자기파괴적 성향은 지속적으로 관찰되어야 한다. 이 작업은 어렵고 까다로운 경향이 있으며, 약간의 성공과 주기적인 좌절로 가득하다 (Benjamin, 2003). 만약 이외에 다른 성격장애가 없다면, 교정적인 정서 경험이 가장 핵심적인 요소로 간주된다.

(3) 연극성 성격장애

연극성 성격장애를 가진 사람들의 치료는 많은 요구의 감소와 화를 잘 내는 성질 또는 유혹('치료자 길들이기'라고도 함)의 감소에 초점을 두는 경향이 있다. 이들은 잘못된 이유로 주목받는 것에 대한 집중력을 줄이는 동시에 자기 인식과 자아상을 강화하는 데 더 만족스러운 방법을 찾는 것을 배울 필요가 있다(Bockian & Jongsma, 2001). 변덕스러운 기분과 극적인 감정의 표현을 안정시키는 것과 마찬가지로 보다 진정성 있고 상호적인 관계를 형성하는 법을 배우는 것이 치료의 핵심이다. 다시 말하면, 이는 충분한 지식 기반과 함께 치료자 측의 많은 배려와 세심한 주의를 필요로 한다(McLemore, 2003). 항우울제는 거절에 대한 민감성을 줄이는 데 도움이 될 수 있기 때문에 연극성 성격장애의 치료에 도움이 되는 경우가 있다. 이러한 사람들은 자살의 위협이나 시도의 위험에 처할 수 있으므로 주의가 필요하다.

(4) 자기애성 성격장애

자기애성 성격장애를 가진 사람들은 자아도취와 오만함이라는 성격적인 특징의 수면 아래에서 엄청난 연약함과 열등감으로 시달린다. 따라서 치료의 목표는 두 가지 수준의 증상을 모두 다루어야 한다. 이러한 목표에는 공감과 인식의 향상, 자기애적 상처에 대한 민감성 감소, 오만한 태도와 신념 감소, 자신을 완벽하고 불멸의 존재로 보는 경향의 완화 그리고 착취적이고 조종적인 행동의 감소가 포함된다(Bockian & Jongsma, 2001). 이들의 오만함이나 거짓된 자부심은 치료하기가 어렵다. 자기애적 상호작용의 유형은 많은 가정 내의 분쟁과 결혼 실패의 요인으로 추정된다(Comer, 2004). 특히 치료자가 자기애성 내담자의 잘못된 우월감을 지지하도록 조종되는 것을 피하기가 어렵다(McLemore, 2003).

3) C군 장애

다른 성격장애보다 더 보편적이지만 C군 장애는 다양한 치료 양식의 효능에 대한 경험적 연구에서는 거의 주목을 받지 못했다(Ryum et al., 2010).

(1) 회피성 성격장애

회피성 성격장애의 경우 지금까지와는 다른 이유로 치료가 어렵다. 종종 그들은 일상적인 상호작용에서 찾을 수 없는 애정이나 관심을 찾아 치료를 받으러 온다. 신뢰 문제로 압도적인 고통받는 이 장애의 사람들은 비판과 승인 또는 거절에 대한 두려움 때문에 다른 사람을 피한다(Bockian & Jongsma, 2001). 치료의 목표는 사회적 고립과 외로움의 감소, 의사소통과 갈등관리 기술의 개발, 위험 감수 및 주도권 장려, 거부와 굴욕에 대한 두려움과 반추의 감소를 포함한다(Bockian & Jongsma, 2001, p. 46). 필수적인 삶의 기술을 가르치기 위한 인지 및 행동전략은 성공적인 치료를 위한 토대다(Meyer, 2004). 약물치료를 하는 경우는 과도한 각성과 과도한 불안의 특정 표적증상을 위해서다.

(2) 의존성 성격장애

의존성 성격장애를 가진 사람들은 자신감 향상, 복종적이고 순종적인 행동의 감소, 책임감 있는 자기주장의 증가, 사회적 상호작용의 시작, 대처와 의사소통 기술의 레퍼토리 향상과 같은 중요한 치료 목표를 위해 노력할 필요가 있다(Bockian & Jongsma, 2001). 약물은 불안이나 우울증과 관련된 증상을 완화시키는 데 사용될 수 있다. 집단치료는 효과적인 대인관계 기술과 전략(모델링)을 관찰할 수 있는 기회가 될 수 있다. 효과적인 치료 전략의 핵심은 책임감 있는 자기주장의 중요성을 가르치고 수동적이거나 집착하는 행동을 줄이는 것이다. 특히 여성의 경우, 이것은 자신의 목소리를 찾고 그것이 자신의 깊은 내면화된 가치와 일치할 때까지 안전하고 지지적인 환경에서 연습하는 것을 포함할 수 있다.

(3) 강박성 성격장애

강박성 성격장애를 가진 사람들은 규칙, 세부사항 그리고 사소한 것에 대한 집착을 줄여야 할 필요가 있다. 치료 목표에는 주로 완벽주의, 죄책감 및 자기비판의 감소와 문제해결 및 대인관계에서의 '유연한' 능력 향상이 포함된다(Bockian & Jongsma, 2001). OCPD가 있는 사람은 휴식을 취하고 삶을 즐길 수 있는 능력을 상실했을 수 있으므로 효과적인 치료는 자기돌봄과 '책임 있는 쾌락주의', 즉 하나님과 그의 모든 창조물을 즐기는 것에 중요성에 중점을 둔다. OCD와 마찬가지로 정신약리학은 과도한 각성 또는 과도한 염려의 특정 증상을 대상으로 하여 사용될 수 있다(Adams & Sutker, 2001). 그러나 치료에서는 대처와 상호작용의 기술을 가르치는 것에 가장 우선적으로 초점을 맞출 필요가 있다. 이를 위해 인지적 또는 역동적인 전략이 필수적인 것으로 입증되었다(Meyer, 2004).

4. 예방의 과제

학자, 임상가 및 연구자들은 경직되고 융통성 없는 상호작용과 대처의 유형을 바꾸는 것이 어렵다는 데 동의한다. 해로운 대인관계에 대한 궁극적인 해독제는 다양한 사적 및 공적인 환경에서 '따뜻한 주장'을 모델링하고, 촉진하고, 조성하고, 강화하는 보다 효과적인 방법을 찾는 것이다(McLemore, 2003). 그것은 다른 사람들과 어울리기 위한 더 나은 방법(부드러움)을 찾고 자신의 진정한 욕구를 더 정직하게 표현(주장)하는 것을 의미한다. 사로잡히거나 공격하지 않고(주장의 병리적인 극단) 또는 후퇴하거나 잠수하지 않고(복종의 병리학적 극단) 이렇게 하는 것을 배우는 것은 정말 중요한 발달과제다.

1) 1차 예방

궁극적으로 1차 예방에는 문제행동의 강도, 지속기간 및 빈도를 줄이려는 전략이 포함된다. 성격장애에 대한 생물학적 소인을 줄이기 위해 할 수 있는 일은 아마도 거의 없을 것이다. 그럼에도 불구하고 유전적·신경화학적인 소인을 인식하는 것은 정신장애의 스트레스-취약성 모델을 다시 적용하면서, 내적 또는 외적 스트레스 요인을 줄이는 방법을 생각하도록 촉진할 것이다. 최근의 연구에 따르면, 이것은 반사회성, 경계성 및 조현형 성격장애에 특히 적합하다(Meyer, 2004). 그 과정에서 인지적·정서적 체계가 한계점에 도달할 때 약물치료가 최선의 방어책이 될 수 있다(Pliszka, 2003).

심리사회적 또는 대인관계적인 수준에서 가장 좋은 예방은 사람들이 가족 및 친구와 친밀해질 수 있는 보다 효과적인 방법을 가르치는 것이다(Lerner, 2001). 적절한 때가 되면 갈등관리기술에 대한 교육이 포함되어야 한다(Malony, 1989). 이러한 생활의 기술은 더 견고한 가족관계와 공동체를 발전시키려는 경우에 필수적이다(Kauffmann, 1999). 분명히 그러한 교육에는 중요한 인지 구성요소가 있지만 안전하고 지지적인 환경에서 이러한 기술을 연습할 수 있는 기회가 포함되어야 한다. 이러한 기술을 구성의 단계로 세분화하여 교육을 현실적이고 실용적으로 만드는 자료들이 존재한다(Bockian & Jongsma, 2001).

정신건강 전문가 또는 목회자는 친밀감과 갈등관리 기술을 가르치는 것 외에도 도덕적 발달(B군), 위험감수 및 주도성(A군), 책임감 있는 자기주장(C군)을 장려하는 데 충분한 에너지를 쏟아야 한다. 일생 동안 우리는 권력, 명성, 이익에 대한 사회의 집착에 맞서기 위해서 이타주의, 공감, 존중과 같은 중요한 덕목을 가르쳐야 한다(Jones & Butman, 1991). 신앙인의 경우, 여기에는 성격의 깊이와 본질의 개발과 B군이 심한 경우 사용할 수 있는 잠재적인 해독제가 포함된다.

더 나아가, 정의와 평화의 '수용'인 샬롬을 촉진하는 데 집중한다면 잠재적인 철수(A군)와 자기 몰두(B군), 압도적인 두려움(C군)을 줄일 수 있을 것이다. 궁극적으로 건강한 공동체는 더 견고한 가족관계를 촉진할 것이며 그 반대도 마찬가지다. 선행의 모범을 보이고, 신뢰할 수 있는 역할모델에 접근할 수 있는 기회는 이 철저하게 포스트모던 세상에 필요한 친절한 제자도를 촉진할 수 있다. 인간은 목적을 위한 수단으로서(B군) 혹은 어떤 대가를 치르더라도 피해야 하는 대상(A군)이 아니라 우리의 가장 소중한 자원으로 간주될 것이다. 긍정적인 정신건강은 하나님을 닮은 형상으로 창조된 모든 사람에 대한 존중에서 시작된다(Jones & Butman, 1991). 우리 모두는 사람들과 과정들에 대해 '끝없는 호기심'을 가져야 한다(Malony, 1989).

2) 2차 예방

여기서 우리의 과제는 고위험군 사람들을 위해 조기에 개입하는 방법을 찾는 것이다. A군과 관련하여, 우리는 성격의 형성기(Benjamin, 2003)에 나타나는 전반적인 철수와 수동적인 패턴에 주의해야 한다. 어릴 때부터 외톨이나 친구가 없을 것 같은 아동이 우리가 특별한 관심을 가질 가치가 있는 대상이다. 잠재적인 A군의 경우, 동료나 부모와 긍정적인 상호작용의 기회가 권장되어야 한다. 만약 그들의 대처와 상호작용 방식이 철수와 수동성이 된다면 좋은 친밀감 및 갈등관리기술을 개발할 수 있는 예후는 긍정적이지 않다.

B군과 관련하여, 우리는 아동이 건강하지 않은 또래집단과 어울리거나 또는 주위에 건강하고 친사회적 행동모델이 거의 없이 자라는 것을 볼 때 걱정해야 한다. 실제로 부정적인 사회화 경험은 여가나 직업 추구에서의 제한된 기회와 청소년 비행의 가장 강력한 예측 요인 중 하나다(Adams & Sutker, 2001). 문화 속에서 점점 커져 가는 특권의식과 자기도취에 대응하기 위해 아동과 청소년은 그들 자신을 뛰어넘는 관점의 중요성을 배워야 한다. 이상적으로는 책임감 있는 행동을 위한 교육이 잘 수행되지만, 너무 자주 일상의 분주함으로 길을 잃는다(Smedes, 1998). 연극성이나 자기애성 경향이 있는 사람들은 그들의 과시 경향이 적정해질 수 있도록 가정이나 공동체에서 그들에게 적절한 한계를 둘 필요가 있다. 현실적인 목표와 적절한 기대치를 설정하는 법을 배우는 것은 완전한 성인의 책임을 다하는 데 필수적인 생활 기술이다(Griffin, 1987). 당신을 기분 좋게 하거나 당신의 즉각적인 충동을 만족시키기 위해 하는 것에 기반을 둔 우정의 형성은 책임감 있는 자기통제나 만족의 지연을 가르치는 경우가 거의 없다. 오늘날의 청년들에게 신뢰할 수 있는 역할모델은 희생과 섬김에 대해 가르칠 수 있는 것이 많다(Kauffmann, 1999).

C군과 관련하여, 불안하고 두려운 사람들을 위해서는 모델링, 촉진, 행동 조성 그리고 소속감과 자기주장이 강화되는 것에 초점이 맞추어져야 한다(McLemore, 2003). 분명히 일생 동안 중요한 변화와 손실이 있다. 청소년에게 이러한 것들을 깨닫고 효과적으로 협상할 수 있는 방법을 찾도록 가르치는 것은 성인이 되어 심각한 병리를 줄이는 데 가치 있는 투자가 될 수 있다. 가장 기본적인 수준에서, 이것은 초등학교와 중학교 시절에 권위적 양육과 적극적인 훈련을 필요로 한다. 이러한 요소는 건강한 애착을 촉진하고 책임감 있는 주장을 가르친다. 더 깊은 차원에서, 청소년들이 압력에서 벗어나

고 회피하기보다는 어려움에 직면하도록 돕는 것을 의미한다(Pargament, 1997). 삶의 의미와 목적의식이 가정과 공동체의 강력한 지원체계와 결합될 때, 그들의 효능감(즉, 내가 하는 일이 차이를 만든다는 믿음)을 발달시키는 데 도움이 될 것이다. 그러한 구조, 지원과 감독이 없다면, 개인의 대처와 상호작용 방식이 성공할 가능성이 훨씬 낮아진 다(Kauffmann, 1999).

3) 3차 예방

여기서 핵심 과제는 고통받는 사람들(그리고 종종 사랑하는 사람들)이 지역사회에서 가능한 한 빨리 양질의 치료를 찾도록 돕는 것이다. 이를 위해서는 어떤 치료법이 이용 가능하고 어떤 치료법이 특정 성격장애에 가장 효과적인지에 대한 지식이 필요하다. 다행히도 특정−문제 치료 계획서(Bockian & Jongsma, 2001)뿐만 아니라 여러 치료 옵션 (예: Seligman & Reichenberg, 2014)에 대한 우수한 자원들을 사용할 수 있다. 맥레모어가 쓴 『해로운 관계와 그것을 바꾸는 방법: 일상생활에서의 건강과 거룩함(Toxic Relations and How to Change Them: Health and Holys in Everydle Life)』(2003)은 특별히 예방을 위해 노력하려는 신앙 기반 공동체에 도움이 된다. 이는 온전함과 성숙함의 모델을 제시할 뿐만 아니라, 우리 자신과 우리가 관심을 가지거나 정기적으로 상호작용해야 하는 사람들의 어지러운 경향을 어떻게 줄일 수 있는지에 대한 많은 실용적인 방안도 제공한다. 노크로스 등(Norcross et al., 2003)은 가장 직접적인 영향을 받는 사람들을 도울 수 있는 정신건강의 훌륭한 자기개발의 자원(도서, 영화, 인터넷, 지지집단)을 설명한다.

우리는 A군 혹은 B군 장애로 어려움을 겪고 있는 사람들이 전문적인 도움을 찾는 것은 드물다는 것을 기억할 필요가 있다(Miller & Jackson, 1995). 치료가 의무화되거나(반사회성 성격장애의 경우와 같이) 긴급한 위기나 우려 때문에 강력하게 제안되지 않는 한 (연극성 또는 자기애성 성격장애의 경우와 같이) 문제는 은밀하고 만성적인 상태로 유지되는 경향이 있다. 대조적으로, C군의 사람들은 종종 많은 두려움과 불안으로 도움을 구하므로 치료의 선택과 자원에 대한 지식이 중요할 수 있다. 치료는 어떤 경우에도 느리고 어려운 과정일 가능성이 높으므로 고통받는 사람들이 변화에 대해 결단하고 동기를 갖도록 돕는 것이 가장 중요하다(Miller & Jackson, 1995).

우리는 21세기에 이러한 진단을 받는 우리 교회와 지역사회의 인구가 증가할 것이라고 생각한다. 이것은 정신의학 명명법의 유행 그 이상이다. 점점 더 많은 사람이 인간적으로 연결하는 것을 어려워하고 있다. 하나의 문화로서, 우리는 가족과 지역사회에서 더 소외된 것처럼 보이고 의사결정에서 더 협력할 의지가 없어 보인다. 경쟁은 훨씬 더 유혹적이다. 우리는 공동체 형성(사회적 지원)에 대해 더 의도적이고, 진정으로 중요한 것이 무엇인지(의미와 목적) 자문할 필요가 있으며, 문제해결 및 대인관계 기술(효능감)을 강화하는 데 훨씬 더 헌신해야 한다. 의심할 여지없이 이것은 우리 모두가 일상생활의 요구에 대처하는 데 도움이 될 것이다(Pargament, 1997).

5. 기독교적 평가

성경은 오늘날 우리가 성격장애라고 부르는 것의 가능성을 암시하는 행동을 하는 사람들의 이야기로 가득 차 있다. 사울 왕의 편집증에서부터 헤롯왕의 반사회적 행동까지, 성격의 병리가 생생하게 묘사되어 있음을 볼 수 있다. 초대교회의 저술은 목회 신학자들(예: 존 캐시안)이 인간의 성격이 장애가 될 수 있는 방식에 대한 인식을 드러낸다(Oates, 1987). 그레고리 대왕은 그의 고전 저서(원래 591년에 출판됨)에서 많은 범주의 사람과 각 범주의 인물들에게 어떻게 대응해야 할지를 성찰한다. 그는 성격에 대한 놀라운 이해를 제공하고 각 사람을 적절한 목회적 대응으로 만나야 할 필요성을 보여 준다. 예를 들어, 그는 겸손하기 쉬운 사람들과 교만하기 쉬운 사람들을 다음과 같이 구별한다.

> 겸손한 자는 어떤 면에서 훈계를 받고, 교만한 자는 그와는 다른 방식으로 훈계를 받는다. 전자는 그들이 희망함으로써 가지게 된 탁월함이 얼마나 진정한 것인지 알아야 한다. 교만한 자들은 손에 넣어도 유지되지 않는 현세의 영광이 얼마나 무가치한지를 알아야 한다. 겸손한 자들에게 그들이 추구하는 것들의 영원한 속성과 그들이 경멸하는 것들의 일시적인 속성에 대해 알게 하라. 교만한 자들에게 그들이 얻으려고 스스로 정한 것이 얼마나 일시적이고 그들이 잃는 것이 얼마나 영원한지 알게 하라(1978, p. 141).

타락한 인간의 특성(예: 친절/시기, 성실/불성실, 과묵/수다, 완고/변덕)은 대인관계를 상당히 어렵게 만들 수 있다. 사실, 기독교 역사를 통틀어 건강한 우정의 형성(Griffin, 1987), 견고한 결혼생활과 가족관계의 발달(Worthington, 1993) 그리고 가정, 직장 및 교회에서 갈등과 스트레스를 줄이는 것이 결코 쉬운 일이 아니라는 데 대한 일반적인 합의가 있다(Malony, 1989).

효과적인 목회적 돌봄은 건강한 관계형성과 좋은 공동체의 형성을 매우 중요하게 생각한다. 또한 갈등은 불가피하며, 일상생활에서 건강과 거룩함을 증진시키는 데 효과적인 갈등관리기술이 필수적이라는 점을 인식한다(McLemore, 2003). 기독교의 신학적 인간론에서는 좋은 관계가 인간이 하나님의 형상과 모양으로 창조되었음을 반영할 뿐만 아니라 예배, 교제 및 봉사에서 우리의 은사와 재능을 사용하여 책임 있는 다스림을 행사하는 데도 관여한다고 말한다(Kauffmann, 1999).

그러나 우리의 신앙은 또한 우리 모두가 편견, 왜곡 및 고정관념에 빠지기 쉬운 상하고 타락하고 죄 많은 피조물임을 알려 준다. 건강한 관계의 형성과 효과적인 갈등관리 기술을 배우게 될 때, 우리 모두는 용서와 화해에 대해 배울 것이 많다. 맥레모어는 다음과 같이 말하고 있다.

> 인간의 행동은 매우 미묘하고 다층적이어서 거룩한 것과 죄 된 것을 분간하는 것조차 항상 가능한 것이 아니다. ……진리보다 단순함을 선호하는 기독교인은 이것을 좋아하지 않는다. 그들은 모든 것을 완전히 좋은 것과 완전히 나쁜 두 가지 범주로 분류하는 것을 선호한다. 그러나 인생의 많은 것이 선과 악이 모호하게 혼합되어 있기 때문에 우리는 남에게, 그리고 그들이 하는 일의 의미에 대해 비극적인 실수를 저지르지 않도록 지혜를 간절히 구하고 끊임없이 하나님의 긍휼을 구해야 한다(McLemore, 2003, pp. 16-17).

어렵거나 요구가 많은 사람에게 목회적 돌봄을 제공하려면 하나님의 인도하심에 대한 기도의 접근이 필요하다. 자기패배적이거나 파괴적인 방식으로 자신과 다른 사람과 관계를 맺는 방식이 깊이 뿌리내린 사람은 엄청난 시간과 에너지를 소비한다. 그들의 자존감을 심각하게 손상시키지 않는 방식으로 '유순한 대답'(사랑 안에서 진실을 말함)을 제공하는 것은 긍휼과 은혜뿐 아니라 상당한 지혜와 분별력도 필요로 한다(Kauffmann, 1999). 적절한 시기의 선택, 재치 및 민감성은 유용한 피드백을 주고받는 데 매우 중요하다.

성격장애의 특징인 내적 경험과 외적 행동의 경직된 양상은 건강하고 상호의존적인 관계의 형성을 극도로 어렵게 만든다. 불가피한 갈등이 발생할 때 적응하지 못하면 용서와 화해를 제공하는 것은 말할 것도 없고 명확하게 의사소통하거나 협력하는 것이 어려워진다(Malony, 1989). 아마도 자신의 내면이 혼란스럽고 압도적이거나 또는 그들이 인식한 필요 또는 욕구에 완전히 몰두한 탓에 그러한 경직성은 다른 사람의 말을 진정으로 경청하는 것을 어렵게 만든다. 결과적으로 그들은 다른 사람들과 연계하기가 어렵고, 자신의 필요를 직접적이면서 강압적이지 않은 방식으로 표현하려는 시도에서 어려움을 겪는 경향이 있다(McLemore, 2003). 그들은 건강하지 못한 양극단으로 다른 사람에게 다가가거나 멀어지거나 하며, 의사결정에서 협력하기보다는 경쟁을 추구한다. 이러한 상황이 가정, 직장 또는 지역사회 환경에서 발생하고 있음을 쉽게 볼 수 있다.

당연히 성격장애로 고생하는 사람들은 따뜻하게 대하거나 자기주장을 하는 데 큰 어려움을 겪는다. 그들의 경직성은 그들이 소규모 집단으로 협력하거나 일하는 것을 어렵게 만든다. 주도할 기회가 주어졌을 때, 그들은 합의점을 찾기보다는 다른 사람들에게 자신의 의제를 강요하는 경향이 있다. 궁극적으로 효과적인 사역은 사람들이 그들의 은사와 재능을 개발하도록 돕고, 그들의 영적인 발달과 형성을 장려하며, 그들이 교회의 사명과 임무를 수행하도록 돕는 것이다(Kauffmann, 1999). 어떤 사람들에게는 그들이 성격장애를 가지고 있다는 이유로 이것이 특히 어려울 수 있다. 그들의 경직성은 신앙에 대한 헌신의 부족보다는 잠재적으로 심각한 정신병리에 더 관련이 있을 수 있다. 충분한 주의를 기울이지 않는 한, 이러한 중요 장애물이 제거되어 더 큰 건강과 거룩의 방향으로 나아갈 수 있을 것 같지는 않다(McLemore, 2003). 그러한 사람들이 그들의 인상 관리(impression-management)의 성향을 벗어나(Jones & Butman, 1991) 그들이 받은 은사를 더 잘 활용하도록 돕는 것은 모든 사역자의 공통된 관심사가 되어야 한다. 이것은 종종 명확한 한계와 경계를 설정하고 그것들을 일관되게 고수하는 것을 의미한다. 양가감정과 혼란, 심지어 분노와 극심한 좌절의 강한 감정을 처리(위기정리, 위기해소)하는 것이 종종 필요하다. 성격장애에 대한 추가 교육은 좋은 전문적인 상담과 함께 성격장애로 고생하는 사람들을 위한 효과적인 사역의 필수적인 요소다.

6. 통합의 주제

자아 형성에 지장을 주고 감정을 관리하고 행동을 통제하는 능력에 역기능을 초래하는 것과 관련된 문제는 어제오늘의 일이 아니다. 교회의 역사를 통틀어 기독교인은 오늘날 정신건강 분야가 성격장애라고 일컫는 것과 씨름해 왔다.

1) 목회적 돌봄과 무분별한 욕망

기독교인은 "분을 내어도 죄를 짓지 말라."(에베소서 4: 26)는 권유를 받고 있으며, 이 것은 확실히 통합에 반영되어야 할 사안이다. 분노에 효과적으로 대처하는 법을 배우는 것은 성격장애로 고생하는 많은 사람, 특히 B군이나 C군 장애가 있는 사람들에게 지속적인 도전이다. B군에서는 사회적 상황에서 적대적이고 학대가 될 정도로 우위(지나치게 경쟁적이 됨)를 시도하는 경향이 가장 많이 나타난다(Lerner, 2001). 권력, 통제 및 지위는 진정한 관계보다 더 중요하다. 승리하는 것이 이해하는 것보다 더 중요하기 때문에 용서와 화해에 대해 진지하게 생각하는 것은 거의 불가능하다(Worthington, 1993).

책임감 있는 자기주장훈련이 성격장애에 대한 거의 모든 치료의 요강에서 제공된다는 사실은 매력적이다(Bockian & Jongsma, 2001). 분노와 같은 강한 감정을 다루는 것은 진정한 도전이 될 수 있음을 직시하자. 특히 친밀하거나 중요한 관계에서 발생하는 의견의 차이를 극복하는 데 공유된 가치가 없을 때는 더욱 그렇다. 평화를 이루는 것은 성경의 명령이다. 우리는 단순히 우리를 불편하게 만드는 모든 사람을 피할 수 있는 선택권이 없다(Kauffmann, 1999). 우리가 갈등을 다루는 방법, 특히 '적'과 함께하는 방법은 우리의 성격과 기독교적 헌신에 대해 많은 것을 말해 준다(Fenton, 1987).

반 리우웬이 지적한 바와 같이, 건강한 관계와 책임감 있는 다스림의 능력은 융합 관계와 공생 또는 착취와 조종의 관계에서 퇴보한다(Van Leeuwen, 2002). 이러한 역학은 특히 특정 B군 및 C군 장애에서 나타난다. 정신병리가 수동적으로 표현되든지 공격성으로 표현되든지(또는 둘 다), '복수하기'와 승리하기가 진실하고 사랑스러운 소통보다 더 중요해진다(Kauffmann, 1999). 아마도 성격장애는 다른 어떤 장애 집단보다 우리가 죄짓지 않고 화를 내는 것이 어려울 때 무엇이 잘못될 수 있는지를 고통스럽게 상기시켜 주는 것일 것이다.

친밀하고 진정한 관계는 정말 힘든 일이다. 분노를 관리하는 것이 성격장애가 있는 이들에게 주요 도전이라면, 의미 있는 대인관계를 맺는 방법을 배우는 것도 마찬가지이다(Lerner, 2001). 우리의 신앙은 우리에게 많은 것을 말해 준다. 하나님은 우리가 서로 친밀하게 교통하도록 창조하셨다. 부분적으로 우리는 친밀한 교제를 위해, 그리고 "있는 그대로의 자신을 알기"(Jones & Butman, 1991) 위해 창조되었다. 그러나 우리가 자신 안에 있는 것을 좋아하지 않거나 존중하지 않는 것을 인정하거나, 또는 다른 사람이 비난할까 봐 두려워하는 것을 인정하는 것은 어려운 일이다. 이것은 특히 경직되고 융통성 없는 대처 유형을 가진 사람들에게 해당된다.

우리는 관계에서 진실하도록 부름받았지만, 우리의 자존심은 종종 방해가 된다. 성격장애가 있는 사람들의 경우, 진실에 대한 다른 장애물인 오만, 혼란, 부정 또는 두려움을 포함할 수 있다(Benjamin, 2003). 확실히 우리 모두는 자신을 연약하게 만드는 두려움에 공감한다. 맥레모어가 관찰한 바와 같이, 적어도 그 순간에는, 불쾌한 것의 존재를 부정하는 것이 훨씬 쉬울 것이다(McLemore, 2003). 따라서 회피의 양상과 종종 수반되는 강화의 양상은 철수, 수동성, 융합 또는 공격의 악순환의 양상을 만든다(Malony, 1989). 공동체에서의 삶은 우리 자신과 다른 사람에 대한 진실을 직시하고 용서와 화해의 힘든 일에 기꺼이 헌신하는 정도만큼만 성장할 것이다(Smedes, 1998).

2) 죄와 정신병리

다른 사람의 죄가 우리 내담자의 삶에 영향을 미칠 수 있다. 성격장애가 있는 많은 사람은 성격의 형성기에 건강한 역할 모델이나 멘토가 없었다. 이것은 B군 장애로 고생하는 개인들에게 특히 해당되는 것 같다. 슬프게도, 우리의 문화는 일생 동안 중요한 시기에 건강한 멘토의 중요성에 대한 명확한 비전을 가지고 있지 않다. 그러한 긍정적인 힘을 받지 못한다면, 그 격차는 정체성 형성, 선택 그리고 도덕적 성격을 심오하게 형성할 수 있는 부정적인 또래경험으로 채워질 수 있다.

도덕성 발달에 대한 연구는 강력한 사회적 지지, 좋은 역할모델과 상호작용할 수 있는 기회가 도덕적 추론과 윤리적 행동의 질에 대한 강력한 예측 변수라는 것을 명백히 보여 준다(Garber, 1996; Paloutzian, 1996). 성격장애로 고생하는 사람들의 발달의 역사를 세심하게 살펴봤을 때, 또래든 성인이든 그들에게 다른 중요한 사람들이 부재했거나 무관심했음을 알 수 있다. 실제든 상징적이든 모든 종류의 유기는 전체적인 발달의 주요 장애물이다.

성격장애를 발달장애로 볼 수 있다는 점에서, 어린 시절의 상실은 크고, 의심할 여지없이 병인과 지속에 영향을 주는 중요한 요소다(Lerner, 2001). 부모들은 다음 세대의 성품과 신념, 헌신을 형성해야 하는 막중한 책임을 매일 떠올린다. 좋은 육아를 하기란 매우 힘든 일인데, 특히 우리 기독교인은 하나님의 성품, 하나님의 관심, 하나님의 긍휼을 형상화하도록 부름을 받고 있기 때문이다(Jones & Butman, 1991). 우리는 이 일에 신실하고 꾸준하도록 부름을 받았지만, 부모로서의 책임을 파기하는 것은 얼마나 쉬운 일인가(Garber, 1996; Smedes, 1998). 유진 피터슨(Eugene Peterson, 1980)은 기독교인의 삶을 '한 방향으로의 오랜 순종'으로 묘사한다. 그러한 신실함은 좋은 부모가 되는 것과 그리스도를 닮은 삶을 살기 위한 기초의 핵심이다. 성격장애를 겪고 있는 사람들을 효과적으로 돌보려면 그와 비슷한 끈기와 인내가 필요하다. 그 결과는 성격장애를 가진 사람들의 경험에서 종종 사라진 희망의 경험이 될 수 있다.

자기발달의 문제로 어려움을 겪는 사람들과의 연구에서, 우리는 종종 성격의 형성기에 주 양육자들이 "하나님 성품의 형성"(Jones & Butman, 1991)에 심각한 결함이 있음을 주목했다. 이것은 우리가 더 동정심을 갖고 이해하는 데 도움이 되었다. 사람들이 잘 알지 못하여 가장 필요할 때 자녀에게 얼마나 자주 지독하게 해로운 결과를 초래하는 선택을 하는지를 보면 안타까운 마음이 든다. 필수적인 생활의 기술이 발달의 중요한 시기에 모델링되고 조성되지 않았기 때문에, 자녀들이 성인기에 주기적이고 부적응적인 양상(융합 또는 단절, 공격성 또는 수동성)에 갇히게 되는 것은 놀라운 일이 아니다.

앞서 죄와 정신병리에 대한 논의에서 우리는 통합에 관심이 있는 기독교인이 작업을 할 때 은혜와 희망이 더 중요한 역할을 해야 한다고 말하였다. 성격장애로 고생하는 사람들과 함께 일하면서, 우리는 치료가 차이를 만들 수 있다고 주장한다. 10년 전만 해도 기독교 정신건강 전문가들조차 심각한 성격장애를 가진 사람을 (적어도 닫힌 사무실 문 뒤에서) 폄하하는 것을 듣는 것은 드문 일이 아니었다.[4] 이 장의 이론과 연구를 검토할 때, 우리는 이러한 장애의 병인과 발달에 대한 이해의 발전과 현재 놀라울 정도로 이용 가능한 치료의 선택이 많다는 것에 크게 고무되었다. 이 작업이 힘들고 어려울 수 있으며 재발과 재범률이 매우 흔하다는 데에는 논란의 여지가 없다. 실제로 애덤스와 섯커(Adams & Sutker, 2001)는 성격장애가 있는 사람들과 일하는 것이 심각한 중독자들과 일하는 것과 다르지 않다고 주장한다. 자기패배적인 대인관계 전략도 단기적으로는 효과가 있을 수 있지만 장기적으로는 분명히 파괴적이며 제한적이다. 아직도 중독자와 마찬가지로 성격장애를 가진 사람이 즉각적인 만족을 갈망하는 것을 넘어 스트레스로부터 해방되는 것을 보는 것은 굉장히 어렵다.

---

4 밀러와 잭슨은 이러한 종류의 태도의 위험성을 다음과 같이 설명한다. "진단의 선고가 만성질환, 절망감, 불쾌함, 거절감을 전달하는 사형선고처럼 귀에 울릴 수 있다. 이러한 꼬리표는 사람들에게 도움이 되지 않는다. 그들은 입을 다물고 순간적으로 좌절감을 달랠 수 있지만, 그들이 전달할 수 있는 태도는 치유되지 않는다."(Miller & Jackson, 1995, pp. 356-357)

맥레모어는 우리의 대처 및 상호작용 유형과 성경의 일부 이야기에서 증명된 유형 사이의 현저한 유사점을 탐구한다(McLemore, 2003). 그는 사회과학 연구의 최고 성과와 합리적인 신앙의 헌신을 바탕으로, 우리로 하여금 이런 유형들 중 몇 가지 이상에서 우리 자신의 일부를 볼 수 있도록 도와 변화를 이끌게 하는 실용적인 제안을 제공한다. 그는 대인관계에서 우리 자신이 취약한 부분을 보도록, 그리고 친밀감이나 갈등관리 기술이 부족할 때 어떻게 다른 사람들에게 잘 대응해야 하는지 알도록 도와준다.

어려운 사람들을 다루는 것은 항상 종교의 특별한 도전이었다. 심지어 얀시는 '사랑할 수 없는' 사람들에게도 은혜를 베푸는 것이 얼마나 중요한지에 대해 감동적으로 쓰고 있다(Yancey, 1997). 정의에 따르면, 성격장애가 있는 개인은 '다르며' 종종 까다롭고 이해하기 어렵다. 적절한 경계와 현실적인 기대치를 설정할 필요성에 대해서는 논쟁의 여지가 없다(Cloud & Townsend, 2002). 다시 말하지만, 우리는 밀러와 잭슨의 예리한 통찰력에 주목한다.

> 여기서 도전은 그 과정에서 소모되지 않고 치유하는 방식으로 사역을 하는 것이다. 마치 몸부림치며, 물에 빠져 가는 사람을 수영 선수가 도중에 빠지지 않고 어느 정도 거리를 옮기는 것과 같다. 혼자가 아니라면 이 일은 더 쉬울 것이다. 이 일은 시간이 걸리는 일이다. 당신은 때때로 피곤함을 느낄 것이다. 그 사람은 당신에게 맞서 싸울지도 모른다. 당신은 자신이 어디로 향하고 있는지를 잘 관찰해야 한다. 그 사람을 단호하고 사랑스럽게 붙잡아야 하지만 당신을 끌어당기는 것을 허용하지 않는 방식으로 해야 한다. 당신은 피곤해질 것이고 쉬어야 할 것이다. 당신은 기도할 것이다. 때로는 해안선이 불가능할 정도로 멀리 떨어져 있는 것처럼 보인다. 때로는 파도가 치고 때로는 큰 파도가 일기도 한다. 당신은 도움을 요청해야 할 것이다. 그래도 그 사람이 단단한 땅을 향해 천천히 나아가도록 하는 것이 당신의 과제다(Miller & Jackson, 1995, p. 357).

이 비유는 많은 의미가 있으며, 그 과정에서 물에 빠지지 않고 '피해자'에게 온전히 존재한다는 것이 어떤 의미인지에 대한 현명한 조언이다. 창조주 하나님의 형상을 지닌 사람으로서 우리는 우리를 편안하게 하는 일을 하도록 부름을 받은 것이 아니라 값비싼 대가를 치르더라도 옳은 일을 하도록 부름을 받았다. 다시 말하지만, 대가를 치르는 제자도와 지속적인 이타주의는 건강한 공동체 내에서만 양육되고 개발될 수 있다. 그 공동체는 지지와 책임, 진정으로 헌신하는 제사장적이고 예언자적인 증인의 균형을 맞추는 법을 아는 곳이다(Kauffmann, 1999).

사람들은 근본적인(장기적) 성격보다 일상적인 행동을 더 쉽게 바꿀 수 있다(McLemore, 2003, p. 262). 그러나 핵심은 조기발견과 개입이다. 변화는 나이가 들수록 훨씬 더 어려워진다. 변화가 일생 동안 일어날 수 있다는 것은 성경과 사회과학 연구의 확실한 증거이지만, 깊이 뿌리내린 습관은 쉽게 사라지지 않는 경우가 많다. 동기부여는 맥락과 마찬가지로 확실히 중요하다. 그 맥락은 올바른 구조, 사회적 지원, 감독 및 '비계(scaffolding)'[5]에 대한 접근(Kauffmann, 1999; Pargament, 1997)을 이른다. 그러나 선택과 책임은 필수적이며 추진력은 결국 자발적으로 내부에서 나와야 한다.

변화의 과정에 대한 연구는 인상적이다(Casement, 2002). 기술보다 대인관계 및 상황적 변수가 훨씬 더 중요하며 희망은 절대적으로 필수적이다(Smedes, 1998). 맥레모어는 다음과 같이 말한다.

> 개인이 변화하겠다고 공개적으로 약속한 경우에 변화될 가능성이 더 크다. 교회의 예배는 이를 위한 훌륭한 기회다. 그러나 다시 말하지만, 약속이 자발적이지 않으면 아무런 도움이 되지 않을 것이고 심지어 해를 끼칠 수도 있다. 주요 정서적 사건들은 일반적으로 사람들이 큰 변화를 일으키는 원인이 된다. 이것은 종종 사람들에게 삶의 기초를 흔드는 경험이며 따라서 지속적인 영향을 미친다. 회개와 회심보다 더 큰 사건은 없다. 그러므로 다른 일을 시도하기 전에 그 사람을 위해 지속적으로 기도하고 있는지 확인해야 한다(McLemore, 2003, p. 263).

존스와 존스는 이에 "우리 하나님은 우리를 치유하고 어떤 것으로부터도 구원하실 수 있다. 어떤 인간의 행동도 그분의 구속의 의도와 능력의 범위를 벗어나는 것은 없다."(Jones & Jones, 1993, p. 251)라고 덧붙였다. 우리는 모두 실수를 하고 잘못된 선택을 한다. 그리고 우리는 기독교의 고백, 회개, 용서, 화해의 훈련을 매우 진지하게 받아들여야 한다. 반사회성 성격장애에 대한 가장 효과적인 작업 중 일부는 이러한 영적인 자원을 마음에 새기는 신앙에 기반한 사역의 맥락에서 이루어진다(Smarto, 1993).

---

5 역자 주: 비계는 건축 시에 세우는 가설물로서 어떤 일이 잘 되도록 돕는 것을 말한다.

제**12**장
성과 성별의 문제

성과 성별에 대한 현대의 문화적 인식은 최근 수십 년 동안 상당히 변해 왔다. 아마도 이 책에서 논의하는 그 어떤 분류의 범주보다, 성(sexuality)과 성별(gender)의 문제는 정신병리 분류의 현대적 경향과 역사적인 목회적 돌봄 사이에서 아주 다른 인식을 강조한다. 제2장에서 논의하였듯이, 정신병리와 목회적 돌봄은 위험(danger), 고통(distress), 기능장애(dysfunction) 및 일탈(deviance)(즉, 4D)의 영역에서 인간 경험의 분류에 대한 고민을 공유한다. 그것은 우리가 인간으로서 어떻게 기준에서 어떻게 벗어나는지에 대한 문제이며, 이 문제에 대해 의견의 불일치가 팽배하고 비극적인 문화 전쟁이 발발한다. 현대의 정신건강은 인간의 경험이 현재의 사회규범에서 어떻게 벗어나는가에 관심이 있는 반면, 정신병리에 대한 기독교적 접근은 인간의 경험이 하나님의 의도에서 어떻게 벗어나는지를 묻는다. 정신병리에 관심이 있는 기독교인들을 위해 우리는 이 두 번째 질문에 대한 지침을 찾기 위해 성경을 참고할 것이다.

우리는 성경에서 인간의 성에 대해 명료하게 정리되어 있는 신학을 보지 못했으며, 문화적 맥락이 성별을 다루는 방식에 크게 영향을 미친다는 것을 알고 있다. 그러나 우리는 성경에서 인간의 성에 대해 보다 광범위한 주제에 대한 상당히 명백한 지침을 보고 있으며, 이 영역에서 기독교적 사고와 성찰에 정보를 줄 수 있는 성별에 관한 광범위한 주제가 있다고 믿는다. 우리는 이 토론을 성서극의 4막인 창조, 타락, 구속, 완성을 중심으로 정리하고자 한다.[1]

하나님께서 창조를 통해 한 남자와 한 여자 사이에 결혼을 정하시고, 그들이 이제 '한 몸'이 되었음을 밝히신다. 구약과 신약의 곳곳에서 창조의 선함과 남성과 여성의 구별, 그리고 인간의 성과 성별에 대한 긍정적인 견해를 볼 수 있다(아가 4: 1-15, 에베소서 5 참조). 현대 문화의 메시지와 대조적으로, 성별은 인간이 된다는 것을 의미하는 가장 중요한 차원이 아니다. 그러나 기독교인은 성과 성별 모두가 인격의 중요하고 환원할 수 없는 측면이라고 단언한다. 인간이 된다는 것은 본질적으로 성적이고 성별적인 것이다. 하지만 이것이 인간이라는 의미에 대한 환원주의로 이어져서는 안 된다.

기독교인은 비록 인간이 하나님의 형상을 지니고 있지만 타락했으며, 타락은 성과 성별을 포함하고 잠재적으로 인간의 성정체성과 성별에 대한 메시지가 전달되는 문화를 포함하여 인간을 의미하는 모든 측면에 영향을 미친다는 것을 인식하고 있다. 이것은 다양한 방식과 다양한 정도로 나타날 것이다. 모든 사람이 성적인 문제나 특정한 성적 욕구 또는 자신의 성정체성에 관한 의문으로 어려움을 겪는 것은 아니다. 그러나 성은 종종 사람들이 자신의 타락한 상태에 대한 특정한 표현으로서 고군분투하는 영역이다. 우리는 서로에 대한 관계, 사랑, 기쁨을 줄 수 있는 능력을 가지고 있지만, 이기심과 대상화로 인해 성이 왜곡된 것을 발견한다. 우리는 본질적으로 육체적 욕망과 그와 연결되어 있는 초월적 목적을 분리함으로써 근본적으로 단절된 방식으로 다른 사람과 관계를 맺을 수 있다. 이것의 한 예는 우리가 타락한 상태에서 다른 사람을 우리 자신의 단기적인 만족을 위한 대상으로 볼 수 있다는 것이다. 이것은 죄악된 정욕을 품는 인간의 성향의 한 예로서 다루고자 한다.

하나님은 우리를 타락한 상태로 내버려 두기보다는 성육신 예수님이 타락한 세상에 발을 들여놓음으로써 구속과 완성(또는 강조점에 따라 영광이나 회복)을 주신다. 오직 이 관계를 통해서만 하나님께서 우리를 속량하시고 거룩하게 하시고 그의 목적과 영광을 위하여 우리를 구별하실 수 있다.

성서극의 4막을 통해 볼 수 있는 한 가지 핵심적인 실마리는 하나님이 창조의 일부

---

1 이 부분은 존스와 존스(Jones & Jones, 2007) 및 존스와 야하우스(Jones & Yarhouse, 2002)의 자료를 사용하였다.

로서 육체적인 존재에 부여하는 가치다. 하나님이 이 세상에 오셔서 육신을 가지신 것처럼, 육체의 존재는 창조를 통해서 확인되고 성육신을 통하여 재확인된다. 우리는 또한 성경이 우리가 영원히 육체를 가질 것이라고 확언하는 것을 본다. 그래서 창조, 성육신, 완성에 대한 기대를 통해 우리는 계속해서 하나님께서 우리의 육체, 즉 우리의 고유한 육체에 부여하신 가치를 보게 된다. 물론 이 육체에는 우리의 성과 성별에 관한 경험이 포함된다. 인간은 본질적으로 육체적이고 본질적으로 성적이다. 우리의 성은 우리 인간의 다른 모든 측면과 마찬가지로 타락과 구속의 과정에 의해 영향을 받는다.

기독교인들이 인간의 성과 성별 그리고 현대 정신건강의 관점에 대한 연구에 참여하는 것은 이 4부로 구성된 성경적인 인간관의 렌즈를 통해서다.

1. 현대적 분류

DSM-5는 성기능부전, 변태성욕 및 성별 불쾌감의 영역에서 성과 성별의 문제를 다룬다. 각 주제는 의도하지 않은 연관성을 만들지 않기 위한 노력으로 만들어진 DSM-5의 고유한 영역이다.

1) 성기능부전

정신병리의 현대 모델은 일반적으로 성기능부전을 성적 반응 주기의 특정 단계에서의 문제로 개념화한다. 성적 반응 주기는 일반적으로 관심이나 욕구로 시작하여 각성 혹은 흥분, 고조, 절정 및 해소의 단계를 거쳐 진행되는 것으로 본다.

성기능부전에는 성적 관심 및 흥분장애, 여성극치감장애, 발기장애, 성통증 장애, 조기사정 및 사정지연 등이 포함된다. 성기능부전은 평생형(항상 문제가 됨) 또는 후천형(특정 사건 이후에 문제가 됨), 전반형(모든 상황 또는 관계에서) 또는 상황형(특정 상황 또는 관계에서)일 수 있다. 현대 정신건강 전문가들은 또한 부전의 심각성을 경도, 중등도 또는 고도로 명시한다.

성적 관심 및 흥분장애에는 남성성욕감퇴장애와 여성의 성적 관심 및 흥분장애가 포함된다(APA, 2013). 남성성욕감퇴장애는 약 6개월 동안 지속되는 '지속적으로 또는 반복적으로 결핍된(또는 결여된) 성행위에 대한 혹은 성적인 사고나 환상 및 성적 활동에 대한 욕구'를 말한다. 그 사람에게 현저한 고통을 주는 "심각한 대인관계 스트레스"(p. 330)나 다른 정신장애로 더 잘 설명되지 않는다.

　여성 성적 관심 및 흥분장애는 다음 여섯 가지 기준 중 세 가지가 충족되어야 한다(APA, 2013, p. 433).

- 성적 활동에 대한 결여되어 있거나 감소된 관심
- 성적/성애적 사고나 환상의 결핍 또는 감소
- 성적 활동 시작 욕구 없음/감소
- 대부분의 성적 경험 중 성적 활동 동안 성적 흥분/쾌락의 결핍 또는 감소
- 어떤 내적 또는 외적 성적/성애적 암시의 반응으로의 성적 관심/흥분의 결핍/감소
- 대부분 또는 모든 성적 경험 중 성적 활동 동안 성기 외적 감각의 결핍/감소

　성적 관심/흥분/욕구 관심에 대한 유병률의 추정치는 관심, 흥분 및 욕구와 관련된 서로 다른 개념화로 인해 부분적으로 얻기 어려울 수 있다. 이전의 연구에 따르면, 낮은 욕구의 추정치는 10.2~43%로 다양하다(Brotto, 2009). 또 다른 연구에서는 남성의 20%와 여성의 33%가 이러한 어려움을 경험한다고 보고했다(Laumann, Palik, & Rosen, 1999).

　성적 관심 및 흥분장애에는 성적인 활동에 대한 욕구는 있지만 충분한 흥분을 경험할 수 없을 뿐 아니라 흥분을 유지하는 데 어려움이 있는 경우가 포함된다. 발기장애는 발기하는 것과 유지하는 데 어려움이 있음을 말하며(최대 50%의 남성이 때때로 발기에 약간의 어려움을 보고하고, 약 10%가 완전한 발기장애를 보고함), 빠른 사정은 주관적일 수 있지만 "질내 삽입 후 약 1분 이내에 개인이 원하기 전에"(APA, 2013, p. 443) 사정하는 것을 말한다. 남성의 약 30%는 조기사정의 어려움을 보고한다.

　여성극치감장애는 임상적으로 심각한 고통을 유발하는 "극치감의 뚜렷한 지연, 뚜렷한 결여 또는 부재" 또는 "뚜렷하게 감소된 극치감 감각의 강도"를 의미하며 최소 6개월 이상의 기간을 가져야 한다(APA, 2013, p. 429). 연구에 따르면, 여성의 10~40%가 이 장애를 경험한다(APA, 2013; Meana, 2012).

　성활동과 관련된 통증장애는 DSM-5(APA, 2013)에서 성기-골반통증/삽입장애로 지칭된다. 약 6개월 이상 동안 "다음 중 하나(또는 그 이상)의 증상이 지속되거나 재발되는 어려움"을 보고한다. 첫째, 성교 중 삽입통, 둘째, 성교 중이나 삽입 시도 중 현저한 음부나 질의 통증 혹은 골반통, 셋째, 질이나 골반의 통증에 대한 현저한 두려움이

나 불안, 넷째, 질 내 삽입의 시도 동산 골반저근의 현저한 긴장 혹은 조임이 그 증상이다(APA, 2013). DSM-5는 여성의 약 15%가 성교 중 통증을 호소하는 것으로 추정한다(APA, 2013).

2) 변태성욕장애

변태성욕은 DSM-5의 변태성욕장애와 구별된다. 변태성욕장애는 우리 사회의 규범에서 벗어난다는 점에서 이례적이다. 변태성욕은 특이한 물품, 이미지나 환상, 특정 행위를 요구하는 성적 자극을 말한다. DSM-5는 변태성욕을 "정상적인 표현형을 가진, 신체적으로 성숙한, 동의하는 인간인 동반자와 성기 자극이나 그 준비를 위한 애무를 하는 것 외에 다른 것에 강렬하고 지속적인 성적 관심"(APA, 2013, p. 685)으로 정의한다.

변태성욕은 물품음란증, 소아성애증, 성적가학증 또는 피학증, 복장도착증, 관음증과 노출증을 포함한다. 물품음란증은 물품에 대해 성적인 매력을 느끼는 것을 말한다. 일반적으로 이것들은 무생물 물체(예: 팬티) 또는 신체의 일부(예: 발)이다. 노출증은 자신의 성기를 낯선 사람에게 노출시키는 행위를 말한다. 관음증은 낯선 사람이 옷을 벗고 있거나 벗는 모습을 보는 것을 말한다.

한 개인이 이성의 옷을 입고 성적 흥분을 경험하는 경우 일반적으로 '크로스-드레서(cross-dresser)'라고 불리는 복장도착증을 경험한다. 성적가학증은 타인에게 고통이나 굴욕을 주어 성적 흥분을 일으키는 것을 말하며, 성적피학증은 고통이나 굴욕을 당하여 성적 흥분을 느끼는 것을 말한다. 소아성애증은 아동에게 성적으로 끌리는 것을 말하며 남성 인구의 3~5%에 영향을 미치는 것으로 추정된다(APA, 2013). 이보다 덜 흔한 다른 변태성욕증에는 마찰도착증(다른 사람과 마찰하여 흥분), 시체성애증(시체로 인한 흥분)과 외설증(음란한 언어로 인한 흥분, 종종 전화 통화)이 있다.

앞에서 언급하였듯이, DSM-5는 변태성욕장애와 변태성욕을 구별한다. 변태성욕은 "개인에게 고통이나 손상"을 일으키거나 성적 "만족"이 "타인에게 개인적 위해나 위해의 위험"을 수반할 때 변태성욕장애가 된다(APA, 2013, pp. 685-686). 이 정의에서는 성적 대상의 선택이 사춘기 이전의 아동이라는 점에서 소아성애가 소아성애장애와 어떻게 구별될 수 있는지는 명확하지 않지만 DSM-5는 구체적으로 설명하지 않는다.

변태성욕장애를 진단하는 임상가는 또한 그 사람이 그 행동에 참여할 수 있는 제한된 기회를 갖는 통제된 환경에 있는지 여부를 명시한다. 또한 완전 관해 상태의 여부를 나타낼 수도 있는데, 이는 충동적으로 행동하지 않고, 기능 영역에서 고통이나 손상이 없는 상태가 통제되지 않은 환경에서 5년 이상 유지되는 것을 의미한다(APA, 2013).

3) 성별 불쾌감

성별 불쾌감 진단을 받은 사람들은 자신과 다른 성의 몸에 갇힌 느낌과 관련된 고통을 보고한다(예: 자신이 여성의 몸에 갇힌 남자라는 경험을 한 생물학적 여성). DSM-5는 성별 불쾌감을 "개인의 경험되고 표현되는 성별과 할당된 성별 사이의 불일치로 인한 고통"(APA, 2013, p. 451)이라고 말한다. 성별 불쾌감은 아동이나 청소년 및 성인에서 진단될 수 있다. 임상가는 성발달 장애(선천성 부신 과형성과 같은 간성 상태)가 있는지의 여부와 청소년 또는 성인을 진단할 때 그 사람이 전환 후인지의 여부를 명시한다.

성별 불쾌감은 흔하지 않은 임상적 상태로서 생물학적 성인 남성의 0.005~0.014%, 생물학적 성인 여성의 0.002~0.003%에 이르는 것으로 추정된다(APA, 2013). 오늘날 인용된 많은 추정치는 전문 클리닉에서 치료를 찾는 성인들로부터 나온 것이다. 더 많은 사람이 일부 성정체성 문제를 경험하지만 치료를 찾지 않는 것으로 생각된다(Carroll, 2007; Yarhouse, 2015). 아동기의 성별 불쾌감의 증상은 드물지만 성인기에 발견되는 것보다 더 흔한 것으로 보인다. 진단을 받은 대부분의 아동은 성인이 되면서 증상이 완화되는 것을 발견하지만, 불쾌감이 해결되는 아동의 높은 비율이 동성애자 또는 양성애자로 확인된다. 예방과 조기개입이 어린 시절에 성정체성 문제를 해결하려는 가족들에게 많은 선택 중 하나로 제공되어야 하는지에 대한 논란이 남아 있다.

4) 성정체성 혼란

성문제에 대한 이전의 치료에서는(Yarhouse, Butman, & McRay, 2005), 성적 성향에 대한 우려가 DSM-IV-TR에서 '달리 명시되지 않은 성 장애'의 일부였기 때문에 성정체성 혼란에 대한 논의를 포함시켰다. 그러나 DSM-5는 과거 DSM이 가지고 있던 방식에서 자신의 성정체성에 대한 우려나 성적 지향에 대한 고통과 관련된 갈등을 식별하지 않는다. 그러나 우리는 사람들이 자신의 개인적 신념 및 가치관과 자신의 성정체성에서 생기는 의문 사이에서 생기는 갈등과 관련하여 정신건강 서비스를 찾는 것을 알고 있다. 그들이 보고하는 문제는 성과 성별 문제를 개념화하는 다른 범주에 속하지 않으며, 우리는 사람들에게 잠재적인 임상 및 사역 서비스에 대한 관련 자원으로 의뢰한다(Yarhouse, 2010).

2. 병인 및 지속의 주제

이 장에서 다루는 문제의 범위를 고려할 때 성적인 문제에 대한 선례가 없다는 것은 놀라운 일이 아니다. 우리는 생물학적 및 심리사회적 요인과 그것들이 어떻게 성기능 부전, 변태성욕 또는 성별 불쾌감에 역할을 하는지에 특별한 주의를 기울이면서 이러한 요인 중 여러 가지를 고려하고자 한다.

1) 성기능부전

성기능부전의 초기 개념화들 중 일부 작업에서는 개인의 정신에 깊숙이 자리 잡은 갈등을 밝히려고 하였다. 정신 내적 갈등을 해결하기 위한 장기간의 심리치료가 일반적이었다. 그러나 마스터즈(Masters)와 존슨(Johnson) 및 기타 성 과학의 선구자에 이어서, 임상가는 불안과 관련된 많은 기능장애를 개념화하기 시작하였고, 증상의 감소로 이어지는 더 나은 방식을 선호했다. 현재의 개념화는 다소 절충적이며, 종종 심층 심리학 및 2세대 인지기반과 단기개입에 대한 관심에 초점이 맞춰져 있다.

(1) 생물학적 요인

생물학적 요인은 다른 요인보다 일부 성기능부전에서 더 많은 역할을 하는 것으로 보인다. 성기능부전에 대한 평가는 일반적으로 산부인과 전문의 또는 비뇨기과 전문의에게 철저한 의학적 평가를 위한 의뢰를 포함한다. 의학적 평가는 당뇨병과 같은 질병이나 의학적 질병과 관련이 있을 수 있는 혈관 및 호르몬 요인뿐만 아니라 노화의 정상적인 변화와 일반적인 약물의 영향, 알코올 및 약물 사용의 영향을 배제하는 데 도움이 된다. 예를 들어, 성통증장애는 폐경과 관련하여 호르몬 감소로 질 윤활이 부족한 경우처럼 생물학적 요인과 관련이 있을 수 있다. 마찬가지로, 발기부전은 혈관 및 호르몬 요인에 의해 발생할 수 있다.

(2) 심리사회적 요인

심리사회적인 요인은 과거의 성적인 외상의 경험과 성적 행동과 관련된 다양한 과거의 부정적인 사건으로 나타난다. 임상가가 성기능부전에서 불안의 역할을 고려할 때, 그들은 실제로 인지과정(예: 자기패배적 사고, 비합리적 사고)과 부정적인 감정(예: 죄책감 또는 수치심) 등을 포함한 다양한 요인을 고려하고 있다. 예를 들어, 많은 치료자는 일부 조기사정의 경험이 이전에 서둘러서 경험한 삽입과 그에 따른 조기사정이 관련이 있다고 믿는다. 따라서 십대 때 성교를 경험한 남자는 '들키지 않으려고' 노력했을 때 경험했던 특정한 성관계와의 연관성에서 벗어나는 데 어려움을 겪었을 수 있다.

종교는 성적인 문제에 부정적인 영향을 주어 많은 사람이 그와 씨름하도록 한다고 종종 생각되어 왔으나 이 관점을 뒷받침하는 연구는 모호하다. 비록 임상적인 설명에서는 흔히 종교적 훈육과 성에 대해 부정적이거나 제한적인 태도를 반영하는 것처럼 보이지만, 연구에 따르면 종교가 종종 결혼한 부부의 성적 만족과 관련이 있다고 시사한다(Hart, 1994; Hart, Weber, & Taylor, 1998).

2) 변태성욕

(1) 생물학적 요인

생물학은 비전형적인 성적 행동의 발달에 직접적인 인과적 요인으로 간주되지 않는다. 그러나 많은 전문가는 생물학이 비전형적인 성적 행동의 나중에 영향을 미치는 요인으로 보고 있다. 소아성애에 대한 제한된 연구에서는 손놀림과 기억력, IQ의 차이를 포함한 신경해부학적 뇌 구조 및 기능의 차이와 연관성이 있음을 시사한다(Hall & Hall, 2007). 특정 변태성욕에 대한 생물학적 지표는 알려져 있지 않지만, 성적인 위험을 감수하는 행동과 관련된 기질 및 성격의 차이를 통한 간접적인 경로가 있을 수 있으며, 이는 일반적으로 억제 수준이 낮은 사람들의 경향에 대한 변화다(Wincze, 2000). 억제 수준이 낮은 사람들은 사회적 기준에 위배되는 행동을 할 위험이 더 크며, 변태성욕은 그러한 행동의 표현으로 볼 수 있다. 충동 억제와 높은 성호르몬의 차이는 다양한 "성적인 목표"와 성적 관심에 중요한 역할을 하는 것으로 보이며 "개인의 삶에 있어서 그 영향력을 강화시킬 수 있다."(Ward & Beech, 2006, p. 52)

(2) 심리사회적 요인

대부분의 전문가는 여러 심리사회적 요인이 비전형적인 성적 행동에 기여할 수 있다고 믿는다. 여기에는 낮은 사회적 기술과 의미 있는 관계를 형성하는 능력의 부족, 성적 학대, 정서적 학대 그리고 가족 와해 및 신경학적 손상을 포함한 초기의 '비전형적인' 성적 환상과 경험이 포함된다(Yarhouse & Tan, 2014). 예를 들어, 윈즈(Wincze, 2000)에 따르면, 내담자는 어린 시절에 성적 자극에 직간접적으로 노출되어 그 경험에 대한 인지적 시연을 통해 긍정적이거나 부정적인 결과를 이끌어냈을 수 있다. 그런 다음 아동은 그 행동을 실험하고 그렇게 함으로써 긍정적이거나 부정적인 결과를 얻었을 수 있다. 이러한 경험을 바탕으로 아동은 행동을 반복하고 변화시키고, 다양한 표현으로 만들어 더 강한 강화로 이어질 수 있다.

3) 성별 불쾌감

(1) 생물학적 요인

오늘날 가장 인기 있는 병인 관련 이론은 '뇌-성 이론(brain-sex theory)'으로, 태아 발달에서 성적인 분화의 여러 단계가 가능한 병인을 가리킨다는 것을 시사한다. 생식기의 성적 분화와 뇌의 성적 분화는 태아 발달의 여러 단계에서 발생한다. 뇌-성 이론의 지지자들은 이러한 불일치가 성별의 불일치에 중요한 것으로 확인한다. "임신 후반기에 시작하여 성인이 되면 끝나는 뇌의 성적 분화보다 생식기의 성적 분화의 발달이(즉, 임신 첫 2개월) 훨씬 더 일찍 일어나기 때문에, 이 두 과정은 서로 독립적으로 영향을 받을 수 있다."(Swaab & Garcia-Falgueras, 2009, p. 18)고 주장한다. 일부 사람들에게 매력적인 이론은 생식기가 한 성(예: 남성)으로 발달하는 반면, 뇌는 다른 성(예: 여성)으로 발달할 때 성별 불쾌감이 발생한다고 설명한다. 이 이론의 지지자들은 태아의 호르몬과 신경해부학적인 뇌의 차이에 대한 연구를 지적한다(개관은 Yarhouse, 2015 참조).

(2) 심리사회적 요인

성별 불쾌감의 병인에 대한 다른 이론은 아동기의 초기 심리사회적 요인에 더 큰 비중을 두는 다중요인모델이 포함된다. 지지자들은 성정체성 형성에 있어서 인지이론과 사회학습이론의 기본 개념, 즉 아동 자신의 성별에 대해 알고 이해하게 되는 인지 과정으로부터 시작한다. 양육 및 관찰학습의 역할에는 부모와 더 확대된 가족 및 친족 관계망 그리고 또래집단으로부터 관찰, 모델링, 강화되는 측면이 있다.

메이어-발버그는 억압적이거나 수줍은 기질, 분리불안, 늦은 출생 순서, 감각 반응성 및 성적 학대를 포함하여 성별 불쾌감의 발달과 관련된 것으로 생각되는 몇 가지 위험 요인을 식별한다. 부모와 관련된 위험 요인에는 여아 선호, 성별 간 행동에 대한 부모의 무관심, 성별 간 행동 강화, '남아와의 극도의 신체적 친밀감'에 대한 장려, 성인 남성의 역할 모델 부족, 부모의 정신질환이 있다(Meyer-Bahlburg, 2002, p. 363; Veal, Clarke, & Lomax, 2009). 그러나 이러한 결과는 주로 일차적으로 상관관계가 있다.

3. 치료의 주제

1) 성기능부전

성기능부전에 대한 치료는 원래 증상이 기저에 깔린 정신 내 갈등을 나타낸다고 가정하는 정신분석이론을 따랐다. 행동이론의 등장으로, 성치료는 사회학습이론을 구체적인 성치료 개입에 적용하는 것을 포함하는 주요한 패러다임의 변화를 겪었다. 이 기간 동안 성기능부전을 치료하기 위한 전문적인 개입에 대한 임상연구를 개척한 윌리엄 마스터즈(William Masters)와 버지니아 존슨(Virginia Johnson)만큼 더 영향력 있는 팀은 없을 것이다.

마스터즈와 존슨 하에서 개발된 많은 개입은 종종 약물 요법과 결합된 보다 감정 중심적이고 통찰력 지향적인 접근방식과 종종 연계되어 개발되었지만(예: Metz & McCarthy, 2004), 오늘날에도 여전히 널리 사용된다(Heiman & Meston, 1997; Segraves & Althof, 2002; Yarhouse & Tan, 2014 참조). 전형적으로 상담의 회기는 평가와 심리교육으로 시작해서 구체적인 행동연습으로 이어진다. 심리교육은 성기능, 성해부학, 생리학, 성기능에 영향을 미치는 정상적인 연령의 변화, 욕구와 반응성의 개인차에 대한 정보를 포함할 수 있다. 일반적인 구조화된 행동연습에는 소파 회기(부부가 성적 대본 또는 전희와 같은 관련 주제에 대해 토론하기 위한), 감각적인 집중(성교 없이 하는 관능적 마사지의 한 형태), 이완 연습 및 생식기 자가검사와 직접적인 자위 연습을 포함한 다양한 신체 인식의 연습이 포함된다.

기술의 훈련은 또한 성치료의 중요한 차원이다. 치료자는 사회적 기술과 의사소통

훈련에서부터 음핵의 직접적인 자극이나 성교 중의 성적 위치 변화 등과 같이 파트너를 기쁘게 하는 특정 기술에 이르기까지 다양한 것을 배우도록 도울 것이다. 이것은 부부가 일주일 내내 하는 숙제를 통해 성취된다.

특정한 개입 및 특정 성기능 장애와 관련하여, 성기능부전에 대한 경험적 지원치료에는 처음에는 자위로 그리고 무극치감에 대한 기본적인 감각집중훈련과 함께 연계되어 이루어진다(Heiman & Meston, 1997; 개관은 Yarhouse & Tan, 2014 참조). 일부 성기-골반통증/삽입장애의 치료에서 이완 운동과 함께 질 확장제를 사용하는 것을 지지하는 좋은 연구들이 있다. 임상가들도 종종 케겔 운동을 권장하지만, 이러한 운동의 효과는 명확하게 문서화되어 있지 않다. 남성의 일반적인 성기능부전의 경우, 발기장애 치료에 체계적 둔감화를 사용하고 조기사정의 치료에 압착법을 사용하는 것을 뒷받침하는 더 많은 연구가 있다(Metz & McCarthy, 2003, 2004).

의학적인 개입 또한 유망하며 지난 몇 년 동안 관심의 초점이 되어 왔다. 예를 들어, 발기부전의 치료에는 혈관 확장제[예: 실데나필(비아그라)]를 도입하여 음경 평활근의 혈류를 증가시키는 약물적 치료가 포함된다. 약물치료는 수술용 임플란트 및 진공 수축 장치의 사용과 같은 발기부전에 대한 다른 의학적인 개입보다 널리 선호되고 있다.

2) 변태성욕장애

변태성욕장애를 가진 사람들에게 개입하는 주요 접근법은, 첫째, 개인적 행동 개입, 둘째, 집단치료, 셋째, 약물적 개입이다. 행동치료는 일탈적인 각성을 줄이고 정상적인 각성 양상을 증가시키는 데 초점을 맞추는 경향이 있다. 치료 초기에는 일반적으로 약물적 접근이나 행동적 접근 또는 둘 다를 사용하여 일탈적인 성적 행동을 억제하는 데 중점을 둔다(Wincze, 2000). 행동 개입에는 환경정화, 극치감 재조건화, 대안행동 완성, 혐오치료 및 재발예방이 포함된다. 환경정화에는 잡지 및 비디오와 같은 성적인 자극의 제거가 포함된다. 극치감 재조건화(또는 자위 재훈련)는 극치감이 임박했을 때 일탈적인 성적 환상을 적절한 환상으로 바꾸는 것을 포함한다. 대안적 행동완성은 상상적 둔감화를 사용하여 불안감을 유발하는 성적 경험의 위계를 설정한 다음, 환자가 상상 속에서 전개되는 이러한 시나리오에 둔감하게 만드는 것을 말한다. 이 접근법은 가상 대본을 통해 적절한 행동대안에 참여하는 심상연습과 결합된다(Maletzky, 2002; McConaghy, 1993). 혐오치료는 다양한 형태를 취해 왔는데, 오늘날에는 다소 논란의 여지가 있다. 고전적 조건화 모델에 기초한 혐오치료는 전기충격 또는 내현적 가감법(시각화된 일탈 행동에 이어 그 행동에 참여하는 것에 대한 가시화된 혐오적 결과)을 수반할 수 있다. 재발예방은 변태성욕자를 위한 특징적인 행동 개입이며, 고위험 상황을 식별하고 피하는 것뿐만 아니라 재발의 추가 위험을 높이는 행동을 합리적으로 개선하기 위한 구체적인 대처 행동과 경향을 준비하는 것을 포함한다.

집단치료는 성범죄자들에게 일반적이다. 집단의 형식을 통해 그들이 책임감을 가지고 사회적 기술을 배우고 연습할 수 있다고 믿는다. 앞서 언급하였듯이, 집단치료는 일반적으로 개인 행동치료 및 약물적 개입과 함께 제공된다.

약물적 개입은 보통 화학적 통제(종종 '화학적 거세'라고도 함)를 수반한다. 이것은 시프로테론 아세테이트와 같은 항안드로겐을 체내에 주입하여 일시적으로 테스토스테론을 억제하고 성욕을 줄이는 것을 말한다.

3) 성별 불쾌감

성인의 성별 불쾌감에는 다음과 같은 네 가지 일반적인 결과가 있다. 첫째, 해결되지 않은 결과, 둘째, 생물학적 성과 성역할 수용, 셋째, 간헐적으로 교차 성별행동에 참여, 넷째, 성별 재할당을 통해 반대 성별의 역할 채택이다(Carroll, 2007; Yarhouse, 2015). 성정체성 장애를 가진 사람이 치료를 중단하는 것은 매우 흔한 일이다. 이것은 그러한 고통스러운 상황에 직면했을 때 느끼는 감정과 개입의 대안에서 오는 양면성 때문이라고 풀이된다. 치료를 중단한 대부분의 사람에게 어떤 일이 일어나는지는 확실하지 않다.

또 다른 결과는 사람들이 자신의 생물학적 성을 받아들이고 그들의 성역할을 받아들인다는 것이다. 심리적 개입이 성정체성장애를 해결하는 데 얼마나 자주 성공하는지는 불분명하지만, 성반전기호증(auto-gynephilic) 성전환증을 보고하는 사람들 사이에서는 드문 것으로 보인다.

많은 사람이 간헐적으로 이성의 복장을 입는 행동을 하기로 결심한다. 캐롤(Carroll, 2000)에 따르면, 전형적으로 간헐적인 또는 일화적인 크로스드레서는 남성이거나 이성애자이며 종종 결혼을 하기도 한다. 그는 반대 성의 옷을 입는 것과 성적 흥분을 연관시킬 수도 있고 연관시키지 않을 수도 있지만, 일반적인 연관성은 아닌 것으로 생각된다(Yarhouse, 2015).

완전히 반대 성별의 역할을 채택하는 것은 네 번째 가능한 결과다. 성별재할당은 트

랜스젠더, 성전환자 및 성별비순응자의 건강을 위한 표준 관리(Standard of Care: SOC)를 따른다(www.WPATH.org; 이전에는 Harry Benjamin International Standards of Care). 이 기준은 전문가의 심리평가, 적정 호르몬에 대한 평가, 성전환 수술, 사후관리 등을 포함하여 완전한 반대 성별의 역할을 추구하기 위한 구체적인 지침을 제공한다.

비율이 더 낮을 수 있지만 환자의 약 8%가 수술을 후회한다고 말한다. 좋지 않은 결과가 나오는 예측 변수로는 감별진단의 실패(예: 불안장애), 실험 기간 동안 완전한 반대 성별 역할로 사는 것의 실패, 실제 성전환 과정에서의 '좋지 않은 수술 결과'가 포함된다(Carroll, 2000, p. 386). 그중에서 여성에서 남성으로 성전환을 원하는 환자나 호르몬을 꾸준히 복용하고 수술 결과에 만족하는 환자들은 좀 더 호전을 보인다.

4. 최근 경향

DSM-5에서 두 가지 경우, 즉 변태성욕장애에 대해 고려할 때는 심리적인 관심사로 간주되는 것이 제한되고, 성별 불쾌감을 고려할 때는 심리적 관심사로 간주되는 것이 확장되는 경우를 볼 수 있다. 우리는 변태성욕이 성적 활동의 단순한 변종(변태성욕자)으로서의 성적 하위 문화인지 아니면 직업적 기능과 같은 기능의 일부 중요 영역에서 개인적 고통이나 손상을 초래하는 상황에 따른 성적 행위(변태성욕장애)인지를 구별하기 위한 공동의 노력이 처음으로 행해지고 있다. 우리는 이러한 노력이 성적 다양성의 표현에 대한 문화적 역량에 큰 중점을 두고 계속될 것으로 기대된다.

성별 불쾌감과 관련하여, 이 영역에서 진단을 위해 고려해야 할 사항이 확장되고 있음을 볼 수 있다. 이 진단의 발전은 현상 자체를 소멸시키는 동시에 고가의 호르몬 치료와 성전환 수술에 대한 의료서비스와 보험 혜택의 필요성을 충족시키려는 의도로 보인다.

성 중독이나 충동적인 성적 행동에 대한 어떤 종류의 진단도 진단 명명법에 포함시키지 못하는 것은 많은 관찰자의 걱정거리로 남아 있다. 치료의 전 영역이 명확하고 관련 있는 진단의 코드 없이 계속해서 이루어지고 있다. 이로 인해 임상 서비스와 보상뿐 아니라 연구 자금과 관심도 어느 정도 제한될 수도 있다.

이러한 주제에 대한 이전의 논의(Yarhouse, Butman, & McRay, 2005)에서와 같이, 우리는 다양한 종류의 의료 및 정신건강 서비스에 걸쳐 다원적 치료에 대한 관심이 증가하는 것을 볼 수 있다. 특히 이러한 현상은 건강과 예방 관리에 대한 심리학의 관심으로 지속될 것이다.

진화심리학은 성과학 분야에서 많은 사람의 상상력을 계속해서 사로잡고 있다. 이것은 흥미로운 설명의 모델로 이어졌지만 특별히 혁신적인 치료 또는 예방 전략으로 이어지지는 않았다. 예를 들어, 진화심리학자들은 남성이 성교 중에 공격받기 쉬웠기 때문에 빠른 사정이 그들을 보호해 주었을 수 있다고 주장한다. 이러한 관점에서 볼 때, 역사적으로 1960년대와 1970년대까지 성교 기간에 대해 큰 관심이 정말로 없었다는 것은 흥미롭다. 역사적으로 성적 쾌락보다는 번식에 더 중점을 두어 왔던 것이다.

특정한 성적 관심사에 대한 진화심리학의 설명은 성별 유형이나 문화에 의해 자신의 성별에 적합하다고 간주되는 행동을 습득하는 과정에 대한 이해로 확대될 수 있다. 예를 들어, 진화심리학자들은 남성의 전통적인 역할을 사냥꾼과 전사로, 여성의 역할을 돌보는 사람과 채집인으로 보며, 이것이 유전자의 결과라고 생각할지도 모른다. 남자는 전쟁과 사냥에 더 적합한 신체적 특성(예: 창을 던지는 데 도움이 되는 상체의 힘과 더 나은 시각-운동 기술)을 가지고 있다. 역사적으로 여성은 아동의 요구에 반응하여 공감하고 양육하는 성향이 있으며, 이는 결국 아동의 발달과 번식을 가능하게 하고, 이를 통해 유전자가 전달된다.

일부 진화심리학자들은 인간의 핵심 추동이 생존이라고 믿는다. 그러나 생존에 대한 이러한 강조는 한 인간으로서의 자기 자신이나 인류의 생존에 초점을 맞춘 것이 아니라 유전자의 생존에 중점을 둔다. 이러한 의미에서 시간이 지나면서 유전물질의 전달을 촉진하는 데 도움이 되는 구조들이 형성되어 왔다. 예를 들어, 결혼은 안정의 가능성을 증가시킨다. 그것은 유전자를 물려줄 가능성을 촉진한다. 마찬가지로, 적어도 여성에게 일부일처제는 생존을 위한 최선의 구조다. 진화심리학에 대한 기독교적 반응에 대해서는 다음에서 논의하겠지만, 현재로서는 진화심리학이 인간의 성과 성적 행동의 연구에 영향을 미치는 새로운 경향으로 주목하려 한다.

5. 예방의 과제

1) 성기능부전

성기능부전의 예방은 일반적으로 성교육에 중점을 둔다. 성적 문제의 예방을 목표로 하는 성교육은 본질적으로 어린 시절부터 시작하는 평생교육이다. 이러한 관점에서 부모는 자녀에게 건전한 성적 관점을 모델링하는 중추적 대리인으로서 중요한 역할을 한다. 이것은 대부분 성적 해부학, 행동, 성적 표현을 위한 가치에 대한 논의를 할 수 있는 순간을 식별하는 것을 수반한다. 학습 가능한 순간은 배변 훈련 및 목욕 시간과 같은 예측 가능한 이정표뿐 아니라, 부모가 어린 자녀의 자위행위를 우연히 발견하는 것과 같은 예상치 못한 만남도 포함된다.

청소년기는 사춘기로 성적 관심의 증가가 이루어지는 시기다. 청소년은 대부분의 성교육을 또래로부터 받기 때문에 부모가 성교육과 성건강에 대해 좀 더 적극적인 역할을 하는 것이 중요하다. 만약 이러한 성교육과 인격의 형성이 어린 시절부터 시작된다면, 이후의 논의는 이전에 있었던 것의 자연스러운 연장이 될 것이다.

대부분의 세속적인 성교육 프로그램은 성에 대한 사실을 전달하는 데 초점을 두는 반면, 사람들이 성에 대한 내면화된 부정적인 시각이나 성적 표현을 극복하도록 돕는다. 교육의 구성요소는 확실히 직관적이며, 전형적인 성교육 과정은 남성과 여성의 해부학, 내분비 체계와 호르몬이 성에 미치는 영향, 성병, 피임 등을 다룬다. 오늘날의 청소년이 단순히 성적으로 억제되어 있으며, 지나치게 제한적이고 억압적인 사회에서 해방되어야 한다고 가정하는 것은 단순히 시대에 뒤떨어진 것이다. 오히려 우리의 생각은 자기통제와 인격을 통해 보다 건설적인 논의를 마련하는 성적으로 관대한 문화적 맥락을 제시하는 것이다. 다시 말해, 현재의 접근방식은 성교육을 인격 형성의 맥락에 두지 못한다. 이는 사실에 대한 지식을 한 인격체로서의 인간과 연관시키지 못하는 것이다.

우리가 보기에 예방적인 성교육은 인격 형성이 제외된 상태에서는 효과적으로 이루어질 수 없다. 존스와 존스(Jones & Jones, 2007)에 따르면, 이것은 아동의 욕구를 파악하고, 충족시키고, 가치관을 가르치고, 핵심신념을 인식하게 하고, 부모와 또래의 지원을 제공하고, 특정 기술에 대한 훈련을 하는 것을 포함된다.

(1) 욕구

아동에게 가장 중요한 두 가지 욕구는 관계성과 존재의 중요성이다. 어린 시절에 관계의 욕구가 충족되지 않았을 때 많은 성적 문제가 발생한다. 아동은 사랑받고 다른 사람들과 연결되어 있다고 느낄 필요가 있다. 마찬가지로, 자녀들이 인생에서 의미 있는 일에 참여한다고 느끼지 못할 때(가사 책임을 통해 하는 작은 일에도) 그들은 이 의미에 대한 의식을 상실한다.

(2) 가치관

아이들은 부모로부터 가치를 배운다. 이러한 가치관은 말로 전달될 수 있지만 부모가 자녀에게 가치에 대해 가르치는 가장 강력한 방법은 그들 스스로가 자신의 가치를 반영한 선택을 하는 것이다. 부모가 관계보다 일을, 다른 사람을 섬기는 것보다 물질적 소유를 더 중시한다면, 자녀는 이러한 가치관을 배우게 될 것이다. 성에 관해 부모는 자녀에게 순결, 자기통제 및 충실함의 가치를 본보기로 보여 줄 수 있다.

(3) 핵심신념

핵심신념은 우리가 가지고 있는 기본적인 믿음이며 자녀에게 물려주게 된다. 우리는 '나약한 모습을 보이지 않는 것이 좋다.' 또는 '남을 믿을 수 없다.'와 같은 왜곡된 신념을 갖고 살아갈 수도 있다. 또한 우리가 자녀에게 '너의 선택은 중요하다.' 또는 '행동에는 결과가 있다.'고 생각하고 전달할 때 그러한 신념은 기독교 세계관과 일치할 수 있다. 존스와 존스(Jones & Jones, 2007)가 관찰한 것처럼, 이러한 핵심신념은 성교육에 매우 중요하다.

(4) 기술

우리가 타고난 특성이라고 생각하는 많은 것이 우리가 배우는 기술로 더 정확하게 이해될 수 있다. 중요한 기술로는 타인에 대한 공감, 대인관계를 할 수 있는 능력과 자기주장, 의사 결정, 만족의 지연, 자기통제 등이 있다.

(5) 지원

아동과 청소년이 하는 일은 환경의 영향을 받기 때문에, 보다 폭넓은 지원의 맥락 속에서 인격 형성이 이루어지는 것이 중요하다. 여기에는 우리의 가족 환경과 가족 관계가 사랑과 지지 및 존중으로 특징지어지는가에 대한 여부, 아동의 또래집단과 교회 환경의 광범위한 영향이 포함된다.

비록 평생의 인격 형성으로서 성교육에 대한 강조가 부부가 성기능부전으로 직면하는 문제 중의 일부를 직접적으로 다루지 않을 수 있지만, 이 접근방식은 성에 대한 긍정적인 견해, 성적인 해부학 및 기능에 대한 정확한 정보가 전달될 수 있는 관계, 가치관에 대한 명확한 가르침 그리고 성적인 분야의 모든 주제에 대해 질문을 제기할 수 있는 기회로 이어진다.

2) 변태성욕장애

변태성욕장애의 예방 분야에서는 거의 이루어진 것이 없다. 한 가지 제안은 교육의 추구와 교육을 특정 취약에 맞게 맞춤화하는 것이었다. 예를 들어, 맥코나기(McConaghy, 1993)는 남성이 여아에 의해 성적으로 흥분되는 성향을 고려하여, (이미 시행 중인 학교 및 미디어 프로그램을 통해) 남성들에게 이러한 성향에 대해 교육하고, 상황을 회피하거나 원하지 않는 성적 끌림에 대처하는 기술을 가르치려는 노력을 기울여야 한다고 제안한다. 맥코나기는 아동에 대한 첫 번째 범죄가 "이전에는 자신이 할 수 있다는 것을 알지 못했던, 그런 흥분감을 경험하게 되는 예기치 않은 기회에 반응하여 발생한다."(p. 362)고 보기 때문에 이것을 특별히 중요하게 여긴다. 이것은 본질적으로 잠재적인 범죄자들이 일탈적인 성적 흥분을 통제하도록 돕기 위한 교육이다. 이것은 여러 비전형적인 성적 행동에 적용될 수 있으며, 적절한 교육은 예방에 도움이 될 수 있는 기술을 배우지 못하게 하는 낙인을 제거할 수 있다.

3) 성별 불쾌감

아동에 대한 심리적인 개입은 논쟁의 여지가 있다. 성별 불쾌감으로 진단된 아동을 대상으로 작업할 때 기본적으로 다음의 네 가지 선택, 즉 반대 성과의 동일시 방지, 지켜보며 기다리기, 반대 성과의 동일시 촉진, 사춘기 억제가 있다. 현재의 추세는 이성과 동일시 방지에서 벗어나 다른 세 가지 사항 중 하나를 지향하고 있다. 경험적 연구 결과가 이성과 동일시를 방지하기 위한 예방의 노력과 개입을 모두 지지해 왔기 때문에 이러한 추세가 전적으로 과학적 연구에만 기반을 둔 것인지는 불분명하다(Yarhouse, 2015 참조).

성별 불쾌감의 진단을 받은 대부분의 아동이 자신을 동성애자 또는 양성애자의 성향을 가지고 있다고 자처하지만(추정 75%), 성인이 되어서도 계속 불쾌감을 경험하지는 않는다는 점 때문에 주의를 기울이며 기다리는 것이 좋은 방법일 수가 있다. 일부 전문가들은 기다리는 것이 더 '자연스럽고' 덜 처벌적으로 보이기 때문에 매력적이라고 생각하는 반면, 다른 전문가들은 그러한 해결을 용이하게 하기 위해 조기에 개입하는 것을 선호한다. 비평가들은 예방의 노력을 동성애에 대한 '전환치료'와 동일시하고 그러한 치료의 노력을 불법화하기 위한 노력을 하고 있다.

청소년기와 성인기의 성별 불쾌감의 경험은 유사한 것으로 간주되며, 심리적인 개입을 통해 해결될 가능성은 낮다. 이것은 십대가 신체적(외과적)인 성전환을 추구하도록 허용해야 하는지 아니면 심리적 개입을 받아야 하는지에 대한 논의로 이어졌다. 일부 외과적인 재할당을 허용해야 한다는 압력에도 불구하고, 청소년이 18세가 될 때까지 수술을 하지 말 것을 권고하는 것이 치료의 기준이다.

6. 목회적 돌봄의 주제

우리는 성문제에 대한 기독교적 이해가 인간의 성에 대한 기독교적인 시각에서 어떻게 시작해야 하는지에 대한 논의로 이 장을 시작했다. 이제 성적 문제에 대한 현재의 논의를 이 책의 제1부에서 자세히 논의된 주요 초점과 연결시키면서 몇 가지 관련된 통합적인 주제로 넘어가려고 한다. 특히 중요한 것은 정신장애의 분류, 무분별한 욕망의 문제 그리고 성적인 문제가 죄와 타락한 인간 상태와 어떤 관련이 있는지에 대한 논의이다.

우리는 정욕에 대한 간단한 논의로 시작하려고 하는데, 이것은 목회적 돌봄을 제공하는 자들에게 인간의 성적 분야와 과도한 욕구의 광범위한 문제에서 타락에 대한 한 가지 특정한 표현을 이해하는 데 도움을 주었던 개념이다. 정욕의 주제는 아마도 성적 문제에 대한 현대적 분류와 역사적인 목회적 돌봄 사이에서 가장 쉽게 접근할 수 있는 접점일 것이다.

역사적으로, 목회 공동체는 신자들의 목회적 돌봄에 있어서 정욕과 관련된 무분별한 욕구에 초점을 맞춰왔다. 정욕은 "쾌락에 대한 과도한 열정 또는 성적 쾌락에 대한 통합되지 않은 욕구"(Olthuis, 1995, p. 558)로 정의된다. 정욕은 죽음에 이르는 일곱 가지 죄 중 하나로 간주되고 절제와 순결을 강조하며 맞서서 씨름해야 할 죄악 중 하나로 여겨져 왔다.

비록 성적인 문제들이 다른 사람을 성적 만족의 대상으로 여기고 착취하는 것이라 할지라도, 목회적 돌봄의 관점에서 성적인 문제는 일시적인 성욕을 추구하는 사람에게서 비롯될 수 있다. 이러한 비인격화는 특히 파괴적이다.

가해자는 고삐 풀린 집착에 의해 자아를 잃는다. 상호관계와 연결을 위해 개인의 에너지(성적 에너지 포함)를 통합하는 대신, 자신의 에너지의 희생양이 되고 어떤 식으로든 욕구를 충족시키려고 한다(Olthuis, 1995, p. 559).

정욕이 순결과 절제와 대조되는 이유는 그것이 "근본적으로 적대적이고 친밀감과 거리가 멀며, 고립적이고, 비사회적인 태도"(p. 559)이기 때문이다(Schimmel, 1997). 다시 말해, 정욕은 너무 자기중심적이어서 본질적으로 사랑과 상호성으로 특징지어지는 친밀감과 대인관계에 적대적이다.

기독교의 목회적 돌봄의 관점에서 보면 강한 욕구로서의 정욕은 건강한 성적 욕구나 성적인 끌림과는 구별되어야 한다. 자신의 만족을 위해 다른 사람을 비인격적이고 대상화하는 방식으로 하는 성적 끌림이 무분별하지 않는 한, 이러한 성적 끌림은 문제가 되지 않을 수 있다.[2]

이제 우리는 성과 성별의 문제에 대한 현대적 분류로 눈을 돌리려 한다. 정신장애의 가장 널리 알려진 분류학은 DSM이며, 우리는 현대 진단의 명명법에서 성의 문제를 기술하는 데 사용되는 주요 범주들을 검토할 것이다.

1) 무분별한 욕망

역사적으로 목회적 돌봄은 초기에 성적인 문제들과 연관된 정욕을 분명하게 강조하여 관심을 끌었다. 그러나 우리가 이해하는 다양한 성적 문제들은 그것들이 정욕에 대한 단순한 흥미로 가정하기보다는 훨씬 더 복잡하다는 것을 알려준다. 우리는 비록 정욕이 일부 성적 장애(예: 아동성애장애, 성적 피학 장애 및 가학 장애)에서 더 두드러지게 나타날 수 있지만, 성기능부전 또는 성별 불쾌감을 포함한 많은 성적 문제에서 직접적

---

2 흥미롭게도, 성 어거스틴의 『기도서(Prayer Book)』는 사람이 정욕과 씨름할 수 있는 몇 가지 지표를 보여 주는데, 정욕에는 음란("혼자 또는 상대와 같이 혼외의 성적인 탐닉, 생각이나 행동"), 천박함("말, 옷차림, 행동으로 다른 사람의 성적 욕망을 자극하거나…… 글, 그림 또는 환상을 통해 자신의 성적 욕망을 자극하는 것"), 내숭("성에 대한 두려움 또는 그 자체로 악으로 정죄하는…… 성의 억압")과 잔인함("정신적 또는 육체적 고통을 고의적으로 가하는 것")(p. 120) 등을 포함한다. 자세한 내용은 『성 어거스틴의 기도서(Saint Augustine's Prayer Book)』(개정판)(West Park, 1996)를 참조하라.

인 역할을 하지 않는 것으로 믿는다. 정욕은 아마도 어떤 특정 장애의 단일 원인이 아니라 여러 성적 장애의 특징과 그들 중 일부에서 두드러진 특징으로 이해하는 것이 가장 정확할 것이다.

역사적으로 목회적 돌봄에서 통찰력을 접목한 개입은 사람들이 생각, 환상, 행동에 대한 더 큰 자제력을 습관화하도록 도와줌으로써 절제와 순결을 강조한다. 게다가 정욕의 죄에 대한 목회적인 성찰에서는 다른 사람에 대한 자신의 도덕적 의무와 행동의 윤리적 의미에 질문을 제기하는 것이 포함되는데, 이 두 가지 모두 개인에 초점을 맞춘 전문적 심리학 및 상담의 세계에서는 종종 간과되는 고려 사항이다.

2) 분류기준의 문제점

웨이크필드(Wakefield, 1992)는 '질병'이 '유해한 기능장애'로 적절히 이해된다고 주장한다. 이러한 관점에서, 질병은 어떤 상태가 우리에게 해를 끼쳐 부정적인 결과를 초래하고, 그와 관련된 유기체의 과정이 자연적인 기능을 수행하지 못하여 기능 장애를 일으키는 것으로 본다(Goodman, 2001). 우리는 웨이크필드의 관점을 합리적인 출발점으로 보고 있지만, 기독교적인 질병에 대한 이해에 있어서는 충분하지 않다고 생각한다.

기독교의 이해에서는 이러한 부정적인 결과가 우울증이나 불안의 척도의 상승과 같이 측정 가능한 행동과학의 증상에만 국한된다고 하는 것에 만족하지 못할 것이다. 부정적인 결과는 더 넓은 기독교 세계관 내에서 이해되어야 하며, 이것은 기능장애에 대한 기독교적인 관점을 떠나서는 이해할 수 없다. 웨이크필드가 기능장애를 다양한 유기체적 과정의 자연적 기능과 관련된 것으로 보는 반면, 우리는 기능장애를 특정한 유기체적 과정에 대한 하나님의 설계와 관련된 것으로 본다. 성이론가들은 기능장애를 대체로 반드시 그래야만 하는 것의 증거로 받아들이지만 철학 개론 수업을 들은 학부 학생이라면 누구나 이것을 '본질주의적 오류'[3]로 인식한다. 행동이 발생한다는 사실은 그 행동이 일어나야 하는지, 즉 우리가 주어진 행동에 계속 참여해야 하는지에 대하여 우리에게 아무것도 알려 주지 않는다. 기독교인은 관찰된 인간의 성과 성적 행동의 상태를 넘어서서 인간의 본성과 건강한 기능에 대한 질문에 답을 한다. 우리의 기준점은 주

---

3 역자 주: 상대적으로 옳고 그름을 판단하려는 경향을 말한다.

어진 환경에서 일어나는 일이 아니라 우리의 행동에 대한 하나님의 의도이며, 그래서 우리가 성에 대한 하나님의 목적을 반영하는 방식으로 살 수 있게 되는 것이다.

특정한 유기체적 과정에 대한 하나님의 설계를 고려할 때, 기독교인들은, 예를 들어 인지능력을 반영할 수 있다. 한 사람의 정신병리의 경험이 인지기능의 문제, 즉 비합리적인 신념에 뿌리를 두고 있는 한 그 사람은 인지기능장애 또는 "관련 인지기능이 제대로 기능하지 못하고, 기능해야 할 때 실패하는 것"(Plantinga, 1993, p. 4)을 증명하고 있다고 말할 수 있다.

따라서 건강한 성에 대한 기독교적인 견해는 사람의 정신건강과 성기능에 관련된 능력이 기능의 장애로부터 벗어난다고 단언한다. 건강한 성의 대부분은 우리의 생각과 감정이 적절한 기능을 한다고 생각할 때 상식적인 맥락에서 이루어진다. 그러나 몇 가지 논쟁의 여지가 있을 것이다. 우리의 성적 욕구가 제대로 작용하는지 어떻게 알 수 있는가? 우리는 제한된 수의 사람에게만 성적 끌림을 느껴야 하는가? 동성에게 또는 이성에게? 만약 우리가 성적 행동에서 성적인 욕구를 언급하면 그 행위가 합당한지 아닌지 알 수 있는가? 우리의 욕망이 적절한 성적 기능에 대해 말하고 있는가?

따라서 기독교인들은 역사적으로 (그리고 전 세계적으로) 동성애의 행동을 하나님이 생식기를 통해 성적 표현을 하도록 의도하신 바에서 벗어나는 것으로 보았기 때문에 DSM에서 성정체성 문제에 대한 언급을 배제하는 것을 문제 삼을 수 있다. 또한 DSM-5에서 변태성욕과 변태성욕장애를 구별하는 데 대한 의문도 있다. 이러한 변화는 성적 관심과 행동이 다양한 관심의 범위를 반영하도록 확장되는 방식과 더불어, 정신건강 분야 내에서 개인이 먼저 고통스럽지 않은 한 정신건강 문제를 반영하는 행동 양상을 확인하기를 꺼리는 것을 돌아보게 한다. 기독교인은 다양한 성적 활동과 관심이 하나님의 인간의 성에 대해 의도하신 바를 벗어나는 것으로 보는 한 이러한 특정한 발전을 문제 삼을 수 있다. 그러나 분류기준에 추가적인 고려사항은 심리학 분야에서 공적으로 해야 할 역할이다. 현대 정신병리학은 사회가 정신건강 문제로 간주하는 것에 대해 '공통적인 근거'를 가지고 보는 공적인 심리학을 반영하는 것으로 가장 잘 이해되는가? 아니면 현대 정신병리가 도덕적 공동체의 맥락에서 가장 잘 이해되는가? 우리는 이 점에 대해 합리적인 의견 차이가 있을 것이라고 생각하지만, 기독교적으로는 이와 관련된 임상적 관심에 다른 관심도 고려할 수 있는 반면, DSM에서 다른 관심들은 제외된 채 일부 임상적 관심만을 포함하는 것에 대해 문제를 제기하고 싶다.

우리가 공적인 심리학, 즉 특정 시간에 특정 문화에 깊이 뿌리박힌 정신건강에 대한 이해가 무엇을 의미하는지 숙고할 때, 기독교의 성윤리와 대립되는 것을 발견할 수 있다. 이것은 때때로 우리로 하여금 죄로 더 정확하게 이해되는 특정 성적 행동을 병리학적으로 규정하는 것에 대한 문제를 제기하게 한다. 그런 의미에서 기독교인들은 성정체성에 대한 관심이나 변태적인 성욕에 대한 관심이 정신장애를 나타낸다는 의견에 저항할 수 있다. 왜냐하면 그러한 결론이 죄로 더 잘 이해되는 행동을 '병리화'하는 역할을 한다고 생각할 수 있기 때문이다. 이와 관련된 문제는 임상가들이 사람들의 성적 행동이 진단 가능한 병리인 경우 그들의 성적 행동에 책임이 있다고 보는가 하는 데 있다. 이것은 특히 인간의 성과 성적 행동과 관련된 죄와 정신병리의 관계에 대해 몇 가지 의문을 제기한다.

3) 죄와 정신병리[4]

기독교적인 관점이 DSM에서 논의되는 성문제의 유형에 대한 이해를 어떤 방식으로 알려줄 수 있는가? 예를 들어, 성별에 대한 기독교적인 관점이 성별 불쾌감에 대한 우리의 이해에 도움이 되는가? 만약 우리가 죄를 분리된 생각과 행동, 타락한 상태나 조건, 그리고 죄의 결과와 연관시켜 폭넓게 생각할 수 있다면, 성별 불쾌감과의 씨름이 우리의 타락한 상태를 어떻게 반영하는지 알 수 있다. 기독교인은 하나님께서 인간을 남자와 여자로 창조하셨고, 사람의 남성다움과 여성다움 그리고 상호보완적인 관계의 경험을 하나님 보시기에 선한 것이라고 확신한다. 그러나 성별은 복잡하고 다면적인 구조이며, 성별의 다양한 차원은 항상 그런 것은 아니지만 일반적으로 서로 조화된다. 만약 그렇지 않다면, 한 가지 가능한 결과는 성별 불쾌감이다. 기독교인은 이 결과를 인간의 자연스러운 변화라고 볼 수 없으며, 성정체성에 대한 하나님의 의도, 즉 할당된 성역할, 때로는 성적인 선호를 왜곡하여 관계성에 대한 보다 근본적인 필요성을 종종 타협하거나 제한하는 의도치 않은 결과라고 여길 것이다. 일부 정신건강 전문가들이 DSM에서 성별 불쾌감을 제외시키기 위해 노력하고 있지만, 이 시점에서 기독교인은 성별 불쾌감이 정신건강의 문제라는 관점을 더 넓은 정신건강 공동체와 공유하고 있다.

타락한 인간의 상태와 타락이 인간의 성에 미치는 영향을 되돌리기 위해 우리는 성

---

4 이 내용은 존스와 야하우스(Jones & Yarhouse, 2002)에서 발췌하여 수정했나.

경에 나타나 있는 최종적인 고찰로 눈을 돌리려 한다. 그것은 우상숭배에 대한 인간의 성향이다. 리처드 린츠(Lints, 2002)는 우상숭배와 하나님 형상 사이의 관계를 논하는데, 그의 요점은 다음과 같다. 성경에서 우상숭배에 대한 우려는 다른 민족이 아닌 하나님의 선민인 이스라엘을 직접 겨냥한 것이다. 하나님은 그의 백성들이 그를 외면하고 다른 신들을 섬기기 쉽기 때문에 우상숭배에 반응하였다. 가장 순수한 형태로 정제한다면 우상숭배는 실제로 하나님과의 관계를 전복시키는 행위다. 사람들은 그들의 성과 성적 행동에 관련하여 여러 가지 방법으로 우상숭배를 행할 수 있다. 필자들은 이것을 제14장 중독의 문제에서 더 논의하겠지만, 변태성욕장애와 성과 성적 표현의 다른 영역에 대한 논의에서 적용을 찾을 수 있다.

4) 성과 독신

적어도 DSM을 가이드로 삼는다면, 성과 독신은 '성적 문제'에 대한 대부분의 논의에서 다루어지는 주제는 아니다. 그러나 오늘날 우리는 독신 상태에서 하나님 앞에 신실하게 사는 방법을 분별하는 많은 그리스도인을 알고 있다. 대부분의 교회가 다양한 사역을 진행할 때 결혼한 부부에 맞춰 프로그램을 설계하고 부부를 활용하고 있는 것이 인식된다. 우리의 경험상 대부분의 신앙공동체 안에서 대학 연령대 이후의 사람들에게 제공되는 훈련으로부터 독신인 사람이 '편안함'을 느끼는 것은 더 어렵다. 더욱이 성적인 존재로서의 독신에 대한 논의는 거의 없으며, 우리는 이것이 독신에게 더 많은 문제를 야기할 뿐만 아니라 교회가 그리스도의 몸 안에 있는 모든 사람에게 기독교적 비전을 제공해야 하는 것에 대해 격차가 생길 수 있다고 본다.

우리는 혼인 상태와 독신 상태 모두 반드시 우월한 상태는 아니라고 단언한다. 두 상태 모두에게 기독교인이 된다는 것의 다른 측면과, 하나님과의 관계에 대해 가르칠 수 있다. 우리는 최근 자료들에서 가치 있는 정보를 제공하고 혼자 또는 '파트너가 없는' 느낌에 대해 세심한 어조로 작성되어 있는 것을 보아 왔다. 예를 들어, 맥민(McMinn, 2003)은 우리처럼 성에 몰두하는 문화에서 독신이 얼마나 어려운지를 인식하면서 독신주의에 대한 강력한 주장을 펼친다.

또한 반 리우웬(Van Leeuwen, 2002)은 자신의 책『형제를 지키는 자(My Brother's Keeper)』에서 '비관계적인 성'을 비롯한 여러 문제, 특히 포르노, 인터넷 및 타인을 물건처럼 취급하는 것과 관련된 여러 문제를 다룬다. 기독교 공동체는 우리의 문화를 형성하는 성적인 문제에 대해 면죄부를 받지 않고 있는 것이 분명하며, 우리는 많은 사람이 인터넷 음란물(성중독에 대해 종종 '초기 관문' 또는 '불감증제'로 기능하는)에 대한 잘못된 선택을 하여 성중독에 휘말리는 것을 보아 왔다.

5) 진화심리학

이제 마지막으로 진화심리학의 주제로 돌아가려고 한다. 우리는 성에 대한 '과학적' 연구에서 진화심리학을 새로운 주제로 언급했으며 기독교 관점에서 그에 대해 관찰한 것을 몇 가지 제공하고자 한다.[5]

우리가 진화심리학에 대해 가장 염려하는 것은 성별과 성에 대한 이해에서 완전히 환원적이라는 것이다.[6] 우리는 인간에게 번식하려는 추동이 있다는 주장이나 심지어 이 추동이 인간에게 강력한 동기를 부여할 수 있다는 주장에 반대하지 않는다. 그러나 이 추동이 일차적이고 가장 근본적인 인간의 동기이며, 인간의 성과 성적 행동의 모든 다양한 측면이 이 동기로 설명될 수 있다는 견해에 반대한다. 진화심리학은 인간의 성의 모든 다양한 차원을 번식 욕구에 기초한 것으로 해석한다. 기독교적 관점에서 번식에 대한 욕구는 중요하지만 자신, 타인, 하나님에 대한 사랑, 즐거움, 기쁨을 포함하는 다른 동기와 관련될 수 있으며, 그러한 특별한 동기는 초월적 현실에 부응하여 산다는 것이 무엇을 의미하는지와 삶에 대한 현실적인 주장에 대한 폭넓은 관심사와 연관되어 나타날 수 있다.

우리는 두 번째 관찰한 것과 그와 관련된 문제를 제기하는 기독교적 비평을 발견한다. 진화심리학에서 발견되는 설명모델은 매우 유연해서 겉보기에 모순되는 발견까지도 포함하여 무엇이든 설명할 수 있다는 것이다.

> 왜 어머니들은 자식을 위해 기꺼이 죽을까? 물론, (그들이 물려준 좋은 유전자를 보호함으로써) 생식력을 극대화하기 위해서다. 그렇다면 왜 어떤 어머니는 자녀를 죽이는 것일까? 물론, (그들이 물려준 나쁜 유전자를 제거함으로써) 생식력을 극대화하기 위해서

---

5 필자들은 반 리우웬과 함께 진화심리학이 과학과 유사한지 의문을 제기했는데, 주요 이론과 반대되는 데이터가 무엇이든 설명할 수 있는 능력 때문이다(Van Leeuwen, 2002).
6 이 비평의 일부는 존스와 야하우스(Jones & Yarhouse, 2002)에서 빌췌하여 수정했다.

이다. 왜 성인은 생물학적으로 더 밀접한 관련이 있는 아동에게 더 많은 자원을 투자하는 것일까? 물론 관계가 가까울수록 공유되는 자신의 유전자도 많아진다! 그렇다면 사람들은 왜 생물학적으로 혈연관계가 없는 아이들을 입양할까? 물론, 상호 이타주의에 대한 보다 일반적인 유전자 때문이다(Van Leeuwen, 2002, p. 104).

이러한 우려는 프로이트의 정신분석이론에 대한 비평과 일치한다. 자료를 과학적으로 검토하기에는 너무 포괄적이다. "주된 이론에 대해 당황스러운 자료가 무엇이든 설명하기 위해 보조 개념들은 크게 증대된다."(p. 104)

이 비평을 제공하면서, 우리는 기독교인이 진화심리학이나 진화사상 모두를 거부할 필요는 없다는 것을 인정한다. 기독교인은 검증 가능한 가설, 즉 세계관이나 철학 또는 도덕에 대한 설명 없이 미묘한 종의 적응을 설명할 수 있는 이론을 제공하는 미시적 진화적 사고의 형태에 끌릴 수 있다. 이것은 기독교인이 폭넓은 행동이론의 모델에서 발견할 수 있는 완전히 환원적이고 결정론적인 세계관을 거부하면서, 그들의 임상현장에서 행동이론을 적용하여 경험적으로 검증된 개입을 사용하는 방법과 유사하다(Jones & Butman, 2011).

7. 결론

성의 문제는 광범위한 임상적 문제를 포함한다. 이 장에서는 성기능부전, 변태성욕장애 및 성별 불쾌감에 대해 논의했다. 기독교적 관점은 육체적 존재로서의 우리의 모습에서 성의 위치뿐만 아니라 우리의 타고난 육체의 선함을 긍정적으로 볼 수 있는 관점을 제공한다. 인간의 성에 대한 올바른 이해는 우리가 하나님에 의해 하나님, 다른 사람 그리고 우리 자신과 관계하도록 설계되었다는 점에서 인간을 깊은 관계를 맺는 성적인 존재로 보는 것이다. 비록 우리는 성적인 피조물로서 다른 사람들과 관계를 맺지만, 기독교인은 인간이 무엇을 의미하는지에 대한 우리의 이해를 우리의 성으로 제한하지 않고 성을 초월과 관련하여 본다.

제**13**장

정신병의 문제

정신병(psychosis)에서 회복되어 현재는 만성 정신질환자를 치료하고 있는 한 임상심리학자는 정말로 주목할 만한 그의 문서인 '조현병에 대처하기(Coping with schizophrenia)'에서 다음과 같이 밝히고 있다.

나도 조현병을 앓고 있는 사람이다. 현재는 아니지만 온통 사방에 다니는 것에 익숙해질 만큼 자주 정신병의 상태에 있었다. 조현병에 대한 나의 경험을 비밀로 하기로 한 후 몇 년이 지나서 나는 내 상태를 공개하기로 결정했다……. 자신이 조현병이라는 사실을 받아들이는 것이 얼마나 어려운 일인지 이루 말할 수 없다. 우리 모두는 아주 어렸을 때부터, 만약 어떤 것이 미쳤거나 정상이 아니라면, 자동적으로 그 가치가 무시되어야 한다고 받아들이도록 훈련받아 왔다. 우리는 합리적인 연결로 함께 유지되는 세상에 살고 있다. 논리적이거나 합리적인 것은 허용된다. 합리적이지 않은 것은 용납되지 않는다. 이 장애의 본질은 인지 과정을 조절하는 화학 작용에 영향을 준다는 것이다. 그것은 사람들의 신념체계에 영향을 미친다. 그것은 다른 사람들이 일반적으로 한 사람의 사고 과정이 제대로 작동하지 않는다고 말할 때, 자신이 생각하는 것 또는 자신이 믿는 것이 사실이고 정확하다고 믿도록 속인다.

나는 다섯 번이나 입원한 후에야 나에게 문제가 있을 가능성을 고려해 보려고 했다. 우리 모두는 태어날 때부터 미쳤거나 정상이 아닌 것을 용납하지 않게 되어 있다. 정신이상은 우리 가족 모두가 사람으로서 받아들일 수 있는 범위를 넘어선 것이다. 우리는 논리적이고 이성적이고 합리적인 것을 받아들인다. 미친 상태는 묵살된다. 그러므로 우리가 생각하는 것이 사실 미쳤다는 것을 받아들이기는 매우 어렵다. 정신병이란 〈캐치-22〉[1]이다. 스스로 미쳤다는 것을 이해한다면 올바르게 생각하고 있으므로 미친 것이 아니다. 실제로 자신이 그렇지 않다고 믿어야만 정신병자가 될 수 있다. 따라서 이 장애가 있는 거의 모든 사람은 초기에 자신이 그렇다는 사실을 부인한다. 어떤 사람들은 평생 부인할 것이다. 내가 일하는 병원에 있는 300명의 환자 대부분은 자신이 정신적으로 아프지 않다고 말할 것이다. 부인(denial)은 이 장애를 가진 사람 대부분이 보이는 모습의 한 측면으로 나타난다. 장애가 있는 사람들 중 일부는 자신이 장애를 가지고 있다는 것을 부정할 뿐만 아니라 그것이 존재한다는 사실도 부정한다.

자신의 마음이 제대로 기능하지 않는다는 것을 스스로 인정하는 것은 매우 어렵다. 그것은 스스로를 바보로 만든다. 이 장애로 인해 대다수의 인구에 속한 사람들과 일치하지 않는 인식론적 구조를 발달시킨다. 그러나 자신에게 장애가 있음을 인정하지 않으면 어떻게 도움을 받을 수 있겠는가? 왜 사람들이 자신이 가지고 있지 않다고 믿는 장애를 치료받고 싶어 할 것인가?(Frese, 1993)

정신병 문제와 씨름하는 사람들은 일반적으로 두려워하고 혼란스러워한다. 그들은 매우 다른 방식으로 '현실'을 추구한다(Miller & Jackson, 1995). 이것은 '정상적인' 사람들에게 위협이 될 수 있다. 조현병을 앓고 있는 사람은 매우 무뚝뚝하면서 솔직할 수 있고, 종종 사회 관습의 규칙을 따르지 않는다. 솔직히 우리는 순종과 순응을 매우 중시하는 교회와 공동체 안에서 이러한 말이 때때로 신선할 정도로 정직하다는 것을 알게 된다. 그러나 정신병(현실 감각과의 극적인 단절)이 궁극적인 심리적 붕괴라는 것을 부인할 수 없다. 망상, 환각, 와해된 언어, 비정상적인 운동 행동, 사회적 또는 직업적 와해와 같은 다양한 특성을 포함할 수 있는 극적인 증상과 심각한 기능장애로 특징지어진다(Paris, 2014).

---

1 역자 주: 미치지 않으면 떠날 수 없는 전쟁터에서의 심리를 그린 미국 드라마다.

가장 흔한 형태의 붕괴는 최소 2세기 동안 전 세계적으로 인식되어 온 증후군인 조현병이다(Adams & Sutker, 2001; Frances, 2013). 그것은 전문가의 주의를 요하는 매우 심각한 문제이다. 약물치료 없이는 환경을 정확하게 인지하거나 효과적으로 반응하는 능력을 상실하고, 환각(잘못된 감각 지각) 또는 망상(거짓 믿음)을 자주 경험하는 사람을 돕는 것은 거의 불가능하다(Comer, 2014).

1. 현대적 분류

정신병은 약물남용이나 외상성 뇌손상에 의해 유발될 수 있지만 단연코 가장 일반적인 형태는 이 장에서 우리가 중점적으로 다루고 있는 조현병이다. 다른 조현병 스펙트럼 장애에는 조현양상장애, 조현정동장애, 망상장애, 공유 정신병적 장애, 단기 정신병적 장애, 물질로 유발된 정신병적 장애 또는 다른 의학적 상태로 인한 정신병적 장애가 포함된다(APA, 2013). 증상의 발병과 경과가 매우 다양하고 다양한 의학적 및 정신과적 환경에서 증상이 나타날 수 있기 때문에 감별진단은 어려울 수 있다(Daily et al., 2014 참조). DSM-5 이후의 범주에는 약화된 정신병 증후군(조현병에서 발견되는 것보다 경미하고 문제가 덜한 정신병 증상을 특징으로 하는)이 포함될 수 있다. 경험이 풍부한 임상가는 이것을 '전조적' 형태의 정신병(보다 완연한 현실 왜곡의 양상으로 이동하는 중인)과 유사한 것으로 인식할 수 있다. DSM-5의 또 다른 주요 변경 사항은 조현병의 하위 유형에 대한 강조가 덜하다는 것이다. 임상가가 현재의 증상이나 자가 보고, 가족 및 친구(또는 다른 임상가)의 행동 관찰을 근거로 하여 신뢰롭게 구별하기는 어려울 것이다.

앞서 언급했듯이, 정신병은 일반적으로 현실과의 접촉 상실로 정의된다. 환경을 정확하게 인식하고 효과적으로 대응하는 능력이 심각하게 손상된다. 정신병은 약물남용이나 외상성 뇌손상에 의해 유발될 수 있지만 생물학적(선천적 또는 후천적) 취약성과 스트레스 요인(개인적, 상황적, 또는 둘 다)의 조합을 반영하는 느리고 은밀히 진행되는 과정의 결과인 경우가 가장 많다. 정신병은 DSM-5 전체의 그 어떤 장애보다도 궁극적인 심리적 와해이다.

현재 적어도 250만 명의 미국인이 정신병의 가장 흔한 양상인 조현병의 고질적인 증상으로 고생하고 있다. 현재 찾아볼 수 있는 연구에 따르면, 모든 문화와 지역사회에서 성인 인구의 약 1%가 그 피해를 입는다고 한다(Butcher, Mineka, & Hooley, 2004). 얼마나 많은 사람이 아픔과 고통에 직간접적으로 영향을 받는지 상상만 할 수 있을 뿐이다 (Carter & Golant, 1998).

조현병은 다른 의미에서 비용이 많이 드는 질병이기도 하다. 최근 추정에 따르면, 연간 1000억 달러의 비율로 미국 경제에 영향을 미치며(Pliszka, 2003), 심각한 자살 위험을 포함하여 다양한 기타 건강관리 및 인적 서비스 문제에 기여하는 주요 요인임을 시사한다. 고통받는 사람은 일상적으로 자신을 적절하게 돌볼 수 없기 때문에 '생활형 질병'이 특히 일반적이다(Morrison, 2002). 정신병의 와중에 처방된 의료 요법이 제공되더라도 어떻게 도움을 구하는지 혹은 어떻게 그것을 준수하는지 아는 사람은 거의 없다 (Adams & Sutker, 2001; Jongsma, Peterson, & Bruce, 2014).

조현병은 모든 사회경제적 집단에서 관찰되었지만, 특히 빈곤 문화에서 흔하다. 연구자들은 이미 취약한 사람들에게서 자원의 부족이 이 장애의 기반이 되는 개인적·상황적 스트레스 요인에 크게 기여한다고 가정한다(Comer, 2014). 흥미롭게도, 성별의 분포는 거의 같은 것처럼 보이지만, 그 과정은 확연히 다르다. 남성의 경우 일반적으로 증상은 더 일찍 나타나고 더 심한 경향이 있다. 삶의 주요 변화, 상실, 전환을 겪는 사람들은 특히 취약해 보인다(이것이 원인인지 결과인지 명확하게 알 수 없다).

DSM-5를 검토할 때, 정신병을 하위유형에 따라, 그리고 약리적·심리치료적·심리사회적인 개입에 따라 다양한 조현병 스펙트럼으로 봐야 한다는 것이 쉽게 명백해진다. 최상의 치료 전략을 결정하기 위해서는 세심한 종합 평가가 필수적이다(Jongsma, Peterson, & Bruce, 2014).

조현병의 다양한 발현에는 여러 뚜렷한 임상적인 특징이 있다(Adams & Sutker, 2001). 역사적으로 이들은 증상의 집합으로 알려져 왔다. 그중의 한 군집은 사고의 형태라고 불리며, 비언어적·언어적 의사소통을 통해 사고 과정이 표현되는 방식과 관련이 있다. 증상에는 이완연상(말이 선형적이거나 논리적이지 않음), 내용의 빈곤(단어는 많지만 의미 있는 내용이 거의 없음), 사고의 차단(단어가 '고착'되어 대화에 공백이 있음)이 포함될 수 있다. 두 번째 군집은 사고의 내용이라고 불린다. 이것은 보통 고통받는 사람이 논리가 통하지 않는 것처럼 보이는 고정된 잘못된 믿음(망상)을 가지고 있음을 의미한다. 이러한 망상에 대해 특히 흥미를 끄는 것은 그 내용이다. 그것은 거의 항상 종교적·성적·정치적·철학적이다. 대부분의 저자는 이것이 우리가 이러한 삶의 영역을 가장 높게 평가한다는 사실을 반영한다고 주장한다(Frances & First, 1998). 세 번째 군집은 지각장애라고 한다. 이것은 일반적으로 감각의 경험과 해석이 왜곡될 수 있음을 의미한다. DSM-5에서는 이것을 '환각' 또는 '환상'(신체 인식의 변화)이라고 한다. 전자와 관련하여 감각은 시각, 청각, 후각 또는 촉각-운동 감각(보이지 않는 힘에 의해 만져지는 느낌)일 수 있다. 이 중 청각 및 시각적 환각은 특히 흔하며, 보통 고통받는 사람이나 그의 사랑하는 사람을 상당히 괴롭게 한다. 여러 세기에 걸쳐 신앙을 가진 사람들이 이것을 악마적인 활동의 표현으로 여겼던 것은 놀라운 일이 아니다. 미국과 해외를 여행하면서 우리는 그렇게 귀인하는 것을 많이 들었다.

네 번째 군집은 정서, 즉 기분이나 감정이 말과 행동으로 표현되는 방식과 관련이 있다. 감정은 둔하거나 밋밋할 수 있으며(크게 감소됨) 상황에 부적절할 수 있다(눈물 대신 웃음). 때때로 이것은 큰 감정의 기복(정서적 불안정)을 의미할 수 있다. 한마디로 말해서, '정상적인' 기분의 상태를 표현하기 어렵게 하거나 대인 관계 또는 상황적 맥락에 따라 기분의 상태를 조절하기 어렵게 한다.

다섯 번째 군집은 자기감과 관련이 있다. 정신병을 앓고 있는 사람은 일반적으로 명확한 정체성을 느끼지 못한다. 자존감은 크게 고통받는다. 조현병 환자는 일에서 효율적이지 않아서 그들이 하는 일이 실제로 차이를 만들지 않는다고 믿는다. 결과적으로, 그들은 일상생활의 일에서 물러나거나 이탈하는 경향이 있다.

이것은 일반적으로 의지적 증상이라고 하는 여섯 번째 군집과 밀접한 관련이 있다. 조현병 환자는 목적이 있고 목표 지향적인 활동과 관심을 유지하는 데 큰 어려움을 겪는 경향이 있다. 그들은 무감각하고 무기력해지는 경향이 있다. '정상적인' 사람들이 당연시 여기는 추진력과 야망은 거기에 없다. 고통받는 사람들은 더 혼란스럽고 두려운 세계의 외부 사건보다 자신이 구축한 내부 세계를 선호하는데, 이는 할리우드가 〈뷰티풀 마인드(A Beautiful Mind)〉, 〈버디(Birdy)〉, 〈피셔 킹(The Fisher King)〉과 같은 영화에 잘 드러나 있다(Norcross et al., 2003에서 미디어 자원에 대한 논의 참조).

증상의 마지막 군집은 운동 활동과 관련이 있다. 조현병으로 고생하는 사람들은 종종 인지 및 정서적 증상과 함께 다른 사람들에게 가장 문제가 되는 것처럼 보이는 현저한 비언어적 행동을 보인다. 여기에는 장기간 몸을 흔들거나 반복적인 상동 행동이 포함될 수 있다(자기를 진정시키는 것처럼 보이는 반복적인 몸짓). 소근육 운동이나 대근육 운동 모두가 손상될 수 있으며 다소 경직되고 유연하지 않게 보일 수 있다.

일곱 가지 군집 모두의 최종 결과는 중요한 사회 및 상호작용 기술을 상실하고 자신(또는 타인)을 돌보는 능력이 크게 감소한다는 것이다. 우리 도시의 중심부에 있는 노숙자 중 상당수가 만성 정신질환, 특히 조현병의 영향으로 어려움을 겪고 있다. 일부 저자는 이 비율을 50%까지 높게 추정한다(Comer, 2014; Paris, 2013).

조현병의 어떤 증상이 현실과의 단절을 촉발하는지, 조현병 환자를 점차 현실에서 벗어나게 하는 직접적인 결과인지 판단하기 어렵다. 그럼에도 증상은 양성, 음성 및 정신운동 증상의 세 가지 범주로 분류할 수 있다. 양성 증상에는 망상, 와해된 사고 및 언어, 고조된 지각 및 환각, 즉 개인의 성격과 기질에 기괴함이 더해지는 것으로 가장 잘 설명되는 병리적으로 지나친 증상을 포함한다. 음성 증상은 개인의 성격과 기질이 감소하거나 부족해 보이는 것이다. 이것은 일반적으로 감퇴된 정서나 언어 표출, 외부 세계로부터의 전반적인 철수 양상을 의미한다. 정신운동 증상은 정신병이 발병하기 전의 상태와 비교할 때 더 많거나 적거나 혹은 차이를 보이는 신체 활동과 관련이 있기도 하다.

일부 저자들은 조현병을 두 가지 광범위한 범주로 구분하곤 했다(Scully et al., 1990; Sutker & Adams, 1993). 제1형 조현병은 양성 증상이 지배적이다. 이 장애로 고생하는 사람들은 증상이 나타나기 전에 더 잘 적응했을 것으로 추정한다. 또한 발병의 연령도 늦다. 치료와 관련하여서는, 증상이 신경 화학의 이상과 관련이 있기 때문에 더 나은 예후를 보이는 경향이 있다. 제2형 조현병은 음성과 정신운동 증상이 더 많은 것이 특징이다. 예상할 수 있듯이, 조기 발병, 불리한 병전 상태, 불리한 결과와 관련이 있다. 최근의 연구(Dailey et al., 2014; Pliszka, 2003)는 이러한 증상이 뇌와 신경계의 구조적 결함과 관련이 있을 수 있음을 시사한다. 이러한 증상을 신경발달 및 신경인지장애라고 부르고 있는데, 이는 가장 심각한 형태의 조현병 스펙트럼장애(APA, 2013)의 생물학적 기반에 대한 향상된 인식과 이해를 반영한다(Reichenberg, 2014).

모든 장애와 마찬가지로 진단은 힘들고 어려울 수 있다(Frances, 2013; Johnson, Snibbe, & Evans, 1981). 다수의 의학적 장애를 포함한 다른 상태는 정신병처럼 보일 수도 있다(Morrison, 2014). 중요한 문제는 신중한 감별진단으로, 시간에 따른 여러 상황에서 증상의 강도, 지속 기간 및 빈도에 주의를 기울여야 한다는 것이다. DSM-5에 따르면, 조현병은 6개월 이상 뚜렷한 증상이 있어야 하고 개인의 삶의 여러 영역에서 현저한 장애가 있는 경우에만 내려져야 한다. 조현병 스펙트럼 장애에서의 정확한 진단은 치료적 의사결정에 중요하다(Jongsma, Peterson, & Bruce, 2014; Meyer & Deitsch, 1996; Schwartzberg, 2000). 조현병의 진단은 현실 감각을 상실한 사람들에 대한 충분한 경험이 있고, 어떤 자원이 필요하고 이용 가능한지에 대한 광범위한 지식을 갖춘 고도로 훈련된 정신건강 전문가에 의해서만 이루어져야 한다는 것이 우리의 판단이다(Morrison, 1995, 1997, 2002, 2014).

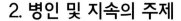

2. 병인 및 지속의 주제

이 장애 집단의 병인 및 지속에 대한 명확한 합의는 없다. 최근 수십 년 동안 인지신경과학에 대한 연구는 사실상 폭발적으로 증가했다. 그러나 복잡한 상관관계에도 불구하고 조현병의 수수께끼에 대한 해결책은 아직 없다(Adams & Sutker, 2001; Dailey et al., 2014). 아마도 이 책에서 논의된 다른 어떤 장애 군보다 책임 있는 절충주의(Jones & Butman, 2011)와 생물심리사회적 관점(제3장, 제4장 참조)이 필요할 것이다. 정신병리에 관한 대부분의 평판 좋은 교재는 병인 및 지속에 대한 스트레스−취약성 관점을 채택하고 있다(Butcher, Mineka, & Hooley, 2004; Dailey et al., 2014).

아마도 가장 강력한 연구 증거는 정신병의 생물학적인 근거를 말해 준다. 이것이 선택과 책임에 정확히 어떻게 영향을 미칠지는 아직 완전히 파악되지 않았지만(Roberts & Talbot, 1997; 조현병에 관한 장들 참조), 적어도 어느 정도 능력과 자유가 감소했음을 시사한다. 유전과 생물학적 연구는 수십 년 동안 조현병에 대한 우리의 이해를 지배해 왔다.

유전 연구와 관련하여, 이 증거는 결국 조현병에 걸린 사람 중에 상당한 비율이 생물학적 소인을 가지고 있음을 강력하게 시사한다(Comer, 2014; Frances, 2013). 소인이 있는 모든 사람이 다 장애가 발병하는 것은 아니다. 그것은 과도한 개인적 또는 상황적 스트레스 요인에 의해 촉발되어야 한다. 특히 주목할 만한 것은 가족의 가계 연구다(예: 일반 인구의 1% 대 1촌 친척의 10%). 그러나 연구자들은 인과적 귀인에 대해 신중하다. 상관관계가 인과관계를 의미하지 않기 때문이다. 유전적 소인 이외의 요소들이 자료를 설명할 수 있다. 여기서 던지는 큰 의문점이 남아 있다. 유전적인 결함의 본질은 무엇인가? 보다 구체적으로, 유전적 소인은 신경해부학 및 신경화학에 어떤 영향을 미치는가? 유전적 영향은 고통받는 개인들 사이에서 광범위하게 다를 수 있다고 가정한다(Paris, 2014; Pliszka, 2003). 쌍둥이 연구와 입양 연구를 주의 깊게 검토하면 우리가 유전(생물학)과 양육(환경)이 일생에 걸쳐 상호작용하는 다양하고 복잡한 방식을 완전히 이해하지 못한다는 것을 알 수 있다. 조현병은 단일한 현상이 아니며, 질병이 진행되는 동안 증상이 심해졌다가 약해진다. 더 완전히 이해되고 또 이해되어야 할 더 많은 수수께끼가 있다. 우리는 미래의 연구가 뇌−행동 관계를 결정하는 가장 기초적인 부위인 염색체의 결함이나 손상을 암시할 것으로 생각한다. 염색체 손상은 신경해부학 및 신경화학의 구조와 기능에 영향을 미칠 수 있으며, 이는 정신병적 증상의 병인 및 지속과 관련될 수 있다.

　신경전달물질과 신경조절물질과 관련하여, 대부분의 초점은 도파민에 있다. 도파민을 사용하는 신경세포가 너무 자주 발화하여 조현병 증상의 일부를 일으킨다고 추정한다. 항정신성 약물이 뉴런 부위(도파민 수용체)에 결합하여 '도파민 길항제'로 작용한다는 증거가 증가하고 있다(Comer, 2003). 이것이 조현병에 걸리기 쉬운 성향의 사람들에게 그러한 뉴런의 부위가 많기 때문인지 아니면 그 부위가 더 활동적이기 때문인지(또는 둘 다의 이유에서인지) 명확하게 이해되지 않는다. 최근 약물에 대한 연구는 세로토닌도 관련될 수 있음을 시사하는 것으로 보인다(Adams & Sutker, 2001; Reichenberg, 2014). 조현병은 도파민과 세로토닌의 비정상적인 조합을 반영하여 양성, 음성 및 정신운동 증상의 다양한 조합을 유발할 수 있다. L-도파(이 퇴행성 질환을 치료하는 데 사용되는 약물)를 너무 많이 복용하는 파킨슨병 환자는 조현병과 유사한 합병증에 걸릴 수 있다(Comer, 2014; Morrison, 1997). 암페타민을 너무 많이 복용하는 약물 중독자들도 정신병으로 보일 수 있다. 이것은 도파민 부위가 전반적인 안녕감에 매우 중요하며 공격과 손상에 매우 취약함을 시사한다.

　의학 영상 기술이 점점 더 정교해짐에 따라 조현병이 종종 비정상적인 뇌 구조와 상관관계가 있다는 증거도 늘어나고 있다. 조현병이 있는 사람은 종종 측두엽과 전두엽이 더 작고 중요한 뇌 영역으로 흐르는 혈액이 비정상적인 경우가 많다. 다른 경우에는 확장된 심실이 관찰되었다. 이러한 모든 결과는 일상생활의 요구에 완전히 부합하는 능력이 감소했음을 시사한다(Butcher, Mineka, & Hooley, 2004; Jongsma, Peterson & Bruce, 2014).

　최종 생물학적 이론은 조현병이 태아기의 바이러스 감염과 관련이 있을 수 있다고 가정한다. 겨울철에 태어난 사람들이 조현병에 걸린 숫자가 불균형적으로 많고 남반구에서는 그 양상이 반대로 나타난다. 가장 중요한 뇌와 신경계(예: 전두엽)의 기능 중 일부는 특히 임신 마지막 달에 인플루엔자 바이러스와 같은 독소에 노출되면 손상되는 것으로 알려져 있다. 분명히 이것은 중요한 뇌-행동의 관계에 영향을 미칠 것이다(Comer, 2014 참조).

　바이러스 감염(또는 기타 소인)에 노출된 일부 사람들은 조현병이 생기고 다른 사람들은 그렇지 않은 이유는 명확하지 않다. 아마도 생물학적인 변수는 중요한 심리사회적 또는 사회문화적 요인에 대한 기반을 마련하는 다양한 정도의 취약성으로 가장 잘 이해될 수 있을 것이다. 다시 말해, 이것은 스트레스-취약성 모델의 중요성을 반영한다.

　조현병의 병인과 지속에 대한 심리학적 견해가 수 세기 동안 제시되어 왔다. 그러나 놀라운 점은 특히 이러한 가장 심각한 형태의 정신장애에 대한 집중적인 인지 신경과학에 대한 연구 이후, 일반인과 전문가 모두의 생각에 미치는 이전의 영향력이 줄어들고 있다는 것이다(Pliszka, 2003). 정신역동 이론가들은 조현병을 일차적 자기애(극도의 철수 및 유치한 행동) 상태로의 심각한 퇴행으로 보는 경향이 있다. 가족 또는 대인관계 관계망이 가혹하거나, 징벌적이거나, 유해(손상)했을 거라고 가정한다. 그러나 '조현병적 환경'이 정신병의 문제로 이어진다는 실증적인 증거는 거의 없다.

인지 및 행동 이론가들은 잘못된 사고의 과정이나 조건화 및 모델링의 효과에 초점을 맞추는 경향이 있다. 이러한 요인이 증상을 지속하는 요인일 수 있다는 점에는 거의 의심의 여지가 없지만, 병리와는 덜 직접적으로 관련되어 있을 것이다(Jones & Butman, 2011). 체계이론과 대인관계의 이론가들은 극단적인 분리의 양상이나 자기주장(수동성)에 초점을 맞추는 경향이 있다.

그러나 이러한 것들은 초기에 조현병을 불안하게 만드는 경향보다는 사람에게 어떤 영향을 미치는지에 대해 더 반영하는 것일 수 있다(McLemore, 2003). 인본주의 또는 실존주의 이론가들은 조현병을 고도의 조건적 사랑이나 극단적인 자기기만(진실성)의 직접적인 결과로 보는 경향이 있다. 어떤 사람들은 이것이 정신병에 대한 순진하거나 심지어 '낭만적인' 이해라고 주장할 것이다(Comer, 2014).

이 모든 접근법 중에서 인지 및 행동 전략만이 조현병의 가장 골치 아픈 증상을 다루기 위한 실질적인 희망을 제공하였고(Antony & Barlow, 2002; Jongsma, Peterson, & Bruce, 2014; 조현병에 대한 장 참조), 체계적 관점은 가족 지원을 필요로 하는 곳에 도움이 될 수 있다.

반면, 사회문화적 관점도 주목을 받고 있다. 사회문화적 요인은 특히 조현병의 증상을 유발하거나 지속하는 것과 관련이 있다. 다르다고 여겨지는 사람들은 대부분의 문화나 공동체에서 빠르게 고립되거나 소외되는 경향이 있다(Paloutzian, 1996). 분명히 이것은 특히 규정의 준수와 순응이 매우 중요한 환경에서 특히 엄청난 스트레스 요인이 될 수 있다(Hood et al., 1996). 우리 모두가 알고 있는 고통스러운 사실은, 동료들은 가혹하고 처벌적일 수 있으며, 사회적 관계망에서 더욱 그럴 수 있다는 것이다.

이유를 알지 못하는 채로 다른 사람들과 현저하게 다른 것이 어떨지 상상해 보라. 그리고 일탈을 용납하지 않는 다른 사람들이 어떻게 당신을 불친절하게 대하고 더 나아가 당신의 절망감, 무기력, 무력감에 기여할지 상상해 보라. 어떤 수준에서는 그것이 정신병이 있는 것처럼 느껴질 수 있다.

일단 다르다는 꼬리표가 붙은 사람들에게는 그것이 그들에게 자기충족적 예언이 되는 경향이 있다. '제정신'으로 보이고 행동하는 것이 더 어려워진다. 실제로, 문화 상대주의 가설은 한때 조현병에 대한 주요 이론이었다. 즉, 모든 공동체가 특정 숫자의 '미치거나' 또는 '정신이상'의 사람들이 필요하다는 것이다. 우리는 이것이 지역교회의 차원에서 무엇을 의미할 수 있는지 궁금할 뿐이다(Haas, 1966). 우리의 사회관계망은 우리 삶의 문제가 펼쳐지는 맥락이 될 수 있고, 역할과 기대에 대한 어떤 종류의 역기능도 엄청난 스트레스와 해를 끼칠 수 있다는 정도만 말하려 한다(McLemore, 2003).

다음은 인과관계에 관한 모리슨의 말이다.

> 태피스트리[2]에 많은 실이 풀리지 않은 상태로 남아 있기 때문에 조현병의 원인에 대한 그림을 완성하기엔 아직 멀었다. 비록 혼란스럽고 정신없는 가족생활이…… 의심할 여지없이 스트레스를 받고 증상 재발에 기여할 수 있지만, 우리는 한 세대 전만 해도 스트레스를 유발하여 정신병을 일으키는 가족(특히 어머니)을 비난했던 오래된 심리학 이론을 완전히 부정할 수 있다. 두 증거에 균형이 생겨나면서, 조현병이 실제로 신경학적 장애라고 주장하는 일부 연구자들도 생기고 있다(Morrison, 2002, pp. 268–269).

프랜시스와 퍼스트는 다음과 같이 지혜롭게 말한다.

> 대부분의 임상 상황에서 정신병과 정상의 경계는 간단하고 그리기가 쉽다. 그러나 때때로 각각의 정신병적 증상(망상, 환각, 와해된 언어)이 정상에 혼합될 수 있기 때문에 예상한 것만큼 명확하게 구별이 되지 않는다……. 우리 각자는 삶의 의미, 사후에 일어나는 일, 세상이 어떻게 시작되었는지, 다른 사람들이 어떻게 행동하기를 기대하는지, 우리가 자신을 어떻게 보는지에 대한 명시적 또는 암묵적 가정에 따라 활동한다. 의심할 여지없이, 우리가 가장 소중히 여기는 믿음의 대부분은 '거짓'이거나 최소한 논쟁의 여지가 있으며 매우 불완전한 지식과 잘못된 개념에 기반을 두고 있다. 한 사람의 종교적 신념이나 확고한 정치적 신념은 다른 사람의 망상일 수 있다. 거짓된 믿음은 그 사람이 현실에 대한 이해력을 잃을 정도로 강력하고, 무비판적이며, 외곬으로 믿는 경우에만 망상으로 간

---

2 역자 주: 다채로운 염색사를 사용하여 손으로 짠 직물을 말한다.

주된다. ……

　　철학자와 인식론자는 '현실'이 무엇인지, 진실이 무엇인지, 우리가 어떻게 그것들을 알
며, 우리가 그것들을 알 때 어떻게 알 수 있는지에 대해 수천 년 동안 숙고해 왔다. ……
우리는 여러분 자신의 신념체계를 다른 사람의 신념을 측정하는 절대적인 척도로 사용하
지 말라고 경고한다. 문화적이고 종교적인 관습은 현실감의 기반을 마련하는 데 엄청난
역할을 한다. ……시간이 흐르면서 그 사람을 따라다니며 상황이 어떻게 돌아가는지 확
인하지 않으면 종교적 신앙의 위기를 종교적 망상과 구별하는 것이 종종 불가능하다.

　　우리 모두가 믿고 있는 것이 매우 틀릴 수 있지만…… 여전히 망상으로 여겨지지는 않
는다. 현실과 접촉하기 위해서 진실을 포착해야 하는 것은 아니다. 이것은 너무 높은 기
준이어서 소수만이 달성할 수 있다. 그 대신 신념이 다른 사람들의 합의된 검증에 의해
유지되는지가 하는 문제이다. ……현실은 사회적 맥락에 따라 달라진다. ……어떤 사람
의 신념이나 경험을 문화적 차이에 의해 바로잡으려 할 때 그것들이 합당한지 아닌지 결
정할 때는 그 사람과 같거나 더 깊숙한 문화적 맥락에 있는 사람의 조언을 받는 것이 종
종 도움이 된다(Frances & First, 1998, pp. 319-320).

3. 치료의 주제

　　너무 자주 정신병 문제로 씨름하는 사람들에 대한 대우는 충격을 주는 이야깃거리
가 된다(Carter & Golant, 1998). 좋은 보험 정책과 고품질의 정신건강 서비스 및 제공자
에 대한 접근이 없다면, 고통받는 개인과 사랑하는 사람들이 필요로 하는 서비스를 받
을 가능성은 매우 낮다(Frances, 2013). 슬프게도, 조현병 환자가 실제로 어떤 서비스를
받을 것인지, 즉 향정신성 약물, 심리치료 서비스 또는 보조 치료를 받을 것인지 결정하
는 주요 요인은 좋은 보험을 갖고 있는지 아니면 좋은 공급기관의 네트워크에 가입되어
있는지의 여부이다(Comer, 2014). 미국에서 가난하고 정신병이 있는 사람은 정신병원
에서 집중적인 종합 치료를 받는 것보다 노숙자가 될 가능성이 더 크다(Miller & Jackson,
1995). 이것은 정의의 문제다. 우리의 체계는 인간의 재능에 대한 관리가 극도로 열악
하다. 조현병의 책임 있는 치료를 위해 그에 대한 옹호와 역량강화가 매우 중요하다
(Morrison, 2002).

1) 제도화

역사적으로 정신병을 가지고 있는 것으로 추정되는 사람들은 도움을 받을 수 없고 희망도 없는 것으로 간주되었다(Comer, 2014; Reichenberg, 2014). 사실 조현병은 치료하기 어렵지만 최근 수십 년 동안 발견된 항정신성 약물을 볼 때 개인에게 적합한 약물을 찾을 수만 있다면 가장 문제가 되는 많은 증상을 조절할 수 있다. 그러나 조현병은 향정신성 약물의 이용 가능성이 더 높음에도 불구하고 가족과 친구들에게 파괴적인 영향을 미칠 수 있다. 이것은 단지 그것이 고통받는 개인의 고통스러운 투쟁이 아니라 가족의 질병으로 간주되어야 함을 강력하게 시사한다(Norcross et al., 2003).[3]

1950~1960년대에 항정신성 약물의 '첫 번째 물결'이 일어나기 전에는 조현병 환자가 국립병원이나 기타 다른 기관에 배치될 가능성이 높았다. 일반적으로 그들은 '정신 이상'이기 때문에 치료가 불가능하다고 가정했다. 20세기 전반기에는 다른 모든 신체적 질환(예: 암, 심장질환)을 합친 것보다 '정신질환' 치료에 더 많은 병상이 사용되었다(Sutker & Adams, 1993). 일상생활의 스트레스 요인을 제거하고 안전한 환경을 제공할 수 있다고 가정하여 그들을 입원시켰다. 안타깝게도, 선의의 노력은 금방 물거품이 되었다. 이 기관들은 종종 초만원이 되었고, 인력이 부족하였으며, 실제로 양질의 의료서비스는 거의 제공되지 않았다. 당시에 대부분의 공공시설의 병동의 뒷편은 "절망이 가득한 인간 창고"(Comer, 2014)였고, 환자들은 그런 끔찍한 상황에서 거의 호전되지 않았다(Gotkin & Gotkin, 1992). 입원한 후에 흔히 나타나는 증상의 패턴은 '사회분해증후군'이라고 불렸다. 환자는 점점 더 무관심해지고, 화를 내며, 소외되고, 이상해지고, 위축되어, 종종 가족과 친구들로부터 버림받았다(Butcher, Mineka, & Hooley, 2004).

20세기 후반에는 희망의 징후가 보였다. 환경치료(병동에 긍정적인 사회적 분위기를 조성하기 위한 노력)와 토큰경제(필수 생활기술을 가르치기 위한 행동관리 프로그램)의 발전은 이러한 환경에서의 삶을 보다 인도적이고 견디기 쉽게 만드는 데 도움이 되었다. 직

---

3 사람이 10대 후반과 20대 초반(일반적인 증상의 시작)에 자신의 병이 악화되는 것을 직접 관찰하는 것이 어떨지 상상해 보라. 토리가 자신의 훌륭한 저서인 『조현병의 모든 것(Surviving Schizophrenia: A Manual for Families, Consumers and Providers)』(2001)에서 언급했듯이, 지속되는 슬픔과 사별의 과정과 다르지 않게 그 효과는 단순히 압도적일 수 있다. 토리가 정말로 '이해'하는 듯한 것은 놀라운 일이 아니다. 그는 조현병을 앓고 있는 형제를 둔 연구 정신과 의사로 높이 평가받고 있다.

원은 환자에 대해 더 일관되고, 예측 가능하고, 보강되었으며, 환자는 다른 사람들과 관계를 맺고 일상생활의 과제를 다시 배우는 데 더 많은 동기를 부여받았다(Jongsma, Peterson, & Bruce, 2014; Meyer & Deitsch, 1996). 최선의 경우에, 이러한 접근방식은 환자의 사회적 지원체계를 개선하고 더 큰 자기효능감을 개발하는 데 도움이 되었으며, 효과적인 대처의 예측 변수가 되는 더 큰 의미와 목적 의식에 대한 잠재력을 제공하였다(Hood et al., 1996; Paloutzian, 1996; Pargament, 1997, 2013).

2) 정신약리학

만성 정신질환자의 치료에 혁명을 일으킨 것은 1950년대에 항히스타민제 그룹인 페노티아진(phenothiazine)의 발견이었다. 최초의 항정신성 약물의 그룹 중에서 가장 잘 알려진 것은 1954년 미국에서 처음으로 판매 승인을 받은 토라진(Thorazine)일 것이다.

그 후 수십 년 동안 다른 종류의 약물이 정신을 활성화시키는 특성을 가지고 있는 것으로 밝혀졌다. 오늘날 이러한 약물은 일반적으로 전통적인 항정신성 약물 또는 신경이완제라고 불린다. 그들은 비록 가장 골치 아픈 정신병적 증상을 줄일 수 있지만, 바람직하지 않은 신경학적 부작용(예: 파킨슨병 '떨림')을 일으키는 경향이 있다. 이 약들 중 열두 가지가 넘는 약물이 오늘날 이용 가능하다.

최근 몇 년 동안 보통 비정형 항정신성 약물이라고 하는 세 번째 그룹이 도입되었다. 이들은 부작용이 적고 어느 정도 동일한 활성화의 이점이 있는 것으로 보인다. 현재 사용 가능한 약물로는 토라진(Thorazine), 멜라릴(Mellaril), 클로자릴(Clozaril), 세렌틸(Serentil), 세로켈(Seroquel), 모반(Moban), 트릴라폰(Trilafon), 록시테인(Loxitane), 스텔라진(Stelazine), 프롤릭신(Prolixin), 나반(Navane), 할돌(Haldol), 오랍(Orap), 리스페달(Risperdal), 지프렉사(Zyprexa), 지오돈(Geodon) 및 아빌리피(Abilify)가 있다.[4] 지난 10년 동안 부작용이 적고 긍정적인 이점이 있는 20개 이상의 추가 약물이 도입되었지만, 이는 종종 비용이 많이 들고 처방사와 환자, 그리고 종종 가족 간의 긴밀한 협력관계를 필요로 한다.

---

4 일반적으로 유용한 논의를 볼 수 있는 모리슨(Morrison, 2002)을 참조하고, 전문가의 뛰어난 설명이 있는 퍼셀, 네머로프, 종스마(Purselle, Nemeroff, & Jongsma, 2004)를 참조하라. 홀륭한 웹사이트인 PsyD-fx.com은 소비자와 공급자 모두를 위해 다운로드 가능한 최신 정보를 포함하고 있다.

어떤 약물을 사용할지에 대한 결정은 과학 못지않게 예술이다. 약물의 효과와 부작용은 사람마다 그리고 시간에 따라 상당히 다르다. 정신병에 어떤 위험도 없이 효과적인 혜택을 제공하는 완벽한 약은 없다. 책임 있는 임상가는 거의 항상 그 과정이 문제가 되는 증상을 조절하기에 충분한 약물이면서 부작용을 일으키기에는 충분하지 않은 적정성을 추구하는 과정이라고 주장한다. 적절한 약물과 복용량의 조합을 찾는 데 몇 주, 심지어 몇 달이 걸릴 수 있는데, 이는 고통받는 환자와 사랑하는 사람들에게 종종 길고 힘든 과정이다(Jongsma, Peterson, & Bruce, 2014). 어떤 정도의 심각한 상태이든, 가능한 한 빨리 적절한 도움을 받는 것이 중요하다. 그러나 부인과 회피가 많이 수반되는 조현병과 같은 상태에서 이것은 특히 어려운 도전이 될 수 있다(Torrey, 2001).[5]

최근 몇 년 동안 우리는 클로자릴, 레스페리달(Resperidal), 세로켈 및 지프렉사와 같은 새로운 항정신성 약물을 사용하여 단 며칠 또는 몇 주 만에 고통받는 환자의 놀라운 개선을 보았다. 페이버, 아이젠거트 및 콜로나(Faiver, Eisengart, & Colona, 2003)와 함께, 우리는 정신약리적인 개입 없이 정신병의 문제를 치료하려는 시도는 단순히 무책임하다고 생각한다. 조현병이 의심되면 의사(이상적으로는 정신과 의사)와 즉시 상의하여 정밀하고 세심한 의학적 진단을 받아야 한다. 약은 거의 항상 필요하며, 페노티아진이나 기존의 항정신성 약물보다 부작용이 훨씬 적은 최신 항정신성 약물이 세상을 변화시킬 수 있다. 이는 문자적으로나 상징적으로나 삶과 죽음의 문제일 것이다(Comer, 2014).

다양한 심리치료의 선택 사항에 대해 논의하기 전에, 처방받은 약물을 준수하지 않는 문제를 언급할 필요가 있다. 정신병을 앓고 있는 도시빈곤층에 대해서 친숙한 사람이라면 그들이 '필요를 느낄 때'만 약을 복용하는 경향이 있다는 것을 알고 있다. 분명히 이것은 정신건강에 치명적인 결과를 초래할 수 있다. 가장 골치 아픈 증상이 효과적으로 통제될 때만 '정상적인' 삶이 가능해질 것이다. 의료진에게 정확한 피드백을 하는 방법을 배우는 것은 정신질환자를 옹호하겠다는 헌신의 매우 가시적인 표현일 수 있다(Carter & Golant, 1998). 실제로, 지역사회의 정신건강 운동이 1960년대와 1970년대에 형성된 꿈을 더 완전하게 실현하지 못한 이유 중 하나는 처방된 약물을 준수하지 않았기 때문이라는 주장이 있다(Miller & Jackson, 1995). 돌이켜 보면, 국립병원의 장기 입원자들을 퇴원시켜서 지역사회로 내보내고 처방된 약물을 복용하지 않고 적절한 정신

---

5 추가 정보를 위해 schizophrenia.com 또는 mentalhealth.com을 추천한다(Norcross et al., 2003).

치료 서비스가 제공되지 않은 채로 방치한 것은 타당하지 않았다(Adams & Sutker, 2001; Jongsma, Peterson, & Bruce, 2014; Paris, 2014).

적절한 유형의 의사인지, 적절한 약물을 찾고 처방을 준수하는지 확인하는 것은 어렵다. 제공자와 지지자의 좋은 사회관계망이 없다면, 좋은 심리치료 및 지역사회 자원에 접근하는 것에 대해 이야기하는 것은 거의 의미가 없다. 어떻게 해야 하는지와 현재 어떠한지의 사이에는 너무 자주 큰 차이가 있다.

3) 심리치료의 선택사항

아마도 지금까지 제안된 모든 종류의 상담 및 심리치료가 조현병 환자들에게 사용되었을 것이다. 이용이 가능한 문헌들을 공정하게 읽어 보면 그들이 현실과 어느 정도 접촉하고 대인관계를 맺을 수 없다면 언어 심리치료가 전혀 의미가 없다는 것을 알 수 있다(Jones & Butman, 2011). 지난 20~30년 동안의 세심한 연구를 통해 어떤 접근방식이 잠재적으로 도움이 되고 어떤 접근이 도움이 되지 않는지 점점 더 분명해졌다(Antony & Barlow, 2002, 조현병에 관한 장 참조; Barlow, 1993, 조현병에 관한 장 참조; Comer, 2014; Jongsma, Peterson, & Bruce, 2014; Meyer & Deitsch, 1996; Morrison, 2002; Nathan & Gorman, 1998).

아마도 어떤 유형의 심리치료적 접근이 사용되었는가보다 더 중요한 것은 환자, 가족, 친구 그리고 함께 일하는 임상가의 대인관계 기술과 민감성일 것이다. 효과적인 변화를 이끄는 주체는 현장에서 충분히 검증된 사람들이 조현병 환자의 기괴한 신념과 괴상한 행동을 편안하게 대하는 것이다. 치료 시, 그들은 적극적인 역할을 하고 현실적인 목표를 설정하며 부드럽고 교정적인 피드백을 제공하는 법을 배운다. 이 치료법은 단순히 듣기만 하는 것 그 이상이다. 상호작용 및 자조 기술을 배우기 위해 모델링, 촉진, 조성, 강화를 사용하는 인지 및 행동 전략은 절대적으로 필수적이다(Torrey, 2001). 임상가는 중요한 변화가 상담실 밖에서 일반화되고 유지될 수 있도록 가족 및 친구들과 기꺼이 협력해야 한다. 효과적인 변화를 이끄는 주체는 심각한 정신질환의 현실에 대해 잘 알고 있을 뿐만 아니라 인내심 있고 희망을 주는 사람들이다(Dailey et al., 2014; Frances, 2013; Paris, 2014).

조현병에 대한 좋은 치료의 접근법은 필수적인 대처기술의 교육과 강력한 대인관계 형성을 결합하는 것이다. 즉, 지금-여기에 집중하고 명확하고 구체적인 현실에 대해 이야기하며, 망상이나 '정상이 아닌 말'을 강화하지 않는 것을 의미한다. 임상가는 특히 숙련된 관찰자여야 하며, 안전하고 예측가능하며 통제된 환경을 기꺼이 제공해야 한다.

최근에 특히 고무적인 일은 가족과 대인치료에서 수행된 작업이다(McLemore, 2003). 분명히 정신병의 문제로 힘들어하는 사람들은 사회적으로 철수하거나 '학습된 무력감'(자신을 적절하게 주장할 수 없음)의 입장을 취하는 경향이 강하다. 가족과 친구들이 조현병 환자와 관계를 맺도록 돕는 것과 또한 환자가 그렇게 하도록 돕는 것이 매우 중요하다(Torrey, 2001). 상담의 개입에는 강한 감정을 더 잘 조절하는 방법, 현실적인 기대를 만드는 방법(목표 설정) 또는 인간관계에서 발생하는 의견의 차이를 다루는 방법(갈등관리)을 가르치는 것이 포함된다. 최선의 경우, 가족 및 대인관계 전략은 문제해결 기술 이상을 가르친다. 그것은 꼭 필요한 교육, 지원 및 이해를 제공한다(Jongsma, Peterson, & Bruce, 2014; Morrison, 2002). 최근에 나온 증거들은 이러한 전략들이 재발과 재범의 가능성을 줄이는 데 도움이 된다는 점에서 또한 예방적이라는 것을 시사한다(Comer, 2014, pp. 349).

4) 지역사회 전략

중독처럼 사회적 영향이 큰 문제들과 같이, 정신병의 문제는 직계가족이나 친구를 넘어 더 넓은 사회적 환경의 수준에서 치료되어야 한다. 「지역사회 정신건강법(The Community Mental Health Act)」(1963)은 심각한 정신질환을 앓고 있는 수만 명의 사람을 탈시설화시키고 종종 강제적인 시설 환경보다는 지역사회에서 치료하기 위한 선의의 노력이었다. 이 제도의 야심찬 전략에는 협력 서비스, 필요시 단기 입원, 대중 인식의 향상을 위한 심리교육 프로그램, 교정조치보다는 예방에 중점두기(제4장 참조), 전환기에 있는 사람들을 위한 감독이 있는 거주지 및 작업장 마련하기 등이 있다(Carson, Butcher & Mineca, 2002). 이 운동은 이상적으로 고통받는 개인을 위한 사회적 지원관계망을 크게 개선하고, 더 큰 효능감을 개발하도록 도우며, 삶의 의미와 목적을 제공했을 것이다(Pargament, 1997).

그러나 그 운동은 실패했다(Comer, 2014). 적절한 자원과 인력이 제공되지 않았으며, 대부분의 조현병 환자는 전혀 서비스를 받지 못했다. 이것은 의심할 여지없이 기존 서비스의 빈약한 조정으로 인해 악화되었다. 오늘날의 고통스러운 현실은 '치료를 받은'

사람조차도 약물 이상의 것을 받는 경우가 거의 없다는 것이다. 그들의 가족은 매일 그들을 돌보는 것이 무엇을 의미하는지 감당하기 어려워하는 경향이 있다(Torrey, 2001). 가족 구성원이 더 이상 그들을 돌볼 수 없게 되면 요양원이나 교도소 또는 거리에서 생활하게 될 수 있다(Comer, 2014). 미국의 대부분의 주요 도심의 빈민가 지역에 위치한 최소 몇 개의 1인실이 있는 호텔은 심각한 정신질환을 가진 남성과 여성으로 가득 차게 되었다(Miller & Jackson, 1995; Reichenberg, 2014).

그러나 국가 차원의 경우가 항상 지역 차원의 경우에 해당되는 것은 아니다. 몇몇 단체는 특히 「지역사회 정신건강법」이 도입되었을 때 처음 구상되었던 종류의 치료를 제공하는 데 특히 능숙해 보인다. 이들 중 일부는 신앙에 기반을 두고 있고, 다른 곳은 그렇지 않다. 국립정신질환자연맹(National Alliance for the Mentally Ill: NAMI)과 같은 단체는 경각심을 불러일으킬 뿐만 아니라 필요한 행동을 촉진하기 위해 몇 가지 놀라운 일을 해냈다. 이러한 서비스들은 필요할 뿐만 아니라 점점 더 많은 수의 중증 정신질환자가 보다 정상적인 삶으로 돌아갈 수 있도록 돕는 데 있어 비용 면에서도 효율적이다(Carter & Golant, 1998). 이러한 가능성에 대해 더 알고자 하는 독자를 위해 프랜시스와 퍼스트(Frances & First, 1998), 노어크로스 외(Norcross et al., 2003), 토리(Torrey, 2001) 그리고 앞서 언급한 일부 인터넷 사이트를 추천한다.

정신병 문제의 치료는 증상이 가장 어려울 때 단순히 약물을 제공하거나 환자가 안정되어 갈 때 인지행동치료를 제공하는 것 이상이어야 한다. 장기 입원은 효과가 없는 경우가 많다(Comer, 2014). 진정으로 필요한 것은 퇴원 후에 관리를 더 잘하는 것이다. 고통받는 사람에게 좋은 우정을 제공하는 것만이 필요하다면 이 분야에서 신앙을 가진 사람들이 훨씬 더 많은 일을 할 수 있을 것이다(Haas, 1966). 제4장에서 제시되었듯이, "교회가 참된 교회라면 누가 상담이 필요할 것인가?"(Warren, 1972) 특히 정신병의 문제와 함께 에덴의 바깥에는 항상 분열과 타락이 있을 것이지만, 조현병을 가진 사람에게 사회적 지원의 필요성은 특히 기본적이다. 의료 및 정신건강 서비스에 대한 접근성과 기회가 개선된 이 나라의 최근의 변화가 몸과 마음의 괴로움과 고통을 매일 겪는 수많은 개인과 사랑하는 사람에게 가장 골치 아픈 정신병 증상의 강도, 지속 기간 및 빈도를 줄여 주기를 희망하고 기도한다(Jones & Butman, 2011).

4. 예방의 과제

조현병의 생물학적 근거에 대해 더 잘 이해하기 전까지는, 그것을 예방하기 위해 우리가 할 수 있는 일은 거의 없다. 앞서 언급했듯이, 정신병의 문제에 생물학적 특성(후천적 또는 유전적)이 관련되어 있다는 데에는 거의 논쟁의 여지가 없다. 아마도 우리의 생전에 조현병에 걸리기 쉬운 아동은 출생 전이나 출생 직후에 유전공학이나 신경전달물질의 부위의 변경과 같은 개입을 통해 도움을 받을 수 있을 것이다(Pliszka, 2003). 그동안 우리는 여러분이 특히 인지신경과학과 관련된 인간 게놈 프로젝트의 발견에 세심한 주의를 기울이기를 권장한다(Schwartzberg, 2000). 애초에 문제가 발생하지 않도록 조치를 취하는 1차 예방은 가까운 장래 동안에는 꿈으로 남아야 할 것이다.

우리는 2차 예방 또는 고위험군에 대한 조기개입의 노력과 대해서는 더욱 고무될 수 있다(Jongsma, Peterson, & Bruce, 2014; Maxmen & Ward, 1995). 우리가 신경해부학(구조) 또는 신경화학(생화학적 과정)을 바꾸기 위해 할 수 있는 일은 거의 없지만, 취약성이 있는 사람들을 위해 내적 및 외적 스트레스 요인을 줄이기 위한 많은 것을 할 수 있다. 생물학은 운명이 아니다. 예를 들어, 조현병이 있는 직계 가족이 있는 사람은 자신에게 효과가 있는 스트레스 관리의 기술을 찾고 이러한 전략을 정기적으로 사용해야 한다(Jongsma, Peterson, & Bruce, 2014). 대처와 적응에 대해 우리가 알고 있는 것을 감안하여, 한 사람이 지나치게 흥분했을 때 '비활성화'하거나 스스로를 진정시키는 효과적인 방법을 찾는 것은 절대적으로 필요해 보인다. 이것은 그의 가족 중에 알코올 중독의 역사가 있다는 것을 아는 사람의 필요성과 매우 비슷하다. 확실히 이것은 무엇을 할 수 있고 무엇을 해야 하는지에 대한 충분한 자기인식과 지식을 전제로 한다. 이것은 적절하고 필요한 자기관리의 한 형태이며, 신체와 마음과 정신을 훌륭하고 책임감 있게 관리하는 문제로 볼 수 있다(Torrey, 2001).

사회의 구조와 체계의 차원에서, 적어도 정신병 문제를 유발하거나 고통받는 사람을 고립시키고 금단의 악순환에 빠뜨릴 수 있는 환경적이고 상황적인 스트레스 요인에 세심한 주의를 기울이는 것이 중요하다. 사회적 지원의 부족과 제한된 대처자원은 분명히 조현병에 걸릴 위험을 가중시킬 수 있다. 정신병의 전조(형성) 단계에서는 건강과 안녕감에 대한 모든 장벽(모든 종류의 부당함)이 위험 요소가 될 수 있다. 자원이 풍부한 지역사회는 치료적인 잠재력이 더 많아서 소외되는 사람들이 더 적을 가능성이 크다

(Hood et al., 1996; Paloutzian, 1996; Pargament, 2013). 삶의 환경이 감당하기 어려울 때, 특히 고위험자에게는 항상 정신병이 발생할 수 있다(Scully et al., 1990). 우리는 지역사회와 교회를 취약계층을 위한 더 나은 공간으로 만드는 것이 무엇을 의미하는지에 대해 진지하게 고민하는 사람들의 노력에 박수를 보낸다(Carter & Golant, 1998; Frances, 2013; Hood et al., 1996; Smedes, 1998; Torrey, 2001).

아마도 우리가 가장 확장할 수 있는 영역은 3차 예방 또는 적절한 유형의 서비스에 대한 접근성을 높이는 반면, 고통받는 사람이 자신의 잠재력을 실현하도록 돕는 데 별로 헌신적이지 않은 사람이나 조직에 의존하는 것을 줄이는 전략일 것이다. 이것은 지역사회의 문지기(gatekeeper)를 가장 기본적인 수준에서 교육하는 것을 의미하는데, 그들은 보통 위기의 시기에 가장 먼저 접근하는 사람들이다. 신앙인에게 이것은 종종 지역교회의 목사나 핵심 평신도 지도자를 의미한다(Miller & Jackson, 1995). 스데반 사역 또는 임상목회교육(Clinical Pastoral Education; Hood et al., 1996)과 같은 프로그램을 통해 '준비된 성도들'은 우리에게 매우 큰 의미가 있다. 조현병이 보통 청소년기 또는 이른 성인기에 처음 발병한다는 점을 감안할 때, 고등학교 교사나 대학 교수가 심각한 정신질환의 명백하고 미묘한 징후를 모두 인식할 수 있도록 그들을 훈련시키는 것이 타당할 것이다. 더 나은 의료 서비스와 더 나은 접근성과 기회를 개선하기 위한 최근의 노력과 함께 우리는 특히 위험에 처한 인구에 대한 올바른 방향으로의 움직임을 보고 있다(Comer, 2014).

우리는 모든 지역사회와 교회가 조현병에 대한 정보에 접근할 수 있고 치료의 선택에 대한 지식을 갖게 되는 날을 꿈꾼다(Torrey, 2001). 관련 교회와 지역사회 지도자들의 협력(예: NAMI)을 통해 어떤 제공자와 단체가 도움이 되는지, 어떤 것이 도움이 되지 않는지 아는 데 도움이 될 것이다. 대부분의 건강관리와 마찬가지로, 지식은 다른 사람들의 역량을 강화시키는 데 사용될 수 있다. 정신병의 문제와 관련하여 많은 오해와 고정관념들이 산재해 있기 때문에 정확한 정보가 특히 중요하다. 이는 우리가 종종 이해하지 못하는 것에 대해 두려워하기 때문이다.

목회적 돌봄의 역사(제1장 참조)는 고난의 영혼들이 도움을 받을 수 있는 안전하고 지지적인 장소를 제공하려는 비전을 가진 믿음의 남녀가 늘 있었음을 보여 준다. 정신병의 문제와 관련하여, 이것은 제정신을 찾고 현실과 접촉하려고 노력하는 사람들을 환영할 수 있는 더 많은 대체치료 시설을 개발하는 것을 의미할 수 있다(Collins, 1980). 의료서비스나 복지서비스 분야에서 일하는 사람이라면 누구나 잘 알고 있듯이, 현재 그러한 장소를 찾는 것은 엄청난 도전이 될 수 있다. 적절한 유형의 사람에게 적절한 유형의 치료를 찾도록 돕는 것이 3차 예방의 핵심이 된다.

　마지막으로,「지역사회 정신보건법」의 실패에 비춰 볼 때 우리는 사회의 정의를 촉구하기 위해 목소리를 높일 필요가 있다. 고통받는 개인의 대다수는 거의 페노티아진 또는 신경이완제를 의미하는 최소한의 관심 이상을 받지 못하는데, 이는 비정형 항정신성 약물이 상당히 비싸기 때문이다. 우리의 도시 환경에서, 1명의 사회복지사가 빈곤한 환경에 살고 있는 수백 명까지는 아니더라도 많은 만성 정신질환자 대해 '책임'을 지는 것은 드문 일이 아니다. 심지어 사회가 진정으로 가치 있게 여기는 것에 대해서 많은 것을 말하면서, 잘 적응하지 못하는 심각한 장애를 가진 사람들은 거기에 포함시키지 않는다. 그러나 '지극히 작은 자'에게 자비를 베풀라고 하는 성경의 권고는 분명히 정신병의 문제로 고통을 겪고 있는 사람들에게 적용되어야 한다(Boisen, 1960).

5. 목회적 돌봄의 주제

　수 세기 동안 교회의 역사에서, 조현병이나 조현병 스펙트럼 장애와 관련된 기이한 행동 때문에 많은 사람이 그들을 악마의 영향으로 인해 고통받는 것이라고 진단했다. 목회적 돌봄의 작가들이 어떤 경우에 조현병을 언급하고 어떤 경우에 악마의 영향(또는 어떤 경우에는 둘 다)을 언급했는지 확실히 말할 수는 없지만 그 묘사 자체는 매력적이다. 다음의 경우, 작가는 어떤 한쪽의 강한 의견을 표명하지는 않지만 환각을 묘사하는 것으로 보인다.

> 마음이 흔들리기 시작하면 사람들은 이렇게 시작한다. 그들은 먼저 어떤 즐겁고 유쾌한 환상에 사로잡혀 있다가, 존재하지 않는 것에 대한 헛되고 애틋한 움직임을 보인다. 이런 일은 마음의 병으로 인해 일어난다. 그로 인해 그들은 있는 것을 보지 못하고, 보이지 않는 것을 보기를 갈망한다. 그러나 이러한 현상은 골수염을 앓고 있는 사람들에게도 일어나며 그들은 많은 환상을 보는 듯한데, 이는 그들의 영혼이 과도한 추위나 더위에 의해 찢어지고, 원래의 자리에서 벗어나 본래의 기능을 수행하지 못하기 때문이다. 목이 말라 괴로운 사람들도 잠이 들면 강이나 샘을 보고 마시는 일이 있지만, 이것은 신체가 건조하여 괴로움을 당함으로써 생기는 현상이다. 그러므로 이것은 영혼이나 육체 중 하나에 병이 생겨서 발생하는 것이 확실하다[클레멘트의 인식(Recognitions of Clement),

Oden, 1987, p. 261에서 인용].

또 다른 설명에서 안타나시우스(Anthanasius)는 악마의 영향이라고 진단한 것을 다음과 같이 묘사한다.

> 또 다른 신분의 사람이 악령이 들린 채 안토니오에게 왔다. 그리고 그 악마는 너무 끔찍해서 악령이 들린 사람은 자신이 안토니오에게 오고 있다는 것도 알지 못했다. 그는 심지어 자신의 배설물까지 먹었다. 그래서 그를 데려온 사람들은 안토니오에게 그를 위해 기도해 달라고 간청했다. 청년을 불쌍히 여긴 안토니오는 밤새도록 그와 함께 기도하며 깨어 있었다. 새벽이 되자 그 청년은 갑자기 안토니오를 공격해 밀어붙였다. 하지만 그와 함께 온 사람들이 화를 냈을 때 안토니오는 "그 청년에게 화를 내지 마십시오. 그것은 그 사람이 아니라 그 안에 있는 악마입니다. 악마가 꾸지람과 메마른 곳으로 가라는 명령을 듣고 화가 나서 이를 행한 것입니다. 그런즉 주께 감사하십시오. 그가 공격한 것은 악한 영이 떠나는 표징입니다."라고 말하였다. "안토니오가 이 말을 하고 나서 그 청년은 곧 온전해졌고 마침내 정신을 차리고 자기가 어디 있는지 알게 되어 안토니오에게 인사를 하고 하나님께 감사드렸다[안토니의 생애(Athanasius), Oden, 1987, pp. 262-263에서 인용].

오덴(Oden, 1987)이 관찰했듯이, 특히 흥미로운 점은 안토니오가 함께 온 사람들이 그 남자에게 화를 내지 않도록 그 남자의 행동이 아니라 그 행동의 원인에 초점을 맞추고 있다는 것이다.

오늘날 대부분의 사람은 조현병을 영적인 것이 아니라 정신적인 장애로 인식하지만, 영적인 차원을 인식하는 데 도움이 되는 언어도 있을 수 있다. 이에 대해서는 이 장의 끝부분에 있는 통합 부분에서 더 논의하고자 한다.

조현병은 매우 흔한 장애다. 전 세계적으로 약 100명 중 약 1명꼴로 영향을 미치며(Carter & Golant, 1998; Comer, 2014), 기록된 역사를 통해 모든 문화권에서 관찰되었을 것이라고 추측한다. 신앙을 기반으로 하는 공동체에서는 종종 악령이 들린 것으로 잘못 진단되었다. 이 책의 제1부에서 언급했듯이, 우리는 정신병리의 병인과 지속에 중요한 요소로서 '힘과 권위'의 존재를 의심하지 않는다. 하지만 우리는 종종 선의는 있지만 정보 없이 심각한 정신질환을 설명하려는 시도와 관련된 순진한 현실주의 또는 영적인 환원주의를 두려워한다. 이것은 조현병과 관련하여 특히 불행한 영향을 미치는 데, 왜냐하면 조현병에는 유전적이든 후천적이든 강력한 생물학적인 체질이 있다는 증거가 압도적으로 나타나기 때문이다(Adams & Sutker, 2001; Frances, 2013).

아마도 목회적 돌봄의 역사에서 가장 비극적인 장들 중의 일부는 악마가 들렸다고 여겨지는 사람에 대한 개인과 단체의 시도와 관련이 있을 것이다. 정신병리학의 최근 교재(Butcher, Mineka, & Hooley, 2004)는 대개 1484년에 처음 발표된 중세의 마녀사냥 매뉴얼인 『말레우스 말레피카룸(Malleus Maleficarum)』을 참조한다. 의심할 여지없이, '누가 악령에 사로잡혔는지'(또는 아닌지)를 결정하기 위한 지침은 직접적으로 수만 명의 무고한 사람의 죽음으로 이어졌고, 그중 상당수는 여성이었다. 그렇기에 현대의 학자, 임상가, 연구자가 오늘날 이 명칭을 사용하는 데 다소 조심스러운 것은 놀라운 일이 아니다. 우리는 신앙인으로서 역사적인 남용에 경악해야 하며, 오늘날의 감별진단에 대하여 비슷한 대화를 시작할 때 극도로 신중해야 한다(Peck, 1998).

확실히 성경에는 귀신 들린 사람의 이야기가 기록되어 있다(Collins, 1980). 우리는 고통받는 사람 중 일부가 오늘날 조현병이나 다른 형태의 정신병으로 인식될 수 있는 것으로 고통받았을지도 모른다고 제안한다. 분명히 논쟁의 초점은 실제로 어떻게 발생하고, 어떻게 발전했는지, 그들에게 어떻게 가장 잘 반응할 수 있는지와 관련이 있다(Roberts & Talbot, 1997, 정신병에 대한 장 참조). 제2장에서 언급했듯이, 우리는 항상 '환원주의(nothing-but-ism)'의 죄를 피하기 위해 신중할 필요가 있다.

고통받는 개인과 그들의 사랑하는 사람들에게 가해진 혼란을 고려할 때, 더 중요한 질문은 아마도 우리가 돕기 위해 무엇을 할 수 있는지다. 최근 많은 노력이 정신병 환자의 필요에 효과적으로 대응할 수 있도록 가족과 친구들을 준비시키는 데 맞춰져 있다(Jongsma, Peterson, & Bruce, 2014; Morrison, 2002; Norcross et al., 2003). 조현병 및 관련 스펙트럼 장애로 고통받는 사람들에게는 '정신나간 소리'의 변천사를 감당할 수 있고 지원을 제공할 수 있는 사람과 계속해서 접촉할 수 있도록 해야 한다. 이상적으로는 조현병을 앓고 있는 사람들이 우리의 신도들과 공동체에서 환영받는다는 느낌을 받을 수 있어야 한다. 구조와 지원, 감독이 적절히 조합되면 조현병 환자는 이 사회의 소중한 구성원임을 느낄 수 있다. 다른 많은 장애와 마찬가지로 그러한 사회적 지원은 필수적이다.

많은 저자(예: Comer, 2014; Haas, 1966; Hood et al., 1996; Pargament, 2013)가 언급한 바와 같이, 관심이 있는 사람들의 특별한 공동체에서는 일상생활의 요구에 대처할 수 없는 어려움에 처한 사람들을 돌보는 데 있어서 그들의 삶과 자원의 상당 부분을 헌신했다. 그들은 조현병으로 고통받는 사람들의 종종 이상한 행동에 대해 관대했고 아직 완전히 이해할 수 없는 행동에 쉽게 겁먹지 않았다. 팔로우치안(Paloutzian, 1996)이 언급한 바와 같이, 현실과의 접촉을 잃은 사람들에게 지지적인 공동체를 제공하려면 특별한 종류의 사람이 필요하다(Paloutzian, 1997, 2013). 그들은 고통받는 사람과 그들의 사랑하는 사람들을 위한 사회적인 지지망을 구축하는 데 있어 우리의 역할모델이 될 수 있다.

　의심할 여지없이 영적인 관점에서 심각한 정신병의 깊숙한 곳으로 내려가는 가장 강력한 서사는 여전히 안톤 보이슨(Anton Boisen)의 『내가 깊은 곳에서(Out of the depths)』(1960)이다. 20세기 초에 사역에 활발히 활동했던 보이슨은 심각한 정신쇠약을 겪었다. 결국, 그는 회복하여 주류 기독교 전통에서 가장 큰 신앙을 기반으로 한 목회적 돌봄의 운동으로 볼 수 있는 임상목회교육을 설립하였다(Hood et al., 1996). 보이슨은 건강을 되찾기 위한 느리고 힘든 순례의 여정이 무엇보다 그의 삶의 의미와 목적을 찾는 영적 투쟁의 과정이라는 것을 깊이 확신했다. 방어에서 벗어나 그는 신앙의 관점에서 진정으로 중요한 것이 무엇인지 스스로에게 물어볼 수밖에 없었다. 그가 개인적인 고통의 지옥에서 경험한 완전히 유기된 느낌은 정신질환에서 회복된 다른 사람들에게도 해당된다. 보이슨은 그러한 고통을 통해 얻는 심오한 영적 교훈의 가능성을 제기한다. 우리는 조현병을 낭만화하는 위험을 감수하고 싶지 않지만 '제정신'에 대한 우리의 개념이 도전받아야 할 수도 있다고 제안한다. 그리고 어쩌면 우리 자신은 우리가 보통 인정하는 것보다 조금 더 혼란스럽고 의심스럽고 두려움이 많을지도 모른다(Miller & Jackson, 1995). 삶의 부조리와 모순을 예리하게 인식하는 이들의 순수한 인간성은 우리 모두가 일상생활에서 더 큰 인간성과 겸손함을 필요로 한다는 것을 알게 해 준다.

　그러므로 조현병을 귀신 들림과 혼동해서는 안 된다. 궁극적인 심리적인 와해로서, 조현병은 우리 모두가 생물심리사회적 실체라는 것을 강력하게 상기시킨다. 광기가 끔찍하게 깊어지는 중에도 사회적 지원과 효능감, 의미 또는 목적의식에 대한 필요성은 여전히 중요하다. 수 세기 동안 이어져 온 지혜로 볼 때, 교회와 지역사회 내에서 매우 전문화된 종류의 보살핌이 필요하다는 것을 알 수 있다. 여기에 때로는 약물치료나 입원치료가 포함된다. 길게 보면 그것은 보통 이상하거나 기이한 행동을 편안하게 여길 수 있는 사람들, 가능한 경우에는 정상화의 과정을 돕고 그렇지 않을 때는 받아들이는 데 도울 수 있는 사람들의 특별한 관계망을 의미한다. 우리는 항상 이러한 종류의 고통이 삶에서 진정으로 중요한 것과 그렇지 않은 것이 무엇인지 대해 가르치는 것에 대해 수용적일 필요가 있다.

6. 통합의 주제

기독교 세계관과 생활양식의 관점에서 정신병의 문제에 대응하려는 우리의 시도에서 특정 주제들이 기초가 된다. 특히 조현병을 정신질환으로 분류하는 것, 무질서한 욕망의 문제 그리고 정신질환의 문제가 어떻게 죄와 타락한 인간 상태와 어떻게 관련되는지가 중요하다.

기독교의 정신건강 전문가가 직면하는 통합의 과제 중 하나는 정신병리의 가장 심각한 표현들 사이에서 공통된 인간성을 인정하는 데 있다. 우리는 정신병 문제로 고통받는 사람들을 '타인'으로 보는 시각에 맞서야 한다. 왜냐하면 이는 그들 안에 있는 하나님의 형상과 약하고 취약한 사람들을 돌보아야 하는 책임감을 감소시키기 때문이다.

기독교인은 인간 존재의 가치와 개별 인간의 가치에 대한 깊은 인식을 길러야 한다 (Jones & Butman, 2011, 제2장 참조). 심한 정신병 중에도 고통받는 사람의 가치와 존엄성은 결코 감소하지 않는다. 하나님의 형상은 손상될 수 있지만 결코 제거되지 않는다. 우리 자신의 인간성을 감안할 때, 우리는 착각에 빠졌거나 현실과의 접촉을 잃은 사람들에 대해 확실한 공감을 발견할 수 있다. 기독교 철학자이자 정신과 의사인 하우세피안 (Howsepian, 1997)은 우리 모두가 적어도 어느 정도는 혼란스러운 사고와 식욕(욕망)을 가지고 있다고 설득력 있게 주장한다. 그러므로 이 대화에는 다소 겸손의 여지가 있다.

사회는 점점 더 복잡해지고 다원화되어 가지만, 많은 종류의 일탈은 종종 용인되지 않는다. 우리 모두에게는 소중한 믿음과 확고한 신념이 있다. 이러한 신념은 조현병 환자에게 특히 문제가 될 수 있으며 심각한 고통을 유발할 수 있다. 여러 세대 동안 선지자와 성직자들은 삶의 모호함, 모순, 부조리를 용인하기 어렵다고 믿게 해 왔으며, 이는 특히 정신병을 가진 사람에게 더욱 그러해 보인다(Miller & Jackson, 1995). 권위와 전통을 너무 쉽게 존중하면 독단주의와 경직성을 초래할 수 있으며, 권력을 잡은 사람들에 대한 맹목적인 복종은 신중한 분별력과 진정한 지혜를 대체할 수 있다(Hood et al., 1996; Pargament, 2013). 우리는 종종 교회와 지역사회에서 말과 행동으로 보여 주도록 부름을 받은 품위 있는 '시민 교양'으로서의 소신을 표현하기 위해 고군분투한다(Jones & Butman, 2011).

하우세피안(Howsepian, 1997)은 사람에게는 모두 적어도 어느 정도의 망상이 있고 '정신병적'이라고 주장한다. 우리의 방어와 지지가 없다면 우리도 조현병으로 고통받을 것이다. 철저하게 포스트모던한 세상에서 기독교인이 되는 데 있어 현실과 계속 접촉하고 손을 놓지 않는 것은 분명 큰 도전 중 하나다.

우리 모두는 분별력 있고 지지적인 공동체가 필요하다. 이상적으로는 '사랑 안에서 진리를' 말하고자 하는 개인(모두가 같은 마음은 아닌)을 대표하는 집단이어야 한다. 조현병 환자는 믿음과 욕망에 심각한 장애가 있으며, 삶의 의미와 목적을 찾는 데 상당한 도움이 필요하다(Howsepian, 1997). 그들의 증상을 단순히 정신병의 '증거'로 규정하기보다는 그들의 믿음과 욕망이 현실의 본질에 대해 우리에게 무엇을 말하고 있는지 깊이 성찰하고 의미와 진리를 찾는 것이 좋을 것이다(Torrey, 2001). 그들의 인지적·정서적인 장애는 심각한 문제가 될 수 있지만, 예를 들어 우리 자신의 두려움과 취약성에 대한 고통스러운 인식을 우리에게 제공한다는 점에서 잠재적인 의미와 중요성이 없는 것은 아니다.

역사의 증인(예: 『말레우스 말레피카룸』)은 우리가 거의 항상 그 차이가 무엇을 의미하는지 이해하지 못한 채 차이를 판단하고 그 꼬리표를 붙이는 것이 너무 빠르다고 말한다. 일탈과 불순응에 대한 역사적인(그리고 현대의) 남용은 끔찍하다. 팔로우치안(1996)이 지적했듯이, 우리는 우리가 공유하는 인간성과 같은 방식보다 다른 방식을 내면화하는 것을 훨씬 더 쉽게 한다. 고통받는 사람들과 더 효과적으로 일하기 위해서는 관습에 얽매이지 않는 믿음과 행동을 더 잘 인내하고, 때로는 심지어 받아들여야 한다.

기독교 공동체는 조현병을 앓고 있는 사람에게 최대한의 존경심을 표하는 최전선에 있을 수 있다. 여기에서 우리는 라라 제퍼슨(Lara Jefferson)의 예리한 통찰력에 의지하고자 한다. 그녀는 '광기'로 인해 시설에 수용되었지만 그녀의 통찰력 있는 논평은 향정신성 약물이 널리 보급되기 이전에 정신병에 대해 가장 높이 평가받는 담화 중 하나를 구성한다.

> 의사는 지금 막 진료를 끝냈고 내 공포증의 꼬리표라고 생각되는 길고 다루기 힘든 기술적인 단어로 나를 논함으로써 내 지능과 교육의 정도에 아첨했다. 그가 말한 것에 대해 내가 아는 것은 그는 유대어로 나에게 욕을 한 것 같다는 것이다…….
>
> 아, 그는 좋은 의사다. 훌륭한 의사. 그의 모든 결론은 뛰어난 논리에 근거한다. 그가 나에게 말하는 것은 사실이며, 터무니없게도 사실이다. 그는 옳다. 사실, 그는 세상의 모든 미덕과 지혜의 화신이다. 그런 이유로 나는 그를 몹시 싫어한다. 그러나 이러한 사실을 알고 있다고 해서 그를 때리고 싶은 충동을 억제할 수는 없으며, 바로 그 충동이 그가 나

에게 말한 내용을 확인시켜 준다.

　나는 그에게 종을 달 수 있었으면 좋겠다. 그래야 그가 공포증을 사냥하면서 내 비뚤어진 뇌의 구석구석을 샅샅이 뒤지기 시작할 때 알아차릴 수 있을 것이다. 그가 그들을 찾으면 아무것도 할 수 없는데 사냥이 무슨 소용이 있겠는가? 공포증은 민감한 작은 생물이고 그것을 찾는 것은 마치 종기를 절개해서 조사하는 것과 같다. 그는 그것을 치료할 수 없다. 그는 그저 그들 사이를 배회하며 그들을 쓰러뜨릴 뿐이다. 그가 아주 좋은 표본을 발견했을 때 희귀한 종류의 딱정벌레를 포획하는 눈에 띄는 벌레 사냥꾼처럼 자신의 발견에 뛸 듯이 기뻐한다.

　아, 내가 그의 자만심의 일부를 제거할 수 있는 천재성이 있었으면 좋겠다. 그는 나를 이기적이라고 부르고, 그도 그것 때문에 몹시 괴로워한다. 나는 그가 다른 사람들에게서 증상을 그렇게 분명하게 볼 수 있는데 어떻게 그 자신의 증상을 관찰하지 못할 수 있는지 모르겠다(Kaplan, 1964, pp. 5, 14-15).

　다시 말하지만, 우리는 우리의 신학적인 인간론의 적용 수준에서 도전을 받는다. 우리는 언제나 정신병 문제와 씨름하고 있는 사람들이 하나님의 형상과 모양으로 창조되었음을 보고 있는가? 우리는 그들을 최대한 존중하는가? 아니면 우리가 너무 빨리 환원주의적인 경향에 굴복하여 그 사람들에게 거들먹거리며 거만한 태도로 대하는가? 우리는 정말로 조현병을 앓고 있는 사람들을 포함하여 상하고 상처 입은 사람들이 하나님의 창조의 본질과 '정의와 자비'를 행하려는 우리의 선의의 (지식이 없이) 시도에 대해 우리에게 아무것도 가르쳐 줄 것이 없다고 믿는가? 라라 제퍼슨이 만약 살아 있다면, 당신이 고통스러울 때 전문기술자와 상담하는 것보다 더 해로운 것은 없다고 말할 것이다. 평신도와 전문가를 포함한 우리 모두는 모든 일에서 하나님의 성품, 관심, 긍휼의 관점에서 하나님의 형상을 나타내야 한다(Jones & Butman, 2011, pp. 434-458 참조).

　이와 관련된 도전은 '현실'을 분별하는 데 있다. 앞서 우리는 현실을 분별하는 지속적인 도전, 즉 무엇이 진리이며, 언제 어떻게 그것을 알 수 있는가에 관해 프랜시스와 퍼스트(Frances & First, 1998)를 인용하였다. 정신병의 문제를 이해하는 데 있어 가장 큰 도전은 무엇이 진정으로 진실이고 무엇이 거짓인지를 결정하는 것이다. 해석적인 논쟁은 분명 사회적·문화적·종교적 맥락과 많은 관련이 있다.

　조현병 환자에 대한 우리의 연구는 '정상적인' 사람들조차도 오만해지고, 혼란스러워지며, 심지어 착각에 빠지기 쉽다는 것을 보여 주었다. 우리의 감각은 믿음과 실천의 모든 문제에서 확실히 무오하거나 권위 있는 것이 아니다. 우리는 인간의 자유와 선택 의지를 깊이 존중하지만 우리의 이성과 과학, 경험에는 상당한 한계가 있다. 그렇다면 진실을 가장 잘 판별할 수 있는 방법은 무엇인가?

'제정신이 아닌' 사람들에 대한 우리의 작업은 '온전한' 사람들에게 잠재적인 인식론적 의미를 가진다. 그것은 보이슨처럼 우리에게 무엇이 '불변'이고 무엇이 우리의 안녕감에 필수적이지 않은지 생각하게 할 수도 있다. 그것은 우리가 (라라 제퍼슨처럼) '정상적인' 삶의 모호함, 모순, 부조리를 더 많이 볼 수 있게 해 줄 것이다. 고통 속에 의미가 있을 수 있고, 자기만족을 추구하는 것이 지옥 같은 존재로 이어질 수 있음을 일깨워 줄 수 있다(Howsepian, 1997). 간단히 말해서, 정신병 문제에 대한 연구는 기본부터 다시 시작해야 한다.

그러나 철저하게 성경적이고 충실한 상태로 정통 기독교 신앙을 유지하는 것이 항상 쉬운 것은 아니다. 성경 전체에 걸쳐 이 연구는 개인만큼이나 집합적으로 보인다. 아마도 정신병은 우리 자신의 즉각적인 생각, 감정과 경험을 넘어서 합의된 타당성을 찾아야 할 필요성에 대해 가르쳐 줄 것이 있다. 고립된 사람은 현실이나 진실을 완전히 파악할 수 없다. 이것은 지역사회나 교회의 환경에서, 더 나아가 전 세계교회연합의 영성을 가진 사람들 사이에서 볼 수 있는 것보다 더 많은 인식론적 겸손을 요구한다(Pargament, 2013).

정신병이 있는 사람들은 이러한 것들이 그들이 이해할 수 없는 외부 현실에 대처하는 데 도움이 될 필요가 있다고 생각하며 큰 열정으로 자신의 망상을 고수한다(Howsepian, 1997; Paris, 2013). 그들은 그들이 만든 세계를 선호한다. 만약 우리가 진정으로 솔직하다면, 우리 자신 안에 있는 왜곡된 편견 중 일부를 인정할 수 있을 것이다. 우리는 누군가가 책임을 지기를 원하는가? 아니면 우리는 단지 우리 자신의 병리를 확인하려는 것뿐인가?

7. 죄와 정신병리

우리의 상함, 기만, 타락은 인간의 정신병리의 어떤 측면으로 분명히 표현되지만, 정신병의 문제에서는 그 정도가 다소 덜할 것이다. 아마도 DSM-5의 다른 어떤 장애군보다 조현병은 우리 존재의 신체적 측면이 확실히 잘못되었음을 알려 준다. 향정신성 약물에 대한 종종 고무적인 반응을 달리 어떻게 설명할 수 있겠는가? 고통받는 사람이 자신의 몸과 마음이 그렇게 명백하게 단절된 상태에서 선택과 책임에 대한 완전한 능력을 갖는다고 보기는 어렵다(Jones & Butman, 2011). 조현병은 몸과 마음의 질병이지 단순히 육체와 정신이 분리되어 있는 상태에 놓인 영혼의 표현이 아니다. 기독교인이 사람에 대한 보다 통합적인 관점을 수용하는 더 나은 사례가 있는지는 알 수 없다(Pliszka, 2003; Reichenberg, 2014).

조현병과 관련하여 우리는 눈에 보이는 증상보다 근본적인 인간의 조건에서 오는 죄의 영향이 훨씬 더 크다고 주장할 것이다(Howsepian, 1997). 스트레스-취약성 관점과 관련하여 유전적 소인이나 잘못된 신경화학적 과정은 궁극적으로 죄와 타락의 영향에 기인할 수 있는 반면, 구조적이고 조직적인 악은 기만, 악 또는 심지어 악마의 보다 명시적인 표현일 수 있다(Peck, 1983). 우리는 한 사람이 세상에 대한 경험에서 어떤 근본적인 소재가 영향을 주는지는 확실히 알 수는 없지만, 그 사람의 성장 과정에서 세상이 어떤 장애물을 가지고 올지에 주목할 필요가 있다.

인간의 타락과 불완전한 상태 안에서, 심지어 광기 가운데서도 의미가 있을 수 있다. 필자들은 안톤 보이슨의 자서전, 『내가 깊은 곳에서』(1960)를 읽고 깊은 감명을 받았다. 성경은 이 세상의 고난과 고통에서 완전히 해방된다는 약속이 아닌 오직 고난 가운데 임재하시는 하나님의 약속만이 있음을 상기시켜 준다. 보이슨은 자신의 고통과 고통의 '도가니', 성경에 언급된 '단련하는 자의 풀무불'에 대해 썼는데, 우리는 비슷한 상황에서 이것이 우리에게 무엇을 의미하는지 생각하면 몸서리를 치게 된다. 보이슨은 자신의 고통을 낭만적으로 표현하지 않는다. 그는 잔인할 정도로 솔직하고 정직하다. 그는 진정으로 중요하고 진정으로 믿는 것이 무엇인지 새롭게 결정해야 했다. 그러므로 기독교인은 고통을 통해 의미 있는 삶에 대한 비전을 키울 수 있다. 보이슨과 같은 모범자는 돈, 성, 권력(또는 기타 자기만족)보다 더 중요한 것을 추구하는 것이 가치가 있음을 말과 행동으로 보여 준다.

다음은 라라 제퍼슨이 20세기 중반에 정신병으로 입원했을 때 종이쪽지에 쓴 글이다.

> 나에게 무슨 일이 일어났다. 무엇인지 모르겠다. 예전의 자아는 모두 허물어지고 함께 무너져 내가 알지 못하는 생물체가 나타났다. 그녀는 나에게 낯선 사람이다. 그리고 내가 가지고 있던 자기중심성을 탈지유처럼 보이게 만드는 자기중심성을 가지고 있다. 그리고 그녀는 이단적인 생각을 한다. 그녀의 이름은 미친 자. 그녀는 광기의 딸이며, 의사에 따

르면, 그들은 나의 뇌의 기원을 알고 있다. 의사들이 자신이 안다고 생각하는 것을 다른 사람들이 믿기를 바라는 만큼 확신하는지, 아니면 자신을 믿고 싶어 하는지 나는 모르겠다. 적어도 그들의 지식이 어떻게 흘러가는지에 관해서, 이런 것들에 대해 나는 아무것도 모른다(Kaplan, 1964, p. 6에서 인용).

마침내 제퍼슨의 성찰에 대한 책 전체가 편집상의 변경이 거의 없이 출판되었다(Jefferson, 1948). 그녀의 예리한 통찰력이 현대 정신약리학 및 심리치료요법이 사용되기 전에 이미 알려졌다는 점은 특히 놀랍다. 이는 정신 이상 중에도 어느 정도 '제정신'이 있을 수 있음을 시사한다.

이것은 우리를 희망에 대한 성경적 개념으로 이끈다. 한 세대 전만 해도 조현병은 희망이 없고 치료가 불가능한 것으로 여겨졌다. 어떤 문화에서나 100명 중 1명은 결국 조현병이나 다른 형태의 정신병에 걸린다는 사실을 고려할 때, 이러한 인식은 우리를 쉽게 의기소침하게 만든다. 이러한 고통스러운 현실의 부인은 당연하다. 정신병의 문제가 단순히 존재하지 않는다고 단순히 가정할 수 있다면 삶은 더 쉬워질 것이다(Jones & Butman, 2011).

우리는 조현병의 병인과 지속에 대해 일치된 의견을 갖고 있지 않을 수 있지만, 무엇이 치료의 차이를 만드는지 알고 있는 것 같다. 새로운 세대의 항정신성 약물 개발에 엄청난 진전이 있었다. 약물이 적절하게 처방될 때, 이들은 하나님의 선물, 즉 일반계시(이성과 과학)의 영역에서 수행한 노력의 또 하나의 열매로 간주되어야 한다. 마찬가지로, 심리치료 및 지역사회에서 선택할 수 있는 사항에 관한 좋은 소식이 있다(Frances, 2013; Nathan & Gorman, 1998; Torrey, 2001). 일단 환자가 향정신성 약물로 인해 안정되고 심리사회적 개입을 받을 수 있게 되면 사회적 지원체계, 효능감, 의미와 목적의식을 높이기 위해 많은 조치가 이루어질 수 있다(Pargament, 1997, 2013). 스메데스(Smedes, 1998)가 주장했듯이, 우리는 통제할 수 없는 세상에서 희망을 유지해야 하는 이유가 있다.

8. 추가적인 고려 사항

불행히도, 안전한 공간은 찾기가 어렵다. 이 문제는 가정에서 알츠하이머병에 걸린 부모를 돌보려고 하는 것과 유사하다. 가깝거나 먼 곳에서 구원이나 회복의 가망 없이 사랑하는 사람의 한 부분이 매일 죽어 가는 것을 지켜보고 있다고 느낄 수도 있다. 조현병은 분명히 가족의 질환이며 모든 구성원이 유의미하고 심오한 방식으로 영향을 받는다. 분명히 직계가족은 그 부담과 책임에 대한 도움이 필요하다. 교회와 지역사회는 기독교인의 관용과 관심의 표현으로서 분명 실질적이고 가시적인 방법으로 도움을 줄 수 있을 것이다.

가족이 사랑하는 사람을 진지하게 받아 줄 좋은 정신건강의 제공자를 찾을 수 있다고 해도 그 싸움은 아직 끝나지 않는다. 조현병을 다루는 것은 몇 년, 심지어 수십 년 동안 지속될 수 있는 장기적인 과정이다. 약물치료와 심리치료 서비스는 매우 중요한 도움을 제공한다. 그러나 그들이 안정화되는 것을 넘어서, 사회로의 통합으로 그들을 돕기 위한 대체적인 배치가 필요할지도 모른다. 그들에게 적절한 지원, 구조와 감독이 있다면 더 넓은 사회와 직업 세계에 통합될 가능성이 훨씬 높다. 그러나 이러한 자원을 찾는 것은 가족과 친구에게 시간이 많이 걸리는 일이 될 수 있다(Torrey, 2001).

9. 결론

조현병은 궁극적으로 심리적인 와해다. 그것은 특히 원시 형태의 인간성을 나타낸다. 처음에는 정신과적이고 의학적인 응급 상황으로 다루어져야 한다. 전반적인 기능에 대한 철저하고 신중한 평가가 제시된다. 아마 항정신성 약물치료와 인지행동 및 대인관계 전략을 포함한 전문적인 개입이 요구될 것이다. 그 외에도 특정 신념이나 행동을 받아들이거나 정상화하고 다른 것들을 억제하는 데 도움이 될 수 있는 환경을 찾는데 할 일이 훨씬 더 많다. 가족의 이해와 여러 지지적인 모임 외에도 종단적 또는 발달적 관점에서 가장 필요한 것은 안전하고 치유적이며 목적이 있는 공동체다. 이러한 공동체는 현실적인 기대치를 설정하고 적응적인 대처행동을 모델링하고, 조성하고, 강화하는 데 도움이 될 수 있다. 우리 신앙인은 상하고 상처받은 사람들을 위해 절실하게 요구되는 이러한 치유를 촉진하는 데 적극적이고 능동적으로 참여할 필요가 있다.

제**14**장

중독의 문제

> 나는 내 의지의 쇠사슬에 묶여 있었다. 적이 내 의지를 굳게 붙들고, 그것을 사슬로 만
> 들어 나를 단단히 묶었다. 비뚤어진 의지에서 욕정이 나왔고, 욕정에 전념은 습관이 되었
> 고, 습관은 저항하지 못하고 필요한 것이 되어 버렸다(Augustine, 1955, 8, 5, 164).

　알코올사용장애, 물질남용장애, 다른 중독행동과 같은 중독 문제들은 미국에서 위기 시점에 도달했다. 경제적 관점에서, 미국 국립약물남용연구소(National Institute on Drug Abuse: NIDA)는 매년 약 5조 5천 9백억 달러가 약물 생산과 불법약물, 술, 담배로 인한 실업과 의료비의 증가로 손실이 나고 있다고 추정한다. 심리사회적 관점에서, 경제적 손실은 파괴적 행동양식으로 인해 가정과 지역사회 전체가 떠안게 되는 부담, 중독을 해결할 수 있는 사용 가능한 자원의 부족에 의해 가려질 수 있다.

　물질사용장애에 관한 통계치는 충격적이다. 4명당 1명이 담배 의존 증상을 보이는 (Breslau et al., 2005) 니코틴 다음으로 알코올은 미국에서 가장 많이 남용되는 물질이다. 미국정신의학협회(The American Psychiatric Association)에 따르면, 미국에서 알코올사용장애 1년 유병률은 청소년은 4.6%, 성인은 8.5%다(APA, 2013). 평생 발병률은 알코올 남용은 17%, 알코올 의존은 12%에 가깝다(Hasin et al., 2007). 지난 10년 동안 칸나

비스(cannabis) 사용은 계속 증가하였는데, 2007년 5.8%에서 2012년 당시 사용하는 사람들은 7.3%로 증가하였다(NIDA, 2015). 칸나비스 남용과 의존의 평생 유병률은 각각 7.2%, 1.3%이다(Stinson et al., 2006). 지난 달 코카인(cocaine)과 크랙(crack)을 사용한 사람은 2백만 명 가까이 된다. 이러한 통계수치에 HIV 바이러스 확산과 관련된 비용은 반영되어 있지 않았는데, 그 통계수치가 걱정스러운 점은 HIV 바이러스가 물질남용과 연관되어 있다는 점이다(CDC, 2015).

고대 근동사람들은 확실히 물질이 남용될 수 있으며, 물질을 남용하면 죽음에 이를 수 있다는 것을 알고 있었다. 체이들루어(Cheydleur, 1999)는 우리에게 노아가 술에 취했었던 것과(창세기 9장) 다수의 고대 문화들에 알코올 남용과 사용에 대한 기록이 남아 있음을 상기시켜 준다. 성서에서는 신자들은 알코올을 남용해서는 안 된다고 분명히 이야기하고 있다(잠언 23: 29-35).

신학과 목회의 더 넓은 관점에서 볼 때, 사람들은 '지배적인 영향력에 굴복되는' 존재가 아닌 하나님과 관계를 맺기 위한 목적으로 창조된 존재이기 때문에 물질 남용과 의존 혹은 중독은 문제로 간주된다(Vere, 1995, p. 298; 고린도전서 6: 12). 이런 구절들에 따르면, 우리의 마음과 몸은 우리 자신의 것이 아니다. 우리는 하나님께 받은 마음과 몸을 지키는 청지기이며, 우리가 물질을 남용하는 것은 우리 몸에 대한 하나님의 소유권을 부정하는 것이다(Vere, 1995, p. 298; 고린도전서 6: 19-20).

또한 물질남용에서 원하는 것을 얻는 순간은 매우 짧으며, 결국 물질남용은 사람을 현실에 직면하지 못하는 환각 상태에 이르게 할 수 있다. 물질장애 속에는 다른 것, 완벽한 것에 대한 갈망이 들어 있다. 플랜팅가(Plantinga, 1995, p. 131)가 관찰한 것처럼, "그들은 인간이기 때문에, 중독은 완전한 것, 충만한 것, 신자들이 하나님이라고 부르는 최선에 대한 갈망이 있다."

아우구스티누스(Augustine)는 이러한 완전에 대한 추구를 더 나은 길을 선택하기 위해 습관적으로 자유를 포기하는 것으로 묘사한다. 그는 바울이 이러한 갈등을 했던 것처럼, 영혼과 육체 사이에 있으며, 습관과 궁극적인 노예의 성격이 있는 것으로서 개념화하였다. 플랜팅가는 다음과 같이 요약한다.

모든 비극에서 그러한 것처럼, 적은 외부뿐 아니라 내부에도 존재한다. 우리는 우리가 잘못된 것을 하고 있고, 그것을 하지 않기를 원하지만 여전히 그것을 하고 있다는 것을 알고 있다. 잘못된 것을 계속하는 이유는 우리 존재의 어떤 다른 차원에서 우리는 그것을 원하기 때문이다. 그 수준에서 원하는 것에 굴복하면 우리는 우리를 결박하는 구속을 만들어 내고 이것에 억울해 하게 된다. 각각의 잘못된 선택이 우리를 묶는 사슬에 우리를 연결시키는 것이다(Plantinga, 1995, p. 146).

다음에서는 현대 심리학의 몇 가지 주제를 볼 것이다. 필자들은 목회적이고 통합적인 주제들로 돌아가 볼 것인데, 죄와 중독 간의 관계는 기독교 정신건강 전문가들에게 깨달음을 줄 수 있을 것이다.

1. 현대적 분류

DSM-5는 중독 문제를 '물질 관련 장애와 중독 장애'로 보고 있으며, 이 문제들을 물질사용장애와 물질유도장애로 분류한다. DSM 진단체계의 다른 장애들은 중독행동을 개인이 경험하는 증상 범주의 일부분으로 포함하고 있다(예: 섭식장애). 그러나 이런 분류에서 초점이 되는 것은 중독 자체가 내담자의 상태와 치료에서 가장 주목받는 문제라는 점이다. 물질사용장애는 "심각한 물질 관련 문제"가 있음에도 불구하고 특정 물질을 계속 사용하는 개인에게 나타나는 "인지, 행동, 생리적 증상의 군집"(APA, 2013, p. 438)이다. 이 장애는 "중독 치료 이후에도 계속 뇌 회로의 주요한 변화"를 일으킬 수 있고, 중독문제가 재발되고 물질을 다시 갈망하는 행동으로 나타날 수 있다(p. 483). 물질유도 상태에는 물질사용으로 인해 나타나는 중독, 금단, 기타 경험(정신장애, 우울장애, 불안장애 혹은 성적 기능장애)이 있다.

중독 혹은 때때로 중독 행동으로 생각되는 것들에는 넓은 범주에서 성, 도박, 섭식 등과 같은 습관적인 혹은 충동적인 행동이 모두 포함된다. DSM-5에는 도박장애가 포함되어 있고, 도박장애에는 뇌의 보상 체계가 활성화되는 유사한 과정이 있는 것으로 나타나 있다(Clark, 2014; el-Guebaly, Mudry, Zohar, Travares, & Potenza, 2011). 많은 사람은 흔하게 나타나는 다른 종류의 중독, 예를 들어 충동적 쇼핑, 성중독과 같은 행동도 치료에 포함시켜야 하는지에 대해 논쟁해 왔는데, 이러한 중독도 뇌의 쾌락 중추에서 다른 중독과 비슷한 변화들이 나타난다(Clark, 2014; Hall, 2011; Samenow, 2010; Struthers, 2009).

중독 문제는 다수의 공통적인 특징을 공유하고 있다. 중독 문제 모두 장기간의 부정적인 사회적 · 의학적 결과를 치러야 함에도 불구하고 단기간에 만족감을 준다는 특징을 갖고 있다. 물질 의존문제를 해결하고자 하는 사람들은 처음에 의도했던 것보다 물질을 더 많이 사용하거나 더 오래 사용하게 된다. 그들은 물질에 대한 강한 갈망을 갖고 있고, 물질사용을 줄이려는 노력이 종종 수포로 돌아간다는 것을 알고 있다. 약물사용의 경우에, 각 물질은 흥분 효과를 일으키는 중독과 관련되어 있으며(뇌의 자극적인 신경전달물질에 의한), 몇몇 중독성이 있는 (알코올과 같은) 약물은 (불안감소에 의한) 억제 효과도 일으킨다(Johnson & McCown, 1993). 또한 이러한 약물 모두 전통적인 치료방법으로 치료가 잘 되지 않으며, 매우 높은 재발 경향을 보여 준다. 일부 약물의 잘못된 사용은 또한 더 복잡한 치료를 요하는 생물학적 · 화학적 수준에서의 의존 형태를 낳게 된다.

DSM-5에 명시된 10개의 약물은 첫째, 알코올, 둘째, 카페인, 셋째, 카나비스, 넷째, 환각제, 다섯째, 흡입제, 여섯째, 아편제, 일곱째, 진정제, 여덟째, 최면제와 항불안제, 아홉째, 타바코, 열째, 다른 혹은 알려지지 않은 물질들이다.

1) 알코올

알코올은 중추신경계의 활동을 감소시킴으로써 각성을 떨어뜨리는 억제제다. 알코올은 운동협응과 판단을 손상시키는 경향이 있다. 알코올사용장애의 장기 예후로는 간 질환, 심혈관 질환과 같은 의학적 결과뿐 아니라 떨림, 환각과 섬망이 나타날 수 있다. 미국 성인의 약 88%는 그들의 일생에서 언젠가 술을 마신 적이 있다고 보고하였으며, 56%는 지난달 술을 마셨다고 보고하였다(National Institute on Alcohol Abuse and Alcoholism, 2015). 하신 외(Hasin et al., 2007)에 따르면, 알코올 남용의 평생 유병률은 미국 인구의 약 17%를 차지하며, 알코올 의존은 12%로 추정된다.

2) 카페인

카페인은 자주 사용되는 물질 중의 하나다. 지속적인 카페인 사용은 내성, 의존을 낳을 수 있고, 카페인을 끊었을 때에 흔히 두통이 나타난다. 미국인의 85%가 연간 카페인을 사용하고, 카페인을 사용하는 사람들 가운데 약 85%는 최소 1주일에 한 번 카페인과 함께 음료를, 하루에 약 200mg 정도 소비한다(APA, 2013). 카페인을 사용하는 사람들은 보통 청소년 중기에 처음으로 카페인을 사용하기 시작하고, 청년기 때 카페인 섭취량이 증가한다.

3) 카나비스

카나비스는 자주 사용되는 물질이며, 기억 손상, 동기 저하, 감각 지각에 이상을 일으킨다. 스틴슨 외(Stinson et al., 2006)는 연구의 7.2%의 응답자가 카나비스를 남용하고, 1.3%의 응답자가 카나비스에 의존적이라고 보고한다. 비록 카나비스를 남용하는 사람이 이 물질에 대한 갈망을 보인다는 증거는 없지만, 가벼운 카나비스 금단 증상, 카나비스 내성에 대한 여러 증거가 있다(Yarhouse, Butman, & McRay, 2005).

4) 환각제

환각제는 환각과 망상을 일으키고 전반적인 감각지각에 변화를 가져온다. 예를 들어, LSD는 환각, 심박수의 증가, 발한, 흐릿한 시야를 포함하여 카나비스가 일으키는 지각손상과 유사한 손상을 낳는다. LSD는 내성과 금단을 일으킨다. DSM-5(APA, 2013)에 따르면, 사용 장애를 보이는 사람은 2012년 동안 청소년 중 0.5%, 18세 이상 성인 중 0.1%가량으로 추정된다.

5) 흡입제

흡입제는 '쾌감'에 이르기 위해 흡입할 수 있는 집 혹은 직장에서 종종 흔히 발견되는 물질이다(National Institute on Drug Abuse, 2016). 흔한 물질로 휘발성 물질(예: 페인트 희석제), 에어로졸(예: 헤어스프레이), 가스(예: 부탄 가스)와 아질산염(예: 아밀, 부틸과 시클로헥실 아질산염)(National Institute on Drug Abuse, 2016)이 있다. 2012년 동안 흡입제 사용 장애 기준에 부합되는 청소년은 약 0.4%로 추정되었으며, 이 비율은 성인이 되면서 감소한다(APA, 2013).

6) 아편제

아편제에는 하이드로코돈(바이코딘), 옥시코돈(옥시콘틴, 퍼코셋), 모르핀(헤로인은 모르핀에서 만들어진다)과 코데인과 같은 약물이 포함된다. 아편제는 신체의 엔케팔린과 엔돌핀을 활성화시켜 행복감을 느끼게 한다. 아편제는 결합될 수 있고[예: 코카인과 헤로인의 결합으로 흥분제와 진정제가 혼합된 마약(speedball)이 만들어짐], 아편제를 남용하는 사람들은 종종 과다복용으로 조기사망에 이를 수 있다. 2012년 아편제 사용장애 유병률은 지역사회 거주하는 18세 이상 성인의 0.37%로 추정된다(APA, 2013). APA는 이 장애 기준에 부합하는 사람 중 수감된 사람의 수를 고려한다면, 이 추정치는 실제보다 더 낮게 추정되었을 것이라고 주장한다.

7) 진정제, 최면제와 항불안제

진정제, 최면제와 항불안제(예: 바르비투르산계, 벤조디아제핀)는 사용자를 진정시키고, 근육을 이완시키며, 억제를 감소시키는 효과를 갖고 있다. 알코올과 함께 사용될 때, 이러한 약물은 상승효과를 가져온다. DSM-5(APA, 2013)에 따르면, 2012년 진정제, 최면제 혹은 항불안제 사용장애 유병률은 청소년의 0.3%, 18세 이상 성인의 0.2%로 추정된다.

8) 담배

담배사용은 내성과 의존을 일으킬 수 있고, 담배사용장애는 여러 우려되는 질병 중 우울과 불안장애뿐 아니라 심혈관계 질병, 암과 만성 폐쇄성 폐질환과 연관되어 있다. 금단 증상에는 우울, 불면증과 집중에의 어려움이 포함된다. DSM-5(APA, 2013)에 따르면, 니코틴 의존의 유병률은 2012년 한 해 성인의 13%인 것으로 추정된다.

9) 자극제

여기서 논의된 자극제(예: 카페인, 니코틴)와 논의되지 않은 자극제(예: 코카인, 암페타민)를 포함하여, 많은 종류의 자극제가 있다. 자극제는 중추신경계의 활동을 증가시킴으로서 흥분효과를 가져온다. 예를 들어, 코카인 사용은 도파민 재흡수를 차단하여 행복감을 느끼게 하고 각성을 증가시킨다. 코카인은 중독성 있는 물질이며, 내성과 금단에 의해 사람들이 점점 물질에 의존하게 된다. DSM-5는 2012년에 코카인 사용장애의 유병률이 청소년은 0.2%, 성인은 0.3%인 것으로 추정한다(APA, 2013).

암페타민의 남용은 중추신경계를 자극하며, 행복감, 불안과 판단력 손상을 일으키고, 피로와 어떤 경우에는 우울 특성을 지닌 '사고'가 발생한다. 암페타민 사용장애의 증상에는 심박 수 증가, 발한, 체중 감소 그리고 메스꺼움 혹은 구토가 포함된다. DSM-5에 따르면, 암페타민 사용장애의 유병률은 청소년이 0.2%이고, 18세 이상 성인도 0.2% 비율을 보인다(APA, 2013).

우리는 DSM-5에서 도박장애도 중독에 포함되어 있다고 언급하였으나 성중독처럼 흔한 임상적 표현과 같은 다른 행동 중독은 포함되어 있지 않다고 언급하였다. 도박장애는 임상적으로 중요한 손상이나 고통을 가져오는 "지속적이고 반복되는 문제성 도박행동"(APA, 2013, p. 585)을 의미한다. 2012년 동안 유병률은 인구의 0.2~0.3% 정도로 추정되며, 평생 유병률은 약 0.4~1.0%에 이른다(APA, 2013).

2. 병인 및 지속의 주제

특정 물질이 개인에게 중독을 일으킬지 아닐지에는 몇 가지 요인이 작용한다. 그 요인에는 이전 약물사용 경험, 유전적 취약성, 인지적 요인과 귀인, 환경적 스트레스와 성격, 물질에의 노출 그리고 강화계획이 포함된다. 다른 범주의 물질에 따른 여러 발생경로에 집중하기보다 여기에서는 생물학적·심리사회적·사회문화적·영적 주제에 따라 내용을 정리하고자 한다.

1) 생물학적 요인

모든 사람이 똑같이 물질에 의존적으로 되는 것은 아니다. 많은 사람은 알코올사용장애로 발전되지 않고 알코올을 소비한다. 어떤 사람들은 약물에 의존하지 않고 약물을 사용하기도 한다. 연구자들은 특정 사람을 중독에 취약하게 만들 수 있는 개인차를 설명하기 위해 유전적 특징을 살펴보았다.

DSM-5는 알코올사용장애의 분산 혹은 위험의 40~60%는 유전적 영향 때문이라고 밝히며, 알코올사용은 유전에 원인이 있다고 보고한다(APA, 2013). 장애를 가진 사람들의 일란성 쌍둥이와 이란성 쌍둥이에게서 사용장애 비율이 더 높게 나타난다(APA, 2013; Habersick et al., 2007). 나단, 스킨스타드 및 돌란(Nathan, Skinstad, & Dolan, 2001)은 생물학적인 요인이 알코올 중독 혹은 남용에 기여한다는 증거를 언급한다. 거기에는 알코올 중독자의 자녀와 알코올 중독자가 아닌 부모의 자녀를 비교하고, 알코올 중독자에게 입양된 아이들과 그렇지 않은 아이들을 대상으로한 초기 연구들이 있다(Cloninger, 1987; Goodwin et al., 1974). 이러한 연구들에 따르면, 나중에 알코올 남용이 되는 데 있어서 가정환경보다 유전이 더 크게 작용했다. 그러나 생물학적인 가설은 여러 의문을 낳고 있으며, 알코올 중독에의 유전과 생물학적 요인의 영향력은 아직 결정되지 않았다.

중독의 생물학적 원인에 대한 추가 증거는 뇌의 특정 부위에서 신경전달물질인 도파민이 증가할 때 사람들이 쾌락을 느낀다는 것이다. 이 증거는 기능성 자기공명영상(fMRI)을 통한 간접적인 도파민 전달 측정과 양전자 방출 단층촬영(PET)(예: PET '감소된 줄무늬체 도파민 D_2 수용체 결합'; Clark, 2014, p. 49)에서도 입증되었다. 코카인, 암페타민, 니코틴, 카페인, THC(대마초 속 환각 성분), 알코올과 신경안정제와 같은 중독 물질들은 지속적인 물질사용을 강하게 강화시키는 도파민의 방출과 관련된 즐거운 느낌을 일으킨다. 도파민, 뇌의 보상체계, 병적 도박 간에 비슷한 관계가 있다는 증거가 있다(Clark, 2014). 알코올, 신경안정제와 같은 물질은 즐거운 느낌을 낳는 것뿐 아니라, 걱정에 대한 불편함을 감소시켜서 정적 강화(즐거움 증가)와 부적 강화(걱정 감소)로 작용한다.

비록 알코올 중독 취약성에 대한 생물학적 원인을 입증하는 근거는 있지만, 갈란트(Gallant, 1987)는 "알코올 중독자의 자녀 중 다수는 알코올 중독으로 발전되지 않으며, 상당수의 알코올 중독자는 알코올 중독에 대한 가계력을 갖고 있지 않다."(p. 44)는 것에 주목한다. 알코올 중독과 다른 물질사용장애들은 복잡한 장애들이므로 이러한 장애들을 전적으로 유전적 문제로 보는 것은 너무 단순하게 결론 내리는 것이다.

2) 심리사회적 요인

중독과 관련된 다양한 심리적 요인을 구성하는 한 가지 방법은 동기, 성격과 애착의 세 가지 범주를 고려해 보는 것이다. 물질을 오용하거나 남용한 사람들을 면접할 때, 그들은 특정 약물의 사용에 대해 몇 가지 예측 가능한 이유를 댄다. 이런 이유들에는 긴장, 불안과 우울, 공격성과 성충동을 감소시키고, 행복, 즐거움, 안녕감을 증가시키며, 현실적인 문제를 회피한다는 것이 포함되어 있다. 또한 호기심을 충족하고 권위에 도전하며, 영적 통찰을 얻고 억제를 줄이는 것이 포함되어 있다(Van Wicklin, 1992; Kayloe, 1993의 우울과 불안을 포함한 음식 중독의 전조에 대한 논의 참조).

동기 외에도, 연구자들은 물질 의존 혹은 상습적인 섭식, 도박, 중독적인 성행동에 빠지게 하는 몇 가지 특징을 언급한다. 한 가지 핵심적인 특징은 충동성으로 보인다. 어떤 사람들은 생각하기보다 충동적으로 행동하려는 경향이 있고, 이들의 행동은 종종 성급하고 충동적일 수 있으며 짧은 주의집중 시간과 관련되어 보인다(Tarter & Vanyukov, 1994). 다른 몇 가지 특징은 물질남용이나 중독행동과도 관련되어 있다. 이러한 특징에는 정서적 미성숙, 과도한 의존성, 긴장을 견딜 수 있는 능력의 제한, 만족을 지연시키는 능력의 제한, 좌절에 대한 낮은 인내력, 제한된 문제해결 능력과 고통 혹은 불쾌한 느낌을 견디지 못하는 것이 있다(Miller & Jackson, 1995).

우울은 또한 물질남용과 중독행동과 연관되어 있다. 생활습관 악화, 의미 있는 관계의 상실, 다른 실패들은 우울한 상태를 만드는 모든 중독행동의 패턴과 관련되어 있다. 게다가 대다수의 중독자가 불안을 감소시키기 위해 알코올, 음식 혹은 성관계를 습관적으로 하게 된다. 핀쿠(Pincu)가 관찰한 것처럼, '음식과 성'은 대부분 사람의 삶에서 중요한 것이지만, 이 중 하나가 다른 욕구들의 필요를 승화시키기 위해 사용된다면 필요에 대한 인식이 왜곡되고 만족의 패턴이 고정되고, 강화되고 강박적으로 변한다(1989, p. 64). 흥분은 중독 행동의 공통적인 특징이며, 특별히 상습적인 성적 행동과 도박에서 나타난다. 때때로 상습적인 성적 행동과 도박에 관련된 위험과 두려움이 이런 행동을 자극하며 강화한다. "도박 중독자들은 이기는 것을 쫓지 않는다. 이기는 것이 중요하다면, 도박 중독자들은 이겼을 때 도박을 멈출 것이다. 그들은 도박 행동, 흥분, 순간을 쫓고, 결국 그들은 또 다시 이러한 행동을 할 이유를 찾기 위해 실패를 쫓는 것이다."(Nakken, 1988, Pincu, 1989, pp. 63-66에서 인용).

동기와 성격 이외에도, 메이(May, 1988)는 애착이 핵심적인 심리적 변인이라고 이야기한다. 애착은 학습, 습관 형성과 고군분투의 3단계와 관련이 있다. 학습하는 단계는 간단히 특정 행동과 쾌락 혹은 걱정이나 불안 감소와의 연관이라고 볼 수 있다. 약물 복용, 알코올 혹은 상습적인 도박 혹은 성적 행동을 쾌락 또는 불안 감소와 연관시킬 수 있다. 두 번째 단계는 다른 경험과 연관된 행동양식들과 관련이 있다. 단절된, 무기력한 혹은 통제할 수 없는 느낌 가운데 있을 때 즉각적인 즐거움이나 어느 정도의 위안을 줄 것이라고 믿는 행동을 찾을 때 습관이 형성된다. 습관이 생활의 필수적인 부분이 되어 가면서, 선호하는 애착 행동을 하지 않으면 점점 더 불편해지게 된다. 차단하는 행동은 종종 금단으로 이어진다.

3) 사회문화적 요인

지역사회중심의 가치와 약물남용에 관한 공유 경험을 포함한 여러 사회문화적 요인은 지역사회의 남용 비율을 결정하는 데 중요하다. 기독교 상담자는 중독과 물질남용장애를 이해하기 위해 빈곤, 인종, 연령, 성과 사회적 지위와 같은 사회문화적 변인들을 반드시 알아야 한다.

낮은 사회경제적 지위와 도시 거주는 높은 알코올 남용과 다른 물질 남용과 연관되어 있다(Anthony, Warner, & Kessler, 1994). 집중적으로 지속적인 빈곤이 있고 사회적 혼란이 있는 지리적 지역에는 낮은 소득, 가정 폭력 및 불화, 열악한 주거생활, 만성적 기아 및 허약한 건강 상태로 힘들어하는 가족의 절망과 무의미함으로 인해 장기적인 피해의 위험이 가장 크다. 명백히 물질남용, 문화적 정체성과 사회경제적 지위 간의 관계는 혼란스러울 수 있다. 예를 들어, 물질사용장애들은 다른 문화적 지역보다 히스패닉계 미국인 사회에서 더 큰 문제로 여겨진다(Anthony, Warner, & Kessler, 1994). 하지만 이런 장애들은 실업, 범죄와 가정해체를 포함한 많은 다른 문제의 원인이자 결과이기도 하다. 특정 사례에서 원인과 결과를 말하기는 어렵지만, 많은 가족이 직면하고 있는 생존을 위한 혼란스러운 상태의 고군분투가 우리 시대의 사회적·경제적·정치적 현실을 반영하고 있다(National Institute on Drug Abuse, 2010).

문화적 태도 또한 물질을 사용하거나 하지 않는 데에 중요한 역할을 한다. 유대인의 낮은 알코올 중독률과 동남아시아 메오(Meo)족의 높은 아편 남용 비율과 낮은 알코올 중독률에서 그 예를 찾아볼 수 있다(Gallant, 1987). 이 점과 관련해 세 가지 중요한 질문이 제기된다. 해당 사회에 어떤 특정 물질이 문제인가? 그것이 해당 사회에서 어떻게 경험되고, 어떻게 반응되는가? 이런 내용에 대한 이해 없이 변화하려는 노력은 실패할 것이다. 예를 들어, 미국 원주민이 불운한 유전적 취약성으로 더 심하게 알코올에 대해 강한 욕구를 보인다는 가정은 순진한 가정이다(Green, 1982). 사회문화적 관점에서,

몇몇 미국 원주민이 전통적인 미국 원주민 공동체이나 지배적인 유럽계 미국인 사회에 어디에도 소속감을 느끼지 못하는 데서 부분적으로 물질사용장애가 비롯된다고 말하는 것이 더 정확하다. 그린(Green)이 우리에게 상기시켜 주듯이, 경제적 보상에 대한 접근이 차단될 때, 문화적 접촉의 압력과 관련된 고립감은 더 악화된다.

기독교 정신건강 전문가는 반드시 문화적 고정관념이나 신화로 특정 개인에 대한 평가를 왜곡하지 않도록 주의해야 한다. 예를 들어, 텔레비전과 다른 언론들은 물질사용 장애가 아프리카계 미국인 사회에서 더 흔하다는 고정관념을 부추기는 경향이 있다. 그러나 최근 연구는 아프리카계 미국인은 유럽계 미국인과 히스패닉 미국인보다 약물 의존력을 가질 가능성이 더 낮아 보인다는 결과를 보여 준다(Anthony, Warner, & Kessler, 1994). 정신건강 전문가들은 반드시 경험적인 연구를 알아야 하고, 대중적인 메시지 혹은 문화적 신념에 흔들려서는 안 된다.

문화적 정체성 또한 문화적응과 사회적 변화로 형성된다. 이주와 대중 매체의 성장을 포함한 지난 70년간의 급격한 사회적 변화는 문화적 집단의 특징을 약하게 하는 데 중요한 역할을 하였다. 갈란트(1987)는 문화적 변화가 물질 남용에 영향을 미친 여러 환경을 강조한다. 예를 들어, 수족과 나바호족 인디언은 많은 사람이 '백인-인도' 마을로 불리던 원주민 부족 장소에서 이동하면서, 간경변을 포함한 알코올 관련 질병으로 인한 사망률이 증가하였다. 또한 이스라엘에 이민 온 유대인인 예멘인들은 이스라엘 원주민보다 알코올 남용 비율이 훨씬 높다. 반대로, 훨씬 더 많은 2세대와 3세대 미국 유대인은 1세대 유대인보다 알코올을 남용한다. 확실히 빠르게 변화하는 문화와 문화적응은 어느 정도 약물남용의 경험에 역할을 한다.

가족 영향의 측면에서 가장 낮은 약물남용 비율은 알코올사용에 대한 명확한 규범, 알코올 소비에 대한 중립적 입장(그러나 과도한 음주에 대한 부정적인 견해), 금욕에 대한 긍정적 견해, 적당량의 알코올사용에 대한 일관된 부모의 모델링과 연관되어 있다. 예상할 수 있듯이, 낮은 가족 응집력은 알코올 남용 가능성의 증가와 연관되어 있다(Burnside et al., 1986). 방임, 박탈 또는 잔인함을 초기 기억으로 갖고 있는 아동은 청소년기와 성인기에 스트레스에 잘 대처하지 못하며, 가족의 혼란과 불화가 많은 젊은이가 대안적인 스트레스 해소법을 갖는 것은 놀라운 일이 아니다. 이것은 덜 극단적인 사례에도 적용된다. 한 연구에서 부모와의 초기 사별, 부모의 이혼 혹은 별거로 인한 가정해체는 청소년기 알코올 관련 문제와 상관관계를 보였다(Burnside et al., 1986). 보다 최근의 연구에서는 부모-자녀 관계가 청소년이 술을 마실지 안 마실지의 여부에 중요함이 확인되었다(Tarter et al., 1993).

또래와 미디어의 영향 또한 청소년의 약물남용을 결정하는 데 중요하다. 부정적인 동료 영향에는 모델링, 약물남용 장려 및 약물 공급이 포함될 수 있으며 물질사용을 하지 않으려는 노력을 심각하게 방해한다(Botvin, Schinke & Orlandi, 1995). 반 위클린(Van Wicklin)이 관찰한 바와 같이, 미디어는 영향을 미치는 기회를 많이 제공한다. "약물사용에 대한 사회적 학습에는 영화 및 텔레비전 영웅, 노래 가사와의 동일시, 프로 운동선수나 연예인과 그 밖의 유명인의 개인적인 약물 습관에 대한 관찰과 학습이 포함될 수 있다."(1992, p. 384)

미디어가 대중의 인식에 영향을 미치는 또 다른 방법은 사람들을 겁주어서 약물남용으로부터 멀어지게 하려는 노력의 결과다. 아동과 청소년은 많은 약물남용에 대한 뉴스와 약물남용을 방지하는 메시지를 접하지만, 어떤 발달 시기에 있어서, '그저 약물을 하지 말라고 말하는 것'은 약물을 시험 삼아 해 보는 것에 오히려 흥미를 갖게 할 수 있는데, 청소년은 강한 금지에는 반대로 행동할 수 있기 때문이다(Botvin, Schinke, & Orlandi, 1995). 또한 때때로 약물남용에 대한 메시지들이 감각적이어서, 경고가 오히려 유혹으로 작용하기도 한다.

4) 영적 요인

중독과 강박이 개인 삶의 상당한 공허함, 특히 삶의 의미와 가치에 대한 공허함을 반영하기 때문에 영적 변인들 또한 사회적 영향의 문제에의 취약성에 영향을 미친다. 물질을 남용하거나 중독적인 행동 패턴에 갇힌 사람들은 종종 관계, 연결 및 친밀함에 대한 근본적인 갈망을 다른 경험과 행동으로 대체한다. 욕망이 대상의 부재를 의미하는한, 중독과 강박은 사람의 가장 근본적인 욕망 대상인 하나님에 대한 부재를 의미할 수있다. 그러므로 진정한 회복을 하려면 죄의 심각성과 속죄의 필요성을 인식하고, 자신의 행동에 대해 책임을 지고, 자신의 영을 돌보는 데 다시 전념하고, 사랑의 일부가 되는 것과 평생 동안 책임 있는 관계를 보이는 사람이 되어야 한다. 개인적 책임의 개념은 이 모델에서 중요한 역할을 하며, 이 관점의 큰 강점은 예방을 강조하는 것이다.

중독의 영적 변인에 대한 인정은 중독과 회복에 관해 반쪽 진실만을 선언하는 심리학이 개인과 사회에 엄청난 피해를 줄 것이라는 것을 인식하게 한다. 반쪽 진실은 영적공백을 질병으로 잘못 표현하고, 신과의 실존적 만남의 필요성을 무시하며, 실존적 만남을 원인과 결과, 질병과정에 대한 '안전한' 세속적인 설명으로 대체하는 것이다.

이러한 생물학적·심리학적·사회문화적·영적 요인들은 각 중독 경험에서 다른 정도로 작용한다. 중독의 기원에는 많은 요인이 작용하므로 통합적인 치료 접근법이 요구된다.

3. 치료의 주제

치료 결과에 대한 가장 중요한 일반적 예측 변수 중 하나는 치료 시작 시 환자 문제의 심각성이다. 추가 예측 요인은 이전 약물남용 치료 횟수다(McLellan et al., 1994). 이전에 치료를 많이 받았던 사람은 성공적으로 치료를 끝내기 더 어렵다. 홍미롭게도 연령, 인종, 성별 및 교육과 같은 인구 통계학적 특성들은 치료 결과와 가장 관련이 없다. 같은 연구의 치료 후 추수조사에서, 한 개인의 사회적 적응은 더 많은 정신과, 의료, 고용 및 가족 서비스에 접근할 수 있는지와 관련되어 있었다.

안타깝게도, 이미 만들어져 있는 치료 프로그램은 약물남용자의 치료 요구에 부합하지 않을 수 있다. 예를 들어, 미국의 전형적인 알코올 중독 치료 프로그램은 해독, 처방약물(예: 리브륨), 집단 또는 개인 심리치료, 교육 강의 및 익명 알코올 중독자(AA) 모임으로 구성되어 있다. 그러나 아직 이러한 요소 중 어느 것도 경험적 연구에서 음주 행동의 신뢰할 만한 장기 변화를 이끌어 낸 것은 없는 것으로 알려져 있다(McLellan et al., 1994; Nathan, 1993).

중독 및 약물사용 장애의 최근 연구와 치료 동향으로 문제 행동을 이해하기 위해 여러 모델을 사용하는 것이 증가하고 있다. 여기에는 개인적인 감수성, 중독 행동 이해를 위한 생물학적·심리적 모델의 결합, 신경심리학, 치료동기 부여 면접, 인지행동 전략, 가족 체계, 정신약리학, 자립, 비상 관리 및 예방접근을 포함하는 효과적인 치료전략의 개발과 같은 주제가 포함되어 있다. 병리적 도박 분야에서 약리학적 치료에 관한 새로운 연구 주제들이 개발되고 있다(Grant, Odlaug, & Schreiber, 2012).

물론 어느 프로그램의 특정 관점은 반드시 주의 깊게 선택되어야 한다. 맥렐란 외(McLellan et al., 1994, p. 1156)가 언급한 것처럼, 유용한 재활 효과들은 집단치료, 알코올과 약물 교육, 12단계 모임과 연관되어 있지만, 알코올과 약물 사용을 줄이기 위해

"이러한 서비스를 제공할 때 치료 반응이 줄어드는 지점이 있다." 기독교 공동체의 많은 사람이 치료를 위해 12단계 모임으로 전환했지만, 이러한 프로그램이 알코올 및 약물남용을 줄이기 위한 예비적 또는 피상적 시도를 넘어서 개인에게 도움이 된다는 증거는 거의 없다(Nathan, 1993). 사실, 12단계 접근은 그 자체의 생활을 갖고 있다. 비록 많은 심리학자가 자신의 환경에 대한 통제 및 대인 중재 지원 증가를 강조하는 접근법은 진심으로 지지하지만, 자신의 삶의 경험을 인식하고 해석하는 방식에 중대한 영향을 미치고 제한할 수 있는 단일 개념화에 근거하여 만들어진 접근법은 경계해야 한다. 연구자는 또한 심리적 기능을 개선하기 위한 가족 치료, 고용 상담과 개인 심리치료도 주시하고 있다(Edwards & Steinglass, 1995; Liddle & Dakof, 1985). 알코올 남용의 경우에 혐오 요법, 대처기술 교육이 음주 문제가 덜 심각한 경우에 자기통제 훈련이 가장 효과적인 개입이 될 수 있다(Clifasefi, Bernstein, Mantonakis, & Loftus, 2013; Nathan, 1993).

일반적으로 중독 및 약물사용 장애의 효과적인 치료는 장기적이고 대인관계에 의해 매개되며 높은 수준의 책임과 자기 직면을 요구한다. 또한 효과적인 치료, 경쟁이 될 만한 강화를 찾아야 한다. 만약 행동이나 물질을 대체하는 것이 아무것도 없다면, 그 사람의 인생의 큰 빈 공간은 궁극적으로 이전과 동일한 것이나 더 나쁜 것으로 채워진다.

치료를 제공하는 사람은 무엇이 특정한 중독을 일으키는지 면밀히 조사할 필요가 있다. 앞에서 언급한 것처럼, 수많은 동기가 중독 행동을 설명할 수 있다. 예를 들어, 감각적 경험에 동기화되는 사람들은 위험을 감수하는 경험에 이끌리는 것처럼 보이는데, 남용하고 있는 물질을 스카이다이빙, 등산 또는 다양한 형태의 운동과 같은 경쟁적인 감각 경험으로 대체하는 것이 도움이 될 수 있다. 핵심은 그 사람에게 동기를 부여하는 것이 무엇인지 파악하고 재발을 예방할 수 있는 매력적인 대체 경험을 제공하는 것이다.

효과적인 치료 프로그램은 또한 매우 활동적이고 지시적이어서, 남용되는 물질과 관련된 패턴을 대체하기 위해 자신의 생활방식 전체를 바꾸도록 돕는 것이다. 내담자는 반드시 새로운 활동, 새로운 원인, 새로운 사회적 모임을 찾아야 하며, 종종 새로운 직업, 새로 살아가야 할 곳을 찾아야 할 때도 있다. 분명히 이러한 변화에는 초기 서비스를 제공하는 치료센터를 넘어 지역사회의 지원과 장기적인 헌신이 필요하다. 요컨대, 긍정적인 사회적 행동은 이전의 자기파괴적 행동과 경쟁해야 한다.

이러한 변화는 어떤 환경에서 발생하는가? 물질사용장애의 경우 현재 널리 사용되는 치료는 시설 주거 돌봄이며, 이 치료는 중독이 처음 발생한 환경에서 중독자를 벗어나게 하므로 많은 사람이 효과적이라고 생각한다. 물론 많은 중독자는 적절한 건강 보험이 없거나 재정적 제약 혹은 다른 요인들로 인해 여전히 외래 진료에서만 볼 수 있다. 그러나 종종 전통적인 외래 진료는 심각하고 장기적인 패턴의 약물남용에 대해서는 효과적이지 않다.

1) 치료의 새로운 주제

중독 치료의 최근 두 가지 경향은 개입에 대한 집중적인 접근을 포함하는 반면, 중독 치료의 세 번째 추세는 중독 사이클 전체의 생물학적 요인에 대한 심층 조사에 관한 것이다. 첫 번째 경향은 도전을 창조하는 것, 매우 다른 지리적 공간에서 1주 또는 1개월 이상의 스트레칭 경험을 제공하는 것, 중독 환경에서 벗어나게 하는 것뿐 아니라 용기가 필요한 개인적인 도전에 노출시켜서 자신감과 자존감을 심어 주는 것이다. 이런 접근으로 청소년을 위한 집중 야생 생존 프로그램인 아웃워드 바운드(Outward Bound)의 예를 들 수 있다.

중독 치료에 관한 문헌에서 두 번째 새로운 경향은 내담자가 살고 있는 지역사회에서 제공되는 집중적인 외래 진료다. 이러한 접근방식은 주거 치료 계획과 전통적인 외래 진료 개입 사이의 격차를 해소하려는 시도다. 이것은 정기적으로 주당 몇 시간으로 계획된, 구조화된 프로그램을 포함한다. 한 가지 장점은 적은 비용에 비해 오랜 기간 서비스가 제공될 수 있다는 점이다. 또한 회복되어 가고 있는 중독자는 자신의 일상생활 환경에서 대처기술을 사용하도록 지원받는다. 분명히 그들은 재발을 유발할 수 있는 수많은 환경에 직면한다. 그러나 중독 연구 분야의 많은 연구자는 중독된 사람이 사는 환경에서의 성공이 회복의 현실적인 척도이며 재발이 발생하는 즉시 전문가를 확보하는 것이 가장 좋다고 주장한다.

마지막으로, 중독주기[중독, 금단, 금욕(욕망 포함)]를 보다 미묘한 생물학적 토대의 관점에서 이해하려는 노력을 살펴볼 수 있다. 연구자들은 "각 단계에서 알코올로 인한 조절 장애에 민감한 생물학적 경로를 나타내는"(Wilhelm et al., 2014, p. 180) 것을 반영하는 "중독의 각 단계에서의 뚜렷한 생물학적 반응"(p. 180)을 식별하기 시작하고 있다. 이러한 접근방식은 일종의 생물학적 환원주의를 반영한다는 비판을 받으면서도, 이 접근을 지지하는 사람들은 이 접근이 임상 개입을 알리는 데에 필요한 많은 정보를 제공한다는 연구 내용에 주목한다.

그러나 아무리 비용 효율적인 치료 프로그램이 되어도, 예방의 비용 효율성보다 더 효과적인 치료 프로그램은 없다. 중독 문제를 해결하는 핵심이 효과적인 예방 프로그램이라는 것은 널리 알려져 있는 사실이다.

4. 예방의 주제

가족은 청년의 삶에 가장 크게 영향을 미치는 예방적 영향 요인이다. 그러나 두 부모와 두세 자녀의 전통적인 가족이 예방을 위한 전제조건은 아니다. 오히려 아이들이 성숙해지기 위해서는 특정한 경험이 필요하다. 여기에는 권위에 대한 일관된 경험, 사랑, 자극과 지지, 일관성, 혼란스럽지 않은 경험 등이 포함된다. 이러한 경험은 명확한 경계와 조직적 또는 구조적 차이(예: 부모 체계와 형제 하위체계)에 대한 지원이 있는 가족 상황에서 발생한다. 아이들이 매우 안정적이고 보호해 주며 예측가능하고 반응적인 환경을 경험할 때, 행동과 그 결과의 연관성을 배울 때 아이와 불안, 스트레스 간의 완충이 만들어지게 된다.

이러한 가정에서 자란 아이들이 충분한 재정적 · 사회적 · 심리적 자원을 갖는다. 그러나 많은 가정은 이러한 자원을 갖고 있지 않다. 알코올 및 기타 약물남용자, 신체적 · 성적 · 심리적 학대의 피해자, 낮은 사회경제적 지위에 있는 가정, 정신건강 및 이와 비슷한 문제를 지닌 가정의 자녀들에게 중독 및 약물사용 장애가 널리 퍼져 있기 때문에 이들은 '위험'에 처해 있는 것으로 알려져 있다(Kumper, 1989). 아이들이 애정, 안정 및 예측 가능성이 없는 환경에서 성장할 때, 그리고 양육자가 지속적으로 부재한 곳에서 성장할 때, 학교, 교회 및 더 큰 규모의 사회에서 책임 있는 행동에 대한 기준에 부합하는 데 더 큰 어려움을 겪을 수 있다. 이들은 무가치하다는 느낌을 갖고 성장할 뿐 아니라 편안함과 안전을 위해 고립된 곳으로 물러나는 경향이 있다.

그러나 이런 아이들에게도 희망은 있다. 위험에 처한 가족은 아동을 기아와 위험으로부터 보호하는 매우 안정적인 환경을 제공하는 데 직접 초점을 맞춘 예방 개입을 활용할 수 있다. 예방 조치는 커뮤니티 센터 또는 인근 지역 기관에서 수행하며, 이러한 기관들은 가족들에게 저렴한 비용으로 소아과 의사, 탁아소, 개인, 부부 및 가족 상담을 제공하거나 안내할 수 있다.

만성질환의 장기적인 스트레스 요인을 경험하는 사람들(예: 알츠하이머병 환자의 가족 간 병인)뿐 아니라 유아 사망, 실직, 이혼 등과 같은 갑작스럽거나 극심한 스트레스 요인을 경험한 사람들을 위한 지지집단을 구성할 수도 있다. 지역사회 센터들은 생활환경에서 가족의 요구 사항을 해결할 수 있도록 훈련받은 방문 아동복지 상담원을 제공할 수 있다.

이러한 창의적이고 집중적인 프로그램들은 성공적으로 시행되어 왔다. 예를 들어, 타코마와 브롱크스의 홈빌더스(Homebuilders) 프로그램은 위기 개입, 가정 유지 강조, 집 밖 배치를 예방하는 집중 치료를 제공한다(Schorr, 1989).[1] 뉴욕주의 미드-허드슨 밸리 지역 및 브롱크스 지역의 어린이를 위한 애스터 홈(Astor Home)은 홈빌더스(Homebuilders) 프로그램을 기반으로 하며 유사한 서비스를 제공한다. 더 높은 연령의 아이들을 위해서, 지역 센터는 스포츠, 음악 프로그램 및 방과 후 클럽의 형태로 긍정적인 경쟁 경험을 제공할 수 있다. 이러한 프로그램들은 올바른 리더십뿐 아니라, 스트레스에 대처하고, 만족을 지연시키며, 타인에 대해 책임을 지며, 권위를 가진 사람들과 동료들과 관계 맺는 것에 대한 수업을 매일 제공할 수 있다.

많은 예방적 조치는 또한 지역교회(혹은 지역사회 센터와 협력하여 프로그램을 제공하는 교회)를 통해 제공된다. 이곳은 AA모임을 위한 공간 및 그 이상의 서비스도 제공한다. 지역 교회는 스트레스를 줄이는 대처전략과 적응 행동을 갖게 하는 데 중요한 역할을 할 수 있다. 교회에서 진정성 있고 지지적인 관계를 구축하는 한 가지 방법은 지역사회에 적극적으로 자신을 알리며 프로그램에 참여하는 것이다. 교회는 지역사회 센터 혹은 병원과 연계망을 형성하여 위험에 처한 가정, 특히 중요한 전환기(예: 임신, 자녀 출생, 은퇴)에 있는 가정을 지원할 수 있다. 확실히 제공되는 서비스는 가족의 광범위한 요구를 충족할 수 있을 만큼 포괄적일 때 가장 서비스가 잘 작동될 수 있지만, 도움을 제공하기 위한 문제에 맞는 구체적인 노력(예: 산전 또는 산후 관리를 위한 이동서비스를 제공하거나 인지장애가 있는 가족 구성원을 관찰하는 것)은 추가 지원 체계를 구축하기 위한 신뢰의 기반을 마련할 수 있다.

아마도 중산층 미국인이 빈곤 가족을 발견하며, 자신들의 필요와 사회 경제적 계층이 낮은 가족의 필요 간에 개인적인 연결을 할 경우에 예방을 위한 가장 큰 진전이 이루

---

[1] 다른 예로, 예일대학교 아동연구센터(Yale University Child Study Center)의 후원으로 만들어진 뉴 헤이븐(New Haven) 프로그램과 뉴욕 엘미라의 태아/영아 초기 프로젝트(Prenatal/Early Infancy Project)가 있다. 두 프로그램 모두 산모와 영아를 지원함으로써 장기적인 결과를 변화시키는 것에 초점이 맞춰져 있다(Schorr, 1989). 예방에 관한 페니와 가필드의 부모 집단 토론을 참조하라(Penney & Garfield, 1984).

어질 것이다.

　그러한 발견을 만들기 위해 고안된 한 가지 프로그램은 일리노이주 캐롤 스트림에 있는 아웃리치 커뮤니티 센터(Outreach Community Center)의 가족 간 프로그램인데, 이 프로그램을 통해 지역사회에서 선택된 교회 가족과 빈곤한 가정이 서로 지지적인 관계를 맺게 된다. 중산층 가족이 빈곤한 가정이 있는 지역으로 이사 올 때, 더 많은 헌신이 필요하다(Perkins, 1993). 중산층 가정의 이러한 주도권은 개인의 참여와 신분을 위협하는 가족의 특징을 형성할 뿐만 아니라, 오랜 사회적 · 정서적 · 심리적인 필요를 지탱해 주면서 큰 영향을 미칠 수 있다.

　비록 가족 수준의 개입이 위험에 처한 사람들에게는 최선의 예방을 위한 투자이지만, 다른 1차, 2차 예방 프로그램들은 중독적인 행동을 줄이는 것을 대안으로 제시한다.[2] 과세 정책은 알코올 남용의 일차적인 예방을 돕거나 방해할 수 있다. 몇몇 연구자는 알코올이 수많은 보조금과 연관되어 있어서, 연방 소비세가 크게 증가했다고 주장한다. 여기에는 폭력에 의한 죽음의 감소뿐 아니라 알코올 관련 질병의 발병 및 입원률 감소가 포함된다.

　일차 예방 문헌의 또 다른 추세는 음주운전(Driving Under the Influence: DUI) 법률과 관련되어 있다. 수많은 연구에 따르면, 알코올 남용으로 인해 자동차 사고 및 인명 피해의 위험이 크게 증가한다. 음주운전 발생을 줄이기 위한 많은 전략(예: 음주운전을 반대하는 어머니들과 연방 철도청의 정책 권고)이 제안되었다. 그러나 대부분의 1차 예방 전략은 당시 권고하는 수준에 그쳤다.

　연방 세금 정책과 음주운전 법 이외에도, 젊은 운전자들의 법적 최저 음주 연령과 사망률 간의 높은 상관을 보여 주는 연구들이 법적 최저 음주 연령을 21세로 높이기 위한 전국적인 노력으로 이어졌다. 21세로 최소 음주 연령을 시행하는 것과 관련하여 많은 어려움이 있지만, 많은 사람이 어린 나이에 음주를 허용하는 것은 젊은이들을 방치하는 것으로 인식한다.

　마지막으로, 교육 프로그램들은 일반적인 약물사용 예방에 효과가 없으며 호기심

---

2 필자들은 사회정책 변화가 예방의 한 형태로 간주될 수 있는 방법에 대해 생각할 필요가 있다는 패리의 견해에 동의한다(Parry, 1999). 다음은 갈란트가 더 자세히 논의한 내용을 요약한 것이다(Gallant, 1987, pp. 221-245).

을 자극할 수 있다(Botvin, Schinke, & Orlandi, 1995). 그러나 연구는 우선 물질을 시험 삼아 해 보려는 아이들의 동기에 초점을 맞춰 긍정적인 또래 영향과 개입을 제공하는 프로그램들뿐 아니라, 물질사용을 장려하는 강한 메시지에 반대하도록 그리고 이러한 메시지에 반대하는 기술을 가르치도록 고안된 예방 프로그램을 뒷받침한다(Botvin, Schinke, & Orlandi, 1995).

5. 기독교적 평가

사회적 영향을 주는 문제에 대한 기독교적 이해는 죄에 대한 관점과 우리가 중독이라고 부르는 것이 죄의 경험과 어떻게 유사한지에서부터 시작해야 한다.

1) 죄와 정신병리학

앞에 언급한 것처럼, 약물의 남용과 의존 그리고 더 폭넓은 인간의 죄와의 투쟁 간에는 중요한 유사점이 있다. 맥민(McMinn, 2004)에 따르면, 죄는, 첫째, 특정 죄의 행위, 둘째, 타락한 상태 또는 상황으로서의 죄, 셋째, 죄의 결과와 관련하여 생각할 수 있다. 이 세 가지 기준과 중독 경험과의 관계에 대한 이해는 특히 기독교적 사고와 현대 정신병리학의 통합을 가져올 수 있는 희망적인 주제다. 죄와 중독 간의 유사성에 대한 인식을 통해 우리는 중독에 대해 더 잘 이해하고, 중독적인 행동 패턴과 약물남용으로 고통스러워하는 사람들에게 접근하는 대안적인 방법을 더 잘 만들어 낼 수 있다.

코넬리우스 플랜팅가(Cornelius Plantinga Jr.)가 관찰한 것처럼, "중독은 종종 죄를 포함하고, 문제를 다른 방향으로 돌리는 것…… 어떤 죄는 중독성 증후군으로 나타난다." (1995, p. 144) 플랜팅가는 죄와 겹치는 중독의 역동성을 다음과 같이 나열한다(p. 145).

- 내성과 욕구의 증가가 동반된 쾌락적이어서 습관으로 형성되는 행동의 반복
- 금단과 자기비난을 포함한, 그러한 행동의 불쾌한 후유증
- 약물의 양을 줄이거나 또는 그만두겠다고 맹세한 다음 재발 및 수반되는 죄책감, 수치심의 감정 및 일반적인 고통
- 새로운 수차례의 중독적 행동으로 심적 고통을 완화하려는 시도(또는 다른 동반 중

독의 시도 시작)

- 부정, 망상 및 자기기만을 포함한 인지장애를 동반한 일과 관계의 악화
- 점차적인 중독에 대한 집착, 강박의 증가
- 중독적 행동의 강박성: 최소한의 부분적인 분열, 쇠약, 중독에의 사로잡힘이 나타남
- 1차 중독을 지원하고 가능하게 한 다른 사람들을 중독 그물망에 끌어들이는 경향

기독교인은 죄와 중독이 놀라울 정도로 유사하다는 것을 먼저 인식해야 한다. 죄가 충분히 중독적이지 않은 경우에도 우리는 내면의 갈등과 혼란스러운 상황에 처해 있다. 이러한 상태는 우리의 타락한 모습을 반영하는 것으로, 하나님을 기쁘시게 하지 않는 방식으로 행동하거나 생각하는 것 혹은 하나님이 의도하는 방식으로 행동하거나 생각하지 않는, 신앙적으로 건강하지 않은 상태에 있는 것이다. 우리는 고군분투한다. 우리 중 일부는 다른 사람들의 안녕에 기여하고 하나님께 순종을 선택하기 원하지만, 우리의 또 다른 부분은 자신을 만족시키는 욕망을 필사적으로 이루길 원한다. 플랜팅가가 관찰한 것처럼, 우리는 근본적으로 죄와 중독의 노예이며, 우리의 행동은 그러한 우리의 기본 상태가 확장된 것처럼 보인다. 게다가, 우리의 핵심적인 상황에서 볼 때, 특정 행동을 변화시키려는 시도는 종종 효과적이지 않다. 문제는 행동의 변화로 제시되는 것보다 더 근본적인 것이다. 특정 환경에서 주어진 행동에 성공하는 것도 빙산의 일각을 건드리는 것뿐이다.

관련되어 고려해 보아야 할 점은 기독교 정신건강 전문가들이 내담자들에게서 자신들의 모습을 볼 수 있는지 없는지에 관한 것이다. 진단과 치료 목적을 위해 중독자를 자신과 다른 사람으로 보는 것이 도움이 될 수 있지만, 기독교인이 탐욕, 게으름, 정욕, 교만 또는 폭식과 같은 나쁜 습관과 고군분투하는 자신의 모습과 중독자의 투쟁 간의 공통부분을 무시하는 것은 현명하지 않은 일이다. 기독교인이 죄에 빠지는 방법을 식별하고, 유혹을 이겨 내는 방법을 알게 되면, 이들은 중독으로 고생하는 사람들과 동일시하고, 특정 개입이 다른 개입들보다 어떻게 더 성공적일 수 있는지 더 명확히 보여 줄 수 있을 것이다.

죄와 중독 사이의 유사점을 살펴볼 때, 기독교 교리는 죄의 불가피함을 증명하지만, 우리는 여전히 사람들이 자신의 행동에 대해 책임을 지도록 해야 한다.

기독교인이 문제를 이해하면 문제를 피해 갈 수 있다는 현대적 신화를 받아들이는 것은 설득력이 없다. 성경은 피할 수 없는 원죄, 죄가 후손에게 내려가는 것을 분명히

강조하지만, 우리는 죄에 대해 도덕적으로도 책임을 지고 있다. 책임은 줄어들 수 있지만, 결코 제거되지 않는다. 우리가 죄에 '연결'되어 있다는 사실에도 불구하고, 변명의 여지가 없는 사람은 없다.

제시된 것처럼, 중독에 대한 그리스도인의 책임은 사람들이 자신의 선택에 책임이 있는지 없는지에 대한 질문을 심각하게 받아들이는 것이다. 기독교인은 사람들이 결정하는 어떤 시점에서 그들이 해야 하는 것과 하지 말아야 하는 것에 관한 원칙을 이해할 수 있다고 가정한다. 또한 우리는 사람들이 원하는 대로 자신의 의지를 행사할 수 있다고 가정하며, 부정적인 환경에서도, 성공할 수 있다고 가정한다. "중독은 우리의 욕망을 억누르고, 의지를 약화시키고, 동기를 좌절시키고, 판단을 흐릴 수 있지만, 중독에 속박된 상태는 결코 절대적이지 않다."(May, 1988, p. 18)

그러면 사람들을 중독의 위험에 빠지게 만드는 선행하는 생리적 · 신경학적 · 심리적 · 환경적 조건에 어떻게 대응할 수 있는가? 이러한 선행조건들은 죄의 결과이며 타락한 인간의 상태를 반영하는 것이다. 잠재적으로 파괴적인 사건의 발단이 되는 이러한 선행조건들의 복잡성을 인식해야만 한다. 그러나 기독교인은 중독자가 죄가 되는 습관을 형성하거나 해로운 행동을 만들었다는 단순한 견해와 결정론 사이에 선택을 하도록 강요받아서는 안 된다. 플랜팅가는 이러한 선행조건들의 복잡성을 잘 인식하고 있다. "중독으로 인한 혼란은 특정 인간의 성격과 죄뿐 아니라 유혹, 중독자 가정에 존재하는 무질서한 폭력 그리고 이웃, 심지어 유전적인 요인으로도 발생할 수 있다." (1995, p. 22) 기독교인은 생리적, 환경적 및 기타 요인과 관련된 개인적 책임과 인간의 의지에 대해 의미 있는 설명을 제공할 수 있도록 중독의 복잡성에 대한 시각을 갖고 있어야 한다.

중독은 의지의 분열이다. 중독은 궁극적으로 우상숭배에 관한 것이다(Plantinga, 1995). 개인적 책임의 한 가지 표현은 포기를 선택하는 것이다. 어느 시점에서 중독에서 회복하는 데 성공한 중독자는 포기하며 중독을 둘러싼 파괴에 대한 책임을 받아들이고 회복에 이르는 힘든 작업에 대한 책임을 받아들인다. 회복하고 있는 중독자는 가장 처음의 회복은 고통스러운 포기에서부터 시작된다고 말할 것이다. 포기는 궁극적으로 약물에 대한 관심과 현재 마음의 갈망을 포기하는 것이다(May, 1988). 회복은 "내가 궁극적으로 누구에게 속해 있는가?"라는 질문을 할 때 시작된다.

가장 엄격한 의미에서 죄는 궁극적으로 하나님으로부터 멀어지는 것이므로 물질이나 행동에 대한 중독과는 다르다. 그럼에도 불구하고, 필자들이 살펴본 바와 같이, 죄에 대해 이해하면 중독을 더 잘 이해할 수 있는데, 중독은 개인이 통제할 수 있는 것 이상의 악의 사회문화적 영향에 대한 개인의 책임 회피와 연결될 수 있다. 죄와 중독에 대한 최선의 이해는 개인의 한계를 잘 인식하는 것과 지역사회의 책임과 지지를 필요로 하는 것인데, 이러한 이해는 중독으로 고생하는 사람들이 이전에 해결할 수 없었던 문제에 대해 무엇인가 해 볼 수 있도록 만들어 준다.

2) 목회적 돌봄과 욕구장애

몇 가지 태도와 가치는 독특하게 기독교적 관점으로 중독성 있는 행동을 이해하려는 사람들에게 혼란을 준다. 중독적인 행동 양식패턴을 이해하는데 도전하는 한 가지 가치는 완벽주의(개인으로 하여금 어떤 대가를 치르더라도 완벽하다고 느끼는 압력)이다. 때때로 교회는 리더들이 자신의 실패와 실망에 대해 말하는 것을 피할 때 사람들로 완벽해야 한다는 압력을 느끼게 한다. 완벽주의의 위험은 물론 그것에 속박된 사람들이 자신이 여전히 불완전하다는 사실에 직면할 때 드러난다.

완벽주의는 혼자서 자신의 중독 문제를 해결할 수 있는 정도를 과장하는 중독자의 성향에 일조한다. 이것은 개인주의 혹은 인간 자급자족의 문제다. 중독자는 자신의 노력으로 해결할 수 없다. 그리고 그들이 얼마나 도움이 필요한지를 거절하는 것은 개인주의의 기본적인 문제다.

개인주의는 부인에 의해 촉진될 수 있다. 부인이라는 방어기제에 대해 한 작가는 경주마가 착용하는 눈가리개와 비슷하다고 이야기했는데, 경주마의 눈가리개는 다양한 자극으로 유발되는 흥분을 감소시킴으로써 말이 결승선을 통과하는 목표에 집중하게 만든다(Gallant, 1987). 약물남용이나 중독적인 성행위의 경우, 부인은 그 사람의 눈을 가리고 시야의 범위를 제한하여, 중독적인 행동의 심각성을 최소화하는 능력을 촉진한다.

교회는 때때로 고립과 개인주의 경향이 생성되는 데 기여한다. 우리는 하나님 한 분만이 치유와 회복의 주권자라고 주장한다. 이런 관점으로 인해 도움이 되는 다른 자원을 제한한다면, 중독자는 더욱더 고립을 경험할 것이다. 또한 우리가 중독이 엄격히 개인이 피할 수 있었던, 나쁜 행동을 의식적으로 선택한 데에 따른 결과라는 관점을 견지한다면, 회복 역시 자유롭게 선택할 수 있는 단순한 문제라고 주장하고 싶어 할 것이다. 그러나 이런 관점은 방임적인 양육, 비정상적인 사회화, 빈곤 및 복잡한 심리적 변수의 심각한 영향을 최소화 할 뿐만 아니라 중독자를 더욱 고립시킬 것이다. 중독자는 특별히 죄가 많거나 혹은 다른 부류의 죄인에 속한 것처럼 보인다. 중독자와 어떤 수준에서 동일시되는 것을 거부하면 중독적 행동 패턴이나 약물남용으로 어려움을 겪는 사람들과 우리 자신 사이에 상당한 거리를 만들 수 있다. 중독자를 특별히 죄가 많은 사람으로 보는 견해는 인간의 상태와 우리 사이에 거리를 만들 수 있다. 죄에 대한 성향을 다룰 필요가 없게 되는 것이다.

중독과 관련된 문제는 그리스도의 몸의 관점에서 검토될 필요가 있다. 그리스도를 통해 하나님이 우리와 동일시되었기 때문에, 우리는 공동체를 잃은 사람들과 동일시하도록 부름을 받았다. 하지만 특정한 태도와 가치는 중독자에 대한 이해를 방해할 수 있고, 우리 자신의 죄의 경험과 중독자들의 경험이 유사하다는 관점에서, 교회는 사회에 영향을 미치는 문제로 고통스러워하는 사람에게 어떻게 반응해야 하는가? 회복은 직면과 수년에 걸친 지지적인 후속 조치가 함께 이루어지는 지역사회에서만 만들어진다. 외부 구조와 책임 그리고 마음 가장 깊은 곳에 있는 갈망의 내적인 변화 사이에 긴장이 유지되어야 한다. 중독 치료 동안 개인에게 제공되는 지지의 정도가 치료의 가장 강력한 긍정적인 성과를 예측하는 요인이다(Havassy, Hall, & Wasserman, 1989). 교회는 도울 수 있는 기회를 얻기 위해 기다리는 것보다 더 많은 일을 해야 한다. 교회는 금단 증상을 보일 것 같은 사람들과 지원받지 못하고 스스로 고립되어 있는 사람들을 찾아야만 한다.

약물남용 혹은 다른 문제 행동으로 치료받는 사람들에게 지원을 제공할 때 고려해야 할 네 가지 주제로 동기 부여, 수용, 헌신 및 지원이 있다.

동기 부여는 개인에게 일어나는 일을 확인하고, 일어날까 봐 염려하는 것에 대한 다른 사람들의 특정 피드백에서 시작된다. 중독으로 힘들어하는 사람은 다른 사람의 염려에 귀 기울일 필요가 있다. 이런 피드백은 논쟁과 '죄책감'을 느끼게 하는 것을 피한다. 오히려, 개인의 복지에 대한 적극적인 관심이다. 교회 공동체는 중독자가 자신의 행동의 부정적인 결과와 이러한 중독 행동이 자신을 돌보는 사람들에게 어떤 영향을 미치는지 인식하도록 도울 수 있다(Babor, 1994, 심각성이 낮은 알코올 남용자에 대한 단념 또는 경고의 사용에 관한 연구 참조).

개인이 변화하도록 동기를 부여하는 것 외에 수용을 표현하는 것이 중요하다. 한 사람이 다른 사람의 행동에 강한 반감을 표현할 수 있지만, 그럼에도 불구하고 그 사람에 대한 존중을 보여 주는 것이 중요하며, 이러한 태도는 중독자가 다른 사람들의 염려에 귀 기울일 가능성을 높여 준다. 수용은 지속적일 때 가장 명확히 표현되는데, 이러한 지속적인 표현은 한 사람의 관심과 수용의 진실함을 나타내는 데 시간이 걸리며, 대인 관계 실재감은 보상적인 중독적 패턴과 경쟁하게 된다는 점에서 대단히 중요하다. 중독 패턴을 포기하는 것은 아직 치료되지 않은 많은 사람에게 용기를 주는 행동이다. 지속적이고 지지적인 관계 맥락을 제외하고 할 수 있는 것은 거의 없다.

변화하도록 헌신을 쌓아 가는 것은 다음 관심사다. 중독적 양식을 바꿔야겠다는 결정은 즉각적이며 전적인 헌신과 거의 관련이 없다. 이를 위해 동기강화 면담이 종종 사용되며, 도움이 되는 것으로 나타났다. 동기강화 면담에서는 개인이 변화를 위해 더 많은 책임을 질 수 있도록 돕는 것이 포함되어 있다. 사람의 '부분'에 대해 이야기하는 것도 여기서 도움이 될 수 있다. 아마도 개인 내면 안의 한 부분은 변화하기 위해 노력하길 원하지만, 다른 부분은 변화 과정을 방해하고 싶어 하거나 성공과 실패가 미칠 영향을 두려워할 것이다. 변화하기 위한 헌신이 쌓이면, 중독으로 고군분투하는 사람들은 자신들 앞의 선택을 알아볼 수 있는 기회를 갖는 것이 중요하다. 치료개입이 중요한 지점을 인식하는 것이다. 이 시점에서 지역사회에서 가능한 선택을 공동으로 탐색해 보는 것이 매우 도움이 되는데, 이것은 개인에 대한 자유와 존중을 보여 줄 수 있기 때문이다.

대부분의 중독 행동에서, 다음 치료 단계는 주로 전문적인 중재다. 치료는 전통적인 외래 환자 진료, 입원 환자 거주 간호, 집중 외래 환자 업무를 포함하여 다양한 형태를 취할 수 있다. 그러나 치료는 계속해야 하지만, 중독자는 전문적인 도움 외에도 지원, 격려를 계속 필요로 할 것이다. 병원에 있는 중독자들을 방문하고 가족, 친지들과 시간을 보내는 것은 매우 중요할 수 있다.

즉각적인 전문가 개입이 끝날 시점에, 치료 환경은 재정적 혹은 다른 이유들로 가능할 수도 있고 가능하지 않을 수도 있다. (교회 공동체는 또한 치료를 받는 사람의 치료 비용, 임금 손실 등을 포함한 재정적 필요를 창의적으로 제공하는 역할을 할 수 있다.) 이때 사람들이 가장 필요로 하는 것은 변화할 수 있다는 긍정적인 격려다. 이런 종류의 지지는 반드시 일관적이고 지속적으로 주어져야 한다. 알코올 혹은 성적 출구와 같은 외적 '지원'에 의존하려는 욕구에 압도될 때를 인식하는 것이 중요하다. 재발에 대한 유혹은 내부 및 외부 스트레스 수준에 따라 주기적으로 또는 파도처럼 올 수 있다. 집중적으로 치료받는 동안 종종 관계 문제와 기타 문제들이 잠정적으로 '나타나지 않을 수' 있지만, 다시 이런 문제들이 표면에 드러나고 해결되어야 할 것이다. 개인이 일상생활의 어려움을 해결하도록 돕고, 많은 삶의 압력을 때로 피하고 싶은 욕구를 인식하고 해결하는 것이 중요하다.

중독 행동으로 힘들어하는 대다수의 사람은 그들의 노력과 의지에도 불구하고 재발을 경험하기 쉽다. 선하게 보이는 사람이 이전의 행동양식에 다시 빠질 때 반드시 나쁜 사람이라고 볼 수 없다. 한 번의 위반이 반드시 중요한 재발을 이끄는 것은 아니라는 점을 이해하는 것이 중요하다. 이전의 나쁜 행실로 돌아가는 것은 기독교인에게 익숙해져야 하는 개념이다. 용서받을 수 없는 유일한 죄는 성령을 거부하고 예수 그리스도를 주님으로 고백하는 것을 거부하는 것이다. 고백과 회개로 다른 모든 죄를 용서할 수 있다. 다른 중독 행동이 재발되는 것은 정상적인 것이며, 재발에 대한 계획을 세워야 한다. 지원은 중독으로 힘들어하는 사람이 매일매일 한 걸음씩 나아갈 수 있도록 도와주기 위해 제공될 수 있다.

6. 결론

알코올과 약물의 남용 같은 중독 행동, 도박 중독과 다른 행동들은 인간의 선택을 포함한 많은 영향에 의해 발생되고 유지되는 복잡한 문제들이다. 중독과 관련된 문제(변화에 대한 최선의 희망뿐 아니라)에 대해 정확히 이해하려면 이러한 중복되는 영향 요인들의 복잡성을 인정해야 한다. 그리스도의 몸으로부터 창의적이고 잘 알고 신중한 반응을 하는 것이 요청된다. 우리의 노력은 중독자에 대한 예방, 개입 및 치료 기회를 무시하거나, 중독자를 다른 죄인의 부류에 속한 자로 보거나, 혹은 교회가 '병자'보다 '잘 사는 사람들'을 위한 장소라는 메시지를 전달함으로 더 이상 중독자들을 격리시키는 것으로 작용하게 해서는 안 된다. 그리스도의 몸인 교회는 중독과 관련된 문제로 힘들어하는 사람에게 은혜의 충만함을 분명히 알려 주기 위해 부름받은 곳이다.

제**15**장

노년기의 문제

의인들은 종려나무처럼 번성하고,

레바논의 백향목처럼 자랄 것이다.

여호와의 집에 심긴 사람들이니

그들은 하나님의 뜰에서 번성할 것이다.

그들은 노년에도 여전히 열매를 맺고,

진액이 가득하고 싱싱할 것이다,

그들은 "여호와는 정직한 분이시다.

그는 내 바위이시며, 그분 안에는 약함이라곤 없다."는 것을 선언할 것이다(시편 92:

12-15).

    미국과 전 세계의 인구 변화는 노인이 정신건강과 목회 돌봄 공동체에 중요한 영향을 미치고 있음을 시사한다. 1946년에서 1964년 사이에 태어난 '베이비 붐 세대'가 성인이 되면서 전 세계 인구통계가 변화하고 있다.

    1900년에 노인(60세 이상의 성인)이 미국 인구의 4%를 차지하고 있다는 것, 즉 노인의 수가 약 3.1백만 명에 달한다는 것을 고려해 보자(US Census Bureau, 1992; US Senate

Special Commission on Aging et al., 1991). 1990년까지 미국의 노인 인구 비율은 약 12.5% 증가했는데, 이는 거의 3,110만 명에 해당하는 수치다(US Census Bureau, 1992). 이 인구 집단 중에 1,800만 명은 65세에서 74세에 해당되며, 1,000만 명은 75세에서 84세, 3백만 명은 85세 이상이다. 2030년까지 미국 인구의 21.8% 이상이 65세 이상이 될 것으로 추정된다(US Senate Special Commission on Aging et al., 1991).

이러한 인구 변화는 교회 공동체에서도 뚜렷하게 나타나는데, 노인은 이미 많은 지역교회에서 지나치게 높은 비율을 차지하고 있다. 그들은 많은 여론 조사와 종교성 및 종교에 대한 관심척도에서 '매우 종교적' 또는 '가장 종교적'인 사람들로 인식되고 있다. 사실, 종교 활동과 공동체에의 소속은 노인이 하는 가장 일반적인 조직에의 참여이며, 노인의 과반수는 매주 종교 예배에 참여하고 있다(Abeles et al., 1998).

노인 문제에 대한 기독교적 관점은 노화에 대한 기독교적 관점에서 시작된다. 모버그(Moberg, 1984)는 노화 및 노인과 관련된 몇 가지 성경적 가치에 대해 논의한다. 구약은 장수를 규범적이고 바람직한 것으로 본다. 인간의 수명이 120년으로 단축된 것은 창조 시 하나님의 의도나 인간이 원래 120년 살도록 만들어진 것이 아니라 창세기 6장 3절에 나온 것처럼 인간의 죄에서 기인한다. 또한 하나님은 모세 율법(십계명, 적어도 부모와 관련된 부분에서)에 따라 노인을 존중해야 한다고 명령하고 있다. 이것은 현대 문화에서 기독교인에게 점점 더 중요한 성경적 증거가 될 수 있다.

노화와 노인에 대한 성경적 견해와 세속적 견해를 대조하기 위해, 정신건강 커뮤니티가 노인을 어떻게, 어떤 기준으로 고려하는지 살펴볼 수 있다. 대부분의 정신건강 행동 강령 및 윤리는 연령이 다양성의 중요한 차원이며 노인은 종종 취약 집단으로 간주되고 있다(예: APA, 2013). 그러나 정신건강 전문가는 노인에 대한 특정 신념과 가정을 갖고 있는데, 이러한 생각들은 노인에 대한 적절한 돌봄에 오히려 방해가 될 수 있다. 예를 들어, 제임스와 헤일리는 심리학자들의 연령과 건강에 대한 기준에 대해 보고하면서, 심리학자들이 "연령이 높은 내담자들은 자신들의 서비스에 덜 적합하며 젊은 내담자들보다 예후가 덜 긍정적이라고 평가하는"(James & Haley, 1995, p. 613) 경향이 있다고 주장한다. 이것은 여러 가지 이유에서 유감스럽다. 여러 이유 중 하나는 노인들이 경험하는 다양한 정신건강 문제에 대한 개입의 효과성을 증명하는 연구가 있다는 것이다(이 문헌에 대한 논의는 Acierno, Hersen & Van Hasselt, 1996; Dick & Gallagher-Thompson, 1996; Schneider, 1995 참조).

편견이 존재하는 경우 노인에 대한 편견이나 차별로 표현되지 않을 수 있다. 그러나 그것은 정상 성인 발달, 노화와 노인의 특정 필요에 대한 부정확한 이해에 근거한 추정의 형태로 나타날 수 있다(Hillman, Stricker & Zweig, 1997). 이 장의 뒷부분에서 이러한 문제에 대해 다시 설명할 것이다.

고령자와 노년층은 목회 돌봄에 관한 문헌에서 많은 주목을 받지 못했지만, 기독교인이 노화 과정과 노년기를 어떻게 보아야 하는지에 대한 이해를 제공해 주면서 확실히 성경으로부터 목회적 통찰을 주는 사람들로 언급되어 있다. 나이에 대한 일반적인 히브리어 단어는 zaqēn인데, 성경에서는 아브라함을 '상당히 나이가 많이 든 사람'으로 묘사했는데, 이 단어는 고령을 뜻하는 단어다(창세기, 24: 1, NRSV). 이 단어는 또한 고귀함(예: 연로한 종, 왕실의 장교, 이스라엘의 장로)과 관련되어 있는데, 노인을 존중하는 성경 주제를 나타내는 것이다. 구약 성경의 다른 단어로 sēbâ(회색 머리)가 있는데, 이 단어는 잠언 16장 31절에서는 '영광의 왕관'으로 간주된다. 노인은 yašēš라는 '방어할 수 없는 사람'이라는 단어로 언급되며, 파생어는 '나이(yašēš)에 대한 존중'이라는 의미를 지닌다. kelah라는 단어는 또한 '왕성한 활력'과 '성숙한 노년'이라는 의미를 전달한다(Arnold, 1996, p. 13).

아놀드(Arnold, 1996)에 따르면, 신약의 용어에는 장로(presbytēs)라는 단어가 포함되어 있는데, 이 단어는 리더에게 가장 자주 적용되지만, '연장자'를 의미하며 노인을 뜻하는 단어다. 초대 교회에서 장교는 종종 '장로' 또는 '주교(episkopos)'라고 불렸다. 또 다른 신약 단어로 노년을 가리키는 gēras가 있다.

성경은 노인이 그들의 지혜(신명기 32: 7)와 분별력(욥기 12: 12) 때문에 존경을 받아야 한다고 주장하고 있다. 노인이라고 지혜와 분별력이 보장되는 것은 아니지만, 노인에 대한 존중의 부족은 예레미야 애가 5장 12절과 디모데전서 5장 1절의 구절을 보면 정죄받는 것으로 나와 있다(Moss, 1995).

모스(Moss, 1995)가 제안했듯이, 노화는 기능 저하를 가져오지만 또한 이번 생애와 다가올 삶에서 하나님께 의존하는 것에 대해 더 큰 감사를 드리게 한다. 젊을 때는 볼 수 없고 나이가 들면서 성찰할 수 있는 영적 현실이 있다. 아마도 성숙하게 노화되며 하나님과 더 가까워지는 것과 연관된 영적 훈련일 것이다. 현재 삶에서 하나님에 대한 의존은 우리가 그리스도의 육신에 속한 다른 사람들에게 의지한다는 점에서 직간접적이지만, 장래의 삶에서 신자들은 하나님을 완전히 의지하게 될 것이다. 따라서 그리스도인의 관점에서 노화가 잘 이루어질 때, 노화는 하나님에 대한 더 큰 의존으로의 전환을 뜻하는 것이며, 궁극적으로 그리스도 안에서의 부활에 대한 미래의 소망을 의미하는 것이다(디모데후서 1: 10).

1. 현대적 분류

DSM-5는 정신병리학 그 자체에 대한 생애주기적 접근방식을 취하지 않는다. DSM-5는 어린 시절과 청소년기에 처음 진단되는 정신건강 문제는 매뉴얼의 시작 부분에 제시되어 있고, 노화와 더 많이 관련된 상태는 매뉴얼의 끝에 나와 있다는 점에서 발달적 접근방식으로 구성되어 있다. 그러나 노인들에게는 인생 전반에 걸쳐 나타날 수 있는 많은 정신건강 문제가 나타날 수 있다(예: 우울장애, 불안장애). 이러한 정신건강 문제 중에 하나의 특수한 장애군은 청년보다 노인에게서 더 빈번히 나타난다.

1) 신경인지장애

인지기능의 문제들을 이 책의 다른 부분에서는 다루지 않았지만, 물질사용장애나 급성 외상과 같은 여러 임상적인 문제로 힘들어하는 사람에게는 중요한 문제일 수 있다. 인지기능 장애에는 섬망, 주요 및 경도 신경인지장애가 포함된다. 이러한 장애들은 노인에게서 가장 흔히 나타나므로 이 장에서 신경인지장애를 다룰 것이다. 인지기능의 문제가 공유하고 있는 공통점은 기억력, 지각력, 주의력 혹은 사고력의 손상이다.

섬망(Delirium)은 전형적으로 손상된 인지를 보이는 일시적인 상태다. 섬망은 급속 경과(몇 시간 혹은 며칠)를 보이고, 혼란되거나 혼미한 상태를 가져온다. 전형적으로 혼미 상태를 보이는 사람은 시간과 장소, 사람들에 대해 먼저 혼미함을 나타낸다(Maxmen & Ward, 1995). DSM-5는 집중 치료를 받는 노인의 70~87% 및 수술 후 노인의 15~53%가 섬망을 경험하는 반면, 섬망을 경험하는 노인의 최대 60%가 요양원 및 관련 환경에 있는 것으로 추정한다(APA, 2013).

주요 신경인지장애는 "하나 이상의 인지 영역, 언어, 지각-운동 기술 혹은 사회 인지와 같은 영역에서 이전 수행 수준보다 현저한 인지적 감퇴"(APA, 2013, p. 602)를 의미한다. 이 장애는 표준화 검사 또는 기타 "정량화된 임상 평가"(p. 602)를 통해 잘 측정된다. 인지기능의 감퇴는 노인들의 매일의 일상생활 삶의 독립성과 활동을 어렵게 만드는데, 이것은 섬망 때문에 발생하는 것은 아니다. 알츠하이머병, 혈관 질환, 외상성 뇌

손상, 헌팅턴병 등과 같은 병의 원인을 뜻하는 많은 전문 용어로 진단될 수 있다.

치매라는 단어는 DSM-5에 그대로 유지되어 있으며, 이 단어에 더 익숙한 전문가들과 가족들이 이 용어를 사용하고 있다. 치매는 이 장에서 주요 신경인지장애로 불리는 것과 여러 가지 면에서 비교될 수 있다. 가장 흔한 두 가지 유형의 치매 또는 주요 신경인지장애는 알츠하이머병과 혈관성 치매다. 알츠하이머병은 치매 사례의 약 50%를 차지하며, 시간이 지남에 따라 점진적으로 복합적인 인지 결손이 나타난다(Maxmen & Ward, 1995). 혈관성 치매는 알츠하이머병과 매우 유사한 인지장애로 이어지지만, 뇌로 산소를 운반하는 혈관 손상의 결과이기 때문에 보다 분리된 '단계'로 나타난다. 혈관성 치매는 치매의 약 10~15%를 차지한다. 치매는 또한 다른 의학적 상태(예: 파킨슨병)에 의해 발생하며, 이것들은 함께 치매의 약 20~30%를 차지한다(Maxmen & Ward, 1995). 마지막으로, 물질 유발 지속성 치매(예: 알코올성 치매)는 치매의 약 7~9%를 차지한다.

신경인지장애 용어가 의미하는 것은 실제 치매보다 범위가 더 넓다. DSM-IV에서 '기억장애'로 언급된 것처럼, 사람은 한 영역에서 감퇴를 경험할 수 있다. 이것은 지금 다른 의학적 상태로 인한 주요 신경인지장애일 수 있다(APA, 2013). 해마에 충격이 가해지면 사람은 단일 사건으로 인해 기억 상실을 경험할 수 있다. 알코올과 같은 독소도 시간이 지남에 따라 기억손상을 일으킬 수 있다(Maxmen & Ward, 1995). 이전에 배운 자료를 기억하는 것을 어려워하는 사람이 있고, 새로운 정보를 배우는 데 어려움을 겪는 사람이 있는 것처럼, 기억손실 경험은 다양하게 나타난다.

경도 신경인지장애는 집행 기능 또는 학습 및 기억과 같은 "하나 이상의 인지 영역에서 이전 수준 성능에서의 약간의 인지적 감퇴"(APA, 2013, p. 605)를 의미한다. 용어의 정의상 경도의 신경인지장애는 개인의 일상생활의 독립성 혹은 활동을 방해하는 것은 아니다. 주요 신경인지장애와 함께, 경도 신경인지장애는 알츠하이머병, 혈관성 치매, HIV 간염, 물질 혹은 약물 사용, 파킨슨병 등의 전문 용어로 진단될 수 있다.

2) 불안 문제

노인이 가진 대부분의 불안장애는 청년과 중년기 때 경험하는 불안장애를 반영하는 것이다. 불안장애로 불안, 긴장, 공포의 증상이 나타난다. 도움을 찾는 사람들은 과민성, 불안함으로 고통스러워하며, 소화불량, 삼키기 어려움 및 헛배부름과 같은 위장 문제를 포함한 다양한 신체 증상을 보인다(Kennedy, 2000).

많은 불안 문제 중에서, 범불안장애와 공포장애(특정 공포증, 사회공포증, 광장공포증)가 아마 여성 노인에게 가장 흔하게 발생하는 문제일 것이며, 남성 노인에게도 매우 많이 발생하는 장애일 것이다. 여성 노인의 6%가 조금 넘는 그리고 남성 노인의 거의 3%가 이러한 장애에 대한 진단기준을 충족할 것이라 추정한다(Abeles et al., 1998; Acierno, Hersen, & Van Hasselt, 1996). 특정 공포증은 광장공포증과 사회공포증이 뒤따르기 때문에 더 큰 문제가 될 수 있다. 불안과 걱정은 종종 재정적 부담 및 건강 상태와 관련이 있는데, 미국에서 대부분의 노인은 이 두 가지 염려를 갖고 있다.

공황장애가 노년에 발병하는 일은 드물다. 청년 혹은 중년기 때의 공황장애의 증상은 노년기에 상당히 감소되거나 약화된다(Abeles et al., 1998). 강박장애 및 외상후 스트레스장애는 노인들 사이에서 덜 흔한 문제로 보고되는 경향이 있다. 노인의 약 1%가 강박장애 기준을 충족하나, 고령자의 약 0.1%만이 공황장애를 보고한다(Acierno et al., 1996).

3) 정서 문제

많은 사람이 우울증이 노화의 정상적인 결과라고 생각하지만, 이 가정은 특정 연구 결과가 아닌 고정관념과 편견에 근거한 것이다. 역학분할지역(Epidemiological Catchment Area: ECA)의 보고서에 따르면, DSM에서 정의한 대로 우울증의 유병률은 상당히 낮다. 2년 이상 낮은 정도의 우울증을 경험하는 기분 부전 장애는 아마 노인들 사이에서 가장 흔한 우울장애인데, 그 유병률은 1.8%에 불과하다. 주요 우울장애는 남성 노인에게서 0.4%, 여성 노인에게서는 1.4%로 추정된다(American Association of Retired Persons, 1990). 비록 나이와 우울 간의 결과는 결혼을 포함한 성격 및 사회인구학적 변수와 관련된 것으로 보이지만, 실제로 25~74세의 2,727명을 대상으로 한 연구와 므로체크와 콜라스(Mroczek & Kolarz, 1998)의 연구에서는 노인보다 청년에게서 부정적인 감정이 더 높은 것으로 나타났다.

물론, 노인들 사이의 몇몇 하위 집단은 우울증에 걸릴 위험이 크다. 이러한 위험에 처한 집단에는 만성 신체 질환, 양로원 또는 기타 기관에 있는 노인 및 노인의 가족 간 병인들이 포함된다(Fisher, Zeiss, & Carstensen, 2001; Koenig & Blazer, 1992).

또한 갤러허—톰슨(Dick & Gallagher-Thompson, 1996) 연구의 고령자의 10~30%가 우울증의 진단기준을 충족하지 못하는 심각한 우울증 증상을 보고할 수 있다는 결과에 주의해야 한다. 이들은 우울증을 노인 정신건강 문제의 "흔한 감기"(p. 182)로 생각한다. 우울증은 적어도 수면 상실과 같은 다양한 우울 증상의 관점에서 볼 때 흔한 것으로 생각되지만, 특정 진단 장애의 유병률 측면에서는 일반적이지 않다.

노인의 우울 증상은 우울증을 앓고 있는 청년에게서 보이는 것과는 다르게 나타날 수도 있다. 노인은 기억 상실 및 신체적 통증뿐 아니라 불안과 요동함이 더 많이 나타날 수 있다. 절망은 노인의 우울한 기분을 나타내는 중요한 증상이다(Abeles et al., 1998). 우울증은 하나의 단일한 현상으로 나타나지 않으며, 증상 및 경과가 인생 전반에 걸쳐 많이 다르게 나타난다는 점에 주의해야 한다. 우리는 매우 다른 삶을 경험하고 있을 다른 사람들에게 우리의 생각을 강요하는 것에 주의할 필요가 있다. 상실은 보는 사람의 눈에 달려 있다.

자살은 노인에게 중요한 문제이며, 우울 증상과 관련되어 있다. "모든 집단 중 가장 높은 자살률은 노인, 주로 혼자 사는 백인계 노인에게서 나타나며, 자살율은 65세에서 85세 사이에 급격히 증가한다."(Abeles et al., 1998, p. 417)

4) 중독 관련 문제

일반적으로 물질사용장애, 특히 그중에서 알코올사용장애가 노인에게서 점점 더 우려되고 있다는 사실이 알려져있다. 약 250만 명의 노인이 알코올 관련 음주 문제를 가지고 있으며, 입원한 노인 5명 중 1명은 알코올 중독 진단기준을 충족한다(Dupree & Schonfeld, 1996). 이 비율은 임상장면에서 표집한, 외래 환자 평가를 위해 의뢰된 사람들을 대상으로 한 다른 연구와 일치한다. 남성은 여성에 비해 알코올 의존도에 있어 더 큰 위험성이 있고, 여성이 1%의 유병률을 보이며 남성은 2~5%의 유병률을 보이는 것으로 추정된다.

불법 약물 사용 및 의존은 비율이 60세가 넘으면 감소하기에 노인에게 큰 문제는 아니다. 여성은 처방약 의존 위험이 더 큰 경향이 있다(Dupree & Schonfeld, 1996). 불법 약물 사용은 지역사회에 거주하는 노인들에게서는 큰 문제가 아니기 때문에, 대부분의 연구 프로그램은 알코올 남용, 처방 및 비처방 약품 남용에 집중되어 있다.

5) 신체와 정신문제

건강염려증, 전환 장애, 신체화 장애 및 신체 이형과 같은 신체형장애는 지역사회 노인의 약 1% 이하에서 나타난다. 그러나 이러한 비율은 임상 환자들에게서는 30%까지 증가할 수 있다(Kennedy, 2000). 그중 건강염려증은 노인 사이에서 진단되는 가장 흔한 신체형장애다. 노인의 10~15%가 "건강에 대해 현저한 우려를 표명하고, 그들의 신체적 문제 정도를 과대평가한다."(Abeles et al., 1998, p. 418) 이 분야의 연구가 모호하긴 하지만, 많은 사람은 노인이 일종의 신체집착을 경험할 수 있다고 믿는다.

감별진단을 하는 데 있어서 한 가지 어려운 점은 신체형장애를 가진 많은 노인이 여러 가지 신체적 상태도 보인다는 것이다.

> 신체형장애가 있는 노인은 실제 신체적 문제의 증상을 줄여줄 수 있는 의료 전문가의
> 적절한 관심을 받지 못할 위험이 있다. 신체형장애가 있는 사람들은 또한 불필요한 약물
> 을 복용하고 불필요한 의료 시술을 받을 가능성이 더 크며, 이 두 가지 모두 실제 질병을
> 발생시킬 위험이 있다(Abeles et al., 1998, p. 418).

다양한 신체 상태를 치료하는 데 사용되는 약물(및 해당 약물의 부작용)도 평가 중에 고려해야 한다. 전형적으로 30세 이전에 발병되기 때문에, 임상전문가는 개인사를 가지고 건강염려증을 배제할 수 있다.

노인 사이에서 섭식장애에 대한 체계적인 연구는 없었으며, 대부분의 섭식장애 사례는 청년 혹은 중년기 때 발생하지만, 섭식장애가 노년기 때 발생할 수 있음을 시사하는 사례들도 있다. 10대와 청년들의 높은 섭식장애 비율이 그들의 나이나 그들의 동년배와 연관되어 있다고 말하기는 어렵다. 만약 동년배 집단과 더 관련되어 있다면, 우리는 나이가 들수록 섭식장애로 고생하는 더 많은 노인을 보게 될 것이다.

에이블리스 외(Abeles et al., 1998)에 따르면, 수면 문제는 일반적으로 나이가 들어감에 따라 증가하며, 불면증은 일반적인 염려, 특히 최근에 사별하거나 별거 또는 이혼한 여성에게서 나타난다. 수면 무호흡증의 위험도 나이가 들면서 증가한다. 수면 무호흡증의 증상은 종종 노인에게서 보고된다.

6) 정신증 및 사고장애 문제

일반적으로 조현병은 사춘기 후기 또는 성인기 초기에 발생하며, 10세 이전의 더 이른 발병이나 45세 이후의 더 늦은 발병은 드물다(Glynn, Muesser, & Bartels, 1996). 그러나 적어도 한 연구에 따르면, 새로운 조현병 발병 사례들의 거의 1/3이 44세 이후에, 새로운 사례들의 12%는 64세 이후에 시작된다(Glynn, Muesser, & Bartels, 1996).

이것은 '후기 발병' 조현병으로 불리는데, 중년기 혹은 노년기 때 처음 조현병 삽화를 보였다는 것을 의미한다. 이러한 상태는 남성보다 여성에게 더 흔하며, 전형적으로 망상(편집증에서 전형적으로 나타나는) 및 환각과 같은 증상을 보인다.

노년기 조현병과 연관하여 뚜렷한 인지적 감퇴는 나타나지 않는 것으로 보인다. 사실, 조현병은 만성적인 질환으로 간주되지만, 조현병으로 고통스러워하는 사람은 시간이 지날수록 증상이 조금씩 개선되는 것을 보고한다. 조현병으로 진단받은 사람의 약 절반이 노화에 따른 증상 완화를 경험한다(Glynn, Muesser, & Bartels, 1996).

치매는 '연령과 연관된 장애'로 간주되며(Kennedy, 2000, p. 45), 알츠하이머형 치매는 노인의 약 8~15%에 영향을 미친다. 노인은 나이가 들면서 치매 위험이 증가하며, 적어도 85세까지 5년마다 그 위험성은 2배가 된다(Kennedy, 2000, p. 45). 실제 뇌 조직의 조직 검사는 알츠하이머병 진단을 위한 유일하고 확실한 방법이지만, 일반적으로 정확한 진단은 임상 검사 및 내담자 및 가족력을 기준으로 내려진다(Kennedy, 2000, p. 45). 자기공명영상(MRI)을 사용하여 혈관성 치매의 진단을 확인할 수 있는데, 혈관성 치매는 기능의 '부드러운' 감소보다는 증상의 단계적 진행을 특징으로 하는 치매의 한 형태이다.

7) 성격장애

노인의 성격장애 유병률 추정치는 상당히 다양하게 나타난다. 지역사회의 최저 0.8% 유병률부터 중증 정신질환을 동반하는 임상 집단에서는 최고 20% 비율에 이르는 범위가 있다(Kennedy, 2000). 성격 특성은 일반적으로 평생에 걸쳐 다소 안정적인 것으로 생각되기 때문에, 지역사회의 노인에게서 보이는 비율은 아마도 우리가 청년 및 중년에게서 관찰하는 비율과 유사할 것이다. 편집증 약 2%, 분열형 3%, 반사회성 2%(남성 3%, 여성 1%), 경계선 2%, 히스테리 2.5%, 자기애성 1%, 회피성 1% 및 강박적 성격장애 1%다(Kennedy, 2000). 성격장애는 노년기 때 제대로 진단받지 못할 우려가 있다(O'Connor & Dyce, 2001).

8) 성적 문제

사람들은 노인은 종종 성적 욕망이 거의 없거나 또는 성적 행동을 거의 또는 전혀 하지 않는 것으로 생각한다. 이러한 인식은 노인의 성생활에 대한 현실보다 사람들의 무지와 편견이 더 많이 반영된 것일 수 있다. 나이가 들면서 성행위는 감소하는 것으로 보인다(Laumann et al., 1994). 그러나 노인은 사람들의 고정관념에 비해 성적으로 더 활동적이다. 대다수의 노인은 확실히 지속적으로 성적 욕망을 경험한다. 예를 들어, 한 연구에서 남성 노인의 88%, 여성 노인의 71%가 이성과 친밀감을 느끼는 공상을 하며, 남성의 72%와 여성의 40%가 자위행위를 했으며, 남성의 63%와 여성의 30%가 성행위를 한다고 보고했다(Bretshneider & McCoy, 1988; 또한 Dello Buono et al., 1998; Marsiglio & Donnelly, 1991; Starr & Weiner, 1981; Steinke, 1994 참조). 결혼 상태는 성활동과 흥미를 예측한다. 이 결과는 특히 여성에게 해당된다(Dello Buono et al., 1998).

노인 남성과 여성 모두 연령에 따른 중요한 변화를 경험하며, 이러한 변화들 중 일부는 성적 행동에 영향을 미칠 수 있다. 여성에게 정상적으로 나타나는 연령에 따른 변화는 생식 기관에 영향을 미치는데, 약 50~55세의 폐경과 그에 따른 에스트로겐과 프로게스테론 생산의 감소는 질벽의 얇아짐 및 건조로 인한 성교 중 통증으로 이어질 수 있다(Whitbourne, 1996).

남성은 나이가 들어도 여전히 생식할 수 있지만, 생산되는 생존 가능한 정자 수는 감소한다. 연령에 따른 정상적인 변화로 음경 발기가 더 적고 부드러워지고(Schiavi et al., 1990), 성적 반응(욕망, 흥분, 절정, 해소) 주기가 둔화되고, 불응기의 간격, 즉 발기와 오르가즘에 도달하는 데 필요한 시간이 더 길어진다(Whitbourne, 1996). DSM-5에서 비록 정확히 추정하기 어려울 수 있지만, 특히 50세 이상의 남성에게 연령에 따라 유병률이 증가한다는 것에 일반적으로 합의하고 있다. "40~80세 남성의 약 13~21%가 발기 문제를 겪고 있다. 40~50세 미만의 남성의 경우 약 2%가 발기에 자주 문제가 있다고 불평하며, 반면 60~70세 이상의 남성의 40~50%는 발기에 심각한 문제를 보인다." (APA, 2013, p. 427) 나이 외에도 발기부전 위험 증가는 낮은 교육 수준과 당뇨병 및 심장병과 같은 건강 저하와 관련되어 있다.

이제 다양한 문제의 원인에 관한 이론에 주목한다. 앞에서 자세히 논의한 내용을 반복하기보다 논의에서 특히 노년기와 관련된 선행 항목에 집중해 볼 것이다.

2. 병인 및 지속의 주제

이 장에서 다루는 문제의 범위는 노년기의 문제에 선행사건이 없음을 명확히 보여준다. 우리는 연령에 따른 변화와 이러한 변화가 노인이 직면하는 문제에 미치는 영향에 특별히 주목하며, 많은 중요한 요인을 고려할 것이다.

1) 신경인지장애

물질 중독 및 금단, 감염 및 뇌 손상 혹은 외상을 포함한 많은 의학적 상태는 섬망으로 이어질 수 있다. 고령자는 그들에게 매우 흔하게 나타날 수 있는 경미한 감염, 약물의 변화들로 섬망의 상태에 이르는 큰 위험에 놓일 수 있다.

주요 및 경도 신경인지장애의 잠재적인 원인에는 여러 가지가 있다. 여기에는 약물 남용뿐 아니라 의학적 상태(예: 뇌졸중 또는 에이즈)가 포함된다. 그러나 나이는 신경인지장애에 있어 아마도 더 중요한 위험 요인 중 하나일텐데, 신경인지장애의 유병률은 65~74세의 사람들에게는 약 1%, 75~84세의 사람들에게는 4% 그리고 85세 이상의 사람들에게는 10%로 나타난다(Patterson, 1996).

연구자들은 우울증과 불안을 포함한 심리적 위험 요인들뿐 아니라 경미한 인지장애에서 주요 신경인지장애로 발전될 위험에 놓인 사람들을 변별하는 데 도움을 줄 수 있는 검사와 생체지표를 알아내고자 한다(Sachs-Ericsson & Blazer, 2015).

2) 불안 문제

불안 문제는 종종 다양한 신체적 질병, 파킨슨병 및 저혈당증, 치매와 같은 신체적 질병과 종종 함께 발생한다. 피셔, 제이스 및 카스텐슨(Fisher, Zeiss, & Carstensen, 2001)의 관찰에 따르면, 불안과 신체적 질병의 경우에, 어떤 것이 원인인지 불분명하다. 현재까지의 연구에 따르면, 불안과 신체적 질병이 동시에 발생하거나 혹은 신체적 질병 직후에 불안이 뒤따른다.

연령에 따른 변화들은 노인의 불안에도 영향을 미칠 수 있다. 예를 들어, 정상적인 연령에 따른 생화학적 변화들은 청년과 중년보다 노인에게서 "잠재적으로 걱정을 유발하는 자극의 영향을 감소시키는 인지 능력의 저하"(Fisher, Zeiss, & Carstensen, 2001, p. 932; Sachs-Ericsson & Blazer, 2015)로 이어질 수 있는 것으로 추측된다. 낮은 불안 수준에 대한 다른 설명으로 스트레스가 많은 사건에 대한 습관화, 삶의 경험으로 인한 현실적인 기대 및 정상적인 노화와 관련된 태도의 변화가 포함된다(Fisher, Zeiss, & Carstensen, 2001, p. 932).

3) 정서 문제

우울은 생각했던 것보다 노인에게 덜 일반적이다. 사실, 우울증의 비율은 청년과 중년에 비해, 노인이 되면 낮아지는 것으로 보인다. 신체적 질병이 노인의 우울을 유발한다는 가정도 있어 왔다. 하지만 실제 사례에서 나타나는 것은 엄밀히 말하면 신체적 질병보다는 기능 상실이며, 이것은 노인의 우울과 연관된 주요 연령 관련 요인이다(Fisher, Zeiss, & Carstensen, 2001). 특히 우려되는 것은 기능적 손실로 인한 심리적 피해다. 그렇다면 우울증은 아마도 이 "심리적 영향, 특히 가치 있는 노인들의 활동을 제한하고 노인들의 역할과 기회들을 제한하는 기능적 변화"(Fisher, Zeiss, & Carstensen, 2001, p. 925)에 기인할 것이다. 우울증은 경증 및 주요 신경인지장애의 위험과 관련되어 있다(Sachs-Ericsson & Blazer, 2015).

변화는 노인들의 역할과 책임에서도 나타난다. 은퇴하고 나면, 노인의 역할 변화는 강화의 감소를 의미할 수 있고, 우울증으로 이어질 수 있는 상실의 경험이 증가한다. 사별은 노인이 겪는 흔한 경험으로, 노인은 배우자 혹은 가까운 친구나 다른 가족 구성원을 잃게 된다. 미국에서 흔한 문제인 슬픔의 회피는 노인이 되어 많은 상실을 경험하는 사람들의 어려움을 더 복합적으로 만들 수 있다.

4) 중독 관련 문제

노년기로 이어진 장기적인 약물남용의 예후는 좋지 않으며, 일반적으로 더 많은 집중적인 의료 개입을 필요로 한다(Fisher, Zeiss, & Carstensen, 2001). 노년의 알코올 남용 혹은 특정 물질 남용은 일반적으로 특정 사건에 의해 시작된다. 노화와 관련하여 스트레스가 많은 사건 중에는 은퇴, 배우자 상실, 가족 갈등, 건강 문제, 이사 및 재정 부담이 포함된다(Abeles et al., 1998; Fisher, Zeiss, & Carstensen, 2001).

5) 신체와 마음의 문제

섭식장애 중 거식증은 노인에게서 더 흔하게 나타난다. 노화와 관련된, 낮은 대사율, 신체 활동 감소, 시력 변화, 미각 및 후각, 치아 또는 틀니 문제 등을 포함한 평범한 변화들은 노인의 칼로리 섭취에 영향을 미칠 수 있다(Fisher, Zeiss, & Carstensen, 2001).

수면에 영향을 미칠 수 있는 정상적인 연령에 따른 변화에는 비렘수면(Non-Remsleep; 또는 깊은 수면 및 회복 수면)의 감소 및 얕은 수면의 증가가 포함된다. 이것은 밤새 얕은 수면 중 잦은 '각성(미세 각성)' 및 이른 시간에 깊은 수면 단계의 진행'(Kennedy, 2000, p. 105)으로 이어진다. 수면 문제의 다른 원인으로, 첫째, 정해진 수면-각성 주기가 확립될 수 있는 규칙적인 일상의 부족, 둘째, 수면을 방해할 수 있는 주기적인 다리 움직임, 셋째, 신체 및 정신건강 문제와 이런 문제를 치료하기 위해 사용되는 약물로 인해 수면장애가 나타날 수 있다.[1]

6) 정신증과 사고장애 문제

생물학적 취약성은 조현병의 원인에 필수적이지만 충분치 않은 요인으로 간주된다. 스트레스 취약성 모델에 따르면, 환경 스트레스 요인은 증상 발병에 중요한 역할을 하므로 (비록 일부 연구들은 예상보다 중년 및 노년기 조현병의 비율이 놀라울 정도로 높다고 보고하지만) 조현병의 대부분의 사례가 성인이 되기 훨씬 전에 발생한다는 것은 이해할 수 있는 내용이다.

---

1 일반적으로 필자들은 몸과 마음의 문제에 관한 부분에서 신체형장애를 다룰 것이다. 그러나 일반적으로 노인은 신체적 건강에 몰두한다고 여겨지지만, 노인의 신체형장애에 대한 연구는 이러한 전형적인 유형을 지지하지 않는다. 많은 건강 관련 문제가 노년에 발생할 수 있지만, 정상적인 연령에 따른 변화로 인해 노인이 신체형장애에 걸릴 위험이 더 크다는 증거는 나타나지는 않는다. 필자들은 대신 몸과 마음의 문제에 관한 부분에서 섭식장애와 수면장애에 초점을 맞출 것이다.

편집증은 노년기에 더 흔한 증상이며, 망상장애는 노인 사이에서 가장 흔하다. "결혼한 적도 없고, 자녀도 없고, 사회적으로 고립되어 있는 것, 심각한 청력 상실"(Fisher, Zeiss, & Carstensen, 2001, p. 935)을 포함한 많은 요인이 일부 노인들의 편집증에 영향을 미칠 수 있다. 추가적인 위험 요인은 조현병 혹은 편집증의 가족력이다.

7) 성격 문제

성격장애는 본질적으로 만성적이고, 어린 시절에서 비롯되며, 일반적으로 청년기 때 결정된다. 케네디(Kennedy)가 관찰한 것처럼, 성격장애의 시작은 "성인 초기 이전에" "장애는 무시할 수 없는 어떤 사건이 명백해질 때까지 뚜렷해 보이지 않지만"(2000, p. 114)나타난다. 성격 왜곡의 강도는 특히 20대에 강하게 나타난다. 일부 성격장애는 시간이 지남에 따라 부드러워지는데, 특히 경계선, 나르시시즘 및 반사회적 성격장애에서 그러하다(O'Connor & Dyce, 2001).

8) 성적 문제

의학적 문제, 약물 및 연령에 따른 변화는 성기능에 부정적으로 영향을 미칠 수 있다. 나이에 따른 변화는 여성의 에스트로겐 수치 및 여성과 남성의 테스토스테론 수치의 감소를 포함하여 성기능을 떨어뜨릴 수 있다. 노인이 복용하는 일부 약물(예: 저혈압제 또는 베타 차단제)로 인해 성적 욕구가 감소하거나 사정의 문제가 발생할 수 있다(Agronin, 2014; Leiblum & Rosen, 2000).

문화적 고려사항을 간과해서는 안 된다. 노인과 노화에 대한 일반적인 태도는 노인들의 정신건강에 영향을 미칠 수 있다. 일반적으로 노화와 관련된 서구 사회의 많은 부정적인 메시지는 내면화될 수 있으며, 노인이 자신의 성적 능력과 흥미를 의심하게 만들 수 있다.

3. 치료의 주제

일반적으로 정신건강 전문가는 노인을 돕기 위해 시간 제한적이고 구조화된 개입을 선호하는 경향이 있다(DeVries, 1996). 기독교 정신건강 전문가들은 다양한 증상을 보이는 노인에게 특히 도움이 될 수 있는 치료법을 알고 있어야 한다(Schneider, 1995).

1) 신경인지장애

행동치료는 종종 주요 신경인지장애와 관련된 문제 행동을 해결하기 위한 경험적으로 적합한 접근법으로 간주된다(Gatz et al., 1998, p. 31). 자극통제 또한 잘 확립된 치료 접근법으로 알려져 있다. 현실 지향과 기억, 인지 재교육은 '기능 쇠퇴'의 진행을 늦추는 데 '효과적'인 것으로 간주되지만(Gatz et al., 1998, p. 34), 회상법은 도움이 되지 않는 것으로 간주된다.

할로페리돌은 종종 급성 섬망으로 고통받는 사람들에게 처방되지만, 치료는 삽화를 일으키는 상황 혹은 환경에 맞게 진행되어야 한다. 예를 들어, 벤조디아제핀은 알코올 또는 기타 물질금단으로 섬망이 발생한 사람을 치료할 때 처방되는 것이 일반적이다. 보험 형태의 지원은 종종 섬망을 경험하는 사람들을 돕기 위해 제공된다.

주요 신경인지장애에 대한 치료는 상태의 특징과 원인이 되는 손상 정도에 따라 치료가 훨씬 더 어려워진다. 뉴런을 보존할 수 있는(경우에 따라 다시 저장하는) 물질에 대한 최첨단 연구(예: 노르아드레날린 기반 접근법)가 진행되고 있으며(Sachs-Ericsson & Blazer, 2015), 태아 뇌 조직을 주요 신경인지장애가 있는 노인에게 이식하는 것과 관련된 논란의 여지가 있다. 인지 자극, 운동 그리고 식습관도 연구되고 있다(Sachs-Ericcson & Blazer, 2015).

2) 불안장애

불안장애로 고통받는 대부분의 노인은 정신건강 서비스를 찾지 않는다. 그들이 약간이라도 도움을 받는다면, 일반적으로 의사를 통한 것이고, 불안 문제의 치료는 보통 약물 요법의 형태로 이루어진다. 스코긴(Scogin, 1998)에 따르면, 벤조디아제핀이 종종 사용된다. 진정 및 인지기능 장애와 같은 부작용이 보통 있지만 불안 완화제 또한 치료에 사용된다. 노인의 불안 치료에 분명히 도움이 되는 것으로 보이는 것은 인지행동치료와 "전통적인 점진적 근육 이완과 …… 점진적 이완과 관련된 긴장-방출 사이클을 할 수 없는 경우 유용한 대안으로 심상이완을 함께하는 경우다."(Scogin, 1998, p. 208; Gatz et al., 1998; Sachs-Ericsson & Blazer, 2015). 기타 자주 사용되는 접근방식에는 범불안장애로 고통받는 노인을 위한 지지 치료가 포함된다.

3) 우울장애

불안 문제와 마찬가지로 우울한 노인이 우울로 인해 치료실을 찾는 경우는 드물다. 카슬-고들리 가츠 및 피스케는 노인이 "우울증의 증상에 대한 치료를 찾지 않기 때문에" 노인들이 신체 문제로 치료를 받을 때 혹은 의사가 노인들의 우울 증상을 인식하지 못할 때 노인들 스스로 "우울증에 대해 언급하지 않는다."(Kasl-Godley, Gatz, & Fiske, 1998, p. 215)고 추측한다. 노인의 우울증 치료는 젊은 성인의 치료와 유사하며 특별히 인지행동치료와 대인관계치료가 포함된다. 또한 심리교육과 구조적 인생 회고가 종종 치료에 사용된다(Gatz et al., 1998; 주요 신경인지장애를 가진 노인의 심리적 문제의 치료에서의 적용은 Sachs-Ericsson & Blazer, 2015 참조).

4) 중독 관련 문제

중독 문제에 대한 치료 접근법이 없다는 것은 이미 노인 치료에서 잘 알려져 있는 내용이다. 가츠 외에 따르면, "회상 요법, 연령 구분, 도전적이기 보다 지지하는 분위기는 노인 인구를 위한 약물남용 치료의 효과적인 방법일 수 있다."(Gatz et al., 1998, p. 27)

현재 노인을 위한 개입은 해독 프로그램, 약물 요법 및 다양한 심리사회적 치료 접근법을 포함하는 경향이 있다. 곰버그와 주커(Gomberg & Zucker, 1998)는 '노인에게 특정한' 치료 계획이 필요한지에 관한 논쟁을 언급하였는데, 최근 연구는 노인에게 맞춘 특정한 프로그램을 받는 노인이 더 치료를 끝까지 완료할 가능성이 높고 재발이 더 낮은 것으로 나타난다고 언급한다(개관은 Gatz et al., 1998의 '연령 구분' 참조). 청년보다 노인에게 금단이 더 오래 걸릴 수 있음에 주목하는 것이 중요하다.

약물 요법은 물질남용 치료에서 일반적인 것이다. 그러나 우리는 노인에게 안타부스(antabuse, 알코올 중독 치료제)와 같은 물질의 효과와 이런 약물 요법의 사용이 의학적으로 아픈 노인을 위험에 빠뜨리게 할 수 있다는 것에 대해서도 거의 알지 못하고 있다(Gomberg & Zucker, 1998).

심리사회적 치료 접근법에는 행동치료, 집단치료 및 가족치료가 포함된다. 자기관리, 기술 습득 및 사회적 지원의 중요성을 가르치는 행동 원칙에 기반한 최소한 하나의 특정 일일 치료 프로그램에 대한 경험적 근거가 있다(Gomberg & Zucker, 1998). 지지적 집단치료는 가족치료와 마찬가지로 일부 연구에서 노인에게 효과적인 접근방식으로 알려져 있다.

5) 신체와 마음의 문제

섭식장애에 대한 치료법은 다양하며, 일반적으로 특정 노인의 특이한 증상에 맞게 치료가 진행된다. 치료의 기본 원리는 청년들에게 사용되는 치료와 유사하지만, 중년 및 노인의 경우 체중 감소와 영양실조에 더 취약한 경향이 있다. 영양 재교육은 적절한 칼로리 섭취가 좋은 강화가 되듯 종종 성공적인 치료의 중요한 구성 요소이다.

가츠 외(Gatz et al., 1998)는 수면장애에 인지행동치료 및 자극통제 치료가 효과적인 것으로 확인하였다. 이런 접근법들에서 정신건강 전문가는 일반적으로 좋은 수면 위생을 강조하며, 수면위생은 치료에 필요한 것이다. 정신건강 전문가는 자극 통제와 필수적으로 수면 장애로 고통받는 노인의 특정 요구에 맞는 행동 지침을 가르친다(예: 잠들기 전 카페인 피하기, 일상 패턴 유지하기). 노인은 수면을 통제하는 것을 배워서 "침대에 있는 동안 잠들어 있는 시간대 깨어 있는 시간의 비율"(DeVries & Coon, 2002, p. 554)을 증가시킨다. 자극통제와 수면 규제는 그 자체로는 효과가 있는 것으로 간주되지 않지만(Gatz et al., 1998), 수면장애에 성공적으로 사용된 이완훈련과 이미지 운동을 통해 보완될 수 있다(DeVries & Coon, 2002; Nielsen, Nordhus, & Kvale, 1998).

6) 정신증과 사고장애 문제

노년기에 조현병을 치료하는 것은 청년의 조현병 치료와 크게 다르지 않으며, 더 늦게 발병하는 조현병은 훨씬 더 나은 예후와 함께 약물치료를 받는 사람들의 약 50%가 개선되는 비율을 보인다(Karon & VandenBos, 1998). 하지만 많은 항정신병 약물이, 적어도 많은 용량의 경우, 노인에게 금지되어 있다는 사실을 포함하여 몇 가지 구별해야 할 점이 있다. 편집증은 늦게 발병한 조현병을 가진 환자들에게 더 흔하다. 이런 경우 내담자가 정신증 혹은 사고장애 없이 50세 이상 성공적으로 살아왔음을 상기하고, 현재 상황을 도움이 될 수 있는 맥락에 두는 것이 중요하다(Karon & VandenBos, 1998).

7) 성격 문제

우리는 앞에서 성격장애의 강도가 특히 청년기에 강하다는 것에 주목하였는데, 적어도 일부 성격장애들은 시간이 지남에 따라 강도가 감소한다. 정신역동치료, 인지치료 및 변증법적 행동치료를 포함하여 성격장애를 다루는 데 다수의 개입이 사용되어 왔다. 그러나 성격장애를 가진 노인을 위한 특정 치료 프로그램에 대한 연구 성과는 거의 없다(O'Connor & Dyce, 2001). 우리는 최근 성격장애의 약물 요법에 대해 관심을 가져왔는데, 비록 청년들에게 극적으로 효과적인 약물치료는 없지만, 노인에게의 약물 요법의 사용은 점점 더 복잡해져 가고 있다. 오늘날 대부분의 의사는 "위기 시 관계, 생활 습관, 사고방식 및 정서적 반응이 느리고 약하게 개선되는"(O'Connor & Dyce, 2001, p. 409; 성격장애의 발달적 관점에 대해서는 Tackett & Sharp, 2014 참조) 증상을 줄이는 것을 강조한다.

8) 성적 문제

노인의 성문제를 경험한 사람들에 대한 치료는 다름의 범주로 일반적으로 심리교육 프로그램, 약물약리학 및 비처방 지원, 성 상담으로 분류된다. 심리교육적 접근방식은 노인의 건강한 성 생활을 향상시키도록 만들어져 있다. 이러한 프로그램은 발기부전과 같은 일반적인 성기능 장애를 다루거나(예: Robinson, Faris, & Scott, 1999), 혹은 암이나 생명을 위협하는 기타 질병을 치료한 후 성적 친밀감에 대한 불안감을 감소시키는데 초점이 맞춰져 있다. 심리교육 프로그램은 노인 가족이나 요양원 직원들과 같은 '노인들과 가까이 있는 사람들'을 위해 개발되었으며(White & Catania, 1982), 이러한 프로그램들은 일반적으로 성생활과 정상적인 노화에 관한 교육 자료를 제공한다.

정신약리학은 특정 성기능 장애에 대한 일반적인 접근방식이다. 예를 들어, 실데나필(비아그라)은 특히 남성의 성기능을 촉진하는 데 도움이 된다(그러나 일부 심장질병을 가진 남성에게는 금지된다). 여성의 에스트로겐과 여성과 남성의 테스토스테론 수치 감소는 에스트로겐과 테스토스테론 대체요법으로 보완될 수 있다. 일부 약물(예: 저혈압제 및 베타 차단제)을 복용하는 노인은 성적 욕구가 감소하거나 사정에 문제가 생길 수 있으며, 이러한 증상들이 나타날 때 대체 약물로 이러한 문제가 멈추거나 변화할 수 있다(Leiblum & Rosen, 2000). 노인과 다른 사람들의 성적 표현을 도울 수 있는 일반의약품이 많이 있다. 윤활제는 질의 건조함을 줄이고, 바디 로션 및 오일은 성기능을 향상시킬 수 있다.

마지막으로, 건강한 성생활을 장려하려는 노력은 젊음이 주도하는 문화에 사는 것이 노인에게 미치는 영향을 인식하는 데 도움이 된다. 건강 전문가들은 노인이 자신들을 개인적·문화적·종교적 신념과 가치와 일치하는 행동으로 표현할 수 있는 성적 욕구를 갖고 있는 사람으로 인식하도록 격려하며 긍정적인 메시지를 전달할 수 있다.

노인 대상의 성상담은 많은 면에서 청년의 성치료와 유사하다. 성관계 기록을 수집한 후, 정상적인 노화에 관한 교육이 제공된다. 만성질환 및 만성적인 질병을 치료하기 위한 약물의 효과를 배제하기 위해 노인이 국가건강검진을 받을 수 있도록 의뢰하는 것이 중요하다. 상담에는 종종 감각 집중법, 자위행위 유도와 같은 일반적인 훈련과 개인 혹은 부부의 필요에 맞는 숙제가 포함된다.

좀 더 흔한 현재의 문제들에 대해서, 하이만과 메스톤(Heiman & Meston, 1997)은 성치료 결과에 대한 연구를 요약하고(반드시 고령자의 경우는 아님) 선호하는 접근법으로 일차적인 성 불감증의 치료에서 유도된 자위행위, 효과를 촉진하는 감각 집중법, 질 확장제 사용 및 질경 이완, 발기부전에 대한 체계적인 둔감화 및 감각 집중법, 조기 사정을 위한 '압착 기술'(성적인 각성 중이지만 사정 전의 성기 귀두 바로 아래에 강한 압력을 가하는)을 언급한다. 하이만과 메스톤에 따르면, 욕구장애, 성교통증 및 지연된 사정에 대한 효과적인 치료법을 구체화할 수 있는 활용 가능한 연구는 많지 않다.

9) 치료의 최근 경향

노인 학자들은 '미국의 노화'가 전문가들만 관리할 수 있는 수준 이상으로 확대되고 있으므로, 일반 지식을 갖추고 있는 사람들도 노인과 효과적으로 일할 수 있도록 이들을 훈련시켜야 할 필요성을 점점 더 인식하고 있다. 교육 및 개입의 새로운 추세에는 노인의 특별한 필요에 대한 맞춤 치료 '노화 체계'에 대한 인식 및 노인을 가까이에서 접하는 사람들(가족 간병인과 같은)을 의도적으로 가장 중요한 치료자로서 활용하는 것, 노인의 삶에서 종교와 영성의 역할을 인식하는 것에 대한 강조가 포함된다.

오늘날 건강 전문가가 노인의 필요에 맞게 서비스를 맞추는 것이 중요하다는 인식이 증가하고 있다. 드브리스(DeVries, 1996)는 서비스를 노인의 필요에 맞추기 위해, 치료회기에 집중하고 구조화하는 데 좀 더 적극적인 역할을 할 것을 제안한다. 치료자는 정보 처리에 영향을 미칠 수 있는 시력과 청력과 같은 정상적인 연령에 따른 감각 결함을 반영하여 치료의 전반적인 속도가 느려질 것을 예상하는 것이 좋다. 이를 보완하기 위해 드브리스는 정신건강 전문가가 회기에서 정보를 제시할 때, 예를 들어 유인물 또는 서면 지침과 같은 여러 가지 감각 방법을 사용할 것을 제안한다.

다른 구체적인 권장 사항들에는 노인이 치료의 성격과 구조에 잘 적응하도록 하는 것이 포함된다. 현대 정신건강 서비스의 특징처럼 여겨지는 전통적인 '50분 치료 시간'에 대해 재고하는 것이 유익할 수 있다(Solomon, Faletti, & Yunik, 1982). 노인은 시간이 제한되어 있는 '회기'에 만나는 것을 꺼리며, 치료의 가치에 의문을 가질 수 있다. 이것은 중년 성인이 나이가 들어가면서 변화하는 동시대 효과일 수 있다. 그동안 정신건강 전문가들은 교육 워크숍 또는 지역 공동체 모임처럼 노인에게 더 매력적인 방식으로 구성된 교육 프로그램을 개발함으로써 정신건강 서비스에 대한 오명을 줄일 수 있다(Yarhouse & DeVries, 1998).

'노화 네트워크'는 돌봄에의 다학제적 접근의 확대로 간주될 수 있다. 정신건강 전문가들은 노인을 위한 정신약리학에서 전문 훈련과 경험을 가진 의사를 찾고 활용하는 것을 필요로 할 뿐 아니라, 이들은 노인에게 서비스를 제공하는 데 관여하는 "연방, 주 및 지방의 공공 및 민간 조직의 상호관계인 '노화 네트워크'를 확인하고 접근하는 것의 중요성을 인식하고 있어야만 한다."(Waters & Goodman, 1990, p. 78)

토빈과 토스랜드(Tobin & Toseland, 1985)에 따르면, 정신건강 전문가들이 지역사회 기반, 가정기반과 주거기반이나 기관기반 치료를 구별하는 것이 도움이 될 수 있다. 이러한 각 치료 유형은 서비스를 필요로 하는 노인의 장애 수준(최소, 보통 및 중증)에 기반하여 더 조직화될 수 있다. 예를 들어, 최소한의 장애를 갖고 있는 사람들을 돌보는 지역사회 기반 치료는 노인센터나 지역대학을 통한 성인 교육의 적극적인 관여의 모습을 띨 수 있다. 경미한 장애가 있는 노인을 위한 가정기반의 필요는 집수리 및 운송 서비스와 같은 형태를 취할 수 있다. 가족 돌봄 및 가정 건강증진 서비스는 더 심각한 장애를 가진 노인을 위한 가정 기반 치료의 좋은 실례이다(Yarhouse & DeVries, 1998).

노인의 삶에 조기 개입을 제공하는, 노인 가까이에 있는 사람들을 확인하고 이들이 노인과 함께 있도록 하는 것이 점점 더 강조되고 있다. 이러한 사람들 중에 가족 간병인이 가장 자주 연구되고 있다. 사실 노인의 삶의 질을 향상시키길 원하는 정신건강 전문가는 간병인-수혜자 관계 개선의 이점을 고려해야 한다. 적어도 한 연구(Colerick & George, 1986)에 따르면, 간병인-수혜자 간의 관계는 환자의 상태와 질병의 단계를 포

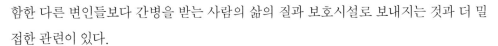

함한 다른 변인들보다 간병을 받는 사람의 삶의 질과 보호시설로 보내지는 것과 더 밀접한 관련이 있다.

특히 중요한 것은 노인 학대의 위험을 줄이기 위해, 가족 간병인(여성일 가능성이 더 높은)이 부정적인 감정(예: 분노 및 좌절)을 잘 다루게 하는 것이다. 가족 간병인은 분노와 좌절감을 관리하는 기술을 배울 수 있으며, 간병인이 성인 주간 돌봄센터와 같은 노화와 관련된 기관의 자원을 사용하지 못하도록 방해했을 수 있다는 가정, 고정관념 또는 비합리적인 인지에 도전할 수 있다(Yarhouse & DeVries, 1998).

정신건강 커뮤니티는 많은 노인을 포함하여, 정신건강을 추구하는 많은 사람의 삶에서의 종교와 영성의 중요성을 더 높게 인식하고 있다. 병리의 잠재적인 원천으로서 종교에 회의적으로 접근하기보다는, 종교와 영성을 개인의 문화(Ellor, 2013; APA, 2013, p. 749)에 기여하는 것으로 보며, 적절한 경우 전문 서비스에 종교와 영성을 통합하는 경향이 있다.

4. 예방의 과제

노년기의 문제 예방에 접근하는 방법에는 여러 가지가 있다. 노인에게 "그것을 사용하라. 그렇지 않으면 잃는다."라는 격언을 따르도록 권장하는 것은 단순하게 들릴 수 있다. 이러한 격언은 노인의 모든 문제를 예방하지 못할 수 있지만, 정상적인 노화로 발생하지 않는 특정 장애를 제외하고는, 뇌의 노화가 뇌를 어떻게 사용하는지에 달려 있다는 점에서 적용되는 사실이다. 언어적 및 시각적 기억의 일부 감퇴를 보게 되는 것이 드문 일은 아니지만, 읽기와 이해는 실제로 나이가 들어감에 따라 거의 변하지 않는다. 정상적인 노화는 약간의 기억 상실로 이어지며, 기억과 관련된 뇌의 일부인 해마의 세포 손실로 인해 발생하는 것으로 간주된다. 그러나 장기기억은 손실에 영향을 덜 받으며, 많은 노인은 오래전, 심지어 아동기의 기억, 특히 사건과 관련된 특정 냄새 혹은 특정 노래와 같은, 회상에 도움이 되는 방식으로 기억된 경우 오래전의 일도 회상할 수 있다.

정상적인 연령에 따른 기억의 변화는 항상 특정한 원인이 있는 주요 신경인지장애와 구별되어야 한다. 신경인지장애는 "이전의 더 높은 수준의 기능에서의 변화를 보이는 인지장애"(Knight, 1996, p. 91)를 포함하며, DSM-5는 이러한 변화가 경증에서 주요 장애의 연속선상에서 발생할 수 있음을 인정하고 있다. 유기적 뇌 질환의 위험은 나이가 들면서 증가하고, "치매는 뇌 기능에 영향을 미치는 뇌 질환이나 신체 질환으로 인한 것으로 추정된다."(Knight, 1996, p. 91)

이 장에서는 각 주요 문제에 대한 예방 노력에 집중하기보다는 고령자를 위한 최선의 예방 개입을 알아볼 것이다. 예방 개입은 '보편적 예방' '선택적 예방' 및 '지시적 예방'이라는 제목으로 구성되어 있다(Konnert, Gatz, & Hertzsprung, 1999, p. 326).

1) 보편적 예방

보편적 예방 프로그램은 모든 노인 혹은 그 가족을 대상으로 하며, 이러한 프로그램들은 전형적으로 웰빙, 활력 증진, 옹호를 강조한다. 프로그램의 질은 종종 조언과 격려를 주기 위해 아이들과 노인을 연결하는 세대 간 프로그램들뿐 아니라, 자조 집단 및 동료 상담 프로그램들에 달려 있다. 코너트, 가츠 및 헤르츠스프룽(Konnert, Gatz, & Hertzsprung, 1999)이 관찰한 것처럼, 많은 보편적 예방 프로그램은 자원봉사에 기반해 있다. 다른 사람들은 서비스에 대한 보수를 포함할 수도 있는 준 전문가 역할을 강조한다.

보편적 프로그램이 지역사회로 확장될 때, 이러한 프로그램은 노인이 자신에게 "의료 서비스에 대한 정보(예: 보험, 사전 지시서), 건강 증진과 웰빙 그리고 노화에 관한 법적, 윤리적, 재정적 측면의 정보"(Konnert, Gatz, & Hertzsprung, 1999, p. 326)를 제공하는 시청 회의에 적극적으로 참여하는 것처럼, 종종 상호 지원을 위한 이웃 네트워크의 형태를 띤다.

2) 선택적 예방

보편적 예방프로그램과는 대조적으로, 선택적 예방 프로그램은 전형적으로 "대상 집단을 특정 스트레스가 많은 삶의 사건을 경험한 사람들"(Konnert, Gatz & Hertzsprung, 1999, p. 321)로 정의한다. 앞서 언급했듯이, 삶의 사건들은 예측 가능하고 자신의 건강 변화와 배우자 및 친한 친구들의 상실을 포함한 것일 수 있다. 일반적으로, 선택적 개입은 환경을 변화시키거나 혹은 대처기술을 강화하는 것을 돕는다.

환경을 조정하려면 방문자 프로그램, 전화 지원 프로그램 및 지지집단에서 나타나는 것처럼, 사회적 지원 연결망을 확장하고 강화하는 것이 포함될 수 있다. 종종 가장 고립된 노인, 예를 들어 시설에 있는 노인, 농촌 지역의 노인 및 최근 과부가 된 노인이 프로그램 대상이 된다.

가족 또한 교육과 개입의 일반적인 초점 대상이 된다. "이러한 역량…… 새로운 기술을 발전시키고, 새로운 태도를 형성하며, 새로운 통찰력을 얻거나 새로운 지식을 얻는 것을 통해 전체 가족 체계가 강화될 수 있다."(Smith, 1999, p. 383) 스미스(Smith)가 관찰한 것처럼, 이러한 집단은 종종 심리교육 지원의 모임 형태를 하지만, 이러한 집단 프로그램에는 가족과의 추억과 가족들 삶의 풍요로움과 교육이 포함될 수 있다.

가족 간병인은 그들의 상황에 맞는 다양한 대처 전략을 배울 수 있다. 예를 들어, 알츠하이머병으로 고생하는 노인의 가족 간병인은 성인 주간 돌봄 프로그램을 이용하는 이점뿐 아니라 우울과 절망과 같은 부정적인 감정을 다루는 것을 배울 수 있다. 기존 대처기술을 강화하기 위한 개입에는 의사소통 훈련, 자기주장 훈련, 교육 및 업무 관련 기술 훈련, 노인이 "사건을 예상하고 사건에 대한 인식을 바꾸고, 대응 목록을 확대"(Konnert, Gatz, & Hertzsprung, 1999, p. 322)함으로써 스트레스에 대처할 수 있도록 돕는 다양한 인지행동 개입이 포함된다.

3) 지시적 예방

예방적 개입의 마지막 주요 범주는 이미 장애 또는 치료 조건에 놓인 사람들을 대상으로 하는 지시적 예방 프로그램을 포함한다. 프로그램은 일반적으로 이미 정신적·육체적으로 건강한 상태를 보이는 사람들이 기관에 들어가는 것을 예방하고자 하는 것이다. 코너트, 가츠 및 헤르츠스프룽의 관찰에 따르면, "많은 프로그램이 독거 노인을 대상으로…… 그들에게 교통, 식사 프로그램, 주부 서비스, 개인적 서비스, 간호 서비스와 같은 서비스를 제공하는 프로그램이다."(Konnert, Gatz, & Hertzsprung, 1999, p. 319)

유감스럽게도, 지시적 예방 프로그램에 관한 연구에 따르면, 프로그램 대상이 된 사람들이 기관에 갈 만큼 특별히 높은 위험에 있지 않은 경향이 있으므로, 가장 큰 위험에 처한 사람들을 발견하고, 그들에게 서비스를 제공하는 것이 필요하다. 선택적 예방 프로그램들처럼, 지시적 예방 프로그램 또한 가족 간병인을 지원하려는 경향을 보인다.

5. 기독교적 평가

이 장은 노년기의 문제를 노령화에 대한 성경적 관점을 가지고 어떻게 기독교적인 이해를 해야 하는가에 대한 토의로 시작한다. 다양한 통합적 주제 가운데 특히 중요한 것은 분류에 대한 주제인데, 노년기 문제들이 어떻게 타락한 인간의 상태와 목회적 돌봄에 관련되어 있는지에 관한 것이다.

1) 분류 이슈

우리가 제기하고 싶은 주요 요점은 어떤 특정 진단이 현대 정신진단 범주에서 추가하거나 제거되어야 하는가가 아니라 정신건강 전문가의 노인에 대한 인식과 고정관념이 진단, 사례개념화 및 개입에서 선입견을 갖게 할 수 있는가다. 기독교 정신건강 전문가는 노인에 대한 존중과 존경심이 유지되지 않는 청소년 중심 문화에서 소외된 노인을 옹호해야 할 수도 있다.

적절한 평가 및 치료 계획을 돕기 위해, 기독교 정신건강 전문가는 스스로에게 다음과 같은 질문을 해 볼 수 있다. "왜 나는 이 사람의 나이에 대해 가정하고 있는가?" "나는 어떤 단서에 반응하고 있는가?"[2] 사회심리학에 관한 연구는 우리가 자신에게 질문할 때, 기저율 정보를 상기하게 만든다. "그러한 특성이나 행동이 그 집단에 해당될 확률은 얼마인가?" 고정관념이 사실일지라도 [비록 특징이나 행동이 다른 집단보다 확인된 집단(예: 노인)의 구성원 사이에서 더 자주 발생할지라도] 이는 여전히 특정 노인을 인식하고 대하는 방식에 부정적인 영향을 미칠 수 있다.

이것은 편견의 문제를 낳는다. 편견은 일반적으로 차별하려는 성향에 근거한 개인의 편견을 의미한다. 편견은 판단의 한 형태이며, 모든 판단과 마찬가지로 사람들이 행동과 사건을 해석하는 방식에 영향을 미치는 도식에 근거해 있다(Devine, 1989). 고정관념과 기저율을 반영하는 정확한 데이터 모두 편견으로 이어질 수 있다. 기독교 정신건강 전문가들은 노인에 대한 의도하지 않은 편견을 인식하고 이에 맞서야 할 것이다.

---

2 이 제안은 야하우스에서 인용된 것이다(Yarhouse, 2000).

드바인(Devine, 1989)은 고정관념과 편견에 맞서는 주제에 대한 유용한 논문을 썼는데, 그녀는 편견의 불가피성에 반대한다. 그녀는 연구에서 자동적인 고정관념이 개인의 현재 태도와 신념과는 독립적으로 존재할 수 있다는 증거를 제공한다. 그녀의 연구에서, 높은 편견과 낮은 편견을 보인 대상자들 모두 다양한 고정관념을 의식하고 있었다. 그러나 낮은 편견을 보인 대상자들은 그렇지 않다면 편견으로 이어질 수 있는 자동적인 과정의 결과를 억제하는 통제된 과정을 보임이 입증되었다.[3] 그러나 이러한 변화는 어떻게 발생하는가? 비록 변화할 것 같지 않고 변화하기 쉽지 않지만, 드바인은 편견 없는 반응이 "의도적이고 통제된 처리과정의 기능이며 편견 없는 방식으로 행동하기 위해 의식적인 결정이 요구된다."(1989, p. 15)고 주장한다. 그녀는 편견에 맞서기 위해 새로운 반응이 학습되고 훈련되어야만 한다고 주장한다. 반드시 "첫째, 우선적으로 옛 행동을 중단하기로 결정하고, 둘째, 해결책을 기억하고, 셋째, 반복적으로 시도하고, 이전의 습관을 제거하기로 반복적으로 결정하면, 습관이 제거될 수 있다."(Devine, 1989, p. 15)

드바인은 또한 편견이 덜한 사람들의 인식에서 고정관념이 실제로 제거되지는 않는다는 것을 관찰한다. 오히려 그들은 의식적인 활성화에 경쟁적인 반응을 가져오기 위해 계속 노력한다. 이 과정을 무시하면 오래된 습관에 빠질 위험이 높아진다. 편견을 줄이기 위해서는 시간과 노력이 필요하다. 하지만 기독교 정신건강 돌봄 전문가를 위해, 이러한 시간과 노력은 노인의 필요를 이해하고 노인의 효과적인 돌봄을 위한 중요한 움직임이다.

2) 죄와 정신병리

우리의 죄 된 상태, 특정 죄의 행위 및 죄의 결과를 구별하는 죄에 대한 다층적 접근에 비추어 보면, 노인이 직면하는 대부분의 염려는 우리의 죄 된 상태에 대한 성찰이다. 즉, 노년기에 정상적인 나이와 관련된 많은 변화는 타락 때문에, 타락한 세상에 사는 것이기 때문에, 우리의 환경이 원래 창조된 대로 있지 않기에 발생하는 것이다. 그

---

3 드바인의 접근방식(Devine, 1989)은 로크, 맥러드, 워커의 접근방식(Locke, MacLeod, & Walker, 1994)과 대조될 수 있는데, 그녀는 편견이 높은 사람과 낮은 사람을 구별하는 것은 자동으로 활성화되는 부정적인 고정관념 양의 상대적인 차이라고 주장하였다.

래서 '정상적인 연령에 따른 변화'는 노화와 죽음이 불가피한 타락한 세상에서는 정상적인 것으로 이해되는 것이 가장 좋다. 그러나 창조에 대한 하나님의 원래 계획의 관점에서 노화와 죽음에 대해 '정상'적인 것은 없다. 이것을 이해하면 기독교인 정신건강 전문가는 노인을 더 전략적으로 돕는 자리에서 노화와 죽음에 대해 아직은 없는 좀 더 광범위한 문화적 관점에서 도울 수 있다.

노화, 죽음, 임종의 순간에 대한 기독교적 관점은 우리의 광범위한 문화적 관점과 정반대된다. 우리의 문화는 사람의 노화를 늦추고, 사람을 노인과 죽음에 대한 생각으로부터 멀어지게 하기 위해 많은 일을 한다. 세속적인 관점에서, 죽음은 사람이 경험할 수 있는 마지막이기 때문에, 죽음은 궁극적인 상실이다. 하지만 경험은 많은 영향을 미치기 때문에 삶의 경험의 질은 종종 윤리적 의사 결정을 내리게 하여 세속적인 마음에서는 삶을 끝내는 것이 가능하다. "인생은 그렇게 망가질 수 있고, 무능하거나 혹은 가치가 없거나 사회적 가치가 없는 것으로 퇴색하고, 그래서 자발적 또는 비자발적 안락사에 의해 방치되거나 소멸될 수 있다."(Vere, 1995, p. 284)

기독교인은 죽음을 죄의 결과로 본다. 죽음은 인간의 경험에 대한 하나님의 계획이 아닌, 불순종의 자연스러운 결과다(로마서 5: 12). 우리 모두는 죽음을 경험하며, "비록 죽음이 어떤 의미에서 '성례' 혹은 보편적인 죄의 외적인 표시"(Vere, 1995, p. 284)이지만, 죽음은 궁극적 붕괴는 아니다. 루이스가 관찰한 것처럼, "인간의 죽음은 죄의 결과이며, 사탄의 승리이다." 하지만 죽음은 또한 죄에서 구원되는 방법이며, 인간을 위한 하나님의 치료이며 사탄에 대한 하나님의 무기다."(Lewis, 1960, p. 128)

우리의 삶이 어떤 초월적인 의미와 분리되면, 노화는 죽음을 향해 있기 때문에 문제가 되며, 삶의 질이 유지될 수 있고 그 이상의 목적이나 의미가 없다면 노화는 어떤 희생을 치르더라도 피해야 할 경험이다. 더욱이 노화와 죽음에 대한 세속적인 견해는 업적과 관대함, 미래 세대에 자신의 일부를 남기는 것으로만 인정받을 수 있다. 하지만 일관된 세계관 없이 이런 점들을 노화의 이득으로 인정한다면, 인생의 끝을 축하할 이유는 거의 없다. 그러나 기독교인에게는 하나님이 누구인지 알기 때문에, 하나님이 개인적인 방식으로 우리와 관계를 맺기 위해 우리를 선택했기 때문에, 하나님이 우리의 존재에 초월적인 의미를 부여한 것이다.

삶은 사람이 무엇을 했는지, 무엇을 가졌는지 혹은 무엇을 성취했는지에 따라 결정되지 않으며, 자신의 친구 혹은 친척, 심지어 자신에 대한 이해로도 결정되지 않기 때문에, 우리

보다는 마음이 더 큰 그분, 그의 아들, 야훼의 해방된 종을 통해 "너는 받아들여졌다."라고 말하는 하나님에게서 삶의 방법을 찾을 수 있다(Nouwen & Gaffney, 1976, p. 131).

3) 목회적 돌봄과 욕구장애

노화와 노년기에 대한 목회적 관점은 죽음을 그리스도 안에서 생명을 위한 준비와 타락의 결과로서 보는 것의 기초 위에서 만들어지고 있다. 노화와 노년기에 대해 기독교적으로 생각하는 것은 우리가 늙어 가고 있다는 것, 그리고 우리의 필연성을 받아들이는 것이 우리에게 무엇을 의미하는가를 반영하는 것이다. 나우웬과 개프니가 관찰한 것처럼, "노인을 돌보는 것은, 우선 우리 자신도 노화되어 가는 경험을 할 수 있다는 것을 의미한다."(Nouwen & Gaffney, 1976, p. 102) 다른 부분에서, 이 저자들은 다음과 같이 이야기한다.

> 노인에게 가장 중요한 공헌은 우리 자신이 노화를 새롭게 접할 수 있도록 기회를 제공하는 것이다. 장애를 갖고 있는 것처럼, 우리 자신은 우리의 한계를 인식하고 있어야 한다. 시각장애인에게는 시야의 좁음, 걱정을 달고 사는 사람에게는 공포, 빈곤한 사람에게는 가난이 그러한 것이다. 그럼으로써 노인은 반드시 우리에게 노화를 상기시켜야 한다. 따라서 우리는 모든 인간의 고통과 모든 인간의 성장에 대한 내적 연대를 통해 삶의 충만함을 경험할 수 있다. 이러한 내적 연대는 현실적인 돌봄과 치유가 일어날 수 있는 인간 공동체의 근간이 된다(p. 154).

기독교 정신건강 전문가 및 목회적 돌봄을 제공하는 사람은 자신의 내집단(젊은 사람 혹은 중년 성인)에 대해 정서적 충실도를 유지하면서 노인을 외집단에 두려는 경향과 싸워야 할 것이다. "노인이 낯선 이방인으로 남아 있는 한, 돌봄은 거의 의미가 없다."(Nowen & Gaffney, 1976, p. 104)는 것이 관찰되어 왔다. 나우웬과 개프니에 따르면, 다음과 같다.

> 주인이 자신의 집에 있지 않을 때에는 어떤 손님도 환영받지 못할 것이다. 어떤 노인 남성이나 여성도 자신의 이야기를 들으려는 사람들에게서 불편한 감정이 느껴질 때 자신의 숨겨진 불안이나 가장 깊은 욕망을 자유롭게 드러내고 싶지 않을 것이다. 우리의 제

안, 조언, 훈계, 좋은 말로 인해 노인들과 친밀감이 생기기보다 거리감이 종종 만들어진다는 것은 더 이상 비밀이 아니다. 우리가 주로 노인들이 어떤 일을 할 수 있게 하거나, 그들에게 즐거움과 오락 활동을 제공하는 것에 관심이 있을 때, 대부분의 사람이 오락을 즐기는 것을 원하는 게 아니라 자신의 이야기를 들어 주기를 원하고, 접대 받는 것보다 자신들의 생활이 유지될 수 있도록 지원받는 것을 원한다는 고통스러운 현실을 피할 수 있다(pp. 102-103).

추가적인 목회적 돌봄과 관련된 주제는 삶의 청지기 직분에 관한 것이다(시편 90편). 사실 노화와 궁극적인 죽음에 대한 사실은 우리의 삶이 우리 것이 아니라는 점을 실제로 상기시켜 주는 것이다. 우리의 삶은 덧없고, 우리에게 맡겨진 삶에서 우리와 관계된 것은 영원한 중요성이다. 다시, 나우웬과 개프니가 제시한 다음의 내용은 우리에게 중요한 것을 기억하게 한다(1976, p. 109).

노인을 위한 공간을 만든다는 것은 우선 내 삶에 어떤 대가를 치르더라도 방어해야 하는 양도할 수 없는 삶과 관련된 것을 멈춰야 함을 의미한다. 발전시킬 수는 있지만 결코 집착하지 않는 덧없는 현실로 삶을 인식하지 않으려고 한다면 어떻게 노인이 자신의 세계에 들어오도록 허용할 수 있겠는가? 아무도 뺏을 수 없는 소유물로 자신의 삶을 고수하기를 원할 때, 어떻게 노인이 자신을 환영하게끔 만들 수 있겠는가? 노인과 친밀하게 지낼 수 있는 여지를 어떻게 만들 수 있겠는가? 자신의 역사성 그리고 언젠가는 죽게 되는 존재, 나 자신도 다른 사람들과 마찬가지로 삶에서 '지나가는 행인'과 같은 존재임을 상기하고 싶어 하지 않는다면, 내가 어떻게 노인과 친밀해질 수 있는 여지를 만들 수 있겠는가?

그래서 자신이 반드시 죽게 되는 존재임을 받아들이는 것과 삶은 비교적 짧고 우리는 청지기에 불과한 덧없는 존재임을 받아들이는 것을 관련시키는 것이 필요하다.

마찬가지로, 노인을 위한 목회적 돌봄은 노인의 삶의 방식을 재정리하여, 자신이 가진 것 혹은 성취한 지위보다 더 중요한 존재로서 노인들이 살아가도록 해야 한다. 나우웬과 개프니는 다음과 같이 관찰하였다.

사람들이 삶의 방식대로 나이를 먹는 것이 사실이라면, 우리의 첫 번째 임무는 사람들이 '존재'가 '가짐'과 동일시되지 않고, 자존감이 성공에 좌우되지 않으며, 선함이 인기와 같지 않은 생활 방식을 발견하도록 돕는 것이다. 노인을 돌본다는 것의 의미는 등급, 학위, 직위, 승진 또는 보상에 어떤 종류의 궁극적인 중요성을 부여하는 것을 지속적으로 거부하는 것을 의미한다(1976, p. 137).

일, 직업, 소명 및 목적이 중요한데, 정확히 하나님은 이러한 목적을 위한 활동이 중요하다고 말했기 때문이다. 그러나 그것들이 우리를 위해 축적된 것이기 때문에 중요한 것이 아니다. 누구의 목적을 위해 행해졌는지가 중요한 것이다. 영적인 면에서, 우리가 오늘날 생각하는 은퇴에 대한 성경적 근거는 없음을 기억해야 한다. 아놀드는 이런 것을 현대적 개념으로 제안한다. 레위인들조차도 50세에 '은퇴'했지만 젊은 사제들과 함께 일했다.

> 의심할 여지없이 고대 농업 사회에서 육체 노동의 본질은 비교적 어린 나이에 직장을 그만두는 것을 의미했다. 하지만 퇴직자들은 손자 교육을 담당하고, 젊은 세대들을 위한 조언자가 되었다. 성경에는 노인들의 남은 생애를 여가로 보내기 위해 일을 끝내라는 개념이 나와 있지 않다(Arnold, 1996, p. 14).

확실히, 노인에게 가족 및 지역사회와의 관계는 매우 중요한 것이다. 세대를 넘나 드는 관계는 모든 세대에게 선물이며, 이러한 관계에서의 기쁨은 평화롭게 삶을 살아가는 특징 중 하나다(하나님, 자신, 다른 사람들과 자신의 물질적 환경과 올바른 관계를 맺는 것). 노인 과부 100명을 대상으로 한 흥미로운 연구가 있었는데, 이 연구에서 말라테스타 외는 '남자와의 대화'와 '남자와 돌아다니는 것'과 같은 다양한 활동이 노인의 행복과 삶의 질이라는 측면에서 중요하다는 것을 발견했다(Malatesta et al., 1988, p. 59). '자녀와 손자와 함께하는 활동' '매력적인 옷 입기' 및 '영성을 표현하기' 같은 활동을 포함한 다양한 활동이 여성의 '애정적인' 욕구를 충족시켰다(Malatesta et al., 1988, p. 59).

이러한 발견이 놀라운가? 우리가 노인을 정서적이고 애정적 필요가 있는 사람으로 보지 않는 한 우리는 계속 노인과 거리를 유지할 수밖에 없지 않겠는가? 최선의 의도에도 불구하고 우리는 때때로 연령차별에 대한 죄책감, 즉 노인에 대한 무례, 결국 노화 경험에 대해 모욕을 하고 있지 않은가(Moss, 1995)? 모스가 관찰한 것처럼, 노인차별은 "미묘하게 청년이 노인을 인간으로 인정하지 않게 격려하는 것"(Moss, 1995, p. 149)이다. 노인은 '다른 사람들'이 아니다. 노인은 하나님의 형상으로 만들어졌고, 그들은 영원토록 우리를 위한 하나님의 미래를 우리에게 생생하게 상기시켜 주는 사람들이다.

추가 고려 사항은 노인을 특별한 종류의 보살핌으로 상담과 목회적 돌봄을 받아야 하는 존재로 간주하는 것이 최선인지에 관한 것이다. 우리는 보통 노인병 치료에 관한 분야를 전문적인 분야로 생각하는데, 그 이유는 노인을 잘 치료하기 위해서는 신경학, 약리학, 심리학, 생물학 등의 결과를 종합하는 것이 필요하기 때문이다. 그러나 전문적인 치료는 노인을 더 격리시킬 수 있는 양날의 검과도 같은 것이다.

> 노인을 돌보는 것을 전문적인 주제로 생각하기 시작하는 순간, 우리는 돌봄에서 극복되어야 하는 사회 분리의 함정에 빠질 수 있다. 우리가 세상을 청년, 중년, 노인으로 구분할 때, 각각 전문적인 접근방식이 요구되며, 이렇게 되면 우리는 돌봄에서 현실적인 면을 놓칠 수 있는데, 왜냐하면 남성과 여성은 무엇보다 세대 간의 창의적인 상호작용을 통해 발달하고 성장하기 때문이다(Nouwen & Gaffney, 1976, p. 117).

따라서 노인병 치료에 관한 분야는 전문적인 영역이지만, 서비스를 충분히 받지 못하는 노인과 함께 일하고 전문적인 유능감을 가지고 일해야 하는 일반적인 사람들의 책임감을 뺏는 전문화에 대한 최근의 움직임을 허용해서는 안 된다. 전문가만이 노인을 돌볼 수 있다며 노인을 고립시키는 것은 궁극적으로 노인, 더 넓게는 지역사회에 피해를 줄 수 있다. 고립은 일반적인 사람들 간의 훈련 격차를 강화할 뿐 아니라 세대 간 상호작용으로 지역사회 일원들이 얻을 수 있는 혜택에도 부정적인 영향을 미칠 수 있다.

6. 결론

노년기의 문제는 광범위한 임상문제들이 포함되어 있다. 이 장에서는 정신장애의 주요 분류에 대해 논의하였다. 기독교적 관점은 노인의 온전함을 하나님의 이미지를 가진 자로서 확언한다. 노화는 우리의 타락한 상태의 결과로 이해될 수 있을 뿐만 아니라 죽음에 대한 하나님의 승리와 하나님의 부활에 대한 계획을 의미한다.

제**16**장

사회병리학에서 파생되는 문제

이 책에서 필자들은 삶의 어느 시점에서 마주치는 고통, 자신이나 타인에 대한 기능 장애 또는 위험, 또는 더 넓은 문화적 규범−정신병리학의 증상에서 비정상적인 것으로 식별되는 많은 사람이 직면하는 문제를 다루려고 시도했다. 필자들은 이러한 문제들을 현대 서양(주로 북미) 정신건강 및 관련 연구 영역에서 나온 범주들의 관점에서 보았고, 어떤 점이 좋은지를 살펴보았다. 결과적으로, 이러한 범주는 북미 사회의 개인주의적 사고방식에 포함되며 해당 세계관에 퍼져 있는 가정에 국한된다. 우리는 이러한 범주를 신앙적 관점에서 그리고 역사적으로 기여한 점과 현대적인 목회적 돌봄과 관련하여 조사하려고 노력해 왔다. 그러나 우리는 (희망적으로 명백히 실용성의 이유를 위해) 개인주의적 편견과 서구 사회의 전체 정신건강 관점에 스며들어 있는 방법을 해체하려고 하지는 않았다.

이 장에서, 필자들은 한 걸음 물러서서 정신병리학에 대한 개인주의적 접근의 한계, 이러한 접근이 가져온 유해한 현실을 인정하는 내용(모든 정신건강관리에 가져다준 좋은 점에도 불구하고)을 언급한다. 실례로, 덜 개인주의적인 관점에서 정신병리(섭식장애) 범주에 대해 고려해 볼 것이다.[1]

DSM−5는 주로 개인주의적 관점(즉, 괴로움을 겪고 있는 개인과 그의 사랑하는 사람의 고통, 기능장애 또는 위험을 유발하는 증상)에서 정신병리학을 보는 경향이 있다. 정도는 덜하지만, 삶의 문제는 사회 규범에서 '일탈'로 간주되며, 강도, 기간 및 빈도의 조건에서 판단된다. 제1장에서 우리는 '욕구장애'에 대한 역사적·목회적 범주에 대해 논의하였으며(즉, 특히 신앙의 관점에서 정신병리학을 볼 때 그다지 중요하지 않고 충분하지 않은 것들에 너무 많은 관심을 기울인 것; Jones & Butman, 2011 참조), 그리고 이 책 전체는 신앙의 관점에서 정신병리의 범주들을 어떻게 잘 이해할 수 있을지 생각해 보기 위한 목적에서 쓰였다. 욕구장애는 우리의 세계관과 생활방식에 스며든 핵심 가치(예: 돈, 성, 권력에 대한 과도한 강조)로부터 잘 이해될 수 있다. DSM은 전통적인 질병 모델과 인지신경과학을 점점 인정하는 분위기 속에서 체계가 만들어졌고(Comer, 2014), 개인이 실제로 살아가고, 일하고, 사랑하고 즐기는 맥락적·발달적·상황적 변인은 많이 고려하지 않았다(Daily et al., 2014 참조). 정신병리학이 실제로 복잡한 매일의 삶 그리고 종종 타락한 세계의 병리학적 체계의 도전에 직면하는 개인들에게 어떻게 나타나는지 충분히 이해하려 한다면, 이러한 심리사회적 및 사회문화적 '현실'은 매우 중요하다. 그리고 이러한 현실들은 은혜, 지혜와 이해로 어떻게 가장 잘 대응할 수 있는지 알려 준다(Jones & Butman, 2011).

우리는 매우 개인주의적이고 종종 매우 외로우며 피해를 입은 개인(사랑하는 사람들을 포함하여)을 고립시키는 문화에 살고 있다. 치유와 회복에 관해서라면, 사회적 지지(공동체)의 가치는 과장할 수 없을 만큼 중요하다(Pargament, 2013). 개인과 내부 생물학적, 인지적 혹은 정서적 과정에만 집중하는 치료의 영향력은 제한되어 있다(즉, '사람이 사람을 병들게 하고, 사람이 사람을 건강하게 하는 것이다.'). 비록 정신약리학 및 인지행동치료의 이점이 강력하고 설득력 있게 문서화되어 있지만(Comer, 2014), 가족과 집단 심리치료, 보다 심리교육적이며 지역사회 기반 전략의 예방적 접근방식인 더욱 "관계적으로 민감한" 접근에 대한 새로운 인식이 있다. 전통적인 상담과 심리치료 방식이 항상 공격, 학대, 연령차별, 인종차별, 성차별, 전쟁, 대량 학살 및 다양한 사회적 불의가 심각한 정신병의 원인 및 유지에 강력한 역할을 하는 방식에 항상 민감한 것은 아니다

---

1 필자들은 서구 사회에서 대부분의 섭식장애 증상을 뒷받침하는 신체 이미지의 왜곡된 사회적 가치 때문에 우선적으로 사회적 가치의 관점에서 섭식장애를 선별한다. 따라서 이러한 장애들은 해당 사회 내에서 개인의 경험을 보는 사회적 병리학에 영향을 미치는 명확한 예가 된다.

(Dailey et al., 2014).

심리치료 결과에 대한 모범 사례 연구는 우리에게 기술의 중요성이 과장될 수 있음을 상기시키며, 특히 치료사와 내담자 간의 관계가 이성적 요인들이라는 관점, 희망을 강조하고 결과를 예상하는 것을 중요하게 보는 관점에서 더욱 그러하다(McMinn & Campbell, 2006). 하지만 아마도 가장 중요한 발견은 병을 일으키고 유지하게 하는 요인으로 맥락적·발달적·상황적 영향(즉, 고통받는 개인이 살고 있는 실제 세계에서 일어나는 것)을 알게 된 것이다.

대부분 자아 내부의 행동에 관한 생물학적 기반에 대한 이해로 이루어진 놀라운 발전에도 불구하고, 최소한 신경해부학과 신경화학에 대한 이해만큼 중요한 외부 요인에 대한 관심이 줄어들지 않는다(Frances, 2013; Paris, 2014). 이상적으로 외부 요인에 대한 인식은 더 유용하고 신중하고 섬세한 개입으로 이어질 것이다.

개인이 일상생활의 요구에 잘 대처하지 못할 때 정말로 필요한 것은 무엇인가? 신중한 평가 후, 일반적으로 정신약리학, 인지행동치료 및 대인관계치료를 종합한 치료로 이어진다(Comer, 2014). 그러나 치료에 대한 관심이 전적으로 개인한테만 이루어지면, 전문적인 관계 이상의 치료의 일반화 및 유지의 가능성은 잠재적으로 제한된다. 확실히 건강한 관계, 중요한 삶의 기술 및 일관된 세계관, 복잡하고 때때로 혼란스러운 문화 속의 도전을 견딜 수 있는 삶의 양식을 발전시킬 수 있는 곳이 있다(Garber, 1996 참조). 신앙에 기반한 언어, 공동체가 중요하며, 분별력이 중요하고, 그리고 우리의 마음, 육체 및 영혼의 청지기 직분은 정말로 중요하다(Jones & Butman, 2011). 그리고 신앙적 관점에서, 우리는 또한 속임수, 악, 악마의 영향이 계속 이어지는 '정사와 권세자들'과 싸우고 있다는 것을 인식할 필요가 있다(제5장 참조).

정신병리학은 때때로 비정상으로 고려되는 것과 함께 정상으로 고려되는 것에 대한 역할과 기대에 영향을 미치는 더 넓은 문화적 힘 안에서 더 잘 이해될 수 있다. 간단히 말해서, '미친' 환경은 '미친' 행동을 유발할 수 있다(Comer, 2014). 특히 트라우마는 좀 더 넓은 지역사회나 문화에서 안전과 보안에 대한 감각을 손상시킬 수 있다. 모든 문화와 그 안에 있는 체계(예: 가족, 사회문화 집단 등)는 가치, 태도, 신념, 역사를 갖고 있고, 행동들은 동료든 차세대든 다른 사람들을 모방하며, 촉진하고 형성하는 집단에 의해 공유된다. 공동체가 어려운 시기에 대처하는 방법은 궁극적인 치유와 회복에 영향을 미칠 수 있는 잠재력을 갖고 있으며, 그렇지 않으면 분열과 고통으로 이어질 수 있다.

1. 사례: 섭식장애

섭식장애는 신체가 가장 쇠약해지는 심리장애 중 하나이다(Klein & Walsh, 2003). 미국에서 섭식장애로 고통받는 사람의 유병률을 추정하면 모든 성별과 연령대의 3천만 명 정도인 것으로 나타난다(Wade, Keski-Rahkonen, & Hudson, 2011). 섭식장애는 젊은 여성(특히 신체적 또는 성적 학대의 피해자; Mitchison & Hay, 2014)에게서 가장 빈번히 발생한다. 일부 신경성 식욕 부진의 경우, 환자의 신체에 돌이킬 수 없는 손상을 유발할 수 있고, 사망률은 5~15%로 추정된다(Fornari et al., 1994; Vitousek & Manke, 1994).

섭식장애는 전 세계 모든 지역에서 나타날 수 있지만, 개인의 외모나 이미지에 기반한 미 혹은 사회적 지위에 대한 사회적 해석에 동조하려는 높은 압력이 있는 서구권에서 가장 널리 나타난다.

날씬해지고자 하는 욕구는 보편적이지 않다. 많은 비서구권 문화에서, 통통함은 전통적으로 매력적인 것으로 여겨져 왔고 다산과 돌봄과 연관되어 있었다. 날씬하고 몸매가 좋은 것은 날씬함이 확실히 사회적 수용, 자기훈련, 자기통제, 성적 해방, 자기주장, 경쟁력과 지위와 같은 소중한 개념으로 상징되는 서양 문화에서 높은 평가를 받고 있다. 서양 문화에서 다이어트는 문화적 관심사가 되었고, 섭식장애는 단순히 정상과 사회적으로 수용 가능한 행동 방식의 연장선에 있는 것으로 논의될 수 있다.…… 섭식장애는 비서구권 문화에서 최근까지 드물게 발생하는 것으로 여겨졌고, 통통함은 체중과 여성미를 위해 이상적인 것으로 생각되었다. 서양으로 이민 온 아시아인의 신경성 식욕 부진과 신경성 폭식증의 새로운 사례의 증가와 아시아와 아랍 청소년의 비정상적인 섭식 태도 및 섭식장애에 대한 일관된 결과들은 동양 여성이 서양의 가치에 노출되었음을 나타낸다(Shuriquie, 1999, pp. 354, 359).

공유된 세계관에 뿌리를 둔 사회적 가치는 개인이 사회문화적 맥락 안에서 자신을 어떻게 보는지에 엄청난 영향을 미친다. 우리는 신체상의 특정한 특성과 더 광범위하게는 삶의 특성으로 간주되는 문화적 정체성에 가치와 의미를 부여한다. 문화가 나타내는 의미와 가치가 병리적이거나 죄에 사로잡혀 있을 때, 주어진 문화나 사회가 갖고 있는 그 이상의 영향력에 따라 이러한 가치들은 전 세계로 흘러가서, 다른 사람들을 사

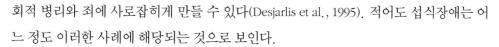

회적 병리와 죄에 사로잡히게 만들 수 있다(Desjarlis et al., 1995). 적어도 섭식장애는 어느 정도 이러한 사례에 해당되는 것으로 보인다.

DSM-5에는 다음과 같은 섭식장애의 세 가지 범주가 명명되어 있다. 신경성 식욕 부진(체중 증가에 대한 두려움과 굶주림이나 과도한 운동과 같은 지속적인 체중 감소 행동을 동반한 자신의 체중과 외모에 대한 왜곡된 인식), 신경성 폭식증(구토 혹은 이뇨제나 완화제 사용과 같은 폭식주기 후 뒤따르는 정화행동) 그리고 폭식장애[불편한 감정을 없애기 위한 목적에서의 반복적인 강박성 폭식; 식이장애 NOS(달리 명시되지 않음)로 코딩됨]. 총체적으로 이러한 장애는 수십 년 동안 연구되어 왔다(Comer, 2014).

2. 병인 및 지속의 주제

대부분의 학자, 임상가 및 연구자는 섭식장애를 설명하는 데 있어서 다차원적 위험의 관점을 취하고 있다(Flanagan & Hall, 2014). 심리사회적 수준, 외상 후 반응, 통제력 상실에 대한 두려움, 자아(ego)의 의미 결핍, 내부 및 외부 단서에 대한 인지적 해석의 오류, 혹은 감정 혹은 기분에 심각한 장애가 섭식장애와 관련되는 것으로 보인다. 생물학적으로 말하자면, 유전적 요인 혹은 신경해부학 또는 신경화학의 결함이 섭식장애 취약성과 관련되어 보인다. 하지만 가장 큰 영향 요인은 여성의 문화적 기준에 '순응'하라는 (남성에게도 점차로 증가하고 있는) 사회적 압력, 매력과 이미지 관리에 대한 집착이다. 연구자들은 이것이 얼마나 자주 현재의 사회 규범에 대한 순응뿐 아니라 사회-관계적 패턴과 관련되어 있는지 신중하게 언급해 왔다.

개인화와 분리 과정에서 사람들이 더 큰 자율성과 독립성을 향하도록 다양한 문화가 사람들을 사회화하는 방식에 현저한 차이가 있음이 관찰되어 왔다(즉, '완전한 성인'이란 무엇을 의미하는지?). 적어도 서구 산업화 사회의 맥락에서(특히 중간 또는 상류층), 건강한 공동체(상호의존)의 맥락에서 자신에 대한 강한 인식을 개발하는 것이 더 어려운 적이 없었을 것이다.

섭식장애와 함께 몇 가지 두드러진 사회문화적 요인이 나타난다. 사람들이 일반적으로 인식하는 것처럼, 섭식장애는 젊은 여성, 특히 학대 경력이 있는 여성에게서 많이 나타난다. 이미지에 대한 집착과 다른 사람들 눈에 보이는 외모에 대한 관심의 증가는 발달 과정 중에 있는 여성이 받게 되는 사회적 압력에 대한 전형적인 반응이다. 가족 역동이 '균형 잡힌' 자세, 아름다움 및 신체 이미지를 좋게 하는 것을 중심으로 돌아 갈 수 있다. 또한 사람들이 받는 사회적 압력 및 또래 압력에는 종종 아름다움과 인기 에 대한 피상적인 정의가 포함되어 있다.

그러나 대중적인 고정관념과 달리 섭식장애는 사회경제적 지위, 교육, 민족성 또는 도시화와는 관련이 없는 것처럼 보인다. 섭식장애의 원인에 대한 지나치게 단순한 생 각은 일반적으로 유병률이 백인 중년층과 상류층사회경제적 계급에서 더 높게 나타 난다고 간주한 것이다. 사회경제적 요인과 어떤 상관이 있다면, 오히려 낮은 사회경제 적 계층과 소수 집단 사이에서 더 유병률이 증가하는 것으로 보인다(Mitchison & Hay, 2014).

영적인 문제 또한 섭식장애의 발달에 중요한 역할을 한다. 성경은 하나님께서 삶의 균형과 질서에 우선순위를 둔 것에 대해 이야기한다. 우리 삶의 특정 측면에 의미를 부 여하는 것은 삶의 균형을 촉진하거나 유지하는 우리의 능력에 중요한 역할을 한다. 반 리우웬 외(Van Leeuwen et al., 1993)는, 예를 들어 우리 문화는 성별과 관련되어 체형에 따른 가치에 의미를 부여한다고 주장한다. 의심할 여지없이, 특히 여성의 경우 날씬한 것에 집착하는, 매우 성적인 사회에 살고 있다. 병적인 체중 조절 행동은 '이상적인' 남 자나 여자가 되는 것이 의미하는 것에 대한 특정 가치 가정을 반영한다. 변화는 풍요로 운 포스트모던 사회에서 지배적인 가치보다 여성성과 남성성에 대한 다른 의미를 기꺼 이 창조할 때만 가능하다. 겉으로 보이는 외모에 근거하여 가치를 정의하는 패턴은 건 전한 성경적 · 신학적인 가르침에 어긋날 뿐만 아니라 비극적이고 심지어 치명적인 결 과를 초래할 수도 있다.

이러한 장애로 인해, 자신의 삶에 나타나는 증상에 대한 집착과 강박으로 균형을 잃 어버리는 경우가 많다. 사람들은 그들의 고통의 본질에 대한 관점을 잃을 수 있으며, 가족과 친구로부터 스스로를 고립하기 시작할 수 있다. 그렇게 함으로써 그들은 지역 사회가 심리적 · 영적 수준에서 제공하는 도움을 잃게 된다. 비록 섭식장애를 앓는 사 람은 기꺼이 당장 그러한 생각을 수용하려고 하지 않겠지만, 종종 가족과 친구들이 개 입하고 섭식장애의 안 좋은 결과들에 대한 생각을 알려 줄 필요가 있다. 타인의 인식과 의도에 대한 고립, 부정 및 거부의 과정은 죄가 사람과 가족과 친구 사이를 이간질하는 것과 유사하다. 섭식장애의 예후는 종종 지원체계가 적절한지, 섭식장애로 고통받는 사람들의 저항에도 불구하고 가족과 친구들이 어느 정도 기꺼이 이해하고 인내하는지 에 달려 있다.

3. 치료의 주제

섭식장애의 효과적인 치료에는 반드시 원인과 증상 유지에 대한 다차원적인 이해가 반영되어야 한다. 확실히 위험한 섭식 양상은 반드시 바뀌어야 한다. 그러나 내담자를 의료적으로 안정되게 치료하는 것 이상으로, 대부분 복잡하게 종종 나타나는 맥락적 · 발달적 · 상황적 요인을 폭넓게 다루는 것이 절대적으로 필요하다. 거의 모든 형태의 기법에 근거한 전략(예: 인지행동치료)은 더 많은 상호작용 또는 대인 관계 접근방식(예: 집단 및 가족 치료)에 활용되어 왔다. 효과적인 접근방식은 인지적 · 행동적 · 정서적 측면을 강조하며 잘 통합되어 있으며(Comer, 2014), 다소 집중적이고 장기적인 경향을 보인다. 병의 '발병'(증상)의 '뿌리'가 대부분 종종 혼란 혹은 고립에서 작용하는 것보다 종종 더 깊은 정체성 형성의 기반과 관련되어 있다는 사실은 놀라운 것이 아니다. 따라서 진정한 의미에서 섭식장애는 정신장애의 사회문화적 기반의 해석적 틀을 통해서 가장 잘 이해될 수 있다.

치료의 주요 주제에는 신중한 평가의 필요성, 심리적 증상뿐 아니라 신체적 증상을 다룰 필요성, 심리치료적 관계에서 신뢰의 중요성, 개인이 자신의 문제와 자신에 대한 현실적인 관점을 개발하도록 도울 필요성, 가족 참여의 잠재적인 이점이 포함되어 있다.

첫째, 섭식장애로 고통받는 사람들이 자주 보이는 복잡한 증상으로 인해 이들을 신중하게 평가하는 것이 매우 중요하다. 복잡한 증상을 다루기 위해 의사와 정신건강 전문가 간의 협력적인 노력이 종종 요구되며, 철저하게 평가하는 것이 매우 중요할 수 있다.

둘째, 개인 문제의 신체적이고 심리적인 측면을 모두 다루는 것이 중요한데, 내담자는 오랜 시간 증상으로 고통받았을 수 있으며, 수많은 전문가에게 도움을 청해 왔을 수 있다. 철저하게 신체검사를 하면 내담자로 하여금 치료 시 최소한 심리적 문제에 집중하게 할 수 있다. 이때에도 역시 내담자의 의사와 협력하는 것이 이상적이다. 바이오피드백은 심리적 개입에 보조적으로 도움이 될 수 있는데, 문제의 심리적 측면을 수용하게 하는 동기를 부여할 수 있다.

셋째, 라포는 치료에 있어 매우 중요한 요소다. 종종 섭식장애로 어려움을 겪는 사람들은 건강 전문가들과 폭넓은 만남을 가져왔을 텐데, 아마도 비생산적인 만남을 경험했을 것이다. 이러한 내담자는 종종 최후의 수단으로 정신건강 전문가의 도움을 받을 텐데, 잘해도 낙담하고 회의적인 태도를 보일 것이며, 최악의 경우에는 화를 내고 냉소적인 모습을 보일 것이다. 내담자의 고통과 내담자가 시도한 것들에 대한 진정한 관심과 공감에 기반하여 신뢰 관계를 만들어 나가는 것이 중요하다. 신뢰 관계를 맺는 데 있어서 자신의 인식을 검증할 필요는 없지만, 이해와 수용의 의사소통이 요구된다.

섭식장애의 경우에 내담자 및 그 가족과 공감적인 관계를 만드는 것도 중요하다. 식사에 관한 패턴이나 식사를 피하는 것은 바꾸기 어려운데('중독성' 있는 행동이기 때문에), 이러한 행동은 가족 역동에 깊이 뿌리 박혀 있을 수 있다. 이러한 행동 패턴을 변화시키기 위해, 모든 가족 구성원에게서의 높은 수준의 신뢰가 필요하다. 행동수정은 의학적 위험(입원 치료가 필요할 수 있는)이 감소된 이후에 필수적으로 취해져야 하는 단계일 수 있다. 결국 가족 치료는 진행 상황의 일반화 및 유지를 촉진하기 위해 치료 계획에 포함되어야 한다.

섭식장애로 고생하는 대부분의 사람은 치료를 받지 않으려 할 것이며, 자신의 질병을 부인할 것이다. 친한 친구 혹은 가족들이 치료를 받으라고 계속 주장하는 것이 필요하다. 입원 환자와 외래 환자 환경에서 모두, 동일한 사람들이 일반적으로 치료 계획의 한계를 테스트해 볼 것이다. 행동은 극도의 악순환을 보일 수 있다. 섭식장애의 경우 분명히 여러 수준에서의 개입이 필요하다.[2]

섭식장애에 있어서, 자신과 문제의 현실에 대한 왜곡 혹은 잘못된 지각은 흔하게 나타나는 것이다. 따라서 네 번째 필요는 장애를 가진 사람들이 보다 현실적인 관점을 갖도록 도와주는 것이다. 이를 달성할 수 있는 한 가지 방법은 치료관계와 치료 계획에서 구조를 세우는 것을 통해 개인에게 권한을 부여하게 하는 것이다. 구조화된 관계와 치료 요법의 경계와 기대 안에서 기능하는 능력을 향상시키는 것은 자기효능감을 다시 경험하게 할 수 있다.

다섯 번째, 부부와 가족과의 상호작용은 이런 섭식장애를 가진 사람에게 부차적인 치료적 이익을 제공할 수 있으며, 가능한 강화 패턴으로 간주되어야만 한다. 가족치료는 이러한 몇 가지 패턴에 대응하는 유일한 수단일 수 있다. 가족 구성원들은 "심리적

---

2 미국 국립식욕부진보조협회(National Anorexic Aid Society), 미국 식욕부진 및 과식증 협회(American Anorexia and Bulimia Association), 국립 식욕부진 및 관련 장애 협회(National Assciation of Anorexia Nervosa and Associated Disorders) 및 거식증 및 관련식이 장애는 모두 특히 최근에 눈에 띄고 있다. 그들은 핫라인, 전문가 추천, 인쇄된 정보, 워크숍 및 콘퍼런스를 제공하고 있다. 자조 및 지원 집단이 북미 전역에서 활동하고 있다.

표 16-1 │ 섭식장애 치료의 가이드라인 예시

1. 치료 팀

치료 결과는 종종 의사, 심리학자/치료사, 영양사 및 사회 복지사가 관여하는 돌봄적 접근을 가진 팀으로 이루어질 때 가장 효과적이다.

2. 치료 양식

장애의 진행 단계에서 제공되는 다양한 양식은 일반적으로 다음을 포함할 때 가장 효과적이다.
- 신중한 평가
- 영양 재활
- 심리치료 및 집난 심리치료
- 약물 치료
- 신중한 모니터링
- 가족 평가와 개입

3. 치료 목표

- 건강한 체중 되찾기(신경성 식욕 부진)
- (가능한 경우) 폭식 및 보상 행동 감소 및 끝내기(신경성 폭식증)
- (폭식 장애의 경우) 건강한 체중을 회복하고 (필요한 경우) 폭식 행동을 줄이거나 (가능한 경우) 끝내기
- 신체적 합병증 치료
- 건강한 식습관을 회복하고 치료에 참여하는 동기 높이기
- 건강한 영양 및 식습관 교육
- 역기능적 신념 바꾸기
- 관련된 혹은 작용한 심리적 어려움 치료
- 가족 지원을 요청하고 적절한 경우 가족 치료를 제공하기

출처: APA (2010).

안정과 돌보는 반응을 제공하는 동시에, 신체 장애에 대한 염려를 강화시키는 것을 무시하거나 아니면 피하는 것"(Meyer & Deitsch, 1996, p. 139)을 제공하도록 교육받는다.

치료는 균형과 개인 삶의 다른 측면에의 의미 부여를 강조해야 한다. 섭식상애로 고통받는 사람들에게 균형을 유지하는 것은 결코 쉬운 일이 아니다. 섭식장애 환자는 삶의 특정한 측면에 의미 부여를 하기 때문에, 자신과 자신의 삶을 바라보는 능력이 종종 분명히 심하게 왜곡되어 있다. 그들의 삶에 더 많은 균형을 갖도록 하기 위해, 혹은 적어도 그들의 무력감과 무능감에 대처하기 위해 환자들이 갖고 있는 혹은 필요로 하는 자원들을 분명히 인식하도록 도와주는 것이 필요하다.

4. 예방의 과제

앞에서 언급했듯이, 가족은 섭식장애와 연관된 증상을 유지하게 하는 중심 요인일 수 있다. 다른 한편으로, 가족은 아동의 삶에 중요한 예방적 영향을 미치는 요인으로도 작용할 수 있다. 특히 가족 안의 어린 시절의 경험은, 자아의 발달과 성숙에 기여하며 종종 장애를 가진 사람들의 왜곡된 상호관계와 자아에 대한 패턴이 만들어지는데 영향을 미칠 수 있다. 아동은 특히 모델링을 통해 한계에 반응하고, 자제력을 얻고, 관계에서 적절한 경계를 만들고, 사회와 그들이 놓인 환경의 가치와 기준을 평가하고, 책무를 다루고, 공동체 안에서 생산적으로 살며, 자신과 다른 사람들을 가치 있게 생각하는 법을 배울 수 있는 안정적인 환경을 필요로 한다. 이런 안정된 환경에서 성장하는 아동은 종종 생산적으로 생활하며 부정적인 사건과 감정에 대처하는 데 필요한 자원들을 개발해 나간다. 이런 안정된 환경이 갖추어지지 않을 때, 아동은 종종 심리적 갈등과 불확실에 대한 어려움을 겪으며 성장하게 된다.

삶의 불가피한 변화, 손실 및 전환에 적응해 나가는 것은 주요 발달과제다. 스트레스가 많은 경험에 직면할 때, 사람들은 가족 안에서 학습한 패턴으로 돌아가는 경향이 있다. 자녀에게 좋은 대처와 관계 기술을 가르칠 자원이나 기술이 부족한 가족들은 위험에 처해 있으며, 이 가족의 아이들은 특히 심리적 문제가 발생할 위험이 있다. 이러한 가족은 정서적 표현을 억압하고 응집력이 부족할 수 있다. 정서적 · 관계적 갈등은 강렬할 수 있지만 가족 안에서 의사소통이 어렵고 위협적인 것으로 여겨진다면, 가족 안에서 거의 문제가 제기되지 않을 수 있다(Garfinkel et al., 1983; Humphrey, 1986). 이러한 가족은 지지, 이해와 양육과 같은 필수적인 분위기가 종종 결여되어 있다(Strober & Humphrey, 1987). 이러한 가정은 예방적 노력이 필요한 주요 대상들이다.

또한 사회경제적 지위와 가정 안에서의 우선순위가 가족의 의사소통과 가족 가치에 영향을 미칠 수 있다(Crisp, Palmer, & Kalucy, 1976). 이러한 가족은 식별하기 어렵고, 예방적 개입이 실행 계획상의 문제를 낳을 수 있다. 아마도 가장 실행 가능하고 접근하기 쉬운 예방 전략은 지역 교회를 통해 나올 수 있을 것이다. 가족의 건강과 가치를 중심으로 하는 사역, 교육과 멘토링이 매우 필요하며, 이러한 사역, 교육, 멘토링은 섭식장애의 원인에 작용하는 잠재적으로 파괴적인 문화적 압력과 가족 패턴과 메시지에 대처하게 할 수 있다.

5. 결론

지난 30년 동안, 오늘날 전 세계에서 수행되고 있는 가장 어려운 갈등 후 치료에 활용된 '고유의 강점 기반 전략들'에 관한 방대한 문헌들이 등장했다(예: 난민 외상을 위한 하버드 프로그램; Mollica, 2006 참조). 필자들은 모두 비슷한 프로그램이 실제로 실행되는 것을 보기 위해 국내와 해외를 여행할 기회를 가졌으며, 치료 전략을 설계, 실행 및 평가할 때 구조적이고 체계적인 '현실'이 고려된다는 점에 도전을 받았다. 간단히 말해서, 이러한 치료는 매우 겸손하고 깊이 인도주의적인 특성을 갖고 있다. 사람과 고통에 관한 개인주의적인 가정은 도전받아야 하며 더 공동체주의를 지향해야 한다(Pargament, 2013). 우리는 폭력적인 세상에서 희망과 회복으로 가는 길이 있을 것이라고 굳게 믿고 있다(Mollica, 2005 참조).

우리가 공동체와 문화의 더 넓은 맥락에서 정신병리학을 볼 때, 우리는 가능성을 볼 수 있는 잠재력과 목회적이고 전문적으로 더 집단적이고 협력적으로 반응할 수 있는 잠재력을 갖고 있다. 섭식장애의 경우에, 비서구권 환경을 방문하는 서구 정신건강 서비스 제공자들은 미국의 10대와 청년들의 신경성 식욕부진증 혹은 신경성 폭식증의 높은 유병률을 보이는 환경을 정신건강 치료사 혹은 정신건강 전문가들에게 '설명하기' 어려워한다. 이런 환경은 종종 외부 효과와 인상 관리를 지나치게 강조하는 현대 서구 사회의 '불편함'으로 보이기도 한다. 이러한 장애들의 생물심리사회적인 요인의 중요성을 폄하하는 것은 아니지만, 더 넓은 사회문화적 맥락에서 이런 장애들의 '중요성' 혹은 '상징'을 볼 때 증상의 '의미'가 더 잘 이해될 수 있다(예: '장애는 내부에 있는 것이다').

우리는 또한 문화들이 서구 매체(그리고 가치)에 노출될 때, 동일한 장애의 유병률이 더 눈에 띄게 변함을 주목해 보게 된다. 맥락적·발달적·환경적 요인에 대한 명확한 이해 없이 섭식장애를 진지하게 다루려는 시도는 선의를 가지고 한다 해도, 잘못된 방향으로 갈 수 있다(Jongsma, Peterson, & Bruce, 2014 참조). 정말로 필요한 것은 개인이 건강하고, 상호의존적인 사회 연결망 안에서 확고한 자아상(정체성)을 발달시켜 나가도록 돕는 것이다(Balswick, King, & Reimer, 2005 참조). 당연히, 발달적 측면과 평생에 걸친 가능성 측면에서도 이해될 필요가 있다(Flanagan & Hall, 2014).

전 세계적으로 사회적 영향의 문제(제14장 참조)는 매우 심각한데, 특히 알코올과 아편류 약물에 대해서 더욱 그러하다. '가능한 한 최선의 치료'에 대한 합의는 있는 것으로 보이나(Jongsma, Peterson, & Bruce, 2014), 종종 장애와 관련된 더 넓은 사회문화적 요인을 인식하지 못하는 치료는 지속적인 영향력을 발휘하지 못할 수 있다. 우리의 선택은 정말 중요하다. 그리고 가장 확실한 선택은 건강, 행복, 거룩함에 대한 문화와 사회적 가치를 반영하는 것이다(Jones & Butman, 2011). 서로에게 그리고 우리 자신에게 물어볼 필요가 있다. "증상은 우리에게 그리고 우리를 위해 무슨 영향을 미치는가?" 슬프게도, 특히 개발도상국에서 약물남용 비율은 종종 빈곤과 사회경제적 지위와 매우 높게 관련되어 있다(Starn, Degregori, & Kirk, 2005). 이를 인식하지 못하는 치료 프로그램은 입증된 효과가 매우 제한되어 있다. 자조 집단과 심리교육적 집단과의 수십 년 간의 치료는(알코올 중독자 또는 약물중독자 모임) 우리에게 명확히 회복 작업의 가치와 사회적 지지 연결망 안에서 이루어지는 치유의 가치를 분명히 알려 주었다(Comer, 2014). 앞서 언급했듯이, 우리는 관계적 맥락 안에서 깨질 수 있고, 관계적 맥락 안에서만 완전히 치유될 수 있다. 우리의 더 깊은 우려는 너무 많은 사람이 '완벽한 약물' 또는 우리 모두에게 필요한 근본적인 지지, 격려, 상호 책임 없이 영혼의 어려움을 치료할 수 있는 심리치료 기술이 있다고 믿는 잘못된 신념이다.

그렇다면 우리가 말하려고 하는 것의 핵심은 무엇인가?

첫째, 정신병리의 진단에서 증후군에 대한 DSM-5 기준과 일치하는 일련의 증상을 설명하는 것보다 더 많은 것이 있다는 것이다. 고통 속에 있는 사람들은 질병 과정뿐 아니라 더 넓은 문화적·발달적·상황적 맥락에서 자신들을 봐 주길 필요로 한다(Comer, 2014). 간단히 말해, 사람-환경의 상호작용 효과는 항상 중요할 것이다. 특히 건강, 행복 및 거룩에 대한 우리의 개념은 삶의 흐름에 참여하는 관찰자로서 우리가 동화되고 수용하는 세계관과 생활 방식을 반영한다. 크게 사람에 대한 내면적이고 개인주의적인 이해는 오진으로 이어질 수 있고, 꼬리표를 붙이는 것과 낙인에 기여하고, 심지어 고통받는 개인에게 어떻게 반응하는 것이 최선인지 자기-성취에 대한 예언으로 이어질 수 있다(Balswick, King, & Reimer, 2005).

둘째, 우리는 정신장애의 신경생물학적 기초에 관한 중요한 연구를 통해 이루어진 중요한 발전에 대해 감사하고 존중하며 이해하려고 노력해야 한다(Dailey et al., 2014). 그러나 정신질환이 주로 의학적 상태로 간주되어야만 한다는 합의는 아직 이루어지지 않았다. 사실 우리는 무의미한 육체나 육체가 없는 마음 그 이상이다. 우리는 온전한 사람들이고, 우리는 온전한 사람들을 돌보고 있다. 우리는 많은 장애가 심리학적인 근원을 갖고 있다는 것을 믿지만, 많은 장애는 심리사회적·사회문화적·영적 기반과 분리되어 충분히 이해될 수 없다(Flanagan & Hall, 2014). 환경은 항상 개인적인 생물학적 작용과 상호작용한다. DSM-5의 다축 진단에서 벗어나는 움직임은 잠재적으로 위험한 과정인 환원주의적 사고방식, 잠재적으로 소위 '아무것도 아닌 것의 죄'로 불리는 잠재적인 위험한 과정에 빠지게 할 수 있다(Jones & Butman, 2011). 증상은 별개의 개체가 아니다. 종종 증상은 개인의 삶에서 잘못된 것을 반영한다. 증상은 명백히 제시하는 고통과 장애 이상의 의미와 중요성을 가지고 있다.

셋째, 전 세계적으로 정신건강 전문가들이 가장 일반적으로 요청하는 것은 결혼한 배우자와의 갈등을 감소시키는 것, 부모-가족-자녀 갈등을 줄이는 것, 외상에서 회복하기 위한 도움을 제공하는 것(Jones & Butman, 2011)과 관련되어 있다는 점에서, 필자들은 DSM-5에 임상적으로 심각한 심리사회적 · 환경적 우려들이 선택사항으로 기록되는 것에 더 많은 주의를 기울여야 한다고 생각한다. 이러한 심리사회적 · 환경적 문제는 '더 시급한' 의료적 문제에 의해 가려지는 경향이 있다(Frances, 2013). DSM-IV-TR 버전은 'V 코드'로 불렸다. DSM-5는 지금 이 DSM-IV-TR 버전을 'Z 코드'로 부르고 있다(Reichenberg, 2014).

DSM-IV-TR에서, 축 4는 심리사회적이고 환경적인 스트레스요인을 구체화하는 데 사용되었으며, DSM-5에서는 이러한 요인들이 관행적으로 삭제되었다(Frances, 2013). 종종 진단 단계에서 맥락적 · 발달적 · 환경적 변인들의 영향은 즉시 봐야 하는 것으로 여겨졌다. 또한 구조적이고 체계적인 기술과 민감성을 갖고 있는 정신건강 전문가들은 이러한 관행이 필요함을 오랫 동안 인식해 왔다(Van Dyke, 2011). 결과적으로, 학업 문제, 사별, 직업 문제, 정체성 문제, 종교 문제 혹은 관계 문제와 같은 V 코드는 보통 '정신건강 문제'로 간주되지 않았다. 그러나 중독 문제, 정서 및 성격장애와 같은 심각한 정신병리에 관한 연구를 통해 가족과 친구들에게 주어지는 파급효과는 '외부인'에게는 거의 이해하기 어려운 것들이 될 수 있다는 것이 매우 분명해졌다(2012년 워든에서 열렸던 복합적인 사별에 관한 토론). 라이헨버그(Reichenberg, 2014), 존스파, 피터슨 및 브루스(Jongsma, Peterson, & Bruce, 2014)는 이 코드의 사용이 보다 광범위해져야 함을 요구하고 있다. 실제로 이들은 맥락적 · 발달적이고 환경적 현실과는 분리된 것으로 간주되는 정신장애가 강조되는 것을 완화할 수 있는 잠재력을 갖고 있다. 외상 및 스트레스 요인 관련 장애에 대해 새롭게 재구성된 DSM-5 영역에서는 가족 및 사회적 사건이 어떻게 전체 커뮤니티, 심지어 전체 국가를 황폐화시킬 수 있는지가 나와 있다(예: Mollica, 2006, 제10장 참고; Starn, Degregori & Kirk, 2005).

DSM-5에서 정신장애의 의료화에 대응하기 위해 다른 선별 도구 및 평가 전략이 권장된다(Paris, 2014). 활용할 수 있는 가장 좋은 두 도구는 문화적 개념화 면접(Cultural Formulation Interview)과 WHO 장애평가조사표(World Health Organization Disability Assessment Schedule: WHODAS) 2.0(Dailey et al., 2014)인데, 이 두 도구는 DSM-IV-TR에 있는 전반적 기능평가지표(Global Assessment of Functioning: GAF)의 점수를 대체하는 것이다. DSM-5의 광범위한 부록 안에 다른 가능한 옵션들이 나와 있다. 필자들의 경험으로 봤을 때, 우리가 일하는 훈련 사이트, 다양한 반구조화된 면담, 자기보고식 척도와 심리검사들이 DSM-5의 생물학적인 부분에의 지나친 강조를 충분히 보충할 수 있을 것이다(Comer, 2014 참조).

넷째, 정신병리학에 대한 이해, 특히 아동과 청소년에 대한 우리의 이해에 더 발달적으로 민감하게 접근하기를 원하는 사람들의 노력에 박수를 보낸다(Flanagan & Hall, 2014). 일반적으로 '발달 정신병리학'이라 불리는 이러한 접근은 증상이 각 개인과 가정, 학교 및 그 이상의 사회적 관계망에 독특한 인지적·심리사회적 과정임을 강력하게 반영한다. 특히 전통적으로 소외된 집단에서 이러한 이해는 치료 전략 및 접근방식을 설계, 구현 및 평가하는 데 매우 중요하다. 우리가 발달에 관한 정보를 얻지 않는 한, 우리는 생물학적·심리사회적·인지적·환경적 변수의 상대적 중요성에 대해 귀인 오류를 범할 위험성을 안게 된다.

결국, 사람들이 삶의 사건에 대해 의미를 만들고 이해하는 방법은 종종 그들의 종교적·영적 활동(있다면)을 반영한다. 특별히 개인의 변화와 성장의 가능성을 생각해 볼 때, 개인의 세계관과 나타나는 삶의 방식을 이해하고 평가하려고 노력하는 것이 현명할 것이다(Pargament, 2013). 개인의 선택과 헌신이 가장 확실히 그들의 커뮤니티와 문화를 반영한다. 사람들이 매일 일상의 도전에 어떻게 반응하는지는 그들의 사회적 지지, 효능감의 질의 기능을 반영하며 궁극적으로 그들의 삶에 어떤 의미와 목적을 부여하는지를 반영하는 것이다. 우리는 종종 매일의 삶의 도전에 대한 대처가 신뢰할 만한 역할 모델, 건강한 지역사회에의 참여, 삶의 폭풍 가운데에서도 단련된 성찰을 수행하려는 의지에의 접근과 관련되어 있다는 것을 알고 있다(Garber, 1996). 정신건강 서비스 제공자는 종종 용기 있는 선택을 하고 성실한 삶을 살려는 신념을 가진 개인과 '끝내려는' 종종 악의적 부적응적 순환 패턴에 빠지는 개인들 간의 차이를 뼈저리게 인식한다(Reichenberg, 2014).

사회적 가치는 지역사회와 가족의 역할을 소홀히 하는 것을 지속시키고 자신과 자기

인식에 대한 집착에 빠지게 할 수 있다. 유일하신 하나님의 형상으로 창조되고 죄로 얼룩지고 우리 자신을 스스로 깨끗하게 하거나 치유할 수 없는, 하지만 사랑하는 주님이 보시기에 사랑받고 소중한 우리 자신을 진정으로 보는 것은 현실적이고 적절한 우선순위와 목표를 설정하는 기초가 된다. 이것은 우리 자신, 우리의 은사, 지역사회에 대한 우리의 공헌을 평가하고 삶의 투쟁과 고통 가운데 희망을 유지하기 위한 것이다. 세상이 우리를 보는 것처럼 우리 자신을 보는 것은 종종 적대적 관계, 자기 의심과 자기 비하, 잘못된 우선순위와 목표로 이끌 수 있고, 일부는 정신병리의 원인이 될 수 있다. "예를 들어, 5피트 10인치 키에 120파운드의 몸무게를 유지하는 것이 여성이 아름다워지고 사랑받을 수 있는 유일한 길이라면(우리의 이미지-의식적인 문화는 너무 종종 서로 융합된다는 개념), 이러한 체형에 해당되지 않는 많은 사람은 못생긴 사랑받지 못하는 삶을 살게 되는 운명에 처하게 될 것이다."(Bringle, 1994, p. 139) 우리가 무엇이 아름답고, 가치 있고, 성공적이거나 수용할 수 있는지에 대한 사회의 거짓말을 믿을 때, 우리는 압도되고 부끄럽고 절망적인 느낌을 갖게 하는 높은 스트레스에 들어가는 문을 열게 되는 것이다.

교회의 목소리가 전 세계의 사회와 문화에 절실하게 필요하다. 주님께서 하시는 것처럼 그 목소리가 우리 자신을 보고 서로를 소중히 여기고, 세상에서 하나님 나라의 가치를 실천하며 살도록 우리 모두를 불러내야 한다. 영혼에 상처를 입은 사람들을 섬기고 돌보라는 부름을 받아들인 사람들을 위해 할 수 있는 일은 치료에만 있는 것이 아니다. 우리는 사회의 죄성에서 비롯된 정신병리학의 흐름을 막기 위한 지지 및 예방 작업을 해야 한다.

제3부

현재는 어떠한가

제**17**장 불완전한 시스템에서의 책임 있는 치료

제**17**장

불완전한 체계에서의 책임 있는 치료

정신병리학에 대한 과학적인 연구는 고통받는 사람들의 경험을 이해하려는 사람들이 직면한 문제를 해결하기 위해 시작되었다. 질문에 대한 답을 위해서, 그리고 분류와 명확성을 위해서 "정서적 · 정신적 고통이 확인되고, 구별되고, 연구되고, 소통되기 위해 별개의 범주로 구분될 수 있는가?" DSM 및 ICD 분류체계의 지속적인 개정은 분류하기 위한 노력이 계속되고 있으며, 절대적이고 보편적으로 받아들여지는 분류체계가 아직 개발되지 않았다는 현실을 나타내는 것이다.

분류체계를 지지하는 사람들은 계속해서 분류체계를 다듬고 개정하지만, 반대하는 사람들은 분류체계의 완전한 개정 혹은 제거를 요구한다. DSM 질병 분류학이 완벽하지는 않지만, 더 분명한 것은 개발되기 전에 '혼란이 지배'했다는 것이다(Kendell, 1975, p. 87).

DSM 및 ICD 분류체계는 틀림없이 현재까지 연구자와 간병인이 정신병리학을 이해하고 의사소통할 수 있도록 통합하는 공통의 질병분류를 공식화했다는 최선의 노력을 나타낸다. 그러나 각 최근 개정판의 분류 체계 사이에 불일치가 증가하고 있다. DSM-5는 ICD 체계의 몇 가지 방법에서 출발했는데, 정신병리학에 대한 공통적으로 공유된 이해를 찾을수록 국제 정신건강 커뮤니티에 문제들이 발생하고 있다. 우리가

제2장에서 강조한 것처럼, 널리 받아들여지는 두 가지 분류체계의 존재는 국제 정신건강 전문가 커뮤니티에 문제를 제기한다. 이 두 체계의 목표와 활용의 주요 차이점으로 인해(〈표 17-1〉 참조) 일부 사람들은 ICD를 선호하고 DSM을 포기하는 것을 요구하였으며(연구영역 기준, 연구도메인진단편람), 전체적으로 다른 체계를 채택하는 것, 뇌 기능과 회로에 따라 정신장애를 분류하는 것(Bracken et al., 2012; Cuthbert & Kozak, 2013)을 요구하기도 하였다. 이 변화가 이루어질 가능성은 매우 낮지만, 분류체계에 대한 이러한 신중한 생각은 훈련받을 때 공유된 정신건강의 질병분류를 확립하는 것에 어려움이 있다는 정신건강 전문가들 사이의 불만족을 시사하는 것이다. DSM-5의 대책 위원회 리더들은 분류체계에 논쟁의 여지가 있으며 완벽하지 않다는 것을 인정한다(Kupfer & Regier, 2011). 위디거와 클라크가 이전 개정판에 대해 언급했듯이, "실제로는 선의의 임상가, 이론가, 연구자들이 결함에 대한 근거를 찾을 수 없는 DSM-IV 내의 문장은 한 문장이 아닐 것이다."(Widiger & Clark, 2000, p. 946)

이 장의 제목에서 시인한 것처럼, 체계들은 불완전하다. 그러나 이 체계에 고마워해야 할 것이 많다. 지금 시기는 전례 없는 수준으로 증거들이 변하고 패러다임이 이동하는 정신건강에 관한 한 발견과 혁신의 시기다. 생물학(예: 신경생리학 및 신경해부학), 심리학 및 사회학, 즉각적으로 세계적인 의사소통과 협력을 가능케 하는 기술 발전과 결합된 발전들이 정신병리학과 정신건강 돌봄 분야의 극적인 진보 가능성을 보여 주고 있다. 우리의 희망은 이 분야의 기독교인과 교회 내의 목회 신학자 및 목회 돌봄 실무자들 사이에 협력적인 노력의 통합적 사고를 통하여 체계가 발전하며, 전체론적인 생물심리사회영적 범주들이 미래의 형태론으로 표현되는 것이다. 이 작업이 계속되고 향후 DSM과 ICD의 개정판이 나오면 우리는 정신병리학의 훈련과 교회의 영혼 돌봄 사역

표 17-1 DSM과 ICD 분류와 출판 비교

DSM	ICD
• 미국 정신의학협회에서 영리적 간행물로 제작 • 주로 고소득 국가의 정신건강 관리에 초점 • 자금과 자원이 풍부하여 높은 연구 유용성을 창출함 • 역사적으로 지속적인 개정판 확장, 진단 수의 증가 • 내부분의 상태에 내한 조작적 기준 포함	• 세계보건기구에서 전 세계적으로 사용할 수 있도록 무료 자원으로 제작 • 1차 의료 및 저소득-중간소득 국가에 주목 • 계획적인 진단수의 감소로 임상적 유용성에 초점 • 조작적 기준을 적용하지 않음

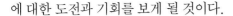

에 대한 도전과 기회를 보게 될 것이다.

1. 정신병리학의 도전과 기회

DSM(APA, 1952) 첫 판의 개발부터, 정신병리학 분야의 연구자 및 임상가들은 정신과 및 임상 심리학의 작업을 위한 진단 및 통계편람의 가치와 일반적인 분류체계의 가치에 대해 토론해 왔다. 끊임없이 증가하는 정신병리 연구 기관은 정신병리 분류의 지속적인 개정을 위한 주요 원동력이 되었다. 이 문헌은 이 분야의 미래 방향의 수많은 도전과 기회를 확인해 왔다.[1] 우리는 많은 도전 중 연구 자체의 제한적 성격, 정상성과 비정상성의 정의, 동반이환, 이질성, DSM의 조직 구조, 진단에서 임상 테스트의 역할을 포함한 몇 가지 도전을 다룰 것이다. 우리는 분류 및 진단을 위한 새로운 모델에서 제시된 것뿐 아니라 기존의 질병분류학에 대한 일부 비판에 대한 개요를 제공할 것이다.

1) 연구의 제한적 성격

비록 DSM 질병 분류의 개발과 개정은 의심할 바 없이 정신병리학을 이해하는 과학적 근거를 제공해 주지만, 현재 일반적으로 제공되고 활용되는 체계 자체는 많은 사례에서 체계 내에 포함되어 있는 진단 기준에 대한 연구를 제한하고 있다. 구체적이고 개별적인 증상의 군집들이 확인되고 분류될수록 증상의 범위를 묘사할 수 있게 된다. 아마 이 점은 피할 수 없는 현실일 것이다. 그럼에도 불구하고 이 점은 정신병리 분야의 성장에 대한 도전이다. 우리가 정신병리학 연구의 귀납적 접근방식에서 입증할 수 있는 것은 증상 군집들을 이해하기 위해 기존 설명적 체계에 의존하는 연역적 접근방식으로 미묘하게 변형될 수 있다. 위험한 점은 구체적인 증상을 해석하고 다양한 증상군집을 개념화하는 다른 설명적 체계를 조기에 배제할 수 있다는 것이다. 정신병리학의 이해를 주도하는 과학보다는, 과학을 주도하는 현재 정신병리학의 구성(예: DSM)을 발

---

1 특히 필자들은 문헌 본문의 논의에서 클라크, 왓슨, 레이놀즈(Clark, Watson, & Reynolds, 1995)와 위디거와 클라크(Widiger & Clark, 2000)의 연구에 큰 도움을 받았다.

견할 수 있다(Clark, Watson, & Reynolds, 1995). 일부 사람들은 분류 과정의 이론적이고 해석적인 특징 때문에 과학적으로 정신병리학의 타당한 질병 분류가 가능한지에 의문을 갖는다. 켄들러(Kendler ,1990)는 어떤 가치 판단은 질병 분류 과정의 실제 구조의 일부분이기 때문에 정신병리학에서 연구되는 모든 것은 구체적인 설명체계 틀을 통해 해석된다고 주장한다. 이러한 관점에서, 질병 분류 과정은 결코 경험적이거나 객관적인 것이 될 수 없다.

정신병리를 생각하는 완전히 새로운 방법을 탐구할 수 있는 자유는 현재의 개념화에 제약을 받지 않도록, 현장에서 지속적으로 수용되고 격려되어야 한다. 연구자들은 기존 범주를 더 잘 개정하기 위한 주요 연구들을 통해 정신병리학에 계속 기여하고 있으나, 한편 연구자들은 기존 범주만 연구하라는 압력에서 벗어날 필요가 있다.

2) 현재 체계에의 도전

일각에서는 현재 분류체계의 매우 범주적인 특성이 정신병리학 분야 및 임상 진단 작업의 매우 잘못된 방향임을 주장하고 있다. 분류의 대안적 모델에 대한 필요성이 시사되는 현재 범주체계의 몇 가지 주요 측면에 집중되어 온 주요 관심사항들이 고려되어야 한다. 여기에는 실제 임상 실습에서 정신병리 진단의 높은 동반이환 발생률, 진단 계층 내에서, 그 전체에 걸친 이질성의 정도와 DSM 질병 분류에 대한 현재 조직적 구조가 포함된다. 그러나 현재 체계의 도전은 실제로는 정신병리학의 정의, 즉 정상과 비정상을 구별하는 기초에서 시작된다.

DSM에서 사용하는 '정신장애'의 정의는 분류체계 자체만큼 많은 수정이 이루어졌으며 현재 사용되는 정의는 전체 체계와 동일한 엄격한 논쟁의 대상이 된다. 어떤 사람은 비정상적인 행동과 정상적인 행동을 일관되게 구별할 수 있는지 물어보지만, 또 어떤 사람은 정의의 적합성 자체에 대해 질문한다(Widiger & Clark, 2000). '정신장애'에 대한 적절한 정의는 반드시 의미 있는 차이를 제공해야 하며, 일반적으로 식별할 수 있는 경계 지점은 정상 및 비정상 심리적 기능 사이다.

DSM-5에서 '정신장애'의 정의는 다음과 같다.

정신장애는 정신 기능의 기초가 되는 심리적, 생물학적 또는 발달 과정의 기능장애를 반영하는 개인의 인지, 감정 조절 또는 행동의 임상적으로 유의미한 장애를 특징으로 하는 증후군이다. 정신장애는 일반적으로 사회적, 직업적 또는 기타 중요한 활동에서 심각한 고통이나 장애가 있는 경우와 관련된다.

사랑하는 사람의 죽음과 같은 일반적인 스트레스 요인이나 상실에 대해 예측할 수 있는 혹은 문화적으로 승인된 반응은 정신장애가 아니다. 일탈 또는 갈등이 위에서 설명된 대로 개인의 기능장애가 아닌 경우라면 주로 개인과 사회 간에 나타나는 사회적으로 비정상적인 행동(예: 정치적, 종교적, 성적)과 갈등은 정신장애가 아니다(APA, 2013, P. 20).

정상적인 심리적 기능과 비정상적인 심리적 기능 간의 보편적으로 인정되며 확실하게 식별 가능한 형태의 더 높은 명확성이 여전히 요구된다. 우리가 같은 것을 보고 들었다고 동의할 수 없다면, 사실 과학으로 볼 수 있는 것은 많지 않다. 우리가 정신장애 분류를 위한 질병분류학에 관해 이야기하거나 혹은 종교적 행동이나 경험에 관한 기본적인 가정에 대해 이야기하든, 우리에게는 적어도 인간의 고통이 어떻게 '보이고' '들리는지'에 대한 기본적인 공유된 가정이 필요하다. 정신장애 진단을 내리기 위해서, "현재 개인의 행동, 심리적 또는 생물학적 기능장애의 징후로 간주되어야 하는"(APA, 1994, p. xxxi) 상태에 대한 수요에 따라 DSM-IV는 올바른 방향으로 이동했을 수 있다. 그러나 이러한 특정 진단을 위한 준거로 만들어진 '기능장애'에 대한 언급은 거의 없으며, 많은 경우에 기준은 개인의 손상과 고통의 경험을 강조한다. 그런 의미에서 DSM은 의미 있는 대화와 협업을 위한 최소한의 출발점이지만 종점은 아니다.

여기서 중요한 문제는 진단 과정에서 개인 내 병리의 존재 또는 부재를 결정할 수 있는가 하는 것이다. 이를 위해 특정 진단을 위한 일련의 기준에는 행동, 심리적 또는 생물학적 병리학, 또는 이 진단에 대한 범주적 구분이 정확하지 않다는 것을 인정함을 결정할 수 있는 분명한 기준이 포함되어야 할 필요가 있다. 분명한 기준이 정해지지 않아, "정상과 정신병리 사이의 정확한 경계를 정의하는 것에 대한 관심은 다양한 변종과 정신병리의 정도에 적절하게 전문적으로 대응하는 것보다 덜 중요해질 수 있다." (Spitzer & Williams, 1982; Widiger & Clark, 2000, p. 950; Widiger & Corbitt, 1994)

일각에서는 계속해서 범주 숫자가 늘어나는 것에 대해 우려를 표명했으며, DSM 개정판의 장애 범위가 일상생활의 정신병리와 정상적인 문제 사이의 경계에서 흐려지기 시작했다(예: 우울증과 정상적인 사별의 경계)(Frances, 2013; Markon, 2013).[2] 사회 및 정치적 현실은 진단 체계가 일반 인구에서 정신병리의 유병률을 낮게 유지하기에 충분히 엄격하다는 우려를 갖게 한다. 한편, 이러한 경향은 정신병리가 비교적 드문 현상이라는 진정한 희망을 반영할 수 있다. 다른 한쪽 끝에서, 이것은 정신병리의 배상가능한 치료 비용을 줄이려는 정치적·경제적 의도를 시사하는 것일 수 있다. 정신병리의 유병률에 관한 가정을 유지해야 하는 압력의 기저에 있는 이유가 무엇이든 간에 이러한 가설은 정신병리 현상의 진정한 범위를 결정할 수 있도록 검증될 필요가 있다. 위디거와 클라크는 다음과 같이 말한다.

> 최적의 신체적 기능의 경우처럼, 최적의 심리적 기능은 인구 중 소수의 사람들만이 달성할 수 있는 이상을 나타낼 수 있다. 정신병리의 높은 유병률에 대한 거부는 정신장애 진단의 낙인 혹은 치료 비용 조달의 잠재적 영향……에 대한 우려를 반영할 수 있다. …… 하지만 이러한 사회적·정치적 우려는 인구 내의 정신병리학의 넓은 범위의 실제 비율에 대한 냉정하고 정확한 인식 또한 어렵게 만들 수 있다(Widiger & Clark, 2000, p. 8).

3) 동반이환

DSM이 사용하는 범주 체계에 대한 또 다른 중요한 도전은 하나의 정신장애를 다른 장애와 구별하는 작업으로, 앞에서 언급한 정신장애를 정상 기능과 구별하는 도전과 완전히 다르지 않다. DSM-5는 분명히 분류에 대한 범주적 접근의 한계를 인정하고 동반이환의 문제로 인해 이 모델을 바꿀 필요가 있다.

> 이전 DSM 접근방식은 각 진단을 건강 및 기타 진단과 범주적으로 분리된 것으로 간주했기 때문에, 동반이환 연구에서 뚜렷하게 나타나는 많은 장애 간 증상 및 위험 요인의 광범위한 공유를 파악하지 못했다. DSM의 이전 버전은 진단에서 잘못된-양성 결과를 배제하는 것에 중점을 두었다. 따라서 DSM 범주는 NOS(달리 명시되지 않는)를 사용해야 하

---

2 마찬가지로 일부는 DSM-5에 특정 장애의 추가가 정상 기능에서 악화되는 것의 병리화를 나타내는 것임에 우려를 표하고 있다(예: 파괴적 기분 조절 장애, 경미한 신경인지 장애, 또는 슬픔이 병리화될 수 있는 잠재적인 주요우울상애 기준에서 사별을 제외하는 것).

는 광범위한 필요성에서 알 수 있듯이 지나치게 협소하다. 실제로, 치료 및 연구를 위해 동질적인 집단을 식별하고자 했던 한때 타당해 보였던 이 목표는 임상적 현실, 장애 내의 이질성, 여러 장애 증상의 상당한 공유 증상을 포착하지 못한 협소한 진단 범주의 결과를 가져왔다. 장애 범주 내에서 점진적인 하위분류를 통해 진단적 동질성을 달성하려는 DSM의 과거 역사적 열망은 더 이상 현명한 것이라 볼 수 없다(APA, 2013, p. 12).

DSM-IV-TR은 진단들 간 구분이 '일련의 기준들'과 '특징 정의'에 근거해 명확히 서로 나뉠 수 있다는 가정에 기초해 있다. 이러한 체계의 표현된 가치는 정상 기능과 병리 기능 그리고 병리학적 기능의 다양한 범주를 구별할 수 있는 능력에 놓여 있다. 그러나 DSM IV-TR에는 이 책임에서 사실상 면제되는 면책 조항이 포함되어 있다. "정신장애의 각 범주가 완전히 다른 정신장애 또는 정신장애가 없는 것으로부터 구분되는 절대적인 경계를 가진 별개의 독립체라는 가정이 없다."(APA, 2000, p. xxxi)

DSM-IV-TR의 명백한 책임 면제와 DSM-5의 범주적 분류에 대한 명백한 비판에도 불구하고, DSM-5 프로젝트팀은 범주 체계를 유지하는 것을 결정하였다. "범주형 진단으로 인해 발생하는 문제에도 불구하고, DSM-5 프로젝트 팀은 대부분의 장애에 대한 대체 정의를 과학적으로 제안하는 것이 시기상조임을 인정했다."(APA, 2013, p. 13) 하지만 이와 관련하여 주목할 만한 예외는 다음 개정판에서 고려하고 있는 성격 병리 진단의 차원적 접근방식을 소개한 부록이다.

문제는 실제로 존재하지 않는 장애들 간의 경계를 뚜렷한 경계가 있는 것으로 가정하는 체계가 여전히 남아 있다는 것이다. DSM-5의 범주가 사실 정신장애 사이의 뚜렷한 경계가 아니라면, 정신병리를 적절하고 안정적으로 분류하는 체계로서의 효용성이 의심된다(Tyrer, 2014).

대부분의 임상 진단의 현실은 치료를 받고자 하는 사람들이 경험하는 대부분의 증상 군집이 어떤 개별 범주에도 깔끔하게 맞지 않는다는 것이며, 한 범주에 관련된 증상을 보이는 대부분의 사람 또한 적어도 하나의 다른 상태의 진단 기준을 충족한다는 것이다. 따라서 정신병리로 고통받는 대부분의 개인은 동반이환으로 진단될 수 있으며, 어떤 증상이 어떤 상태에 속하고 어떤 상태가 나타내는지에 대한 가치 판단을 내려야 하는 것이 임상적 관심의 주요 영역이다.

클라크, 왓슨 및 레이놀즈에 따르면 다음과 같다.

(정신병리의) 순수하고 다른 병리와 혼합되지 않은 것을 시사하는 데이터는 장애를 가진 사람들의 전체 인구를 대표하지 않을 수 있다. 또한 동반이환을 가진 개인은 순수하게 하나의 병리만을 보여 주는 사례와는 중요한 점에서 차이가 있다. 특히 동반이환을 보이는 개인은 일반적으로 더 만성적이고 복잡한 경과를 보이며 예후가 좋지 않고 치료에 대한 반응이 감소한다(Clark, Watson, & Reynolds, 1995, p. 6).

동반이환은 DSM 범주형 체계에 대한 도전을 시사한다. 미래의 개정판에서는 특징적인 범주 그리고 주어진 진단에 기인하는 증상에 따라서 기준이 보다 명확하게 정의되어야 한다. 임상 현장에서, 종종 증상의 중증도가 과정, 치료 및 결과를 결정하기 위한 가장 중요한 정보다. "기능장애의 심각성을 평가하는 것이 장애의 정확한 성격을 명시하는 것과 비슷하게 혹은 더 중요할 수 있다."(Clark, Watson, & Reynolds, 1995, p. 7)

4) 이질성

동일한 병리적 상태로 진단된 사람들도 실제로 매우 다른 출현 증상들로 진료실에 들어갈 수 있다. 범주 내 및 범주 간의 명백한 이질성은 DSM 진단체계가 직면한 또 다른 도전을 시사하는 것이다. DSM 진단체계에 따라 진단받은 개인은 진단을 위한 가능한 기준의 특정 비율만 충족하면 되는 것이다(예: 주요 우울증으로 진단되려면 9개 중 5개의 기준을 충족하면 됨). 이 다원적 접근은 동일한 진단을 받은 개인들 사이에 상당한 다양성을 가져온다.

이질성의 문제는 동일한 진단을 받은 여러 사람이 발생 가능한 증상 조합을 광범위하게 경험할 때 발생한다. 이 문제는 DSM을 만든 사람들도 인정하는 문제이며, 이 사람들은 동일한 진단을 받은 환자들도 '진단의 정의적 특징에 관해서도 이질적'일 수 있

표 17-2

증상 패턴 A	증상 패턴 B
• 우울한 정서	• 무쾌감증
• 불면증	• 수면과다증
• 체중 감소	• 체중 증가
• 피로	• 집중력 문제
• 부적절한 죄책감	• 자살 사고

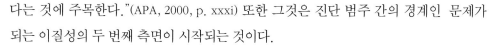

다는 것에 주목한다."(APA, 2000, p. xxxi) 또한 그것은 진단 범주 간의 경계인 문제가 되는 이질성의 두 번째 측면이 시작되는 것이다.

　임상 진단은 임상가가 치료 받고자 하는 사람에게 나타나는 일련의 증상을 식별하고 의미 있게 해석하는 능력에 기반을 두고 있다. 임상가가 이를 안정적으로 수행할 수 있는 정도는 증상 표현의 강도, 자신의 증상 경험을 표현하는 능력, 진단 간 경계의 명확성을 포함한 수많은 요인에 달려 있다. 상당한 수의 증상은 여러 진단 범주에서 공유되며, 만약 환자가 DSM 체계의 진단 범주와 정확히 일치하지 않는 일련의 증상으로 자신의 증상 경험을 설명한다면(종종 이런 경우가 발생하는 것처럼), 범주에 명확히 맞지 않거나 범주 사이에 속하는 경우가 압도적으로 많아지게 되고 이로 인해 DSM-IV-TR에서 과도하게 '달리 명시되지 않음'(NOS)을 사용하게 되었다. DSM-5는 NOS 진단을 '기타 분류된' 및 '분류되지 않은' 진단으로 대체하였다. 시간이 지나면 DSM-5에서 NOS를 바꾼 것이 실제 문제를 나타낸 것인지 혹은 이름만 단순히 바꾼 것인지 알게 될 것이다.

　클라크, 왓슨 및 레이놀즈가 관찰한 것처럼, 이 두 가지 유형의 이질성은 DSM의 질병 분류에 문제가 있음을 시사한다. "과학적 관점에서, 두 현상 모두 부적절한 분류를 나타낸다. 과도한 범주 내 이질성은 분류의 근간에 도전하는 반면, 과잉 분류되지 않은 경계 사례는 낮은 적용 범위를 시사한다."(Clark, Watson, & Reynolds, 1995, p. 7)

5) DSM의 구조

　DSM의 각 개정판은 진단 과정에 대한 더 높은 명확성과 특수성을 제공하려고 노력해 왔다. 5축 진단 체계의 DSM-III 추가판은 증후군 장애들을 더 깊은 기질적 문제에서 구별하려는 욕구가 반영되어 있다. '축 I'와 '축 II' 장애로 명명된 현상학적 경험 사이에는 질적 차이가 있는 것으로 여겨졌다. 그러나 최근 연구에서 성격장애와 임상 증후군 간의 타당한 구분이 도전받아 왔다. DSM-5는 다축체계를 제거했다(제2장에서 논의한 것처럼). 이러한 변화에 따른 분명한 개선에도 불구하고, DSM 진단에 대한 지속적인 재구성 과정은 종단적 연구와 현재 체계로 정신건강 서비스를 능숙하게 제공하는 것에 이의를 제기한다.

　DSM의 재구성으로 인해 발생하는 또 다른 잠재적인 문제는 진단 범주 자체와 관련이 있다. DSM-5는 완전히 새로운 범주의 추가를 포함한다. 예를 들어, 외상후 스트레스장애는 이전에는 불안장애로 분류되었다. 그러나 외상에 대한 연구에서 외상 경험과

DSM에 추가된 완전히 새로 분류된 '외상 및 스트레스 요인 관련 장애'의 특정 병리학적 반응의 발달 간에 강한 인과관계가 있음이 밝혀졌다. 클라크, 왓슨 및 레이놀즈는 이러한 변화에 대해 다음과 같이 주장한다.

> 만족할 만한 해결책이 없는 분류학적 문제를 강조하는 것이라 주장한다. 즉, 진단 분류에 기초한 현상학적인 주요 문제에도 불구하고, 분류는 직관적으로 설득력 있고 상대적으로 간단해 보일 수 있으며, 몇 개의 특정 장애는 그 중 어느 것에도 적합하게 맞지 않는다. 많은 장애는 둘 이상의 진단 분류의 기능장애 특징을 포괄하는 현상학적으로 혼합된 것이다(Clark, Watson, & Reynolds, 1995, p. 12).

앞에서 언급한 우려 사항들은 어떤 수준에서 모두 관련되어 있다. 진단 분류의 이질성 때문에 동반이환은 부분적으로 나타나며, 부분적으로는 DSM 분류의 현상학적 구조 때문에 나타난다. 현재의 범주체계에 대한 이러한 과제는 DSM 체계가 정신병리 기준을 그대로 유지한다면 DSM의 향후 개정판에서 논의되어야 할 필요가 있다. 일부에서는 범주형 분류체계가 정신병리학의 작업에 부적절하다고 제안하며(예: Widiger & Shea, 1991), 이를 논의하기 위한 토론에서 대안 모델이 등장하고 있다.

6) 대안적 분류 모델

DSM에 나열된 장애들은 주로 진단을 받은 사람들이 제시하는 증상을 기준으로 분류된다. 그들은 병인의 측면에서 거의 유사하지 않을 수 있으며, 주어진 분류의 장애를 그룹화하는 것에 대한 이론적 정당성이 거의 없을 수 있다(Widiger & Trull, 1993). 일부는 증후학은 부적절하게 정신병리의 체계를 조직하는 구조라고 주장한다(예: Andreasen & Carpenter, 1993). 다른 사람들은 이론적으로 통일된 장애 범주의 필요성에 주목하였다(예: Carson, 1991; Frances et al., 1990; Millon, 1991). 분명한 것은 현재 체계는 완벽하지 않으며 정신병리를 이해하는 완전히 새로운 방식을 탐색할 수 있는 자유가 현재의 개념화에 제한되지 않는 영역 내에서 지속적으로 장려되어야 한다(Clark, Watson & Reynolds, 1995).[3]

---

3 제2장의 대체 모델에 대한 논의를 참조하라.

정신건강 전문가가 현재 체계의 지속적인 개정을 추구하는 사람들 혹은 정신병리학 분류를 위한 완전히 새로운 모델을 요청하는 사람들을 지지하든지 간에, 임상적 진단을 더 잘하기 위해 더 높은 명확성, 특수성 및 유용성이 필요한 점은 분명하다. 정신병리학 분야가 발전함에 따라 이것이 실제로 어느 정도 가능한지가 중요한 질문이 될 것이다. 본질적으로 정신병리를 진단하는 연구와 실습이 명시적이고 논란의 여지가 없는 분류체계를 만들고 있는가? 그렇다면 그러한 분류체계는 보다 엄격한 과학적 방법론과 접근방식으로부터 생겨나며 항상 임상적 합의에 접근하는가?

현재 체계는 과학적 검증으로 정밀하게 계속 검토되고 있긴 하지만 임상적 합의에 크게 의존해 있다. DSM의 각 개정판은 반박할 수 없는 과학적 증거보다는 위원회의 심의와 합의의 결과로 나온 것이다. 진단 범주 및 장애의 포함 또는 제외는 궁극적으로 '전문가의 합의'에 달려 있다(Clark, Watson, & Reynolds, 1995; Follette & Houts, 1996). 이러한 실제 현장의 현실은, 예상할 수 있듯이, DSM 분류에 대한 가장 강력한 비판 중 하나를 촉발하였다. 많은 사람은 이 과정이 순전히 경험적 과학적 데이터의 의존으로 대체될 것을 요구한다. 그러나 이러한 입장은 종종 과학적 데이터도 잘못된 전제, 편견 및 현안에 빠질 수 있는 인간의 해석을 필요로 한다는 사실을 간과한다(Kendler, 1990; Widiger & Trull, 1993). 위디거와 클라크에 따르면 다음과 같다.

> 기존 연구결과를 해석하는 데 있어서 오류가 있는 사람들의 집단 없이 만들어지는 진단 매뉴얼은 없다. 이 사람들은 이상적으로 선입견이 없는, 연구 및 문제에 대한 적절한 이해를 갖춘 학자들과 합의할 수 있으나…… "참가자들은 (사실) 거의 그들이 다루는 문제와 관련하여 중립적이기 어려우며, 연구에 대하여 냉정하고 균형 잡힌 객관적인 검토와 해석을 제공하는 것도 어려울 수 있다."(Widiger & Trull, 1993, p. 73, 2000, p. 4)

일부는 DSM에 장애가 포함되는 의사결정 과정에서 민주적 투표를 추가해야 한다고 주장한다(Sadler, 2002). 아이디어는 위원회 구성원에게 더 넓은 심리학 공동체의 다양한 관점을 처리하게 하는 것이 이들이 소수 집단의 의도를 발전시키는 것을 막고, 과정이 엘리트주의적이거나 이론적으로 불균형적으로 되지 않도록 보호할 수 있다는 것이다. 그러나 이것은 의사결정 과정에서 훨씬 더 많은 정치적 편향을 유발할 수 있다. 과학적 연구에 기반한 의사결정이 훈련에 대한 정치적 분위기 혹은 사회 전반에 걸쳐 항상 수월한 것은 아니다. 클라크, 왓슨 및 레이놀즈(Clark, Watson, & Reynolds, 1995)는 이러한 결정을 내리는 사람들에게 권한이 부여되고, 심지어 특정 결정이 임상 공동체의 대다수 견해에 반대되는 경우에도 과학적 연구에 근거해 결정할 수 있기를 촉구한다. 과학적 연구와 임상적 지혜 사이의 균형은 정신병리학 분야가 발전할수록 더 많은 설명을 필요로 한다. 현 상태에서, DSM의 저자들은 미래 정신병리학 및 임상 진단 및 치료 작업에 있어서 막중한 책임과 중요한 권력을 가지고 있다. 위디거와 클라크가 제대로 경고한 것처럼, "이 권한을 부여받은 사람들의 선택은 과정 자체만큼 중요할 수 있다."(Widiger & Clark, 2000, p. 948)

진단 분류에 있어 과학적 근거를 강화하기 위한 한 가지 제안은 진단 과정과 장애 진단을 위한 일련의 기준을 만드는 데 있어서 검사 결과를 더 많이 강조해야 한다는 주장에서 나왔다. DSM-IV는 각 장애의 특징과 연관된 하위 영역의 실험 및 신체 검사결과를 포함한 방향으로 한 걸음 나아갔다. 의학 분야는 임상 진단을 위한 실험실 검사에 크게 의존한다(Frances et al., 1990). 이러한 결과는 환자의 증상에 대한 자기진술보다 진단과정의 객관적인 기준을 더 많이 제공한다. 이것은 의학적 진단이 매우 현실적이고 객관적으로 식별할 수 있는 생리학적 병리의 존재를 가정한다는 믿음에 기초한다. 유효한 질문은 이러한 점이 정신병리에도 그대로 적용되는지에 관한 것이다.

> 불안과 우울증은 신경생리학적 기제의 결과라고 알려져 있으며 일부 정신장애의 진단 기준에는 명확히 자율 기능에 대한 내용이 포함되어 있다(두근거림, 심장통증, 고양된 심박 수, 발한, 흉통, 메스꺼움, 현기증, 오한 또는 안면 홍조, 공황발작 진단 시 감각 이상 등), 그러나 아직 진단을 위해 생리학적 검사가 요구되지는 않는다. 또한 정신의학에서 환자의 증상에 대한 자기진술은 환자가 자신의 증상을 정확하게 설명할 수 없거나 내키지 않아 할 때가 있으므로, 종종 신뢰할 수 없고 오해의 소지가 있을 수 있다……. 하나의 희망은 실험실 검사가 다른 의학 영역에서 사용된 것처럼 정신의학에서도 동일하게 적용될 수 있다는 것이다(Widiger & Clark, 2000, p. 956).

뇌의 구조와 기능에 대한 연구 또한 진단 과정에서 실험 결과를 위해 가능한 미래 역할을 대신할 수 있다(Kennedy, Javanmard, & Vaccarino, 1997). 그러나 아마도 진단 범주의 일련의 기준을 강화할 수 있는 데에 가장 눈에 띄게 부재한 검사 결과는 심리검사들이다. 이러한 결과들은 정신지체 혹은 학습장애 진단기준에 포함되어 있다. 그러나 임상 진단의 유용성에 대한 타당한 방대한 연구 기반에도 불구하고, 심리검사 결과들은 다른 장애에는 포함되어 있지 않다.

> DSM-IV에는 각 정신장애의 병리생리학과 관련될 수 있는 특정 신경전달물질들이 언급되어 있다……. 하지만 병리학의 인지적, 행동적 혹은 대인관계 모델에 대해 참고할 수 있는 내용들은 포함되어 있지 않다. 신경생리학적 도구로도 얻을 수 없는 많은 연구에서 이미 제공되고 있는 특이성과 민감성 비율에 관한 일련의 진단적 기준으로 구성된 인지적, 행동적, 정서적 또는 기타 심리적 기능 구성 요소를 평가하는 도구는 적어도 신경생리학적 측정과 함께 인정되어야 한다(Widiger & Clark, 2000, p. 958).

이러한 관점에서 표준화된 심리학 도구의 가치가 인정받고 그 결과가 진단 과정에 사용되어야 할 필요가 있다.

7) 요약

DSM 시리즈의 현재의 범주 체계가 광범위한 인간 기능과 기능장애를 분류하고 해석하는 정신병리학 분야의 최고를 대표한다는 명확한 증거는 완벽하지 않은 것이다. 동반이환, 이질성, 불일치, 배제 및 잘못 정의된 경계는 DSM 저자들이 직면한 몇 가지 문제에 불과하다. 이 체계를 개선하거나 정신병리를 완전히 새롭게 개념화하는 방법을 고려해 볼 여지가 있다.

이 분야가 계속 발전함에 따라, 우리가 가장 좋은 기회라고 믿는 것은 DSM 심의에 기독교인의 목소리가 들어갈 수 있게 하는 것이다. 인간 기능에 대한 하나님의 기원과 계획에 대한 인식에 뿌리를 둔 세계관(증상 감소보다 더 중요한 병의 원인에 대한 정확한 이해), 물질적 인간 존재의 본성, 인간의 태도, 행동, 경험에 대한 도덕적 책임과 결과뿐 아니라 영성과 치유 과정에서의 초월적 희망이 삶이 혼란에 빠진 사람들을 돌보기 위한 결정을 내릴 때에 고려되어야 한다. 그러나 여기에도 갈등은 있다. 기독교인들이 명시적으로 종교적인 설명 체계를 더 많이 사용할수록, 그러한 견해는 더 큰 정신건강 커뮤니티에서는 덜 타당한 것으로 간주될 것이다. 그래도 언젠가는 다른 종교 공동체의 정신건강 전문가들이 자신들의 세계관을 공유하는 사람들의 우려 사항에 대해 말할 것처럼, 현장의 기독교인들이 자신들의 공동체, 신도들이 직면한 문제들에 대해 더 명확하게 말하는 것이 필요한 때가 올 수 있다.

2. 교회의 과제와 기회

교회는 처음부터 치유, 화해와 회복의 장소였다. 서기 초기부터 현대에 이르기까지, 서양 문화에서 교회는 곤경에 처한 사람들의 치유의 주된 도구였으며, 교회에 관해 글을 쓰는 사람들은 다양한 문제를 가진 사람들의 요구에 관해 증가하는 지식 및 이들의 필요에 대한 이해를 보여 주었다. 현대 심리학과 심리치료들이 마음과 영혼이 상처받은 사람들을 돌볼 수 있는 실행 가능한 수단으로 받아들여지기 시작하면서, 여러 치료에서 교회가 하였던 주도적인 역할은 줄어들기 시작했다. 사람들의 심리적 필요와 영적인 필요 간에 구별이 점점 받아들여지기 시작했다(Benner, 1998). 교회는 정서적·정신적 고통의 본질에 대한 논쟁에서 관심을 잃어버리거나 최소한의 활동적 역할만 하는 것으로 보였다(Oden, 1987). 정신병리학이 등장하기 시작하면서 신실하지 못한 세계관과 인류학이 서양 사회의 논의에서 뛰어난 역할을 하는 것처럼 보였고, 교회의 목소리는 현장에서 잠잠해지기 시작했다.

정신병리학의 핵심은 상처받은 영혼에 대한 연구다. 이를 감안할 때, 교회의 목소리는 인간 기능과 기능장애의 본질에 대한 현대 논의에 절실하게 필요하다. 기독교인의 명확한 목소리의 부재는 부분적으로 정신병리의 신앙에 기반한 관점의 훈련에 대한 일반적인 무관심을 반영한다. 그러나 이에 대한 책임 중 일부는 교회 전체, 특히 과학적 공동체 내에서 권리를 옹호하고 사람들의 의견을 경청하기 꺼리는 심리학 분야의 기독교인에게 책임이 있다. 심리학의 기독교인들은 많은 도전에 직면하고 있으며, 관련된 내용들은 철저하게 다른 사람들에 의해 논의되었다(예: Meyers, 1991; Roberts & Talbot, 1997; Van Leeuwen, 1985). 아마도 정신병리학 연구에서 가장 중요한 도전은 잃어버린 목소리를 되찾는 것일 것이다.

기독교 철학자 앨빈 플랜팅가(Plantinga, 1993)는 여러 커뮤니티의 구성원인 기독교 전문가가 느끼는 긴장에 대해 이야기한다. 기독교 심리학자는 전문 심리학자 공동체, 기독교 심리학자의 공동체, 지역 교회 공동체 및 더 넓은 범위의 신앙 및 기타 공동체의 구성원으로 속해 있다. 기독교 심리학자는 여러 공동체의 구성원이기 때문에, 직업이나 전문적 정체성에 관계없이 모든 기독교인에게 존재하는 긴장을 경험한다. 이러한 긴장은 "세상에 있으나 세상에 속하지 않은"(요한복음 17: 14-19; 또한 '이방인으로 사는' 집단으로서 교회의 논의는 Hauerwas & Willimon, 1989 참조) 일시적이며 영원한 두 세계에 살고 있는 것과 관련되어 있다. 우리는 겉으로 보기에 세상 사람들처럼 살고 있지만, 우리는 하나님 왕국의 시민, 그리스도의 상속자, 미래 영광을 기대하며 산다는 것을 내적으로 알고 있다. 플랜팅가가 말하는 요점에는 성경적 근거가 있다. 우리는 우리 눈을 예수님께 고정하여(히브리서 12: 2) 살고 있으며, 더 이상 이 세상의 것을 본받지 아니하며(로마서 12: 2), 현실은 우리 삶 전반에 걸친 결정과 약속들을 형성하기 위해 만들어진 것으로 간주된다. 우리가 성경적 진리와 일치하는 믿음을 고백할 때, 우리의 직업적 정체성과 직업적 공동체에 대한 참여를 포함하여, 믿음이 우리 삶의 모든 면을 주도해야 한다(고린도후서 5: 1-10).

그리스도인에게 믿음은 삶에 의미를 부여하고, 우리가 믿음을 따른다면, 믿음은 우리의 선택을 뒷받침해 준다. 믿음은 관계에 목적을 부여하며, 삶 너머의 희망을 가져다 준다. 우리의 믿음은 성경과 그의 창조를 통한 하나님의 계시에 대한 확신을 제공하며, 우리가 역사적 또는 과학적 지식에 대해 어느 정도 확신을 가질 수 있는 것은 오직 믿음을 통해서만 가능하다(Noll, 1990). 기독교 신앙은 전문적인 훈련을 포함하여 우리의 삶을 볼 수 있게 하는 렌즈이며, 신앙 공동체의 참여 기준에 대한 준수는 모든 기독교인에게 우선시되어야 한다. 믿음은 보다 광범위한 과학적 공동체에 알려진 인식론보다 더 복잡한 인식론(또는 아는 방식)으로 알려져 있기 때문에 부분적으로 기독교 심리학자를 위한 잠재적인 갈등이 나타나며, 기독교 심리학자는 그들의 우선순위와 안건을 만드는 명백한 신앙적 책임을 갖고 있다.

아마도 우리는 이제 이전에 이해하지 못했던 것들에 대해 몇 가지 단어를 가지고 있다. 아마도 정신병리학을 공부한 결과로 우리는 경제적 상향 이동과 하나님과 신자들에게 지속적으로 의존하는 것의 한계를 인식할 수 있는 조금 더 큰 능력을 갖게 될 것이다. 또한, 우리는 좀 더 완벽하게 생각을 구현하고 이전에 아마도 우리를 벗어났던 '대인관계에서 진리를 조정하는' 잠재능력을 가지게 될 것이다. 우리는 어쩌면 하나님의 성품, 관심, 연민을 형상화할 수 있는 확장된 능력과 그가 우리를 사랑하신 것처럼 다른 사람들을 사랑한다는 의미에 약간의 살을 붙이게 될 것이다.

일반적으로 정신병리학과 심리학 분야는 과학적 학문, 이데올로기, 방법론에 확고한 뿌리를 내리고 있다. 기독교 심리학자는 그들의 훈련과 전문적 정체성 때문에 과학적 방법론에 관심을 기울이고 있다. 그러나 기독교 심리학자로서 우리는 학문, 이데올로기, 방법론과 함께 역사적 기독교 신앙에도 확고한 뿌리를 두고 있다. 이것은 종종 경험되었고 이해 상충으로 간주되었다. 과학과 신앙 모두 진리 추구를 보여 준다. 그러나 과학과 신앙은 역사적으로 정신병리에 상호보완적인 신뢰할 수 있는 토대를 갖고 서로 다른 주장을 하며 접근해 왔다. 하나님과 함께 성경의 권위, 교회의 삶, 성령의 내주하심과 하나님과의 인격적 관계는 실증적 결과로부터의 타당성에 추가하여 기독교 인식론을 묘사해 왔다(예: 고고학, 문학 및 기타 형태의 검증 가능한 데이터). 반면에 논리적 실증주의에 뿌리를 둔 경험적 검증 가능성만이 적어도 포스트모던 시대까지 과학의 인식론을 지배해 왔다(Jones, 1994).

이 인식론들이 정반대라는 인식은 과학적 학문 및 과학과 관련된 것으로 알려진 학문 분야에서 기독교인이 긴장을 느끼게 만들었으며, 때로는 전문가 집단에서 신앙적 논쟁을 일반적으로 무시하는 결과를 초래하였다(Griffiths, 1997; Roberts, 1997). 이 분야에 있는 기독교인에게 도전이 되는 것은 다양한 인식론적 관점 간의 긴장 안에서 살아가는 것이다. 하나님은 특별 계시(성경)와 일반 계시(창조)를 통해 자신을 드러내시며, 두 인식론 모두 이 계시의 차이를 수용하는 데 필요하다.

과학계에 있는 그리스도인들에게, 이 두 가지가 진리로 가는 경쟁적인 길이 되는 것을 멈춰야 한다. 우리가 가진 도전은 기독교적 책임의 우선순위를 인식하면서 과학과 신앙이 서로를 보완한다는 사실을 인식하는 것이다. 우리를 안내하고 이끌어가는 힘은 신앙적 인식론이어야 하는데, 왜냐하면 인류를 섬기라는 부르심은 하나님과 성경적 권위의 신앙에서 흘러나오기 때문이다. 성경에 뿌리를 둔 기독교 신앙은 인간을 특별한 방식에서 가치 있게 보며, 건강에 대해 똑같이 특별하게 보는 관점을 지지한다(Evans, 1990). 그러므로 정신건강 분야의 기독교인들은 스스로 성경에서 흘러나오는 인식론과 핵심 가정에 뿌리를 내리고 하나님에 대한 믿음과 명료함과 성실함으로 과학과 돌봄 분야에서 그들의 일을 통합해야 한다.

신앙과 신앙 공동체에서 흘러나오는 관심은 우리의 우선순위와 계획이 되어야 하며 다른 것들을 배제하여 우선이 되는 것이 아닌 여러 가지 중에서 신앙이 가장 탁월해야 한다. 기독교 철학자에 대해 플랜팅가가 이야기한 것이 정신건강 분야의 기독교인에게 적절하게 적용될 수 있다.

> 기독교 심리학자들은…… 기독교 공동체의 심리학자들이다. 그렇기 때문에 기독교 공동체를 섬기는 것이 기독교인 심리학자로서의 임무의 일부다. 그러나 기독교 공동체에는 자체 관심사, 자체 조사 주제, 자체 의제 및 자체 연구 프로그램에 대한 고유의 질문을 갖고 있다(1983, p. 6).

플랜팅가에 따르면, 기독교 전문가와 학자들은 신앙 공동체와 인류에게 봉사하는 그리스도의 공동체가 관심 갖는 것에 대해 일차적인 의무를 지니고 있다. 그러나 이것만이 우리의 유일한 의무는 아니다. 우리는 우리가 대표하는 다양한 전문적인 공동체, 의제, 우선순위 및 이런 것들을 만들고 지배하는 지침에 대해서도 책임을 갖고 있다.

심리학자, 치료사 및 목회자로서 우리의 정체성에 대한 이러한 소명의 의미를 생각해 보는 것은 흥미롭다. 우리가 이런 소명을 진지하게 받아들이면, 이것은 기도, 용서, 은혜와 성화와 같은 문제를 포함하여 우리가 연구하는 주제에 영향을 미칠 것이다. 이것은 또한 우리가 섬기는 사람들에게도 영향을 미칠 것이다. 그리스도인의 소명을 따른다는 것은 정신건강과 웰빙에 영향을 미치는 많은 사회적 불의가 존재하는 지구촌에서 부당한 대우를 받고 소외된 사람들에게 봉사를 제공하는 것을 의미한다. 이것은 '실천' 통합으로 불려 왔다(Canning et al., 2000).

기독교인은 경험적으로 타당하고, 이론적으로 건전하며, 전문적 공동체에서 수용되며 신앙적으로도 일치되어야 하는 것으로 고군분투하고 있다. 그들은 경쟁적인 충성을 향해, 즉 전문적 커뮤니티나 믿음의 공동체에 끌려가는 느낌을 받을 수 있다. 어느 방향으로의 움직임이든 심리학 공동체 내에서 매우 필요한 확실한 기독교적 목소리를 침묵시키는 긴장을 유발할 수 있다. 이러한 긴장 유발은 일부 사람들로 하여금 전문적 공동체 전반에 대한 책임을 포기하게 하거나, 혹은 공동체에 극단적으로 참여하게 하거나 또는 그들의 믿음을 과학적 노력에서 다른 것으로 분리하게 할 수 있다. 우리에게 주어진 도전은 신앙인이 되는 것뿐 아니라 우리의 신앙이 우리의 일과 과학적 탐구와 관련하여 우리가 제기하는 바로 그 질문을 명확히 하고 매개할 수 있도록 의도적으로 허용하는 것이다.

기독교 심리학자는 기독교 신앙의 탁월함과 우선순위를 반영하는 방식으로 자신의 일(정신병리학 분야 포함)에 접근하는 것을 마다하지 않아야 한다. 여기에는 국제 심리학 공동체의 책임 있는 관여와 참여 촉진, 심리학 공동체와 교회 사이에 존재하는 긴장에 대한 존중이 포함된다. 플랜팅가는 기독교인 전문가가 보류 없이 우선적으로 충실해야 할 것은 교회여야 하며, 기독교인 전문가의 안건에 대한 연구 질문은 먼저 교회를 우위에 둔 질문에서 비롯되어야 함을 제안한다. 이와 같은 분명하고 확실한 기독교인의 목소리가 정신병리학의 현재의 심의에서 많이 필요하다. 우리가 이 방향으로 나아가면, 교회를 위한 기회 또한 나타날 것이다.

1) 교회가 정신병리학 연구에 영향 미치게 하는 것

예수님은 서로의 영혼을 사랑하고 돌보는 데 기반을 둔 공동체에 대해 가르치셨다.

> 수고하고 무거운 짐 진 자들아, 다 내게로 오라. 내가 너희를 쉬게 하리라. 나는 마음이
> 온유하고 겸손하니 나의 멍에를 메고 내게 배우라. 그러면 너희 마음이 쉼을 얻으리니 이
> 는 내 멍에는 쉽고 내 짐은 가벼움이라 하시니라(마태복음 11: 28-30).

> 내 계명은 이것이다. 내가 너희를 사랑한 것처럼 서로 사랑하라(요한복음 15: 12).

초대교회가 예수님이 말씀하신 사랑에 기반한 공동체가 되었고, 복음이 전 세계적으로 전파되기 시작하면서 교회의 영향력도 전 세계로 퍼지기 시작하였다. 교회는 '지치고 무거운 짐을 진' 사람들을 이해하는 목소리가 되었고, 이들을 돌보는 곳이 되었다. 제1장에서 논의했듯이, 수 세기 동안 교회는 인간의 고통과 힘듦의 본질에 대해 확신과 권위를 갖고 이야기해 왔다. 신앙의 세계관에 뿌리를 둔 관점은 우리가 지금 정신병리학이라 부르는 현상을 포함한 모든 고통을 이해하려고 한 사회처럼 들렸다.

우리 시대에 정신병리학에 대한 과학적 연구는 사람들의 영혼의 상처에 대한 이해를 추구하지만 종종 하나님의 사람들의 목소리 없이 연구가 되기도 한다. 토마스 오덴은 현대의 이러한 변화에 대해 현대 정신 치료가 목회적 보살핌을 압도한 것으로 나타냈다.

> 1920년 이후에 무슨 일이 일어났는가? 느린 추가 방향을 점점 반대로 바꾸는 것 같았
> 고, 현대 심리학과 합의하는 쪽으로 추의 머리부터 거꾸로 흔들리는 것과 같았다……. 목
> 회적 돌봄은 곧 정신 분석, 정신병리학, 임상 치료 방법, 그리고 프로이트를 따랐던 모든
> 치료적 접근의 모든 잇따른 치료에…… 관심을 빼앗겼고, 고전적 목회적 지혜는 깊은 잠
> 에 빠져들었다(Oden, 1988, pp. 22-23).

성경은 우리의 영적 특성의 진리와 인간의 고통에서 죄의 기능(모든 수준에서)에 근거한 세계관을 제공한다. 역사를 통틀어 상처 입은 사람들을 돌보는 데 헌신했던 기독교인은 우리의 죄 된 욕망과 우리 안에 있는 하나님의 형상 간에 전쟁을 계속하고 계획

대로 이루어지지 않는 세계에서 살기 위해 고군분투하는 것처럼 우리가 경험하는 모든 투쟁을 이해하려고 노력해 왔다(로마서 7). 수 세기에 걸쳐 이러한 고통의 특성과 고통이 인간 기능에 미치는 영향에 대해 많이 기록되었다. 죄 및 고통의 범주와 보살핌에 대한 목회적 반응은 한때 분명히 고통받는 세상에 알려졌었다.

현대 심리학의 영향이 확산되면서 교회의 목소리는 금세 잠잠해졌다. "우리 자신의 기독교 목회적 전통에 관심을 기울일 특정한 자유가 뺏기고, 논박당하고, 훼손되는 동안 현대 의식이 우리를 더 넓은 자유로 이끌 것이라는 가정에 우리는 모든 것을 걸었다."(Oden, 1988, p. 25)

교회는 특히 신자의 삶에 대해 토론하게 될 때, 영향력을 되찾아야 한다. 정신병리학 분야는 인간의 기능과 기능장애에 대한 분류의 핵심에 있는 모든 도덕적 추론에서 멀어지고 있다. 믿음에 근거한 세계관에서의 관점은 신뢰로운 의사결정이 있다 하더라도 거의 제공되지 않는다. 이것은 정신병리학 분야를 포함하여, 교회가 정신병리 문제를 어떻게 다뤄야 할지 더 겸손하게 영향을 미치고자 하는 사람들뿐 아니라 사회 구조를 변화시키는 것이 자신의 소명의 일부분으로 생각하는 기독교인들에게 도전이다.

우리는 기독교인들이 이 도전을 다룰 때 이중적인 접근 방식을 취할 것을 권한다. 첫째, 기독교인의 설명적 체계가 우리가 연구할 시간과 에너지를 쏟기로 선택한 분야에 영향을 미칠 수 있다는 것을 인식하라. 둘째, 우리 모두 '도덕적 이방인'(우리가 옳고 그름에 대해 믿는 것이 다른 사람들과 다른 한)이며 '인식적 낯선 사람'(일반 계시와 특별 계시를 통해 우리가 알고 있는 것을 어떻게 아는지가, 다른 사람들이 그들이 알고 있는 것을 어떻게 알고 있는 것과는 다른 한)이라는 것을 인식하라. 따라서 일부 우려 사항은 더 이상 더 넓은 문화와는 관련이 없을 수 있지만 자신을 기독교인으로 밝히는 사람들에게는 관련될 수 있다.

역사적으로, 동성애에 대한 한 가지 우려 사항이 있는데, 그것은 1974년 DSM에서 동성애가 삭제된 것이다. 이것은 더 이상 병리로 간주되지 않지만 아직 동성애와 행동 경험은 정신건강을 추구하며 준전문가가 되려는 전통적인 종교적인 사람들에게는 여전히 우려 사항으로 남아 있다. 정체성과 관련한(자신의 생물학적 성과 관련하여) 성정체성 갈등에서 성과 관련된 주관적인 고통 중 하나로(성별 불쾌감) 개념이 변화하면서, 우리는 믿음의 사람들이 자신의 세계관에 대한 생각과 일치하지 않는 것을 선호하는 결정을 할 가능성이 있음을 잠재적으로 알고 있다(Yarhouse, 2015). 또한 성 도착증과 변태 성욕 장애를 구별하는 것도 마찬가지이다. 우리는 전통적으로 종교적인 사람들에게는 문제가 되는 성적 하위문화를 병리화하지 않고 지지하는 것을 보고 있다(Yarhouse & Tan, 2014).

2) 정신병리학 분야가 교회에 영향을 미치게 하는 것

많은 곳에서 기독교인은 인간의 기능을 이해하는 데 있어 이루어진 발전에 귀를 기울이지 않았다. 이론화와 연구는 정신과 신체 사이의 복잡한 상호 연결, 감정과 생각에서의 신경생리학의 역할, 우리를 압도하거나 정체되게 할 수 있는 생각과 행동의 패턴, 사람들의 삶 등에 세대에서 세대를 거쳐 혼란을 일으킬 수 있는 가족 및 대인관계 역동에 대한 발견으로 이어졌다. 교회의 영적 지도자들은 이러한 발견에 대해 정보를 얻으면 그들이 교회 사역을 어떻게 심화할 수 있을 것인지에 대해 큰 도움을 받을 수 있을 것이다. 교회는 역사 전반에 걸친 발전, 인류와 영혼의 본성에 대한 현대적 이해(심리학)와 돌봄의 현대적 모델(심리치료)에 바탕을 둔 것에서 도움을 받았다.

> 모든 역사적 시대에 목회적 돌봄이 활용되었으며, 현재 시대의 심리학과 심리작용을 진보하고 변화시키는 데 도움이 되어 왔다……. 역사상 어느 곳에서도 기독교가 오로지 전통적인 심리학 특성에서, 이론적으로 혹은 대중적으로 이해되도록 설명된 적은 없다. 전통적인 목회를 제대로 인식하는 것은 뚜렷한 목회적 역할을 포기하지 않으면서 현재의 심리학적 통찰과 적용을 채택하고 이에 적응할 준비가 되어 있는 것이다(Clebsch & Jaekle, 1964, pp. 68-69).

인간의 기능과 기능장애의 본질에 대한 교회와 현대의 숙고 사이에 참여하는 분위기가 회복되어야 한다.

1세기의 지식인과 사회 지도자는 사도들이 복음에 관해 말할 때 그들의 이해력에 놀라워했다. 사도들은 신학뿐만 아니라 현대 철학, 문학, 정치학에도 정통한 것 같았다. 우리를 마주하는 문제의 답을 찾기 위해, 세상에 대한 하나님의 계시의 진실을 가져오기 위해 교회는 진실에 뿌리를 둔 세계관에서 떠오르는 질문을 제기하고 현대 문제에 대해 대화하는 능력을 통해 우리가 얻었던 존경의 자리를 되찾아야 한다.

3. 결론

　　믿음의 눈을 통해 정신병리학에 대한 몇 가지 관점을 제공하는 것이 이 책의 목적이었다. 정신병리학 분야는 인류의 고통을 이해하려는 매우 중요한 작업에 참여하고 있으며, 상처받은 사람들에게 위안과 치유를 주려는 사람들을 안내하는 데 도움이 될 수 있는 몇 가지 기준을 제공한다. 이것은 20세기 동안 교회가 해 온 일이며, 교회는 중요한 정신병리에 관련된 역할을 재개할 필요가 있다. 정신병리학과 심리 치료에 관련된 사람들이 이전에 일을 해 본 사람들 그리고 인간의 조건에 대한 믿음에 기초한 이해를 추구하도록 부름을 받은 사람들의 목소리에 귀를 기울인다면, 교회의 문헌들은 이러한 일에 지침을 제공할 수 있는 통찰력과 방법을 풍부하게 갖고 있다.

　　DSM의 현재 분류체계는 유용하지만 제한된 도구다. 그것은 많은 다양한 안건과 세계관을 반영한다.

　　　그것은 이익의 타협을 반영한다……. DSM의 일차적인 목표는 임상적 유용성이다. 변호사, 보험사, 가석방 담당관, 장애 청구 담당자, 통계학자, 교육자 등의 이해관계도 비록 미미하지만 역할을 하였다. 경험적 고려 사항이 특히 최근 버전에서 강하게 강조되었지만, 데이터의 부재로 전문가의 합의를 바탕으로 많은 결정이 내려졌다. 아마도 DSM-IV는 부분적으로는 과학적 원리에 기초하지만 다른 영향들도 반영하는, 기원과 목적이 혼합된 문서로 잘 볼 수 있다(Clark, Watson, & Reynolds, 1995, p. 16).

　　정신병리학 분야의 페이지와 현대적 논쟁에서 눈에 띄게 빠져 있는 부분은 기독교 세계관에 바탕을 둔 목소리와 DSM에 나타난 질병 분류에 대한 질문을 제기하는 것이다.

　　　우리가 육체에 있어 행하나 육체대로 싸우지 아니하노니 우리의 싸우는 병기는 육체에 속한 것이 아니요 오직 하나님 앞에서 견고한 진을 파하는 강력이라. 모든 이론을 파하며 하나님 아는 것을 대적하여 높아진 것을 다 파하고 모든 생각을 사로잡아 그리스도에게 복종케 하니(고린도후서 10: 3-5)

　　우리는 특별 계시와 일반 계시 모두에 높은 관심을 보이는 통합적 접근방식을 모델링하려고 했다. 우리는 아테네의 책임감 있는 시민이며 동시에 예루살렘의 존귀한 사람들이 되고 싶다. 목적을 위해, 기독교인은 정신병리학 연구에서 우리의 믿음을 진지하게 받아들이는 것이 무엇인지 고려하면서, 이중 문화와 이중 언어를 구사할 필요가 있다. 우리의 희망과 기도는 이 책이 그 방향으로 나아가는 단계가 되길 바라는 것이다.

부록

정신병리학의 주요 이론적 접근

1. 생물물리학 이론(정신병리학의 질병 모델)

이론 설립자: Kraepelin, Bleuler, Sheldon, Meehl, Hoskins, Kallma

병리학의 정의: 생물학적 기능 장애 및 기질

병리학의 가정 원인: 유전, 체질, 장애

중요 개념: 유전자, 기질, 체질, 장애

병리학 범주: 전통적인 정신장애

중요 자료: 유전, 해부학, 생리학, 생화학

2. 정신내적 이론(정신병리학의 적응 모델)

이론 설립자: Freud, Hartmann, Erikson, Jung, Fairbairn, Adler, Sullivan, Horney

병리학의 정의: 미해결된 갈등, 억압된 불안

병리학의 가정 원인: 충족되지 않은 본능, 아동기 불안

중요 개념: 본능, 자아, 무의식, 방어기제

병리학 범주: 증상 장애, 성격장애

중요 자료: 자유연상, 회상, 꿈, 투사 검사

3. 현상학 이론(정신병리학의 부조화 모델)

이론 설립자: Rogers, Maslow, May, Boss, Binswanger

병리학의 정의: 자아−불편감

병리학의 가정 원인: 자기−실현 부인

중요 개념: 자아, 자아존중, 개인자신(신체까지 포함)

병리학 범주: 빈곤, 무질서

중요 자료: 의식적인 태도와 느낌에 대한 자기보고

4. 행동주의 이론(정신병리학의 학습모델)

이론 설립자: Dollard, Miller, Wolpe, Eysenck, Bandura, Rotter, Skinner

병리학의 정의: 부적응적 행동

병리학의 가정 원인: 학습결핍, 부적응적 학습

중요 개념: 조건화, 강화, 일반화

병리학의 범주: 수많은 특정 행동 증상

중요 자료: 객관적으로 관찰되고 기록된 명백한 행동

부록은 Theodore Millon의 정신병리학 이론에 대한 논의에서 발췌됨, 1969, p. 71.

📓 참고문헌

제1장

추천 도서

Benner, D. G. (1998). *Care of souls: Revisioning Christian nurture and counsel*. Grand Rapids: Baker. This book offers a prophetic vision for a view of the soul and soul care that unites the psychological with the spiritual dimensions of persons.

Clebsch, W. A., & Jaekle, C. R. (1964). *Pastoral care in historical perspective: An essay with exhibits*. Englewood Cliffs, NJ: Prentice-Hall. This offers the reader a brief journey through the history of pastoral care combined with powerful excerpts from the writings of the church.

Gregory the Great. (1950). *Pastoral care* (Henry Davis, Ed. and Trans.). New York: Newman. A classic in pastoral care literature, this book reveals the heart of a shepherd of souls who holds high the responsibility and ministry of pastoral care.

McMinn, M. R. (2004). *Why sin matters*. Wheaton, IL: Tyndale House. This is a thoughtful and challenging consideration of the connection between sin and grace.

Nouwen, H. J. M. (1972). *The wounded healer*. New York: Doubleday. A heartfelt call to pastoral care despite our common woundedness.

Oden, T. C. (1987). *Classical pastoral care* (Vols. 1-4). Grand Rapids: Baker. This is a helpful four-volume anthology of writings from the history of the church related to key areas of pastoral care.

참고문헌

American Psychiatric Association. (1994). *Diagnostic and statistical manual of mental disorders (4th ed.)*. Washington, DC: Author.

American Psychological Association. (2015). Glossary of Psychological Terms. Retrieved from http://www.apa.org/research/action/glossary.aspx

Augustine. (1997). *On Christian teaching*. (Orig. AD 426. R. P. H. Green, Trans.). Oxford: Oxford University Press.

Barlow, D. H., & Durand, V. M. (2002). *Abnormal psychology: An integrative approach (3rd ed.)*. Belmont, CA: Wadsworth.

Baxter, R. (1829). *The reformed pastor: Or, the duty of personal labors for the souls of men* (rev. and abridged by W. Brown). New York: American Tract Society.

Baxter, R. (1931). *The autobiography of Richard Baxter* (J. M. Lloyd Thomas, Ed.). New York: E. P. Dutton.

Benner, D. G. (1998). *Care of souls: Revisioning Christian nurture and counsel*. Grand Rapids: Baker.

Clebsch, W.A., & Jaekle, C. R. (1964). *Pastoral care in historical perspective: An essay with exhibits*. Englewood Cliffs, NJ: Prentice-Hall.

DeYoung, R. K. (2009). *Glittering vices: A new look at the seven deadly sins and their remedies*. Grand Rapids: Brazos Press.

DeYoung, R. K. (2013). *Between the lines: A conversation with Rebecca Konyndyk DeYoung*. Retrieved from www.thebrazosblog.com/2013/09/ between-the-lines-a-conversation-with-rebecca-konyndyk-deyoung-part-1

Gregory the Great. (1978). *Pastoral care* (Orig. AD 591. H. Davis, Trans.). In J. Quasten and J. Plumpe (Eds.), Ancient Christian writers (Vol. 11). New York: Newman.

Hoekema, A. A. (1986). *Created in God's image*. Grand Rapids: Eerdmans.

Holifield, E. B. (1983). *A history of pastoral care in America: From salvation to self-realization*. Nashville: Abingdon.

Hurding, R. F. (1995). Pastoral care, counseling and psychotherapy. In D. J. Atkinson, D. F. Field, A. Holmes & O. O'Donovan (Eds.), *New dictionary of Christian ethics and pastoral theology* (pp. 78-87). Downers Grove, IL: Inter Varsity Press.

John Chrysostom (1977). *Six books on the priesthood*. (G. Neville, Trans.). Crestwood, NY: St. Vladimir's Seminary Press.

Johnson, E. L. (1987). Sin, weakness and psychopathology. *Journal of Psychology and Theology, 15(3)*, 218-26.

Johnson, W. B., & Johnson, W. L. (2000). *The pastor's guide to psychological disorders and treatments*. New York: Haworth Pastoral Press.

Jones, S. L., & Butman, R. E. (1991). *Modern psychotherapies: A comprehensive Christian appraisal*. Downers Grove, IL: InterVarsity Press.

Kemp, C. F. (1947). *Physicians of the soul: A history of pastoral counseling.* New York: Macmillan.

MacKay, W. M. (1918). *The disease and remedy of sin.* London: Hodder and Stoughton.

McMinn, M. R. (2004). *Why sin matters.* Wheaton, IL: Tyndale House.

McNeill, J. T. (1951). *A history of the cure of souls.* New York: Harper and Brothers.

McNeill, J. T., & Gamer, H. M. (1938). *Medieval handbooks of penance: A translation of the "Libri poenitentiales" and "Selections from related documents."* New York: Columbia University Press.

Oden, T. C. (1980). Recovering lost identity. *Journal of Pastoral Care, 34*(1), 4-18.

Oden, T. C. (1983). Pastoral theology: *Essentials of ministry.* San Francisco: Harper and Row.

Oden, T. C. (1984). *Care of souls in the classic tradition.* Philadelphia: Fortress.

Oden, T. C. (1987). *Crisis ministries.* Classical pastoral care Vol. 4. Grand Rapids: Baker.

Oden, T. C. (1987). *Pastoral counsel.* Classical pastoral care Vol. 3. Grand Rapids: Baker.

Oden, T. C. (1988). Recovering pastoral care's lost identity. In L. Aden and J. H. Ellens (Eds.), *The church and pastoral care* (pp. 17-32). Grand Rapids: Baker.

Oden, T. C. (1991). *After modernity······ what?* Grand Rapids: Zondervan.

Packer, J. I. (1990). *A quest for godliness: The Puritan vision for the Christian life.* Wheaton, IL: Crossway.

Richardson, C. C. (1970). *Early Christian fathers.* New York: Macmillan.

Roberts, R. C. (1993). *Taking the Word to heart: Self and other in an age of therapies.* Grand Rapids: Eerdmans.

Tidball, D. J. (1998). Pastoral theology. In S. B. Ferguson, D. F. Wright and J. I. Packer (Eds.), *New dictionary of theology* (pp. 493-94). Downers Grove, IL: InterVarsity Press.

제2장

추천 도서

Adams, H. E., & Sutker, P. B. (2001). *Comprehensive handbook of psychopathology* (3rd ed.). New York: Plenum. This is a definitive and current consideration of the theory and research in the field of psychopathology.

Barnhill, J. (2014). *DSM-5 clinical cases.* Arlington, VA: American Psychiatric Publishing. This book offers vignettes that bring the *DSM* categories of psychopathology to life.

Koocher, G. P., Norcross, J. C., & Greene, B.A. (2013). *Psychologists' desk reference* (3rd ed.). New York: Oxford University Press. This is a helpful reference work that offers short articles on many issues related to psychopathology (e.g., epidemiology, current research, treatment modalities, etc.).

Morrison, J. (2014). *DSM-5 made easy: The clinician's guide to diagnosis*. New York: Guilford.

참고문헌

Adams, H. E., & Cassidy, J. F. (1993). The classification of abnormal behavior: An overview. In P. B. Sutker & H. E. Adams (Eds.), *Comprehensive handbook of psychopathology* (2nd ed.) (pp. 3-25). New York: Plenum.

American Psychiatric Association. (1994). *Diagnostic and statistical manual of mental disorders* (4th ed.). Washington, DC: Author.

American Psychiatric Association. (2013). *Diagnostic and statistical manual of mental disorders* (5th ed.). Washington, DC: Author.

American Psychiatric Association. (2014). Personality disorders. Retrieved from www.dsm5.org/Documents/Personality%20Disorders%20Fact%20Sheet.pdf

American Psychological Association. (2015). Glossary of psychological terms. Retrieved from www.apa.org/research/action/glossary.aspx?tab=1

Andreasen, N. C. (1995). The validation of psychiatric diagnosis: New models and approaches. *American Journal of Psychiatry, 152,* 161-62.

Andreasen, N. C., & Carpenter, W. T., Jr. (1993). Diagnosis and classification of schizophrenia. *Schizophrenia Bulletin, 19*(2), 199-214.

Birley, J. L. T. (1975). The history of psychiatry as the history of an art. *British Journal of Psychiatry, 127,* 383-400.

Blashfield, R. K., & Draguns, J. G. (1976). Toward a taxonomy of psychopathology. *British Journal of Psychiatry, 42,* 574-83.

Cantor, N., Smith, E. E., French, R. deS., & Mezzich, J. (1980). Psychiatric diagnosis as a prototype categorization. *Journal of Abnormal Psychology, 89,* 181-93.

Caplan, P. J. (1995). *They say you're crazy: How the world's most powerful psychiatrists decide who's normal.* Reading, MA: Addison-Wesley.

Chodoff, P. (1986). DSM-III and psychotherapy. (Editorial). *American Journal of Psychiatry, 143*(2), 201-3.

Clark, L. A., Watson, D., & Reynolds, S. (1995). Diagnosis and classification of psychopathology: Challenges to the current system and future directions. *Annual Review of*

Psychology, 46, 121-53.

Comer, R. J. (1996). *Fundamentals of abnormal psychology*. New York: W. H. Freeman.

Comer, R. J. (2013). *Fundamentals of abnormal psychology* (7th ed.). New York: W. H. Freeman.

Davidson, J. R., & Foa, E. B. (1991). Diagnostic issues in posttraumatic stress disorder: Considerations for the DSM-IV. *Journal of Abnormal Psychology, 100*(3), 346-55.

Denton, W. H. (1989). DSM-III-R and the family therapist: Ethical considerations. *Journal of Marital and Family Therapy, 15*(4), 367-77.

Eysenck, H. J. (1986). A critique of contemporary classification and diagnosis. In T. Millon and G. L. Klerman (Eds.), *Contemporary directions in psychopathology: Toward the DSM-IV* (pp. 78-98). New York: Guilford.

Faraone, S. V., & Tsuang, M. T. (1994). Measuring diagnostic accuracy in the absence of a "gold standard." *American Journal of Psychiatry, 151*, 650-57.

Faust, D., & Miner, R. A. (1986). The empiricist and his new clothes: DSM-III in perspective. *American Journal of Psychiatry, 143*(8), 962-67.

Feyerabend, P. (1978). *Against method*. London: Verso.

Follette, W. C., & Houts, A. C. (1996). Models of scientific progress and the role of theory in taxonomy development: A case study of the DSM. *Journal of Consulting and Clinical Psychology, 64*, 1120-32.

Frances, A. J., Pincus, H. A., Widiger, T. A., Davis, W. W., & First, M. B. (1990). DSM-IV: Work in progress. *American Journal of Psychiatry, 147*, 1439-48.

Frances, A. J., Widiger, T. A., & Pincus, H. A. (1989). The development of DSM-IV. *Archives of General Psychiatry, 46*(4), 373-75.

Garfield, S. L. (1986). Problems in diagnostic classification. In T. Millon and G. L. Klerman (Eds.), *Contemporary directions in psychopathology: Toward the DSM-IV* (pp. 99-113). New York: Guilford.

Grob, G. N. (1991). Origins of DSM-1: A study in appearance and reality. *American Journal of Psychiatry, 148*(4), 421-31.

Israel, R. A. (1978). The international classification of diseases: Two hundred years of development. *Public Health Reports (1974-), 93*(2), *International Health,* 150-52.

Jones, S., & Butman, R. (1991). Modern psychotherapies: *A comprehensive Christian appraisal.* Downers Grove, IL: InterVarsity Press.

Kendell, R. E. (1989). Clinical validity. *Psychological Medicine, 19*, 45-55.

Kendell, R. E. (1991). Relationship between the DSM-IV and the ICD-10. *Journal of Abnormal*

Psychology, 100(3), 297-301.

Kendler, K. S. (1990). Toward a scientific psychiatric nosology: Strengths and limitations. *Archives of General Psychiatry, 47*, 969-73.

Kirk, S. A., & Kutchins, H. (1992). *The selling of DSM: The rhetoric of science in psychiatry.* New York: Aldine DeGruyter.

Kirmayer, L. J. (1994). Is the concept of mental disorder culturally relative? In S. A. Kirk and S. D. Einbinder (Eds.), *Controversial issues in mental health* (pp. 2-9). Boston: Allyn and Bacon.

Kleinman, A. (2013). Implementing global mental health. *Depression and Anxiety, 30*, 503-5.

Kleinman, A. (1996). How is culture important for DSM-IV? In J. E. Mezzich, A. Kleinman, H. Fabrega, and D. L. Parron (Eds.), *Culture and psychiatric diagnosis: A DSM-IV perspective* (pp. 15-25). Washington, DC: American Psychiatric Press.

Kuhn, T. S. (1970). *The structure of scientific revolutions* (2nd ed.). Chicago: University of Chicago Press.

Lamberts, H., Magruder, K., Kathol, R. G., Pincus, H. A., & Okkes, I. (1998). The classification of mental disorders in primary care. *International Journal of Psychiatry in Medicine, 28*(2), 159-76.

Lilienfeld, S. O., & Marino, L. (1995). Mental disorder as a Roschian concept: A critique of Wakefield's "harmful dysfunction" analysis. *Journal of Abnormal Psychology, 104*, 411-20.

Millon, T. (1969). *Modern psychopathology: A biosocial approach to maladaptive learning and functioning.* Philadelphia: W. B. Saunders.

Millon, T., & Klerman, G. L. (1986). *Contemporary directions in psychopathology: Toward the DSM-IV.* New York: Guilford.

Nathan, P. E., & Langenbucher, J. (2003). Diagnosis and classification. In G. Stricker and T. A. Widiger (Eds.), *Handbook of clinical psychology: Clinical psychology* (Vol. 8, 3-26). New York: John Wiley & Sons.

Pincus, H. A., & McQueen, L. (2002). The limits of an evidence-based classification of mental disorders. In J. Z. Sadler (Ed.), *Descriptions and prescriptions: Values, mental disorders and the DSMs* (pp. 9-24). Baltimore: Johns Hopkins University Press.

Reeb, R. N. (2000). Classification and diagnosis of psychopathology: Conceptual foundations. *Journal of Psychological Practice, 6*(1), 3-18.

Reed, G. M., Correia, J. M., Esparza, P., Saxena, S., & Maj, M. (2011). The WPAWHO global survey of psychiatrists' attitudes towards mental disorders classification. *World Psychiatry, 10*(2), 118-31.

Rogler, L. H. (1996). Framing research on culture in psychiatric diagnosis: The case of the DSM-IV. *Psychiatry, 59*, 145-55.

Rogler, L. H. (1997). Making sense of historical changes in the Diagnostic and Statistical Manual of Mental Disorders: Five propositions. *Journal of Health and Social Behavior, 38*, 9-20.

Ross, P. A. (2002). Values and objectivity in psychiatric nosology. In J. Z. Sadler (Ed.), *Descriptions and prescriptions: Values, mental disorders and the DSMs* (pp. 45-55). Baltimore: Johns Hopkins University Press, 2002.

Rothblum, E. D., Solomon, L. J., & Albee, G. W. (1986). A sociopolitical perspective of DSM-III. In T. Millon and G. L. Klerman (Eds.), *Contemporary directions for psychopathology: Toward the DSM-IV* (pp. 167-89). New York: Guilford.

Sadler, J. Z. (Ed.). (2002). *Descriptions and prescriptions: Values, mental disorders and the DSMs.* Baltimore: Johns Hopkins University Press.

Schacht, T. E. (1985). DSM-III and the politics of truth. *American Psychologist, 40*, 513-21.

Schaffner, K. F. (2002). Clinical and etiological psychiatric diagnosis: Do causes count? In J. Z. Sadler (Ed.), *Descriptions and prescriptions: Values, mental disorders, and the DSMs* (pp. 271-90). Baltimore: Johns Hopkins University Press.

Schlauch, C. R. (1993). Re-visioning pastoral diagnosis. In R. J. Wicks and R. D. Parsons (Eds.), *Clinical Handbook of Pastoral Counseling* (Vol. 2, 51-101). New York: Paulist Press.

Sharma, V. K., & Copeland, J. R. M. (2009). Detecting mental disorders in primary care. *Mental Health in Family Medicine, 6*, 11-13.

Simola, S. K. (1992). Differences among sexist, nonsexist and feminist family therapies. *Professional Psychology: Research and Practice, 23*, 397-403.

Spitzer, R. L. (1981). The diagnostic status of homosexuality in DSM-III: A reformulation of the issues. *American Journal of Psychiatry, 138(2)*, 210-15.

Spitzer, R. L. (1985). DSM-III and the politics-science dichotomy syndrome: A response to Thomas E. Schacht's "DSM-III and the politics of truth." *American Psychologist, 40*, 522-26.

Strong, T. (1993). DSM-IV and describing problems in family therapy. *Family Therapy, 32*, 249-53.

Walker, L. E. A. (1989). Psychology and the violence against women. *American Psychologist, 44*, 695-702.

Widiger, T. A. (2002). Values, politics and science in the construction of the DSMs. In J. Z. Sadler (Ed.), *Descriptions and prescriptions: Values, mental disorders and the DSMs* (pp. 25-41). Baltimore: Johns Hopkins University Press.

Widiger, T. A., & Clark, L. A. (2000). Toward DSM-V and the classification of psychopathology.

Psychological Bulletin, 126(6), 946–63.

Widiger, T. A., & Trull, T. J. (1993). The scholarly development of DSM-IV. In J. A. Costa e Silva and C. C. Nadelson (Eds.), *International Review of Psychiatry* (Vol. 1, pp. 59–78). Washington, DC: American Psychiatric Press.

World Health Organization. (1948). Manual of the international statistical classification of diseases, injuries, and causes of death: Sixth revision of the international lists of diseases and causes of death. Geneva: Author.

World Health Organization. (2013). Mental health action plan 2013-2020. Geneva, Switzerland: WHO Document Production Services.

World Health Organization (October, 2014). Mental Disorders. Retrieved from www.who.int/mediacentre/factsheets/fs396/en/

Zimmerman, M. (1988). Why are we rushing to publish DSM-IV? *Archives of General Psychiatry, 45*, 1135-38.

제3장

추천 도서

Greene-McCreight, K. (2006). *Darkness is my only companion*. Grand Rapids: Brazos. Offers an incredible narrative of the struggle with bipolar illness from a faith perspective.

Halgin, R. (2000). *Taking sides: Clashing views on controversial issues in abnormal psychology*. Guilford, CT: Dushkin/McGraw-Hill. An excellent reader on issues that have often polarized laypersons and professionals alike.

Pargament, K. (Ed.). (2013). *The APA handbook of psychology, religion, and spirituality* (Vols. 1-2). Washington, DC: American Psychological Association.

Schwartzberg, S. (2000). *A casebook of psychological disorders*. Boston: Allyn and Bacon. A text that does a remarkable job of sensitizing the reader to the complexity of psychopathology as well as the human face of emotional distress.

Sittser, G. (1996). *A grace disguised: How the soul grows through loss*. Grand Rapids: Zondervan. This is perhaps the best book in print on "the problem of pain" and human suffering from a faith perspective. A sequel, A grace revealed, updates the story almost two decades later (2012).

Struthers, W. (2010). *Wired for intimacy*. Downers Grove, IL: InterVarsity Press. Excellent discussion of biological factors that impact the brain and nervous system when viewing pornography.

Worden, W. (2008). *Grief counseling and grief therapy* (4th ed.). New York: Springer. This, the most widely used text in the field of loss and bereavement, was written by a deeply committed Christian psychologist who taught at Harvard.

참고문헌

Antony, M., & Barlow, D. (Eds.). (2002). *Handbook of assessment and treatment planning for psychological disorders.* New York: Guilford.

Balswick, J. (1992). *Men at the crossroads.* Downers Grove, IL: InterVarsity Press.

Barlow, D. (Ed.). (1993). *Clinical handbook of psychological disorders.* New York: Guilford.

Benner, D., & Hill, P. (Eds.). (1999). *Baker encyclopedia of psychology and counseling* (2nd ed.). Grand Rapids: Baker.

Bilezikian, G. (1997). *Community 101: Reclaiming the church as a community of oneness.* Grand Rapids: Zondervan.

Bixler, W. (1999). Sin, psychological consequences of. In D. Benner and P. Hill (Eds.), *Baker encyclopedia of psychology and counseling* (2nd ed.) (pp. 1124-25). Grand Rapids: Baker.

Brand, P., & Yancey, P. (1980). *Fearfully and wonderfully made.* Grand Rapids: Zondervan.

Brand, P., & Yancey, P. (1984). In his image. Grand Rapids: Zondervan.

Butman, R. (2001). Psychology of religion. In W. Elwell (Ed.), *Evangelical dictionary of theology* (2nd ed.) (pp. 968-71). Grand Rapids: Baker.

Carter, R., & Golant, S. M. (1998). *Helping someone with mental illness.* New York: Random House.

Clebsch, W., & Jaekle, C. (1975). *Pastoral care in historical perspective.* New York: Jason Aronson.

Clinebell, H. (1972). *The mental health ministry of the local church.* Nashville: Abingdon.

Comer, R. (2003). *Abnormal psychology* (5th ed.). New York: Worth.

Comer, R. (2014). *Abnormal psychology* (8th ed.). New York: Worth.

Cooper, T. (2003). *Sin, pride and self-acceptance.* Downers Grove, IL: Inter Varsity Press.

Corey-Seibolt, M. (1984). Arrogant optimism or realistic hope? Address presented at chapel service, Wheaton College, IL.

Crabb, L. (1999). *The safest place on earth.* Nashville: Word.

Dailey, S., Gill, C., Karl, S., & Barrio-Minton, C. (2014*). DSM-5 learning companion for counselors. Alexandria*, VA: American Counseling Association.

Fenton, H. (1973). *The trouble with barnacles*. Grand Rapids: Zondervan.

Garber, S. (1996). *The fabric of faithfulness*. Downers Grove, IL: InterVarsity Press.

Hood, R., Spilka, B., Hunsberger, B., & Gorsuch, R. (1996). *The psychology of religion* (2nd ed.). New York: Guilford.

Jongsma, A., Peterson, M., & Bruce, T. (2014). *The complete psychotherapy treatment planner* (5th ed.). Hoboken, NJ: Wiley.

Jones, S., & Butman, R. (1991). *Modern psychotherapies: A comprehensive Christian appraisal*. Downers Grove, IL: InterVarsity Press.

Jones, S., & Butman, R. (2011). *Modern psychotherapies: A comprehensive Christian appraisal* (rev. ed.). Downers Grove, IL. InterVarsity Press.

Haas, H. (1966). *The Christian encounters mental illness*. St. Louis: Concordia.

Kass, F., Oldham, J., & Pardes, H. (1992). *The Columbia University College of Physicians and Surgeons complete home guide to mental health*. New York: Henry Holt.

Kauffmann, D. (2000). *My faith's OK: Reflections in psychology and religion*. Goshen, IN: Goshen College Bookstore.

Lamber, M. J., & Barley, D. E. (2002). Research summary on the therapeutic relationship and psychotherapy outcome. In J. C. Norcross (Ed.), *Psychotherapy relationships that work* (pp. 17-32). New York: Oxford University Press.

Malony, N. (1995). *The psychology of religion for ministry*. New York: Paulist.

Manning, B. (1988). *Reflections for ragamuffins*. New York: Harper and Row.

McLemore, C. (1978). *Clergyman's psychological handbook*. Grand Rapids: Zondervan.

McLemore, C. (1982). *The scandal of psychotherapy*. Wheaton, IL: Tyndale House.

McLemore, C. (1984). *Honest Christianity*. Philadelphia: Westminster Press.

McLemore, C. (2003). *Toxic relationships and how to change them*. New York: Wiley-Interscience.

Meyer, R., & Deitsch, S. (1996). *The clinician's handbook*. Boston: Allyn and Bacon.

Miller, W., & Jackson, K. (1995). *Practical psychology for pastors* (2nd ed.). Englewood Cliffs, NJ: Prentice-Hall.

Mouw, R. (1992). Uncommon decency: *Christian civility in an uncivil world*. Downers Grove, IL: InterVarsity Press.

Moyers, W. (1989). *A world of ideas*. New York: Doubleday.

Myers, D. (2000). *The American paradox: Spiritual hunger in an age of plenty*. New Haven, CT: Yale University Press

Nathan, P., & Gorman, J. (1998). *A guide to treatments that work*. New York: Oxford University

Press.

Nathan, P., & Gorman, J. (2002). *A guide to treatments that work* (2nd ed.). New York: Oxford University Press.

Nouwen, H. (1992). *The return of the prodigal son.* New York: Doubleday.

Nouwen, H. (1997). *Mornings with Henri Nouwen.* Ann Arbor, MI: Servant.

Packer, J. (1990). *A quest for godliness: The Puritan view of the Christian life.* Wheaton, IL: Crossway.

Paloutzian, R. (1996). *Invitation to the psychology of religion* (2nd ed.). Boston: Allyn and Bacon.

Pargament, K. (1997). *The psychology of religion and coping.* New York: Guilford.

Pargament, K. (Ed.). (2013). *The APA handbook of psychology, religion, and spirituality* (Vols. 1-2). Washington, DC: American Psychological Association.

Plantinga, C., Jr. (1995). *Not the way it's supposed to be: A breviary of sin.* Grand Rapids: Eerdmans.

Reichenberg, L. (2014). *DSM-5 essentials.* New York: Wiley and Sons.

Sittser, G. (1996). *A grace disguised: How the soul grows through loss.* Grand Rapids: Zondervan.

Sittser, G. (2000). *The will of God as a way of life.* Grand Rapids: Zondervan.

Smedes, L. (1989). *Caring and commitment: Learning to live the love we promise.* San Francisco: Harper and Row.

Smedes, L. (1998). Standing on the promises: *Keeping hope alive for a tomorrow we cannot control.* Nashville: Thomas Nelson.

Stapert, J. (1994). *Will pharmacological Calvinism protect me? Perspectives.* Grand Rapids: Pine Rest Christian Hospital. June/July 9-10.

Tidball, D. (1986). *Skillful shepherds: An introduction to pastoral theology.* Grand Rapids: Zondervan.

Van Leeuwen, M. (2002). *My brother's keeper.* Downers Grove, IL: InterVarsity Press.

Walters, P., & Byl, J. (2008). *Christian paths to health and wellness.* Champaign, IL: Human Kinetics Press.

Warren, N. (1972). *If the church was truly the church, who would need counseling?* Typescript, Fuller Theological Seminary, Pasadena, CA.

Wolterstorff, N. (1983). *Until justice and peace embrace.* Grand Rapids: Eerdmans.

Worden, W. (2008). *Grief counseling and grief therapy* (4th ed.). New York: Springer.

Yancey, P. (1984). Talk given at Faith Covenant Church, Wheaton, IL.

제4장

추천 도서

Greene-McCreight, K. (2006). *Darkness is my only companion.* Grand Rapids: Brazos. A wonderful first-person narrative of the reality of serious mental illness from a faith perspective.

Halgin, R. (2000). *Taking sides: Clashing views on controversial issues in abnormal psychology.* Guilford, CT: Dushkin/McGraw-Hill. An excellent reader on issues that have often polarized laypersons and professionals alike.

Pargament, K. (Ed.). (2013). *The psychology of religion and spirituality* (Vols. 1-2). Washington, DC: American Psychological Association. This is the best summary of relevant research on the faith-factor in print. Covers an enormous range of topics.

Shwartzberg, S. (2000). *A casebook of psychological disorders.* Boston: Allyn and Bacon. A text that does a remarkable job of sensitizing the reader to the complexity of psychopathology as well as the human face of emotional distress.

Sittser, G. (1996). *A grace disguised: How the soul grows through loss.* Grand Rapids: Zondervan. This is perhaps the best book in print on "the problem of pain" and human suffering from a faith perspective. See also his sequel, *A Grace Revealed* (2012).

Worden, W. (2008). *Grief counseling and grief therapy* (4th ed.). New York: Springer. This, the most widely used text in the field of loss and bereavement, was written by a deeply committed Christian psychologist who taught at Harvard.

참고문헌

Antony, M., and Barlow, D. (Eds.). (2002). *Handbook of assessment and treatment planning for psychological disorders.* New York: Guilford.

Balswick, J. (1992). *Men at the crossroads.* Downers Grove, IL: InterVarsity Press.

Barlow, D. (Ed.). (1993). *Clinical handbook of psychological disorders.* New York: Guilford.

Benner, D., and Hill, P. (Eds.). (1999). *Baker encyclopedia of psychology and counseling* (2nd ed.). Grand Rapids: Baker.

Bilezikian, G. (1997). *Community 101: Reclaiming the church as a community of oneness.* Grand Rapids: Zondervan.

Bixler, W. (1999). Sin, psychological consequences of. In D. Benner and P. Hill (Eds.), *Baker encyclopedia of psychology and counseling* (2nd ed.) (pp. 1124-25). Grand Rapids: Baker.

Brand, P., & Yancey, P. (1980). *Fearfully and wonderfully made.* Grand Rapids: Zondervan.

Brand, P., & Yancey, P. (1984). *In his image*. Grand Rapids: Zondervan.

Broderick, P., & Blewitt, P. (2010). *The lifespan: Human development for the helping professions*. Boston: Pearson.

Butman, R. (2001). Psychology of religion. In W. Elwell (Ed.), *Evangelical dictionary of theology* (2nd ed.) (pp. 968-71). Grand Rapids: Baker.

Carter, R., & Golant, S. M. (1998). *Helping someone with mental illness*. New York: Random House.

Clebsch, W., & Jaekle, C. (1975). *Pastoral care in historical perspective*. New York: Jason Aronson.

Clinebell, H. (1972). *The mental health ministry of the local church*. Nashville: Abingdon.

Comer, R. (2014). *Abnormal psychology* (8th ed.). New York: Worth.

Cooper, T. (2003). *Sin, pride and self-acceptance*. Downers Grove, IL: Inter-Varsity Press.

Corey-Seibolt, M. (1984). Arrogant optimism or realistic hope? Address presented at a chapel service, Wheaton College, IL.

Crabb, L. (1999). *The safest place on earth*. Nashville: Word.

Dailey, S., Gill, C., Karl, S., & Barrio-Minton, C. (2014). *DSM-5 learning companion for counselors*. Alexandria,VA: American Counseling Association.

Dueck, A. (Ed.) (2006). *Integrating psychology and theology*. Pasadena, CA: Fuller Theological Seminary.

Fenton, H. (1973). *The trouble with barnacles*. Grand Rapids: Zondervan.

Flanagan, K., & Hall, S. (2014). *Christianity and developmental psychopathology*. Downers Grove, IL: InterVarsity Press.

Garber, S. (1996). *The fabric of faithfulness*. Downers Grove, IL: InterVarsity Press.

Hood, R., Spilka, B., Hunsberger, B., & Gorsuch, R. (1996). *The psychology of religion* (2nd ed.). New York: Guilford.

Jongsma, A., Peterson, M., & Bruce, T. (2014). *The complete psychotherapy treatment planner* (5th ed.). Hoboken, NJ: Wiley.

Jones, S., & Butman, R. (2011). *Modern psychotherapies: A comprehensive Christian appraisal* (rev. ed.). Downers Grove, IL: InterVarsity Press.

Haas, H. (1966). *The Christian encounters mental illness*. St. Louis: Concordia.

Kass, F., Oldham, J., & Pardes, H. (1992). *The Columbia University College of Physicians and Surgeons complete home guide to mental health*. New York: Henry Holt.

Kauffmann, D. (2000). *My faith's OK: Reflections in psychology and religion*. Goshen, IN: Goshen College Bookstore.

Lamber, M. J., & Barley, D. E. (2002). Research summary on the therapeutic relationship and psychotherapy outcome. In J. C. Norcross (Ed.), *Psychotherapy relationships that work* (pp. 17-32). New York: Oxford University Press.

Malony, N. (1995). *The psychology of religion for ministry.* New York: Paulist.

Manning, B. (1988). *Reflections for ragamuffins.* New York: Harper and Row.

McLemore, C. (1978). *Clergyman's psychological handbook.* Grand Rapids: Zondervan.

McLemore, C. (1982). *The scandal of psychotherapy.* Wheaton, IL: Tyndale House.

McLemore, C. (1984). *Honest Christianity.* Philadelphia: Westminster Press.

McLemore, C. (2003). *Toxic relationships and how to change them.* New York: Wiley-Interscience.

McMinn, M., & Campbell, C. (2006). *Integrative psychotherapy.* Downers Grove, IL: InterVarsity Press.

Meyer, R., & Deitsch, S. (1996). *The clinician's handbook.* Boston: Allyn and Bacon.

Miller, W., & Jackson, K. (1995). *Practical psychology for pastors* (2nd ed.). Englewood Cliffs, NJ: Prentice-Hall.

Mouw, R. (1992). *Uncommon decency: Christian civility in an uncivil world.* Downers Grove, IL: InterVarsity Press.

Moyers, W. (1989). *A world of ideas.* New York: Doubleday.

Myers, D. (2000). *The American paradox: Spiritual hunger in an age of plenty.* New Haven, CT: Yale University Press.

Nathan, P., & Gorman, J. (2002). *A guide to treatment that works* (2nd ed.). New York: Oxford University Press.

Nouwen, H. (1992). *The return of the prodigal son.* New York: Doubleday.

Nouwen, H. (1997). *Mornings with Henri Nouwen.* Ann Arbor, MI: Servant.

Packer, J. (1990). *A quest for godliness: The Puritan view of the Christian life.* Wheaton, IL: Crossway.

Paloutzian, R. (1996). *Invitation to the psychology of religion* (2nd ed.). Boston: Allyn and Bacon.

Pargament, K. (1997). *The psychology of religion and coping.* New York: Guilford.

Pargament, K. (Ed.). (2013). *The APA handbook of psychology, religion, and spirituality.* Washington, DC: American Psychological Association.

Plantinga, C., Jr. (1995). *Not the way it's supposed to be: A breviary of sin.* Grand Rapids: Eerdmans.

Sittser, G. (1996). *A grace disguised: How the soul grows through loss.* Grand Rapids:

Zondervan.

Sittser, G. (2000). *The will of God as a way of life*. Grand Rapids: Zondervan.

Smedes, L. (1989). *Caring and commitment: Learning to live the love we promise*. San Francisco: Harper and Row.

Smedes, L. (1998). *Standing on the promises: Keeping hope alive for a tomorrow we cannot control*. Nashville: Thomas Nelson.

Stapert, J. (1994). *Will pharmacological Calvinism protect me? Perspectives*. Grand Rapids: Pine Rest Christian Hospital. June/July 9-10.

Tidball, D. (1986). *Skillful shepherds: An introduction to pastoral theology*. Grand Rapids: Zondervan.

Van Leeuwen, M. (2002). *My brother's keeper*. Downers Grove, IL: InterVarsity Press.

Warren, N. (1972). *If the church was truly the church, who would need counseling?* Typescript, Fuller Theological Seminary, Pasadena, CA.

Wolterstorff, N. (1980). *Education for responsible action*. Grand Rapids: Eerdmans.

Worden, W. (2008). *Grief counseling and grief therapy* (4th ed.). New York: Springer.

Yancey, P. (1984). Talk given at Faith Covenant Church, Wheaton, IL.

제5장

추천 도서

Aten, J. D., McMinn, M. R., & Worthington, E. L., Jr. (2011). *Spiritually oriented interventions for counseling and psychotherapy*. Washington, DC: American Psychological Association. This is a broader treatment of spiritual resources in clinical practice with several particularly helpful chapters.

Coe, J. H., & Hall, T. W. (2010). *Psychology in the spirit: Contours of a transformational psychology*. Downers Grove, IL: IVP Academic.

Johnson, E. L. (2007). *Foundations for soul care: A Christian psychology proposal*. Downers Grove, IL: IVP Academic. This is an extensive contribution to the discussion of what Johnson envisions as a truly Christian psychology.

McMinn, M. R. (2004). *Why sin matters: The surprising relationship between our sin and God's grace*. Wheaton, IL: Tyndale. This is a helpful resource. It is very accessible to the layperson and will be an excellent source for personal reflection.

Plantinga, C., Jr. (1995). *Not the way it's supposed to be: A breviary of sin*. Grand Rapids: Eerdmans. This is a terrific book by one of the most thoughtful Christian scholars writing today.

Roberts, R. C., & Talbot, M. R. (1997). *Limning the psyche: Explorations in Christian psychology*. Grand Rapids: Eerdmans. This is a wonderful edited volume from scholars in psychology, philosophy, and theology.

참고문헌

American Psychological Association (2007). Resolution on religious, religion based and/or religion-derived prejudice. Adopted by APA Council of Representatives, August, 16 2007. Retrieved from https://www.apa.org/about/ policy/religious-discrimination.pdf

Aten, J. D., McMinn, M. R., & Worthington, E. L., Jr. (2011). *Spiritually oriented interventions for counseling and psychotherapy*. Washington, DC: American Psychological Association.

Aten, J. D., O'Grady, K. A., & Worthington, E. L., Jr. (Eds.). (2012). *The psychology of religions and spirituality for clinicians: Using research in your practice*. New York: Routledge.

Babor, T. F. (1994). Avoiding the horrid and beastly sin of drunkenness: Does dissuasion make a difference? *Journal of Consulting and Clinical Psychology, 62* (6), 1127-40.

Barash, D. P. (2003). Believing is seeing. *The Chronicle of Higher Education*, June 27, pp. B10-B11.

Barlow, D. H., & Durand, V. M. (2014). *Abnormal psychology: An integrative approach* (7th ed.). Independence, KY: Cengage Learning.

Blumenthal, J. A., Babyak, M. A., Ironson, G., Thoresen, C., Powell, L., Czajkowski, S., et al. (2007). Spirituality, religion, and clinical outcomes in patients recovering from an acute myocardial infarction. *Psychosomatic Medicine, 69*, 501-8.

Cashwell, C. S., & Young, J. S. (2011). *Integrating spirituality and religion into counseling: A guide to competent practice* (2nd ed.). Washington, DC: American Counseling Association.

Chida, Y., Steptoe, A., & Powell, L. H. (2009). Religiosity/spirituality and mortality. *Psychotherapy and Psychosomatics, 78*, 81-90.

Coe, J. H., & Hall, T. W. (2010). *Psychology in the spirit: Contours of a transformational psychology*. Downers Grove, IL: IVP Academic.

Dueck, A. (2002). Speaking the languages of sin and pathology. *Christian Counseling Today, 10*(1), 21-24.

Hummer, R. A., Rogers, R. G., Nam, C. B., & Ellison, C. G. (1999). Religious involvement and US adult mortality. *Demography, 36*, 273-85.

Johnson, E. L. (1987). Sin, weakness, and psychopathology. *Journal of Psychology and Theology, 15,* 218-26.

Johnson, E. L. (2007). *Foundations for soul care: A Christian psychology proposal.* Downers Grove, IL: IVP Academic.

Levin, J. (2010). Religion and mental health: Theory and research. *International Journal of Applied Psychoanalytic Studies, 7,* 102-115. doi:10.1002/aps

Levin, J. S., & Vanderpool, H. Y. (1989). Is religion therapeutically significant for hypertension? *Social Science and Medicine, 29,* 69-78.

Mangis, M. (2008). *Signature sins: Taming our wayward hearts.* Downers Grove, IL: InterVarsity Press.

Masters, K. S., & Hooker, S. A. (2012). Impact of religion and spirituality on physical health. In J. D. Aten, K. A. O'Grady, & E. L. Worthington, Jr. (Eds.), *The psychology of religions and spirituality for clinicians: Using research in your practice* (pp. 357-86). New York: Routledge.

McMinn, M. R. (2004). *Why sin matters: The surprising relationship between our sin and God's grace.* Wheaton, IL: Tyndale.

Menninger, K. (1973). *Whatever became of sin?* New York: Hawthorn Books.

Mowrer, O. H. (1960). "Sin," the lesser of two evils. *American Psychologist, 15*(5), 301-4.

Oden, T. C. (1987). *Classical pastoral care* (Vols. 1-4). Grand Rapids: Baker.

Peck, M. S. (1998). *People of the lie: The hope for healing human evil.* New York: Touchstone.

Roberts, R. C. (1993). *Taking the Word to heart: Self and other in an age of therapies.* Grand Rapids: Eerdmans.

Roberts, R. C. (1997). Parameters of a Christian psychology. In R. C. Roberts and M. R. Talbot (Eds.), *Limning the psyche: Explorations in Christian psychology* (pp. 74-101). Grand Rapids: Eerdmans.

Slattery, J. M., & Park, C. L. (2011). Meaning making and spiritually oriented interventions. In J. D. Aten, M. R. McMinn, & E. L. Worthington, Jr. (Eds.), *Spiritually oriented interventions for counseling and psychotherapy* (pp. 15-40). Washington, DC: American Psychological Association.

Smith, D. F. (2002). Functional salutogenic mechanisms of the brain. *Perspectives in Biology and Medicine, 45*(3), 319-28.

Smith, T. B., McCullough, M. E., & Poll, J. (2003). Religiousness and depression: Evidence for a main effect and the moderating influence of stressful life events. *Psychological Bulletin, 129,* pp. 614-36.

Wolterstorff, N. (1983). *Until justice and peace embrace*. Grand Rapids: Eerdmans.

Yanez, B., Edmondson, D., Stanton, A. L., Park, C. L., Kwan, L., Ganz, P. A., et al. (2009). Facets of spirituality as predictors of adjustment to cancer: Relative contributions of having faith and finding meaning. *Journal of Consulting and Clinical Psychology, 77*, 730-41.

Yarhouse, M. A. (2015). *Understanding gender dysphoria: Navigating transgender issues in a changing culture*. Downers Grove, IL: IVP Academic.

제6장

참고문헌

Peck, M. S. (1978). *The road less traveled: A new psychology of love, traditional values and spiritual growth*. New York: Touchstone.

Sittser, G. L. (1996). *A grace disguised: How the soul grows through loss*. Grand Rapids: Zondervan.

제7장

추천 도서

May, S., Posterski, B., Stonehouse, C., & Cannell, L. (2005). *Children matter: Celebrating their place in the church, family, and community*. Grand Rapids: Eerdmans. A helpful and restorative exploration of the place of children in the world.

Parrott, L. (1993). *Helping the struggling adolescent: A guide to thirty-six common problems for counselors, pastors, and youth workers*. Grand Rapids: Zondervan. This book offers in the first half a helpful framework for thinking about how to communicate fundamentals of adolescent psychopathology and treatment to a nonprofessional audience.

Weisz, J. R., & Kazdin, A. E. (Eds.). (2010). *Evidence-based psychotherapies for children and adolescents* (2nd ed.). New York: Guilford. A thorough consideration of contemporary standards of care.

참고문헌

Abikoff, H. (1985). Efficacy of cognitive training interventions in hyperactive children: A critical review. *Clinical Psychology Review, 5,* 479-512.

American Psychiatric Association. (1994). *Diagnostic and statistical manual of mental disorders* (4th ed.). Washington, DC: Author.

American Psychiatric Association. (2013). *Diagnostic and statistical manual of mental disorders* (5th ed.). Washington, DC: Author.

Anderson, J. C., Williams, S., McGee, R., & Silva, P. (1987). DSM-III disorders in preadolescent children. *Archives of General Psychiatry, 44,* 69-76.

Arnold, L. E., Abikoff, H. B., Cantwell, D. P., Conners, C. K., Elliot, G., Greenhill, L. L. et al. (1997). National institute of mental health collaborative multimodal treatment study of children with ADHD (the MTA). *Archives of General Psychiatry, 54,* 865-70.

Barkley, R. A. (1997). Behavioral inhibition, sustained attention and executive functions: Constructing a unifying theory of ADHD. *Psychological Bulletin, 121,* 65-94.

Barkley, R. A. (1998). Attention-deficit/hyperactivity disorder. In E. J. Mash & R. A. Barkley (Eds.), *Child psychopathology* (pp. 63-112). New York: Guilford.

Becker, U. (1979). The child in theology and church. *Ecumenical Review, 31*(3), 234-40.

Beitchman, J. H., & Young, A. R. (1997). Learning disorders with a special emphasis on reading disorders: A review of the past 10 years. *Journal of the American Academy of Child and Adolescent Psychiatry, 36,* 1020-32.

Biederman, J. (1998). Attention-deficit/hyperactivity disorder: A lifespan perspective. *Journal of Clinical Psychiatry, 59*(suppl. 7), 4-16.

Borduin, C. M., Mann, B. J., Cone, L. T., Henggeler, S. W., Fucci, B. R., Blaske, D. M., & Williams, R. A. (1995). Multisystemic treatment of serious juvenile offenders: Long-term prevention of criminality and violence. *Journal of Consulting and Clinical Psychology, 63,* 569-78.

Brandenburg, N. A., Friedman, R. M., & Silver, S. E. (1990). The epidemiology of childhood psychiatric disorders: Prevalence findings from recent studies. *Journal of the American Academy of Child and Adolescent Psychiatry, 29,* 76-83.

Bunge, M. J. (2001). *The child in Christian thought.* Grand Rapids: Eerdmans.

Cantwell, D. P. (1996). Attention deficit disorder: A review of the past 10 years. *Journal of the American Academy of Child and Adolescent Psychiatry, 35,* 978-87.

Carlson, D. L. (1994). *Why do Christians shoot their wounded? Helping (not hurting) those with emotional difficulties.* Downers Grove, IL: InterVarsity Press.

Carr, A. (1997). *Family therapy and systemic consultation.* Lanham, MD: University Press of America.

Carr, A. (1999). *The handbook of child and adolescent clinical psychology: A contextual approach.* London: Routledge.

Christian, R., Frick, P. J., Hill, N., Tyler, L. A., & Frazer, D. (1997). Psychopathy and conduct problems in children, part 2: Subtyping children with conduct problems based on their interpersonal and affective style. *Journal of the American Academy of Child and Adolescent Psychiatry, 36*, 233–41.

Cicchetti, D., & Tucker, D. (1994). Development and self–regulatory structures of the mind. *Development and Psychopathology, 6*, 533–49.

Clark, S. M. (1998). Child and adolescent diagnosis with DSM–IV. In G. P. Koocher, J. C. Norcross and S. S. Hill (Eds.), *Psychologists' desk reference* (pp. 100–103). New York: Oxford University Press.

Cohen, P., Cohen, J., Dasen, S., Velez, C. N., Hartmark, C., Johnson, J., Rojas, M., Brook, J., & Streuning, E. L. (1993). An epidemiological study of disorders in late childhood and adolescence, part 1: Age– and gender–specific prevalence. *Journal of Child Psychology and Psychiatry, 34*, 851–67.

Coie, J. D., Dodge, K. A., & Kupersmidt, J. B. (1990). Peer group behavior and social status. In S. R. Asher & J. D. Coie (Eds.), Peer rejection in childhood: *Cambridge studies in social and emotional development* (pp. 17–59). New York: Cambridge University Press.

Conduct Problems Prevention Research Group. (1992). A developmental and clinical model for the prevention of conduct disorder: The FAST Track Program. *Development and Psychopathology, 4*, 509–27.

Costello, E. J., Angold, A., Burns, B. J., Stangl, D. K., Tweed, D. L., Erkanli, A., & Worthman, C. M. (1996). The Great Smoky Mountains Study of Youth: Goals, design, methods and the prevalence of DSM–III–R disorders. *Archives of General Psychiatry, 53*, 1129–36.

Creswell, C., Waite, P., & Cooper, P. J. (2014). Assessment and management of anxiety disorder in children and adolescents. *Archives of Disease in Childhood, 99*, 674–78.

Crick, N. R., & Grotpeter, J. K. (1995). Relational aggression, gender, and socialpsychological adjustment. *Child Development, 66*, 710–22.

Culbertson, J. L. (1998). Learning disabilities. In T. H. Ollendick & M. Hersen (Eds.), *Handbook of child psychopathology* (3rd ed.) (pp. 117–56). New York: Plenum.

DuPaul, G. J., Gormley, M. J., & Laracy, S. D. (2013). Comorbidity of LD and ADHD: Implications of DSM–5 for assessment and treatment. *Journal of Learning Disabilities, 46*(1), 43–51.

Evans, D. W., King, R. A., & Leckman, J. F. (1996). Tic disorders. In E. J. Mash & R. A. Barkley

(Eds.), *Child psychopathology* (pp. 436-54). New York: Guilford.

Ferguson, L. N. (1999). Mental retardation. In D. G. Benner & P. C. Hill (Eds.), *Baker encyclopedia of psychology and counseling* (2nd ed.) (pp. 744-50). Grand Rapids: Baker.

Findling, R. L., & Dogin, J. W. (1998). Psychopharmacology of ADHD: Children and adolescents. *Journal of Clinical Psychiatry, 59*(suppl. 7), 42-49.

Frick, P. J., & Silverthorn, P. (2001). Psychopathology in children. In P. B. Sutker & H. E. Adams (Eds.), *Comprehensive handbook of psychopathology* (pp. 881-920). New York: Kluwer Academic/Plenum.

Gaddes, W. H., & Edgell, D. (1993). *Learning disabilities and brain function* (3rd ed.). New York: Springer.

Gittelman-Klein, R., Abikoff, H., Pollack, E., Klein, D. F., Katz, S., & Mattes, J. (1980). A controlled trial of behavior modification and methylphenidate in hyperactive children. In C. Whalen & B. Henker (Eds.), *Hyperactive children: The social ecology of identification and treatment* (pp. 221-43). New York: Academic Press.

Goldman, S. M. (1998). Child and adolescent diagnosis with DSM-IV. In G. P. Kocher, J. C. Norcross & S. S. Hill III (Eds.), *Psychologists' desk reference* (pp. 100-102). New York: Oxford University Press.

Grassi, J. A. (1992). Child, children. In D. N. Freedman (Ed.), *The anchor Bible dictionary.* New York: Doubleday.

Grossman, H. (Ed.). (1973). *Manual on terminology and classification in mental retardation* (rev. ed.). Washington, DC: American Association of Mental Deficiency.

Henggeler, S. W., & Borduin, C. M. (1990). *Family therapy and beyond: A multisystemic approach to teaching the behavior problems of children and adolescents.* Pacific Grove, CA: Brooks/Cole.

Henggeler, S. W., Melton, G. B., & Smith, L. A. (1992). Family preservation using multisystemic therapy: An effective alternative to incarcerating juvenile offenders. *Journal of Consulting and Clinical Psychology, 60,* 953-61.

Henggeler, S. W., Schoenwald, S. K., & Pickrel, S. G. (1995). Multisystemic therapy: Bridging the gap between university- and community-based treatment. *Journal of Consulting and Clinical Psychology, 63,* 709-18.

Hinshaw, S. P., Lahey, B. B., & Hart, E. L. (1993). Issues of taxonomy and comorbidity in the development of conduct disorder. *Development and Psychopathology, 5,* 31-49.

Hodapp, R. M., & Dykens, E. M. (1996). Mental retardation. In E. J. Mash & R. A. Barkley (Eds.), *Child psychopathology* (pp. 362-89). New York: Guilford.

Horn, W. E., & Ialongo, N. (1988). Multimodal treatment of attention deficit hyperactivity disorder in children. In H. E. Fitzgerald, B. M. Lester & M. W. Yogman (Eds.), *Theory and research in behavioral pediatrics, 4*, 175-220. New York: Plenum.

Hynd, G. W., & Willis, W. G. (1988). *Pediatric neuropsychology*. New York: Grune and Stratton.

Ingersol, B. D., & Goldstein, S. (1993). *Attention deficit disorder and learning disabilities: Realities, myths and controversial treatments*. New York: Doubleday.

Kamphaus, R. W., & Frick, P. J. (1996). *The clinical assessment of children's emotion, behavior and personality*. Boston: Allyn and Bacon.

Kashani, J. H., Beck, N. C., Hoeper, E. W., Fallahi, C., Corcoran, C. M., MacAllister, J. A., Rosenberg, T. K., & Reid, J. C. (1987). Psychiatric disorders in a community sample of adolescents. *American Journal of Psychiatry, 144*, 584-89.

Kazdin, A. E. (1994). Psychotherapy for children and adolescents. In S. Bergin & S. Garfield (Eds.), *Handbook of psychotherapy and behavior change* (4th ed.) (pp. 543-94). New York: Wiley.

Kazdin, A. E. (1988). *Child psychotherapy: Developing and identifying effective treatments*. Elmsford, NY: Pergamon.

Klinger, L. G., & Dawson, G. (1996). Autistic disorder. In E. J. Mash & R. A. Barkley (Eds.), *Child psychopathology* (pp. 311-39). New York: Guilford.

Krazter, L., & Hodgins, S. (1997). Adult outcomes of child conduct problems: A cohort study. *Journal of Abnormal Child Psychology, 25*, 65-81.

Kreusi, M. J. P., Rappaport, J. L., Hamburger, S., Hibbs, E., Potter, W. Z., Lenane, M., & Brown, G. L. (1990). Cerebrospinal fluid monamine metabolites, aggression and impulsivity in disruptive behavior disorders of children and adolescents. *Archives of General Psychiatry, 47*, 419-26.

Lahey, B. B., Loeber, R., Hart, E. L., Frick, P. J., Applegate, B., Zhang, Q., Green, S. M., & Russo, M. F. (1995). Four-year longitudinal study of conduct disorder in boys: Patterns and predictors of persistence. *Journal of Abnormal Psychology, 104*, 83-93.

Lahey, B. B., McBurnett, K., Loeber, R., & Hart, E. L. (1995). Psychobiology of conduct disorder. In G. P. Sholevar (Ed.), *Conduct disorders in children and adolescents: Assessments and interventions* (pp. 27-44). Washington, DC: American Psychiatric Press.

Lavigne, J. V., Gouze, K. R., Bryant, F. B., & Hopkins, J. (2014). Dimensions of oppositional defiant disorder in young children: Heterotypic continuity with anxiety and depression. *Journal of Abnormal Child Psychology, 42*, 937-51.

Lebow, J., & Gurman, A. (1995). Research assessing couple and family therapy. *Annual Review of Psychology, 46*, 27-57.

Leckman, J. F., & Cohen, D. J. (1991). Clonidine treatment of Gilles de la Tourette's syndrome. *Archives of General Psychiatry, 48*, 324-28.

Lerer, R. J. (1987). Motor tics, Tourette's syndrome, and learning disabilities. *Journal of Learning Disabilities, 20*, 266-67.

Lewinsohn, P. M., Hops, H., Roberts, R. E., Seeley, J. R., & Andrews, J. A. (1993) Adolescent psychopathology, part 1: Prevalence and incidence of depression and other DSM-III-R disorders in high school students. *Journal of Abnormal Psychology, 102*, 133-44.

Lovaas, O. I. (1987). Behavioral treatment and normal education and intellectual functioning in young autistic children. *Journal of Consulting and Clinical Psychology, 55*, 3-9.

Lynam, D. R. (1996). Early identification of chronic offenders: Who is the fledgling psychopath? *Psychological Bulletin, 120*, 209-34.

Magnusson, D. (1988). Aggressiveness, hyperactivity and autonomic activity/reactivity in the development of social maladjustment. In D. Magnusson (Ed.), *Individual development from an interactional perspective: A longitudinal study* (pp. 152-72). Hillsdale, NJ: Erlbaum.

Maloney, M. P., & Ward, M. P. (1976). *Psychological assessment: A conceptual approach*. New York: Oxford University Press.

Mash, E. J., & Barkley, R. A. (Eds.). (1996). *Child psychopathology*. New York: Guilford.

Mash, E. J., & Barkley, R. A. (Eds.). (1998). *Treatment of childhood disorders* (2nd ed.). New York: Guilford.

Mash, E. J., & Dozois, D. J. A. (1996). Child psychopathology: A developmentalsystems perspective. In E. J. Mash & R. A. Barkley (Eds.), *Child psychopathology* (pp. 3-60). New York: Guilford.

McBride, P. A., Anderson, G. M., Hertzig, M. E., Snow, M. E., Thompson, S. M., Khait, V. D., Shapiro, T., & Cohen, D. J. (1998). Effects of diagnosis, race and puberty on platelet serotonin levels in autism and mental retardation. *Journal of the American Academy of Child and Adolescent Psychiatry, 37*, 767-76.

McBurnett, K., Lahey, B. B., Frick, P. J., Risch, C., Loeber, R., Hart, E. L., Christ, M. A. G., & Hanson, K. S. (1991). Anxiety, inhibition and conduct disorder in children, part 1: Relation to salivary cortisol. *Journal of the American Academy of Child and Adolescent Psychiatry, 30*, 192-96.

McGee, R., Feehan, M., Williams, S., Partridge, F., Silva, P. A., & Kelly, J. (1990). DSM-III disorders in a large sample of adolescents. *Journal of the American Academy of Child and Adolescent Psychiatry, 29*, 611-19.

McGee, R., Feehan, M., Williams, S., & Anderson, J. (1992). DSM-III disorders from age 11 to age 15 years. *Journal of the American Academy of Child and Adolescent Psychiatry, 31*, 50-59.

Mesibov, G. B., Adams, L. W., & Klinger, L. G. (1997). *Autism: Understanding the disorder.* New York: Plenum.

Moffitt, T. E. (1993). Adolescence-limited and life-course-persistent antisocial behavior: A developmental taxonomy. *Psychological Review, 10*, 674-701.

Mowrer, O. H., & Mowrer, W. M. (1938). Enuresis: A method for its study and treatment. *American Journal of Orthopsychiatry, 8*, 436-59.

National Commission on Children. (1991). *Beyond rhetoric: A new American agenda for children and families; The final report of the National Commission on Children.* Washington, DC: U.S. Government Printing Office.

Offord, D. R., Boyle, M. H., & Racine, Y. (1989). Ontario child health study: Correlates of disorder. *Journal of the American Academy of Child and Adolescent Psychiatry, 28*, 856-60.

Olweus, D., Mattesson, A., Schalling, D., & Low, H. (1988). Circulating testosterone levels and aggression in adolescent males: A causal analysis. *Psychosomatic Medicine, 50*, 261-72.

Ondersma, S. J., & Walker, C. E. (1998). Elimination disorders. In T. H. Ollendick & M. Hersen (Eds.), *Handbook of child psychopathology* (3rd ed.) (pp. 355-78). New York: Plenum.

Osterling, J., & Dawson, G. (1994). Early recognition of children with autism: A study of the first birthday home videotapes. *Journal of Autism and Developmental Disorders, 24*, 247-57.

Pelham, W. E. (1987). What do we know about the use and effects of CNS stimulants in the treatment of ADD? In J. Loney (Ed.), *The young hyperactive child: Answers to questions about diagnosis, prognosis and treatment.* New York: Haworth.

Pelham, W. E., Bender, M. E., Caddell, J., Booth, S., & Moorer, S. H. (1985). Methylphenidate and children with attention deficit disorder: Dose effects on classroom academic and social behavior. *Archives of General Psychiatry, 42*, 948-52.

Pennington, B. E., & Smith, S. D. (1988). Genetic influences on learning disabilities: An update. *Journal of Consulting and Clinical Psychology, 56*, 817-23.

Perkin, H. W. (1988). Family life and relations. In W. A. Elwell (Ed.), *Baker encyclopedia of the Bible* (1:767-73). Grand Rapids: Baker.

Pfiffner, L. J., & O'Leary, S. G. (1993). School-based psychological treatments. In J. L. Mattson (Ed.), *Handbook of hyperactivity in children* (pp. 234-45). Boston: Allyn and Bacon.

Quay, H. C. (1986). Classification. In H. C. Quay & J. S. Werry (Eds.), *Psychopathological disorders in childhood* (3rd ed.) (pp. 1-34). New York: Wiley.

Resnick, R. J. (1998). Attention-deficit/hyperactivity disorder through the lifespan. In G. P. Koocher, J. C. Norcross & S. S. Hill (Eds.), *Psychologists' desk reference* (pp. 39-41). New York: Oxford University Press.

Richters, J. E., Arnold, L. E., Jensen, P. S., Abikoff, H. B., Conners, C. K., Greenhill, L. L., Hechtman, L., Hinshaw, S. P., Pelham, W. E., & Swanson, J. M. (1995). NIMH collaborative multisite multimodal treatment study of children with ADHD, part 1: Background and rationale. *Journal of the American Academy of Child and Adolescent Psychiatry, 34,* 987-1000.

Rogers, S. J. (1998). Empirically supported comprehensive treatments for young children with autism. *Journal of Clinical Child Psychology, 27,* 168-79.

Sallee, F. R., & Gill, H. S. (1998). Neuropsychopharmacology III: Psychostimulants. In C. E. Coffey & R. A. Brumback (Eds.), *Textbook of pediatric neuropsychiatry* (pp. 393-428). Washington, DC: American Psychiatric Association.

Satterfield, J. H., Satterfield, B. T., & Schell, A. M. (1987). Therapeutic interventions to prevent delinquency in hyperactive boys. *Journal of the American Academy of Child and Adolescent Psychiatry, 26,* 56-64.

Scerbo, A., & Kolko, D. J. (1994). Salivary testosterone and cortisol in disruptive children: Relationship to aggressive, hyperactive and internalizing behavior. *Journal of the American Academy of Child and Adolescent Psychiatry, 33,* 1174-84.

Schreibman, L., & Charlop-Christy, M. H. (1998). Autistic disorder. In T. H. Ollendick & M. Hersen (Eds.), *Handbook of child psychopathology* (3rd ed.) (pp. 157-79). New York: Plenum.

Schroder, C. S., & Gordon, B. N. (1991). *Assessment and treatment of childhood problems.* New York: Guilford.

Shadish, W., Montgomery, L., Wilson, P., Wilson, M., Bright, I., & Okwumabua, T. (1993). The effects of family and marital psychotherapies: A meta-analysis. *Journal of Consulting and Clinical Psychology, 61,* 992-1002.

Shaffer, D., Fisher, P., Dulcan, M. K., Davies, M., Piacentini, J., Schwab-Stone, M. E., Lahey, B. C., Bourdon, K., Jensen, P. S., Bird, H. R., Canino, G., & Regier, D. A. (1996). The NIMH diagnostic interview schedule for children version 2.3 (DISC-2.3): Description, acceptability, prevalence rates and performance in the MECA study. *Journal of the American Academy of Child and Adolescent Psychiatry, 35,* 865-77.

Shapiro, E., Shapiro, A. K., Young, J. G., & Feinberg, T. E. (1988). *Gilles de la Tourette syndrome*. New York: Raven.

Silverthorn, P., Frick, P. J., Kuper, K., & Ott, J. (1996). Attention deficit hyperactivity disorder and sex: A test of two etiological models to explain the male predominance. *Journal of Clinical Child Psychology, 25*, 52-59.

Smalley, S. L., Levitt, J., & Bauman, M. (1998). Autism. In C. E. Coffey & R. A. Brumback (Eds.), *Textbook of pediatric neuropsychiatry* (pp. 393-428). Washington, DC: American Psychiatric Association.

Szatmari, P. (1997). Pervasive developmental disorder not otherwise specified. In T. A. Widiger, A. J. Frances, H. A. Pincus, R. Ross, M. B. First & W. Davis (Eds.), *DSM-IV sourcebook* (3:43-55). Washington, DC: American Psychiatric Association.

Torgesen, J. K. (1986). Learning disabilities theory: Its current state and future prospects. *Journal of Learning Disabilities, 19*, 399-407.

Towbin, K. E., & Cohen, D. J. (1996). Tic disorders. In J. M. Weiner (Ed.), *Diagnosis and psychopharmacology of childhood and adolescent disorders* (2nd ed.). New York: Wiley.

Van Leeuwen, M. S. (2002). *My brother's keeper. Downers Grove*, IL: InterVarsity Press.

Verhulst, F. C., Ende, J. V. D., Ferdinand, R. F., & Kasius, M. C. (1997). The prevalence of DSM-III-R diagnoses in a national sample of Dutch adolescents. *Archives of General Psychiatry, 54*, 329-36.

Walker, C. E., Milling, L. S., & Bonner, B. L. (1988). Incontinence disorders: Enuresis and encopresis. In D. K. Routh (Ed.), *Handbook of pediatric psychology* (pp. 363-98). New York: Guilford.

Walker, J. L., Lahey, B. B., Russo, M. F., Frick, P. J., Christ, M. A. G., McBurnett, K., Loeber, R., Stouthamer-Loeber, M., & Green, S. M. (1991). Anxiety, inhibition and conduct disorder in children, part 1: Relations to social impairment. *Journal of the American Academy of Child and Adolescent Psychiatry, 30*, 187-91.

Weisz, J. R., & Weiss, B. (1993). *Effects of psychotherapy with children and adolescents*. London: Sage.

Werry, J. S. (1986). Physical illness, symptoms and allied disorders. In H. C. Quay & J. S. Werry (Eds.), *Psychopathological disorders of childhood* (3rd ed.) (pp. 232-93). New York: Wiley.

Wilson, W. J. (1987). *The truly disadvantaged: The inner city, the underclass and public policy*. Chicago: University of Chicago Press.

Zametkin, A. J., & Liotta, W. (1998). The neurobiology of attention-deficit/hyperactivity disorder. *Journal of Clincal Psychiatry, 59*(suppl. 7), 17-23.

제8장

추천 도서

Balswick, J., King, P. K., & Reimer, K. (2005). *The reciprocating self*. Downers Grove, IL: InterVarsity Press. Offers helpful reflections on human development from a faith perspective.

Carter, R., & Golant, S. M. (1998). *Helping someone with mental illness*. New York: Random House. The senior author of this book is former first lady of the United States and a long-term advocate for the mentally ill.

Flanagan, K., & Hall, S. (2014). *Developmental psychopathology. Downers Grove*. IL: InterVarsity Press. Views psychopathology through the lens of developmental theory, especially as it applies to children and adolescents.

Frances, A. (2013). *Essentials of psychiatric diagnosis*. New York: Guilford. Offers insightful perspectives on changes in DSM classification and diagnosis.

Frances, A., & First, M. (1998). *Your mental health*. New York: Scribner. This text offers helpful criteria for differentiating between normality and abnormality.

Jongsma, A., Peterson, L. M., & Bruce, T. (2014). *The complete adult psychotherapy treatment planner* (5th ed.). Hoboken, NJ: Wiley. This is an invaluable guide to best possible practices in the fields of counseling and psychotherapy.

McMinn, M. (1996). *Making the best of stress: How life's hassles can form the fruit of the Spirit*. Downers Grove, IL: InterVarsity Press. A wonderfully helpful resource for spiritual growth, written by a very competent and compassionate psychologist who teaches at Wheaton College.

Miller, W., & Jackson, K. (1996). *Practical psychology for pastors* (2nd ed.). Englewood Cliffs, NJ: Prentice-Hall. The best single volume for cognitive behavioral strategies for applied ministry settings.

Pargament, K. (Ed.). (2013). *APA handbook of psychology, religion, and spirituality (Vols. 1-2)*. Washington, DC: American Psychological Association. The definitive work on the psychology of religion for coping and adjustment across a wide variety of health care and mental health concerns.

Smedes, L. (1998). *Standing on the promises: Keeping hope alive for a tomorrow we cannot control*. Nashville: Thomas Nelson. We know of no more helpful book on realistic, biblical hope.

참고문헌

Antony, M., & Barlow, D. (Eds.). (2002). *Handbook of assessment and treatment planning for psychological disorders*. New York: Guilford.

Balswick, J., King, P., & Reimer, K. (2005). *The reciprocating self*. Downers Grove, IL: InterVarsity Press.

Barlow, D. (Ed.). (1993). *Clinical handbook of psychological disorders* (2nd ed.). New York: Guilford.

Bilezikian, G. (1997). *Community 101: Reclaiming the church as a community of oneness*. Grand Rapids: Zondervan.

Boivin, M. (2003). *Finding God in Prozac or finding Prozac in God*. Christian Scholar's Review, *33*(1), 159-76.

Carter, R., & Golant, S. M. (1998). *Helping someone with mental illness*. New York: Random House.

Chave-Jones, M. (1995). Anxiety. In D. J. Atkinson, D. F. Field, A. Holmes and O. O'Donovan (Eds.), *New dictionary of Christian ethics and pastoral theology* (pp. 163-64). Downers Grove, IL: InterVarsity Press.

Clebsch, W. A., & Jaekle, C. R. (1964). *Pastoral care in historical perspective*. New York: Harper and Row.

Collins, G. (2007). *Christian counseling*. Nashville: Thomas Nelson.

Comer, R. (2014). *Abnormal psychology* (8th ed.). New York: Worth.

Corey, G., & Corey, M. (2002). *I never knew I had a choice* (7th ed.). Pacific Grove, CA: Brooks/Cole.

Crabb, L. (1999). *The safest place on earth*. Nashville: Word.

Dailey, S., Gill, C., Karl, S., & Barrio-Minton, C. (2014). *DSM-5 learning companion for counselors*. Alexandria, VA: American Counseling Association.

Flanagan, K., & Hall, S. (2014). *Developmental psychopathology*. Downers Grove, IL: InterVarsity Press.

Frances, A. (2013). *Essentials of psychiatric diagnosis*. New York: Guilford.

Frances, A., & First, M. (1998). *Your mental health: A layman's guide to the psychiatrist's bible*. New York: Scribner.

Garber, S. (1996). *The fabric of faithfulness: Weaving together beliefs and behaviors during the university years*. Downers Grove, IL: InterVarsity Press.

Grounds, V. (1976). *Emotional problems and the gospel*. Grand Rapids: Zondervan.

Haas, H. (1966). *The Christian encounters mental illness*. St. Louis: Concordia.

Jones, S., & Butman, R. (2011). *Modern psychotherapies: A comprehensive Christian appraisal* (rev. ed.). Downers Grove, IL: InterVarsity Press.

Jongsma, A. (2004). *Adult psychotherapy homework planner*. Hoboken, NJ: Wiley.

Jongsma, A., Peterson, M., & Bruce, T. (2014). *The complete psychotherapy treatment planner* (5th ed.). Hoboken, NJ: Wiley.

Kauffmann, D. (2000). *My faith's OK: Reflections in psychology and religion*. Goshen, IN: Goshen College Bookstore.

Kozol, J. (1995). *Amazing grace: The lives of children and the conscience of a nation*. New York: HarperCollins.

Kruse, S. & Canning, S. (2002). Practitioner's perceptions of the vocational rewards in work with underserved groups: Implications for "rightsizing" the psychology workforce. *Professional Psychology: Research and Practice, 22*(1), 1-7.

Malony, N. (1995). *The psychology of religion for ministry*. New York: Paulist.

Manning, B. (1994). *Abba's child: The cry for intimate belonging*. Colorado Springs: NavPress.

McLemore, C. (1984). *Honest Christianity*. Philadelphia: Westminster Press.

McLemore, C. (2003). *Toxic relationships and how to change them*. New York: Wiley-Interscience.

McMinn, M. (1996). *Making the best of stress: How life's hassles can form the fruit of the Spirit*. Downers Grove, IL: InterVarsity Press.

Meyer, R., & Deitsch, S. (1996). *The clinician's handbook* (4th ed.). Boston: Allyn and Bacon.

Miller, W., & Jackson, K. (1995). *Practical psychology for pastors* (2nd ed.). Englewood Cliffs, NJ: Prentice-Hall.

Mouw, R. (2002). *The smell of the sawdust: What evangelicals can learn from their fundamentalist heritage*. Grand Rapids: Eerdmans.

Nathan, P., & Gorman, J. (1998). *A guide to treatments that work*. New York: Oxford University Press.

Ortberg, J. (1997). *The life you've always wanted: Spiritual disciplines for ordinary people*. Grand Rapids: Zondervan.

Pargament, K. (1997). *The psychology of religion and coping*. New York: Guilford.

Pargament, K. (Ed.). (2013). *The APA handbook of psychology, religion, and spirituality*. Washington, DC: American Psychological Association.

Paris, J. (2014). *The intelligent clinician's guide to the DSM-5*. New York: Oxford.

Peck, M. S. (1978). *The road less traveled: A new psychology of love, traditional values and spiritual growth*. New York: Touchstone.

Rainwater, A. J. (1999). Anxiety. In D. G. Benner and P. C. Hill (Eds.), *Baker encyclopedia of psychology and counseling* (2nd ed.) (pp. 88-91). Grand Rapids: Baker.

Reichenberg, L. (2014). *DSM-5 essentials*. Hoboken, NJ: Wiley.

Scully, J., Bechtold, D., Bell, J., Dubovsky, S., Neligh, G., & Peterson, J. (1990). *Psychiatry* (2nd ed.). Malvern, PA: Harwal.

Smedes, L. (1993). *Shame and grace: Healing the shame we don't deserve*. New York: HarperCollins.

Smedes, L. (1998). *Standing on the promises: Keeping hope alive for a tomorrow we cannot control*. Nashville: Thomas Nelson.

Sittser, G. (1996). *A grace disguised: How the soul grows through loss*. Grand Rapids: Zondervan.

Stapert, K. (1994). *Will pharmacological Calvinism protect me?* Perspectives, June/July, 9-10.

van der Kolk, B. (2002). Posttraumatic therapy in the age of neuroscience. *Psychoanalytic Dialogues, 12*(3), 381-92.

Van Leeuwen, M. (2002). *My brother's keeper*. Downers Grove, IL: InterVarsity Press.

Weyerhauser, W. (1980). Introductory essay. In N. Maloney (Ed.), *A Christian existential psychology* (pp. 1-12). Washington, DC: University Press of America.

Wolterstorff, N. (1983). *Until justice and peace embrace*. Grand Rapids: Eerdmans.

Worden, W. (1996). *Children and grief*. New York: Guilford.

Worden, W. (2008). *Grief counseling and grief therapy* (4th ed.). New York: Springer.

Yancey, P. (1997). *What's so amazing about grace?* Grand Rapids: Zondervan.

제**9**장

추천 도서

Greene-McCreight, K. (2006). *Darkness is my only companion*. Grand Rapids: Brazos.

Jamison, K. (1993). *Touched with fire: Manic-depressive illness and the artistic temperament*. New York: Simon and Schuster. This is a fascinating discussion by one of the most respected authorities on the bipolar condition. Kay Redfield Jamison has had a truly remarkable recovery herself. The narratives of gifted artists included here are powerful.

McGrath, E. (1998). *The complete idiot's guide to beating the blues*. New York: Simon and Schuster. Don't let the unfortunate title mislead you: this is one of the best self-help books on the market for dealing with mild to moderate levels of depression.

McLemore, C. (2003). *Toxic relationships and how to change them: Health and holiness in everyday life.* New York: Wiley-Interscience. Given the importance of healthy relationships for the prevention and treatment of mood disturbance, this book should be required reading for lay and professional audiences alike. Written from a robust faith perspective and full of wisdom and keen insights.

Pargament, K. (1997). *The psychology of religion and coping: Theory, research, practice.* New York: Guilford. This is the definitive work on coping and adjustment from a faith perspective. It offers fascinating insights into our needs for social support, a sense of efficacy, and meaning and purpose in life.

Paris, J. (2014). *The intelligent clinician's guide to the DSM-5.* New York: Oxford. One of the most helpful discussions of recent changes to the DSM.

Shea, S. (2011). *The practical art of suicide assessment.* Hoboken, NJ: John Wiley & Sons. An excellent discussion of ways to effectively respond to suicidal crisis.

참고문헌

American Psychiatric Association. (2013). Diagnostic and statistical manual of mental disorders (5th ed.). Washington, DC: Author. Antony, M., & Barlow, D. (Eds.). (2002). *Handbook of assessment and treatment planning for psychological disorders.* New York: Guilford.

Balswick, J., King, P., & Reimer, K. (2005). *The reciprocating self.* Downers Grove, IL: InterVarsity Press.

Barlow, D. (Ed.). (1993). *Clinical handbook of psychological disorders* (2nd ed.). New York: Guilford.

Bilezikian, G. (1997). *Community 101: Reclaiming the church as a community of oneness.* Grand Rapids: Zondervan.

Boivin, M. (2003). Finding God in Prozac or finding Prozac in God. *Christian Scholar's Review, 33*(1), 159-76.

Carson, R., Butcher, J., & Mineka, S. (2002). *Fundamentals of abnormal psychology and modern life.* Boston: Allyn and Bacon.

Carter, R., & Golant, S. M. (1998). *Helping someone with mental illness.* New York: Random House.

Chave-Jones, M. (1995). Depression. In D. J. Atkinson, D. F. Field, A. Holmes & O. O'Donovan (Eds.), *New dictionary of Christian ethics and pastoral theology* (pp. 299-301). Downers Grove, IL: InterVarsity Press.

Collins, G. (1980). *Christian counseling: A comprehensive guide*. Waco, TX: Word.

Collins, G. (2007). *Christian counseling: A comprehensive guide* (3rd ed.). Nashville: Thomas Nelson.

Comer, R. (2014). *Abnormal psychology* (8th ed.). New York: Worth.

Corey, G., & Corey, M. (2002). *I never knew I had a choice* (7th ed.). Pacific Grove, CA: Brooks/Cole.

Crabb, L. (1999). *The safest place on earth*. Nashville: Word.

Dailey, S., Gill, C., Karl, S., & Barrio-Minton, C. (2014). *DSM-5 companion for counselors*. Alexandria, VA: American Counseling Association.

Episcopal Church. (1979). *Book of common prayer*. Washington, DC: Author.

Faiver, C., Eisengart, S., & Colona, R. (2003). *The counselor intern's handbook* (3rd ed.). Belmont, CA: Thomson/Brooks/Cole.

Flanagan, K., & Hall, S. (2014). *Developmental psychopathology*. Downers Grove, IL: InterVarsity Press.

Frances, A. (2013). *Essentials of psychiatric diagnosis*. New York: Guilford.

Frances, A., & First, M. (1998). *Your mental health: A layman's guide to the psychiatrist's bible*. New York: Scribner.

Frederick, C. (1983). Suicide prevention procedures. In P. A. Kelly & L. G. Kitt (Eds.), *Innovations in clinical practice: A sourcebook* (2), 161-173. Sarasota, FL: Professional Resource Exchange.

Garber, S. (1996). *The fabric of faithfulness: Weaving together beliefs and behavior during the university years*. Downers Grove, IL: InterVarsity Press.

Grayson, P., & Meilman, P. (1992). *Beating the college blues*. New York: Facts on File.

Greene-McCreight, K. (2005). *Darkness is my only companion*. Grand Rapids: Brazos.

Grounds, V. (1976). *Emotional problems and the gospel*. Grand Rapids: Zondervan.

Haas, H. (1966). *The Christian encounters mental illness*. St. Louis: Concordia.

Hart, A. (1978). *Depression: Coping and caring*. Arcadia, CA: Cope.

Hood, R., Spilka, B., Hunsberger, B., & Gorsuch, R. (1996). *The psychology of religion: An empirical approach* (2nd ed.). New York: Guilford.

Jamison, K. (1993). *Touched with fire: The manic-depressive illness and the artistic temperament*. New York: Simon and Schuster.

Jamison, K. (1995). *An unquiet mind*. New York: Vintage.

Jamison, K. (2001). Manic-depressive illness and creativity. In R. Comer (Ed.), *Scientific American: Psychology reader* (pp. 12-17). New York: Worth/Scientific American.

Jones, S., & Butman, R. (2011). *Modern psychotherapies: A comprehensive Christian appraisal* (rev. ed.). Downers Grove, IL: InterVarsity Press.

Jongsma, A. (2004). *Adult psychotherapy homework planner.* Hoboken, NJ: Wiley.

Jongsma, A., Peterson, M., & Bruce, T. (2014). *The complete psychotherapy treatment planner.* Hoboken, NJ: Wiley.

Kauffmann, D. (2000). *My faith's OK: Reflections in psychology and religion.* Goshen, IN: Goshen College Bookstore.

Korchin, S. (1976). *Modern clinical psychology.* New York: Basic Books.

Kozol, J. (1995). *Amazing grace: The lives of children and the conscience of a nation.* New York: HarperCollins.

Kruse, S., & Canning, S. (2002). Practitioner's perceptions of the vocational rewards in work with underserved groups: Implications for "rightsizing" the psychology workforce. *Professional Psychology: Research and Practice, 22*(1), 1-7.

Lazarus, A., & Lazarus, C. (1997). *The 60-second shrink: Over 100 strategies for staying sane in a crazy world.* New York: Barnes and Noble.

Leibenluft, E. (2001). Why are so many women depressed? In R. Comer (Ed.), *Scientific American: Psychology reader* (pp. 7-11). New York: Worth/Scientific American.

Manning, B. (1994). *Abba's child: The cry for intimate belonging.* Colorado Springs: NavPress.

Malony, N. (1995). *The psychology of religion for ministry.* New York: Paulist.

Maxmen, J., & Ward, N. (1995). *Essential psychopathology and its treatment.* New York: W. W. Norton.

McGrath, E. (1998). *The complete idiot's guide to beating the blues.* New York: Alpha.

McLemore, C. (1984). *Honest Christianity.* Philadelphia: Westminster Press.

McLemore, C. (2003). *Toxic relationships and how to change them.* New York: Wiley-Interscience.

Meyer, R., & Deitsch, S. (1996). *The clinician's handbook* (4th ed.). Boston: Allyn and Bacon.

Miller, W., & Jackson, K. (1995). *Practical psychology for pastors* (2nd ed.). Englewood Cliffs, NJ: Prentice-Hall.

Mouw, R. (2002). *The smell of the sawdust: What evangelicals can learn from their fundamentalist heritage.* Grand Rapids: Eerdmans.

Nathan, P., & Gorman, J. (1998). *A guide to treatments that work.* New York: Oxford University Press.

Oden, T. C. (1987). *Pastoral counsel. Classical pastoral care* (Vol. 3). Grand Rapids: Baker.

Oden, T. C. (1994). *Crisis ministries. Classical pastoral care* (Vol. 4.). Grand Rapids: Baker.

Ortberg, J. (1997). *The life you've always wanted: Spiritual disciplines for ordinary people*. Grand Rapids: Zondervan.

Paloutzian, R. (1996). *Invitation to the psychology of religion* (2nd ed.). Boston: Allyn and Bacon.

Pargament, K. (1997). *The psychology of religion and coping*. New York: Guilford.

Pargament, K. (Ed.). (2013). *The APA handbook of psychology, religion, and spirituality* (Vols. 1-2). Washington, DC: American Psychological Association.

Paris, J. (2014). *The intelligent clinician's guide to the DSM-5*. New York: Oxford.

Peck, M. S. (1978). *The road less traveled*. New York: Touchstone.

Reichenberg, L. (2014). *DSM-5 essentials*. New York: John Wiley & Sons.

Sanders, R. (Ed.). (1997). *Christian counseling ethics*. Downers Grove, IL: InterVarsity Press.

Schwartzberg, S. (2000). *Casebook of psychological disorders: The human face of emotional distress*. Boston: Allyn and Bacon.

Scully, J. (Ed.) (1990). *Psychiatry* (2nd ed.). Malvern, PA: Harwal.

Shea, S. (2011). *The practical art of suicide assessment*. New York: John Wiley & Sons.

Sittser, G. (1996). *A grace disguised: How the soul grows through loss*. Grand Rapids: Zondervan.

Smedes, L. (1993). *Shame and grace: Healing the shame we don't deserve*. New York: HarperCollins.

Smedes, L. (1998). *Standing on the promises: Keeping hope alive for a tomorrow we cannot control*. Nashville: Thomas Nelson.

Stapert, K. (1994). *Will pharmacological Calvinism protect me?* Perspectives, June/July, pp. 9-10.

Sutker, P., and Adams, H. (1993). *Comprehensive handbook of psychopathology* (2nd ed.). New York: Plenum.

van der Kolk, B. (2002). Posttraumatic therapy in the age of neuroscience. *Psychoanalytic Dialogues, 12*(3), 381-92.

Van Leeuwen, M. (2002). *My brother's keeper*. Downers Grove, IL: InterVarsity Press.

Weyerhauser, W. (1980). The significance of John Finch for a Christian psychology. In N. Maloney (Ed.), *A Christian existential psychology* (pp. 3-14). Washington, DC: University Press of America.

Wolterstorff, N. (1983). *Until justice and peace embrace*. Grand Rapids: Eerdmans.

Worden, W. (1996). *Children and grief*. New York: Guilford.

Worden, W. (2008). *Grief counseling and grief therapy* (4th ed.). New York: Springer.

Yancey, P. (1988). *Disappointment with God*. Grand Rapids: Zondervan.

Yancey, P. (1997). *What's so amazing about grace?* Grand Rapids: Zondervan.

Yarhouse, M. A., & Turcic, E. M. (2003). Depression, creativity, and religion: A pilot study of Christians in the visual arts. *Journal of Psychology and Theology, 31*(4), 348-55.

제10장

추천 도서

Herman, J. (2015). *Trauma and recovery: The aftermath of violence—from domestic abuse to political terror*. New York: Basic Books. A classic work on trauma and the healing work of recovery.

Hill, M., Hill, H, Bagge, R., & Miersma, P. (2009). *Healing the wounds of trauma: How the church can help*. Nairobi, Kenya: Paulines Publications Africa. An example of a resource curriculum for trauma ministry in a non-US context.

Hunsinger, D. (2011). *Bearing the unbearable: Trauma, gospel, and pastoral care. Theology Today, 68*(1), 8-25. A thoughtful integration of pastoral care and mental health approaches to trauma.

Levine, P. A. (1997). *Waking the tiger: Healing trauma*. Berkeley, CA: North Atlantic Books. A helpful consideration of the interaction between mind and body in trauma.

van der Kolk, B. (2014). *The body keeps the score: Brain, mind, and body in the healing of trauma*. New York: Viking. An engaging read by one of the pioneers of trauma work in the US.

참고문헌

Ainsworth, M. D., Blehar, M., Waters, E., & Wall, S. (1978) *Patterns of attachment: A psychological study of the Strange Situation*. Hillsdale, NJ: Lawrence Erlbaum.

American Psychiatric Association. (1980). *Diagnostic and statistical manual of mental disorders* (3rd ed.). Washington, DC: Author.

American Psychiatric Association. (2013). *Diagnostic and statistical manual of mental disorders* (5th ed.). Washington, DC: Author.

Benton, T. D., & Lynch, J. (2006, July 13). *Adjustment disorders*. Medscape. Retrieved from http://emedicine.medscape.com/article/2192631-overview.

Bilezikian, G. (1997). *Community 101: Reclaiming the church as a community of oneness*.

Grand Rapids: Zondervan.

Bleuler, M. (1963). Conception of schizophrenia within the last fifty years and today. *Proceedings of the Royal Society of Medicine, 56*, 945-52.

Bowlby, J. (1977). The making and breaking of affectional bonds. I. Aetiology and psychopathology in the light of affectional bonds. An expanded version of the Fiftieth Maudsley Lecture, delivered before the Royal College of Psychiatrists, 19 November 1976. *British Journal of Psychiatry, 130*(3), 201-10.

Butcher, J. N., Mineka, S., & Hooley, J. M. (2006). *Abnormal psychology* (13th ed.). Boston: Pearson Education.

Carman, P. (2005). *The dark hills divide*. New York: Scholastic.

Casey, P. (2009). Adjustment disorder: Epidemiology, diagnosis and treatment. *CNS Drugs, 23*, 927-38.

Casey, P. (2014). Adjustment disorder: New developments. *Current Psychiatry Report, 16*(6): 451.

Clebsch, W. A., & Jaekle, C. R. (1964). *Pastoral care in historical perspective*. New York: Harper and Row.

Comer, R. (2003). *Abnormal psychology* (5th ed.). New York: Worth.

Crabb, L. (1999). *The safest place on earth*. Nashville: Word.

Delaney-Black, V., Covington, C., Ondersma, S. J., Nordstrom-Klee, B., Templin, T., Ager, J., et al. (2002). Violence exposure, trauma, and IQ and/or reading deficits among urban children. *Archives of Pediatrics and Adolescent Medicine, 156*, 280-85.

Fairbank, J. A. (2008). The epidemiology of trauma and trauma-related disorders in children and youth. *PTSD Research Quarterly, 19*(1), 1-8.

Gartlehner, G., Forneris, C. A., Brownley, K. A., Gaynes, B. N., Sonis, J., Coker Schwimmer, E., Jonas, D. E., Greenblatt, A., Wilkins, T. M., Woodell, C. L., & Lohr, K. N. (2013). Interventions for the prevention of posttraumatic stress disorder (PTSD) in adults after exposure to psychological trauma. *Comparative Effectiveness Review, 109*. Retrieved from www.effectivehealthcare.ahrq.gov/ehc/products/403/1443/PTSD-prevention-130327.pdf

Herman, J. (1997). *Trauma and recovery*. New York: Basic Books.

Herman, J. (2015). *Trauma and recovery: The aftermath of violence—from domestic abuse to political terror*. New York: Basic Books.

Hornor, G. (2008). Reactive attachment disorder. *Journal of pediatric health care, 22*(4), 234-39.

Hosseini, K. (2003). *The kite runner*. New York: Riverhead.

Hunsinger, D. (2011). Bearing the unbearable: Trauma, gospel, and pastoral care. *Theology Today, 68*(1), 8-25.

Kessler, R. C., Sonnega, A., Bromet, E., et al. (1995). Posttraumatic stress disorder in the National Comorbidity Survey. *Archives of General Psychiatry, 52*(12), 1048-60.

Lee, M. Y., Zaharlick, A., & Ayers, D. (2009). Meditation and treatment of trauma survivors. In M. Y. Lee, S. M. Ng, P. Leong & C. Chan (Eds.), *Integrative body-mind-spirit social work* (pp. 275-89). New York: Oxford University Press.

Levine, P. A. (1997). *Waking the tiger: Healing trauma*. Berkeley, CA: North Atlantic Books.

Main, M., & Solomon, J. (1990). Procedures for identifying infants as disorganized/disoriented during the Ainsworth Strange Situation. In M. T. Greenberg, D. Cicchetti & E. M. Cummings (Eds.), *Attachment in the preschool years: Theory, research, and intervention* (pp. 121-60). Chicago: University of Chicago Press.

Malony, N. (1995). *The psychology of religion for ministry*. New York: Paulist.

McLemore, C. (1984). *Honest Christianity*. Philadelphia: Westminster Press.

Meyer, R., & Deitsch, S. (1996). *The clinician's handbook* (4th ed.). Boston: Allyn and Bacon.

Miller, W., & Jackson, K. (1995). *Practical psychology for pastors* (2nd ed.). Englewood Cliffs, NJ: Prentice-Hall.

Morrison, J. (2014). *DSM-5 made easy: The clinician's guide to diagnosis*. New York: Guilford.

Norris, F., & Sloane, L. B. (2007). The epidemiology of trauma and PTSD. In M. J. Friedman, T. M. Keane, & P. A. Resick (Eds.), *Handbook of PTSD: Science and practice* (pp. 78-98). New York: Guilford.

Nouwen, H. (1979). *The wounded healer*. New York: Doubleday.

Nouwen, H., McNeill, D., & Morrison, D. (2006). *Compassion: A reflection on the Christian life*. New York: Image Books.

Paolucci, E. O., Genuis, M. L., & Violato, C. (2001). A meta-analysis of the published research on the effects of child sexual abuse. *Journal of Psychology, 135*, 17-36.

Pargament, K. (1997). *The psychology of religion and coping*. New York: Guilford.

Rosenthal, D. (1963). A suggested conceptual framework. In D. Rosenthal (Ed.), *The Genian quadruplets* (pp. 505-16). New York: Basic Books.

Rubin, A. (2009). Introduction: Evidence-based practice and empirically supported interventions for trauma. In A. Rubin & D. W. Springer (Eds.), *Treatment of traumatized adults and children: Clinician's guide to evidence-based practice* (pp. 3-28). Hoboken, NJ: Wiley.

Schwartz, D., & Proctor, L. J. (2000). Community violence exposure and children's social adjustment in the school peer group: The mediating roles of emotion regulation and social cognition. *Journal of Consulting and Clinical Psychology, 68*, 670-83.

Seligman, L., & Reichenberg, L. W. (2014). *Selecting effective treatments: A comprehensive systematic guide to treating mental disorders* (4th ed.). Hoboken, NJ: John Wiley & Sons.

Sittser, G. (1996). *A grace disguised: How the soul grows through loss.* Grand Rapids: Zondervan.

Strain, J. J., Klipstein, K. G., & Newcorn, J. H. (2011). Adjustment disorders. In R. E. Hales, S. C. Yudofsky, & G. O. Gabbard (Eds.), *Essentials of psychiatry* (3rd ed., pp. 255-70). Arlington, VA: American Psychiatric Publishing.

Thabet, Al., El-Buhaisi, O., & Vostanis, P. (2014). Trauma, PTSD, anxiety and coping strategies among Palestinian adolescents exposed to war in Gaza. *The Arab Journal of Psychiatry, 25*(1), 71-82.

Ulanov, A. (2007). *The unshuttered heart.* Nashville: Abingdon.

van der Kolk, B. (2002). Posttraumatic therapy in the age of neuroscience. *Psychoanalytic Dialogues, 12*(3), 381-92.

van der Kolk, B. (2014). *The body keeps the score: Brain, mind, and body in the healing of trauma.* New York: Viking.

van der Kolk, B., McFarlane, C., & Weisaeth, L. (Eds.). (2006). *Traumatic stress: The effects of overwhelming experience on mind, body, and society.* New York: Guilford.

Van Leeuwen, M. (2002). *My brother's keeper.* Downers Grove, IL: InterVarsity Press.

Wolterstorff, N. (1996). *Lament for a son.* Grand Rapids: Eerdmans.

Worden, W. (1996). *Children and grief.* New York: Guilford.

Worden, W. (2008). *Grief counseling and grief therapy* (4th ed.). New York: Springer.

Yoder, C. (2005). *The little book of trauma healing.* Intercourse, PA: Good Books.

Zubin, J., & Spring, B. (1977). Vulnerability: A new view of schizophrenia. *Journal of Abnormal Psychology, 86*, 103-26.

제11장

추천 도서

Benjamin, L. (2003). *Interpersonal diagnosis and treatment of personality disorders* (2nd ed.). New York: Guilford. The best professional treatment of personality disorders offered from a contemporary dynamic perspective.

Bockian, N., & Jongsma, A. (2001). *The personality disorder treatment planner*. New York: Wiley. An enormously helpful resource for laypersons and professionals who want to know how to set realistic treatment goals and expectations.

Lerner, H. (2001). *The dance of connection*. New York: HarperCollins. This is a very user-friendly resource for those wanting to strengthen their ability to interact with difficult persons in stressful situations.

Malony, N. (1989). *When getting along seems impossible*. Old Tappan, NJ: Fleming H. Revell. This is a helpful book from a highly respected clinical psychologist and ordained United Methodist minister.

McLemore, C. (2003). *Toxic relationships and how to change them: Health and holiness in everyday life*. San Francisco: Jossey-Bass. An extremely helpful book on the subject for lay or professional readers.

Meyer, R. (2004). *The clinician's handbook* (4th ed.). Long Grove, IL: Waveland. One of the most widely used textbooks on psychopathology in graduate and professional training programs.

Widiger, T. (2012). *The Oxford handbook of personality disorders*. New York: Oxford University Press. An exhaustive exploration of the subject.

참고문헌

Adams, H., & Sutker, P. (Eds.). (2001). *Comprehensive handbook of psychopathology* (3rd ed.). New York: Kluwer Academic/Plenum.

Afifi, T. O., Mather, A., Boman, J., Fleisher, W., Enns, M. W., Macmillan, H., & Sareen, J. (2011). Childhood adversity and personality disorders: Results from a nationally representative population-based study. *Journal of Psychiatric Research, 45*(6), 814-822.

Allen, D. M. (2007). The search for a unified metatheory of personality, psychopathology, and psychotherapy: Grand or grand illusion? A book review essay. *Journal of Psychotherapy Integration, 17*(3), 274-286.

American Psychiatric Association. (2013). *Diagnostic and statistical manual of mental disorders* (5th ed.). Washington, DC: Author.

Bartholomew, K., Kwong, M. J., & Hart, S. D. (2001). Attachment. In J. Livesley (Ed.), *The Handbook of Personality Disorders* (pp. 196-230). New York: Guilford.

Battle, C. D., Shea, M. T., Johnson, D. M., Yen, S., Zlotnick, C., Zanarini, M. C., Sanislow, C. A., Skodol, A. E., Gunderson, J. G., Grilo, C. M., McGlashan, T. H., & Morey, L. C. (2004).

Childhood maltreatment associated with adult personality disorders: Findings from the Collaborative Longitudinal Personality Disorders Study. *Journal of Personality Disorders, 18*, 193-211.

Benjamin, L. (2003). *Interpersonal diagnosis and treatment of personality disorders* (2nd ed.). New York: Guilford.

Bockian, N., & Jongsma, A. (2001). *The personality disorder treatment planner*. New York: Wiley.

Casement, P. (2002). *Learning from our mistakes*. New York: Guilford.

Cervone D & Pervin, L. A. (2009). *Personality: Theory and research*. Hoboken, NJ: John Wiley & Sons.

Cloud, H., & Townsend, J. (2002). *Boundaries* (rev. ed.). Grand Rapids: Zondervan.

Cohen, P., Crawford, T. N., Johnson, J. G., & Kasen, S. (2005). The children in the community study of developmental course of personality disorder. *Journal of Personality Disorders, 19*(6), 466-86.

Comer, R. (2004). *Abnormal psychology* (5th ed.). New York: Worth.

De Fruyt, F., & De Clercq, B. (2012). Childhood antecedents of personality disorders. In T. A. Widiger (Ed.), *The Oxford handbook of personality disorders* (pp. 166-85). New York: Oxford University Press.

Duggan, C. (2009). A treatment guideline for people with antisocial personality disorder: Overcoming attitudinal barriers and evidential limitations. *Criminal Behaviour and Mental Health, 19*, 219-23.

Evans, C. S. (1999). Self. In D. G. Benner and P. C. Hill (Eds.), *Baker encyclopedia of psychology and counseling* (pp. 1066-1069). Grand Rapids: Baker.

Fenton, H. (1987). *When Christians clash: How to prevent and resolve the pain of conflict*. Downers Grove, IL: InterVarsity Press.

Garber, S. (1996). *The fabric of faithfulness*. Downers Grove, IL: InterVarsity Press.

Gregory the Great. (1978). Pastoral care (Orig. AD 591. H. Davis, Trans.). In J. Quasten & J. Plumpe (Eds.), *Ancient Christian Writers* (Vol. 11). New York: Newman.

Griffin, E. (1987). *Making friends and making them count*. Downers Grove, IL: InterVarsity Press.

Hoermann, S., Zupanick, C., & Dombeck, M. (2013). *Alternative diagnostic models for personality disorders: The DSM-5 dimensional approach*. Retrieved from www.mentalhelp.net/articles/alternative-diagnostic-models-for-personality-disorders-the-dsm-5-dimensional-approach

Johnson, J. G., Cohen, P., Smailes, E. M., Skodol, A. E., Brown, J., & Oldham, J. M. (2001). Childhood verbal abuse and risk for personality disorders during adolescence and early adulthood. *Comprehensive Psychiatry, 42*(1), 16-23.

Jones, S., & Butman, R. (1991). *Modern psychotherapies: A comprehensive Christian appraisal.* Downers Grove, IL: InterVarsity Press.

Jones, S., & Jones, B. (1993). *How and when to tell your kids about sex.* Colorado Springs: NavPress.

Kauffmann, D. (1999). *My faith's OK: Reflections on psychology and religion.* Goshen, IN: Goshen College Bookstore.

Kendler, K. S., Aggen, S. H., Czjaikowski, N., Roysamb, E., Tambs, K., Torgersen, S., Neale, M. C., & Reichborn-Kjennerud, T. (2008). The structure of genetic and environmental risk factors for DSM-IV personality disorders: A multivariate twin study. *Archives of General Psychiatry, 65,* 1438-1446.

Kohut, H. (1977). *The restoration of the self.* Chicago: University of Chicago Press.

Lerner, H. (2001). *The dance of connection.* New York: HarperCollins.

Levy, K. N., Johnson, B. N., Clouthier, T. L., Scala, J. W., & Temes, C. M. (2015). An attachment theoretical framework for personality disorders. *Canadian Psychology/ Psychologie Canadienne, 56*(2), 197-207.

Magnavita, J. J. (2004). Classification, prevalence, and etiology of personality disorders: Related issues and controversy. In J. J. Magnavita (Ed.), *Handbook of personality disorders: Theory and practice* (pp. 3-23). Hoboken, NJ: John Wiley & Sons.

Malony, N. (1989). *When getting along seems impossible.* Old Tappan, NJ: Fleming H. Revell.

McGilloway, A., Hall, R. E., Lee, T., & Bhui, K. S. (2010). A systematic review of personality disorder, race and ethnicity: Prevalence, aetiology and treatment. *BMC Psychiatry, 10*(33), 1-14.

McLemore, C. (2003). *Toxic relationships and how to change them: Health and holiness in everyday life.* San Francisco: Jossey-Bass.

Meyer, R. (2004). *The clinician's handbook* (4th ed.). Long Grove, IL: Waveland.

Miller, W., & Jackson, K. (1995). *Practical psychology for pastors* (2nd ed.). Englewood Cliffs, NJ: Prentice-Hall.

Millon, T. (1996). *Disorders of personality: DSM-IV and beyond.* New York: John Wiley & Sons.

Monroe, S. M., & Simons, A. D. (1991). Diathesis-stress theories in the context of life stress research. *Psychological Bulletin, 110,* 406-25.

Morrison, J. (2014). *DSM-5 made easy: The clinician's guide to diagnosis*. New York: Guilford.

National Institutes of Health. (January, 2006). *U. S. Alcohol Epidemiologic Data Reference Manual* (Vol. 8) (1). Bethesda, MD: Author.

Norcross, J., Santrock, J., Campbell, L., Smith, T., Sommer, R., & Zuckerman, E. (2003). *Authoritative guide to self-help resources in mental health*. New York: Guilford.

Oates, W. E. (1987). *Behind the masks: Personality disorders in religious behavior*. Louisville, KY: Westminster.

Origen. (1957). The song of songs: Commentary and homilies. In J. Quasten & J. C. Plumpe (Eds.), *Ancient Christian Writers* (Vol. 26). New York: Newman.

Paloutzian, R. (1996). *Invitation to the psychology of religion*. Boston: Allyn and Bacon.

Pargament, K. (1997). *The psychology of religion for coping*. New York: Guilford.

Paris, J. (2012). Pathology of personality disorder: An integrative conceptualization. In T. A. Widiger (Ed.), *The Oxford handbook of personality disorders* (pp. 399–406). New York: Oxford University Press.

Peterson, E. (1980). *A long obedience in the same direction: Discipleship in an instant society*. Downers Grove, IL: InterVarsity Press.

Pliszka, S. (2003). *Neuroscience for the mental health clinician*. New York: Guilford.

Roberts, B. W. (2009). Back to the future: Personality and assessment and personality development. *Journal of Research in Personality, 43*, 137–145.

Rosenstein, D. S., & Horowitz, H. A. (1996). Adolescent attachment and psychopathology. *Journal of Consulting and Clinical Psychology, 64*(2), 244–253.

Ryum, T., Stiles, T. C., Svartberg, M., & McCullough, L. (2010). The role of transference work, the therapeutic alliance, and their interaction in reducing interpersonal problems among psychotherapy patients with cluster C personality disorders. *Psychotherapy: Theory, Research, Practice, Training, 47*(4): 442–453.

Schwartzberg, S. (2000). *Casebook of psychological disorders: The human face of emotional distress*. Boston: Allyn and Bacon.

Seligman, L., & Reichenberg, L. W. (2014). *Selecting effective treatments: A comprehensive systematic guide to treating mental disorders* (4th ed.). Hoboken, NJ: John Wiley & Sons.

Skodol, A. E., Gunderson, J. G., Shea, M. T., McGlashan, T. H., Morey, L. C., Sanislow, C. A., Bender, D. S., Grilo, C. M., Zanarini, M. C., Yen, S., Pagano, M. E., & Stout, R. L. (2005). The collaborative longitudinal personality disorders study (CLPS): Overview and implications. *Journal of Personality Disorders, 19*(5), 487–504.

Smarto, D. (Ed.). (1993). Setting the captives free! Grand Rapids: Baker. Smedes, L. (1998).

Standing on the promises: Keeping hope alive for a tomorrow we cannot control. Nashville: Thomas Nelson.

South, S. C., Reichborn-Kjennerud, T., Eaton, N. R., & Krueger, R. F. (2012). Behavior and molecular genetics of personality disorders. In T. A. Widiger (Ed.), *The Oxford handbook of personality disorders* (pp. 143-165). New York: Oxford University Press.

Sperry, L. (2003). *Handbook of diagnosis and treatment of DSM-IV-TR personality disorders* (2nd ed.). Philadelphia: Brunner-Routledge.

Tseng, W. S. (2001). *Handbook of cultural psychiatry.* San Diego: Academic Press.

Van Leeuwen, M. (2002). *My brother's keeper.* Downers Grove, IL: InterVarsity Press.

Van Ness, D. (1986). *Crime and its victims: What we can do.* Downers Grove, IL: InterVarsity Press.

West, C. (2001). *Race matters.* New York: Vintage Books.

White, C. N., Gunderson, J.G., Zanarini, M. C., & Hudson, J. I. (2003). Family studies of borderline personality disorder: A review. *Harvard Review of Psychiatry, 11,* 8-19.

Widiger, T. A. (Ed.). (2012). *The Oxford handbook of personality disorders.* New York: Oxford University Press.

Winter, D. G., & Barenbaum, N. B. (1999). History of modern personality theory and research. In L. A. Pervin & O. P. John (Eds.), *Handbook of personality* (2nd ed., pp. 3-27). New York: Guilford.

Worthington, E. (1993). *Hope for troubled marriages.* Downers Grove, IL: InterVarsity Press.

Yancey, P. (1997). *What's so amazing about grace?* New York: HarperCollins/Zondervan.

제12장

추천 도서

McMinn, L. (2003). *Sexuality and holy longing. Embracing intimacy in a broken world.* San Francisco: Jossey-Bass. This is an excellent resource, particularly on the topic of sexuality and singleness.

Rosenau, D. (2002). *A celebration of sex* (2nd ed.). Nashville: Thomas Nelson. A very helpful resource for couples, as well as additional chapters on a range of topics in human sexuality.

Van Leeuwen, M. S. (2002). *My brother's keeper.* Downers Grove, IL: InterVarsity Press. This is a fine resource—see her discussion of "nonrelational sexuality" as it relates to pornography, the Internet and treating others like objects.

Yarhouse, M. A. (2015). *Understanding gender dysphoria: Navigating transgender issues in a changing culture*. Downers Grove, IL: InterVarsity Press. This is a more in-depth and accessible analysis of gender dysphoria for Christians and church leaders.

Yarhouse, M. A., & Tan, E. S. N. (2014). *Sexuality and sex therapy: A comprehensive Christian appraisal*. Downers Grove, IL: InterVarsity Press. This is a Christian integration textbook that looks in more detail at the various sexual dysfunctions, sexual identity conflicts, gender dysphoria and so on.

참고문헌

American Psychiatric Association. (2013). *Diagnostic and statistical manual of mental disorders* (5th ed.). Washington, DC: Author.

Brotto, L. A. (2009). The DSM diagnostic criteria for hypoactive sexual desire in women. *Archives of Sexual Behavior, 39*(2), 221-39.

Carroll, R. A. (2000). Assessment and treatment of gender dysphoria. In S. R. Leiblum & R. C. Rosen (Eds.), *Principles and practice of sex therapy* (3rd ed., pp. 368-397). New York: Guilford.

Carroll, R. A. (2007). Gender dysphoria and transgender experiences. In S. R. Leiblum (Ed.), *Principles and practice of sex therapy* (4th ed., pp. 477-508). New York: Guilford.

Goodman, A. (2001). What's in a name? Terminology for designating a syndrome of driven sexual behavior. *Sexual Addiction and Compulsivity, 8*, 191-213.

Hall, R. C. W., & Hall, R. C. W. (2007). A profile of pedophilia: Definition, characteristics of offenders, recidivism, treatment outcomes, and forensic issues. *Mayo Clinic Proceedings, 82*(4), 457-71.

Hart, A. D. (1994). *The sexual man: Masculinity without guilt*. Dallas, TX: Word.

Hart, A. D., Weber, C., & Taylor, D. L. (1998). *Secrets of Eve: Understanding the mystery of female sexuality*. Dallas, TX: Word.

Heiman, J. R., & Meston, C. M. (1997). Empirically validated treatment for sexual dysfunction. *Annual Review of Sex Research, 8*, 148-94.

Jones, S. L., & Butman, R. E. (2011). *Modern psychotherapies: A comprehensive Christian appraisal* (2nd ed.). Downers Grove, IL: InterVarsity Press.

Jones, S. L., & Jones, B. (2007). *How and when to tell your kids about sex* (2nd ed.). Colorado Springs: NavPress.

Jones, S. L., & Yarhouse, M. A. (2002, June). *Anthropology, sexuality, and sexual ethics: The ecclesiastical challenge*. Paper presented at the colloquium of the Alliance of Confessing Evangelicals, Colorado Springs, Colorado.

Laumann, E. O., Paik, A., & Rosen, R. C. (1999). Sexual dysfunction in the United States: Prevalance and predictors. *Journal of the American Medical Association, 281*(6), 537-44.

Lints, R. (2002). *Imaging and idolatry: The sociality of personhood and the ironic reversals of the canon*. Paper presented at the colloquium of the Alliance of Confession Evangelicals, Colorado Springs, Colorado.

Maletzky, B. M. (2002). The paraphilias: Research and treatment. In P. E. Nathan and J. M. Gorman (Eds.), *A guide to treatments that work* (2nd ed., pp. 525-557). New York: Oxford University Press.

McConaghy, N. (1993). *Sexual behavior: Problems and management*. New York: Plenum.

McMinn, L. (2003). *Sexuality and holy longing. Embracing intimacy in a broken world*. San Francisco: Jossey-Bass.

Meana, M. (2012). *Sexual dysfunction in women*. Cambridge, MA: Hogrefe.

Metz, M. E., & McCarthy, B. W. (2003). *Coping with erectile dysfunction*. Oakland, CA: New Harbinger.

Metz, M. E., & McCarthy, B. W. (2004). *Coping with premature ejaculation*. Oakland, CA: New Harbinger.

Meyer-Bahlburg, H. F. L. (2002). Gender identity disorder in young boys: A parent- and peer-based treatment protocol. *Clinical Child Psychology and Psychiatry, 7*(3), 360-76.

Olthuis, J. H. (1995). Lust. In D. J. Atkinson, D. F. Field, A. Holmes, & O. O'Donovan (Eds.), *New dictionary of Christian ethics and pastoral theology* (pp. 558-559). Downers Grove, IL: InterVarsity Press.

Plantinga, A. (1993). *Warrant and proper function*. Oxford: Oxford University Press.

Schimmel, S. (1997). *The seven deadly sins: Jewish, Christian, and classical reflections on human psychology*. New York: Oxford University Press.

Segraves, T., & Althof, S. (2002). Psychotherapy and pharmacotherapy for sexual dysfunctions. In P. E. Nathan & J. M. Gorman (Eds.), *A guide to treatments that work* (2nd ed., pp. 497-524). New York: Oxford University Press.

Swaab, D. F., & Garcia-Falgueras, A. (2009). Sexual differentiation of the human brain in relation to gender identity and sexual orientation. *Functional Neurology, 24*(1), 18.

Van Leeuwen, M. S. (2001). Of hoggamus and hogwash: Evolutionary psychology and gender relations. *Journal of Psychology and Theology, 30*(2), 101-111.

Van Leeuwen, M. S. (2002). *My brother's keeper*. Downers Grove, IL: InterVarsity Press.

Veale, J. F., Clarke, D. E., & Lomax, T. C. (2009). Biological and psychosocial correlates of adult gender variant identities: A review. *Personality and Individual Differences, 48*, 357-66.

Wakefield, J. C. (1992). The concept of mental disorder: On the boundary between biological facts and social values. *American Psychologist, 47*, 373-388.

Ward, T., & Beech, A. (2006). An integrated theory of sexual offending. *Aggression and Violent Behavior, 11*, 44-63.

Wincze, J. P. (2000). Assessment and treatment of atypical sexual behavior. In S. R. Leiblum and R. C. Rosen (Eds.), *Principles and practice of sex therapy* (3rd ed., pp. 449-70). New York: Guilford.

Yarhouse, M. A. (2010). *Homosexuality and the Christian: A guide for parents, pastors, and friends.* Minneapolis, MN: Bethany House.

Yarhouse, M. A. (2015). *Understanding gender dysphoria: Navigating transgender issues in a changing culture.* Downers Grove, IL: InterVarsity Press.

Yarhouse, M. A., Butman, R. E., & McRay, B. M. (2005). *Modern psychopathologies: A comprehensive appraisal.* Downers Grove, IL: InterVarsity Press.

Yarhouse, M. A., & Tan, E. S. N. (2014). *Sexuality and sex therapy: A comprehensive Christian appraisal.* Downers Grove, IL: InterVarsity Press.

제13장

추천 도서

Dailey, S., Gill, C., Karl, S., & Barrio-Minto, C. (2014). *DSM-5 learning companion for counselors.* Alexandria, VA: American Counseling Association. Perhaps the best guide to the recent changes in the DSM-5 for both lay and professional counselors.

Jongsma, A. Peterson, M., & Bruce, T. (2014). *The complete adult psychotherapy treatment planner* (5th ed.). Hoboken, NJ: Wiley. A wonderful resource for dealing with the large clusters of presenting problems that occur with serious mental illness like schizophrenic spectrum disorders.

Morrison, J. (2002). *Straight talk about your mental health.* New York: Guilford. One of the best available no-nonsense discussions of serious mental illness, from a highly respected author and psychiatrist.

Norcross, J., et al. (2004). *Authoritative guide to self-help resources in mental health.* New

York: Guilford. This is an outstanding resource for laypersons on every major type of mental disorder.

Torrey, E. (2001). *Surviving schizophrenia: A manual for families, consumers and providers* (4th ed.). New York: Harper Perennial. If you could buy just one book on the subject from the most credible source, this would be the one.

참고문헌

Adams, H., & Sutker, P. (2001). *Comprehensive handbook of psychopathology* (3rd ed.). New York: Kluwer Academic/Plenum.

American Psychiatric Association. (2013). *Diagnostic and statistical manual of mental disorders* (5th ed.). Washington, DC: Author.

Antony, M., & Barlow, D. (Eds.). (2002). *Handbook of assessment and treatment planning for psychological disorders*. New York: Guilford.

Barlow, D. (Ed.). (1993). *Clinical handbook of psychological disorders* (2nd ed.). New York: Guilford.

Boisen, A. (1960). *Out of the depths*. New York: Harper and Brothers.

Butcher, J., Mineka, S., & Hooley, J. (2004). *Abnormal psychology* (12th ed.). Boston: Pearson.

Carson, R., Butcher, J., & Mineka, S. (2002). *Fundamentals of abnormal psychology and modern life*. Boston: Allyn and Bacon.

Carter, R., & Golant, S. M. (1998). *Helping someone with mental illness*. New York: Random House.

Collins, G. (1980). *Christian counseling: A comprehensive guide*. Waco, TX: Word.

Comer, R. (2003). *Abnormal psychology* (5th ed.). New York: Worth.

Comer, R. (2014). *Abnormal psychology* (8th ed.). New York: Worth.

Dailey, S., Gill, C., Karl, S., & Barrio-Minton, C. (2014). *DSM-5 learning companion for counselors*. Alexandria, VA: American Counseling Association.

Faiver, C., Eisengart, S., & Colona, R. (2003). *The counselor intern's handbook* (3rd ed.). Belmont, CA: Thomson Brooks/Cole.

Frances, A. (2013). *Essentials of psychiatric diagnosis*. New York: Guilford.

Frances, A., & First, M. (1998). *Your mental health: A layman's guide to the psychiatrist's bible*. New York: Scribner.

Frese, F. (1993). Coping with schizophrenia. *Innovations and Research, 2*. Retrieved from www.mentalhealth.com/story/p52-sc04.html

Gotkin, J., & Gotkin, P. (1992). *Too much anger, too many tears: A personal triumph over psychiatry*. New York: Harper Perennial.

Haas, H. (1966). *The Christian encounters mental illness*. St. Louis: Concordia.

Hood, R., Spilka, B., Hunsberger, B., & Gorsuch, R. (1996). *The psychology of religion: An empirical approach* (2nd ed.). New York: Guilford.

Howsepian, A. (1997). Sin and psychosis. In R. Roberts and M. Talbot (Eds.), *Limning the psyche: Explorations in Christian psychology* (pp. 264–281). Grand Rapids: Eerdmans.

Jefferson, L. (1948). *These are my sisters*. Tulsa, OK: Vickers.

Johnson, C., Snibbe, J., & Evans, L. (1981). *Basic psychopathology: A programmed text* (2nd ed.). New York: SP Medical Books.

Jones, S., & Butman, R. (2011). *Modern psychotherapies: A comprehensive Christian appraisal* (rev. ed.). Downers Grove, IL: InterVarsity Press.

Jongsma, A., Peterson, M., & Bruce, T. (2014). *The complete adult psychotherapy treatment planner* (5th ed.). Hoboken, NJ: Wiley.

Kaplan, B. (1964). *The inner world of mental illness*. New York: Harper and Row.

Maxmen, J., & Ward, N. (1995). *Essential psychopathology and its treatment*. New York: Plenum.

McLemore, C. (2003). *Toxic relationships and how to change them*. San Francisco: Jossey-Bass.

Meyer, R., & Deitsch, S. (1996). *The clinician's handbook* (4th ed.). Boston: Allyn and Bacon.

Miller, W., & Jackson, K. (1995). *Practical psychology for pastors* (2nd ed.). Englewood Cliffs, NJ: Prentice-Hall.

Morrison, J. (1995). *DSM-IV made easy: The clinician's guide to diagnosis*. New York: Guilford.

Morrison, J. (1997). *When psychological problems mask medical disorders: A guide for psychotherapists*. New York: Guilford.

Morrison, J. (2002). *Straight talk about your mental health*. New York: Guilford.

Morrison, J. (2014). *DSM-5 made easy: The clinician's guide to diagnosis*. New York: Guilford.

Nathan, P., & Gorman, J. (1998). *A guide to treatments that work*. New York: Oxford University Press.

Norcross, J., Santrock, J., Campbell, L., Smith, T., Sommer, R., & Zuckerman, E. (2003). *Authoritative guide to self-help resources in mental health*. New York: Guilford.

Oden, T. Pastoral counsel. Classical pastoral care (Vol. 3). Grand Rapids: Baker. Paloutzian, R. (1996). *Invitation to the psychology of religion* (2nd ed.). Boston: Allyn and Bacon.

Pargament, K. (1997). *The psychology of religion and coping*. New York: Guilford.

Pargament, K. (Ed.). (2013). *The APA handbook of psychology, religion, and spirituality*. Washington, DC: American Psychological Association.

Paris, J. (2014). *The intelligent clinician's guide to the DSM-5*. New York: Oxford.

Peck, M. S. (1998). *People of the lie: The hope for healing human evil*. New York: Simon and Schuster.

Pliszka, S. (2003). *Neuroscience for the mental health clinician*. New York: Guilford.

Purselle, D., Nemeroff, C., & Jongsma, A. (2004). *The psychopharmacology treatment planner*. New York: Wiley.

Reichenberg, L. (2014). *DSM-5 essentials*. Hoboken, NJ: Wiley.

Roberts, R., & Talbot, M. (1997). *Limning the psyche: Explorations in Christian psychology*. Grand Rapids: Eerdmans.

Schwartzberg, S. (2000). *Casebook of psychological disorders: The human face of emotional distress*. Boston: Allyn and Bacon.

Scully, J., Bechtold, D., Bell, J., Dubovsky, S., Neligh, G., & Peterson, J. (1990). *Psychiatry* (2nd ed.). Malvern, PA: Harwal.

Smedes, L. (1998). *Standing on the promises: Keeping hope alive for a tomorrow we cannot control*. Nashville: Thomas Nelson.

Sutker, P., & Adams, H. (1993). *Comprehensive handbook of psychopathology* (2nd ed.). New York: Plenum.

Torrey, E. (2001). *Surviving schizophrenia: A manual for families, consumers and providers* (4th ed.). New York: Harper Perennial.

Warren, N. (1972). *If the church was truly the church, who would need counseling?* Typescript, Fuller Theological Seminary, Pasadena, CA.

제14장

추천 도서

May, G. G. (1988). *Addiction and grace: Love and spirituality in the healing of addictions*. New York: HarperCollins. This is a very helpful introduction to the issues of addiction from a religiously sensitive perspective.

Plantinga, C., Jr. (1995). *Not the way it's supposed to be: A breviary of sin*. Grand Rapids: Eerdmans. A terrific, thoughtful scholarly resource.

Struthers, W. (2009). *Wired for intimacy: How pornography hijacks the male brain*. Downers Grove, IL: InterVarsity Press.

참고문헌

American Psychiatric Association. (2013). *Diagnostic and statistical manual of mental disorders* (5th ed.). Washington, DC: Author.

Anthony, J. C., Warner, L. A., & Kessler, R. C. (1994). Comparative epidemiology of dependence on tobacco, alcohol, controlled substances and inhalants. *Experimental and Clinical Psychopharmacology, 2*(3), 244-68.

Augustine. (1955). Confessions and Enchiridion (Orig. AD 401. A. Outler, Trans.). In A. Outler (Ed.), *Library of Christian Classics* (Vol. 7). Philadelphia: Westminster.

Babor, T. F. (1994). Avoiding the horrid and beastly sin of drunkenness: Does dissuasion make a difference? *Journal of Consulting and Clinical Psychology, 62*(6), 1127-40.

Ball, J. C., & Coty, E. (1988). *Basic issues pertaining to the effectiveness of methadone maintenance treatment* (NIDA Research Monograph 86) (pp. 178-91). Washington, DC: Government Printing Office.

Botvin, G., Schinke, S., & Orlandi, M. (1995). School-based health promotion: Substance abuse and sexual behavior. *Applied and Preventative Psychology, 4*, 167-84.

Breslau, N., Johnson, E. O., Hiripi, E., & Kessler, R. (2001). Nicotine dependence in the United States: prevalence, trends, and smoking persistence. *Archives of General Psychiatry, 58*(9), 810-16.

Burnside, M. A., Baer, P. E., McLaughlin, R. J., & Pokorny, A. D. (1986). Alcohol use by adolescents in disrupted families. *Alcoholism: Clinical and Experimental Research, 10*, 274-78.

Centers for Disease Control (2015). *HIV and substance use in the United States*. Retrieved from www.cdc.gov/hiv/risk/substanceuese.html

Cheydleur, J. R. (1999). Alcohol abuse and dependence. In D. G. Benner and P. C. Hill (Eds.), *Baker encyclopedia of psychology and counseling* (2nd ed.) (pp. 59-64). Grand Rapids: Baker.

Clark, L. (2014). Disordered gambling: The evolving concept of behavioral addiction. *Annals of the New York Academy of Sciences, 1327*, 46-61.

Clifasefi, S. L., Bernstein, D. M., Mantonakis, A., & Loftus, E. F. (2013). "Queasy does it": False alcohol beliefs and memories may lead to diminished alcohol preferences. *Acta Psychologica, 143*(1), 14-19.

Cloninger, C. R. (1987). Neurogenetic adaptive mechanisms in alcoholism. *Science, 236*, 410-416.

Edwards, M., & Steinglass, P. (1995). Family therapy treatment outcomes for alcoholism.

Journal of Marital and Family Therapy, 21(4), 475-509.

el-Guebaly, N., Mudry, T., Zohar, J., Tavares, H., & Potenza, M. N. (2011). *Compulsive features in behavioural addictions: The case of pathological gambling. Addiction, 107*, 1726-1734.

Epstein, E. E., & McCrady, B. S. (1994). Research on the nature and treatment of alcoholism: Does one inform the other? *Journal of Consulting and Clinical Psychology, 62*(6), 1091-95.

Gallant, D. M. (1987). *Alcoholism: A guide to diagnosis, intervention and treatment*. New York: W. W. Norton.

Goodwin, D. W., Schulsinger, F., Moller, N., Hermansen, L., Winokur, G., & Guze, S. B. (1974). Drinking problems in adopted and nonadopted sons of alcoholics. *Archives of General Psychiatry, 31*, 164-69.

Graedon, J., & Graedon, T. (1986). *The people's pharmacy*. New York: Avon.

Grant, J. E., Odlaug, B. L., & Schreiber, L. R. N. (2012). Pharmacological treatments in pathological gambling. *British Journal of Clinical Pharmacology, 77*(2), 375-81.

Green, J. W. (1982). *Cultural awareness in the human services*. Englewood Cliffs, NJ: Prentice-Hall.

Haberstick, B. C., Timberlake, D., Smolen, A., Sakai J. T., Hopfer, C. J., Corley, R. P., et al. (2007). Between- and within- family association test of the dopamine receptor D2 Taq1A polymorphism and alcohol abuse and dependence in a general population sample of adults. *Journal of Studies on Alcohol and Drugs, 68*, 362-370.

Hall, P. (2011). A biopsychosocial view of sex addiction. *Sexual and Relationship Therapy, 26*(3), 217-28.

Harwood, H. J., Fountain, D., & Livermore, G. (1998). Economic costs of alcohol abuse and alcoholism. In M. Galanter (Ed.), *The consequences of alcoholism: Medical, neuropsychiatric, economic, cross-cultural. Recent developments in alcoholism* (Vol. 14, pp. 307-330). New York: Plenum.

Hasin, D. S., Stinson, F. S., Ogburn, E., & Grant, B. F. (2007). *Archives of General Psychiatry, 64*(7), 830-42.

Havassy, B. E., Hall, S. M., & Wasserman, D. A. (1989). Social support and relapse: Commonalities among alcoholics, opiate users and cigarette smokers. *Addictive Behaviors, 16*, 235-46.

Jaffe, J. (1990). Drug addiction and drug abuse. In A. Gilman, T. Rall, A. Nies & P. Taylor (Eds.), *Goodmand and Gilman's the pharmacological basis of therapeutics* (8th ed.) (pp. 621-642). New York: Pergamon.

Johnson, J. L., & McCown, W. G. (1993). Addictive behaviors and substance abuse. In P. B. Sutker & H. E. Adams (Eds.), *Comprehensive handbook of psychopathology* (2nd ed.) (pp. 437-450). New York: Plenum.

Julien, R. M. (1992). *A primer of drug action* (6th ed.). New York: Freeman.

Kalichman, S. (1996). *Answering your questions about AIDS*. Washington, DC: American Psychological Association.

Kaplan, J. (1983). *The hardest drug: Heroin and public policy*. Chicago: University of Chicago Press.

Kayloe, J. C. (1993). Food addiction. *Psychotherapy, 30*(2), 269-75.

Kumpfer, K. L. (1989). Prevention of alcohol and drug abuse. In D. Shaffer, I. Philips and N. Enzer (Eds.), *Prevention of mental disorders, alcohol and other drug use in children and adolescents (OSAP Prevention Monograph 2)* (pp. 310-371). Rockville, MD: US Department of Health and Human Services.

Lenters, W. (1985). *The freedom we crave: Addiction—the human condition*. Grand Rapids: Eerdmans.

Liddle, H., & Dakof, G. (1985). Efficacy of family therapy for drug abuse: Promising but not definitive. *Journal of Marital and Family Therapy, 21*(4), 511-593.

May, G. G. (1988). Addiction and grace: Love and spirituality in the healing of addictions. New York: HarperCollins.

McLellan, A., Alterman, A., Metzger, D., Grissom, G., Woody, G., Luborsky, L., & O'Brien, C. (1994). Similarity of outcome predictors across opiate, cocaine and alcohol treatments. *Journal of Consulting and Clinical Psychology, 62*(6), 1141-1158.

McMinn, M. R. (2004). *Why sin matters: The surprising relationship between our sin and God's grace*. Wheaton, IL: Tyndale House.

Miller, W., and Jackson, K. (1995). *Practical psychology for pastors* (2nd ed.). Englewood Cliffs, NJ: Prentice-Hall.

Nakken, C. (1988). *The addictive personality*. New York: Harper/Hazelden.

Nathan, P. E. (1993). Alcoholism: Psychopathology, etiology and treatment. In P. B. Sutker & H. E. Adams (Eds.), *Comprehensive handbook of psychopathology* (2nd ed.) (pp. 451-476). New York: Plenum.

Nathan, P. E., Skinstad, A. H., & Dolan, S. (2001). Alcohol-related disorders: Psychopathology, diagnosis, etiology and treatment. In H. E. Adams & P. B. Sutker (Eds.), *Comprehensive handbook of psychopathology* (3rd ed.) (pp. 595-622). New York: Plenum.

National Institute of Justice (1989). *Fiscal year 1990 program plan. NIJ Document 119318.*

Washington, DC: Author.

National Institute on Alcohol Abuse and Alcoholism (2015). *Alcohol Facts and Statistics*. Retrieved from www.niaaa.nih.gov/alcohol-health/overview-alcohol-consumption/alcohol-facts-and-statistics

National Institute on Drug Abuse (2010). *What is the scope of cocaine use in the United States?* Retrieved from www.drugabuse.gov/publications/research -reports/cocaine/what-scope-cocaine-use-in-united-states

National Institute on Drug Abuse. (2015) *Trends & statistics*. Retrieved from www.drugabuse.gov/related-topics/trends-statistics

Newcomb, M. D., & Bentler, P. M. (1989). Substance use and abuse among children and teenagers. *American Psychologist, 44*(2), 242-48.

NIDA for Teens (2016). *Inhalants*. Retrieved from http://teens.drugabuse.gov/ drug-facts/inhalants

Parry, C. (1999). *Alcohol policy and public health in South Africa*. London: Oxford University Press.

Penney, A., & Garfield, E. (1984). Parent groups in drug abuse prevention: Is this the constituency we've been waiting for? *Journal of Primary Prevention, 4*, 173-197.

Perkins, J. M. (1993). *Beyond charity*. Grand Rapids: Baker.

Pincu, L. (1989). Sexual compulsivity in gay men: Controversy and treatment. *Journal of Counseling and Development, 71*, 63-66.

Plantinga, C., Jr. (1995). *Not the way it's supposed to be: A breviary of sin*. Grand Rapids: Eerdmans.

Samenow, C. P. (2010). A biopsychosocial model of hypersexual disorder/sexual addiction. *Sexual Addiction and Compulsivity, 17*, 69-81.

Schorr, L. (1989). *Within our reach: Breaking the cycle of disadvantage*. New York: Doubleday.

Stinson, F. S., Ruan, W. J., Pickering, R., & Grant, B. F. (2006). Cannabis use disorders in the USA: Prevalence, correlates and co-morbidity. *Psychological Medicine, 36*(10), 447-60.

Struthers, W. (2009). *Wired for intimacy: How pornography hijacks the male brain*. Downers Grove, IL: InterVarsity Press.

Tarter, R. E., Blackson, T., Martin, C., Loeber, R., & Moss, H. (1993). Characteristics and correlates of child discipline practices in substance abuse and normal families. *American Journal on Addiction, 2*(1), 18-25.

Tarter, R. E., & Vanyukov, M. (1994). Alcoholism: A developmental disorder. *Journal of Consulting and Clinical Psychology, 62*(6), 1096-107.

Uddo, M., Malow, R. M., & Sutker, P. B. (1993). Opioid and cocaine abuse and dependent disorders. In P. B. Sutker & H. E. Adams (Eds.), *Comprehensive handbook of psychopathology* (2nd ed.) (pp. 477-503). New York: Plenum.

Van Wicklin, J. (1992). Substance abuse. In C. DeSanto, Z. Lindblade, & M. Poloma (Eds.), *Christian perspectives on social problems* (pp. 379-97). Indianapolis: Wesley.

Vere, D. W. (1995). Dependence. In D. J. Atkinson, D. F. Field, A. Holmes & O. O'Donovan (Eds.), *New dictionary of Christian ethics and pastoral theology* (pp. 298-299). Downers Grove, IL: InterVarsity Press.

Wilhelm, C. J., Hashimoto, J. G., Roberts, M. L., Sonmez, M. K., & Wiren, K. M. (2014). Understanding the addiction cycle: A complex biology with distinct contributions of genotype vs. sex at each stage. *Neuroscience, 279*, 168-186.

Yarhouse, M. A., & Jones, S. L. (1997). A critique of materialist assumptions in interpretations of research on homosexuality. *Christian Scholar's Review, 26*(4), 478-495.

제15장

추천 도서

Martz, S. (Ed.). (1987). *When I am an old woman I shall wear purple*. Watsonville, CA: Papier-Maché Press. Encouraging reflections on aging and older adulthood.

Nouwen, H. J. M., & Gaffney, W. J. (1976). *Aging: The fulfillment of life*. New York: Doubleday. Thoughtful reflections on the aging process.

Waters, E. B., & Goodman, J. (1990). *Empowering older adults*. San Francisco: Jossey-Bass. A helpful resource from a "strengths" or wellness perspective.

Weaver, G. (2004). *Embodied spirituality: Experiences of identity and spiritual suffering*. In M. Jeeves (Ed.), From cells to souls (pp. 77-101). Grand Rapids: Eerdmans. A thoughtful contribution to the literature from a leading Christian scholar.

참고문헌

Abeles, N., Cooley, S., Deitch, I. M., Harper, M. S., Hinrichsen, G., Lopez, M. A., & Molinari, V. A. (1998). What practitioners should know about working with older adults. *Professional Psychology: Research and Practice, 29*(5), 413-427.

Acierno, R., Hersen, M., & Van Hasselt, V. B. (1996). Anxiety-based disorders. In M. Hersen & V. B. Van Hasselt (Eds.), *Psychological treatment of older adults: An introductory text* (pp.

149-180). New York: Plenum.

Agronin, M. E. (2014). Sexuality and aging. In Y. M. Binik & K. S. K. Hall (Eds.), *Principles and practice of sex therapy* (5th ed.). New York: Guilford.

American Association of Retired Persons. (1990). *A profile of older adult Americans*. Washington, DC: Author.

American Psychiatric Association. (2013). *Diagnostic and statistical manual of mental disorders* (5th ed.). Washington, DC: Author.

American Psychological Association. (1992). Ethical principles of psychologists and code of conduct. *American Psychologist, 47*, 1597-1611.

American Psychological Association. (2002). Ethical principles of psychologists and code of conduct. *American Psychologist, 57*(12), 1060-1073.

Arnold, W. T. (1996). Age, old (the aged). In W. A. Elwell (Ed.), *Evangelical dictionary of biblical theology* (pp. 13-14). Grand Rapids: Baker.

Bretschneider, J. G., & McCoy, N. L. (1998). Sexual interest and behavior in healthy 80- to 102-year-olds. *Archives of Sexual Behavior, 17*(2), 109-29.

Colerick, E., & George, L. (1986). Predictors of institutionalization among caregivers of patients with Alzheimer's disease. *Journal of the American Geriatric Society, 34*, 493-98.

Dello Buono, M., Zaghi, P. C., Padoani, W., Scocco, P., Urciuoli, O., Pauro, P., & de Leo, D. (1998). Sexual feelings and sexual life in an Italian sample of 335 elderly 65- to 106-year-olds. *Archives of Gerontology and Geriatrics, 6*, 155-162.

Devine, P. G. (1989). Stereotypes and prejudice: Their automatic and controlled components. *Journal of Personality and Social Psychology, 56*, 5-18.

DeVries, H. M. (1996). Cognitive-behavioral interventions. In J. E. Birren (Ed.), *Encyclopedia of gerontology*. San Diego: Academic.

DeVries, H. M., & Coon, D. W. (2002). Cognitive/behavioral group therapy with older adults. In F. W. Kaslow & T. Patterson (Eds.), *Comprehensive handbook of psychotherapy* (pp. 547-67). New York: John Wiley & Sons.

DeVries, H. M., & Gallagher-Thompson, D. (1994). Older adults. In F. M. Datillio & A. Freeman (Eds.), *Cognitive-behavioral strategies in crisis intervention* (pp. 200-218). New York: Guilford.

Dick, L. P., & Gallagher-Thompson, D. (1996). Late-life depression. In M. Hersen & V. B. Van Hasselt (Eds.), *Psychological treatment of older adults: An introductory text* (pp. 181-208). New York: Plenum.

Dupree, L. W., & Schonfeld, L. (1996). Substance abuse. In M. Hersen & V. B. Van Hasselt

(Eds.), *Psychological treatment of older adults: An introductory text* (pp. 281-97). New York: Plenum.

Edelstein, B., Northrop, L., Staats, N., & Packard, N. (1996). Assessment of older adults. In M. Hersen and V. B. Van Hasselt (Eds.), *Psychological treatment of older adults: An introductory text* (pp. 35-68). New York: Plenum.

Ellor, J. W. (2013). Religion and spirituality among older adults in light of DSM-5. *Social Work and Christianity, 40*(4), 372-383.

Fisher, J. E., Zeiss, A. M., & Carstensen, L. L. (2001). Psychopathology in the aged. In H. E. Adams and P. B. Sutker (Eds.), *Comprehensive handbook of psychopathology* (3rd ed.) (pp. 921-952). New York: Kluwer Academic.

Gatz, M., Fiske, A., Fox, L. S., Kaskie, B., Kasl-Godley, J. E., McCallum, T. J., & Wetherell, J. L. (1998). Empirically validated psychological treatments for older adults. *Journal of Mental Health and Aging, 4*(1), 9-46.

Glynn, S. M., Muesser, K. T., & Bartels, S. J. (1996). Schizophrenia. In M. Hersen & V. B. Van Hasselt (Eds.), *Psychological treatment of older adults: An introductory text* (pp. 223-244). New York: Plenum.

Goldman, A., & Carroll, J. L. (1990). Educational intervention as adjunct to treatment to erectile dysfunction in older couples. *Journal of Sex and Marital Therapy, 16*(3), 127-141.

Gomberg, E. S. L., & Zucker, R. A. (1998). Substance use and abuse in old age. In I. H. Nordhus, G. R. VandenBos, S. Berg & P. Fromholt (Eds.), *Clinical geropsychology* (pp. 189-204). Washington, DC: American Psychological Association.

Heiman, J. R., & Mestor, C. M. (1997). Empirically validated treatment for sexual dysfunction. *Annual Review of Sex Research, 8*, 148-194.

Hillman, J. L., Stricker, G., & Zweig, R. A. (1997). Clinical psychologists' judgments of older adult patients with character pathology: Implications for practice. *Professional Psychology: Research and Practice, 28*, 179-183.

James, J. W., & Haley, W. E. (1995). Age and health bias in practicing clinical psychologists. *Psychology and Aging, 10*(4), 610-616.

Johannes, C. B., Araujo, A. B., Feldman, H. A., Derby, C. A., Kleinman, K. P., & McKinlay, J. B. (2000). Incidence of erectile dysfunction in men 40 to 69 years old: Longitudinal results for the Massachusetts male aging study. *Journal of Urology, 163*(2), 460-467.

Karon, B. P., & VandenBos, G. R. (1998). Schizophrenia and psychosis in elderly populations. In I. H. Nordhus, G. R. VandenBos, S. Berg & P. Fromholt (Eds.), *Clinical geropsychology* (pp. 219-227). Washington, DC: American Psychological Association.

Kasl-Godley, J. E., Gatz, M., & Fiske, A. (1998). Depression and depressive symptoms in old age. In I. H. Nordhus, G. R. VandenBos, S. Berg & P. Fromholt (Eds.), *Clinical geropsychology* (pp. 211-18). Washington, DC: American Psychological Association.

Kennedy, G. J. (2000). *Geriatric mental health care: A treatment guide for health professionals.* New York: Guilford.

Knight, B. G. (1996). *Psychotherapy with older adults* (2nd ed.). Thousand Oaks, CA: Sage.

Koenig, H. G., & Blazer, D. G. (1992). Epidemiology of geriatric affective disorders. *Clinics in Geriatric Medicine, 8,* 235, 251.

Konnert, C., Gatz, M., & Hertzsprung, E. A. M. (1999). Preventive interventions for older adults. In M. Duffy (Ed.), *Handbook of counseling and psychotherapy with older adults* (pp. 314-334). New York: John Wiley & Sons.

Laumann, E., Gagnon, J., Michael, R., & Michaels, S. (1994). *The social organization of sexuality.* Chicago: University of Chicago Press.

Leiblum, S. R., & Rosen, R. C. (Eds.). (2000). *Principles and practice of sex therapy* (3rd ed.). New York: Guilford.

Lewis, C. S. (1960). Miracles. New York: Macmillan. Locke, V., MacLeod, C., & Walker, I. (1994). Automatic and controlled activation of stereotypes: Individual differences associated with prejudice. *British Journal of Social Psychology, 33,* 29-46.

Malatesta, V. J., Chambless, D. L., Pollack, M., & Cantor, A. (1988). Widowhood, sexuality and aging: A lifespan analysis. *Journal of Sex and Marital Therapy, 14*(1), 49-62.

Marsiglio, W., & Donnelly, D. (1991). Sexual relations in later life: A national study of married persons. *Journal of Gerontology, 46*(6), 338-344.

Maxmen, J. S., & Ward, N. G. (1995). *Essential psychopathology and its treatment* (2nd ed.). New York: W. W. Norton.

Moberg, D. O. (1984). Aging, Christian view of. In W. A. Elwell (Ed.), *Evangelical dictionary of theology* (pp. 21-24). Grand Rapids: Baker.

Moss, M. J. (1995). Aging. In D. J. Atkinson, D. F. Field, A. Holmes & O. O'Donovan (Eds.), *New dictionary of Christian ethics and pastoral theology* (pp. 148-149). Downers Grove, IL: InterVarsity Press.

Mroczek, D. I., & Kolarz, C. H. (1998). The effect of age in positive and negative affect: A developmental perspective on happiness. *Journal of Personality and Social Psychology, 75*(5), 1333-1349.

Nielsen, G. H., Nordhus, I. H., & Kvale, G. (1998). Insomnia in older adults. In I. H. Nordhus, G. R. VandenBos, S. Berg & P. Fromholt (Eds.), *Clinical geropsychology* (pp. 167-175).

Washington, DC: American Psychological Association.

Nouwen, H. J. M., & Gaffney, W. J. (1976). Aging: The fulfillment of life. New York: Doubleday. O'Connor, B. P., & Dyce, J. A. (2001). Personality disorders. In M. Hersen & V. B. Van Hasselt (Eds.), *Advanced abnormal psychology* (2nd ed.) (pp. 399-418). New York: Kluwer.

Patterson, R. L. (1996). Organic disorders. In M. Hersen & V. B. Van Hasselt (Eds.), *Psychological treatment of older adults: An introductory text* (pp. 259-280). New York: Plenum.

Robinson, J. W., Faris, P. D., & Scott, C. B. (1999). Psychoeducational group increases vaginal dilation for younger women and reduces sexual fears for women of all ages with gynecological carcinoma treated with radiotherapy. *International Journal of Oncology, Biology, Physiology, 44*(3), 497-506.

Sachs-Ericsson, N., & Blazer, D. G. (2015). The new DSM-5 diagnosis of mild neurocognitive disorder and its relation to research in mild cognitive impairment. *Aging and Mental Health, 19*(1), 2-12.

Schiavi, R. C., Schreiner-Engel, P., Mandeli, J., Schanzer, H., & Cohen, E. (1990). Healthy aging and male sexual function. *American Journal of Psychiatry, 147*(6), 766-771.

Schneider, L. S. (1995). Efficacy of clinical treatment for mental disorders among older persons. In M. Gatz (Ed.), *Emerging issues in mental health and aging* (pp. 163-182). Washington, DC: American Psychological Association.

Scogin, F. R. (1998). Anxiety in old age. In I. H. Nordhus, G. R. VandenBos, S. Berg & P. Fromholt (Eds.), *Clinical geropsychology* (pp. 205-210). Washington, DC: American Psychological Association.

Smith, G. C. (1999). Prevention and promotion models of intervention for strengthening families. In M. Duffy (Ed.), *Handbook of counseling and psychotherapy with older adults* (pp. 378-394). New York: John Wiley & Sons.

Solomon, J. R., Faletti, M. V., & Yunik, S. S. (1982). The psychologist as geriatric clinician. In T. Millon, C. Green & R. Meagher (Eds.), *Handbook of clinical health psychology* (pp. 227-249). New York: Plenum.

Starr, B., & Weiner, M. (1981). *The Starr-Weiner report on sex and sexuality in the mature years*. New York: McGraw-Hill.

Steinke, E. E. (1994). Knowledge and attitudes of older adults about sexuality and aging: A comparison of two studies. *Journal of Advanced Nursing, 19*, 477-485.

Tackett, J. L., & Sharp, C. (2014). A developmental psychopathology perspective on personality disorder: Introduction to the special issue. *Journal of Personality Disorders, 28*(1), 1-4.

Tobin, S. S., & Toseland, R. (1985). Models of services for the elderly. In A. Merk (Ed.), *Handbook of gerontological services* (pp. 549-67). New York: Van Nostrom and Reinhold.

United States Census Bureau (1992). *Statistical abstract of the United States*: 1992. Retrieved from www.census.gov/library/publications/1992/compendia/

statab/112ed.html

US Senate Special Committee on Aging, American Association of Retired Persons, Federal Council on the Aging, and US Administration on Aging. (1991). *Aging America: Trends and projections*. Washington, DC: Department of Health and Human Services.

Vere, D. W. (1995). Death and dying. In D. J. Atkinson, D. F. Field, A. Holmes & D. O'Donovan (Eds.), *New dictionary of Christian ethics and pastoral theology* (pp. 284-285). Downers Grove, IL: InterVarsity Press.

Waters, E. B., & Goodman, J. (1990). *Empowering older adults*. San Francisco: Jossey-Bass.

Whitbourne, S. K. (1996). Psychological perspectives on the normal aging process. In L. C. Carstensen, B. A. Edelstein & L. Dornbrand (Eds.), *The practical handbook of clinical psychology* (pp. 3-35). Thousand Oaks, CA: Sage.

White, C. B., & Catania, J. A. (1982). Psychoeducational intervention for sexuality with the aged, family members of the aged, and people who work with the aged. *International Journal of Aging & Human Development, 15*(2), 121-38.

Yarhouse, M. A. (2000). Review of social cognition research on stereotyping: Application to psychologists working with older adults. *Journal of Clinical Geropsychology, 6*(2), 121-31.

Yarhouse, M. A., & DeVries, H. M. (1998). The general principles of ethical conduct: A framework for psychologists working with older adults. *Journal of Clinical Geropsychology, 4*(2), 141-145.

제16장

추천 도서

Balswick, J., King, P., & Reimer, K. (2005). *The reciprocating self*. Downers Grove, IL: InterVarsity Press. This offers faith-based insights into developmental parameters and possibilities across the lifespan.

Brownell, K., & Gold, M. (2012). *Food and addiction: A comprehensive handbook*. New

York: Oxford University Press. A thorough consideration of current perspectives on eating disorders.

Desjarlis, R., Eisenberg, L., Good, B., & Kleinman, A. (1995). *World mental health*. New York: Oxford University Press. A thorough resource on the scope of global mental health concerns and the impact of societal pathologies.

Flanagan, K., & Hall, S. (2014). *Developmental psychopathology*. Downers Grove, IL: InterVarsity Press. Explores the vital importance of developmental theory for our understanding of childhood and adolescent problems-in-living.

McMinn, L. G. (2016). *To the table: A spirituality of food, farming, and community*. Grand Rapids: Brazos. A helpful consideration of how our perspectives on food and eating shape our souls and our communities.

Mollica, R. (2006). *Healing invisible wounds: Paths to hope and recovery in a violent world*. Nashville: Vanderbilt University Press. Anyone wanting to understand the legacy of unresolved losses and trauma needs to read this important work from the founder and director of the Harvard Program in Refugee Trauma.

참고문헌

American Psychiatric Association. (2010). *Practice guideline for the treatment of patients with eating disorders*. (3rd ed.) Washington, DC: American Psychiatric Press.

American Psychiatric Association. (1994). *Diagnostic and statistical manual of mental disorders* (4th ed.). Washington, DC: Author.

American Psychiatric Association. (2013). *Diagnostic and statistical manual of mental disorders* (5th ed.). Washington, DC: Author.

Balswick, J., King, P., & Reimer, K. (2005). *The reciprocating self*. Downers Grove, IL: InterVarsity Press.

Bringle, M. L. (1994). Swallowing the shame: Pastoral care issues in food abuse. *Journal of Pastoral Care, 48*(2), 135-144.

Comer, R. (2014). Abnormal psychology (8th ed.). New York: Worth. Crisp, A. H., Palmer, R. L., & Kalucy, R. S. (1976). How common is anorexia nervosa? A prevalence study. *British Journal of Psychiatry, 128*, 549-554.

Dailey, S., Gill, C., Karl, S., & Barrio-Minton, C. (2014). *DSM-5 learning companion for counselors*. Alexandria, VA: American Counseling Association.

Desjarlis, R., Eisenberg, L., Good, B., & Kleinman, A. (1995). *World mental health*. New York: Oxford University Press.

Flanagan, K., & Hall, S. (2014). *Developmental psychopathology*. Downers Grove, IL: InterVarsity Press.

Fornari, V., Kent, J., Kabo, L., & Goodman, B. (1994). Anorexia nervosa: Thirty something. *Journal of Substance Abuse Treatment, 11*, 45-54.

Frances, A. (2013). *Essentials of psychiatric diagnosis*. New York: Guilford.

Garber, S. (1996). *The fabric of faithfulness*. Downers Grove, IL: InterVarsity Press.

Garfinkel, P. E., Garner, D. M., Rose, J., Darby, P. L., Brandes, J. S., O'Hanlon, J., & Walsh, N. (1983). A comparison of characteristics in families of patients with anorexia nervosa and normal controls. *Psychological Medicine, 13*, 821-28.

Humphrey, L. L. (1986). Family relations in bulimic-anorexic and nondistressed families. *International Journal of Eating Disorders, 5*, 223-32.

Jones, S., & Butman, R. (2011). *Modern psychotherapies: A comprehensive Christian appraisal*. Downers Grove, IL: InterVarsity Press.

Jongsma, A., Peterson, M., & Bruce, T. (2014). *The complete adult psychotherapy treatment planner*. Hoboken, NJ: Wiley.

Klein, D. A., & Walsh, B. T. (2003). Eating disorders. *International Review of Psychiatry, 15*(3), 205-16.

McMinn, M., & Campbell, C. (2006). *Integrative psychotherapy*. Downers Grove, IL: InterVarsity Press.

Meyer, R. G., & Deitsch, S. E. (1996). *The clinician's handbook: Integrated diagnostics, assessment and intervention in adult and adolescent psychopathology* (4th ed.). Boston: Allyn and Bacon.

Mitchison, D., & Hay, P. (2014). The epidemiology of eating disorders: Genetic, environmental, and societal factors. *Clinical Epidemiology, 6*, 89-97.

Mollica, R. (2006). *Healing invisible wounds: Paths to hope and recovery in a violent world*. Nashville: Vanderbilt University Press.

Pargament, K. (Ed.). (2013). *APA handbook of psychology, religion, and spirituality*. Washington, DC: American Psychological Association.

Paris, J. (2014). *The intelligent clinician's guide to the DSM-5*. New York: Oxford.

Reichenberg, L. (2014). *DSM-5 essentials*. Hoboken, NJ: Wiley.

Shuriquie, N. (1999). Eating disorders: A transcultural perspective. *Eastern Mediterranean Health Journal, 5*(2), 354-360.

Starn, O., Degregori, C. I., & Kirk, R. (2005). *The Peru reader: History, culture, politics. Durham*. NC: Duke University Press

Strober, M., & Humphrey, L. L. (1987). Familial contribution to the etiology and course of anorexia nervosa and bulimia. *Journal of Consulting and Clinical Psychology, 55*, 654-659.

Van Dyke, D. J. (2011). Family theory and therapy. In S. Jones & R. Butman (Eds.), *Modern psychotherapies: A comprehensive Christian appraisal* (2nd ed.). Downers Grove, IL: InterVarsity Press.

Van Leeuwen, M. S., Knoppers, A., Koch, M. L., Schuurman, D. J., & Sterk, H. M. (1993). After Eden: Facing the challenge of gender reconciliation. Grand Rapids: Eerdmans. Vitousek, K., & Manke, F. (1994). Personality variables and disorders in anorexia nervosa and bulimia nervosa. *Journal of Abnormal Psychology, 103*, 137-147.

Wade, T. D., Keski-Rahkonen A., & Hudson J. Epidemiology of eating disorders. (2011). In M. Tsuang & M. Tohen (Eds.), *Textbook in Psychiatric Epidemiology* (3rd ed., pp. 343-360). New York: Wiley.

Worden, W. (2012). *Grief counseling and grief therapy* (4th ed.). New York: Springer

제17장

추천 도서

Benner, D. G. (1998). *Care of souls: Revisioning Christian nurture and counsel.* Grand Rapids: Baker. A terrific resource from a leading Christian scholar on the practical dimensions of integrating faith and counseling practice.

Evans, C. S. (1990). *S ø ren Kierkegaard's Christian psychology: Insight for counseling and pastoral care.* Grand Rapids: Zondervan. A very helpful integration resource from one of the leading Christian philosophers of our day.

Oden, T. C. (1987). *Classical pastoral care* (Vol 4.). Grand Rapids: Baker. A wonderful resource for pastors and Christian mental health professionals interested in classic pastoral care.

Roberts, R. C., & Talbot, M. R., (Eds.). (1997). *Limning the psyche: Explorations in Christian psychology.* Grand Rapids: Eerdmans. An excellent edited collection from leading theologians, philosophers and psychologists.

Van Leeuwen, M. S. (1985). *The person in psychology: A contemporary Christian appraisal.* Grand Rapids: Eerdmans. A very helpful resource for Christians interested in the integration of psychology and theology

참고문헌

American Psychiatric Association. (1952). *Diagnostic and statistical manual of mental disorders*. Washington, DC: Author.

American Psychiatric Association. (1980). *Diagnostic and statistical manual of mental disorders* (3rd ed.). Washington, DC: Author.

American Psychiatric Association. (1994). *Diagnostic and statistical manual of mental disorders* (4th ed.). Washington, DC: Author.

American Psychiatric Association. (2000). *Diagnostic and statistical manual of mental disorders* (4th ed., text revision). Washington, DC: Author.

American Psychiatric Association. (2013). *Diagnostic and statistical manual of mental disorders* (5th ed.). Washington, DC: Author.

Andreasen, N. C., & Carpenter, W. T., Jr. (1993). Diagnosis and classification of schizophrenia. *Schizophrenia Bulletin, 19*(2), 199-214.

Barlow, D. H., & Durand, V. M. (2002). *Abnormal psychology* (3rd ed.). Belmont, CA: Wadsworth.

Benner, D. G. (1998). Care of souls: *Revisioning Christian nurture and counsel*. Grand Rapids: Baker.

Bracken, P., Thomas, P., Timimi, S., et al. Psychiatry beyond the current paradigm. *British Journal of Psychiatry, 201*, 430-434.

Canning, S. S., Pozzi, C. F., McNeil, J. D., & McMinn, M. R. (2000). Integration as service: Implications of faith-praxis integration for training. *Journal of Psychology and Theology, 28*(3), 201-211.

Carson, R. C. (1991). Dilemmas in the pathway of the DSM-IV. *Journal of Abnormal Psychology, 100*(3), 302-307.

Clark, L. A., Watson, D., & Reynolds, S. (1995). Diagnosis and classification of psychopathology: Challenges to the current system and future directions. *Annual Review of Psychology, 46*, 121-153.

Clebsch, W. A., & Jaekle, C. R. (1964). *Pastoral care in historical perspective*. New York: Harper and Row.

Cuthbert, B. N., & Kozak, M. J. (2013). Constructing constructs for psychopathology: The NIMH research domain criteria. *Journal of Abnormal Psychology, 122*(3), 928-937.

Evans, C. S. (1990). *S ø ren Kierkegaard's Christian psychology: Insight for counseling and pastoral care*. Grand Rapids: Zondervan.

Follette, W. C., & Houts, A. C. (1996). Models of scientific programs and the role of theory in taxonomy development: A case study of the DSM. *Journal of Consulting and Clinical Psychology, 64*(16), 1120-1132.

Frances, A. J., Pincus, H. A., Widiger, T. A., Davis, W. W., & First, M. B. (1990). DSM-IV: Work in progress. *American Journal of Psychiatry, 147*, 1439-1448.

Frances, A. (2013). *Saving normal: An insider's revolt against out-of-control psychiatric diagnosis*, DSM-5, big pharma, and the medicalization of ordinary life. New York: William Morrow.

Griffiths, P. J. (1997). Metaphysics and personality theory. In R. C. Roberts & M. R. Talbot (Eds.), *Limning the psyche: Explorations in Christian psychology* (pp. 41-57). Grand Rapids: Eerdmans.

Hauerwas, S., & Willimon, W. H. (1989). *Resident aliens: Life in the Christian colony*. Nashville: Abingdon.

Jones, S. L. (1994). A constructive relationship for religion with the science and profession of psychology: Perhaps the boldest model yet. *American Psychologist, 49*, 184-99.

Kendell, R. E. (1975). *The role of diagnosis in psychiatry*. London: Basil Blackwell.

Kendler, K. S. (1990). Towards a scientific psychiatric nosology: Strengths and limitations. *Archives of General Psychiatry, 47*, 969-73.

Kennedy, S. H., Javanmard, M., & Vaccarino, F. J. (1997). A review of functional neuroimaging in mood disorders: Positron emission tomography and depression. *Canadian Journal of Psychiatry, 42*, 467-75.

Kupfer, D. J., & Regier, D. A. (2011). Neuroscience, clinical evidence, and the future of psychiatric classification in DSM-5. *American Journal of Psychiatry, 168*, 1-3.

Markon, K. E. (2013). Epistemological pluralism and scientific development: an argument against authoritative nosologies. *Journal of Personality Disorders, 27*, 554-579.

Meyers, D. G. (1991). Steering between the extremes: On being a Christian scholar within psychology. *Christian Scholar's Review, 20*(4), 376-83.

Millon, T. (1991). Classification in psychopathology: Rationale, alternatives and standards. *Journal of Abnormal Psychology, 100*(3), 245-61.

Noll, M. (1990). Traditional Christianity and the possibility of historical knowledge. *Christian Scholar's Review, 19*, 388-406.

Oden, T. C. (1987). *Classical pastoral care* (Vol 4.). Grand Rapids: Baker.

Oden, T. C. (1988). Recovering pastoral care's lost identity. In L. Aden and J. H. Ellens (Eds.), *The church and pastoral care* (pp. 17-32). Grand Rapids: Baker.

Plantinga, A. (1983). Advice to Christian philosophers. *Faith and Philosophy, 1*, 253-271.

Plantinga, A. (1993). A Christian life partly lived. In K. J. Clark, Philosophers who believe: *The spiritual journeys of eleven leading thinkers* (pp. 45-82). Downers Grove, IL: InterVarsity Press.

Roberts, R. C. (1997). Parameters of a Christian psychology. In R. C. Roberts & M. R. Talbot (Eds.), *Limning the psyche: Explorations in Christian psychology* (pp. 74-101). Grand Rapids: Eerdmans.

Roberts, R. C., & Talbot, M. R. (Eds.). (1997). *Limning the psyche: Explorations in Christian psychology*. Grand Rapids: Eerdmans.

Sadler, J. (2002). Values in developing psychiatric classifications: A proposal for the DSM-V. In J. Sadler (Ed.), *Descriptions of prescriptions: Values, mental disorders and the DSMs* (pp. 350-65). Baltimore: Johns Hopkins University Press.

Spitzer, R. L., & Wakefield, J. C. (1999). DSM-IV diagnostic criterion for clinical significance: Does it help solve the false positives problem? *American Journal of Psychiatry, 156*, 1856-64.

Spitzer, R. L., & Williams, J. B. W. (1982). The definition and diagnosis of mental disorder. In W. R. Grove (Ed.), *Deviance and mental illness* (pp. 15-32). Beverly Hills, CA: Sage.

Spitzer, R. L., Williams, J. B. W., & Skodol, A. E. (1980). DSM-III: The major achievements and an overview. *American Journal of Psychiatry, 137*, 151-64.

Tyrer, P. (2014). A comparison of DSM and ICD classifications of mental disorder. *Advances in Psychiatric Treatment, 20*(4), 280-85; doi:10.1192/apt.bp.113.011296.

Van Leeuwen, M. S. (1985). *The person in psychology: A contemporary Christian appraisal*. Grand Rapids: Eerdmans.

Widiger, T. A., & Clark, L. A. (2000). Toward DSM-V and the classification of psychopathology. *Psychological Bulletin, 126*(6), 946-963.

Widiger, T. A., & Corbitt, E. (1994). Normal versus abnormal personality from the perspective of the DSM. In Strack & M. Lorr (Eds.), *Differentiating normal and abnormal personality* (pp. 158-175). New York: Springer.

Widiger, T. A., & Shea, T. (1991). Differentiation of axis I and axis II disorders. *Journal of Abnormal Psychology, 100*, 399-406.

Widiger, T. A., & Trull, T. J. (1993). Borderline and narcissistic personality disorders. In P. B. Sutker & H. E. Adams (Eds.), *Comprehensive handbook of psychotherapy* (2nd ed.) (pp. 371-394). New York: Plenum.

Yarhouse, M. A. (2015). *Understanding gender dysphoria: Navigating transgender issues in a changing culture*. Downers Grove, IL: IVP Academic.

Yarhouse, M. A., & Burkett, L. A. (2003). *Sexual identity: A guide to living in the time between the times*. Lanham, MD: University Press of America.

Yarhouse, M. A., & Tan, E. S. T. (2014). *Sexuality and sex therapy: A comprehensive Christian appraisal*. Downers Grove, IL: IVP Academic.

📔 찾아보기

내용

저자 소개

Barrett W. McRay는 휘튼대학교 Christian Foundation and Ministry 학과의 부교수이자 공인된 임상심리학자이며, 일리노이주 휘튼 지역에 있는 Alliance Clinical Associates의 임상책임자이다.

Mark A. Yarhouse는 리젠트대학교의 교수이자 학과장이고 성정체감 연구소를 맡고 있다. 공인된 임상심리학자로서 버지니아주 비취 지역에서 개인심리치료도 하고 있으며, 『성 불편감에 대한 이해(Understanding Gender Dysphoria)』를 포함한 다수의 저서를 집필했다.

Richard E. Butman은 휘튼대학교 심리학과 교수이자 공인된 임상심리학자이다. 일리노이주 휘튼 지역에서 개인심리치료도 하고 있다.

역자 소개

김혜정(Hyejeong Kim)

Rosemead school of Psychology, 임상심리학 박사

전 Biola University Counseling Center 전문상담사

  Harbor-UCLA Medical Center Child & Adolescent CBT Unit 임상심리사

현 한동대학교 상담심리 사회복지학부 부교수

  심리상담센터 쉴만한물가 센터장

〈주요 역서〉

제3문화 아이들, 교차문화 아이들 그리고 국제유목민(공역, 한울, 2022)

성과 성치료: 통합직인 기독교직 접근(공역, 학지사, 2021)

정서중심치료의 이해: 변화를 위한 과정-경험적 접근(공역, 학지사, 2013)

심은정(Eunjung Shim)

Rosemead School of Psychology, 임상심리학 박사

전 National Asian American Psychology Training Center 전문상담사

  Augustus F. Hawkins MHC 임상심리사

현 숭실대학교 베어드 교양대학 부교수

  위드미 심리상담연구소 자문교수

〈주요 저서 및 역서〉

성과 성치료: 통합적인 기독교적 접근(공역, 학지사, 2021)

사례로 배우는 심리상담의 실제(공저, 학지사, 2020)

20대를 위한 심리학: 청년 성장 프로젝트(공저, 시그마프레스, 2018)

효과적인 치료전략 선택하기(5판, 공역, 시그마프레스, 2017)

조인효(Inhyo Cho)

Claremont School of Theology, 목회상담학 박사

전 Clinebell Institute 인턴상담사

현 숭실대학교 베어드 교양대학 외래교수

  위드미 심리상담연구소 전문상담사

〈주요 저서〉

20대를 위한 심리학: 청년 성장 프로젝트(공저, 시그마프레스, 2018)

이수경(Sookyoung Lee)

이화여자대학교 교육학과(교육상담 및 심리 전공) 박사

전 한세대학교 대학원 연구전담 조교수

  이화여자대학교, 한동대학교 강사

현 성결대학교 교직부 조교수

  경기도 재난심리사회복지센터 자원활동가

  한국상담학회 통일상담연구회 이사

현대 정신병리학: 통합적인 기독교적 평가(원서 2판)
Modern Psychopathologies: A Comprehensive Christian Appraisal (2nd ed.)

2022년 7월 20일 1판 1쇄 인쇄
2022년 7월 30일 1판 1쇄 발행

지은이 • Barrett W. McRay · Mark A. Yarhouse · Richard E. Butman
옮긴이 • 김혜정 · 심은정 · 조인효 · 이수경
펴낸이 • 김진환
펴낸곳 • ㈜학지사
04031 서울특별시 마포구 양화로 15길 20 마인드월드빌딩
대표전화 • 02-330-5114   팩스 • 02-324-2345
등록번호 • 제313-2006-000265호

홈페이지 • http://www.hakjisa.co.kr
페이스북 • https://www.facebook.com/hakjisabook

ISBN 978-89-997-2716-0 93180

정가 26,000원

출판미디어기업 **학지사**
간호보건의학출판 **학지사메디컬** www.hakjisamd.co.kr
심리검사연구소 **인싸이트** www.inpsyt.co.kr
학술논문서비스 **뉴논문** www.newnonmun.com
교육연수원 **카운피아** www.counpia.com